FRENCH AND ENGLISH IDIOMS
2nd Edition

IDIOTISMES FRANÇAIS ET ANGLAIS
Deuxième Édition

François Denoeu
Professor Emeritus of French
Dartmouth College

David Sices
Professor Emeritus of French and Italian
Dartmouth College

and

Jacqueline B. Sices
Former Senior Lecturer, French
Dartmouth College

BARRON'S

All inquiries should be addressed to:
Barron's Educational Series, Inc.
250 Wireless Boulevard
Hauppauge, New York 11788

International Standard Book Number 0-8120-9024-1

Library of Congress Catalog Card Number 95-80222

PRINTED IN THE UNITED STATES OF AMERICA

19 18 17 16 15

CONTENTS

TABLE DES MATIÈRES

PREMIÈRE PARTIE:
FRANÇAIS–ANGLAIS

PART I:
FRENCH–ENGLISH

Avant-Propos

Les mots d'une langue vivante ne vivent pas en ermites; ils sont étroitement solidaires. Ils forment des grappes dont les noms, à peu près synonymes, sont expressions, locutions, tours ou tournures de phrase, idiotismes, et dont il n'est pas toujours possible de comprendre le sens par celui des mots successifs qui les composent. La plupart des étudiants savent qu'en essayant de s'exprimer dans une langue étrangère la pire chose est de traduire mot à mot. Il y a pourtant des expressions et phrases courantes, qui se traduisent littéralement dans les deux langues, anglais et français, comme: Il ne faut pas mettre tous ses oeufs dans le même panier./Don't put all your eggs in the same basket. De telles expressions et phrases ont été omises dans ce dictionnaire, faute de place. Dans les limites d'un livre de poche celui-ci a pour but de donner autant d'idiotismes que possible, à commencer par les plus courants, avec leurs équivalents exacts et naturels dans l'autre langue.

Il n'est généralement pas facile de trouver ces idiotismes dans la jungle des longues colonnes sans ordre apparent des dictionnaires, surtout sous la rubrique de mots très usités comme *to be, to have, to do, to get,* etc. Les dictionnaires de poche entassent autant de mots séparés que possible et ne font aux idiotismes qu'une place très réduite. En présentant seulement les expressions et phrases idiomatiques les plus usitées, ce dictionnaire est plus facile à consulter que les grands dictionnaires, et beaucoup plus complet que les dictionnaires de poche. Les exemples sont ceux de la conversation courante, ils sont parfois familiers mais ne versent pas dans l'argot vulgaire. Les expressions sont présentées dans des phrases complètes; ainsi l'étudiant peut-il employer ce dictionnaire comme guide stylistique pour ses traductions, compositions, lettres, etc. Il est destiné aux élèves des écoles secondaires et des universités, au grand public, aux voyageurs internationaux.

L'auteur a pris comme base le *Basic (British, American, Scientific, International, Commercial) English* de Charles Ogden. Il y a ajouté des éléments de "service lists" de Grande-Bretagne, des lexiques, de manuels pour l'enseignement de l'anglais dans les lycées (Carpentier-Fialip, Laffay-Kerst, etc.), des exemples puisés dans la meilleure presse et des manuels d'enseignement de l'anglais en Amérique. Il a été aidé dans cette tâche par M. Eugène Cossard, inspecteur général honoraire de l'Education nationale, à qui il adresse les vifs remerciements d'un camarade officier combattant. Ainsi, ces mots anglais forment chacun la clé d'expressions et phrases anglaises que l'auteur doit aussi à une douzaine et demie de ses manuels et à un grand dictionnaire bilingue qu'il a compilé au cours de sa longue carrière en France, en Ecosse et aux Etats-Unis.

Les exemples sont placés dans l'ordre alphabétique après le mot-rubrique ou mot-clé. Chaque alinéa de rubrique contient une phrase complète illustrative. Le mot-rubrique est suivi de ses principaux équivalents dans l'autre langue; les exemples suivent. Parfois un deuxième équivalent est donné; il figure alors entre parenthèses.

La formule magique pour l'acquisition d'une seconde langue, comme de toute autre technique, n'est autre que le travail. Nous supposons que l'étudiant a déjà fait une année d'anglais, qu'il a appris par coeur des conversations simples, en classe et au laboratoire. Il est censé connaître les règles fondamentales de la grammaire; ce qui lui fait le plus défaut ce sont les exceptions à ces règles, et surtout les tournures de phrase propres à l'anglais. Supposons qu'il ait à étudier un conte, une scène de pièce de théâtre, un article de journal ou de revue. Pour l'aider il a des notes, un lexique à fin du livre, un dictionnaire général de poche. Jusqu'ici tout va bien, mais vient le temps où il n'est plus satisfait de cette aide rudimentaire, passive. C'est le moment où ce dictionnaire lui sera le plus utile. Il y trouvera facilement l'équivalent naturel, en français, de l'expression idiomatique qu'il vient d'entendre, de lire et qu'il ne comprend pas bien, la phrase qu'il forme en français et qu'il veut rendre en bon anglais.

François Denoeu

Note des Réviseurs

Nous avons entrepris de revoir et de compléter le manuscrit de ce dictionnaire, après la disparition de François Denoeu, à la demande de sa famille qui souhaitait que ce dernier travail, parmi plusieurs autres, soit mené à terme comme témoignage de sa longue et fructueuse carrière d'érudit. C'est par reconnaissance et amitié que nous avons accepté de le faire, car François Denoeu avait été pour nous professeur, collègue et ami. Nous espérons surtout avoir réussi à rester fidèles à l'esprit et à l'intention, aussi bien qu'au long travail de recherches et de méditation qui étaient si évidents dans le manuscrit auquel le Professeur Denoeu n'a pas eu le temps de donner sa forme finale.

Notre travail a consisté principalement à 1) élaguer soigneusement certaines expressions techniques (sauf dans le cas où elles ont une application et un emploi plus courants), des locutions dont la similarité dans les deux langues nous semblait rendre la traduction inutile, et quelques-unes des expressions familières plus éphémères que le Professeur Denoeu avait collectionnées au cours de sa longue carrière; et 2) ajouter des phrases d'exemple dans le grand nombre de cas où elles manquaient encore.

David et Jacqueline B. Sices

Préface à la deuxième édition

Cette nouvelle édition de *2001 Idiotismes français et anglais* est une révision minutieuse de celle qui a paru à l'origine en 1982, ce qui a entraîné plusieurs genres de modifications: élimination de certaines expressions démodées ou peu usitées; introduction de nouvelles expressions avec phrases illustratives; modification des traductions d'un certain nombre d'expressions et inclusion de traductions alternatives ou supplémentaires; et modification de certaines de nos phrases illustratives.

Pour cette révision nous avons souvent fait appel à notre expérience de l'enseignement de la langue et la civilisation françaises aux États-Unis; nous avons aussi mis à profit nos nombreux séjours et stages d'enseignement en France, et notre lecture de publications littéraires, politiques et culturelles. Nous avons également consulté une variété de sources lexicales modernes, à la fois anglaises et françaises, dont le *Random House Webster's College Dictionary* (New York, 1992); *A Dictionary of American Idioms* (Woodbury, NY, 1975); le *Dictionnaire Collins-Robert français-anglais* (Londres, 1982); Allain Rey et S. Chantreau, *Dictionnaire Robert des expressions et locutions* (Paris, 1994); Henri Bertaud du Chazaud, *Dictionnaire Robert des synonymes*, (Paris, 1988); Pascal Soufflet, *Expressions et locutions anglaises* (Paris, 1994); et G. Basuaux, *Idiomes et proverbes: anglais-français, français-anglais* (tome 1, Paris, 1990; tome 2, Paris, 1992). Nous avons examiné aussi de nombreux périodiques contemporains français, tels que *L'Express*, *Le Point*, *VSD*, *L'Événement du jeudi*, *Le Nouvel observateur*, etc., ce qui s'est révélé particulièrement utile pour la composition ou la révision de nos phrases illustratives.

Nous sommes persuadés que cette nouvelle édition représente un sensible progrès de plusieurs points de vue sur l'ancienne, à propos de laquelle nous avions déjà reçu des commentaires très encourageants. Nous espérons qu'elle continuera à être pendant les années à venir un instrument utile pour les lecteurs, tant anglophones que francophones.

David et Jacqueline B. Sices
Janvier 1996

Idiotismes français (French Idioms)

à—*to, at, in*
   à ce que—*from what; as far as*
   A ce que je vois, elle n'a pas compris. *From what (as far as) I can see, she has not understood.*

   à la—*in the manner of; in the style of*
   Elle se coiffe à la Pompadour. *She does her hair in the manner (the style) of Madame Pompadour.*

---

abandon—*desertion, abandonment*
   à l'abandon—*neglected, in a state of neglect*
   Le parc était à l'abandon. *The park was neglected (in a state of neglect).*

---

abattre—*to knock down, to cut down*
   abattre de la besogne—*to work fast*
   Pour finir à temps, il nous faudra abattre de la besogne. *To finish in time, we'll have to work fast.*

   abbatre son jeu—*to show one's hand*
   Quand le dictateur a enfin abattu son jeu, il était trop tard pour l'arrêter. *When the dictator finally showed his hand, it was too late to stop him.*

---

abois—*baying*
   aux abois—*in desperate straits*
   Le banquier, menacé de banqueroute, était aux abois. *The banker, threatened with bankruptcy, was in desperate straits.*

---

abonder—*to abound*
   abonder dans le sens de—*to be entirely in agreement with*
   Tous les participants ont abondé dans son sens. *All the participants were entirely in agreement with him.*

---

abord—*approach*
    d'abord—*(at) first*
    D'abord, je ne connaissais personne. *(At) first, I didn't know anyone.*

abreuver—*to water*
    abreuver de compliments (d'injures)—*to shower (to heap) compliments (insults) on*
    Ses anciens collègues l'abreuvaient de compliments (d'injures). *His former colleagues showered (heaped) compliments (insults) on him.*

accent—*accent*
    avoir l'accent de la vérité—*to ring true*
    Votre histoire est étrange, mais elle a l'accent de la vérité. *Your story is strange, but it rings true.*

accord—*agreement, chord, harmony*
    D'accord!—*Okay! All right!*

accorder—*to tune*
    accorder ses violons—*to come to an agreement*
    Il faudra que vous accordiez vos violons avant la réunion. *You'll have to come to an agreement before the meeting.*

accuser—*to accuse*
    accuser réception de—*to acknowledge receipt of*
    Le bureau a accusé réception de notre lettre. *The office acknowledged receipt of our letter.*

    accuser son âge—*to look (to show) one's age*
    Cet acteur commence à accuser son âge. *That actor is beginning to look (to show) his age.*

acheter—*to buy*
    acheter chat en poche—*to buy a pig in a poke.*
    Vous essayez de me faire acheter chat en poche. *You're trying to make me buy a pig in a poke.*

    acheter les yeux fermés—*to buy sight unseen*
    Il a acheté ce lot les yeux fermés. *He bought that consignment sight unseen.*

s'acheter une conduite—*to go straight*
Depuis cette histoire avec la police, il s'est acheté une conduite. *Since that incident with the police, he's gone straight.*

acquis—*acquired*
être acquis à—*to be sold on (won over to)*
Il est dorénavant acquis à l'idée du partage. *He has now been sold on (won over to) the idea of sharing.*

être (une) chose acquise—*to be a sure thing*
Le contrat est (une) chose acquise maintenant. *The contract is a sure thing now.*

acquit—*receipt, release*
par acquit de conscience—*to set one's mind at rest*
J'ai téléphoné à ma mère par acquit de conscience. *I called my mother to set my mind at rest.*

acte—*act, deed, action*
dont acte—*(duly) noted*
Le patron promet une prochaine augmentation: dont acte. *The boss promises a raise soon: duly noted.*

faire acte d'autorité—*to put one's foot down*
S'il insiste pour discuter, il faut que vous fassiez acte d'autorité. *If he insists on arguing, you'll have to put your foot down.*

faire acte de présence—*to put in an appearance*
Le maire a fait acte de présence à la réunion. *The mayor put in an appearance at the meeting.*

actif—*assets*
à l'actif de quelqu'un—*to someone's credit*
On peut dire à son actif qu'il a fait de son mieux. *One can say to his credit that he has done his best.*

action—*stock*
Ses actions sont en baisse (en hausse). *He is losing (gaining) influence.*

adresse—*address*
>**à l'adresse de**—*for the benefit of*
>Elle n'écoute pas les compliments qu'on multiplie à son adresse. *She doesn't listen to the compliments that they keep making for her benefit.*

advenir—*to occur*
>**advienne que pourra**—*come what may*
>Je vais tenter le coup, advienne que pourra. *I'm going to give it a try, come what may.*

affaire—*business, deal*
>**avoir affaire à quelqu'un**—*to have to deal with someone*
>Si vous continuez à le tourmenter, vous aurez affaire à moi. *If you keep teasing him, you'll have to deal with me.*

>**avoir l'affaire de quelqu'un**—*to have just the thing someone needs*
>Si vous cherchez une bonne occasion, j'ai votre affaire. *If you're looking for a bargain, I have just the thing you need.*

>**Ce n'est pas une affaire.**—*There's nothing to it.*

>**C'est mon affaire.**—*Leave it to me.*

>**être l'affaire d'une heure (d'une minute, etc.)**—*to take (only) an hour (a minute, etc.)*
>Réparer ce moteur, c'est l'affaire d'une heure. *It will take (only) an hour to fix this motor.*

>**faire des affaires d'or**—*to do a land-office business; to rake in the money*
>Les avocats font des affaires d'or en ce moment. *Lawyers are doing a land-office business (are raking in the money) now.*

>**faire l'affaire**—*to do the trick; to fill the bill; to serve the purpose*
>Je crois que cette rondelle fera l'affaire. *I think this washer will do the trick (will fill the bill; will serve the purpose).*

>**faire son affaire à**—*to bump off*
>Les gens du milieu lui ont fait son affaire. *People in the underworld bumped him off.*

>**La belle affaire!**—*So what! Big deal!*
>**L'affaire est dans le sac.**—*The deal is all sewed up. It's in the bag.*

affiche—*billboard, poster*
  à l'affiche—*running (for show, etc.)*
  Sa pièce est restée à l'affiche pendant toute une année. *His play kept running for an entire year.*

afficher—*to advertise, to post*
  s'afficher—*to flaunt onself*
  La jeune femme s'affichait partout avec son riche amant. *The young woman flaunted herself everywhere with her rich lover.*

affilé—*planted in a row*
  d'affilée—*at a stretch; on end*
  Ils ont travaillé douze heurs d'affilée. *They worked for twelve hours at a stretch (on end).*

affranchir—*to free, to liberate, to stamp*
  affranchir quelqu'un sur—*to let someone know about*
  Tu devrais l'affranchir sur ce que fait son amie. *You should let him know about his girlfriend's doings.*

âge—*age*
  d'un âge avancé—*well on in years*
  Sa mère est d'un âge avancé maintenant. *His mother is well on in years now.*

  l'âge ingrat—*the awkward age*
  Il est encore à l'âge ingrat, mais il s'annonce déjà beau garçon. *He is still at the awkward age, but he already shows promise of becoming a handsome young man.*
  Quel âge avez-vous?—*How old are you?*

agir—*to act*
  agir en dessous—*to act underhandedly*
  Au lieu de m'en parler franchement, ils ont agi en dessous. *Instead of talking frankly of it to me, they acted underhandedly.*

  s'agir de—*to be a question of; to have to do with*

Il s'agit de connaître les règlements. *It's a question of knowing the rules.*
Dans ce roman, il s'agit de la révolution. *This novel has to do with the revolution.*

---

aide—*aid, help*
  A l'aide!—*Help!*

  à l'aide de—*with the aid of*
  Il a atteint le tableau à l'aide d'un escabeau. *He reached the picture with the aid of a stepladder.*

---

aigle—*eagle*
  Ce n'est pas un aigle.—*He's no great shakes.*

---

aimer—*to like, to love*
  aimer autant—*would (had) just as soon*
  J'aime autant partir tout de suite. *I'd just as soon leave right away.*

  aimer la table—*to like good food*
  C'est un bon vivant qui aime beaucoup la table. *He is a high-living man who likes good food very much.*

  aimer mieux—*would (had) rather*
  J'aime mieux lire que regarder la télé. *I'd rather read than watch TV.*

---

ainsi—*thus*
  ainsi que—*(just) as; as well as*
  Ainsi que je l'avais prévu, il a démissionné. *(Just) as I had foreseen, he resigned.* Il suit le cours d'anglais, ainsi que celui de maths. *He is taking the English class as well as math.*

  Ainsi soit-il.—*So be it. Amen.*

  et ainsi de suite—*and so on, and so forth, and what have you*
  Il a fallu y aller, les féliciter, et ainsi de suite. *We had to go there, congratulate them, and so on, and so forth (and what have you).*

  pour ainsi dire—*so to speak*
  C'est pour ainsi dire un bohémien. *He's a bohemian, so to speak.*

---

air—*air*
  avoir l'air (de)—*to appear, to seem*

Elle a l'air fatiguée. *She seems tired.* Elle a l'air d'y croire. *She appears (seems) to believe it.*

dans l'air—*in the wind*
Il y a quelque chose de mystérieux dans l'air. *There is something mysterious in the wind.*

en l'air—*empty, idle*
Ce sont des menaces en l'air. *Those are empty (idle) threats.*

un air de famille—*a (family) resemblance*
Je trouve que ces deux propositions ont un air de famille. *I think that these two proposals have a (family) resemblance.*

---

aise—*comfort, ease*
A votre aise!—*Suit yourself!*

être à l'aise—*to be comfortable, to be well off*
Ils étaient tous à l'aise dans ce climat. *They were all comfortable in that climate.* Avec leurs deux salaires, ils étaient à l'aise. *With their two incomes, they were well off.*
J'en suis fort aise!—*I'm delighted (to hear it)!*

---

ajouter—*to add*
ajouter foi à—*to give credence to*
Je n'ajoute aucune foi à ces accusations. *I give no credence to those accusations.*

---

algèbre—*algebra*
C'est de l'algèbre pour moi.—*It's all Greek to me.*

---

aller—*to go*
aller—*to fit (to suit)*
Sa nouvelle veste lui va très bien. *His new coat fits (suits) him very well.*

aller au-devant de—*to go and meet; to anticipate*
Nous sommes allés au-devant de nos invités qui arrivaient. *We went and met our guests who were arriving.*
Ils vont toujours au-devant de mes vœux. *They always anticipate my wishes.*

aller bien (mal)—*to be (to feel) well (ill)*
Son grand-père va très bien aujourd'hui. *His grandfather is (feeling) very well today.*

aller chercher—*to go (and) get*
Allez chercher le médecin tout de suite. *Go (and) get the doctor right away.*

aller de mal en pis—*to get (take a turn for) the worse*
Son état allait de mal en pis. *His condition was getting (was taking a turn for the) worse.*

aller planter ses choux—*to go out to pasture*
C'est fini pour moi; je n'ai qu' à aller planter mex choux. *It's all over for me; I can just go out to pasture.*

aller son train—*to go along at one's own rate.*
Pendant que les autres se démenaient, il allait son train. *While the others broke their backs, he went along at his own rate.*

Allez-y!—*Go ahead! Go on! Go to it!*

Allons donc!—*Come on! You don't mean it!*

Cela va de soi.—*It goes without saying. It stands to reason.*

Il en va de même de . . .—*It's the same thing with . . .*

il y va de...—*it's a question of...*
Faites vite, il y va de la vie ou de la mort de nos amis. *Do it quickly, it's a question of life or death for our friends.*

ne pas y aller avec le dos de la cuiller—*not to pull one's punches*
Elle n'y va pas avec le dos de la cuiller en nous critiquant. *She doesn't pull her punches when she criticizes us.*

ne pas y aller de main morte—*to go at it hammer and tongs; not to pull one's punches*
Ils se battaient, et ils n'y allaient pas de main morte. *They were fighting, and they went at it hammer and tongs.* Le juge n'y est pas allé de main morte; il les a condamnés à trois années ferme. *The judge didn't pull his punches; he sentenced them to three years without parole.*

s'en aller—*to go away*
Va-t-en; tu me déranges! *Go away; you're bothering me!*

y aller par quatre chemins—*to beat about the bush*
Il n'y est pas allé par quatre chemins pour leur annoncer la mauvaise nouvelle. *He didn't beat about the bush in giving them the bad news.*
Va te faire cuire un oeuf!—*Go fly a kite! Go jump in the lake!*

---

allonger—*to lengthen, to stretch*
allonger une claque à—*to give a smack to*
Ce garnement m'a allongé une claque en passant. *That rascal gave me a smack as he passed by.*

---

alors—*then*
Et alors?—*So what?*

âme—*soul*
avoir l'âme chevillée au corps—*to have as many lives as a cat*
Ils croyaient s'être débarrassés de lui, mais il a l'âme chevillée au corps. *They thought they were rid of him, but he has as many lives as a cat.*

comme une âme en peine—*like a lost soul*
Quand je l'ai trouvée, elle errait comme une âme en peine. *When I found her, she was wandering like a lost soul.*

l'âme damnée de—*a henchman*
Méfiez-vous de lui; c'est l'âme damnée de votre adversaire. *Watch our for him; he's your opponent's henchman*

---

amende—*fine*
faire amende honorable—*to make amends*
Le coupable fit amende honorable avant de mourir. *The guilty man made amends before he died.*

---

amener—*to bring, to lead*
s'amener—*to turn up*
Ils se sont enfin amenés à minuit. *They finally turned up at midnight.*

---

ami—*friend*
Ils sont amis comme cochons.—*They're as thick as thieves.*

---

amiable—*amicable*
à l'amiable—*out of court*
Ils ont réglé leur différend à l'amiable. *They settled their dispute out of court.*

amitié—*friendship*
Mes amitiés à . . .—*My regards to . . .*

amour—*love*
pour l'amour de—*for the sake of*
Laisse-moi tranquille, pour l'amour de Dieu! *Leave me alone, for God's sake!*

amuser—*to amuse*
amuser la galerie—*to keep the crowd entertained*
Il essayait d'amuser la galerie en faisant des tours de magie. *He tried to keep the crowd entertained by doing magic tricks.*

s'amuser—*to have fun (to have a good time)*
Amusez-vous bien, les enfants! *Have fun, children!* Nous nous sommes amusés à votre soirée. *We had a good time at your party.*

ancien—*ancient, former*
un ancien élève—*an alumnus*
C'est un ancien élève de l'Ecole de médecine de Paris. *He is an alumnus of the School of Medicine in Paris.*

âne—*ass, donkey*
comme l'âne de Buridan—*unable to make up one's mind*
Il hésitait entre les deux partis, comme l'âne du Buridan. *He hesitated between the two courses, unable to make up his mind.*

faire l'âne pour avoir du son—*to play dumb (in order to get what one is after)*
Cet avocat fait l'âne pour avoir du son. *This lawyer is playing dumb (to get what he is after).*

ange—*angel*

aux anges—*(just) delighted*

Marie a obtenu une promotion, elle est aux anges. *Mary has gotten a promotion, so she is delighted.*

anguille—*eel*

Il y a anguille sous roche—*There's a catch in it. I smell a rat. There's a snake in the grass.*

année—*year*

avec les années—*over the years*

Elle a changé avec les années. *She has changed with the years.*

annoncer—*to announce*

annoncer la couleur—*to lay one's cards on the table*

Les députés de l'opposition lui ont demandé d'annoncer la couleur (de sa politique). *The opposition congressmen asked him to lay his (political) cards on the table.*

s'annoncer bien (mal)—*to look promising (bad)*

La récolte s'annonce bien (mal). *The harvest looks promising (bad).*

antenne—*antenna*

avoir des antennes—*to have a sixth sense; to have contacts*

Elle devait avoir des antennes, pour déjouer tous ces complots. *She must have had a sixth sense, to foil all those plots.* Ce reporter a des antennes à la Maison Blanche. *That reporter has contacts in the White House.*

antichambre—*antechamber, anteroom*

faire antichambre—*to wait patiently for a hearing (meeting)*

Les députés faisaient antichambre pour voir le ministre. *The representatives were waiting patiently to see the minister for a hearing (a meeting).*

aplatir—*to flatten*

s'aplatir devant—*to grovel before*

Ne t'aplatis pas devant cet arrogant. *Don't grovel before that arrogant fellow.*

appareil—*apparatus, outfit*
à l'appareil—*on the line (phone)*
Qui est à l'appareil, s'il vous plait? *Who is on the line (phone), please?*

sans appareil—*simple, unpretentious*
Elle voulait un mariage dans l'intimité, sans appareil. *She wanted a simple (unpretentious) wedding, among family and friends.*

appartenir—*to belong*
ne plus s'appartenir—*to be beside oneself*
Devant leur trahison, il ne s'appartenait plus. *Seeing their treachery, he was beside himself.*

appel—*appeal, call*
faire l'appel—*to call the roll*
Elle était absente quand le professeur a fait l'appel. *She was absent when the teacher called the roll.*

faire appel à—*to appeal to*
Nous avons essayé de faire appel à leur sens de la justice. *We tried to appeal to their sense of fairness.*

appeler—*to call (for)*
appeler un chat un chat—*to call a spade a spade*
Dans leur famille on insiste toujours pour appeler un chat un chat. *In their family, they always insist on calling a spade a spade.*

en appeler à—*to appeal to*
J'en ai appelé à son sens de la justice. *I appealed to his sense of justice.*

s'appeler—*to be called (named)*
Comment vous appelez-vous? *What is your name?*
Voilà qui s'appelle . . .—*That's what I call . . .*

apprendre—*to learn, to teach*
apprendre à vivre à quelqu'un—*to teach somebody a lesson*

Cette expérience leur apprendra à vivre. *That experience will teach them a lesson.*

Vous ne m'apprenez rien!—*Don't I know it!*

---

après—*after*

aboyer (crier) après—*to bark (yell) at*
Tous les chiens du quartier aboyaient après nous. *All the dogs in the neighborhood were barking at us.*

d'après—*according to*
D'après lui, il va pleuvoir ce soir. *According to him, it is going to rain this evening.*

d'après—*next*
L'instant d'après, il était parti. *The next moment, he was gone.*

Et après?—*So what? And then what?*

---

araignée—*spider*

avoir une araignée au plafond—*to have a screw loose*
Si vous croyez cela, vous avez une araignée au plafond. *If you believe that, you have a screw loose.*

---

arme—*arm, weapon*

à armes égales—*on equal terms*
Les deux joueurs luttaient à armes égales. *The two players were struggling on equal terms.*

---

arracher—*to tear, to pull*

On se l'arrache.—*He (she, it) is all the rage.*

---

arranger—*to arrange*

Cela m'arrange.—*That works out fine for me.*

Cela n'arrange rien.—*That doesn't help anything.*

s'arranger—*to work out (all right)*
Ne t'inquiète pas; les choses s'arrangeront. *Don't worry; things will work out (all right).*

s'arranger pour—*to see to it*
Arrange-toi pour être à l'heure. *See to it that you are on time.*

---

arriver—*to arrive, to happen*
   arriver à—*to manage to*
   Je n'arrive pas à résoudre ce problème. *I can't manage to solve this problem.*

   arriver bon premier (dernier)—*to be an easy winner (dead last)*
   Son cheval est arrivé bon premier (dernier). *His horse was an easy winner (dead last).*

   arriver dans un fauteuil—*to win hands down*
   Il avait reçu une si bonne préparation qu'il est arrivé dans un fauteuil. *He had had such good preparation that he won hands down.*

   en arriver là—*to come to this*
   Il est triste que notre amitié en soit arrivée là. *It's sad for our friendship to have come to this.*

   il arrive à quelqu'un de—*someone (happens to) . . . once in a while*
   Il m'arrive de chanter. *I (happen to) sing once in a while.*

   ne pas arriver à la cheville de—*not to be in the same league with; not to hold a candle to*
   Ce romancier écrivait bien, mais il n'arrivait pas à la cheville de Flaubert. *That novelist wrote well, but he was not in the same league (didn't hold a candle to) Flaubert.*

---

arroser—*to water*
   arroser une promotion (ses galons)—*to celebrate a promotion (one's stripes) with a drink*
   Allons au café arroser tes galons. *Let's go to the café to celebrate your stripes with a drink.*

---

article—*article*
   être à l'article de la mort—*to be at death's door*
   Elle êtait si malade qu'on la croyait à l'article de la mort. *She was so ill that they thought she was at death's door.*

   faire l'article—*to boost, to push*

Le vendeur faisait l'article pour ses ouvre-boîtes. *The salesman was boosting (pushing) his can openers.*

as—*ace*

Ce n'est pas un as.—*He's not so hot.*

(ficelé, fichu) comme l'as de pique—*sloppily (dressed)*
Il est allé à la réception ficelé (fichu) comme l'as de pique. *He went to the reception sloppily dressed.*

assiette—*plate, sitting position*
l'assiette au beurre—*a plum job*
Son poste au ministère était l'assiette au beurre. *His position in the ministry was a plum job.*

ne pas être dans son assiette—*to be under the weather, not to be up to par*
Excusez-moi; je ne suis pas dans mon assiette aujourd'hui. *Excuse me; I'm under the weather (not up to par) today.*

assurer—*to assure, to insure*
s'assurer que—*to make sure that*
Nous nous sommes assurés qu'il était parti. *We made sure that he had left.*

atout—*trump*
avoir un atout en réserve—*to have an ace in the hole*
Il s'en est sorti parce qu'il avait un atout en réserve. *He got by because he had an ace in the hole.*

attacher—*to attach*
s'attacher aux pas de—*to dog the steps of*
L'agent de police s'attachait aux pas du suspect. *The policeman dogged the suspect's steps.*

attaque—*attack*
d'attaque—*going strong; up to it*

Elle a quatre-vingts ans et elle est toujours d'attaque. *She is eighty and still going strong.*

Commencez sans moi; je ne me sens pas d'attaque en ce moment. *Start without me; I don't feel up to it right now.*

---

attendre—*to await, to wait for*
Attendez voir.—*Wait and see.*

en attendant—*meanwhile*
En attendant, tâche de t'occuper. *Meanwhile, try to keep busy.*

Je vous attendais là!—*That's what I thought you'd say!*

s'attendre à—*to expect*
Je m'attends à ce qu'il parte ce soir. *I expect him to leave this evening.*

se faire attendre—*to be long in coming*
Le redressement promis se fait attendre. *The promised recovery is long in coming.*

---

attention—*attention*

Attention!—*Watch out! Careful!*

faire attention à—*to pay attention to, to mind*
Ne faites pas attention à ce qu'elle dit. *Don't pay attention to (don't mind) what she says.*

---

attirer—*to attract*
s'attirer les foudres de quelqu'un—*to bring down someone's wrath upon oneself*
La secrétaire s'est attiré les foudres du patron en parlant à la presse. *The secretary brought her boss's wrath down upon herself by talking to the press.*

---

attraper—*to catch*
attraper la cadence—*to hit one's stride*
Il finira le travail facilement maintenant qu'il a attrapé la cadence. *He'll finish the job easily now that he's hit his stride.*

attraper le coup—*to get the hang (knack; swing) of something*

Se servir de cette machine n'est pas facile, mais vous finirez par attraper le coup. *Using this machine isn't easy, but you'll end up getting the hang (knack; swing) of it.*

---

aucun—*no, none*
  d'aucuns—*some (people)*
  D'aucuns prétendent que le roi est déjà mort. *Some (people) claim that the king has already died.*

---

au-dessous—*below*
  au-dessous de tout—*beneath contempt*
  Son geste est au-dessous de tout. *His action is beneath contempt.*

---

autant—*as much (many), so much (many)*
  autant (+ inf.)—*(one) might as well (& verb)*
  Ne perds pas ta salive: autant parler à un sourd. *Don't waste your breath: you might as well talk to a deaf man.*

  d'autant mieux (plus, moins)—*all the better (more, less)*
  Je comprends d'autant moins son attitude que je sais qu'il est intéressé à l'affaire. *I understand his attitude all the less, since I know he has an interest in the case.*

---

auto—*car*
  faire de l'auto-stop—*to hitch (to thumb) a ride*
  Ils ont fait de l'auto-stop pour venir ici. *They hitched (thumbed) a ride to come here.*

---

autre—*other*
  A d'autres!—*Tell it to the marines!*

  C'est un autre son de cloche.—*That's another story (another way of looking at it).*

  C'est une autre paire de manches.—*That's a horse of a different color.*

  d'autre part—*on the other hand; then again*
  Elle est très dépensière, mais d'autre part elle est riche. *She spends a lot, but on the other hand (then again) she is rich.*

  de l'autre côté de la rue—*across the street*

La maison de l'autre côté de la rue est à louer. *The house across the street is for rent.*

J'ai d'autres chats à fouetter.—*I have other fish to fry.*

nous (vous) autres Américains (Français, etc.)—*we (you) Americans (French, etc.)*

Vous autres Américains, vous avez un pays immense. *You Americans have a huge country.*

---

autrement—*otherwise*

autrement [plus]—*a lot ([very] much) more*

Cette épreuve était autrement plus dure que je ne croyais. *That test was a lot ([very] much) harder than I thought it would be.*

---

avaler—*to swallow*

avaler des couleuvres—*to swallow insults*

Il avait si peur d'eux qu'il avalait des couleuvres sans rien dire. *He was so afraid of them that he swallowed insults without saying a word.*

avaler le morceau—*to bite the bullet*

Le président a dû avaler le morceau et signer le projet de loi. *The president had to bite the bullet and sign the bill.*

avaler sa salive—*to keep one's peace*

Au lieu d'avouer ce qu'il pensait de leurs idées, l'employé a avalé sa salive. *Instead of admitting what he thought of their ideas, the employee kept his peace.*

---

avance—*advance, lead*

à l'avance—*ahead of time*

Il faut payer ces marchandises à l'avance. *You have to pay for those goods ahead of time.*

d'avance—*in advance, before one starts*

Ils se sentaient vaincus d'avance. *They felt beaten in advance (before they started).*

en avance—*early, ahead of schedule*

Le train de Paris est arrivé en avance. *The train from Paris arrived early (ahead of schedule).*

La belle avance!—*A lot of good that will do!*

---

avancer—*to advance*

A quoi cela m'avance-t-il?—*What good does that do me?*

avancer de—*to be . . . fast*

Votre montre avance de trois minutes. *Your watch is three minutes fast.*

ne pas en être plus avancé—*to be no better off (for that)*

J'ai vu le directeur, mais je n'en suis pas plus avancé. *I saw the director, but I'm no better off (for that).*

---

avant—*ahead, before*

avant peu—*before long*

Je le verrai certainement avant peu. *I'll surely see him before long.*

avant tout—*above all*

N'oubliez pas avant tout de nous écrire. *Above all, don't forget to write us.*

En avant!—*Forward! Let's go!*

---

avec—*with*

d'avec—*from*

Il faut distinguer l'utile d'avec l'agréable. *You have to distinguish what is useful from what is agreeable.*

Et avec cela, Madame? (Monsieur?)—*(Do you want) anything else, Madam? (Sir?)*

---

avenant—*pleasant, seemly*

à l'avenant—*accordingly*

Les enfants étaient très bien habillés et se tenaient à l'avenant. *The children were very well dressed and behaved accordingly.*

---

avenir—*future*

d'avenir—*up-and-coming*

C'est un jeune avocat d'avenir. *He is an up-and-coming young lawyer.*

---

aventure—*adventure, chance*

à l'aventure—*aimless(ly)*

Les trois garçons erraient à l'aventure dans la forêt. *The three boys wandered aimlessly through the forest.*

---

avis—*advice, opinion, notice*
  Avis aux amateurs!—*A word to the wise!*

  d'avis de—*in favor of*
  Le majorité était d'avis de refuser son offre. *The majority was in favor of refusing his offer.*

  (il) m'est avis que—*to my mind*
  (Il) m'est avis que la bataille est perdue. *To my mind, the battle is lost.*

  sauf avis contraire—*unless one hears to the contrary*
  Sauf avis contraire, le colis sera expédié vendredi. *Unless you hear to the contrary, the package will be sent on Friday.*

---

avoir—*to have*
  avoir . . . ans—*to be . . . (years old)*
  Lorsque j'avais vingt ans, j'étais plus optimiste. *When I was twenty (years old), I was more of an optimist.*

  avoir chaud (froid)—*to be (to feel) hot (cold)*
  Si tu as trop chaud (froid), change d'habits. *If you are (you feel) too hot (cold), change your clothes.*

  avoir dans la peau—*to have got under one's skin*
  Elle l'avait dans la peau et ne pouvait pas l'oublier. *She had got him under her skin and couldn't forget him.*

  avoir . . . de haut (de long, de large, etc.)—*to be . . . high (long, wide, etc.)*
  Le mur extérieur a trois mètres de haut (de long, de large). *The outside wall is three meters high (long, wide).*

  avoir lieu—*to take place*
  Le match aura lieu demain à trois heures. *The game will take place tomorrow at three o'clock.*

  avoir quelqu'un—*to catch (to get) someone; to pull a fast one on someone*
  Voilà, je t'ai eu! *There, I caught (I got) you!* Ces escrocs ont essayé de m'avoir. *Those swindlers tried to pull a fast one on me.*

en avoir après (contre)—*to have it in for*
Elle en a après (contre) lui à cause de son retard. *She has it in for him because he was late.*

en avoir assez (marre, plein les bottes, plein le dos, plein son sac, ras le bol, soupé)—*to have had it, to be fed up*
J'en ai assez (marre, plein les bottes, plein le dos, plein mon sac, ras le bol, soupé) de son insolence. *I've had it (I'm fed up) with his insolence.*

en avoir le coeur net—*to get to the bottom of it*
Il y a eu un malentendu et je veux en avoir le coeur net. *There has been a misunderstanding and I want to get to the bottom of it.*

en avoir pour—*to need, for it to take*
J'en ai pour une heure, pour faire ce travail. *I need (It will take me) an hour to do this job.*

en avoir pour son argent—*to get one's money's worth*
Cela a coûté cher, mais nous en avons eu pour notre argent. *It cost a lot, but we got our money's worth.*

n'avoir que faire de—*to have no use for*
Je n'ai que faire d'une aide si tardive. *I have no use for such belated help.*

ne pas avoir froid aux yeux—*to have pluck*
Les anciens Normands n'avaient pas froid aux yeux. *The old Norsemen had pluck.*

Qu'as-tu? (Qu'avez-vous?)—*What's the matter (with you)?*

quoi qu'il en ait—*no matter what one may think*
Il n'y arrivera jamais, quoi qu'il en ait. *He will never succeed in it, no matter what he may think.*

bagage—*baggage, luggage*

faire ses bagages—*to pack (one's bags)*
Je vais faire mes bagages juste avant de partir. *I'm going to pack (my bags) just before leaving.*

un bagage intellectuel—*a fund (stock) of knowledge*
Ce conférencier a un bagage intellectuel remarquable. *This lecturer has a tremendous fund (stock) of knowledge.*

baguette—*rod, stick*
    mener (faire marcher) à la baguette—*to boss around, to rule with an iron hand*
    Le ministre menait (faisait marcher) ses aides à la baguette. *The minister bossed his staff around (ruled his staff with an iron hand).*

    sous la baguette de—*under the baton (direction) of*
    L'orchestre était sous la baguette de Toscanini. *The orchestra was under the baton (the direction) of Toscanini.*

bail—*lease*
    cela fait un bail—*it's been ages*
    Cela fait un bail que nous ne l'avons pas vu! *It's been ages since we've seen him!*

bain—*bath*
    dans le bain—*in the know (in the swim); in trouble*
    Je m'excuse de cette gaffe; je ne suis pas encore dans le bain. *I'm sorry for that blunder; I'm not yet in the know (in the swim).*
    Il ne fallait pas faire cela; maintenant nous voilà dans le bain! *You shouldn't have done that; now we're in trouble!*

baisser—*to lower*
    baisser les bras (pavillon)—*to give up*
    J'avoue que j'ai dû baisser les bras (pavillon) devant son ignorance. *I admit I had to give up in the face of his ignorance.*

    baisser le ton—*to lower one's voice; to tone down*
    Devant le malade les médecins baissèrent le ton. *In the patient's presence, the doctors lowered their voices.* Il a fait baisser le ton un peu à cet arrogant. *He made that arrogant fellow tone down a bit.*

bande—*band, gang*
    faire bande à part—*to go it alone*

Ne pouvant pas s'entendre avec les autres ils faisaient toujours bande à part. *Since they couldn't get along with others, they would always go it alone.*

---

barbe—*beard*

à la barbe de quelqu'un—*under someone's (very) nose*
Il se moquait des conservateurs à leur barbe. *He made fun of the conservatives under their (very) nose.*

La barbe!—*What a nuisance (pain in the neck)!*

(se) faire la barbe—*to shave*
Je chantais en me faisant la barbe. *I sang as I was shaving.*

---

barque—*(row) boat*

bien mener (conduire) sa barque—*to handle one's affairs right*
Le voilà président, il a bien mené sa barque. *He is president now, he's handled his affairs right.*

---

barre—*bar, tiller*

avoir barre sur quelqu'un—*to get (to have) the edge (the jump) on someone*
En faisant cette offre généreuse nous aurons barre sur lui. *By making this generous offer we'll have the edge (the jump) on him.*

C'est de l'or en barre!—*It's a gold mine!*

---

bas—*low*

à bas—*down with*
A bas la tyrannie! *Down with tyranny!*

au bas mot—*at the very least*
Cette table ancienne vous coûtera mille francs au bas mot. *This antique table will cost you a thousand francs at the very least.*

en bas—*below, downstairs*
J'ai cru entendre un bruit en bas. *I thought I heard a noise below (downstairs).*

en bas âge—*little, young*

Il faut laisser les enfants en bas âge à la maison. *Little (young) children must be left at home*

bât—*pack (saddle)*
C'est là où (que) le bât le blesse. *That's where the shoe pinches.*

bataille—*battle*
en bataille—*disheveled*
L'enfant avait les cheveux en bataille. *The child's hair was disheveled.*

bâtir—*to build*
bâti à chaux et à sable—*made of solid rock*
C'était un homme bâti à chaux et à sable. *The man was made of solid rock.*

bâtir des châteaux en Espagne—*to build castles in air*
Tâche de travailler, au lieu de bâtir des châteaux en Espagne. *Try working, instead of building castles in air.*

bâton—*stick*
à bâtons rompus—*of this and that*
En attendant le lever du rideau ils parlaient à bâtons rompus. *While waiting for the curtain to rise, they talked of this and that.*

Il a son bâton de maréchal.—*He has risen as far as he can.*

le bâton de vieillesse—*a support in old age*
Cet enfant sera plus tard votre bâton de vieillesse. *This child will be your support in old age later on.*

battre—*to beat*
battre à plate couture (comme plâtre)—*to crush; to beat to a pulp (hands down)*
Leur équipe nous a battus à plate couture (come plâtre). *Their team crushed us (beat us to a pulp [hands down]).*

battre de l'aile—*to be in bad shape*
Son entreprise bat de l'aile maintenant. *His business is in bad shape now.*

battre en brèche—*to assail, to lambaste*

Le parti socialiste battait en brèche la réforme fiscale proposée. *The socialist party assailed (lambasted) the proposed fiscal reform.*

battre froid à quelqu'un—*to be cool toward someone, to give someone the cold shoulder (the deep freeze)*
Depuis quelque temps elle me bat froid. *She has been cool toward me (has been giving me the cold shoulder, the deep freeze) for some time.*

battre la campagne—*to be delirious*
Ne l'écoutez pas; il bat la campagne. *Don't listen to him; he's delirious.*

battre le pavé—*to walk (up and down) the streets*
Ils ont battu le pavé toute la journée à la recherche d'un travail. *They walked (up and down) the streets all day looking for a job.*

battre les cartes—*to shuffle the cards*
C'est à celui qui donne de battre des cartes. *It's up to the dealer to shuffle the cards.*

battre pavillon—*to fly a flag*
Le cargo bat pavillon français. *The freighter is flying the French flag.*

battre son plein—*to be at its height (in full swing)*
Le fête battait son plein quand nous sommes arrivés. *The celebration was at its height (in full swing) when we arrived.*

Il ferait battre des montagnes.—*He's a troublemaker.*

Je m'en bats l'oeil! *I don't give a rap (a hoot)!*

se battre les flancs—*to wear oneself out for nothing*
Ils se sont aperçus trop tard qu'ils se battaient les flancs. *They realized too late that they were wearing themselves out for nothing.*

---

baver—*to drool*
en faire baver—*to give a run for one's money (to make one sweat)*
Leur équipe nous en a fait baver avant de perdre. *Their team gave us a run for our money (made us sweat) before losing.*

---

beau, belle—*beautiful, fine, handsome*
au beau milieu—*right (smack) in the middle*
Je suis tombé au beau milieu de leur bagarre. *I fell right (smack) in the middle of their brawl.*

avoir beau faire quelque chose—*no matter how (much) one does something*

Il a beau le nier, je sais que c'est vrai. *No matter how much he denies it, I know it's true.*

avoir beau jeu—*to have the upper hand*

Vous avez beau jeu contre cette grand société. *You have the upper hand against that big company.*

avoir beau jeu de (pour)—*to have an easy time*

Ils ont beau jeu de (pour) s'unir contre vous. *They have an easy time uniting against you.*

avoir le beau rôle—*to come off best*

C'est elle qui avait le beau rôle et moi qui faisais le travail. *She was the one who came off best and I did the work.*

bel et bien—*altogether, really*

Il nous a bel et bien échappé. *He got away from us altogether (really got away from us).*

dans de beaux draps—*in a fix*

Grâce à ta bêtise, nous sommes dans de beaux draps! *Thanks to your foolishness, we're in a fix!*

de plus belle—*more (harder, faster, etc.) than ever*

Elle se mit à pleurer de plus belle. *She began to cry harder than ever.*

en faire de belles—*to be up to fine things*

Vous en avez fait de belles pendant mon absence! *You have been up to fine things while I was gone!*

faire le beau—*to sit up and beg*

Leur chien fait le beau pour avoir des gourmandises. *Their dog sits up and begs to get sweets.*

Il y a belle lurette.—*It's been a long, long while.*
La belle affaire (histoire)!—*So what!*

---

beaucoup—*much, many*

C'est un peu beaucoup!—*That's going (a bit) too far!*

de beaucoup—*by far; far and away*

C'est de beaucoup le meilleur coureur de l'équipe. *He is by far (far and away) the best racer on the team.*

bercer—*to rock*
  se bercer d'illusions—*to fool (to kid) oneself*
Vous vous bercez d'illusions si vous croyez que cette loi sera votée. *You're fooling (kidding) yourself if you think that law will be voted in.*

besoin—*need, want*
  au besoin—*if need be, in a pinch*
Nous pourrions au besoin venir vous aider. *We could come and help you, if need be (in a pinch).*

  avoir besoin de—*to need*
Le trésor a besoin d'argent. *The treasury needs money.*

bête—*stupid*
  C'est bête comme chou.—*It's as easy as pie.*
  Pas si bête!—*Not if I can help it!*

bête—*animal, beast*
  la bête noire—*a pet peeve*
Les maths sont sa bête noire. *Math is his pet peeve.*

beurre—*butter*
  C'est du beurre!—*It's a pushover (a cinch)!*

  faire son beurre—*to make a (one's) pile*
Maintenant qu'il a fait son beurre, il se la coule douce. *Now that he's made a (his) pile, he takes life easy.*

bidon—*can, barrel*
  C'est du bidon!—*That's a bunch of rubbish! It's a fake!*

bien—*well, very*
  bien de—*much, many (a)*
Je l'ai vue bien des fois. *I've seen her many times (many a time).*

bien en chair—*plump*

Nous l'avons rencontré avec une jeune femme bien en chair. *We met him with a plump young woman.*

bien lui (vous, etc.) en a pris de—*he (you, etc.) did well to*

Bien lui en a pris de nous écouter. *He did well to listen to us.*

C'est bien fait pour lui (vous, etc.)!—*It serves him (you, etc.) right!*

C'est bien de lui (vous, etc.).—*That's just like him (you, etc.).*

Eh bien!—*Well?*

être bien en cour—*to enjoy favor*

Il est bien en cour grâce à ses relations. *He enjoys favor thanks to his connections.*

---

bien—*good, property*

avoir du bien au soleil—*to own land*

On le croyait pauvre, mais il avait du bien au soleil. *He was thought to be poor, but he owned land.*

en tout bien, tout honneur—*with only the highest intentions*

Je vous dis cela en tout bien, tout honneur. *I tell you that with only the highest intentions.*

un homme (des gens) de bien—*a decent man (decent people)*

J'adresse cette requête à tous les gens de bien. *I address this request to all decent people.*

---

bientôt—*soon*

C'est bientôt dit!—*That's easier said than done!*

---

bile—*bile, gall*

se faire de la bile—*to stew*

Ne vous faites pas de bile pour si peu de chose! *Don't stew over such a small matter!*

---

billard—*billiard game, table*

C'est du billard!—*It's a piece of cake! It's as easy as pie!*

monter (passer) sur le billard—*to go under the knife*

Il évitait d'aller voir le médecin de peur d'avoir à monter (passer) sur le billard. *He avoided going to see the doctor for fear of having to go under the knife.*

blague—*joke*
Sans blague!—*No fooling (kidding)!*

bleu—*blue*
    en être (en rester) bleu—*to be struck dumb*
    Devant la déclaration du ministre, le public en était (en restait) bleu. *Hearing the minister's declaration, the audience was struck dumb.*

bloc—*block, lump*
    gonflé (serré) à bloc—*pumped (tightened) up hard; keyed up*
    La vis est serrée à bloc. *The screw is tightened up hard.* Le pneu est gonflé à bloc. *The tire is pumped up hard.* Les joueurs sont gonflés à bloc. *The players are all keyed up.*

boire—*to drink*

    boire comme un trou—*to drink like a fish*
    Depuis son accident il s'est mis à boire comme un trou. *Since his accident he has started to drink like a fish.*

    boire du (petit) lait—*to drink it up*

En entendant ces paroles flatteuses, il buvait du (petit) lait. *Hearing those flattering words, he drank it up.*

boire en Suisse—*to drink by oneself, to be a solitary drinker*

Venez vous asseoir avec moi; je n'aime pas boire en Suisse. *Come sit down with me; I don't like to drink by myself (to be a solitary drinker).*

boire la goutte—*to take a nip*

Ce n'est pas un ivrogne, mais il boit la goutte de temps à autre. *He's no drunkard, but he takes a nip from time to time.*

boire la tasse—*to gulp down water (while swimming)*

Renversé par la vague, l'enfant a bu la tasse. *Knocked down by the wave, the child gulped down some water.*

boire sec—*to drink hard*

Il mangeait bien et buvait sec. *He ate well and drank hard.*

boire un bouillon—*to go under, to go broke*

Malgré les prêts qu'on lui a faits, il a bu un bouillon. *Despite the loans which were made to him, he went under (went broke).*

boire un coup—*to take a drink*

"Boire un petit coup, c'est agréable." *To take a little drink is very pleasant.*

Ce n'est pas la mer à boire.—*It's not such a big deal (job).*

Il y a à boire et à manger là-dedans.—*You have to take it with a grain of salt.*

---

bois—*wood*

de quel bois on se chauffe—*what one is made of*

Je vais lui montrer de quel bois je me chauffe! *I'll show him what I'm made of!*

---

bomber—*to bulge, to curve*

bomber le torse—*to swagger about*

Le sergent bombait le torse et criait des ordres. *The sergeant swaggered about and shouted orders.*

---

bon—*good*

à bon compte—*cheap*

J'ai eu ce meuble à bon compte. *I got this piece of furniture cheap.*

à bon droit—*with good reason*

Il est fâché, et à bon droit. *He is angry, and with good reason.*

à bonne enseigne—*on good authority*

J'ai appris cette nouvelle à bonne enseigne. *I learned that bit of news on good authority.*

à bon port—*in safety*

Nous sommes rassurés; notre fils est arrivé à bon port. *We are relieved; our son has arrived in safety.*

à bon titre—*rightfully*

Il a réclamé ce poste à bon titre. *He laid claim to that job rightfully.*

A la bonne heure!—*Fine! That's great!*

A quoi bon?—*What's the use?*

à son bon plaisir—*according to one's whim*

Il distribuait les notes à son bon plaisir. *He gave out grades according to his whim.*

aux bons soins de—*(in) care of*

Envoyez-lui la lettre aux bons soins de sa mère. *Send him the letter (in) care of his mother.*

avoir bonne mine—*to look well; (ironic) to look like a sucker*

Après ses vacances en Floride, elle a bonne mine. *After her vacation in Florida, she looks well.* S'il ne tient pas sa promesse, tu auras bonne mine. *If he doesn't keep his promise, you'll look like a sucker.*

bon an, mal an—*year in, year out*

Bon an, mal an, on a réussi à faire marcher l'entreprise. *Year in, year out, we've managed to make a go of the business.*

bon gré, mal gré—*willy-nilly (whether one likes it or not)*

Ils seront obligés de nous suivre, bon gré, mal gré. *They'll have to follow us, willy-nilly (whether they like it or not).*

bon teint—*dyed-in-the-wool*

C'est un républicain bon teint. *He's a dyed-in-the-wool Republican.*

C'est bon!—*That will do! Enough said!*

C'est de bonne guerre (lutte).—*It's all in the game. It's fair play.*

de bon matin—*early in the morning*
Je me lève de bon matin pour aller au travail. *I get up early in the morning to go to work.*

de bonne heure—*early*
Nous sommes arrivés de bonne heure pour avoir de meilleures places. *We arrived early to get better seats.*

Elle est bonne, celle-là!—*That's a good one! That's a bit too much!*

faire bonne chère—*to eat well*
Après notre long voyage, nous avons fait bonne chère à l'auberge. *After our long trip, we ate well at the inn.*

Il a bon dos!—*That's it, put the blame on him!*

le bon sens—*common sense*
Le bon sens est la chose la mieux partagée du monde. *Common sense is the most widely shared thing in the world.*

Si bon vous semble.—*If you see fit.*

une bonne femme—*an old woman*
La place était pleine de bonnes femmes qui tricotaient. *The square was full of old women knitting.*

une bonne fois pour toutes—*once and for all*
Je te le dis une bonne fois pour toutes, je n'y vais pas. *I'm telling you once and for all, I'm not going.*

une bonne fourchette—*a hearty eater*
Préparez-lui des plats copieux; c'est une bonne fourchette. *Make heaping platters for him; he's a hearty eater.*

---

bond—*bounce, jump, leap*
   au bond—*right off*
   Il a saisi l'idée au bond. *He grasped the idea right off.*

---

bondir—*to leap*
   bondir (de colère)—*to hit the ceiling*

Son père a bondi (de colère) quand il a reçu la facture. *His father hit the ceiling when he got the bill.*

bonheur—*good fortune, happiness, success*
par bonheur—*fortunately*
Par bonheur sa mère est arrivée à temps. *Fortunately, his mother arrived in time.*

bonnet—*cap*
C'est bonnet blanc et blanc bonnet.—*It's six of one and half a dozen of the other.*

bord—*edge*
à bord (de)—*on board*
Il n'y avait personne à bord du bateau. *There was no one on board the ship.*

sur les bords—*a shade, a touch*
L'inventeur était cinglé sur les bords. *The inventor was a shade (a touch) nutty.*

bouche—*mouth, spout*
Bouche cousue! *Button your lip! Keep it under your hat! Mum's the word!*

de bouche en bouche—*by word of mouth*
La nouvelle s'est répandue de bouche en bouche. *The news spread by word of mouth.*

avoir (faire) la bouche en coeur—*to simper*
Elle a (fait) la bouche en coeur quand on la regarde. *She simpers when people look at her.*

bouchée—*mouthful*
ne faire qu'une bouchée de—*to make short work of*
Leur équipe n'a fait qu'une bouchée de leurs adversaires. *Their team made short work of their opponents.*

pour une bouchée de pain—*for a song*
Il a eu la maison pour une bouchée de pain. *He got the house for a song.*

boucher—*to plug, to stop (up)*
Ça lui en a bouché un coin!—*That shut him up!*
Il est bouché à l'émeri!—*He's got a thick skull!*

boucler—*to buckle*
Boucle-la!—*Shut your trap!*

boucler une affaire—*to clinch (to wrap up) a deal*
Les deux directeurs ont bouclé l'affaire au cours d'un bon dîner. *The two executives clinched (wrapped up) the deal over a good dinner.*

bouillir—*to boil*
faire bouillir la marmite—*to bring home the bacon*
Il travaillait de longues heures pour faire bouillir la marmite. *He worked long hours to bring home the bacon.*

boule—*ball, globe*
être (se mettre) en boule—*to be (to get) furious*
Fais attention, le patron se met en boule facilement. *Watch out, the boss gets furious easily.*

faire boule de neige—*to snowball*
Leur idée a fait boule de neige. *Their idea snowballed.*

bouquet—*aroma, bouquet*
C'est le bouquet!—*That's the last straw! That's the limit! That takes the cake!*

bourrer—*to stuff*
bourrer le crâne à—*to give false ideas to*
Ses camarades lui ont bourré le crâne et il ne voit plus ses limites. *His friends have given him false ideas and he no longer knows his limitations.*

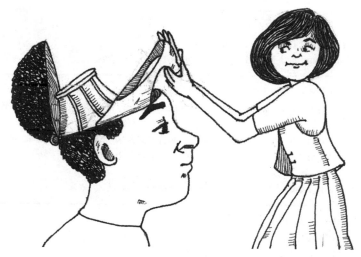

Bourrer le crâne à

---

bourse—*pouch, purse, stock exchange*
  sans bourse délier—*without spending a cent*
  Vous pouvez avoir ce livre sans bourse délier. *You can get this book
    without spending a cent.*

---

bout—*bit, end, tip*
  à bout—*all in*
  Je n'en peux plus; je suis à bout. *I can't go on any longer; I'm all in.*

  à bout portant—*point-blank*
  Il a tiré sur le voleur à bout portant. *He fired at the thief point-blank.*

  au bout de son rouleau—*at the end of one's rope*
  Il était au bout de son rouleau et ne savait plus quoi faire. *He was at the
    end of his rope and didn't know what to do any more.*

  au bout du compte—*in the final analysis*
  Au bout du compte, cela m'est égal. *In the final analysis, it doesn't
    matter to me.*

  du bout des lèvres—*without conviction*

Elle riait, mais seulement du bout des lèvres. *She laughed, but really without conviction.*

être à bout de—*to have run out of*
Nous sommes à bout d'idées. *We have run out of ideas.*

bouteille—*bottle*

avoir (prendre) de la bouteille—*to be (to grow) mellow; to be (to get to be) an old-timer.*
On attend que ce vin prenne de la bouteille. *We're waiting for this wine to grow mellow.* Cet ouvrier a (prend) déjà de la bouteille. *This worker is (is getting to be) an old-timer.*
C'est la bouteille à l'encre.—*It's as clear as mud.*

branler—*to shake*

branler dans le manche—*to be shaky (tottering)*
L'entreprise branle dans le manche. *The business is shaky (tottering).*

bras—*arm*

à bras le corps—*bodily*
Le maître-nageur l'a saisi à bras le corps. *The swimming instructor seized him bodily.*

à bras raccourcis—*with all one's might*
Le malabar le frappait à bras raccourcis. *The bruiser was hitting him with all his might.*

avoir le bras long—*to have pull*
Attention; il a le bras long et pourrait te causer des ennuis. *Watch out; he has pull and could make trouble for you.*

bras dessus, bras dessous—*arm in arm*
Ils se promenaient le long de la rivière bras dessus, bras dessous. *They walked along the river bank arm in arm.*

C'est mon bras droit.—*He's my right-hand man.*

le bras de fer—*arm wrestling, struggle for dominance*
On assiste à un bras de fer entre le premier ministre et le président. *We are witnessing arm wrestling (a struggle for dominance) between the prime minister and the president.*

Les bras m'en tombent!—*I'm dumbfounded! I can't believe it!*

sur les bras—*on one's hands*
Depuis son divorce, j'ai mon frère sur les bras. *Since my brother's divorce, I have had him on my hands.*

---

brasser—*to brew, to stir*
brasser des affaires—*to wheel and deal*
C'était un homme énergique qui brassait toujours des affaires. *He was an energetic man, always wheeling and dealing.*

---

brave—*brave, good*
C'est un brave homme (une brave femme).—*He's a nice fellow (she's a nice woman).*

faire le brave—*to swagger*
Malgré sa défaite, il continue à faire le brave. *Despite his defeat, he continues to swagger.*

---

brebis—*ewe, sheep*
la brebis galeuse—*the black sheep*
Son frère était la brebis galeuse de la famille. *His brother was the black sheep of the family.*

---

brèche—*breach, gap*
sur la brèche—*on the go*
Notre député est toujours sur la brèche. *Our congressman is always on the go.*

---

bride—*bridle*
à bride abattue—*at full gallop (speed)*
L'officier se rendit au combat à bride abattue. *The officer went to battle at full gallop (speed).*

---

briller—*to shine*
briller par son absence—*to be conspicuous by one's absence*
Pendant le gros du travail, le chef brillait par son absence. *While the work was at its height, the chief was conspicuous by his absence.*

brisées—*traces, tracks*
   aller (marcher) sur les brisées de quelqu'un—*to tread on someone's
      territory*
   N'essayez pas d'aller (de marcher) sur les brisées de ce collègue. *Don't
      try and tread on that colleague's territory.*

---

brouiller—*to mix up, to scramble*
   brouiller les cartes—*to cloud the issue*
   Votre explication ne fait que brouiller les cartes. *Your explanation only
      clouds the issue.*

---

broyer—*to crush, to pulverize*
   broyer du noir—*to be down in the dumps, to have the blues*
   Il broyait du noir depuis son divorce. *He had been down in the dumps
      (had had the blues) since his divorce.*

---

bruit—*noise*
   le bruit court—*rumor has it*
   Le bruit court qu'elle s'est remariée. *Rumor has it that she has married
      again.*

---

brûler—*to burn*
   brûler (d'envie) de—*to be eager to; to be spoiling for*
   Je brûle (d'envie) de faire ce travail. *I am eager to do this job.* Nous
      pouvions voir qu'il brûlait (d'envie) de se battre. *We could see he was
      spoiling for a fight.*

   brûler une étape—*to skip a stage*
   Dans son désir de finir vite il brûlait toutes les étapes. *In his desire to
      finish quickly he skipped as many stages as he could.*

   brûler un feu rouge—*to run a red light*
   L'ambulance a brûlé tous les feux rouges en allant à l'hôpital. *The
      ambulance ran all the red lights on its way to the hospital.*

   se brûler la cervelle—*to blow one's brains out*
   Il s'est brûlé la cervelle par désespoir d'amour. *He blew his brains out for
      unrequited love.*

Tu brûles!—*You're getting warm (close)!*

but—*aim, goal, object*
  de but en blanc—*point-blank*
  Elle m'a posé la question de but en blanc. *She asked the question of me point-blank.*

ça—*that*
  Ça alors!—*How do you like that! I'll be darned!*
  Ça y est!—*I've got it! It's done!*

cachet—*seal, stamp*
  avoir du cachet—*to have style*
  Cette bague ancienne a beaucoup de cachet. *This antique ring has a lot of style.*

cachette—*hiding place*
  en cachette   *on the sly*
  Il allait voir ses copains en cachette. *He would go and see his pals on the sly.*

cadeau—*gift, present*
  ne pas faire de cadeau—*not to let off lightly*
  L'autre équipe n'était pas bien forte, mais elle ne leur a pas fait de cadeau. *The other team was not very strong, but it did not let them off lightly.*

cadet—*junior*
  C'est le cadet de mes soucis!—*I couldn't care less! That's the least of my worries!*

cafard—*cockroach*
  avoir le cafard—*to be down in the dumps, to have the blues, to be blue*

Il avait le cafard à cause du départ de son amie. *He was down in the dumps (had the blues, was blue) because of his girlfriend's departure.*

caresser—*to caress*
 caresser une idée—*to toy with an idea*
 Nous caressons l'idée d'aller vivre en Floride. *We are toying with the idea of going to live in Florida.*

carotte—*carrot*
 Les carottes sont cuites!—*Your (Our, etc.) goose is cooked! You're (We're, etc.) done for!*

carte—*card, map*
 avoir (donner) carte blanche—*to have (to give) a free hand*
 Le président vous donne carte blanche dans cette affaire. *The president gives you a free hand in this matter.*

 C'est la carte forcée.—*You (we, etc.) have no choice.*

 le dessous des cartes—*what goes on behind the scenes*
 Je ne connais pas le dessous des cartes dans cette histoire. *I don't know what goes on behind the scenes in that business.*

cas—*case, instance*
 faire peu de (grand) cas de—*to make little (much) of, to take little (great) notice of*
 Le ministre fait peu de cas de notre opposition. *The minister makes little (takes little notice) of our opposition.*

 le cas échéant—*if need be*
 Le cas échéant, nous sommes prêts à démissionner. *If need be, we are ready to resign.*

casser—*to break*
 Ça m'a cassé bras et jambes!—*That was the last straw for me!*

 casser du sucre sur le dos (la tête) de—*to run down behind someone's back*

Elle casse du sucre sur le dos (la tête) de sa belle-fille. *She runs her daughter-in-law down behind her back.*

casser la croûte—*to have a bite*
Ils se sont arrêtés un instant en route pour casser la croûte. *They stopped awhile on the way to have a bite.*

casser la figure à quelqu'un—*to knock someone's block off (knock someone silly)*
Si tu touches à mon petit frère, je te casse la figure. *Keep your hands off my little brother or I'll knock your block off (knock you silly).*

casser les pieds à—*to be a pain in the neck*
Va-t'en, tu me casses les pieds avec tes plaintes. *Get out, you're a pain in the neck with your complaints.*

casser les reins à—*to break somebody (somebody's back)*
Le coup d'état a cassé les reins à l'opposition. *The coup d'état broke (the back of) the opposition.*

casser sa pipe—*to kick the bucket*
Le père Michel a cassé sa pipe. *Old man Michel has kicked the bucket.*

Ça ne casse rien.—*It's no great shakes.*

se casser la figure—*to take a (bad) spill*
Le trottoir était si glacé qu'elle s'est cassé la figure. *The sidewalk was so icy that she took a (bad) spill.*

se casser la tête—*to rack one's brains*
Je me casse la tête pour trouver une réponse. *I'm racking my brains to find an answer.*

se casser le nez—*to have no luck; to get no answer*
J'ai essayé de lui parler, mais je me suis cassé le nez. *I tried to speak to her, but I had no luck (I got no answer).*

se casser les dents sur quelque chose—*to be unable to deal with something*
Le maire s'est cassé les dents sur le problème du logement. *The mayor has been unable to deal with the housing problem.*

cause—*cause, case*

  en cause—*in question*

  Son honnêteté n'est pas en cause, seulement ses capacités. *His honesty is not in question, only his abilities.*

  Et pour cause!—*And for good reason!*

causer—*to chat, to talk*

  Cause toujours!—*Go on, I'm not interested!*

cavalier—*horseman, rider*

  faire cavalier seul—*to go it alone*

  Certains membres du parti ont décidé de faire cavalier seul. *Some members of the party have decided to go it alone.*

céder—*to yield*

  céder du terrain—*to back off, to give ground*

  Ses interlocuteurs l'ont obligé à céder du terrain avant de se mettre d'accord. *The people he spoke to made him back off (give ground) before coming to an agreement.*

  céder le pas—*to give way*

  Les enfants doivent céder le pas aux personnes âgées. *Children have to give way to elderly people.*

  ne (le) céder à personne—*to be second to none*

  Pour le talent il ne le cède à personne. *As far as talent is concerned, he is second to none.*

cent—*hundred*

  aux cent coups—*frantic*

  Elle était aux cent coups en attendant de tes nouvelles. *She was frantic waiting for news from you.*

  faire les cent pas—*to pace up and down, to walk the floor*

  Son mari faisait les cent pas en attendant la naissance de leur enfant. *Her husband paced up and down (walked the floor) waiting for the birth of their child.*

certain—*certain*

d'un certain âge—*middle-aged, getting on in years*
La jeune actrice était accompagnée par un homme d'un certain âge. *The young actress was accompanied by a middle-aged man (a man who was getting on in years).*

cesse—*cease, respite*

n'avoir de cesse que—*not to rest until*
Elle n'avait de cesse que son fils fût retrouvé. *She would not rest until her son was found again.*

chacun—*each (one)*

Chacun son goût.—*To each his own. There's no accounting for taste.*
Chacun pour soi!—*Every man for himself!*

chair—*flesh, meat*

Ce n'est ni chair ni poisson.—*It's neither fish nor fowl.*

en chair et en os—*in the flesh*
Nous avons vu le Pape en chair et en os! *We saw the Pope in the flesh!*

la chair de poule—*gooseflesh (goose pimples)*
Ce roman policier m'a donné la chair de poule. *That detective story gave me gooseflesh (goose pimples).*

champ—*field*

Le champ est libre.—*The coast is clear.*

sur le champ—*right away, immediately*
Tous sont partis sur le champ. *Everyone left right away (immediately).*

changer—*to change*

changer d'avis (d'idée)—*to change one's mind*
Ils ne veulent plus l'acheter parce qu'ils ont changé d'avis (d'idée). *They don't want to buy it any longer because they have changed their minds.*

changer de langage—*to change one's tune*

Quand ils entendront nos raisons, ils changeront de langage. *When they hear our argument, they'll change their tune.*

changer son fusil d'épaule—*to switch parties (to change one's allegiance)*
Le candidat a changé son fusil d'épaule après avoir perdu l'élection. *The candidate switched parties (changed his allegiance) after losing the election.*

se changer—*to change (clothes)*
Donne-moi le temps de me changer après le match. *Give me time to change (clothes) after the game.*

chanson—*song*
Chansons que tout cela!—*That's a lot of nonsense!*

chanter—*to sing*
chanter faux—*not to be able to carry a tune, to sing flat (off-key)*
Elle aime la musique, mais elle chante faux. *She loves music, but she can't carry a tune (she sings flat, off-key).*

faire chanter—*to blackmail*
Ses anciens associés le faisaient chanter. *His former associates were blackmailing him.*

Qu'est-ce que vous me chantez là?—*What's that you're handing me?*

si ça vous chante—*if you feel like it*
Allez vous amuser, si ça vous chante. *Go and have a good time if you feel like it.*

chapeau—*hat*
Chapeau (bas)!—*Congratulations! Hats off!*

charbon—*coal*
sur des charbons ardents—*on pins and needles*
Nous étions sur des charbons ardents en attendant la décision des juges. *We were on pins and needles, waiting for the judges' decision.*

Sur des charbons ardents

charge—*burden, charge, load*
>**à charge de revanche**—*on the condition of a return (match, offer, etc.)*
>J'accepte votre hospitalité, à charge de revanche. *I accept your hospitality, on the condition of a return on my part.*
>
>**à la charge de quelqu'un**—*dependent on someone*
>La vieille femme ne voulait pas être à la charge de son fils. *The old woman didn't want to be dependent on her son.*

charger—*to charge, to load*
>**Je m'en charge.**—*Leave it to me.*

chat—*cat*
>**Il n'y avait pas un chat.**—*There wasn't a soul about.*
>**J'ai un chat dans la gorge.**—*I have a frog in my throat.*

chaud—*hot, warm*
>**au chaud**—*in a warm place*
>J'aime avoir les pieds bien au chaud. *I like to have my feet in a nice warm place.*

J'ai eu chaud!—*I had a close call!*

un chaud et froid—*a chill*
Tu vas attraper un chaud et froid si tu restes près de la porte. *You'll catch a chill if you stay near the door.*

---

chauffer—*to heat*

Ça chauffe!—*Things are getting hot!*

chauffer à blanc—*to fire up*
Le discours du chef les a chauffés à blanc. *The leader's speech fired them up.*

---

chemin—*path, road, way*

chemin faisant—*along the way*
Chemin faisant nous avons bavardé de choses et d'autres. *Along the way, we chatted about one thing and another.*

faire son chemin—*to gain ground; to be going places (getting up in the world)*
Cette idée commence à faire son chemin. *That idea is beginning to gain ground.* Je suis sûr que ce jeune homme ambitieux fera son chemin. *I am sure that ambitious young man will be going places (getting up in the world).*

---

chercher—*to look for, to seek, to try*

chercher des poux dans la tête de—*to try to make trouble for*
Il continue à chercher des poux dans la tête de son ancien camarade. *He keeps on trying to make trouble for his former schoolmate.*

chercher la petite bête—*to pick holes, to split hairs*
Cessons de chercher la petite bête et venons-en aux choses sérieuses. *Let's stop picking holes (splitting hairs) and get down to serious business.*

chercher midi à quatorze heures—*to look for difficulties where there are none*
Acceptons ses explications, et ne cherchons pas midi à quatorze heures. *Let's accept his explanations and not look for difficulties where there are none.*

chercher querelle—*to pick a fight*

C'est un mauvais coucheur; il cherche querelle à tout le monde. *He's a troublemaker; he picks fights with everyone.*

cheval—*horse*

à cheval sur—*astride; a stickler for*
Il se tenait à cheval sur la barrière. *He was sitting astride the gate.*
Notre professeur est très intéressant, mais il est à cheval sur la discipline. *Our teacher is very interesting, but he's a stickler for discipline.*

un cheval de retour—*a jailbird (a recidivist)*
Les policiers se sont aperçus qu'ils avaient affaire à un cheval de retour. *The police realized that they were dealing with a jailbird (a recidivist).*

cheveu—*hair*

C'était à un cheveu!—*It was nip and tuck!*

comme un cheveu sur la soupe—*irrelevant, out of place*
Ses remarques tombaient comme un cheveu sur la soupe. *Her observations seemed irrelevant (out of place).*

chic—*elegance, style*

avoir du chic—*to be stylish*
Elle n'est pas belle mais elle a du chic. *She's no beauty but she is stylish.*

de chic—*offhand*
Il a dessiné ce tableau de chic. *He drew this picture offhand.*

chien—*dog*

avoir du chien—*to have style, sex-appeal*
Cette actrice n'est pas très belle, mais elle a du chien. *That actress isn't very beautiful, but she has style (sex-appeal).*

Chien méchant!—*Beware of the dog!*

en chien de fusil—*curled up*
D'habitude il dormait en chien de fusil. *Normally he slept curled up.*

entre chien et loup—*at twilight*
Beaucoup d'accidents ont lieu entre chien et loup. *Many accidents occur at twilight.*

choix—*choice*

au choix—*as one wishes*

Prenez les pulls ou les gilets au choix, au même prix. *Take the sweaters or the cardigans as you wish, at the same price.*

de choix—*choice*

Nous avons plusieurs articles de choix ici. *We have several choice items here.*

chose—*thing*

chose curieuse (étonnante, etc.)—*strangely (surprisingly, etc.) enough*

Chose curieuse (étonnante), il n'a pas demandé sa monnaie. *Strangely (surprisingly) enough, he didn't ask for his change.*

(Dites) bien des choses de ma part à . . .—*(Give) my best regards to . . .*

chou—*cabbage*

C'est chou vert et vert chou.—*It's six of one and half a dozen of the other.*

dans les choux—*in a fix*

Tu es allé trop loin et maintenant on est dans les choux! *You went too far and now we're in a fix!*

faire chou blanc—*to draw a blank*

Nous l'avons poursuivi, mais nous avons fait chou blanc. *We went after him, but we drew a blank.*

faire ses choux gras de—*to be only too glad about*

La droite faisait ses choux gras du désarroi de la gauche. *The Right was only too glad about the Left's confusion.*

Mon (petit) chou!—*My (little) sweetheart!*

ciel—*heaven, sky*

à ciel ouvert—*in the open*

On exploite cette mine à ciel ouvert. *This mine is being worked in the open.*

cinq—*five*

en cinq sec—*in three shakes of a lamb's tail*

Le travail sera fini en cinq sec. *The work will be finished in three shakes of a lamb's tail.*

circonstance—*case, circumstance*
  de circonstance—*to suit the occasion*
  Le maire a fait un discours de circonstance. *The mayor made a speech to suit the occasion.*

cirer—*to wax*
  cirer les bottes à quelqu'un—*to polish the apple*
  Tu peux être poli envers ce monsieur sans lui cirer les bottes. *You can be polite toward that man without polishing the apple.*

civil—*civil, civilian*
  en civil—*in plain clothes*
  Il y avait deux agents en civil à la porte. *There were two policemen in plain clothes at the door.*

clair—*bright, clear, light*
  clair comme de l'eau de roche—*crystal clear*
  Ses intentions étaient claires comme de l'eau de roche pour ceux qui le connaissaient. *His intentions were crystal clear to those who knew him.*

  le clair de lune—*the moonlight*
  Dans ce clair de lune on y voyait comme en plein jour. *In that moonlight you could see as if it were broad daylight.*

  le plus clair de—*the greater part of*
  Ce garçon passe le plus clair de son temps à songer. *That boy spends the greater part of his time dreaming.*

clé, clef—*key*
  à la clé—*to cap it all*
  L'inflation va s'emballer, avec à la clé toute une série de dévaluations. *Inflation is going to run wild, with a series of devaluations to cap it all.*

  clefs en main—*ready for occupancy (for the road)*
  Quel est le prix de la maison (de l'auto) clefs en main? *What is the price of the house ready for occupancy (of the car ready for the road)?*

sous clé—*under lock and key*
Il faut garder ces documents sous clé. *These documents must be kept under lock and key.*

clin—*wink*
en un clin d'oeil—*in the twinkling of an eye*
Il a disparu en un clin d'oeil. *He disappeared in the twinkling of an eye.*

clou—*nail, tack*
Des clous!—*No soap! Nothing doing!*

le clou du spectacle—*the main attraction*
Les éléphants dansants devaient être le clou du spectacle. *The dancing elephants were supposed to be the main attraction.*

clouer—*to nail*
clouer le bec à quelqu'un—*to shut someone up*
Ma réponse lui a cloué le bec. *My answer shut him up.*

coeur—*heart*
à contre-coeur—*reluctantly, unwillingly*
Il a fait comme nous demandions, mais de toute évidence c'était à contre-coeur. *He did as we asked, but obviously it was reluctantly (unwillingly).*

avoir du coeur à l'ouvrage—*to work with a will*
Allons-y, les gars; il faut avoir du coeur à l'ouvrage! *Let's go to it, guys; we have to work with a will!*

avoir le coeur sur la main—*to be big-hearted*
Cet homme vous aidera toujours; il a le coeur sur la main. *That man will always help you out; he is big-hearted.*

avoir le coeur sur les lèvres—*to wear one's heart on one's sleeve*
Ce pauvre Roger a le coeur sur les lèvres. *Poor Roger wears his heart on his sleeve.*

avoir un coeur d'artichaut—*to be flighty*
Il est jeune encore; il a un coeur d'artichaut. *He is still young; he is flighty.*

A vous de coeur.—*Yours affectionately.*

ne pas avoir le coeur à—*not to be in the mood to*
Pardon, je n'ai pas le coeur à rire. *Excuse me, I'm not in the mood to laugh.*

si le coeur vous en dit—*if you (really) feel like it.*
Allez vous amuser, si le coeur vous en dit. *Go and have a good time, if you (really) feel like it.*

---

coiffé—*wearing (hair or hat)*
    être coiffé de—*to be infatuated with*
    Il est coiffé de sa voisine. *He is infatuated with the girl next door.*

---

coiffer—*to dress (hair), to put on (a hat)*
    avoir coiffé Sainte Catherine—*to be over 25 and unmarried*
    Sa tante a coiffé Sainte Catherine. *Her aunt is over 25 and unmarried.*

    coiffer au poteau—*to leave at the post*
    Ces romanciers populaires coiffent souvent même les vedettes au poteau. *These popular novelists often leave even the stars at the post.*

---

coin—*corner, wedge*
    frappé (marqué) au coin de—*bearing the stamp of*
    Cet argument est frappé (marqué) au coin de la raison. *That argument bears the stamp of reason.*

    les coins et recoins—*the ins and outs*
    Il connaît les coins et recoins de l'université. *He knows the ins and outs of the university.*

---

colère—*anger*
    être (entrer) dans une colère noire—*to see red*
    Quand on lui a parlé de leur impertinence, il est entré dans une colère noire. *When he was told about their impertinence, he saw red.*

---

coller—*to glue, to stick*
    Ça colle.—*That fits. That works.*

---

collet—*collar, snare*
   collet monté—*stiff-necked*
   Ne plaisante pas avec elle; elle est très collet monté. *Don't joke with her; she is very stiff-necked.*

---

comble—*attic, summit*
   au comble de—*at the height (in the depths) of*
   J'étais au comble de la joie (du désespoir) en apprenant le résultat des élections. *I was at the height of joy (in the depths of despair) on learning the results of the election.*

   C'est le (un) comble!—*That's the last straw! That takes the cake!*

   au comble de la joie—*tickled to death (tickled pink; overjoyed)*
   J'étais au comble de la joie en apprenant son succès. *I was tickled to death (tickled pink; overjoyed) on learning of her success.*

   pour comble de malheur—*to crown it all*
   Pour comble de malheur, ils m'ont mis à la porte. *To crown it all, they fired me.*

---

commande—*control, order*
   de commande—*feigned*
   Elle avait une expression soucieuse de commande. *She wore a feigned expression of concern.*

---

commander—*to order*
   Cela ne se commande pas.—*That can't be helped.*

---

comme—*as, like*
   C'est tout comme.—*It amounts to the same thing.*

   comme ci, comme ça—*so-so*
   Elle se porte comme ci, comme ça. *She is feeling so-so.*

   comme de juste—*as it might be expected*
   Comme de juste, son équipe a été choisie pour le tournoi. *As it might be expected, his team was chosen for the tournament.*

   comme il faut—*correct, respectable*

C'est une dame très comme il faut. *She is a very correct (respectable) lady.*

comme il se doit—*as it should be*
Nous avons témoigné notre respect, comme il se doit. *We showed our respect, as it should be.*

comme qui dirait—*so to speak*
C'est comme qui dirait un bohémien. *He is a bohemian, so to speak.*

---

comment—*how*
Comment?—*What?*

Comment faire?—*What's to be done?*
Et comment!—*You bet (your life)!*

---

commerce—*business, commerce*
d'un commerce agréable—*pleasant company*
Son grand-père est un homme cultivé, d'un commerce agréable. *Her grandfather is a cultured man and pleasant company.*

---

commun—*common, ordinary*
d'un commun accord—*unanimously*
Ils ont accepté son offre d'un commun accord. *They accepted his offer unanimously.*

peu commun—*unusual*
C'est un nom peu commun. *It's an unusual name.*

---

composition—*composition*
amener (venir) à composition—*to bring (to come) to terms*
Nous les avons enfin amenés (nous sommes enfin venus) à composition. *We finally brought them (we finally came) to terms.*

de bonne composition—*easygoing*
C'est une personne de bonne composition. *He (She) is an easygoing person.*

---

comprendre—*to comprise, to understand*
comprendre à demi-mot—*to take a hint*

Il l'a comprise à demi-mot et il est parti sans faire de bruit. *He took her hint and left without a sound.*

comprendre la plaisanterie—*to be able to take a joke, to be a good sport*
On peut la taquiner; elle comprend la plaisanterie. *You can tease her; she can take a joke (she is a good sport).*

n'y comprendre goutte—*to be all at sea, not to understand a thing*
J'avoue que je n'y comprends goutte à ce qu'elle dit. *I confess I'm all at sea about what she is saying (I don't understand a thing she says).*

---

compris—*included, understood*
   y compris—*including*
Le repas coûte cent francs, y compris la taxe. *The meal costs a hundred francs, including tax.*

---

compte—*account*
   à ce compte-là—*in that case (at that rate)*
A ce compte-là, je ne crois pas que ce soit possible. *In that case (At that rate), I don't think it is possible.*
   Son compte est bon (il a eu son compte).—*He's done for. He's in for it. He's a dead duck.*

---

compter—*to count*
   à compter de—*as of*
Le bureau sera ouvert à compter du premier juillet. *The office will be open as of July 1.*

   compter pour du beurre—*not to count*
La première partie compte pour du beurre. *The first game doesn't count.*

---

concert—*concert*
   de concert—*together*
Tout le monde savait qu'ils agissaient de concert. *Everyone knew that they were acting together.*

---

condamner—*to condemn*
   condamner une porte (une pièce etc.)—*to close off a door (a room, etc.)*

Pour économiser le mazout, ils ont condamné la porte principale de la maison. *To save oil, they closed off the main door of the house.*
Il a condamné sa porte.—*He refuses to see visitors.*

confiance—*confidence, trust*
faire confiance à—*to have faith in, to trust*
Vous pouvez faire confiance à son fils. *You can have faith in (you can trust) his son.*

confondre—*to confound, to confuse*
Il s'est confondu en excuses.—*He apologized profusely.*

confort—*comfort*
le confort moderne—*modern conveniences*
La maison est ancienne, mais elle a le confort moderne. *The house is old, but it has modern conveniences.*

congé—*leave, vacation*
donner son congé à quelqu'un—*to give someone notice*
Après quinze ans de service, on lui a donné son congé. *After fifteen years of service, he has been given notice.*

connaissance—*acquaintance, knowledge*
en connaissance de cause—*with full understanding (of the consequences)*
Il a pris sa décision de partir en connaissance de cause. *He made his decision to leave with full understanding (of the consequences).*

sans connaissance—*unconscious*
On a ramené plusieurs blessés sans connaissance. *Several men were brought back unconscious.*

connaître—*to know*
Ça me connaît.—*I know all about it. That's my meat.*

connaître comme sa poche—*to know like the back of one's hand*
Je connais Paris comme ma poche; j'y suis né. *I know Paris like the back of my hand; I was born there.*

connaître la musique—*to know the score*

Ce n'est pas la peine de m'expliquer tout cela; je connais la musique.
Don't bother explaining all that to me; I know the score.

connaître sur le bout du doigt—*to have at one's fingertips*
Heureusement le conseiller du président connaît les faits sur le bout du
doigt. *Fortunately, the president's adviser has the facts at his fingertips.*

connaître les ficelles (la connaître dans les coins)—*to know (all) the
angles*
Il paye peu d'impôts parce que son comptable connaît les ficelles (la
connaît dans les coins). *He pays little tax because his accountant knows
(all) the angles.*

connaître son métier—*to know one's stuff*
Ce mécanicien connaît son métier. *That mechanic knows his stuff.*

en connaître un rayon—*to know a thing or two about it*
Les maths? elle en connaît un rayon. *Math? She knows a thing or two
about it.*

Il connaît tous les dessous.—*He has inside information.*

s'y connaître en—*to know a lot about*
Elle s'y connaît en voitures. *She knows a lot about cars.*

connu—*known*
    Il est connu comme le loup blanc.—*He is known all over.*

conserve—*preserve*
    de conserve—*hand in hand*
    Les deux hommes ont agi de conserve dans la conspiration. *The two men
    acted hand in hand in the conspiracy.*

constituer—*to constitute*
    se constituer prisonnier—*to turn oneself in*
    Le suspect s'est constitué prisonnier. *The suspect turned himself in.*

conter—*to recount, to tell*
    conter fleurette à—*to flirt with*

Ce garçon contait fleurette à ma soeur. *That boy was flirting with my sister.*

en conter à—*to deceive*
Il ne s'en laisse pas conter facilement. *He doesn't let himself be easily deceived.*

---

contre—*against*
   à contre-courant—*against the grain*
   Vous n'y arriverez jamais en allant à contre-courant. *You will never get anywhere by going against the grain.*

   par contre—*on the other hand*
   Il manque d'expérience, par contre il est intelligent. *He is inexperienced, but on the other hand he is intelligent.*

---

coq—*rooster*
   C'est le coq du village.—*He's the cock of the walk.*

   comme un coq en pâte—*in clover*
   Il vivait comme un coq en pâte. *He was living in clover.*

---

cor—*horn*
   à cor et à cri—*with hue and cry*
   Ils l'ont réclamé à cor et à cri. *They requested it with hue and cry.*

---

corde—*cord, rope*
   C'est dans mes cordes.—*It's right up my alley.*

   être sur la corde raide—*to be in a tight spot, to walk the tightrope*
   Je me rendais bien compte que j'étais sur la corde raide dans cette compagnie. *I realized fully that I was in a tight spot (I was walking the tightrope) in that company.*
   Il pleut (il tombe) des cordes.—*It's raining cats and dogs.*

---

corps—*body, corps*
   à corps perdu—*headlong*
   Il s'est jeté à corps perdu dans la mêlée. *He threw himself headlong into the fray.*

à son corps défendant—*against one's will*
Je porterai votre message, mais je le ferai à mon corps défendant. *I'll carry your message, but I'll be doing it against my will.*

corps à corps—*at close quarters, man to man*
Les deux armées se battaient corps à corps. *The two armies fought at close quarters (man to man).*

---

cote—*assessment, quota*
avoir la cote—*to be well thought of*
Les deux candidats avaient la cote auprès des électeurs. *The two candidates were well thought of by the voters.*

---

côte—*coast, hill, rib*

à la côte—*on the rocks*
Maintenant son entreprise est à la côte. *Now his business is on the rocks.*

côte à côte—*side by side*
Nous roulions à bicyclette côte à côte. *We were riding our bicycles side by side.*

---

côté—*side*

à côté—*nearby, next door; off target*
Le restaurant français est à côté. *The French restaurant is nearby (next door).* Votre remarque tombe à côté. *Your remark is off target.*

à côté de—*next to*
Elle était assise à côté de lui. *She was sitting next to him.*

de côté et d'autre—*here and there; on both sides*
Ils ramassaient des fleurs de côté et d'autre. *They picked flowers here and there.* Il y a eu abus de côté et d'autre. *There was fault on both sides.*

de son côté—*for one's part*
De mon côté j'inviterai les Durand. *For my part, I'll invite the Durands.*

du côté de—*in the direction*
Ils sont partis du côté de chez Swann. *They left in the direction of Swann's house.*

---

couche—*couch, layer*

en avoir (tenir) une couche—*to be wood from the neck up*
Ne cherchez pas à lui expliquer cette règle; il en a (tient) une couche.
Don't try to explain that rule to him; he's wood from the neck up.

coucher—*to lay down, to put to bed*
coucher avec—*to sleep with*
On dit qu'elle couche avec lui. *They say that she is sleeping with him.*

coucher en joue—*to aim (one's gun) at*
La sentinelle a couché en joue l'éclaireur. *The sentry aimed (his gun) at the scout.*

coucher par écrit—*to set down in writing*
Je veux faire coucher notre accord par écrit. *I want to have our agreement set down in writing.*

Pouvez-vous me coucher?—*Can you put me up (for the night)?*
Va te coucher!—*Get lost!*

coudre—*to sew*
cousu de fil blanc—*easy to see through*
Son histoire est cousue de fil blanc. *His story is easy to see through.*

cousu d'or—*filthy rich*
Il n'est pas beau, mais il est cousu d'or. *He isn't handsome, but he's filthy rich.*

couler—*to flow, to run*
couler de source—*to flow as freely as water; to follow naturally*
Le style de ce romancier coule de source. *This novelist's style flows as freely as water.*
Ces mauvaises conséquences coulent de source. *These bad consequences follow naturally.*

se la couler douce—*to have (to take) it easy*
Depuis qu'il a eu son héritage il se la coule douce. *Since he got his inheritance he's had it (been taking it) easy.*

couleur—*color, paint*

  sous couleur de—*under the pretense of*

  Ils ont saisi le premier ministre sous couleur de le protéger. *They seized the prime minister under the pretense of protecting him.*

---

coup—*blow, cut, shot, stroke, thrust*

  à coups de—*by dint of (using)*

  Elle a traduit le texte à coups de dictionnaire. *She translated the text by dint of (using) the dictionary.*

  à coup sûr—*without fail*

  Il m'a dit qu'il viendrait à coup sûr. *He told me he would come without fail.*

  après coup—*after the event (the fact)*

  Il a modifié sa réponse après coup. *He modified his answer after the event (after the fact).*

  avoir le coup de barre (de pompe)—*to be exhausted*

  En arrivant en haut de la côte, le cycliste a eu le coup de barre (de pompe). *Upon arriving at the top of the hill, the cyclist was exhausted.*

  du coup—*as a result*

  Il est tombé malade, et du coup il n'a pas pu partir. *He fell ill, and as a result he wasn't able to leave.*

  en coup de vent—*quick(ly)*

  Ses amis sont passés en coup de vent. *Her friends stopped by quickly.*

  faire coup double—*to kill two birds with one stone*

  Ce nouveau plan a l'avantage de faire coup double. *This new plan has the advantage of killing two birds with one stone.*

  le coup de foudre—*love at first sight*

  Quand on les a présentés, ça a été le coup de foudre. *When they were introduced, it was love at first sight.*

  le coup de l'étrier—*one for the road*

  Prenons le coup de l'étrier avant la fermeture du bar. *Let's have one for the road before the bar closes.*

  sur le coup—*at the time*

Sur le coup, on n'a pas compris l'étendue des dégâts. *At the time, they didn't understand the extent of the damage.*

un bon coup de fourchette—*a hearty appetite*
Cela fait plaisir de le voir manger, il a un bon coup de fourchette. *It's a pleasure to see him eat, he has a hearty appetite.*

un coup de chance (de veine)—*a break*
Après des années difficiles, elle a enfin eu un coup de chance (de veine). *After some hard years, she finally got a break.*

un coup d'arrêt—*a sharp check*
Le gouvernement a enfin donné un coup d'arrêt à l'inflation. *The government has finally given a sharp check to inflation.*

un coup de collier—*an effort*
Nous aurons bientôt fini si tout le monde donne un coup de collier. *We'll be finished soon if everyone makes an effort.*

un coup de chien—*a sudden squall*
Ils ont été surpris par un coup de chien. *They were surprised by a sudden squall.*

un coup de coude—*a poke in the ribs*
Il m'a donné un coup de coude pour que je me taise. *He gave me a poke in the ribs so I would shut up.*

un coup de fer—*a stroke of the iron*
Encore quelques coups de fer et votre chemise sera prête. *A few more strokes of the iron and your shirt will be ready.*

un coup de feu—*a shot; a busy time*
Je suis sûr qu'on a entendu un coup de feu. *I'm sure we heard a shot.* A midi il y a toujours le coup de feu au café. *At noon the café always has a busy time.*

un coup de fil—*a ring*
Nous vous donnerons un coup de fil en arrivant à Paris. *We'll give you a ring when we get to Paris.*

un coup de fouet—*a shot in the arm*
Votre soutien a été le coup de fouet dont j'avais besoin. *Your support was the shot in the arm that I needed.*

un coup de fusil—*an outrageous price*

Si tu vas à ce restaurant, attention au coup de fusil. *If you go to that restaurant, watch out for their outrageous prices.*

un coup de main—*a helping hand; a raid*

Les voisins nous ont donné un coup de main pour finir le travail. *The neighbors lent us a helping hand to finish the job.* Les rebelles ont fait un coup de main et ont pris la station de télévision. *The rebels took over the television station in a raid.*

un coup d'épée dans l'eau—*a futile act*

Essaie toujours, mais ce sera un coup d'épée dans l'eau. *Keep on trying, but it will be a futile act.*

un coup d'oeil—*a glance*

Donnez un coup d'oeil à ce que j'ai écrit. *Take a glance at what I've written.*

un coup de pied—*a kick*

Elle donnait des coups de pied aux pneus de la voiture. *She kept kicking the car's tires.*

un coup de poing—*a punch*

Il a un coup de poing terrible. *He packs a terrific punch.*

un coup de pouce—*a nudge*

On a dû lui donner un coup de pouce pour qu'il réussisse à l'examen. *They had to give him a nudge so he would pass the exam.*

un coup de soleil—*a sunburn*

Je vois que vous avez eu un coup de soleil sur la plage. *I see you got a sunburn on the beach.*

un coup d'essai—*a trial shot*

Ce n'était qu'un coup d'essai pour voir leur réaction. *That was only a trial shot to see their reaction.*

un coup de tête—*an impulse*

Notre ami est parti sur un coup de tête. *Our friend left on an impulse.*

un coup fourré—*a treacherous blow*

La défection de son ami était un coup fourré. *His friend's defection was a treacherous blow.*

un coup monté—*a put-up job*

Vous n'allez pas nous dire que ce compte-rendu n'était pas un coup monté? *You're not going to tell us that review wasn't a put-up job?*

---

coupe—*cup, cut*

des coupes sombres—*slashes*
L'assemblée a fait des coupes sombres dans le budget. *The house of representatives made slashes in the budget.*

sous sa coupe—*in one's clutches*
A cause de mes dettes, il m'a sous sa coupe. *Because of my debts, he has me in his clutches.*

---

couper—*to cut*

couper bras et jambes à—*to take the starch out of*
La mauvaise nouvelle lui a coupé bras et jambes. *The bad news took the starch out of him.*

couper la poire en deux—*to split the difference*
Le seul moyen de vider notre querelle c'est de couper la poire en deux. *The only way to settle our dispute is for us to split the difference.*

couper les cheveux en quatre—*to split hairs*
Cessons de couper les cheveux en quatre et mettons-nous d'accord. *Let's stop splitting hairs and come to an agreement.*

couper ses effets à quelqu'un—*to steal someone's thunder*
J'ai essayé de leur apporter la nouvelle, mais il m'a coupé mes effets. *I tried to bring them the news, but he stole my thunder.*

couper le sifflet à quelqu'un—*to shut someone up*
Mon accusation inattendue lui a coupé le sifflet. *My unexpected accusation shut him up.*

couper le souffle à quelqu'un—*to take someone's breath away*
Leur réponse m'a coupé le souffle. *Their answer took my breath away.*

couper les ponts—*to cut off (to sever) relations*
J'ai coupé les ponts avec lui depuis sa trahison. *I've cut off (severed) relations with him since his betrayal.*

couper l'herbe sous le pied—*to cut the ground from under, to pull the rug out from under*

Son initiative prématurée m'a coupé l'herbe sous le pied. *His premature initiative cut the ground from under me (pulled the rug out from under me).*

se couper—*to contradict onself*
Il s'est coupé à plusieurs points de son récit. *He contradicted himself at several points in his story.*

cour—*court, yard*
    faire la cour à—*to court*
Son oncle faisait la cour à une dame du pays. *His uncle was courting a local lady.*

courage—*courage*
    prendre son courage à deux mains (n'écouter que son courage, rassembler son courage)—*to summon up one's courage*
Prenant son courage à deux mains (N'écoutant que son courage, Rassemblant son courage), il est allé se battre. *Summoning up his courage, he went off to fight.*

courant—*current*
    être au courant de—*to be abreast of (in the know about, up on)*
Nous avons essayé de savoir s'il était au courant de leurs activités. *We tried to find out whether he was abreast of (in the know about, up on) their activities.*

courir—*to run*
    C'est couru!—*It's a sure thing!*

    courir à un échec (à sa perte)—*to be riding for a fall*
Ils étaient trop pleins de confiance et ils couraient à un échec (à leur perte). *They were too full of confidence and they were riding for a fall.*

    courir deux lièvres à la fois—*to try to do two (too many) things at once*
Avec ce projet compliqué vous courez deux lièvres à la fois. *With this complicated plan you're trying to do two (too many) things at once.*

    courir le cachet—*to give lessons for a living*
Au lieu de poursuivre une carrière de soliste, elle courait le cachet. *Instead of pursuing a concert career, she gave lessons for a living.*

courir le cotillon (le jupon, les filles)—*to chase skirts*
Malgré son âge il court toujours le cotillon (le jupon, les filles). *In spite of his age, he's still chasing skirts.*

courir les rues—*to be common knowledge, to be commonplace*
Cette histoire scandaleuse court les rues. *That scandalous story is common knowledge.* Un pareil courage ne court pas les rues. *Courage like that isn't commonplace.*

Tu peux toujours courir!—*Go chase yourself! You can whistle for it!*

---

cours—*course, rate, run*
avoir cours—*to be in current use*
Ces billets de dix francs n'ont plus cours. *Those ten-franc bills are no longer in current use.*

en cours—*in progress*
Le comité a rendu compte du travail en cours. *The committee reported on work in progress.*

en cours de—*in the process of*
Le magasin est en cours de rénovation. *The store is in the process of being renovated.*

en cours de route—*on (along) the way*
En cours de route nous avons bavardé de choses et d'autres. *On (along) the way we chatted about one thing and another.*

---

course—*errand, race*
faire les courses—*to do the (to go) shopping*
Nous avons fait les courses ce matin pour éviter la foule. *We did the (we went) shopping this morning to avoid the crowds.*

---

court—*short*
court sur pattes—*low-slung*
Son chien, un teckel, est court sur pattes. *His dog, a dachshund, is low-slung.*

être à court de—*to run short of*
Elle finirait d'écrire le livre, mais elle est à court d'idées. *She would finish writing the book, but she has run short of ideas.*

la courte échelle—*a boost (a hand up, a leg up)*
Fais-moi la courte échelle, que je cueille cette pomme. *Give me a boost (a hand up, a leg up) so I can pick that apple.*

couteau—*knife*
à couteaux tirés—*at daggers drawn, at swords' points*
Le directeur est à couteaux tirés avec son adjoint. *The director is at daggers drawn (at swords' points) with his assistant.*

coûter—*to cost*
coûter cher—*to be expensive*
La viande coûte de plus en plus cher. *Meat is more and more expensive.*

coûter les yeux de la tête—*to cost an arm and a leg*
Ce tableau de Whistler m'a coûté les yeux de la tête. *This painting by Whistler cost me an arm and a leg.*

coûte que coûte—*at all costs (at any cost), come hell or high water*
Il faut le faire coûte que coûte. *It must be done at all costs (at any cost, come hell or high water).*

couver—*to incubate, to sit (on)*
couver du regard (des yeux)—*to gaze fondly at*
Elle couvait son fils du regard (des yeux). *She was gazing fondly at her son.*

couvrir—*to cover*
à couvert—*covered*
Je n'ai pas peur; je suis à couvert dans cette affaire. *I am not worried; I'm covered in this deal.*

se couvrir—*to dress (up); to put on one's hat*
Couvrez-vous bien; il fait froid. *Dress (up) warmly; it's cold out.*
Couvrez-vous après la bénédiction. *Put your hat on after the benediction.*

sous (le) couvert—*under the pretext*
Ils ont passé la loi sous (le) couvert de favoriser la sécurité. *They passed the law under the pretext of fostering order.*

cran—*notch*

à cran—*on edge*

Il a manqué un rendez-vous important et il est à cran. *He missed an important appointment and he is on edge.*

avoir du cran—*to have guts*

Pour lutter seul contre vingt hommes, il devait avoir du cran. *To fight alone against twenty men, he had to have guts.*

---

crêper—*to crimp, to frizz*

se crêper le chignon—*to make the fur fly, to tear hair out*

Les deux femmes en colère se sont crêpé le chignon. *The two angry women made the fur fly (tore each other's hair out).*

---

creuser—*to dig, to hollow*

se creuser la cervelle—*to rack one's brains*

Je me creuse la cervelle pour trouver une réponse à cette question. *I am racking my brains to find an answer to that question.*

---

crever—*to burst, to croak*

crever la (de) faim—*to starve*

Autrefois, pendant les grèves les ouvriers crevaient la (de) faim. *Formerly, during strikes the workers would starve.*

crever les yeux—*to be obvious*

Mais la vérité de ce qu'il dit crève les yeux! *The truth of what he is saying is obvious!*

---

crin—*(horse)hair*

à tout crin (à tous crins)—*dyed-in-the-wool*

C'est un républicain à tout crin (à tous crins). *He's a dyed-in-the-wool Republican.*

---

crochet—*hook*

faire un crochet—*to make a detour*

Nous avons fait un crochet pour éviter Nice. *We made a detour to avoid Nice.*

---

croire—*to believe*

    croire savoir que—*to understand that*

    Nous croyons savoir que l'essence va augmenter. *We understand that there is going to be a rise in gas prices.*

    Croyez à ma considération distinguée.—*Sincerely yours.*

    Croyez-m'en!—*You can take my word for it!*

    Je crois bien!—*I should say so!*

    Qu'est-ce que tu te crois?—*Who do you think you are?*

    se croire sorti de la cuisse de Jupiter—*to think one is God's gift to mankind*

    Parce qu'elle a gagné un prix littéraire, elle se croit sortie de la cuisse de Jupiter. *Because she won a literary prize, she thinks she is God's gift to mankind.*

---

croître—*to grow, to increase*

    Ça ne fait que croître et embellir.—*It's getting worse and worse.*

---

croix—*cross*

    C'est la croix et la bannière.—*It's a pain in the neck, harder than hell.*

    Chacun sa croix!—*Everyone has his troubles!*

    faire une croix sur—*to give up hope of*

    Quant à ce prix, vous pouvez faire une croix dessus. *As for that prize, you may as well give up hope of it.*

---

croquer—*to sketch*

    à croquer—*as a picture*

    Elle est mignonne à croquer. *She's as pretty as a picture.*

---

cru—*vintage*

    de son cru—*of one's own (invention)*

    Il racontait des plaisanteries de son cru. *He was telling jokes of his own (invention).*

---

cuire—*to cook*

   C'est du tout cuit!—*It's a cinch!*

   dur à cuire—*a hard nut to crack*

   Nous avons essayé de le convaincre sans succès; c'est un dur à cuire. *We tried to convince him, but couldn't; he's a hard nut to crack.*

   Il vous en cuira!—*You'll be sorry (for that)!*

cuisiner—*to cook*

   cuisiner quelqu'un—*to give someone (to put someone to) the third degree*

   Les agents de police ont cuisiné le suspect. *The police gave the suspect (put the suspect to) the third degree.*

cul—*ass, bottom*

   Cul sec!—*Bottoms up!*

culbute—*tumble*

   faire la culbute—*to take a dive*

   Son entreprise a fait la culbute à cause de la récession. *His business took a dive because of the recession.*

cuver—*to age, to ferment*

   cuver son vin—*to sleep it off*

   Après la fête, il est rentré cuver son vin. *After the party, he went home to sleep it off.*

dam—*harm*

   au (grand) dam de—*to the detriment (displeasure) of*

   Il l'a fait, au (grand) dam de ses adversaires. *He did it, to the detriment (displeasure) of his adversaries.*

damer—*to crown (a checker)*
   damer le pion à—*to go one better, to outwit*
   En achetant tous les terrains disponibles, ils ont voulu nous damer le pion.
   They tried to go us one better (to outwit us) by buying up all the
   available lots.

danger—*danger*
   Pas de danger!—*Don't you worry! Not a chance!*

dans—*in*
   dans les—*in the neighborhood of*
   Cela coûtera dans les cinquante mille francs. *It will cost in the*
     neighborhood of fifty thousand francs.

   dans les (en) coulisses—*behind the scenes*
   C'est elle qui dirige tout dans les (en) coulisses. *She is the one who*
   controls everything behind the scenes.

danser—*to dance*
   danser devant le buffet—*to go hungry, to go without supper*
   Une ou deux fois par semaine ils devaient danser devant le buffet. *Once or*
   twice a week they would have to go hungry (go without supper).

   faire danser l'anse du panier—*to pad the bill*
   Ils n'envoient plus leur cuisinière au marché parce qu'elle faisait danser
   l'anse du panier. *They no longer send their cook shopping because she*
   padded the bills.

date—*date*
   Cela fera date.—*That will mark an era.*

   le premier (le dernier) en date—*the earliest (the latest) (one)*
   Leur automobile était certainement la dernière en date. *Their automobile*
   was certainly the latest (one).

dater—*to date*
   à dater de—*starting with (from), as of*
   A dater de demain, nous ne ferons plus d'exceptions. *Starting with (from;*
   As of) tomorrow, we won't make any more exceptions.

dater de loin—*to go back a long way*
La haine entre les deux familles date de loin. *The hatred between the two families goes back a long way.*

débarrasser—*to clear, to rid*
débarrasser le plancher—*to clear out*
Débarrassez-moi le plancher; je ne veux plus vous voir! *Clear out; I don't want to see you any more!*

se débarrasser de—*to get rid of*
Il a enfin réussi à se débarrasser de sa vieille voiture. *He finally managed to get rid of his old car.*

déboutonner—*to unbutton*
se déboutonner—*to let one's hair down*
Il a fini par se déboutonner avec moi, et me dire toute l'histoire. *He finally let his hair down with me, and told me the entire story.*

débrouiller—*to unravel, to untangle*
se débrouiller—*to manage (to shift) for oneself*
Maintenant que tu es grand, il faut que tu apprennes à te débrouiller. *Now that you're grown up, you have to learn to manage (to shift) for yourself.*

décharge—*release, relief, unloading*
à la décharge de—*in defense of*
Il faut dire à sa décharge qu'on ne l'avait pas prévenu du danger. *It must be said in his defense that he had not been forewarned of the danger.*

déclaration—*declaration*
faire sa déclaration—*to propose*
Le jeune homme a enfin trouvé le courage de faire sa déclaration. *The young man finally got up the courage to propose.*

déclarer—*to declare*
se déclarer—*to break out*

Un incendie s'est déclaré au premier étage du magasin. *A fire broke out on the second floor of the store.*

décor—*decor, scenery*
entrer dans le décor—*to leave the road*
Elle a perdu le contrôle de sa voiture, qui est entrée dans le décor. *She lost control of her car, which left the road.*

découvert—*uncovered*

à découvert—*(caught) short, openly*
On lui a demandé le remboursement au moment où il se trouvait à découvert. *They asked him for repayment at a time when he was (caught) short.*
Après une période d'activité clandestine, les rebelles commencent à agir à découvert. *After a period of clandestine activity, the rebels are beginning to act openly.*

découvrir—*to discover, to uncover*
découvrir le pot aux roses—*to get to the bottom of things (of the mystery)*
Après une longue enquête, la police a fini par découvrir le pot aux roses. *After a long investigation, the police finally got to the bottom of things (of the mystery).*

découvrir son jeu—*to show one's hand*
L'escroc a trop parlé et il a découvert son jeu. *The swindler talked too much and he showed his hand.*

se découvrir—*to take off one's hat, to dress less warmly*
Découvrez-vous, Messieurs, voilà le drapeau! *(Take your) hats off, gentlemen, here is the flag!* En avril, ne te découvre pas d'un fil. *In April, don't dress a stitch less warmly.*

décrocher—*to take down, to unhook*
décrocher une victoire—*to pull off a victory*
Leur équipe, bien qu'inexpérimentée, a décroché une victoire étonnante. *Their team, although inexperienced, pulled off a surprising victory.*

défaire—*to undo*
  se défaire de—*to get rid of*
  Il s'est enfin défait de sa vieille voiture. *He finally got rid of his old car.*

défaut—*defect, fault, lack*
  à défaut de cela, le mieux—*the next best thing*
  Faisons un pique-nique; à défaut de cela, le mieux serait de manger en ville. *Let's have a picnic; the next best thing would be to eat in town.*

  faire défaut à—*to fail*
  Le courage lui a fait défaut le moment venu. *His courage failed him when the time came.*

défendre—*to defend, to forbid*
  se défendre—*to take care of (to watch out for) oneself*
  Ne vous inquiétez pas, elle sait se défendre sans notre aide. *Don't worry, she can take care of (watch out for) herself without our help.*

  se défendre de faire—*to help doing*
  Elle ne pouvait pas se défendre de rire en y pensant. *She couldn't help laughing when she thought of it.*

défense—*defense, prohibition*
  Défense de... *No...*
  Défense d'afficher (d'entrer, de fumer, de stationner, etc.). *Post no bills (Do not enter, No smoking, No parking, etc.).*

définitif—*definitive*
  en définitive—*in the final analysis*
  En définitive vous ne regretterez pas votre décision. *In the final analysis, you won't regret your decision.*

défrayer—*to defray*
  défrayer la chronique—*to be the talk of the town*
  Leur liaison a défrayé la chronique pendant des semaines. *Their affair was the talk of the town for weeks.*

dégager—*to clear, to emit, to disengage*
d'un air (d'un ton) dégagé—*casually*
Elle fait les pires accusations d'un air (d'un ton) dégagé. *She makes the most terrible accusations casually.*

dégonfler—*to deflate*
se dégonfler—*to chicken out*
Ils l'ont menacée, mais ensuite ils se sont dégonflés. *They threatened her, but then they chickened out.*

dehors—*outside*

en dehors de—*apart (aside) from*
Je n'ai rien trouvé d'intéressant en dehors de cela. *I didn't find anything interesting apart from (aside from) that.*

déjà—*already*
C'est déjà ça.—*At least that's something.*

déjeuner—*breakfast, lunch*
C'est un déjeuner de soleil.—*It won't last.*

demander—*to ask (for), to require*
demander à faire quelque chose—*to ask to be allowed to do something*
Je vais demander à sortir à ma mère. *I'm going to ask my mother to be allowed to go out.*

demander à quelqu'un de faire quelque chose—*to ask someone to do something*
Je vais demander à ma mère de sortir. *I'm going to ask my mother to go out.*

demander des comptes—*to call to account*
Elle leur demandera assurément des comptes de leurs actes. *She will surely call them to account for their actions.*

demander satisfaction à—*to challenge (to a duel)*
Le lieutenant a demandé satisfaction de son injure au capitaine. *The lieutenant challenged the captain (to a duel) for his insult.*

Je ne te demande pas l'heure qu'il est!—*Mind your own business!*

ne demander qu'à (ne pas demander mieux que de)—*to ask nothing better than to (to be all for)*
Ils ne demandent qu'à (ils ne demandent pas mieux que de) rester ici à travailler. *They ask nothing better than to stay here and work (They are all for staying here and working).*

ne pas demander son reste—*not to wait for one's change, to leave suddenly*
En nous voyant entrer, elle est partie sans demander son reste. *Seeing us enter, she left without asking for her change (she left suddenly).*

se demander—*to wonder*
Je me demande qui sera là aujourd'hui. *I wonder who will be there today.*

---

démarrer—*to start (off)*
démarrer en flèche—*to start off with a bang*
Sa campagne électorale a démarré en flèche. *His electoral campaign started off with a bang.*

---

déménager—*to move*
déménager à la cloche de bois—*to skip out on the rent*
Etant sans argent, ils ont dû déménager à la cloche de bois. *Since they had no money, they had to skip out on the rent.*

---

demeure—*residence, stay*
à demeure—*permanent(ly)*
Ils se sont installés chez nous à demeure! *They have come to stay permanently in our house!*

mettre en demeure—*to order*
On l'a mise en demeure de payer la facture. *She was ordered to pay the bill.*

---

demoiselle—*girl, young lady*
une demoiselle d'honneur—*a maid of honor, bridesmaid*
Elle a demandé à sa meilleure amie d'être sa demoiselle d'honneur. *She asked her best friend to be her maid of honor (bridesmaid).*

---

démonter—*to dismount, to take apart*
  se laisser démonter—*to get flustered*
  Il ne s'est pas laissé démonter devant leur hostilité évidente. *He didn't get flustered at their obvious hostility.*

démordre—*to let go (with one's teeth)*
  ne pas en démordre—*to stand pat, to stick to one's guns*
  Malgré leurs protestations, l'arbitre n'en démordait pas. *In spite of their protests, the referee stood pat (stuck to his guns).*

dent—*tooth*
  à belles dents—*with an appetite, with gusto*
  Il a croqué la pomme à belles dents. *He bit into the apple with an appetite.* Les critiques ont déchiré sa pièce à belles dents. *The critics tore his play apart with gusto.*

  avoir la dent dure—*to have a sharp tongue*
  Je n'aime pas discuter avec elle; elle a la dent dure. *I don't like to argue with her; she has a sharp tongue.*

  avoir les dents longues—*to be ambitious (greedy)*
  Méfiez-vous; ce petit commis a les dents longues. *Watch out; that little clerk is ambitious (greedy).*

  avoir une dent contre—*to have it in for*
  Elle a une dent contre lui à cause de son retard hier soir. *She has it in for him because he was late last night.*

  sur les dents—*all nerves*
  Il a tant à faire encore qu'il est sur les dents. *He still has so much to do that he is all nerves.*

dépasser—*to go beyond, to pass*
  Cela dépasse la mesure (les bornes).—*That's going too far. That's the limit.*
  Cela me dépasse!—*It's beyond me! It's over my head!*

dépens—*cost, expense*
  à ses (propres) dépens—*the hard way*

J'ai appris cela à mes (propres) dépens. *I learned that the hard way.*

dépit—*spite, vexation*
en dépit du bon sens—*against all good reason; very badly, stupidly*
En dépit du bon sens, il a voulu battre le record. *Against all good reason,*
he tried to break the record. Il a fait la réparation en dépit du bon sens.
He did the repair work very badly (stupidly).

déplaire—*to displease*
Ne vous (en) déplaise!—*With all (due) respect! With your permission!*

déposer—*to deposit, to set down*
déposer quelqu'un—*to drop someone off*
Je vous déposerai au coin de la rue. *I'll drop you off at the corner.*

depuis—*since*
depuis le départ—*from the start, from the word go*
Il faut avouer que nous étions sceptiques depuis le départ. *It must be*
admitted that we were doubtful from the start (from the word go).

dérive—*drift*
à la dérive   *to pot (to seed)*
Il ne faut pas le laisser s'en aller à la dérive. *You mustn't let him go to pot*
(to seed).

dernier—*last*
à la dernière extrémité—*on the point of death*
Croyant qu'il était à la dernière extrémité, ils ont appelé un prêtre.
Thinking he was on the point of death, they called for a priest.

avoir le dernier mot—*to have the last laugh*
Contre toute attente, c'est nous qui avons eu le dernier mot. *Contrary to*
all expectations, we had the last laugh.

C'est le dernier cri.—*It's the last word (the latest thing). It's quite the*
thing.

C'est le dernier des hommes (le dernier des derniers).—*He's the*
lowest of the low. He's the scum of the earth.

C'est ma dernière planche de salut.—*It's my last hope.*
C'est mon dernier mot.—*And that's final. Take it or leave it.*

dérober—*to rob, to steal*
    se dérober à—*to evade*
    Il s'est dérobé aux remerciements de la famille. *He evaded the family's thanks.*

derrière—*behind*
    avoir quelque chose derrière la tête—*to have something in the back of one's mind*
    Je me demande quelle idée il a derrière la tête en disant cela. *I wonder what idea he has in the back of his mind when he says that.*

descendre—*to descend*
    descendre à (chez)—*to stay at (with)*
    Nous avons décidé de descendre à l'hôtel (chez mes parents). *We decided to stay at a hotel (with my parents).*

    descendre dans la rue—*to take to the streets (in protest)*
    En apprenant la réforme, les étudiants sont descendus dans la rue. *On hearing about the reform, the students took to the streets (in protest).*

désespoir—*despair*
    en désespoir de cause—*as a last resort*
    Il a fait un dernier effort, en désespoir de cause. *He made one more try, as a last resort.*

désirer—*to desire*
    se faire désirer—*to be long in coming*
    Le candidat rêvé se fait désirer. *The ideal candidate is long in coming.*
    Vous désirez?—*May I help you? (in a store)*

dessein—*design, plan*
    à dessein—*on purpose*
    Ce n'était pas un accident; il l'a fait à dessein. *It was no accident; he did it on purpose.*

desserrer—*to unlock*

ne pas desserrer les dents—*not to utter a word*
Notre invité n'a pas desserré les dents de la soirée. *Our guest didn't utter a word all evening.*

dessous—*under(neath)*

le dessous de l'affaire (de l'histoire)—*the hidden side of the matter*
Nous ne saurons jamais le dessous de l'affaire (de l'histoire). *We'll never know the hidden side of the matter.*

le dessous de table—*(something paid) under the table*
J'ai dû payer une forte somme en dessous de table pour avoir l'appartement. *I had to pay a large amount under the table to get the apartment.*

dessus—*above, upon*

avoir (prendre) le dessus—*to be top dog, to come out on top, to get the best of, to get (to have) the upper hand*
Il a fini par avoir (prendre) le dessus dans sa lutte avec ses adversaires. *He finally was top dog (came out on top; got, had, the upper hand) in his struggle with his opponents (got the best of his opponents).*

là-dessus—*thereupon*
Là-dessus il est revenu me voir. *Thereupon he came back to see me.*

le dessus du panier—*the cream of the crop, the pick of the pack*
Arrivant tôt, nous avons pu choisir le dessus du panier. *Arriving early, we were able to take the cream of the crop (the pick of the pack).*

destination—*destination*

à destination de—*(leaving) for*
Le train à destination de Lyon est à quai. *The train (leaving) for Lyons is in (the station).*

détacher—*to detach*

se détacher—*to stand out*

Il se détachait du reste du groupe par sa taille. *He stood out from the rest of the group by his height.*

dételer—*to unhitch*
  sans dételer—*without letting up*
  Elles ont fait tout ce travail en un jour, sans dételer. *They did all this work in one day, without letting up.*

détourner—*to divert, to turn away*
  détourner le regard—*to look away*
  Il a dû détourner le regard de ce triste spectacle. *He had to look away from that sad sight.*

déterminer—*to determine, to cause*
  déterminer quelqu'un à faire quelque chose—*to induce someone to do something*
  Qu'est-ce qui vous a déterminés à partir? *What induced you to leave?*

détour—*bend, detour, roundabout means*
  faire des détours—*to meander, to twist about*
  La route faisait des détours à travers la vallée. *The road meandered (twisted about) through the valley.*

dette—*debt*

Il est couvert (criblé) de dettes.—*He's up to his ears in debt.*

deuil—*mourning*

faire son deuil de—*to give up hope of, to write off*

Quant au poste, tu peux en faire ton deuil. *As for the job, you may as well give up hope of it (write it off).*

deux—*two*

à deux doigts de—*within an ace (an inch) of*

Nous avons été à deux doigts de la catastrophe. *We were within an ace (an inch) of catastrophe.*

à deux pas—*just a stone's throw*

L'école est à deux pas de notre maison. *The school is just a stone's throw from our house.*

avoir deux poids deux mesures—*to use a double standard*

Il a deux poids deux mesures pour juger les pauvres et les riches. *He uses a double standard to judge the poor and the rich.*

Cela fait deux!—*That's two different things!*

Ce sont deux têtes sous le même bonnet.—*They are hand in glove together.*

de deux choses l'une—*(it's) one way or the other*

De deux choses l'une: ou il s'enfuit ou il se fait arrêter. *It's one way or the other: either he runs away or he gets arrested.*

Les deux font la paire.—*They are two of a kind.*

devenir—*to become*

Qu'est-ce qu'il est devenu?—*What's become of him?*

devoir—*duty*

se faire un devoir de—*to make a point of*

Il se fait toujours un devoir de rendre visite à sa grand'mère. *He always makes a point of visiting his grandmother.*

devoir—*to owe, must*

Cela devait arriver.—*It was bound to happen.*

devoir une fière chandelle à—*to be deeply indebted to*

Il doit une fière chandelle à ceux qui ont inventé cette méthode! *He is
deeply indebted to the people who invented that method!*

---

diable—*devil*

au diable (vert, vauvert)—*way out (in the sticks)*
Sa maison de campagne est au diable (vert, vauvert). *His country home is
way out (in the sticks).*

avoir le diable au corps—*to be possessed*
Il courait comme s'il avait le diable au corps. *He ran as if he was
possessed.*

c'est bien le diable si...—*one is damned if...*
C'est bien le diable si je comprends ce qu'il veut dire. *I'm damned if I
understand what he means.*

du diable (de tous les diables)—*devilish(ly), hell of a*
Nous avons eu un mal du diable (de tous les diables) à les trouver. *We
had a devilish (a hell of a) time finding them.*

faire le diable à quatre—*to kick up a rumpus*
Ils ont fait le diable à quatre quand on les a fait sortir du bar. *They kicked
up a rumpus when they were made to leave the bar.*

Que diable!—*What on earth!*

---

diapason—*tuning fork*

au diapason—*in tune*
Nous avons toujours essayé de rester au diapason de la situation. *We have
always tried to stay in tune with the situation.*

---

dindon—*turkey*

être le dindon de la farce—*to be the goat, to play the fool (the sucker)*
Trouve quelqu'un d'autre; je ne veux pas être le dindon de la farce. *Find
someone else; I don't want to be the goat (play the fool; sucker).*

---

dire—*to say, to tell*

A qui le dites-vous? (Je ne le vous fais pas dire!)—*You're telling me!*

Ça me dit.—*That appeals to me.*

Ça me dit quelque chose.—*It rings a bell (for me).*

cela en dit long sur—*that says a lot about*
Cela en dit long sur son attitude envers les autres.—*That says a lot about his attitude toward others.*

Cela ne me dit pas grand'chose.—*I don't think much of that.*

ce n'est pas pour dire, mais—*just the same*
Ce n'est pas pour dire, mais je préfère ne pas y aller du tout. *Just the same, I'd rather not go there at all.*

c'est-à-dire—*that is (to say)*
Il est riche, c'est-à-dire sa famille l'est. *He is rich, that is (to say) his family is.*

C'est dit (Voilà qui est dit)!—*It's decided!*

dire ce qu'on a sur le coeur—*to get something off one's chest*
Il faut que je te dise ce que j'ai sur le coeur, une fois pour toutes. *I have to get something off my chest to you, once and for all.*

dire en bon français—*to tell it straight*
Je vous le dis en bon français; allez-vous-en. *I'll tell it to you straight; get out of here.*

dire le mot et la chose—*to call a spade a spade*
Dans leur famille on insiste toujours pour dire le mot et la chose. *In their family, they always insist on calling a spade a spade.*

dire pis que pendre de—*to say awful things about*
Depuis leur divorce elle dit pis que pendre de son ex-mari. *Since their divorce she has been saying awful things about her ex-husband.*

dire que—*to think that*
Dire que nous étions si heureux ensemble! *To think that we were so happy together!*

dire ses quatre vérités à quelqu'un—*to tell someone (where to get) off*
Un jour je vais dire ses quatre vérités à ce parasite! *One of these days I'm going to tell that free-loader (where to get) off!*

dire son fait à—*to give a piece of one's mind to*
Perdant enfin patience, elle lui a dit son fait. *Losing patience finally, she gave him a piece of her mind.*

Dites donc!—*Hey (say), there!*

en dire long sur—*to speak volumes about*
Son refus de prendre une position nette dans cette affaire en dit long sur son honnêteté. *His refusal to take a clear position in this affair speaks volumes about his honesty.*

Il n'y a pas à dire.—*It (certainly) must be said. I have to admit.*

on dirait (que)—*it feel (looks) like*
On dirait un gros chien. *It looks like a big dog.* On dirait qu'il va pleuvoir. *It feels (looks) like it's going to rain.*

Vous m'en direz des nouvelles!—*You'll be delighted with it!*

disposer—*to dispose, to lay out*
se disposer à—*to make ready to*
Ils se disposent déjà à partir. *They are already making ready to leave.*
Vous pouvez disposer.—*You may go now.*

distance—*distance*
à quelle distance—*how far*
A quelle distance Paris est-il de Londres? *How far is Paris from London?*

doigt—*finger*
au doigt et à l'oeil—*slavishly*
Il lui obéit au doigt et à l'oeil. *He obeys her slavishly.*

avoir les doigts crochus—*to be tight(-fisted)*
Suzanne a les doigts crochus: elle dépense le moins d'argent possible. *Susan is tight (-fisted): she spends as little money as possible.*

comme les (deux) doigts de la main—*thick as thieves*
Le chef de la police et le maire sont comme les (deux) doigts de la main. *The police chief and the mayor are thick as thieves.*

les doigts dans le nez—*easily*
Elle a eu le bachot les doigts dans le nez. *She got the baccalaureate easily.*

montrer (désigner) du doigt—*to point at (to)*
Le passant montra (désigna) le bâtiment du doigt. *The passerby pointed at (to) the building.*

dommage—*damage*

c'est dommage—*it is too bad, it is a pity, it is a shame*

C'est dommage que vous ne puissiez pas venir chez nous. *It is too bad (It is a pity, It is a shame) that you can't come to our house.*

donner—*to give*

C'est donné.—*It's a bargain (a steal).*

donnant donnant—*even-steven*

C'est donnant donnant, ta montre contre mon collier. *It's even-steven, your watch for my necklace.*

donner à (la police, etc.)—*to sell out to*

Par crainte de la prison, le voleur a donné son complice à la police. *Out of fear of prison, the thief sold out his accomplice to the police.*

donner dans—*to fall into; to tend toward*

Nous avons donné dans leur piège. *We fell into their trap.* Ce musicien donne dans le sentimental. *That musician tends toward the sentimental.*

donner de la gîte—*to list (for a ship, etc.)*

A cause de la mauvaise conjoncture économique, le parti socialiste commence à donner de la gîte. *Because of the bad economic situation, the socialist party is starting to list.*

donner des coups d'épingle—*to needle*

Je ne peux pas supporter la façon dont il donne des coups d'épingle à tout le monde. *I can't stand the way he needles everybody.*

donner du fil à retordre à—*to give a load of trouble to*

Avant de me quitter pour de bon, elle m'a donné du fil à retordre. *Before leaving me for good, she gave me a load of trouble.*

donner du front contre—*to bump one's head into*

Il a donné du front contre le rebord de la fenêtre. *He bumped his head into the windowsill.*

donner la pièce à—*to give a tip to, to tip*

Avez-vous donné la pièce au concierge? *Have you given a tip to (have you tipped) the doorman?*

donner le bouillon d'onze heures à—*to slip poison to*

On prétend qu'elle a donné le bouillon d'onze heures à son premier mari. *They claim she slipped poison to her first husband.*

donner le change à—*to throw off the scent*
Il était toujours sans bagages pour donner le change aux douaniers. *He always went without luggage to throw the customs agents off the scent.*

donner le la—*to set the tone*
Ce sont les Dupont qui donnent le la aux réunions. *It is the Duponts who set the tone at meetings.*

donner l'éveil à—*to arouse (the suspicions of)*
Ses hésitations ont donné l'éveil aux gardiens. *His hesitation aroused (the suspicions of) the guardians.*

donner lieu à—*to give an opportunity for*
Tout ce qu'il faisait donnait lieu à leurs critiques. *Everything he did gave an opportunity for them to criticize him.*

donner prise à—*to give an opening to*
Ta faiblesse donne prise à tes critiques. *Your weakness gives an opening to your critics.*

donner raison (tort) à—*to agree (to disagree) with*
Après l'avoir bien écouté, je ne pouvais pas lui donner raison (tort). *After listening carefully to him, I couldn't agree (disagree) with him.*

donner sa langue au chat—*to give up (guessing)*
Je donne ma langue au chat; dis-moi la solution. *I give up; tell me the answer.*

donner sur—*to look (to open) out on*
Nos fenêtres donnaient sur la forêt. *Our windows looked (opened) out on the forest.*

étant donné—*what with*
Etant donné toute la concurrence, nous n'avons aucune chance. *What with all the competition, we don't stand a chance.*

Je vous en donne mon billet!—*You can take my word for it!*

le donner en mille—*to give a hundred guesses*
Devine qui elle va épouser: je te le donne en mille. *Do you know whom she is going to marry? I'll give you a hundred guesses.*

se donner en spectacle—*to make a spectacle of oneself*
Arrête de te donner en spectacle devant tout le monde! *Stop making a spectacle of yourself in front of everyone!*

se donner le mot—*to pass the word*

Ils se sont donné le mot pour ne pas venir en classe. *They passed the word not to come to class.*

se donner les gants de—*to take credit for*
Elle se donne les gants d'avoir obtenu leur promotion. *She takes credit for getting their promotion.*

---

dorer—*to gild*
  dorer la pilule—*to sweeten the pill*
  Le ministre a essayé de dorer la pilule quand il a présenté les coupes dans le budget. *The minister tried to sweeten the pill when he presented the cuts in the budget.*

---

dormir—*to sleep*
  à dormir debout—*farfetched*
  Cesse de nous raconter ces histoires à dormir debout! *Stop telling us those farfetched stories!*

  dormir à poings fermés—*to sleep like a baby*
  Epuisé par ses efforts, il a dormi à poings fermés. *Worn out by his exertion, he slept like a baby.*

  dormir come une souche (un loir, une marmotte)—*to sleep like a log*
  J'étais si fatigué après la promenade que j'ai dormi comme une souche (un loir, une marmotte). *I was so tired after the walk that I slept like a log.*

  dormir dans les cartons (fichiers)—*to gather dust*
  Le rapport de la commission dort dans les cartons (fichiers). *The committee's report is gathering dust.*

  dormir sur ses deux oreilles—*to sleep soundly*

Vous n'avez rien à craindre, vous pouvez dormir sur vos deux oreilles. *You have nothing to fear, you can sleep soundly.*

---

dos—*back*

avoir sur le dos—*to be saddled (stuck) with*
J'ai tous mes parents sur le dos en ce moment. *I'm saddled (stuck) with all my relatives right now.*

faire le dos rond—*to keep a low profile*
Ces employés menacés de licenciement font le dos rond. *Those employees in danger of being fired are keeping a low profile.*

---

double—*double, dual*

en double (exemplaire)—*in duplicate*
J'ai ces articles en double (exemplaire). *I have those articles in duplicate.*

en double file—*double-parked*
J'ai laissé ma voiture en double file. *I left my car double-parked.*

faire double emploi—*to overlap (be redundant)*
Votre travail fait double emploi avec celui de Jean. *Your work overlaps (is redundant) with John's.*

---

doubler—*to double, to pass*

doubler le cap de—*to go beyond; to turn*
Ce compositeur a doublé le cap de sa neuvième symphonie. *This composer has gone beyond his ninth symphony.* Ma grand'mère a doublé le cap des soixante-dix ans. *My grandmother has turned seventy.*

doubler le pas—*to walk faster*
Entendant quelqu'un dans la rue derrière elle, elle a doublé le pas. *Hearing someone behind her in the street, she walked faster.*

---

douceur—*softness, sweetness*

en douceur—*gently, softly*
L'avion s'est posé en douceur. *The airplane landed gently (softly).*

---

doute—*doubt*

ne pas faire de doute—*to be beyond (all) question*

Leur bonne foi ne fait pas de doute. *Their good faith is beyond (all) question.*

---

douter—*to doubt*

ne douter de rien—*to have a lot of nerve*

Il m'a demandé de le faire à sa place, il ne doute de rien. *He asked me to do it for him; he has a lot of nerve.*

se douter de—*to suspect*

Il est si préoccupé qu'il ne se doute de rien. *He is so absorbed that he doesn't suspect a thing.*

---

doux—*gentle, soft, sweet*

en douce—*on the quiet (the Q.T.), on the sly*

Ils ont fait leur réunion en douce. *They had their meeting on the quiet (on the Q.T., on the sly).*

Tout doux!—*Take it easy! Slow down a minute!*

---

drame—*drama*

faire tout un drame de—*to make a big deal out of*

Elle a fait tout un drame de notre absence. *She made a big deal out of our absence.*

---

drapeau—*flag*

sous les drapeaux—*in(to) the service*

Mon frère a été appelé sous les drapeaux. *My brother was called into the service.*

---

dresser—*to erect, to raise*

se dresser sur ses ergots—*to get one's hackles up*

Devant nos accusations il s'est dressé sur ses ergots. *Confronted with our accusations, he got his hackles up.*

---

droit—*right(-hand), straight*

le droit chemin—*the straight and narrow*

Il s'est rangé et il est rentré dans le droit chemin. *He has mended his ways and gone back to the straight and narrow.*

tout droit—*straight ahead*
Sa maison est là; vous n'avez qu'à aller tout droit. *Her house is there; you have only to go straight ahead.*

---

droit—*law, right*
A qui de droit.—*To whom it may concern.*

avoir droit à—*to be entitled to*
Avec chaque achat, vous avez droit à une prime. *With each purchase, you are entitled to a free gift.*

---

drôle—*funny*
un drôle de. . .—*a strange (an odd) . . .*
C'est une drôle d'histoire que vous me racontez. *That's a strange (an odd) story you're telling me.*

---

dur—*hard*
dur d'oreille—*hard of hearing*
Il faut lui parler plus fort, elle est dure d'oreille. *You have to speak louder to her, she's hard of hearing.*

en dur—*stone (brick, concrete)*
Pour leurs maisons les Français préfèrent la construction en dur. *For their houses the French prefer stone (brick, concrete) construction.*

Il est dur à la détente.—*He is tight(-fisted).*

sur la dure—*on the (bare) ground*
Pendant tout notre voyage il a fallu coucher sur la dure. *Throughout our trip we had to sleep on the (bare) ground.*

un dur à cuire—*a hard-boiled person*
Napoléon comptait sur les durs à cuire de son armée. *Napoleon counted on the hard-boiled veterans of his army.*

---

eau—*water*
à l'eau de rose—*sickly sweet*

Ce magazine publie des romans à l'eau de rose. *This magazine publishes sickly sweet novels.*

(tout) en eau—*in a sweat*
J'étais (tout) en eau après la gymnastique. *I was in a sweat after gym.*

échapper—*to escape*
l'échapper belle—*to have a narrow escape*
Je l'ai échappé belle en traversant l'avenue ce matin. *I had a narrow escape crossing the avenue this morning.*

échauffer—*to heat (up)*
échauffer la bile (les oreilles) à quelqu'un—*to get someone's goat*
Ne l'écoutez pas; il essaie seulement de vous échauffer la bile (les oreilles). *Don't listen to him; he's just trying to get your goat.*

éclairer—*to illuminate, to light*
éclairer sa lanterne à quelqu'un—*to make someone see the light, to set someone straight*
Il les croyait toujours, mais on lui a enfin éclairé sa lanterne. *He still believed them, but people finally made him see the light (set him straight).*

éclat—*brightness, burst, flash, splinter*
faire de l'éclat—*to create a stir*
Partez tout de suite sans faire d'éclat. *Leave right away without creating a stir.*

sans éclat—*quietly, discreetly*
Elle a démissionné sans éclat. *She resigned quietly (discreetly).*

école—*school*
faire école—*to catch on*
Ce nouveau style a vraiment fait école. *This new style has really caught on.*

faire l'école buissonnière—*to play hooky*

Le petit garnement faisait souvent l'école buissonnière. *The little rascal often played hooky.*

économie—*economy, saving*
  faire des économies—*to put money aside*
  Ils vivent des économies qu'ils ont faites depuis des années. *They are living on the money they have put aside for years.*

  faire des économies de bouts de chandelle (ficelle)—*to pinch pennies*
  Bien qu'il ait des millions, il fait des économies de bouts de chandelle (ficelle). *Although he has millions, he pinches pennies.*

écouter—*to listen (to)*
  écouter de toutes ses oreilles—*to be all ears*
  Pendant son discours le public écoutait de toutes ses oreilles. *During his speech the audience was all ears.*

  n'écouter que d'une oreille—*to be only half listening*
  Son enfant n'écoutait ses admonitions que d'une oreille. *Her child was only half listening to her admonitions.*

  si je m'écoutais…—*I have half a mind to*
  Si je m'écoutais, je te mettrais à la porte. *I have half a mind to kick you out.*

écraser—*to crush*
  Il en écrase.—*He's fast asleep.*

  se faire écraser—*to get run over*
  Il s'est fait écraser par un chauffard. *He got run over by a hit-and-run driver.*

écrire—*to write*
  écrire en toutes lettres—*to spell (to write) out*
  Pour être sûr, je vais écrire les instructions en toutes lettres. *In order to be sure, I'm going to spell (to write) out the instructions.*

---

effacer—*to erase*
  s'effacer—*to give way*

Il faut que le virtuose s'efface devant le compositeur. *The performer has to give way to the composer.*

---

effet—*effect*

en effet—*indeed*

En effet, nos invités étaient déjà partis. *Indeed, our guests had already left.*

faire de l'effet—*to work (out)*

Heureusement, la mesure qu'ils recommandaient a fait de l'effet. *Fortunately, the measure they recommended worked (out).*

faire l'effet de—*to seem like*

Cet homme m'a fait l'effet d'un grand savant. *That man seemed like a great scientist to me.*

égal—*equal, even*

à l'égal de—*just like (as much as)*

Elle admire cette symphonie à l'égal de la neuvième de Beethoven. *She admires that symphony just as much as Beethoven's Ninth.*

Ça m'est égal.—*I don't care.*

d'égal à égal—*as an equal*

Malgré la différence de nos âges, je le traitais d'égal à égal. *Despite our difference in age, I treated him as an equal.*

égard—*regard, respect*

eu égard à—*in consideration of, taking into account*

Eu égard à son âge, on a réduit ses impôts. *In consideration of his age (Taking his age into account), they lowered his taxes.*

élever—*to raise*

élever dans du coton—*to spoil (by coddling)*

Ils ont élevé leur fils unique dans du coton. *They spoiled their only son (by coddling).*

élire—*to elect*

élire domicile—*to take up residence*

Après plusieurs années en province, nous avons élu domicile à Paris. *After several years in the provinces, we took up residence in Paris.*

emballer—*to pack, to wrap*
Ne vous emballez pas!—*Don't get carried away! Hold your horses! Keep your shirt on!*

embarras—*difficulty, obstacle*
dans l'embarras—*in a (on the) spot*
Sa demande d'argent nous a mis dans l'embarras. *His request for money put us in a (on the) spot.*

l'embarras du choix—*too much to choose from*
Au marché du village, on avait l'embarras du choix. *At the village market we had too much to choose from.*

emboîter—*to encase, to pack*
emboîter le pas à—*to fall into step with*
Voyant qu'il était inutile de résister, son collègue lui a emboîté le pas. *Seeing it was useless to resist, his colleague fell into step with him.*

empêcher—*to hinder, to prevent*
n'empêche que—*nevertheless, one must admit*
N'empêche qu'elle vous a causé un tas de problèmes. *Nevertheless (you must admit), she caused you a lot of problems.*

empoisonner—*to poison*
empoisonner l'existence à—*to make life miserable for*
Mon petit frère m'empoisonne l'existence avec ses cris. *My little brother makes life miserable for me with his shouting.*

emporter—*to carry away (off)*
à l'emporte-pièce—*incisive(ly)*
On ne pouvait s'empêcher d'être persuadé par sa rhétorique à l'emporte-pièce. *It was hard not to be convinced by his incisive rhetoric.*

emporter le morceau—*to win out, to win the day*

L'éloquence de notre député a emporté le morceau. *Our representative's eloquence won out (won the day).*

l'emporter sur—*to get the better of, to win out over*
Les conservateurs l'ont emporté sur l'opposition dans les dernières élections. *The conservatives got the better of (won out over) the opposition in the last elections.*

s'emporter—*to get carried away, to fly into a rage*
Il s'emportait à la moindre difficulté. *He got carried away (flew into a rage) at the slightest difficulty.*

---

encaisser—*to collect, to encase*
 encaisser le(s) coup(s)—*to take it*
 Elle a montré qu'elle peut encaisser les coups. *She has shown that she can take it.*

---

enclume—*anvil*
 entre l'enclume et le marteau—*between the devil and the deep blue sea*
 Quel dilemme! Il se trouvait entre l'enclume et le marteau. *What a dilemma! He found himself between the devil and the deep blue sea.*

---

encore—*again, more, still*
 Et encore!—*And even then (who knows?)! If that!*

 si encore—*if only (at least)*
 Si encore ils voulaient nous aider! *If only (at least) they would help us!*

---

endroit—*place, side*
 à l'endroit—*right side out*
 Mets ton pull à l'endroit. *Put your sweater on right side out.*

 à l'endroit de—*toward*
 Elle éprouvait une grande tendresse à son endroit. *She felt a great tenderness toward him.*

 par endroits—*here and there*
 L'herbe était encore mouillée par endroits. *The grass was still wet here and there.*

---

enfance—*childhood*
C'est l'enfance de l'art!—*It's child's play!*

enfant—*child*
Ne faites pas l'enfant!—*Act your age!*

enfin—*finally*
enfin, bref—*the long and the short of it is, to make a long story short*
Enfin, bref, nous sommes fauchés. *The long and the short of it is (To make a long story short), we're broke.*

enfoncer—*to break in, to drive in*
enfoncer une porte ouverte—*to belabor the obvious, to fight a battle that is already won.*
Attaquer la prohibition des alcools, c'est enfoncer une porte ouverte. *To attack Prohibition is to belabor the obvious (to fight a battle that is already won).*

ennui—*annoyance, boredom, worry*
avoir des ennuis—*to be in trouble*
Il a des ennuis avec les contributions directes. *He is in trouble with the Internal Revenue Service.*

ennuyer—*to annoy, to bore*
Cela vous ennuie-t-il de . . .?—*Do you mind?*
Cela vous ennuie-t-il de rester ici encore une heure? *Do you mind remaining here another hour?*

s'ennuyer de quelque chose (de quelqu'un)—*to miss something (someone)*
Je m'ennuie beaucoup de ma famille. *I miss my family very much.*

ennuyeux—*annoying, boring*
l'ennuyeux de—*the trouble with*
L'ennuyeux de cette méthode, c'est qu'elle est très longue. *The trouble with that method is that it takes very long.*

enseigne—*sign*

à telle enseigne que—*so much so that*

Il veut se faire remarquer, à telle enseigne qu'il emploie des expressions recherchées. *He wants people to notice him, so much so that he uses affected expressions.*

---

ensemble—*ensemble, set*

dans l'ensemble—*on the whole*

Dans l'ensemble, leur entreprise est très solide. *On the whole, their business is very solid.*

d'ensemble—*overall*

Je tâche d'avoir une vue d'ensemble du projet. *I'm trying to get an overall view of the project.*

---

entendre—*to hear, to understand*

bien entendu—*of course*

Bien entendu, nous irons les voir tout de suite. *Of course, we'll go and see them right away.*

Cela s'entend!—*It goes without saying!*

C'est entendu.—*Agreed. O.K.*

entendre dire que—*to hear that*

J'ai entendu dire qu'ils se sont quittés. *I have heard that they have separated.*

entendre parler de—*to hear about (of)*

Je n'ai jamais entendu parler de ce peintre. *I have never heard of (about) that painter.*

Il ne l'entend pas de cette oreille.—*He doesn't go along with that.*

laisser (donner à) entendre—*to let it be understood*

Le patron a laissé (donné à) entendre qu'il reprendrait tous les ouvriers en grève. *The boss let it be understood that he would take back all the striking workers.*

s'entendre bien (mal)—*to get along well (badly)*

Malgré leur rivalité, les deux vedettes s'entendent très bien. *Despite their rivalry, the two stars get along very well.*

s'entendre comme chien et chat—*not to get along*

Elle et son mari s'entendent comme chien et chat. *She and her husband don't get along.*

s'entendre comme larrons en foire—*to be as thick as thieves*
Ces commerçants s'entendent comme larrons en foire. *These merchants are as thick as thieves.*

---

entorse—*sprain*
faire une entorse à—*to bend, to stretch*
Le fonctionnaire a enfin accepté de faire une petite entorse aux règles. *The official finally agreed to bend (to stretch) the rules a little.*

---

entre—*among, between*
entre deux vins—*half sober*
Quand je l'ai vu, il était entre deux vins. *When I saw him, he was half sober.*

entre nous—*between you and me (you, me and the lamppost)*
Entre nous, je crois que cet homme est fou. *Between you and me (you, me and the lamppost), I think that man is crazy.*

---

entrée—*entrance, entry*
d'entrée de jeu—*(right) from the start*
Tu as essayé d'avoir tout comme tu le voulais d'entrée de jeu. *You tried to have everything your way (right) from the start.*

les (grandes et petites) entrées—*free access*
Cet homme a ses (grandes et petites) entrées à l'ambassade. *That man has free access to the embassy.*

---

entrer—*to enter*
entrer en fonction—*to take office*
Le président entrera en fonctions au mois de janvier. *The president will take office in the month of January.*

entrer en lice—*to throw one's hat in the ring*
Le leader des conservateurs a décidé d'entrer en lice. *The leader of the conservatives decided to throw his hat in the ring.*

entrer en vigueur—*to go into (to take) effect*

La nouvelle loi entre en vigueur mardi. *The new law goes into (takes) effect on Tuesday.*

Entrez sans frapper.—*(Please) walk in.*

faire entrer—*to show in*
James, faites entrer Monsieur Dupont. *James, show Mr. Dupont in.*

On y entre comme dans un moulin.—*It's wide open; anyone can get in.*

---

envers—*back, reverse*
à l'envers—*inside out, upside down*
J'ai mis mon pull à l'envers. *I put my sweater on inside out.* Vous tenez votre livre à l'envers. *You're holding your book upside down.*

---

envers—*to, toward*
envers et contre tous—*against all comers*
Il soutient son idée envers et contre tous. *He upholds his idea against all comers.*

---

envie—*desire, envy*
avoir envie de—*to feel like*
Allons nous coucher; j'ai envie de dormir. *Let's go to bed; I feel like sleeping.*

---

envoyer—*to send*
C'est envoyé!—*That's well said! That's the way to do it!*

envoyer chercher—*to send for*
Nous avons envoyé chercher le médecin d'urgence. *We sent for the doctor immediately.*

envoyer dire à—*to send word to*
Je lui ai envoyé dire que j'arrivais le lendemain. *I sent word to him that I was coming the next day.*

envoyer promener quelqu'un (envoyer quelqu'un au bain, au diable, sur les roses)—*to send someone about his business, to send someone packing*

Si cet escroc essaie de m'avoir, je l'enverrai promener (je l'enverrai au bain, au diable, sur les roses). *If that swindler tries to take me in, I'll send him about his business (packing).*

Je ne le lui ai pas envoyé dire.—*I told him so right to his face.*

épi—*ear (of grain), spike*
en épi—*at an angle (to the curb)*
Les voitures doivent stationner en épi ici. *Cars must park at an angle (to the curb) here.*

épouser—*to espouse, to wed*
épouser la forme de—*to cling to*
Ce vêtement épouse la forme de votre corps. *This garment clings to your body.*

erreur—*error, mistake*
(Il n'y a) pas d'erreur!—*Absolutely! I'm positive!*

sauf erreur—*unless one is mistaken*
Sauf erreur, nous y sommes. *Unless I'm mistaken, we're there.*

escale—*port of call*
faire escale—*to stop over*
L'avion que nous prenons fait escale à Dakar. *The plane we're taking stops over in Dakar.*

espèce—*kind, species*
espèce de . . .—*you . . .*
Espèce d'idiot, tu l'as gâché! *You idiot, you've ruined it!*

esprit—*mind, spirit, wit*
avoir bon (mauvais) esprit—*to be cooperative (uncooperative)*
Ce groupe de jeunes a très bon (mauvais) esprit. *This group of young people is very cooperative (uncooperative).*

avoir l'esprit de clocher—*to be narrow-minded*
Il a trop l'esprit de clocher pour être sénateur. *He is too narrow-minded to be a senator.*

avoir l'esprit mal tourné—*to have an evil (a dirty) mind*
Vous m'avez compris de travers parce que vous avez l'esprit mal tourné.
You misunderstood me because you have an evil (a dirty) mind.

faire de l'esprit—*to (try to) be witty*
A leurs soirées tout le monde fait de l'esprit. *At their parties everyone is (tries to be) witty.*

l'esprit de l'escalier—*belated wit*
Il avait l'esprit de l'escalier, trouvant toujours ses ripostes après coup. *He had belated wit, always thinking of his comebacks afterwards.*

---

essuyer—*to wipe, to undergo*
essuyer les plâtres—*to deal with the teething problems*
Ce sera à nous d'essuyer les plâtres de la nouvelle réforme. *We're the ones who will have to deal with the teething problems of the new reform.*

---

estomac—*stomach*
à l'estomac—*by bluff*
Ils ont essayé de nous avoir à l'estomac. *They tried to get us by bluff.*

avoir l'estomac creux (dans les talons)—*to be famished*
Allons dîner tout de suite; j'ai l'estomac creux (dans les talons). *Let's go have dinner right away; I'm famished.*

état—*condition, shape, state*
   en état de marche—*in working order*
   Cette machine n'est plus en état de marche. *This machine is no longer in working order.*

   en tout état de cause—*in any case*
   La réforme aura eu en tout état de cause le mérite de constituer une assemblée représentative. *The reform will in any case have had the merit of constituting a representative assembly.*

   faire état de—*to take into account*
   L'avocat a demandé à la cour de faire état de la pauvreté de son client. *The lawyer asked the court to take his client's poverty into account.*

été—*summer*
   l'été de la Saint-Martin—*Indian summer*
   L'été de la Saint-Martin a été particulièrement beau cette année. *Indian summer was particularly beautiful this year.*

étendre—*to stretch*
   étendre raide—*to knock out (cold)*
   Le coup de son adversaire l'a étendu raide. *His opponent's blow knocked him out (cold).*

étranger—*foreigner, stranger*
   à l'étranger—*abroad*
   Ils habitent à l'étranger cette année. *They are living abroad this year.*

être—*to be*
   Ça a été?—*Was everything all right? Did you like it (the food)?*

   être à—*to belong to, to be someone's*
   Cette montre est à moi. *This watch belongs to me (is mine).*

   être à la coule—*to know the ropes*
   Il est déjà à la coule dans son nouveau travail. *He already knows the ropes in his new job.*

   être à quelqu'un de—*to be someone's turn to*
   C'est à vous de parler maintenant. *It's your turn to speak now.*

Il en est ainsi.—*That's the way it is.*

Il n'en est rien.—*Nothing of the sort.*

Je n'y suis pas.—*I don't get it.*

Je n'y suis pour rien.—*I had nothing to do with it. I am no party to it.*
Où en êtes-vous?—*How far (along) are you?*

étroit—*narrow*
  à l'étroit—*cramped (for space)*
  Nous ne pouvons pas travailler ici; nous sommes trop à l'étroit. *We can't work here; we're too cramped (for space).*

étude—*study*
  être à l'étude—*to be under study*
  Le projet est à l'étude. *The plan is under study.*

  faire ses études à—*to go to (a university), to study at*
  Elle a fait ses études à l'Université de Caen. *She went to (studied at) the University of Caen.*

évident—*evident, obvious*
  Ce n'est pas évident!—*It's harder than you think! It's no easy matter!*

examiner—*to examine*
  examiner sur toutes les coutures—*to take a hard look at*
  Il faut que nous examinions leur proposition sur toutes les coutures. *We have to take a hard look at their proposal.*

exécuter—*to execute*
  s'éxécuter—*to comply*
  Malgré ses réserves, elle s'est exécutée de bonne grâce. *Despite her reservations, she complied graciously.*

exemple—*example, instance*
  Par exemple!—*Of all things! Well I never! You don't say!*

exercice—*exercise*
  dans l'exercice de ses fonctions—*in one's official capacity*

Le maire agissait dans l'exercice de ses fonctions. *The mayor was acting in his official capacity.*

en exercice—*active*
Le professeur était encore en exercice. *The teacher was still active.*

---

expression—*expression*
d'expression—*speaking*
Les représentants de tous les pays d'expression française se réunirent à Québec. *Representatives of all the French-speaking countries assembled in Quebec.*

---

extinction—*extinction, extinguishing*
avoir une extinction de voix—*to lose one's voice*
Ayant eu une extinction de voix, le candidat n'a pas pu faire son discours. *Because he had lost his voice, the candidate was unable to make his speech.*

---

extrême—*extreme*
à l'extrême—*extremely*
Elle est têtue à l'extrême. *She is extremely stubborn.*

---

extrémité—*extremity, end*
à la dernière (à toute) extrémité—*on the brink of death*
Le malade était à la dernière (à toute) extrémité. *The patient was on the brink of death.*

---

fable—*fable*
la fable du quartier (de la ville)—*a laughingstock*
Elle a refusé de le faire parce qu'elle ne voulait pas être la fable du quartier (de la ville). *She refused to do it because she didn't want to be a laughingstock.*

---

fabriquer—*to fabricate, to manufacture*
Qu'est-ce que tu fabriques là?—*What (the heck) are you up to?*

face—*face*
    de face—*head-on*
    Les deux camions se sont heurtés de face. *The two trucks collided head-on.*

    en face (de)—*facing, opposite*
    Le bureau de poste est en face de la gare. *The post office faces (is opposite) the station.*

    face à—*facing*
    Nous avons loué une maisonnette face à la mer. *We rented a cottage facing the sea.*

    faire face à—*to face (up to)*
    Vous devrez faire face à cette nouvelle difficulté. *You will have to face (up to) this new difficulty.*

fâcher—*to anger*
    se fâcher tout rouge—*to get boiling mad*
    Il s'est fâché tout rouge en voyant que le travail n'était pas encore fini. *He got boiling mad on seeing that the work was not yet done.*

facile—*easy*
    C'est facile comme bonjour.—*It's as easy as pie.*

    être facile à vivre—*to be easy to get along with*
    Ce garçon est brillant mais il n'est pas facile à vivre. *That fellow is brilliant but he isn't easy to get along with.*

façon—*fashion, manner, way*
    de façon à—*so as to*
    Il a tourné le vase de façon à cacher son défaut. *He turned the vase so as to hide the defect.*

    de sa façon—*of one's own devising (making)*
    Elle nous a servi un alcool de sa façon. *She served us a liquor of her own devising (making).*

faire des façons—*to make a fuss*

Ne fais plus tant de façons et accepte leur offre. *Stop making such a fuss and accept their offer.*

sans façon—*unpretentious(ly)*

Elle nous a reçus gentiment mais sans façon. *She greeted us nicely but unpretentiously.*

---

fagot—*bundle (of twigs), faggot*

comme un fagot—*badly dressed*

Sa femme était habillée comme un fagot. *His wife was badly dressed.*

de derrière les fagots—*one of one's best*

Il a offert à ses invités une bouteille de derrière les fagots. *He offered his guests one of his best bottles of wine.*

---

faible—*feeble, weak*

un faible pour—*a soft spot (in one's heart) for*

Je te pardonne, puisque j'ai toujours eu un faible pour toi. *I'll forgive you, since I've always had a soft spot (in my heart) for you.*

---

faim—*hunger*

avoir faim (grand'faim, une faim de loup)—*to be hungry (very hungry, as hungry as a bear)*

Je n'ai rien mangé de la journée, alors j'ai une faim de loup. *I haven't eaten a thing all day, so I'm as hungry as a bear.*

---

faire—*to do, to make*

avoir fait son temps—*to have had one's day*

Ce style a fait son temps et ne se vend plus. *This style has had its day and doesn't sell any more.*

Ça ne fait rien.—*It's all right. It doesn't matter.*

Ça ne me fait ni chaud ni froid.—*I don't care one way or the other.*

C'en est fait de lui (de nous, etc.).—*His (our, etc.) game is up. It's all up with him (us, etc.).*

C'est bien fait!—*It serves you (him, etc.) right!*

en faire son affaire—*to take care of it*

Ne vous inquiétez pas, j'en fais mon affaire. *Don't worry, I'll take care of it.*

faire bon marché de—*to take little account of*
Il fait bon marché de notre opinion. *He takes little account of our opinion.*

faire bon (mauvais) ménage—*to get along well (badly)*
L'un dans l'autre, notre canari et notre chat font bon ménage. *All in all, our canary and our cat get along well.*

faire bonne (grise, mauvaise) mine à—*to greet with a smile (a scowl)*
L'hôtesse m'a fait grise mine en voyant que j'étais mal habillé. *The hostess greeted me with a scowl when she saw that I was improperly dressed.*

faire de l'oeil à—*to give the eye to, to make eyes at*
Je te dis que ce garçon te faisait de l'oeil! *I tell you that boy was giving you the eye (making eyes at you)!*

faire des ménages—*to do housecleaning (housework)*
Avant son mariage, elle faisait des ménages pour gagner sa vie. *Before her marriage, she did housecleaning (housework) to make a living.*

faire des siennes—*to be up to one's old tricks*
Ce vieux farceur a fait encore des siennes! *That old joker has been up to his old tricks again!*

faire de vieux os—*to live to a ripe old age*
A ce rythme-là, il ne fera sûrement pas de vieux os. *If he keeps up that pace he certainly won't live to a ripe old age.*

faire du lèche-vitrines—*to go window-shopping*
On n'a pas d'argent, mais on peut faire du lèche-vitrines. *We don't have any money, but we can go window-shopping.*

faire faire quelque chose à quelqu'un—*to have (to make) someone do something, to have something done by someone.*
Je lui ai fait laver la voiture. *I had him (made him) wash the car (I had the car washed by him).*

faire le saut—*to take the plunge*
Il voulait changer d'emploi mais ne se décidait pas à faire le saut. *He wanted to change jobs, but he could not make up his mind to take the plunge.*

faire partie de—*to be part of; to be on, to belong to*
Ce chapitre fait partie d'une longue étude générale. *This chapter is part of a long general study.* Lui et son frère font partie de l'équipe de football. *He and his brother are on (belong to) the soccer team.*

faire partir un coup—*to fire a shot*
On se demandait si c'était lui qui avait fait partir le coup. *People wondered whether it was he who had fired the shot.*

faire partir un moteur (une voiture)—*to start a motor (a car)*
Je n'arrive pas à faire partir le moteur. *I can't get the motor started.*

faire savoir—*to inform of*
Faites-moi savoir l'heure de votre arrivée dès que possible. *Inform me of the time of your arrival as soon as possible.*

faire son droit (sa médecine, etc.)—*to study law (medicine, etc.)*
Il a fait son droit à Lyon. *He studied law in Lyons.*

faire toute une histoire (tout un plat) de—*to make a big deal (a federal case) out of*
Ne fais pas toute une histoire (tout un plat) de notre absence! *Don't make a big deal (a federal case) out of our being absent!*

Faites vos jeux!—*Place all bets!*

Il fait beau (chaud, du vent, froid, mauvais, etc.)—*It's sunny (warm, windy, cold, nasty, etc.).*

Il fait un temps de chien.—*The weather is awful (miserable).*

Il se fait tard.—*It's getting late.*

n'avoir que faire de—*to have no use for*
Je n'ai que faire de vos compliments. *I have no use for your compliments.*

ne faire ni une ni deux—*not to hesitate a moment*
Il n'a fait ni une ni deux, il m'a pris la main et nous sommes partis ensemble. *He didn't hesitate a moment, but took my hand and we left together.*

n'en faire qu'à sa tête—*to have one's own way*
Ce n'est pas la peine de discuter avec elle; elle n'en fera toujours qu'à sa tête. *It's no use arguing with her; she'll have her own way anyway.*

se faire à—*to get used to*

Elle se fait lentement à sa nouvelle situation. *She is slowly getting used to her new job.*

se faire avoir (rouler)—*to (let oneself) be taken in*
Il avait peur de se faire avoir (se faire rouler) par l'escroc. *He was afraid of being (of letting himself be) taken in by the crook.*

se faire du mauvais sang—*to worry oneself sick (to death)*
Vous feriez mieux de sortir, plutôt que de rester ici à vous faire du mauvais sang. *You'd better go out, rather than stay here worrying yourself sick (to death).*

se faire fort de—*to be confident one can*
Je me fais fort de les persuader. *I am confident I can persuade them.*

se faire passer pour—*to pass oneself off as*
Elle essayait de se faire passer pour Italienne. *She tried to pass herself off as an Italian.*

se faire tout petit—*to make oneself inconspicuous*
Se sentant de trop, le jeune homme se faisait tout petit. *Since he felt out of place, the young man made himself inconspicuous.*

se faire une joie de—*to look forward*
Je me fais une joie de recevoir vos amis. *I am looking forward to having your friends visit.*

se faire une montagne (un monde) de—*to make too much (out) of*
Ce n'est qu'une petite épreuve; ne t'en fais pas une montagne (un monde)! *It's only a little test; don't make too much (out) of it!*

se faire une raison—*to resign oneself to something*
Elle n'aime pas beaucoup sa situation, mais elle a fini par se faire une raison. *She doesn't like her job very much, but she's ended up resigning herself to it.*

s'en faire—*to worry*
Ne t'en fais pas; je reviendrai. *Don't worry; I'll come back.*

---

fait—*deed, fact*
  au fait—*by the way*
  Au fait, qu'avez-vous pensé du spectacle? *By the way, what did you think of the show?*

au fait de—*up-to-date on*
Je l'ai mis au fait de la situation. *I got him up-to-date on the situation.*

Ce n'est pas mon fait.—*That's not my cup of tea.*

du fait de—*as a result of*
Le gouvernement est tombé du fait le leur démission. *The government fell as a result of their resignation.*

en fait—*as a matter of fact*
En fait, les experts se trompaient. *As a matter of fact, the experts were wrong.*

fait comme un rat—*cornered*
"Me voilà fait comme un rat!" pensa-t-il. *"Now I'm cornered!" he thought.*

par le fait—*in point of fact*
Par le fait, nous savons qu'il a menti. *In point of fact, we know that he lied.*

un fait divers—*a news item (of local or civil importance)*
On a mentionné son accident dans les faits divers ce matin. *His accident was mentioned in the (local) news items this morning.*

---

falloir—*to be necessary, to be needed*
il me (lui, etc.) faut—*I (he, etc.) need(s)*
Il leur faut cent dollars d'ici lundi. *They need a hundred dollars by Monday.*

Il s'en est fallu de peu (d'un cheveu)!—*It was a near miss (It was just a hair's breadth away from happening)!*

il s'en faut de beaucoup—*far from it*
Nous ne sommes pas millionnaires, il s'en faut de beaucoup. *We're not millionaires, far from it.*

---

famille—*family*
C'est (cela tient) de famille.—*It runs in the family.*

en famille—*in private*
Il faut laver son linge sale en famille. *You should wash your dirty linen in private.*

---

fard—*makeup, rouge*
    sans fard—*plain(ly), openly*
    Il nous a dit cela sans fard. *He told us that plainly (openly).*

fatal—*fatal, fated*
    C'était fatal!—*It was bound to happen!*

fausser—*to falsify, to twist*
    fausser compagnie à quelqu'un—*to give someone the slip*
    Il nous a faussé compagnie dans la cohue. *He gave us the slip in the crowd.*

faute—*terror, fault*
    faute de—*for lack (want) of*
    Faute de mieux, j'ai regardé la télé. *For lack (want) of something better, I watched TV.*

    sans faute—*without fail*
    Il a dit qu'il viendrait demain sans faute. *He said that he would come tomorrow without fail.*

faux—*fake, false, wrong*
    C'est un faux jeton.—*He's a double-dealer. He's as crooked as a snake.*

    faire fausse route—*to be on the wrong track*
    Si vous vous y prenez ainsi, vous faites fausse route. *If you go about it that way, you're on the wrong track.*

    faire faux bond à—*to leave in the lurch, to stand up*
    Je l'ai attendu longtemps, mais il m'a fait faux bond. *I waited a long time, but he left me in the lurch (stood me up).*

    les faux frais—*incidentals*
    Nous avions calculé tout le coût de notre voyage, sauf les faux frais. *We had calculated the entire cost of our trip, except for the incidentals.*

    un faux air de—*a vague resemblance to*
    Cet homme a un faux air de Napoléon Bonaparte. *That man bears a vague resemblance to Napoleon Bonaparte.*

faveur—*favor*
    à la faveur de—*under cover of, thanks to*

Ils se sont échappés à la faveur de la nuit. *They escaped under cover of the night.*

Ils ont récupéré leurs droits à la faveur de la libéralisation. *They recovered their rights, thanks to the liberalization.*

de faveur—*complimentary; preferential*

Un des acteurs m'a donné un billet de faveur. *One of the actors gave me a complimentary ticket.* Il a eu droit à un traitement de faveur. *He was entitled to preferential treatment.*

---

fendre—*to split*

Ça me fend le coeur (l'âme)!—*It breaks my heart!*

se fendre de—*to shell out*

Nous avons dû nous fendre de dix mille francs pour payer l'amende. *We had to shell out ten thousand francs to pay the fine.*

---

fermer—*to close, to shut (off)*

fermer à clef—*to lock (up)*

N'oublie pas de fermer la maison à clef en partant. *Don't forget to lock (up) the house when you leave.*

fermer à double tour—*to double-lock*

Nous avons fermé la porte à double tour en sortant. *We double-locked the door as we went out.*

fermer la marche—*to bring up the rear*

Les anciens combattants fermaient la marche. *The war veterans brought up the rear.*

---

ferrer—*to shoe*

ferré à glace—*ready for anything; very knowledgeable*

Il a trouvé son équipe reposée et ferrée à glace. *He found his team rested and ready for anything.*

Ma sœur est ferrée à glace sur l'impressionnisme. *My sister is very knowledgeable about impressionism.*

ferré en—*well up on (in)*

Demande-lui, elle est ferrée en histoire. *Ask her, she's well up on (in) history.*

---

fête—*feast, festival, holiday*
  de la fête—*in on it*
  Ne m'en demande pas de renseignements; je n'étais pas de la fête. *Don't ask me for information about it; I wasn't in on it.*

  faire fête à—*to welcome with open arms*
  Les enfants ont fait fête à leur oncle à son arrivée. *The children welcomed their uncle with open arms on his arrival.*

  faire la fête—*to party, to live it up*
  Il était épuisé parce qu'il avait trop fait la fête. *He was exhausted because he had partied (lived it up) too much.*

  se faire une fête de—*to look forward eagerly to*
  Je me fais une fête d'y aller. *I'm looking forward eagerly to going there.*

feu—*fire*
  à feu doux—*over low heat*
  Il faut faire cuire ce plat à feu doux. *This dish must be cooked over low heat.*

  aller au feu—*to be ovenproof; to go into combat*
  Cette terrine va au feu. *This bowl is ovenproof.* Les jeunes soldats allaient au feu pour la première fois. *The young soldiers were going into combat for the first time.*

  avoir le feu sacré—*to be burning with zeal*
  Il n'a pas beaucoup de préparation pour ce travail, mais il a le feu sacré. *He doesn't have much training for this job, but he is burning with zeal.*

  faire feu sur—*to fire at*
  Nos troupes ont fait feu sur les rangs ennemis. *Our troops fired at the enemy ranks.*

  un feu de paille—*a flash in the pan*
  Leur succès n'aura été qu'un feu de paille. *Their success will have only been a flash in the pan.*

ficher—*to stick*
  Ça la fiche mal.—*It looks lousy.*

  ficher le camp—*to make tracks*

Ils avaient fichu le camp avant notre arrivée. *They had made tracks before we arrived.*

Il n'en fiche pas la rame (pas une secousse).—*He doesn't do a lick of work.*

Je m'en fiche!—*I don't give a damn!*

se ficher de—*to make fun of*
Je vois bien que vous vous fichez de moi! *I can see that you're making fun of me!*

---

fichu—*done for, rotten*
être fichu—*to be (all) washed up*
Après l'échec de son dernier film, cet acteur est fichu. *After the failure of his last film, that actor is (all) washed up.*

fichu de—*capable of (likely to)*
Il est fichu de nous faire un sale coup si nous ne faisons pas attention. *He is capable of playing (likely to play) a dirty trick on us if we aren't careful.*

mal fichu—*sick*
Je suis mal fichu; allez-y sans moi. *I'm feeling sick; go ahead without me.*

---

fièvre—*fever*
une fièvre de cheval—*a high fever*
Ne sors pas aujourd'hui; tu as une fièvre de cheval! *Don't go out today; you're running a high fever!*

---

figure—*face, figure*
faire bonne (piètre, triste) figure—*to cut a good (a sorry) figure*
Il faisait piètre (triste) figure dans son habit neuf. *He cut a sorry figure in his new formal suit.*

---

figurer—*to figure*
se figurer—*to imagine*
Figurez-vous qu'il voulait que je le remplace sans préavis! *Just imagine, he wanted me to replace him without prior notice!*

---

fil—*thread, wire, (cutting) edge*

   au fil de—*with the (passing)*

   Au fil des années elle commençait à l'oublier. *With the (passing) years she began to forget him.*

   au fil de l'eau—*with the current*

   Les feuilles sèches s'en allaient au fil de l'eau. *The dead leaves went along with the current.*

   avoir un fil à la patte—*to be tied down*

   Il ne vient plus boire avec nous depuis qu'il a un fil à la patte. *He doesn't come and drink with us any more since he's been tied down.*

   de fil en aiguille—*one thing leading to another*

   De fil en aiguille on s'est trouvé mariés. *One thing leading to another, we found ourselves married.*

---

filer—*to run, to spin*

   filer à l'anglaise—*to take French leave*

   Pendant que l'hôtesse était occupée ailleurs, nous avons filé à l'anglaise. *While the hostess was busy elsewhere, we took French leave.*

   filer doux—*to keep a low profile*

   Il faudra filer doux avec ce nouveau patron. *You'll have to keep a low profile with this new boss.*

   filer un mauvais coton—*to be in a bad way*

   Le médecin a dit que le malade file un mauvais coton. *The doctor said that the patient is in a bad way.*

---

fils—*son*

   Il est fils de ses oeuvres.—*He is a self-made man.*

---

fin—*fine, thin*

   faire la fine bouche—*to turn up one's nose*

   Elle faisait la fine bouche devant nos projets. *She turned up her nose at our plans.*

   fin prêt—*all set*

   Je suis fin prêt maintenant; nous pouvons partir. *I'm all set now; we can leave.*

le fin fond de—*the depths of*
Je l'ai trouvé au fin fond du placard. *I found it in the depths of the closet.*

le fin mot de l'histoire—*the real key to the story*
On n'a jamais su le fin mot de cette histoire. *We never found out the real key to that story.*

une fine gueule (un fin bec)—*a gourmet*
Il appéciera ce plat; c'est une fine gueule (un fin bec). *He will appreciate this dish; he is a gourmet.*

une fine mouche—*a sly devil*
Malgré son air naïf, c'est une fine mouche. *Despite her naïve air, she's a sly devil.*

---

fin—*end, purpose*
C'est la fin des haricots!—*It's all over! The game is up!*

en fin de compte—*in the final analysis*
En fin de compte, cela m'est égal. *In the final analysis, it doesn't matter to me.*

faire une fin—*to settle down*
Il s'est marié pour faire une fin. *He got married in order to settle down.*

une fin de non-recevoir—*a blunt refusal*
Elle a opposé une fin de non-recevoir à leurs demandes. *She countered their requests with a blunt refusal.*

---

finir—*to end, to finish*
à n'en plus finir—*no end of*
Il nous a donné des ennuis à n'en plus finir. *He caused us no end of trouble.*

en finir avec—*to put an end to*
Il faut en finir avec tous ces ennuis mécaniques. *We must put an end to all these mechanical problems.*

finir en queue de poisson—*to fizzle (to peter) out*
Ses beaux projets semblent toujours finir en queue de poisson. *His fine plans always seem to fizzle (to peter) out.*

finir par—*to end up (by)*

Ils ont fini par accepter notre première offre. *They ended up (by) taking our first offer.*

pour en finir—*to make a long story short*
Pour en finir, nous avons refusé d'y aller. *To make a long story short, we refused to go there.*

---

flair—*scent, smell*
  avoir du flair—*to have a (good) nose*
Ce journaliste a du flair pour trouver le scandale. *That journalist has a (good) nose for finding scandal.*

---

flèche—*arrow*
  en flèche—*like a skyrocket*
Les bénéfices de notre société montent en flèche. *Our company's profits are skyrocketing.*

  faire flèche de tout bois—*to use all available means*
Etant donné l'état d'urgence, il faudra faire flèche de tout bois. *Given the emergency, we'll have to use all available means.*

---

fleur—*bloom, flower*
  à fleur de—*at the level of, even with (the surface of)*
La libellule volait à fleur d'eau. *The dragonfly was flying at water level (even with the surface of the water).*

  à la fleur de l'âge—*in the prime of youth*
Il était à la fleur de l'âge et commençait à se faire connaître. *He was in the prime of youth and was beginning to make himself known.*

  comme une fleur—*easily*
Il a réussi le coup comme une fleur. *He carried the job off easily.*

  faire une fleur à—*do an unexpected favor*
Ils nous ont fait une fleur en nous laissant la place libre. *They did us an unexpected favor by leaving the field open to us.*

  Il est fleur bleue.—*He is naïve (sentimental).*

---

fleuron—*flower-shaped ornament*
   C'est un fleuron à votre couronne.—*That's a feather in your cap.*

---

flot—*flood, wave*
   à flots—*in torrents*
   La pluie tombait à flots. *The rain was falling in torrents.*

   (re)mettre quelque chose à flot—*to float something (again)*
   Ils ont eu du mal à remettre l'entreprise à flot après sa faillite. *They had a
   hard time floating the business again after its failure.*

---

foi—*belief, faith*
   ajouter (attacher, prêter) foi à—*to give credence to*
   Ils n'ont pas voulu ajouter (attacher, prêter) foi à ses prédictions. *They
   were unwilling to give credence to his predictions.*

   faire foi de—*to give proof of*
   Cet incident fait foi de sa probité. *This incident gives proof of his
   integrity.*

   sans foi ni loi—*without any sense of decency*
   Le dictateur est un homme sans foi ni loi. *The dictator is a man without
   any sense of decency.*

   sur la foi de—*on the strength of*
   Je l'ai fait sur la foi de ce que vous m'aviez dit. *I did it on the strength of
   what you had told me.*

---

foie—*liver*
   avoir les foies—*to have cold feet*
   Tu ne pourras jamais le faire; tu auras les foies. *You'll never be able to do
   it; you'll have cold feet.*

---

foin—*hay*

　avoir du foin dans les bottes—*to have feathered one's nest*
　Ce riche fermier a du foin dans ses bottes. *That rich farmer has feathered
　　his nest.*

　faire du foin—*to kick up a row*
　Ils ont fait du foin quand on les a obligés à sortir du bar. *They kicked up a
　　row when they were made to leave the bar.*

foire—*fair*
　C'est la foire!—*What a madhouse!*

　C'est la foire aux cancres.—*It's idiots' delight.*

　C'est la foire d'empoigne.—*It's a rat race. It's a free-for-all.*

　faire la foire—*to go on a spree*
　Après avoir hérité de sa tante, il a fait la foire. *After he inherited money
　　from his aunt, he went on a spree.*

fois—*occasion, time*
　à la fois—*both; at once, at the same time*

Il est à la fois gentil et agaçant. *He is both (at the same time) nice and irritating.* Vous essayez de faire trop de choses à la fois. *You are trying to do too many things at once (at the same time).*

il était une fois…—*once upon a time there was…*
Il était une fois une princesse, qui n'était pas très heureuse. *Once upon a time there was a princess, who was not very happy.*

une fois pour toutes—*once and for all*
Je te le dis une fois pour toutes; va-t'en. *I'm telling you once and for all: get going.*

---

folie—*folly, madness*
à la folie—*madly*
Il l'aimait à la folie. *He loved her madly.*

faire des folies—*to splurge*
Faisons des folies pour une fois et achetons tout ce que nous désirons. *Let's splurge for once and buy everything we desire.*

---

fonction—*function*
en fonction—*on duty, in service*
Il savait qu'il ne fallait pas boire pendant qu'il était en fonction. *He knew he mustn't drink while he was on duty (in service).*

faire fonction de—*to act as*
Ce levier faisait fonction de bielle. *That lever functioned as a crankshaft.*

---

fond—*basis, bottom, depth, foundation*
à fond—*thoroughly*
Il connaît ce sujet à fond. *He knows this subject thoroughly.*

à fond de cale—*in(to) abject poverty*
Grâce à ses imprudences, ils étaient arrivés à fond de cale. *Thanks to his foolishness, they had fallen into abject poverty.*

à fond de train—*at top speed*
La voiture arrivait sur lui à fond de train. *The car was coming toward him at top speed.*

au fond (dans le fond)—*at heart, basically*

Au fond, ton frère est un brave garçon. *At heart (basically), your brother is a good fellow.*

de fond en comble—*from top to bottom*
Ils ont refait la maison de fond en comble. *They did the house over from top to bottom.*

fondre—*to melt*
fondre en larmes—*to burst into tears*
L'enfant grondé fondit en larmes. *The scolded child burst into tears.*

fondre sur—*to pounce on*
Le hibou a fondu sur la souris. *The owl pounced on the mouse.*

force—*force, strength*
à force de—*by dint of*
A force de répéter la leçon, ils ont réussi à l'apprendre. *By dint of repeating the lesson, they succeeded in learning it.*

à toute force—*at all costs*
Elle veut à toute force être élue sénateur. *She wants at all costs to be elected to the Senate.*

dans la force de l'âge—*in the prime of life*
On l'oblige à prendre sa retraite dans la force de l'âge. *He is being made to retire in the prime of life.*

force lui fut de—*one was forced to*
Force lui fut de renoncer à ses ambitions. *He was forced to give up his ambitions.*

par la force des choses—*by force of circumstances, by the nature of things*
Ils devaient échouer par la force des choses. *They were bound to fail by force of circumstances (by the nature of things).*

forcer—*to force*
forcer la note—*to overdo it*
Il faut mettre le problème en relief, mais sans forcer la note. *The problem has to be underscored, but without overdoing it.*

forcer le pas—*to press on*

Nous avons forcé le pas pour arriver avant la tombée de la nuit. *We pressed on in order to arrive before nightfall.*

forme—*form, shape*

dans les formes—*according to the book*

Il faut absolument le faire dans les formes. *It absolutely must be done according to the book.*

faire quelque chose pour la forme—*to go through the motions of doing something*

Ils ont fait une demande d'emploi pour la forme. *They went through the motions of applying for a job.*

fort—*stout, strong*

à plus forte raison que—*all the more so since*

Tu aurais dû y rester, à plus forte raison que tu n'étais pas prêt. *You ought to have stayed there all the more so since you weren't ready.*

au plus fort de—*at the height (in the thick) of*

On vit Fabrice au plus fort du combat. *Fabrice was seen at the height (in the thick) of the battle.*

avoir fort à faire—*to have one's hands full*

Il a eu fort à faire pour les retenir. *He had his hands full holding them back.*

C'est plus fort que moi.—*I can't help it.*

C'est une forte tête.—*He (she) is strong-minded (a rebel).*

C'est un peu fort!—*That's a bit too much! That's going a bit too far!*

fort en—*good at*

Elle est forte en maths. *She is good at math.*

le plus fort, c'est que...—*the best part of it is that*

Le plus fort, c'est qu'ils croient avoir gagné! *The best part of it is that they think they won!*

se faire fort de—*to be confident*

Je me fais fort de vous faire attribuer ce poste. *I am confident that I can get that position for you.*

fortune—*fortune, luck*

à la fortune du pot—*potluck, simple*

Nous avons invité nos amis à dîner à la fortune du pot. *We invited our friends to eat a potluck (simple) dinner.*

de fortune—*makeshift*

Nous avons construit un abri de fortune. *We built a makeshift shelter.*

faire fortune—*to catch on*

Cette mode fera fortune. *That fashion will catch on.*

fou—*crazy, foolish, wild*

avoir le fou rire—*to have the giggles*

En le voyant habillé ainsi, j'ai eu le fou rire. *Seeing him dressed up like that, I had the giggles.*

fou à lier—*as crazy as a loon*

N'écoutez pas ses prophéties; il est fou à lier. *Don't listen to his prophecies; he's as crazy as a loon.*

fouiller—*to dig, to search*

Tu peux te fouiller!—*Nothing doing!*

foulée—*stride*

dans la foulée de—*on the heels of*

Beaucoup d'offres sont arrivées dans la foulée de son succès. *Many offers came on the heels of her success.*

fouler—*to sprain, to trample, to tread*

ne pas se fouler (la rate)—*not to break one's back*

Il ne s'est pas foulé (la rate) pour finir le travail. *He didn't break his back finishing the job.*

four—*oven*

au four et au moulin—*in two places at once*

Attendez un peu, voulez-vous; je ne peux pas être au four et au moulin. *Wait a minute, won't you; I can't be in two places at once.*

faire un four—*to be a washout, to fall flat, to flop*

Sa nouvelle pièce a fait un four. *His new play was a washout (fell flat, flopped).*

---

fourmi—*ant*

avoir des fourmis—*to have one's limb asleep, to have pins and needles*
J'avais des fourmis dans les jambes à force de rester assis. *I had my leg asleep (I had pins and needles in my leg) from remaining seated.*

---

fourrer—*to stuff*

fourrer son nez partout—*to poke one's nose into other people's business*
C'est une vraie concierge, elle fourre son nez partout. *What a gossip, she pokes her nose into everybody else's business.*

---

frais—*cool, fresh*

au frais—*in a cool place*
Il faut tenir ce produit au frais. *This product has to be kept in a cool place.*

frais émoulu de—*fresh out of*
C'est un jeune garçon frais émoulu du collège. *He is a young man fresh out of school.*

frais et dispos—*fit as a fiddle*
Je me sentais frais et dispos après mon somme. *I felt fit as a fiddle after my nap.*

Je suis frais (me voilà frais)!—*I'm in for it!*

---

frais—*cost, expense*

aux frais de la princesse—*at company (the government's) expense*
On disait qu'il voyageait toujours aux frais de la princesse. *People said that he always traveled at company (the government's) expense.*

faire les frais de la conversation—*to be the butt (the prime subject) of conversation*
La nouvelle voisine faisait les frais de leur conversation. *The new neighbor was the butt (the prime subject) of their conversation.*

---

franc—*frank, free*
de franc jeu—*openly*
C'est un opportuniste, mais il y va de franc jeu. *He's an opportunist, but he goes about it openly.*
Il est franc comme l'or.—*He is perfectly frank.*

frapper—*to knock, to strike*
frapper d'un droit (d'une amende)—*to levy a tax (a fine) on*
Ils ont décidé de frapper les grosses voitures d'un droit. *They decided to levy a tax on big cars.*
Ne te frappe pas!—*Don't worry!*

frayer—*to rub, to scrape*
se frayer un passage (un chemin, etc.)—*to clear a way (a path, etc.) for oneself*
Elle s'est frayé un passage à travers la foule des spectateurs. *She cleared a way for herself through the crowd of spectators.*

friser—*to curl, to skim*
friser la quarantaine (la cinquantaine, etc.)—*to be in one's late thirties (forties, etc.), to be turning forty (fifty, etc.)*
Cette actrice frise la cinquantaine. *That actress is in her late forties (is turning fifty).*
friser le ridicule (l'insolence, l'hérésie, etc.)—*to border on ridiculousness (insolence, heresy, etc.)*
Ce qu'ils disaient frisait l'hérésie. *What they were saying bordered on heresy.*

froid—*chill(y), cold*
à froid—*right off the bat*
Je ne peux pas y répondre à froid comme cela. *I can't answer it right off the bat like that.*
être en froid—*not to be on good terms*
Les deux anciens amis sont en froid maintenant. *The two former friends are not on good terms now.*

froisser—*to rumple, to wrinkle*
froisser quelqu'un—*to hurt someone's feelings*
Ils sont susceptibles et il est difficile de ne pas les froisser. *They are sensitive and it is difficult not to hurt their feelings.*

front—*brow, forehead, front*
avoir le front de—*to have the nerve to*
Vous avez le front de me dire cela? *You have the nerve to say that to me?*

de front—*head-on, side by side*
Les deux camions se sont heurtés de front. *The two trucks collided head-on.*
Les deux amis marchaient de front. *The two friends were walking along side by side.*

faire front à—*to face up to*
Il faut que nous fassions front ensemble aux critiques. *We have to face up to the critics together.*

frotter—*to rub*
frotter l'échine à quelqu'un—*to give someone a licking*
Espèce de voyou, je vais te frotter l'échine. *You hoodlum, I'm going to give you a licking.*

frotter les oreilles à quelqu'un—*to pin someone's ears back*
Si tu me touches, je vais te frotter les oreilles. *If you touch me, I'm going to pin your ears back.*
Ne vous y frottez pas!—*Don't get mixed up in it!*

fugue—*escapade, fugue*
faire une fugue—*to run away (from home, etc.)*
L'écolier a fait une fugue mais on l'a vite retrouvé. *The schoolboy ran away from home but they found him quickly.*

fureur—*fury, rage*
faire fureur—*to be (all) the rage*
Sa chanson fait fureur cette semaine. *His song is (all) the rage this week.*

gâcher—*to spoil, to mix*
  gâcher le métier—*to spoil it for others*
  Si tu travailles pour si peu, tu gâches le métier. *If you work for so little, you're spoiling it for others.*

---

gaffe—*boathook, blunder*
  faire gaffe—*to watch out*
  Fais gaffe, le surveillant nous regarde! *Watch out, the monitor is looking at us!*

---

gagner—*to earn, to gain, to win*
  gagner à être connu—*to grow on one*
  Cet homme semble un peu ennuyeux mais il gagne à être connu. *That man seems a bit dull but he grows on you.*

  gagner des mille et des cent—*to make money hand over fist*
  Il a gagné des mille et des cent dans la vente du blé. *He made money hand over fist in the sale of wheat.*

  gagner de vitesse—*to beat someone to it*
  Pendant qu'ils faisaient leurs projets je crois que nous les avons gagnés de vitesse. *While they were making their plans, I think we beat them to it.*

  gagner le gros lot—*to hit the jackpot*
  Maintenant que vos produits sont rares, vous avez gagné le gros lot. *Now that your products are scarce, you've hit the jackpot.*

---

gaieté—*gaiety, cheerfulness*
  de gaieté de cœur—*willingly*
  Ils ne sont pas allés au combat de gaieté de cœur. *They didn't go off willingly to battle .*

---

garanti—*guaranteed*
  C'est du garanti sur facture!—*It's a sure thing!*

garde—*guard, watch*

de garde—*on call (duty)*

Quel est le médecin de garde aujourd'hui? *Who is the doctor on call (on duty) today?*

Garde à vous!—*Attention!*

n'avoir garde de faire—*far be it from someone to do*

Je n'ai garde de faire ce que le médecin a interdit. *Far be it from me to do what the doctor has forbidden.*

---

garder—*to guard, to keep*

garder à vue—*to keep in custody*

La police avait décidé de garder le suspect à vue. *The police had decided to keep the suspect in custody.*

garder la chambre (le lit)—*to stay in bed (for sickness)*

Pendant sa maladie elle a dû garder la chambre (le lit). *During her illness she had to stay in bed.*

garder sa ligne—*to keep one's figure, to stay slim*

Elle mange comme un moineau pour garder sa ligne. *She eats like a bird in order to keep her figure (to stay slim).*

garder un chien de sa chienne (une dent) à—*to have it in for*

Depuis ce mauvais coup qu'il lui a fait, elle lui garde un chien de sa chienne (une dent). *Since that bad trick he played on her, she's had it in for him.*

garder une poire pour la soif—*to put something aside (to save something) for a rainy day*

Elle remit les cent francs dans le tiroir afin de garder une poire pour la soif. *She put the hundred francs back in the drawer in order to put something aside (to save something) for a rainy day.*

Nous n'avons pas gardé les cochons ensemble!—*What gives you the right to be so familiar?*

se garder de—*to take care not to*

Gardez-vous de faire du bruit en entrant; mon père dort. *Take care not to make noise when you enter; my father is sleeping.*

---

gâteau—*cake*
C'est du gâteau!—*It's as easy as pie (a breeze, a cinch)!*

gâter—*to spoil*
se gâter—*to get out of hand, to turn nasty*
A la fin de la soirée, les choses ont commencé à se gâter. *At the end of the party, things started to get out of hand.*

geler—*to freeze*
Il gèle à pierre fendre.—*It's freezing cold out.*

gêne—*discomfort, embarrassment, inconvenience*
dans la gêne—*hard up*
Ils ne peuvent pas payer parce qu'ils sont dans la gêne en ce moment. *They can't pay because they are hard up right now.*

sans gêne—*inconsiderate*
Les jeunes semblent souvent sans gêne. *Young people often seem inconsiderate.*

gêner—*to bother, to inconvenience, to obstruct*
Ne vous gênez pas!—*Make yourself at home! Go right ahead!*

genou—*knee*
faire du genou—*to play footsie*
Il lui faisait du genou sous la table. *He was playing footsie with her under the table.*

sur les genoux—*on one's lap; exhausted*
Elle tenait l'enfant sur les genoux en lisant. *She held the child on her lap while reading.*
Après la course ils étaient tous sur les genoux. *After the race they were all exhausted.*

genre—*fashion, genus, kind*
Ce n'est pas mon genre.—*That's not my cup of tea.*
Il a bon (mauvais) genre.—*He has good (bad) manners.*
se donner (faire) du genre—*to put on airs*

Bien qu'elle soit de milieu modeste, elle se done (elle fait) du genre. *Although she comes from a simple background, she puts on airs.*

---

gober—*to gulp, to swallow*
gober la mouche (le morceau)—*to swallow the bait*
Ce crétin a gobé la mouche (le morceau) et il te croit. *That idiot swallowed the bait and he believes you.*

se gober—*to have a swelled head*
Il se gobe tellement qu'il est insupportable. *He has such a swelled head that he is unbearable.*

---

gonfler—*to inflate, to swell*
gonflé à bloc—*(all) keyed up*
L'équipe était gonflée à bloc pour les finales. *The team was (all) keyed up for the finals.*
Il est gonflé!—*He has some nerve!*

---

gorge—*throat*
avoir la gorge serrée—*to have a lump in one's throat*
Tout le monde avait la gorge serrée au départ de notre ami. *Everyone had a lump in his throat at our friend's departure.*

faire des gorges chaudes—*to laugh to scorn*
Il faisait des gorges chaudes de leur défaite. *He was laughing to scorn over their defeat.*

---

goutte—*drop*
C'est la goutte d'eau qui fait déborder le vase.—*It's the last straw (the straw that broke the camel's back).*

une goutte d'eau à la mer—*a drop in the bucket*
Sa contribution ne serait qu'une goutte d'eau à la mer. *His contribution would be just a drop in the bucket.*

---

grâce—*favor, grace, pardon*
crier (demander) grâce—*to beg (to cry) for mercy*
Aprés une courte lutte, il a été obligé de crier (demander) grâce. *After a brief struggle, he was forced to beg (to cry) for mercy.*

de bonne (mauvaise) grâce—*willingly (unwillingly)*
Il a fait de bonne grâce ce que je demandais. *He did what I asked for willingly.*

De grâce!—*For pity's sake!*

faire grâce de quelque chose à quelqu'un   *to spare someone something*
Il nous a fait grâce des détails révoltants. *He spared us the revolting details.*

grâce à—*thanks to*
C'est grâce à elle que nous avons gagné. *It's thanks to her that we won.*

---

grain—*grain*
avoir un (petit) grain—*to be bit touched (in the head)*
Je trouve qu'il est gentil mais il a un (petit) grain. *I think he is nice but he's a bit touched (in the head).*

---

grand—*big, great, tall*
au grand air—*in the open (air)*
Elle a étalé son linge au grand air. *She spread her laundry out in the open (air).*

au grand jamais—*never ever*
Je n'y retournerai plus au grand jamais. *I'll never ever return there again.*

au grand jour   *(out) in the open*
Le scandale a fini par s'étaler au grand jour. *The scandal ended up by coming out in the open.*

en grande tenue—*in full regalia (uniform)*
Les soldats défilèrent en grande tenue. *The soldiers paraded in full regalia (uniform).*

faire grand état de—*to think highly of*
Ses supérieurs font grand état de ses talents. *His superiors think highly of his talents.*

Grand bien vous fasse!—*More power to you! You're welcome to it!*

grand ouvert—*wide open*
Malgré le froid, la porte était grande ouverte. *In spite of the cold, the door was wide open.*

Il est grand temps!—*It's about time!*

les grandes classes—*the upper grades*
Les élèves des grandes classes ont eu une sortie aujourd'hui. *The students in the upper grades had an outing today.*

les grandes personnes—*grownups*
Tu ne peux pas faire tout ce que font les grandes personnes, mon enfant. *You can't do everything that grownups do, my child.*

pas grand'chose—*nothing to speak of, not much*
Cela ne vaut pas grand'chose. *That's not worth much.* Ce n'est pas grand'chose. *It's nothing to speak of.*

pas grand monde—*not many people*
Il n'y avait pas grand monde à la réception. *There weren't many people at the reception.*

---

grandeur—*size*
grandeur nature—*life size*
Le sculpteur a fait la statue grandeur nature. *The sculptor made the statue life size.*

---

gras—*fat, greasy, oily*
faire la grasse matinée—*to sleep late*
Après la fête, ils ont fait la grasse matinée. *After the party, they slept late.*

faire gras—*to eat meat*
Ils ne faisaient pas gras le vendredi. *They didn't eat meat on Fridays.*

---

gratter—*to scrape, to scratch*
gratter les fonds de tiroir—*to scrape the bottom of the barrel*
Ils ont dû gratter les fonds de tiroir pour payer leur loyer. *They had to scrape the bottom of the barrel to pay their rent.*

---

gré—*liking, will*
de gré ou de force—*whether one wants to or not, willy-nilly*
Nous avons juré qu'il le fera de gré ou de force. *We have sworn that he will do it whether he wants to or not (willy-nilly).*

---

griller—*to grill, to toast, to scorch*
griller une cigarette—*to smoke (a cigarette)*

En attendant d'être interrogé, le prisonnier a grillé un demi-paquet de cigarettes. *While waiting to be questioned, the prisoner smoked half a pack of cigarettes.*

griller un feu rouge—*to run a red light*
L'ambulance a grillé tous les feux rouges en allant à l'hôpital. *The ambulance ran all the red lights on its way to the hospital.*

---

gros—*big, fat, important*

en avoir gros sur le coeur—*to have something that rankles one*
Il faut que je te parle; j'en ai gros sur le coeur. *I have to talk to you; I have something that rankles me.*

en gros—*by and large, to all intents and purposes*
La question est résolue, en gros. *The matter is settled, by and large (to all intents and purposes).*

en gros plan—*(in) closeup*
Le cinéaste voulait montrer l'acteur en gros plan. *The director wanted to show the actor (in) closeup.*

être Gros-Jean comme devant—*to be back at square one*
Eux avaient eu tout ce qu'ils voulaient, et moi j'étais Gros-Jean comme devant. *They had gotten everything they wanted, and I was back at square one.*

faire le gros dos—*to arch the back*
Le chat a fait le gros dos en nous voyant. *The cat arched its back on seeing us.*

faire les gros yeux—*to glower*
Quand elle était vilaine sa mère lui faisait les gros yeux. *When she was naughty, her mother would glower at her.*

il y a gros à parier—*the odds are*
Il y a gros à parier qu'elle ne viendra pas. *The odds are that she won't come.*

par gros temps—*in heavy weather*
Le chalutier est sorti par gros temps. *The trawler went out in heavy weather.*

une grosse légune (un gros bonnet)—*a big shot (wheel, wig)*
Ce sont les grosses légumes (les gros bonnets) qui ont décidé cela. *It's the big shots (wheels, wigs) who decided on that.*

un gros mot—*a naughty word*

Maman, Jeannot a dit un gros mot! *Mommy, Johnny said a naughty word!*

---

guerre—*war*

A la guerre comme à la guerre.—*You have to take things as they come.*

de bonne guerre—*fair and square*

Ils ne trichaient pas: ce qu'ils faisaient était de bonne guerre. *They weren't cheating: what they were doing was fair and square.*

de guerre lasse—*worn down*

De guerre lasse j'ai fini par accepter son offre. *Worn down, I ended up accepting his offer.*

---

gueule—*mouth, muzzle*

avoir de la gueule—*to look like a million*

Cette bague a vraiment de la gueule! *That ring really looks like a million!*

avoir la gueule de bois—*to be hung over*

Le lendemain de la fête il avait la gueule de bois. *The morning after the party he was hung over.*

faire la gueule—*to pull a long face*

Pourquoi me fais-tu la gueule comme ça? Tu m'en veux? *Why are you pulling a long face at me that way? Are you mad at me?*

Ta gueule!—*Shut your trap!*

tomber (se jeter) dans la gueule du loup—*to land in a hornet's nest*

En posant une question innocente, il est tombé (il s'est jeté) dans la gueule du loup. *Asking a simple question, he landed in a hornet's nest.*

guichet—*window, counter*
à guichets fermés—*to a sold-out house*
Sa nouvelle comédie jouait tous les soirs à guichets fermés. *His new comedy played every night to a sold-out house.*

habitude—*custom, habit*
avoir l'habitude de—*to be accustomed (used) to*
J'ai l'habitude de faire la sieste l'après-midi. *I'm accustomed (used) to taking a nap in the afternoon.*

comme d'habitude—*as usual*
Comme d'habitude ils ont dîné en ville. *As usual, they ate out.*

d'habitude—*usually*
D'habitude je le vois à midi. *I usually see him at noon.*

haie—*hedge*
faire la haie—*to form a line*
Les étudiants ont fait la haie pour l'entrée des professeurs. *The students formed a line for the faculty's entrance.*

hasard—*chance, luck*
au hasard—*at random*
Il n'a pas de formation spéciale; on l'a choisi au hasard. *He has no special training; he was chosen at random.*

hâte—*haste, hurry*
à la hâte—*hastily*
Ils ont fini leur travail à la hâte. *They finished their job hastily.*

avoir hâte de—*to be impatient to*
J'ai hâte de partir. *I am impatient to leave.*

hausser—*to raise*

hausser les épaules—*to shrug (one's shoulders)*
Il a haussé les épaules sans répondre à ma question. *He shrugged (his shoulders) without answering my question.*

haut—*high, tall*

à haute voix—*aloud*
Il nous a lu la lettre à haute voix. *He read the letter aloud to us.*

avoir la haute main—*to have the whip hand*
Depuis les élections ce sont les socialistes qui ont la haute main. *Since the elections the socialists have had the whip hand.*

avoir un haut-le-corps—*to give a start*
Elle a eu un haut-le-corps en voyant son ex-mari à la fête. *She gave a start when she saw her ex-husband at the party.*

en haut lieu—*in high quarters*
Un cessez-le-feu a été prévu en haut lieu. *A cease-fire has been foreseen in high quarters.*

haut comme trois pommes—*knee-high to a grasshopper*
Je le connaissais quand il était haut comme trois pommes. *I knew him when he was knee-high to a grasshopper.*

haut en couleur—*colorful; ruddy-complexioned*
Elle racontait toujours des histoires hautes en couleur. *She always told colorful stories.* L'Ecossais était haut en couleur. *The Scotsman was ruddy-complexioned.*

haut la main—*hands down*
Il a gagné les élections haut la main. *He won the election hands down.*

Haut les coeurs!—*(Keep your) chin up!*
Haut les mains!—*Hands up! Stick 'em up!*

haut—*height, top*

en haut—*upstairs*
Ma mère est en haut; elle fait les lits. *My mother is upstairs making the beds.*

hauteur—*altitude, haughtiness, height*
à la hauteur—*up to the mark*
Le nouveau directeur n'était pas à la hauteur. *The new director wasn't up to the mark.*

à hauteur de—*abreast of, opposite*
Nous sommes enfin arrivés à hauteur de la gare. *We finally arrived abreast of (opposite) the station.*

---

herbe—*grass, herb*
en herbe—*budding*
Son fils est un romancier en herbe. *Her son is a budding novelist.*

---

heure—*hour, time*
à l'heure—*on time*
Le train arrivera-t-il à l'heure? *Will the train arrive on time?*

à ses heures—*whenever one feels like it*
Il est peintre à ses heures. *He paints whenever he feels like it.*

à une heure avancée—*late*
Ils sont rentrés à une heure avancée de la nuit. *They came home late at night.*

d'heure en heure—*hour by hour*
Son état empire d'heure en heure. *His condition gets worse hour by hour.*

Il est trois (six, etc.) heures.—*It's three (six, etc.) o'clock.*

les heures d'affluence (de pointe)—*rush hour*
Il y a toujours des embouteillages aux heures d'affluence (de pointe). *There are always traffic jams at rush hour.*

une bonne (une petite) heure—*at least (less than) an hour*
Il me faudra une bonne (une petite) heure pour finir ce travail. *It will take me at least (less than) an hour to finish this job.*

---

histoire—*history, story*
histoire de—*just to*
Je suis sorti histoire de respirer un peu. *I went out just to get a breath of air.*

Pas d'histoires!—*No funny stuff! Don't make trouble!*

---

homme—*man*

être homme à—*to be capable of ; to be one to*

Ne le taquinez pas: il est homme à vous donner un coup de poing. *Don't fool around with him: he is capable of giving you a punch.* Je le crois, parce qu'il n'est pas homme à mentir. *I believe him because he isn't one to lie.*

un homme à bonnes fortunes—*a ladies' man*

Méfiez-vous de lui; c'est un aventurier et un homme à bonnes fortunes. *Watch out for him; he's a fortune-seeker and a ladies' man.*

un homme de confiance—*a right-hand man*

Demandez à Georges; c'est l'homme de confiance du gérant. *Ask George; he's the manager's right-hand man.*

---

honte—*shame*

avoir honte—*to be ashamed*

J'avoue que j'ai honte de mon ignorance dans cette matière. *I confess that I am ashamed of my ignorance in these matters.*

avoir toute honte bue—*to be beyond shame*

Ayant toute honte bue, j'ai accepté leur offre. *Being beyond shame, I accepted their offer.*

faire honte à—*to put to shame*

Cet étudiant fait honte à ses condisciples par son travail. *That student puts his fellow-students to shame by his work.*

---

horreur—*horror*

avoir horreur de—*(just) detest*

J'ai horreur des films policiers. *I (just) detest detective movies.*

Quelle horreur!—*That's awful!*

---

hors—*outside*

hors d'affaire—*out of the woods*

Le médecin a dit que le malade n'est pas encore hors d'affaire. *The doctor said that the patient isn't out of the woods yet.*

hors de cause—*beyond question*
La probité du notaire est hors de cause. *The uprightness of the notary is beyond question.*

hors de combat—*knocked out of commission*
Le parti libéral semblait hors de combat pour de bon. *The liberal party seemed to be knocked out of commission for good.*

hors d'état—*incapable*
Nous avons mis ces gens hors d'état de nous nuire. *We have made those people incapable of harming us.*

hors de pair—*without equal*
C'est un cuisinier hors de pair. *He is a chef without equal.*

hors de prix—*exorbitant, priceless*
Ces diamants sont hors de prix maintenant. *These diamonds are exorbitant (priceless) now.*

hors de saison—*out of place, uncalled-for*
Cette plaisanterie est vraiment hors de saison. *That joke is really out of place (uncalled-for).*

hors de soi—*beside oneself*
En apprenant sa lâcheté, j'étais hors de moi. *On learning of his cowardice, I was beside myself.*

hors ligne—*in a class by itself (oneself)*
C'est un coureur hors ligne. *He is a race driver in a class by himself.*

un hors-la-loi—*an outlaw*
Maintenant il était poursuivi par la police, un hors-la-loi. *Now he was being pursued by the police, an outlaw.*

---

huit—*eight*
huit jours—*a week*
Nous revenons dans huit jours. *We'll be back in a week.*

---

humeur—*mood, temper*
Il est d'une humeur de chien (massacrante).—*He's in a foul mood.*

---

hurler—*to howl*
hurler avec les loups—*to go along with the crowd*

C'est un conformiste; il veut toujours hurler avec les loups. *He is a conformist; he always wants to go along with the crowd.*

hussard—*hussar*
à la hussarde—*roughly*
Il traite les femmes à la hussarde. *He treats women roughly.*

ici—*here*
d'ici là—*in the meantime*
Ne vous en inquiétez pas; j'y veillerai d'ici là. *Don't worry about it; I'll keep an eye on it in the meantime.*

d'ici peu—*before long*
Je pense les voir certainement d'ici peu. *I certainly expect to see them before long.*

ici-bas—*here on earth*
Rien ne peut être parfait ici-bas. *Nothing can be perfect here on earth.*

jusqu'ici—*so (thus) far*
Nous n'avons rien attrapé jusqu'ici. *We haven't caught anything so (thus) far.*

par ici—*(over) this way*
Venez par ici, Mesdames et Messieurs. *Come (over) this way, ladies and gentlemen.*

idée—*idea*
On n'a pas idée de ça!—*You can't imagine!*

se faire des idées—*to fool oneself*
Vous vous faites des idées si vous croyez qu'elle va venir. *You're fooling yourself if you think she's going to come.*

ignorer—*to be ignorant (unaware) of*
ne pas ignorer que—*to be (well) aware that*

Vous n'ignorez pas que son père était Français. *You are (well) aware that his father was French.*

importer—*to be important, to matter*
N'importe!—*Never mind!*

n'importe comment (où, quand, qui, etc.)—*any way (anywhere, anytime, anyone, etc.) at all*
Te peux le faire n'importe comment (où, quand). *You can do it any way (anywhere, anytime) at all.*

Peu importe.—*It doesn't much matter.*
Qu'importe!—*What difference does it make!*

imposer—*to impose*
s'imposer—*to be imperative*
Il me semble qu'un changement de régime s'impose. *It seems to me that a change in government is imperative.*

impossible—*impossible*
par impossible—*by some remote chance*
Si, par impossible, l'affaire marchait, nous serions preneurs. *If, by some remote chance, the deal were to work out, we would be interested.*

imprimer—*to impress, to print*
imprimer un mouvement à—*to set in motion*
Cette roue imprime un mouvement au mécanisme. *This wheel sets the mechanism in motion.*

inscrire—*to enroll, to inscribe*
s'inscrire en faux contre—*to challenge*
Je m'inscris en faux contre ces idées périmées. *I challenge those outdated ideas.*

instant—*moment*
à l'instant—*just (a moment ago); right away*

J'apprends à l'instant qu'il est parti. *I just learned (a moment ago) that he has left.* Je veux que vous fassiez ces devoirs à l'instant. *I want you to do this homework right away.*

dès l'instant que—*in view of the fact that*
Dès l'instant que vous refusez, je démissionne. *In view of the fact that you refuse, I resign.*

de tous les instants—*constant*
Leurs menaces étaient pour nous une inquiétude de tous les instants. *Their threats were a source of constant worry for us.*

par instants—*off and on, from time to time*
On entendait le canon gronder par instants. *You could hear the cannon roaring on and off (from time to time).*

intelligence—*intelligence, understanding*
d'intelligence—*in complicity*
Ils étaient d'intelligence dans l'intrigue. *They were in complicity in that plot.*

intention—*intent, intention*
à l'intention de—*for (the benefit of)*
Je suis sûr qu'il a dit cela à mon intention. *I am sure he said that for me (for my benefit).*

intérêt—*interest*
avoir intérêt à—*to be to someone's advantage to*
Il me semble évident que vous avez intérêt à rester ici maintenant. *It seems obvious to me that it is to your advantage to remain here now.*

inventer—*to discover, to invent*
ne pas avoir inventé la poudre (le fil à couper le beurre)—*not to set the world on fire*
Le nouveau contremaître est gentil mais il n'a pas inventé la poudre (le fil à couper le beurre). *The new foreman is nice but he won't set the world on fire.*

jamais—*ever, never*

   à (tout) jamais—*for ever (and ever)*

   Cela a été une leçon et j'y renonce à (tout) jamais. *I have learned my lesson and I'm giving it up for ever (and ever).*

   Jamais de la vie!—*Never in the world! Not on your life!*

---

jambe—*leg*

   La belle jambe que ça me fait!—*A lot of good that does me!*

   par-dessous (-dessus) la jambe—*carelessly*

   L'ouvrier a fait ce travail par-dessous (-dessus) la jambe. *The workman did that job carelessly.*

---

jeter—*to throw (away), cast (away)*

   Elle a jeté son bonnet par-dessus les moulins.—*She has thrown propriety to the winds.*

   en jeter plein la vue—*to put on a show*

   Ces gens-là en jetaient plein la vue pour nous impressionner. *Those people put on a show to impress us.*

   jeter de la poudre aux yeux à quelqu'un—*to pull the wool over someone's eyes*

   Il essaie toujours de nous jeter de la poudre aux yeux avec ses combinaisons. *He is always trying to pull the wool over our eyes with his schemes.*

   jeter le manche après la cognée—*to throw in the sponge (the towel), to give up*

   Perdant tout espoir d'en venir à bout, il a jeté le manche après la cognée. *Losing all hope of ever finishing, he threw in the sponge (the towel), (he gave up).*

   jeter les hauts cris—*to complain bitterly*

   Quand on lui a donné la facture, il a jeté les hauts cris. *When they gave him the bill, he complained bitterly.*

jeter sa gourme—*to sow one's wild oats*
Il est jeune et il faut qu'il jette sa gourme. *He is young and has to sow his wild oats.*

jeter son dévolu sur—*to set one's cap for (heart on)*
Tout le monde sait qu'elle a jeté son dévolu sur Michel. *Everyone knows that she has set her cap for (heart on) Michael.*

jeter un coup d'oeil à (sur)—*to glance at, to take a look at*
Il n'a fait que jeter un coup d'oeil à (sur) ma lettre. *He only glanced (took a look) at my letter.*

jeter un cri—*to utter a cry*
Il a jeté un cri de douleur en tombant. *He uttered a cry of pain on falling.*

jeter un froid sur—*to cast a pall over*
Leur arrivée inattendue a jeté un froid sur l'assistance. *Their unexpected arrival cast a pall over the company.*

se jeter dans—*to empty (to flow) into*
La Seine se jette dans la Manche. *The Seine empties (flows) into the English Channel.*

---

jeu—*game, play*
Ce n'est pas de jeu.—*It's not fair.*

dans le jeu—*with it*
Il a passé la quarantaine mais il est toujours dans le jeu. *He's over forty but he's still with it.*

en jeu—*at stake*
Tout le monde savait que son avenir était en jeu. *Everyone knew that his future was at stake.*

faire le jeu de—*to play into the hands of*
Si vous continuez comme cela, vous ferez le jeu de vos adversaires. *If you go on that way, you'll be playing into your opponents' hands.*

Faites vos jeux!—*Place all bets!*

se faire un jeu de—*to think nothing of*
Il se fait un jeu de courir dix kilomètres avant le petit déjeuner. *He thinks nothing of running ten kilometers before breakfast.*

---

joindre—*to join*

joindre le geste à la parole—*to suit one's actions to one's words*
"Sortez!" dit-il, et joignant le geste à la parole, il le poussa dehors. *"Get out!" he said, and suiting his actions to his words, he pushed him out the door.*

joindre les deux bouts—*to make ends meet*
Elle devait travailler de longues heures pour joindre les deux bouts. *She had to work long hours to make ends meet.*

joindre l'utile à l'agréable—*to combine business and pleasure*
Pour joindre l'utile à l'agréable, nous avons parlé de l'accord en jouant au golf. *To combine business and pleasure, we talked about the agreement while playing golf.*

joli—*pretty*

C'est du joli!—*That's a nice state of affairs!*

Elle est jolie à croquer.—*She's as pretty as a picture.*

faire le joli cœur—*to play the lady-killer*
Maintenant que te voilà marié il faudra cesser de faire le joli cœur. *Now that you're married, you'll have to stop playing the lady-killer.*

jouer—*to gamble, to play*

A vous de jouer.—*It's your move.*

jouer à—*to play (a game, a sport)*
Les voisins jouent au bridge tous les soirs. *The neighbors play bridge every night.*

jouer au plus fin—*to play games with; to try to outwit*
Ne jouez pas au plus fin avec moi; je sais la vérité. *Don't play games with me; I know the truth.* Le reporter jouait au plus fin avec le procureur pour savoir ses projets. *The reporter tried to outwit the district attorney to learn his plans.*

jouer cartes sur table (franc jeu)—*to play fair (aboveboard)*
Je ne continue pas s'ils ne jouent pas cartes sur table (franc jeu). *I won't continue if they don't play fair (aboveboard).*

jouer de—*to play (a musical instrument)*
Elle joue du piano et de la clarinette. *She plays the piano and the clarinet.*

jouer de malheur (malchance)—*to be out of luck*
Je suis allé trois fois à Paris sans le trouver; j'ai joué de malheur
(malchance). *I went to Paris three times without finding him; I was out
of luck.*

jouer des coudes—*to push and shove*
Il a fallu qu'il joue des coudes pour faire son chemin dans la vie. *He has
had to push and shove to make his way in the world.*

jouer gros jeu—*to play for high stakes (for keeps)*
Il jouait gros jeu dans cette affaire et tout le monde le savait. *He was
playing for high stakes (for keeps) in this deal and everyone knew it.*

jouer la comédie—*to put on an act*
On ne peut pas croire ce qu'il dit; il joue la comédie. *You can't believe
what he says; he's putting on an act.*

jouer pour la galerie—*to play to the grandstand*
Il était évident qu'elle jouait pour la galerie et que son émotion était
feinte. *It was obvious that she was playing to the grandstand and that
her emotion was put on.*

jouer serré—*to play it close to the vest*
Les négociations seront difficiles; il faudra jouer serré. *The negotiations
will be difficult; we will have to play it close to the vest.*

jouer sur le velours—*to bet on a sure thing*
Tu n'as rien à perdre; tu joues sur le velours. *You have nothing to lose;
you're betting on a sure thing.*

se jouer de—*to make light of*
Le groupe se jouait des difficultés de leur expédition. *The group made
light of the difficulties of their expedition.*

---

jour—*day(light)*

à jour—*up to date*
J'ai mis mon étude sur Freud à jour. *I've brought my study of Freud up to
date.*

de nos jours—*nowadays*
Ce genre de dentelle ne se fait plus de nos jours. *That kind of lace is no
longer made nowadays.*

du jour au lendemain—*overnight*
Il est devenu célèbre du jour au lendemain, grâce à son roman. *He became a celebrity overnight, thanks to his novel.*

d'un jour à l'autre—*any day (now)*
Nous attendons son arrivée d'un jour à l'autre. *We're expecting him to arrive any day (now).*

faire jour—*to be daylight, to get light*
Il fait jour très tôt ces jours-ci. *It is daylight (gets light) very early these days.*

se faire jour—*to appear*
La vérité de l'histoire commence maintenant à se faire jour. *The truth about the story is beginning to appear now.*

sous un jour—*in a light*
Elle l'a décrit sous un jour peu flatteur. *She described him in an unflattering light.*

---

jurer—*to swear*

jurer ses grands dieux—*to swear to heaven*
Il jurait ses grands dieux qu'il était innocent. *He swore to heaven that he was innocent.*

---

jusque—*until, up to*

J'en ai jusque là!—*I'm fed up with it! I've had it!*

jusqu'à la gauche—*totally*
Il est compromis jusqu'à la gauche. *He is totally compromised.*

jusqu'à nouvel ordre—*until further notice*
Le bureau sera fermé jusqu'à nouvel ordre. *The office will be closed until further notice.*

jusqu'à plus ample informé—*pending further information*
Jusqu'à plus ample informé nous ne pouvons rien dire de plus. *Pending further information, we cannot say anything more.*

jusqu'au cou—*up to one's ears*
Je suis dans la paperasserie jusqu'au cou. *I'm up to my ears in paperwork.*

jusqu'ici—*as yet, up to now*

Elle ne nous a pas téléphoné jusqu'ici. *She hasn't called us as yet (up to now).*

---

juste—*exact, just, scanty*
  au juste—*exactly*
  Je ne vois pas au juste ce qu'il faut faire. *I don't see exactly what has to be done.*

  le juste milieu—*the happy medium*
  Elle va toujours du blanc au noir; il n'y a pas de juste milieu. *She always goes from one extreme to the other; there's no happy medium.*

---

justesse—*accuracy, justness*
  de justesse—*just barely*
  Ils ont attrapé le dernier train de justesse. *They just barely caught the last train.*

---

là—*there*
  Il n'est pas là—*He isn't in.*

  Là, là!—*Now, now!*
  Oh, là, là!—*Goodness gracious! Here, here!*

---

lâcher—*to let go of, to loosen*
  lâcher la proie pour l'ombre—*to give up a sure thing*
  Tu devrais accepter cette offre plutôt que de lâcher la proie pour l'ombre. *You ought to accept that offer rather than give up a sure thing.*

  lâcher le morceau—*to let the cat out of the bag*
  Nous avons essayé de garder le secret mais il a lâché le morceau. *We tried to keep the secret but he let the cat out of the bag.*

  lâcher prise—*to let go, to loosen one's hold*
  Il a lâché prise et est allé s'écraser sur les rochers en bas. *He let go (loosened his hold), and went crashing onto the rocks below.*

laisser—*to leave, to let, to allow*
Cela laisse à désirer.—*There is room for improvement.*

laisser des plumes—*to take a loss*
Il s'est débarrassé de ses actions pétrolières, mais il y a laissé des plumes. *He got rid of his oil stocks, but he took a loss on them.*

laisser en panne—*to let down*
Nous comptions sur vous, mais vous nous avez laissés en panne. *We were counting on you, but you let us down.*

laisser entendre—*to give to understand*
Il m'a laissé entendre que j'aurais le poste. *He gave me to understand that I would have the job.*

laisser faire quelqu'un—*to let someone do as he pleases*
Laissez faire les enfants; ils seront sages. *Let the children do as they please; they'll be good.*

laisser savoir—*to let on*
Il ne voulait pas laisser savoir qu'il nous connaissait déjà. *He didn't want to let on that he knew us already.*

laisser tomber—*to drop*
Le shérif lui a dit de laisser tomber son fusil et d'avancer. *The sheriff told him to drop his rifle and to come forward.*

Laissez-moi tranquille!—*Leave me alone!*

ne pas laisser de—*to do just the same*
Son travail est fatigant et difficile, mais ne laisse pas de lui plaire. *His work is tiring and difficult, but it pleases him just the same.*

se laisser dire—*to have heard it said*
Je me suis laissé dire qu'il avait eu une vie tumultueuse. *I have heard it said that he had led a riotous life.*

se laisser faire—*to offer no resistance*
Laissez-vous faire pendant qu'ils vous fouilleront. *Don't offer any resistance while they search you.*

se laisser prendre à—*to fall for*
Vous êtes-vous laissé prendre à ce vieux manège? *Did you fall for that old trick?*

se laisser tondre (la laine sur le dos)—*to let oneself be fleeced*
Par naïveté il s'est laissé tondre (la laine sur le dos). *Out of naïveté he let himself be fleeced.*

se laisser vivre—*to take it (life) easy*
Plutôt que de me fatiguer, je préfère me laisser vivre. *Rather than tire myself out, I prefer to take it (life) easy.*

s'en laisser conter—*to let oneself be taken in*
Tu t'en es laissé conter si tu as payé ce meuble mille francs. *You let yourself be taken in if you paid a thousand francs for that piece of furniture.*

un laissé pour compte—*a forgotten person*
Les vieux semblent être les laissés pour compte de la société moderne. *The elderly seem to be the forgotten people of modern society.*

langue—*language, tongue*
avoir la langue bien pendue—*to talk someone's head off*
Cet homme a la langue bien pendue. *That man will talk your head off.*

une mauvaise (méchante) langue—*a nasty gossip*
Ne l'écoutez pas: c'est une mauvaise (méchante) langue! *Don't listen to her: she's a nasty gossip!*

La langue m'a fourché.—*I made a slip of the tongue.*

larme—*tear*
une larme de—*a drop of*
Puis-je vous verser une larme de ce cognac? *May I pour you a drop of this brandy?*

laver—*to wash*
laver la tête à—*to give a dressing down (hell) to*
Sa mère lui a lavé la tête en le voyant rentrer si tard. *His mother gave him a dressing down (hell) when she saw him come home so late.*

léger—*light, slight*
à la légère—*lightly*
Je ne prends pas ses menaces à la légère. *I don't take his threats lightly.*

légume (m.)—*vegetable*
une grosse légume—*a bigwig*
On s'attend à ce que toutes les grosses légumes viennent à la fête.
They're expecting all the bigwigs to come to the celebration.

lendemain—*the day after, the next day*
sans lendemain—*short-lived*
Il a joui d'une célébrité sans lendemain. *He enjoyed a short-lived notoriety.*

lettre—*letter*
à la lettre (au pied de la lettre)—*literally*
Il ne faut pas prendre ce texte à la lettre (au pied de la lettre). *You must not take this text literally.*

avant la lettre—*before its (one's) time*
Ce philosophe était un socialiste avant la lettre. *That philosopher was a socialist before his time.*

lettre morte—*a dead issue*
L'augmentation des fonctionnaires est restée lettre morte. *The civil servants' raise is a dead issue.*

levée—*lifting, raising*
une levée de boucliers—*a hue and cry*

Les jugements sévères de la cour ont provoqué une levée de boucliers. *There was a hue and cry over the severe sentences of the court.*

lever—*to raise*

lever le camp—*to pull up stakes*
Quand nous sommes arrivés, ils avaient déjà levé le camp. *When we arrived, they had already pulled up stakes.*

lever le coude—*to bend an elbow*
Malgré son air sobre et solennel, on dit qu'il lève le coude. *Despite his sober and solemn air, they say that he bends an elbow.*

lever le pied—*to take off*
Il a levé le pied avec la fortune de sa femme. *He took off with his wife's fortune.*

lever les bras au ciel—*to throw up one's hands*
Avouant son impuissance, il a levé les bras au ciel. *Confessing his inability to do anything, he threw up his hands.*

lever un lièvre—*to bring up a sticky point*
Au milieu de la discussion, M. Dupont a levé un lièvre. *In the middle of the discussion, Mr. Dupont brought up a sticky point.*

se lever—*to get up*
Nous nous levons toujours dès l'aurore. *We always get up at dawn.*

se lever du pied gauche—*to get up on the wrong side of bed*
Laura boude: elle s'est levée du pied gauche ce matin. *Laura is sulking; she got up on the wrong side of bed this morning.*

libre—*free*

libre carrière—*free rein (scope)*
Elle a donné libre carrière à son imagination. *She gave free rein (scope) to her imagination.*

lier—*to bind, to tie*

lier connaissance—*to strike up an acquaintance*
A l'hôtel ils ont lié connaissance avec leurs voisins. *At the hotel they struck up an acquaintance with their neighbors.*

se lier avec—*to make friends with, to take up with*

Il s'est lié avec le fils des voisins. *He has made friends with (has taken up with) the neighbors' son.*

---

lieu—*place*

au lieu de—*instead of*
Elle est venue elle-même au lieu d'appeler son frère. *She came herself instead of calling her brother.*

avoir lieu de—*to have grounds to (for)*
J'avoue qu'elle a lieu de se plaindre. *I confess that she has grounds to complain (for complaint).*

s'il y a lieu—*if necessary*
Revenez me voir s'il y a lieu. *Come back and see me if necessary.*

---

ligne—*line*

A la ligne.—*New paragraph.*

en ligne de compte—*in(to) consideration*
Ces questions n'entrent pas en ligne de compte. *Those questions don't enter into consideration.*

---

limite—*boundary, limit*

à la limite—*if need be*
A la limite, nous pourrions le faire arrêter comme escroc. *If need be, we could have him arrested as a swindler.*

---

lit—*bed*

faire le lit de—*to pave the way for*
Les erreurs des socialistes ont fait le lit de la droite. *The Socialists' mistakes paved the way for the Right.*

---

livrer—*to deliver*

livrer combat—*to wage a battle*
Ce médecin livre un combat sans trêve contre la maladie. *That doctor wages an unceasing battle against disease.*

livrer passage à—*to open the way for (to)*
Ils ont élargi cette rue pour livrer passage aux poids-lourds. *They widened this street to open the way for (to) trucks.*

se livrer à—*to engage in*
Ayant tout son temps libre, elle s'est livrée à l'étude du grec. *Having all her time free, she engaged in the study of Greek.*

loge—*lodge, box*
 être aux premières loges—*to have a ringside seat*
Nous étions aux premières loges pour entendre leurs discussions. *We had a ringside seat to hear their arguments.*

loger—*to lodge*
 être logés à la même enseigne—*to be in the same boat*
Il faut s'entr'aider; nous sommes logés à la même enseigne. *We have to help each other out; we're all in the same boat.*

 loger le diable dans sa bourse—*not to have a cent to one's name (a red cent)*
Je t'aiderais, mais je loge le diable dans ma bourse. *I would help you out, but I don't have a cent to my name (a red cent).*

loi—*law*
 faire la loi—*to lay down the law, to rule the roost*
C'est le père qui fait la loi dans leur famille. *It's the father who lays down the law (rules the roost) in their family.*

loin—*far*
 au loin—*in the distance*
Je l'ai aperçu au loin, qui courait vers moi. *I saw him in the distance, running toward me.*

 de loin—*from afar; by far*
Il criait fort pour se faire entendre de loin. *He was shouting very loudly so as to be heard from afar.*
C'était de loin l'offre la plus intéressante que nous ayons reçue. *It was by far the most interesting offer we received.*

 de loin en loin—*every now and then, every so often*
Mon oncle d'Amérique vient nous voir de loin en loin. *My uncle from America comes to see us every now and then (every so often).*

du plus loin que—*as far back as*

Du plus loin que je me souviens, ils ont toujours habité là. *As far back as I remember, they have always lived there.*

loin du compte—*(way) off target*

Si vous croyez qu'ils accepteront, vous êtes loin du compte. *If you think that they will accept, you're (way) off target.*

long—*long*

à la longue—*in the long run*

Patientez; vous vous y habituerez à la longue. *Be patient, you'll get used to it in the long run.*

de longue date—*long-standing*

Il y a une rivalité de longue date entre eux. *There is a long-standing rivalry between them.*

de longue haleine (main)—*long-term*

La restauration de ce quartier est un travail de longue haleine (main). *The restoration of this neighborhood is a long-term project.*

faire long feu (erroneously: **ne pas faire long feu**)—*to fizzle out*

Leur project a fait long feu faute de crédits suffisants. *Their plan fizzled out for lack of sufficient funding.*

long comme un jour sans pain—*as long as a month of Sundays*

Le sermon semblait long comme un jour sans pain. *The sermon seemed as long as a month of Sundays.*

long—*length*

de long en large—*back and forth, up and down*

Il se promenait de long en large, sans arrêt. *He walked back and forth (up and down) ceaselessly.*

(tout) le long de—*(all) along*

Il y avait des voitures garées (tout) le long du trottoir. *There were cars parked (all) along the curb.*

longtemps—*(for) a long time*

de longtemps—*for a long while*

On ne reverra plus cela de longtemps. *You won't see that again for a long while.*

longueur—*length*
à longueur de temps (de journée)—*all the time (all day long)*
Ils se disputent à longueur de temps (de journée). *They argue all the time (all day long).*

lors—*then*
dès lors que—*since*
Dès lors que c'est vous qui le dites, je le crois. *Since it is you who say it, I believe it.*

lors même que—*even though*
Lors même que vous ne le voudriez pas, il faudrait accepter. *Even though you didn't want to, you would have to accept.*

lourd—*heavy*
Il fait lourd.—*The weather is humid (muggy).*

pas lourd—*not much*
Il n'en reste pas lourd maintenant. *There isn't much left now.*

lumière—*light*
avoir des lumières—*to know a lot*
Demandez à Jean; il a des lumières sur ce sujet. *Ask John; he knows a lot about that subject.*
Ce n'est pas une lumière.—*He (she) is no genius.*

lune—*moon*
Il est dans la lune.—*He is up in the clouds. His mind is a million miles away.*

lutter—*to struggle*
lutter bec et ongle—*to fight tooth and nail*
Après avoir lutté bec et ongle, ils ont fini par faire la paix. *After fighting tooth and nail, they ended by making up.*

mâcher—*to chew*

mâcher le travail (la besogne) à quelqu'un—*to spoon-feed someone*
Etant donné son expérience, on ne devrait pas avoir besoin de lui mâcher le travail (la besogne). *With all his experience, we shouldn't need to spoon-feed him.*

ne pas mâcher ses mots—*not to mince words*
Je lui ai dit le fond de ma pensée, et je n'ai pas mâché mes mots. *I told her what I was thinking, and I didn't mince words.*

maigre—*lean, thin*

faire maigre—*not to eat meat*
Sa famille fait encore maigre le vendredi. *His family still doesn't eat meat on Fridays.*

maigre comme un clou (un coucou, un hareng saur)—*skinny as a rail*
Grâce à son régime, elle réussit à rester maigre comme un clou (un coucou, un hareng saur). *Thanks to her diet, she manages to remain skinny as a rail.*

une maigre consolation—*cold comfort*
L'échec de son rival était une maigre consolation pour lui. *His rival's failure was cold comfort to him.*

maille—*penny, stitch*

maille à partir avec—*a bone to pick with*
Il a eu maille à partir avec son patron. *He had a bone to pick with his boss.*

main—*hand*

à main armée—*armed*
Ils ont été condamnés pour vol à main armée. *They were sentenced for armed robbery.*

avoir en main—*to keep in line*

Nous gagnerons si vous continuez à avoir votre frère en main. *We'll win if you continue to keep your brother in line.*

avoir la main heureuse—*to have good luck*
Il a eu la main heureuse dans ses placements. *He had good luck in his investments.*

de main de maître—*with a master's touch*
Cette table a été finie de main de maître. *This table was finished with a master's touch.*

des mains de beurre—*butterfingers*
Ne le laisse pas porter cela; il a des mains de beurre. *Don't let him carry that; he has butterfingers.*

en sous-main—*secretly*
Les deux puissances ont négocié en sous-main. *The two powers negotiated secretly.*

faire main basse sur—*to lay one's hands on, to rob*
Le notaire a fait main basse sur les fonds de ses clients. *The lawyer laid his hands on (robbed) his clients' funds.*

la main dans le sac—*red-handed*
On l'a pris la main dans le sac. *He was caught red-handed.*

la main sur la conscience—*cross my heart, upon my conscience*
La main sur la conscience, ce que j'ai dit est vrai. *Cross my heart (upon my conscience), what I said is true.*

sous la main—*at hand*
Je n'ai pas son dossier sous la main. *I don't have his file at hand.*

---

mais—*but, indeed*
mais oui (non)—*of course (not)*
Tu lui as répondu quand il a dit ces choses? Mais oui (non)! *You answered him when he said those things? Of course (not)!*

---

maison—*home, house*
C'est la maison du bon Dieu.—*It's a very hospitable house. It's open to everyone.*

C'est la maison qui paie.—*It's on the house.*

la maison mère—*the home office*
La maison mère de cette banque est située à Lille. *The home office of this bank is located in Lille.*

maître—*master, schoolteacher*
être maître de—*to be free to*
Je suis maître de faire ce que je veux. *I am free to do what I want.*

mal—*evil, ill, pain*
avoir du mal à—*to be hard put to, to have a hard time, to have trouble (in)*
Avec son accent, j'ai eu du mal à le comprendre. *With his accent, I was hard put to understand him (I had a hard time [I had trouble] understanding him).*

avoir le mal de mer—*to be seasick*
En traversant la Manche, nous avons tous eu le mal de mer. *While crossing the Channel, we were all seasick.*

avoir le mal du pays—*to be homesick*
Depuis son arrivée en Europe, elle a le mal du pays. *Since her arrival in Europe, she has been homesick.*

avoir mal à—*to have an ache (pain)*
Si tu as mal à la tête, prends de l'aspirine. *If you have a headache, take aspirin.*

avoir mal au coeur—*to be (to feel) sick to one's stomach*
Pendant toute la traversée elle a eu mal au coeur. *During the entire crossing she was (she felt) sick to her stomach.*

avoir mal aux cheveux—*to have a hangover*
Le lendemain de la fête, ils avaient affreusement mal aux cheveux. *The morning after the party, they had horrible hangovers.*

en mal de—*short of (on)*
C'est un journaliste en mal de sujet. *He's a reporter short of (on) topics.*

faire mal—*to hurt*
Arrête, tu me fais mal! *Stop, you're hurting me!* Mon pied me fait très mal. *My foot hurts (me) a lot.*
Il n'y a pas de mal à cela.—*There is nothing wrong with that.*

mal—*badly, ill*

mal avec—*on bad terms with*
Elle était mal avec tous ses voisins. *She was on bad terms with all her neighbors.*

mal en point (mal en train)—*in bad shape (out of sorts)*
Excusez-moi, je suis mal en point (mal en train) ce matin. *Excuse me, I am in bad shape (out of sorts) this morning.*

Mal lui (m', etc.) en a pris!—*It turned out badly for him (for me, etc.)!*

pas mal de—*a good bit (many) of, a good deal of, quite a bit (a few)*
Il y avait pas mal de gens à la réunion. *There were a good many (a good deal of, quite a few) people at the meeting.*

---

maladie—*disease, illness*

faire une maladie de—*to worry oneself sick over*
Ne lui dis pas la mauvaise nouvelle; il en ferait une maladie. *Don't tell him the bad news; he would worry himself sick over it.*

---

malheur—*misfortune, unhappiness*

faire un malheur—*to do something drastic (terrible); to score a hit*
Arrêtez ce fou! Il va faire un malheur. *Stop that madman! He is going to do something drastic (terrible).*
Le nouveau chanteur a fait un malheur au festival. *The new singer scored a hit at the festival.*

---

malheureux—*unfortunate, unhappy*

Ce n'est pas malheureux!—*It's a good thing!*

---

malin—*shrewd, sly*

Ce n'est pas plus malin que ça!—*That's all there is to it!*

C'est malin!—*That's smart!*

faire le malin—*to be a wise guy*
Cesse de faire le malin et écoute-moi. *Stop being a wise guy and listen to me.*

malin come un singe—*as sly as a fox*

Malgré son air rustre il est malin comme un singe. *Despite his doltish air, he's as sly as a fox.*

manche—*sleeve*

avoir (tenir) quelqu'un dans sa manche—*to have someone in one's pocket*

Il a obtenu ce poste parce qu'il avait le ministre dans sa manche. *He got that position because he had the minister in his pocket.*

manche—*handle, stick*

du côté du manche—*in the right place*

Il avait le talent de se trouver toujours du côté du manche. *He had a talent for always being in the right place.*

manchot—*one-armed*

ne pas être manchot—*to be pretty good (no slouch) at*

Quand il s'agissait de fendre du bois, il n'y était pas manchot. *When it came to splitting wood, he was pretty good (no slouch) at it.*

manger—*to eat*

Je ne mange pas de ce pain-là!—*I'll have nothing to do with it!*

manger à deux (à plusieurs, à tous les) râteliers—*to have several irons in the fire.*

Pour subvenir à ses besoins croissants, il devait manger à deux (à plusieurs, à tous les) râteliers. *To take care of his growing needs, he had to have several irons in the fire.*

manger comme un moineau—*to eat like a bird*

Elle mangeait toujours comme un moineau pour garder la ligne. *She always ate like a bird in order to stay slim.*

manger comme un ogre (comme quatre)—*to eat like a horse*

En rentrant du pensionnat, leur fils mange toujours comme un ogre (comme quatre). *On his return from boarding school, their son always eats like a horse.*

manger de la vache enragée—*to go through hard times*

En attendant l'héritage, ils ont mangé de la vache enragée. *While waiting for their inheritance, they went through hard times.*

manger du bout des dents—*to pick at one's food*
Elle mangeait du bout des dents parce qu'elle n'avait pas du tout faim.
  She picked at her food because she wasn't at all hungry.

manger la consigne—*to forget (what one had to do)*
Il devait nous remettre une lettre, mais il a mangé la consigne. *He was*
  supposed to bring us a letter, but he has forgotten (what he had to do).

manger le morceau—*to spill the beans*
Le prisonnier a fini par manger le morceau et donner ses camarades. *The*
  prisoner ended up by spilling the beans and betraying his comrades.

manger son blé en herbe—*to throw one's money away, to squander*
  one's inheritance
Son oncle lui avait laissé une somme assez ronde, mais il a mangé son blé
  en herbe. *His uncle had left him a tidy sum, but he threw his money*
  away (squandered his inheritance).

manger son pain blanc le premier—*to do the easy part first*
Ce travail ne te semble pas difficile, mais c'est parce que tu manges ton
  pain blanc le premier. *This job doesn't seem hard to you, but it's*
  because you do the easy part first.

manger sur le pouce—*to grab a bite (to eat)*
Faute de temps, nous avons mangé sur le pouce. *For lack of time, we*
  grabbed a bite (to eat).

se manger le nez—*to be at each other's throats*

Les deux associés passent leur temps à se manger le nez. *The two partners spend their time at each other's throats.*

---

manière—*manner, way*
  de manière à—*in such a way as*
  Ellc l'a dit de manière à les blesser. *She said it in such a way as to hurt their feelings.*

  de toute manière—*in any case*
  De toute manière, on ne les verra plus. *In any case, we won't see them any more.*

  En voilà des manières!—*That's no way to act!*

  faire des manières—*to make a fuss over*
  Les Dupont font toujours des manières quand ils invitent. *The Duponts always make a fuss when they have company over.*

---

manquer—*to be absent, to fail, to miss*
  Il ne manquait plus que ça!—*That's the last straw!*

  manquer à quelqu'un—*to be missed by someone*
  Mon amie me manque beaucoup en ce moment. *I miss my girl friend very much right now.*

  manquer à sa parole—*not to keep one's word*
  Papa a manqué à sa parole; il ne nous a pas emmenés. *Daddy didn't keep his word; he didn't take us along.*

  manquer (de) faire—*almost to do*
  J'ai manqué (de) tomber dans l'escalier. *I almost fell down the stairs.*

  ne pas manquer de—*to be sure to, not to fail to*
  Ne manquez pas de nous écrire. *Be sure (Don't fail) to write to us.*

  N'y manquez pas!—*Don't forget!*
  Tu as manqué le coche!—*You missed the boat!*

---

manteau—*cloak, coat*
  sous le manteau—*in secret*
  Il préparait son départ sous le manteau. *He was preparing his departure in secret.*

---

marchand—*merchant*

Le marchand de sable est passé.—*The sandman is here; the children are sleepy.*

un marchand des quatre saisons—*a pushcart peddler*
Elle a acheté ces belles pêches à un marchand des quatre saisons. *She bought these beautiful peaches from a pushcart peddler.*

---

marche—*running, step, walk*
en marche—*running*
Dès que le moteur sera en marche il faudra partir. *As soon as the motor is running we'll have to go.*

faire marche arrière—*to back up*
Nous avons fait marche arrière dans un sentier pour faire demi-tour. *We backed up into a lane in order to turn around.*

---

marché—*market*
bon (meilleur) marché—*cheap(er)*
Les pommes de terre sont bon (meilleur) marché cette semaine. *Potatoes are cheap(er) this week.*

un marché de dupes—*a bad deal, a swindle*
Je n'accepte pas son offre parce que c'est un marché de dupes. *I don't accept his offer because it's a bad deal (a swindle).*

---

marcher—*to walk, to work (for a machine)*
faire marcher quelque chose—*to keep something going; to work something*
Cela fait marcher le commerce. *That keeps business going.* Je ne sais pas faire marcher cette machine. *I don't know how to work this machine.*

faire marcher quelqu'un—*to get a rise out of someone; to pull someone's leg*
Malgré tous mes efforts, je n'ai pas pu le faire marcher. *In spite of all my efforts, I couldn't get a rise out of him.* Je vois maintenant qu'il me faisait marcher avec son histoire bizarre. *I see now that he was pulling my leg with that strange story of his.*

Je ne marche pas!—*Nothing doing!*

marcher comme sur des roulettes—*to go (off) like clockwork*
L'opération a marché comme sur des roulettes. *The operation went (off)
like clockwork.*

marcher sur des oeufs—*to skate (to walk) on thin ice, to tread on
delicate ground*
En lui parlant de cette affaire, j'avais l'impression de marcher sur des
oeufs. *Speaking to him about that matter, I felt I was skating (walking)
on thin ice (treading on delicate ground).*

marcher sur les brisées (les plates-bandes) de quelqu'un—*to intrude
on someone's territory*
Le jeune chercheur doit prendre garde à ne pas marcher sur les brisées de
son patron. *The young researcher has to be careful not to intrude on
his director's territory.*

mariée—*bride*
La mariée est trop belle!—*It's too good to be true! What's the catch?*

mariner—*to marinate*
faire (laisser) mariner quelqu'un—*to let someone stew*
Ses amis ont décidé de le faire (laisser) mariner en prison. *His friends
decided to let him stew in prison.*

marquer—*to mark, to score*
marqué d'une pierre blanche—*red-letter*
L'anniversaire de cette découverte sera toujours marqué d'une pierre blanche. *The anniversary of this discovery will always be a red-letter day.*

marquer le coup—*to mark the occasion; to react*
Elle a eu le bac, donc elle nous a invités à marquer le coup. *She passed the baccalaureate, so she invited us over to mark the occasion.* Il a entendu le commentaire, mais il n'a pas marqué le coup. *He heard the comment, but he didn't react.*

marquer le pas—*to mark time*
En attendant l'arrivée du directeur, nous marquions le pas. *While waiting for the director to arrive, we just marked time.*

mars—*March*
arriver (tomber) comme mars en carême—*to come inevitably*
Leurs commentaires sur nos déboires sont arrivés (sont tombés) comme mars en carême. *Their comments on our setback came inevitably.*

marteau—*hammer*
avoir eu un coup de marteau (être marteau)—*to be nuts*
Tu as payé ça cinq cents francs? Tu as eu un coup de marteau (tu es marteau)! *You paid five hundred francs for that? You're nuts!*

masse—*mass, sledgehammer*
comme une masse—*in a heap*
Quand il a été frappé par la grosse brute, il est tombé comme une masse. *When he was hit by the big brute, he fell in a heap.*

des masses—*a whole bunch (lot)*
Il n'a pas des masses d'argent. *He doesn't have a whole bunch (a whole lot) of money.*

match—*game*
faire match nul—*to play a draw*

Au bout de quatre sets, ils faisaient match nul. *At the end of the four sets,*
they played a draw.

mauvais—*bad, wrong*
> **dans une mauvaise passe**—*in a tight spot (in bad straights); behind the*
> *eight ball*
> Les négotiations semblent être dans une mauvaise passe. *The negotiations*
> *seem to be in a tight spot (in bad straits).*
> Je me rends; vous m'avez dans une mauvaise passe. *I give in; you have*
> *me behind the eight ball.*

> **faire contre mauvaise fortune bon coeur**—*to grin and bear it*
> Puisqu'on n'y peut rien, faisons contre mauvaise fortune bon coeur. *Since*
> *we can't do anything about it, let's grin and bear it.*

> **le mauvais ange**—*the evil genius*
> Le secrétaire du président était son mauvais ange. *The president's*
> *secretary was his evil genius.*

> **mauvais comme la gale**—*as mean as the devil*
> On dit que son mari est mauvais comme la gale. *They say her husband is*
> *as mean as the devil.*

> **un mauvais coucheur**—*a mean cuss, hard to get along with*
> N'emmenons pas Robert; c'est un mauvais coucheur. *Let's not take*
> *Robert along; he's a mean cuss (he's hard to get along with).*

> **un mauvais pas**—*a tight spot*
> Elle nous a aidés à sortir d'un mauvais pas. *She helped us to get out of a*
> *tight spot.*

mèche—*wick*
> **de mèche**—*in cahoots*
> Les deux employés étaient de mèche pour voler les clients. *The two*
> *employees were in cahoots to rob the customers.*

> **éventer (vendre) la mèche**—*to let the cat out of the bag*
> La surprise allait réussir quand Lionel a éventé (vendu) la mèche. *The*
> *surprise was about to come off when Lionel let the cat out of the bag.*

mêler—*to mingle, to mix*
se mêler de—*to butt into*
Ne vous mêlez pas de leurs querelles. *Don't butt into their quarrels.*

se mêler de ses affaires (oignons)—*to mind one's own business*
Ce que je fais ne vous regarde pas; mêlez-vous de vos affaires (oignons).
What I'm doing doesn't concern you; mind your own business.

---

même—*same, self, very*
à même—*right (straight) from*
Il boit la bière à même la bouteille. *He drinks beer right (straight) from
the bottle.*

à même de—*in a position to*
Il n'est pas à même de vous voir aujourd'hui parce qu'il est souffrant. *He
isn't in a position to see you today because he is ill.*

**de la même farine (du même acabit, du même tabac, du même
tonneau)**—*of the same ilk (sort, kind, etc.)*
Les deux candidats sont de la même farine (du même acabit, du même
tabac, du même tonneau). *The two candidates are of the same ilk (sort,
kind, etc.).*

---

mémoire—*memory*
de mémoire de—*as far back as one can remember*
"De mémoire de rose, on n'a jamais vu mourir de jardinier." *"As far back
as roses can remember, they have never seen a gardener die."*

pour mémoire—*for the record*
Je vous envoie cette facture pour mémoire. *I am sending you this bill for
the record.*

une mémoire de lièvre—*a short memory*
Les débiteurs ont souvent une mémoire de lièvre. *Debtors often have
short memories.*

---

ménager—*to arrange, to spare*
ménager la chèvre et le chou—*to play both ends against the middle, to
sit on the fence*

Il veut ménager la chèvre et le chou, plutôt que de donner son avis. *He'd rather play both ends against the middle (sit on the fence) than give his opinion.*

ménager quelque chose à—*to have something in store for*
Je lui ménage une surprise. *I have a surprise in store for her.*

se ménager une porte de sortie—*to leave oneself a way out*
Il a offert son soutien, mais en se ménageant une porte de sortie. *He offered his support, but still leaving himself a way out.*

---

mener—*to lead, to take*

mener à bien (à bonne fin)—*to carry out (through) successfully*
Ils ont réussi à mener l'affaire à bien (à bonne fin). *They managed to carry the business out (through) successfully.*

mener à la baguette—*to boss (to order) around*
Sa femme le mène à la baguette. *His wife bosses (orders) him around.*

mener de front—*to carry on simultaneously*
Il n'aurait pas dû essayer de mener de front ses études et son travail. *He shouldn't have attempted to carry on his studies and his work simultaneously.*

mener en bateau—*to take for a ride*
Tu nous a menés en bateau avec tes promesses! *You took us for a ride with your promises!*

mener grand train—*to live high on the hog (in style, it up)*
Depuis que leurs affaires marchent bien, ils mènent grand train. *Since their business started doing well, they have been living high on the hog (in style, it up).*

mener la vie de château—*to live high, wide and handsome (the life of Riley)*
Son héritage lui a permis de mener la vie de château. *His inheritance has permitted him to live high, wide and handsome (the life of Riley).*

mener par le bout du nez—*to lead by the nose, to twist around one's little finger*
Cette femme mène son mari par le bout du nez. *That woman leads her husband by the nose (twists her husband around her little finger).*

mener tambour battant—*to set a fast pace for*
Ce directeur mène ses associés tambour battant. *That director sets a fast pace for his associates.*

mener une vie de bâton de chaise—*to live a dissolute life*
Cette vie de bâton de chaise que tu mènes finira par te lasser. *You'll end up by getting tired of this dissolute life you're living.*

ne pas en mener large—*to feel like two cents (small)*
Une fois devant les agents il n'en menait pas large. *Once he stood before the policemen, he felt like two cents (he felt small).*

mentir—*to lie*
    mentir comme un arracheur de dents (comme une épitaphe, comme on respire)—*to be a bald-faced liar*
    Ne l'écoutez pas; il ment comme un arracheur de dents (comme une épitaphe, comme il respire). *Don't listen to him; he's a bald-faced liar.*

    sans mentir—*no fooling*
    Sans mentir, cette veste vous va parfaitement. *No fooling, this coat fits you perfectly.*

menu—*minute, slender*
    par le menu—*in detail*
    Il a fallu tout lui expliquer par le menu. *We had to explain everything in detail to him.*

mer—*ocean, sea*
    Ce n'est pas la mer à boire.—*It's not such a big deal (job).*

merveille—*marvel, wonder*
    à merveille—*marvelously*
    Elle a joué cette sonate à merveille. *She played that sonata marvelously.*

    faire merveille—*to work wonders*
    Le nouveau médicament a fait merveille. *The new medicine worked wonders.*

mesure—*extent, measure*
    à la mesure de—*suited to*

Ils cherchaient un associé à la mesure de l'entreprise. *They were looking for a partner suited to the business.*

à mesure que (au fur et à mesure que)—*(proportionally) as*
Le salaire minimum croît (au fur et) à mesure que le coût de la vie augmente. *The minimum wage increases (proportionally) as the cost of living goes up.*

au fur et à mesure—*as one goes along*
Ils enlevaient leurs vêtements inutiles au fur et à mesure. *They took off all unnecessary clothing as they went along.*

au fur et à mesure de—*according to*
Elle nous envoie de l'argent au fur et à mesure de nos besoins. *She sends us money based on our needs.*

dans la mesure de—*as far as*
Nous ferons ce que vous dites dans la mesure du possible. *We'll do what you say, as far as possible.*

dans la mesure où—*in so far as*
Je vous aiderai dans la mesure où je le pourrai. *I'll help you in so far as I am able.*

en mesure de—*in a position to*
Il est malade; il n'est pas en mesure de vous recevoir. *He is ill; he is not in a position to see you.*

sur mesure—*custom (-made)*
J'ai fait faire ces rideaux sur mesure. *I had these curtains custom-made.*

---

métier—*profession, trade*
avoir du métier—*to have learned one's trade*
On voit par ce beau travail qu'il a du métier. *You can see by this fine work that he has learned his trade.*
Il n'y a pas de sot métier.—*A job is a job.*

---

mettre—*to put (on)*
bien mis—*well-dressed*
Elle était pauvre, mais toujours bien mise. *She was poor, but always well-dressed.*

en mettre sa main au feu—*to eat one's hat, to stake one's life on it.*

Il est coupable; j'en mettrais ma main au feu. *He is guilty or I'll eat my hat (I'd stake my life on it).*

en mettre un (sacré) coup—*to work really hard*
Il faudra en mettre un (sacré) coup si nous voulons finir à temps. *We'll have to work really hard if we want to finish in time.*

mettons que—*let's suppose that*
Mettons qu'il ait menti; qu'est-ce qu'on fait alors? *Let's suppose that he lied; what do we do then?*

mettre à contribution—*to call upon for help*
Ils ont mis tous leurs amis à contribution. *They called upon all their friends for help.*

mettre à gauche—*to set aside*
Il a réussi à mettre un peu d'argent à gauche. *He has managed to set a little money aside.*

mettre à la mode—*to bring into fashion*
La crise du pétrole mit les bicyclettes à la mode. *The oil crisis brought bicycles into fashion.*

mettre à la porte (à pied)—*to fire, to give the gate, to throw out*
Son patron l'a mis à la porte (à pied) parce qu'il volait. *His boss fired him (gave him the gate, threw him out) because he was stealing.*

mettre à la raison—*to bring to one's senses*
La colère de mes amis m'a mis à la raison. *The anger of my friends brought me to my senses.*

mettre à la voile—*to set sail*
Allez, allez, Michele. Il fait du vent, mettez à la voile. *Go on Michele, it's windy, let's sail.*

mettre à nu—*to expose; to bare*
En grattant le mur ils ont mis une fresque à nu. *In scraping the wall they exposed (bared) a fresco.*

mettre au clou—*to pawn*
Il a dû mettre sa montre au clou pour payer le loyer. *He had to pawn his watch in order to pay the rent.*

mettre au défi de faire—*to challenge to do*

Je vous mets au défi d'en trouver un meilleur. *I challenge you to find a better one.*

mettre au monde—*to give birth to*
Elle mit au monde de beaux jumeaux. *She gave birth to a fine pair of twins.*

mettre au pas—*to bring into line*
Le juge a juré de mettre les fauteurs de troubles au pas. *The judge swore he would bring the troublemakers into line.*

mettre bas—*to have (a cub, a kitten, etc.); to lay down*
La chatte a mis bas pendant la nuit. *The cat had her litter during the night.* Les soldats mirent bas leurs armes et se rendirent. *The soldiers laid down their arms and surrendered.*

mettre dans le mille (dans le noir)—*to hit the nail on the head, to score a bull's-eye*
Sans le savoir, le détective a mis dans le mille avec sa supposition. *Without knowing it, the detective hit the nail on the head (scored a bull's-eye) with his supposition.*

mettre dans le même sac (panier)—*to lump together*
Il ne faut pas mettre dans le même sac (panier) toutes les espèces de délinquants. *You mustn't lump together all types of delinquents.*

mettre debout (sur pied)—*to set up*
Nous avons mis l'affaire debout (sur pied) en peu de temps. *We set the business up in short time.*

mettre dedans—*to take in, to fool*
L'escroc l'a mis dedans sans difficulté. *The crook took him in (fooled him) without any difficulty.*

mettre de l'eau dans son vin—*to lower one's sights*
Etant donné nos probèmes financiers, nous devrons mettre de l'eau dans notre vin. *Given our financial difficulties, we'll have to lower our sights.*

mettre des bâtons dans les roues—*to throw a monkey wrench into the works*
Si nous n'avons pas réussi, c'est parce qu'il mettait toujours des bâtons dans les roues. *If we didn't succeed, it is because he kept throwing a monkey wrench into the works.*

mettre du beurre dans les épinards—*to get a little gravy*

Avec les heures supplémentaires il commence à mettre du beurre dans les épinards. *Thanks to overtime, he's starting to get a little gravy.*

mettre du temps à faire quelque chose—*to take a long time doing something*

Ils ont mis du temps à lire l'article. *They took a long time reading the article.*

mettre en boîte—*to make fun of, to poke fun at*

Elle n'arrêtait pas de mettre le nouveau venu en boîte. *She kept on making fun of (poking fun at) the newcomer.*

mettre en cause—*to call into question*

Cette seule erreur ne doit pas mettre en cause dix ans de travail! *This single error must not call ten years' work into question!*

mettre en demeure—*to call upon (to do something)*

Je l'ai mis en demeure de répondre à notre question. *I called upon him to answer our question.*

mettre en pièces—*to cut to ribbons, to tear apart*

Les critiques ont mis son livre en pièces. *The critics cut his book to ribbons (tore his book apart).*

mettre en route—*to start (up)*

J'ai mis ce projet en route il y a un mois. *I started this project a month ago.*

mettre en train—*to get under way*

C'est elle qui a mis la nouvelle revue en train. *She is the one who got the new magazine under way.*

mettre en valeur—*to bring out, to play up; to develop*

Tâchez de mettre en valeur l'importance de leur coopération. *Try to bring out (to play up) the importance of their cooperation.* Ils ont décidé de mettre leur terrain en valeur. *They decided to develop their land.*

mettre en veilleuse—*to put on a back burner*

Pendant la guerre, on a mis l'industrie de luxe en veilleuse. *During the war, they put the luxury industry on a back burner.*

mettre une maison en vente—*to put a house up for sale*

C'est l'heure de mettre notre maison en vente. *It is the time to put our house up for sale.*

mettre la barre à—*to steer (toward)*

Le timonier a mis la barre à gauche. *The helmsman steered (toward the) left.*

mettre la charrue devant (avant) les bœufs—*to put the cart before the horse.*

Ne commencez pas là; vous mettez la charrue devant (avant) les bœufs. *Don't begin there; you're putting the cart before the horse.*

mettre la clef sous la porte—*to skip out*

Quand on l'a cherché, il avait mis la clef sous la porte. *When they looked for him, he had skipped out.*

mettre la gomme—*to speed up*

Ce coureur cycliste devrait mettre la gomme s'il veut gagner la course. *That bicycle-racer ought to speed up if he wants to win the race.*

mettre la main à la pâte—*to pitch in, to take a hand in it*

Le travail sera vite terminé si tout le monde met la main à la pâte. *The work will be quickly finished if everyone pitches in (takes a hand in it).*

mettre la puce à l'oreille à quelqu'un—*to put a bug in someone's ear*

Les absences fréquentes de son employé lui ont mis la puce à l'oreille. *His employee's frequent absences put a bug in his ear.*

mettre le cap sur—*to strike out for*

Leur bateau a mis le cap ensuite sur Panama. *Their boat then struck out for Panama.*

mettre le feu aux poudres—*to set off the powder keg*

C'est l'assassinat de l'archiduc qui a mis le feu aux poudres. *It was the archduke's assassination that set off the powder keg.*

mettre le holà—*to put a stop to it*

Il y avait tant de corruption que le gouvernement a dû enfin mettre le holà. *There was so much corruption that the government finally had to put a stop to it.*

mettre le marché en main à quelqu'un—*to tell someone to take it or leave it*

Après une heure de discussions, je lui ai mis le marché en main. *After an hour's argument, I told him to take it or leave it.*

mettre l'épée dans les reins à—*to prod*

Nous avons dû lui mettre l'épée dans les reins pour qu'il fasse quelque chose. *We had to prod him so he would do something.*

mettre le réveil—*to set the alarm (clock)*
Ne t'inquiète pas, je mettrai le réveil pour huit heures. *Don't worry, I'll set the alarm for eight o'clock.*

mettre les bouchées doubles—*to work on the double*
Ils ont dû mettre les bouchées doubles pour finir la commande. *They had to work on the double to finish the order.*

mettre les petits plats dans les grands—*to put on a big spread*
En l'honneur de sa visite, ils avaient mis les petits plats dans les grands. *In honor of his visit, they had put on a big spread.*

mettre les pieds dans le plat—*to put one's foot in it (in one's mouth)*
Ne sachant pas que c'était l'amie du patron, il a mis les pieds dans le plat. *Not knowing that she was the boss's girl friend, he put his foot in it (in his mouth).*

mettre les points sur les i—*to dot the i's and cross the t's*
Je veux mettre les points sur les i avant que nous annoncions cet accord. *I want to dot the i's and cross the t's before we announce this agreement.*

mettre les pouces—*to cry uncle*
Après une courte lutte inégale, il a mis les pouces. *After a brief, uneven struggle, he cried uncle.*

mettre quelqu'un au pied du mur—*to put someone's back to the wall*
Je suis fatigué d'attendre sa décision; il faut le mettre au pied du mur. *I'm tired of waiting for his decision; we have to put his back to the wall.*

se mettre à—*to set about, to set to*
Mettons-nous au travail tout de suite. *Let's set about working (set to work) right away.*

se mettre à table—*to sit down to eat; to spill the beans*
Mettons-nous à table; le repas est prêt. *Let's sit down to eat; the meal is ready.* Après plusieurs heures d'interrogatoire, le suspect s'est mis à table. *After several hours of questioning, the suspect spilled the beans.*

se mettre au beau—*to clear up*
Quel bonheur! Le temps semble se mettre au beau. *What good luck! The weather seems to be clearing up.*

se mettre au vert—*to go to the country (to recuperate)*
Après cette longue année d'étude, vous devriez vous mettre au vert. *After this long year of study, you should go to the country (to recuperate).*

se mettre en quatre—*to bend (to lean) over backwards, to break one's back*
Je me suis mis en quatre pour lui trouver ce qu'elle voulait. *I bent (I leaned) over backwards (I broke my back) to find what she wanted.*

se mettre en tête de—*to take a notion to, to take it into one's head to*
Mon fils s'est mis en tête de devenir acteur. *My son has taken a notion (taken it into his head) to become an actor.*

se mettre le doigt dans l'oeil—*to be all wet (way off base)*
Si tu crois vraiment ces sottises, tu te mets le doigt dans l'oeil. *If you really believe that nonsense, you're all wet (way off base).*

se mettre martel en tête—*to get worried*
Ne te mets pas martel en tête ainsi; tout s'arrangera. *Don't get so worried; everything will work out right.*

se mettre quelque chose (quelqu'un) à dos—*to turn something (someone) against one*
Le ministre veut obtenir un accord, mais sans se mettre l'opinion publique à dos. *The minister wants to get an agreement, but without turning public opinion against him.*

y mettre du sien—*to do (to give) one's share*
Si chacun y met du sien, nous aurons bientôt fini le travail. *If everyone does (gives) his share, we'll have finished the work soon.*

y mettre le paquet—*to give it one's all, to go all out; to go whole hog*

Le coureur cycliste y a mis le paquet et il a gagné. *The bicycle racer gave it his all (went all out) and he won.* Maintenant que nous pouvons nous payer de beaux vêtements, je veux y mettre le paquet. *Now that we can afford to dress well, I want to go whole hog.*

y mettre son grain de sel—*to put in one's two cents' worth, to stick one's oar in*

Il n'en sait rien; pourquoi y met-il toujours son grain de sel? *He doesn't know anything about it; why does he always put in his two cents' worth (stick his oar in)?*

---

mi-—*half-*

à mi-voix—*under one's breath*

Je n'ai pas pu les comprendre parce qu'ils parlaient à mi-voix. *I wasn't able to understand them because they were talking under their breath.*

la mi-janvier (etc.)—*the middle of January (etc.)*

Nous allons nous revoir à la mi-juillet. *We're going to see each other again in the middle of July.*

mi-figue, mi-raisin—*wry*

Il m'a regardé d'un air mi-figue, mi-raisin. *He looked at me with a wry expression.*

---

mieux—*better, best*

à qui mieux mieux—*one more than the other*

Les enfants faisaient du bruit à qui mieux mieux. *The children were making noise one more than the other.*

au mieux avec—*on excellent terms with*

Il est au mieux avec ses voisins. *He is on excellent terms with his neighbors.*

C'est on ne peut mieux.—*It couldn't be better.*

en mieux—*only better*

C'est sa soeur, en mieux. *She looks like her sister, only better.*

---

mijoter—*to simmer*

Qu'est-ce que tu mijotes?—*What are you up to?*

---

mine—*looks, mien*
>   **faire la mine à**—*to pull a long face at*
>   Pourquoi me fais-tu la mine ce matin? *Why are you pulling a long face at me this morning?*
>
>   **faire des mines**—*to simper*
>   En recevant ses invités, elle faisait des mines. *When she welcomed her guests, she would simper.*
>
>   **faire mine de**—*to make as if to*
>   Pour les dépister, il a fait mine de sortir. *To throw them off the track, he made as if to leave.*
>
>   **mine de rien**—*without appearing to*
>   Mine de rien, elle a amassé une fortune. *Without appearing to, she amassed a fortune.*

---

misère—*misery, poverty*
>   **faire des misères à**—*to be nasty to*
>   Mon petit frère me fait toujours des misères. *My little brother is always nasty to me.*
>
>   **pour une misère**—*for a trifle*
>   Les deux soeurs se sont disputées pour une misère. *The two sisters quarreled for a trifle.*

---

mode—*way*
>   **le mode d'emploi**—*instructions (for use)*
>   Ils n'auraient pas dû envoyer cette machine sans mode d'emploi. *They shouldn't have sent this machine without instructions (for use).*

---

moi—*me*
>   **à moi**—*help!*
>   A moi! On me vole! *Help! I'm being robbed!*

---

moins—*minus, less*
>   **à moins**—*for less (cause) than that*
>   On s'en fâcherait à moins! *You might get angry for less (cause) than that!*
>
>   **au moins**—*at least (quantity)*

Sa famille a au moins trois voitures. *His family has at least three cars.*

du moins—*at least (concessive)*
Jean est sorti; du moins je le crois. *John has gone out; at least, I think so.*

en moins de deux (de rien)—*in no time at all*
Tu pourras le faire en moins de deux (de rien). *You can do it in no time at all.*

Il était moins une (moins cinq)!—*It was a close call (touch and go)!*

pas le moins du monde—*not by any means, not in the least*
Elle n'est pas sotte, pas le moins du monde. *She is not stupid by any means (not in the least stupid).*

---

moitié—*half*

à moitié—*half (way)*
Ce type me semblait à moitié fou. *That guy seemed half (way) crazy to me.*

de moitié dans—*involved in*
Il était de moitié dans leurs combinaisons. *He was involved in their deals.*

pour moitié dans—*half(way) responsible for (in)*
Je savais qu'elle était pour moitié dans cette affaire. *I knew she was half(way) responsible for (in) that business.*

---

moment—*moment, time*

à ce moment-là—*at that time; in that case*
Nous étions très occupés à ce moment-là. *We were very busy at that time.*
A ce moment-là, il vaut mieux que je refasse le travail. *In that case, it's better for me to do the job over again.*

au moment de (où)—*just as*
Au moment de partir (Au moment où ils partaient), ils ont vu arriver leur ami. *Just as they were leaving, they saw their friend arriving.*

du moment que—*as long as, since*
Du moment que vous le prenez comme ça, je m'en vais. *As long as (since) you're going to take it like that, I'm leaving.*

d'un moment à l'autre—*any minute (now)*
Nous attendons son arrivée d'un moment à l'autre. *We expect him to arrive any minute (now).*

en ce moment—*at this time*
En ce moment de l'anneée, les bureaux sont débordés. *At this time of year, the offices are swamped.*

par moments—*at times*
Par moments votre ami a l'air vraiment malheureux. *At times your friend seems really unhappy.*

pour le moment—*for the time being*
Oublions notre différend pour le moment. *Let's forget out disagreement for the time being*

sur le moment—*on the spot, right off*
Sur le moment je n'ai pas su trouver de réponse. *On the spot (right off) I couldn't find an answer.*

---

monde—*people, world*
de ce monde—*among the living*
Le pauvre homme n'est plus de ce monde. *The poor man is no longer among the living.*

depuis que le monde est monde—*since the beginning of time*
Depuis que le monde est monde, les enfants se croient plus malins que leurs parents. *Since the beginning of time, children have thought they were smarter than their parents.*

un monde fou—*a terrific crowd*
Il y aura un monde fou aux courses. *There will be a terrific crowd at the races.*

---

monnaie—*change, money*
monnaie courante—*commonplace*
Ce genre de raisonnement, bien que faux, est monnaie courante. *That kind of reasoning, although false, is commonplace.*

---

mont—*mount, mountain*
par monts et par vaux—*on the go*
A cause de son travail, elle est toujours par monts et par vaux. *Because of her work, she is always on the go.*

---

monter—*to go up, to take up*

monté contre quelqu'un—*up in arms against someone*

Je ne sais pas pourquoi ils sont montés contre moi. *I don't know why they are up in arms against me.*

monter à cheval (à bicyclette)—*to ride a horse (a bicycle)*

Elle a appris à monter (à cheval) au manège. *She learned how to ride (a horse) at riding school.*

monter à l'échelle—*to fall for a joke*

Mon frère m'a fait monter à l'échelle. *My brother made me fall for a joke.*

monter au cerveau—*to go to one's head*

Le succès lui est monté au cerveau; on ne peut plus lui parler. *Success went to his head; you can't talk to him any more.*

monter dans une auto (un avion, un bateau, un train)—*to get into a car (aboard, on a plane, a boat, a train)*

Nous sommes montés tout de suite dans l'avion de New York. *We got aboard (on) the plane to New York right away.*

monter en épingle—*to blow out of (all) proportion*

Ils ont monté l'incident en épingle. *They have blown the incident out of (all) proportion.*

monter en flèche—*to shoot up*

Les actions pétrolières sont montées en flèche. *Oil stocks shot up.*

monter en graine—*to go (to run) to seed*

Leur jardin est monté en graine pendant leur absence. *Their garden has gone (has run) to seed in their absence.*

monter la tête à quelqu'un—*to get someone worked up*

Je vois par votre attitude qu'il vous a monté la tête contre moi. *I see by your attitude that he got you worked up against me.*

monter sur les planches—*to go on the stage*

Depuis son enfance elle désirait monter sur les planches. *Since childhood she had wanted to go on the stage.*

monter sur ses grands chevaux—*to get up on one's high horse*

Quand on critique ses activités, il monte toujours sur ses grands chevaux. *When you criticize his activities, he always gets up on his high horse.*

monter un bateau à quelqu'un—*to lead someone on, to pull someone's leg*

Je vois maintenant qu'il nous a monté un bateau en offrant de nous acheter le terrain. *I see now that he was leading us on (pulling our leg) when he offered to buy the land from us.*

se monter à—*to amount (to come) to*

A combien se monte la facture? *How much does the bill amount (come) to?*

---

montre—*show, watch*

faire montre de—*to show (off)*

Il fait montre de son érudition. *He is showing (off) his learning.*

---

montrer—*to show*

montrer patte blanche—*to have the password, to show one belongs*

Pour entrer dans ce club il faut montrer patte blanche. *To go into that club you have to have the password (to show you belong).*

(se) moquer—*to laugh at, to mock*

Il se moque du tiers comme du quart. Il s'en moque (comme de l'an 40; comme de sa première chemise).—*He doesn't give a darn (one way or the other).*

se moquer de—*not to give a darn about, to snap one's fingers at; to make fun of*

C'est un homme impétueux qui se moque du danger. *He is a rash man who doesn't give a darn about (who snaps his fingers at) danger.* Cesse de te moquer de nous tout le temps. *Stop making fun of us all the time.*

---

morale—*morals*

faire la morale à—*to give a lecture to*

Elle m'a fait la morale parce que j'étais rentré trop tard. *She gave me a lecture because I had come in too late.*

---

mordre—*to bite*

mordre à—*to take to*

Elle a mordu admirablement au français. *She has taken to French marvelously.*

mordre sur—*to go (to edge) over*
Sa voiture a mordu sur le bord du trottoir. *His car went (edged) over the curb.*

s'en mordre les doigts—*to kick oneself for something*
Je n'ai pas écouté son avertissement et je m'en mords les doigts. *I didn't listen to his warning and I could kick myself for it.*

---

mort—*dead*

mort de fatigue—*dead tired (tired to death)*
Après un tel effort, j'étais mort de fatigue. *After such an effort, I was dead tired (tired to death).*

mort de peur—*frightened to death*
En entendant grincer les chaînes, elle était morte de peur. *She was frightened to death on hearing the chains rattle.*

---

mort—*death*

la mort dans l'âme—*sick at heart*
Il dit adieu à sa patrie, la mort dans l'âme. *He felt sick at heart as he said farewell to his homeland.*

---

mot—*word*

avoir le mot pour rire—*to be ready with a joke*
Malgré sa dignité il a toujours le mot pour rire. *Despite his dignity, he is always ready with a joke.*

---

mouche—*fly*

faire mouche—*to hit home, to score a bull's-eye*
C'est cela: votre réponse a fait mouche. *That's right: your answer hit home (scored a bull's-eye).*

la mouche du coche—*a busybody*
Pendant que nous nous fatiguions à terminer le travail, Jean faisait la mouche du coche. *While we were struggling to finish the job, John acted the busybody.*

Quelle mouche te pique?—*What's bugging (eating) you? what's got into you?*

(se) moucher—*to blow (one's) nose*
Il ne se mouche pas du pied (du coude).—*He thinks a lot (highly) of himself.*
moucher quelqu'un—*to snub someone*
Voyant ce prétentieux à la fête, elle l'a mouché. *Seeing that pretentious fellow at the party, she snubbed him.*

---

mouchoir—*handkerchief*
arriver dans un mouchoir—*to have a close finish*
Les coureurs sont arrivés dans un mouchoir. *The racers had a close finish.*

---

moulin—*mill*
un moulin à paroles—*a windbag*
C'est un moulin à paroles; on n'arrive pas à placer un mot. *He's a windbag; you can't get a word in edgewise.*

---

mourir—*to die*
C'est à mourir de rire!—*You'll laugh yourself sick!*

mourir à la tâche (debout)—*to die in harness*
Il a travaillé jusqu'à la fin et il est mort à la tâche (debout). *He worked right up to the end and he died in harness.*

mourir de faim—*to be starved to death, to be starving*
Allons dîner; je meurs de faim. *Let's go have dinner; I'm starved to death (I'm starving).*

mourir d'ennui—*to be bored to death*
Ne regardons plus ce programme; je meurs d'ennui. *Let's not watch this program any longer; I'm bored to death.*

mourir d'envie de—*to be dying to*
Elle meurt d'envie de se faire inviter chez eux. *She is dying to get invited to their house.*

mourir de sa belle mort—*to die of old age*

Malgré toutes ses maladies, il mourut de sa belle mort à l'âge de quatre-vingt-dix ans. *Despite all his ailments, he died of old age at ninety.*

mouron—*pimpernel, chickweed*
se faire du mouron—*to worry oneself sick*
Je te dis que tu te fais du mouron pour rien! *I'm telling you you're worrying yourself sick over nothing!*

moutarde—*mustard*
La moutarde lui monte au nez.—*He (she) is starting to see red.*

mouton—*sheep*
comme les moutons de Panurge—*like a flock of sheep (like lemmings)*
En dépit du bon sens, ils l'ont suivi comme les moutons de Panurge. *Against all common sense, they followed him like a flock of sheep (like lemmings).*
Revenons à nos moutons!—*Let's get back to (the) business (at hand)!*

mouvement—*movement*
dans le mouvement—*up to date*
Elle lisait toutes les revues pour rester dans le mouvement. *She read all the magazines in order to keep up to date.*

muet—*mute, silent*
muet comme une carpe—*close-lipped*
Devant toutes nos questions il est resté muet comme une carpe. *He remained close-lipped in the face of all our questions.*

mûr—*ripe*
après mûre réflexion—*after due consideration*
Après mûre réflexion, je dois refuser votre offre. *After due consideration, I must refuse your offer.*

mur—*wall*
faire le mur—*to sneak out (over the wall)*

La nuit il faisait le mur pour rejoindre ses camarades. *At night, he sneaked out (over the wall) to join his pals.*

nage—*swimming*
> **en nage**—*bathed in perspiration (sweat)*
> A la fin de la course, l'athlète était en nage. *At the end of the race, the athlete was bathed in perspiration (sweat).*

nager—*to swim*
> **nager dans**—*to be rolling (wallowing) in*
> Grâce à leurs placements, ils nageaient maintenant dans l'abondance. *Thanks to their investments, they were now rolling (wallowing) in wealth.*
>
> **nager entre deux eaux**—*to play both sides*
> Ce député nage entre deux eaux pour éviter de se faire des ennemis. *That representative plays both sides in order to avoid making enemies.*

nature—*nature*
> **C'est une bonne (une petite, une riche) nature.**—*He (she) is a good (a frail, a big-hearted) soul.*
> **dans la nature**—*into thin air*
> Elle a disparu dans la nature. *She disappeared into thin air.*
>
> **en nature**—*in kind*
> Puisque le fermier n'avait pas d'argent liquide, il nous a payés en nature. *Since the farmer didn't have any ready cash, he paid us in kind.*
> **la nature morte**—*still life*
> Ce peintre est connu surtout pour ses natures mortes. *This painter is known especially for his still lifes.*

né—*born*
> **né coiffé**—*born lucky (with a silver spoon in one's mouth)*

Elle est née coiffée, mais elle sait travailler aussi. *She was born lucky (with a silver spoon in her mouth), but she knows how to work, too.*

né sous une bonne étoile—*born under a lucky star*
Tout lui sourit; il est né sous une bonne étoile. *Everything works out well for him; he was born under a lucky star.*

nécessité—*necessity, need*
de toute nécessité—*absolutely essential*
Il est de toute nécessité que vous lui parliez immédiatement. *It is absolutely essential that you speak to him right away.*

nerf—nerve, sinew
avoir du nerf—*to have gumption (get-up-and-go)*
Il faudra avoir du nerf si nous voulons gagner cette partie. *We'll need to have gumption (get-up-and-go) if we want to win this game.*

avoir les nerfs à fleur de peau—*to be very excitable*
Attention à ce que tu lui dis: il a les nerfs à fleur de peau. *Watch out what you say to him: he is very excitable.*

avoir les nerfs à vif (en boule)—*to be edgy*
En attendant le résultat de l'examen, elle a naturellement les nerfs à vif (en boule). *While awaiting the results of the exam, naturally she is edgy.*

porter (taper) sur les nerfs à quelqu'un—*to get on someone's nerves*
Cesse de faire ce bruit; il me porte (tape) sur les nerfs! *Stop making that noise; it's getting on my nerves!*

nez—*nose, face*
au nez et à la barbe de quelqu'un—*under someone's very nose; to one's face*
L'impudent faisait de la contrebande au nez et à la barbe des douaniers. *The rascal carried on smuggling under the very nose of the customs agents.*

avoir dans le nez—*to have something against*
Je ne peux pas demander ce service à mon collègue: il m'a dans le nez. *I can't ask my colleague for that favor: he has something against me.*

avoir le nez creux—*to be shrewd (wily)*

On ne peut pas tromper ce type-là; il a le nez creux. *You can't fool that guy; he's a shrewd (wily) one.*

nid—*nest*

un nid de poule—*a pothole*

J'ai dû casser un ressort en passant sur un nid de poule. *I must have broken a spring driving over a pothole.*

noce—*party, wedding*

faire la noce—*to do the town, to go on the town, to live it up, to paint the town red*

Il avait fait la noce la veille et il avait mal aux cheveux. *He had done the town (gone on the town, lived it up, painted the town red) the night before and he had a hangover.*

Je n'étais pas à la noce!—*I wasn't exactly enjoying myself!*

noir—*black*

faire noir—*to be dark (out)*

Il faisait déjà noir et on n'y voyait plus rien. *It was already dark (out) and you couldn't see a thing any more.*

noix—*(wal)nut*

à la noix—*worthless*

Je trouve que c'est une idée à la noix. *I think that's a worthless idea.*

nom—*name*

sans nom (qui n'a pas de nom)—*unspeakable*

Torturer les prisonniers est un crime sans nom (qui n'a pas de nom). *Torturing prisoners is an unspeakable crime.*

Nom d'un chien (de nom, d'une pipe, d'un petit bonhomme)!—*By golly! Doggone it! Holy cow!*

nombre—*number*

au (du) nombre de—*among*

Je les compte au (du) nombre de mes amis. *I count them among my friends.*

---

note—*bill, note*
dans la note—*in style; fitting*
Sans suivre aveuglément la mode, elle savait rester dans la note. *Without following fashion slavishly, she managed to stay in style.*
Je trouvais que cette façon de parler n'était plus dans la note. *I felt that that way of talking was no longer fitting.*

---

nouvelle—*news (item)*
Première nouvelle!—*That's news to me!*

Vous aurez de mes nouvelles!—*You'll be hearing from me! You'll be sorry (about that)!*

Vous m'en direz des nouvelles!—*I'm sure you'll like it!*

---

noyer—*to drown*
se noyer dans un verre d'eau—*to make a mountain out of a molehill*
Ce fonctionnaire inepte se noie dans un verre d'eau. *That inept official makes a mountain out of a molehill.*

---

nu—*naked, nude*
nu comme la main (un ver)—*stark naked*
Quand j'ai ouvert la porte, il était nu comme la main (un ver). *When I opened the door, he was stark naked.*

---

nuit—*darkness, night*
dans la nuit des temps—*in the deep, dark past*
Les origines de cette tradition se perdent dans la nuit des temps. *The origins of this tradition are lost in the deep, dark past.*

faire nuit (noire)—*to be (pitch) dark (out)*
Il faisait nuit (noire) quand elle est rentrée. *It was (pitch) dark (out) when she came home.*

La nuit porte conseille.—*Sleep on it.*

une nuit blanche—*a sleepless night*

J'ai passé une nuit blanche à penser à ce que vous m'avez dit. *I spent a sleepless night thinking about what you told me.*

nul—*no, null*
nul en—*no good at*
Je suis nul en maths. *I'm no good at math.*

numéro—*number*
C'est un drôle de numéro.—*He (she) is a strange character.*

objet—*object*
les objets trouvés—*the lost and found*
Votre manteau est peut-être aux objets trouvés. *Maybe your coat is in the lost and found.*

sans objet—*not applicable; groundless*
Ce règlement est désormais sans objet. *Henceforth this rule is not applicable.* Il faut oublier ces craintes sans objet. *You have to forget those groundless fears.*

occasion—*occasion, opportunity*
d'occasion—*second-hand*
Nous avons acheté une auto d'occasion, n'ayant pas l'argent pour une neuve. *We bought a second-hand car, not having enough money for a new one.*

occuper—*to occupy*
Occupe-toi (occupez-vous) de tes (vos) affaires (de tes, vos oignons).—*Mind your own business. Stick to your knitting.*

s'occuper à—*to keep busy (with)*
A ses heures perdues, il s'occupe à peindre. *In his spare time, he keeps busy (with) painting.*

s'occuper de—*to look after, to take care of*

Ne vous inquiétez pas; je vais m'occuper de ce problème. *Don't worry;*
I'm going to look after (take care of) that problem.

---

odeur—*odor, smell*
   ne pas être en odeur de sainteté auprès de quelqu'un—*Not to be in*
      someone's good graces
   Va le voir toi: je ne suis pas en odeur de sainteté auprès de lui. *You go*
      see him: I'm not in his good graces.

---

oeil—*eye*
   à l'oeil—*for nothing, free*
   Je n'avais pas d'argent, mais j'ai réussi à avoir un verre à l'oeil. *I didn't*
      have any money, but I managed to get a drink for nothing (free).

   avoir à l'oeil—*to keep one's eye (to keep tabs) on*
   Ne faites pas de bêtises; je vous ai à l'oeil. *Don't do anything foolish; I'm*
      keeping my eye (I'm keeping tabs) on you.

   avoir les yeux plus gros que le ventre—*to bite off more than one can*
      chew
   En voulant occuper le pays d'à côté, ils avaient les yeux plus gros que le
      ventre. *When they tried to occupy the neighboring country, they were*
      biting off more than they could chew.

   ne pas avoir les yeux dans sa poche—*to have a keen eye*
   Cet enfant remarque tout: il n'a pas les yeux dans sa poche. *That child*
      notices everything: he has a keen eye.

ne pas avoir les yeux en face des trous—*to be half-asleep*
C'est trop tôt pour en parler: je n'ai pas les yeux en face des trous. *It's
too early to talk of it: I'm half-asleep.*

un oeil au beurre noir—*a black eye*
Il a eu un oeil au beurre noir dans la bagarre. *He got a black eye in the
brawl.*

oeuf—*egg*

écraser (étouffer, tuer) dans l'oeuf—*to nip in the bud*
La police secrète a écrasé (étouffé, tué) le complot dans l'oeuf. *The secret
police nipped the plot in the bud.*

office—*duty, office, service*

d'office—*as a matter of course, in the line of duty*
Le secrétaire envoie cet imprimé d'office à tous les candidats. *The
secretary sends this form to all the applicants as a matter of course (in
the line of duty).*

faire office de—*to act as*
Pendant son absence, vous ferez office de vice-président. *During his
absence, you will act as vice-president.*

oignon—*onion*

aux petits oignons—*first-rate*
Elle a préparé un programme aux petits oignons. *She developed a first-
rate program.*

Ce n'est pas mes oignons.—*It's none of my business.*

oiseau—*bird*

comme l'oiseau sur la branche—*in a very unsettled situation*
Dans ce poste il était comme l'oiseau sur la branche. *In that job he was
in a very unsettled situation.*

ombre—*shade, shadow*

à l'ombre—*in the clink (jug, cooler)*
Le chef des gangsters a été mis à l'ombre. *The head of the gangsters has
been put in the clink (jug, cooler).*

une ombre au tableau—*a fly in the ointment*
La seule ombre au tableau, c'est la mévente du blé. *The only fly in the ointment is the low selling price of wheat.*

opérer—*to operate*
　opérer à chaud—*to perform an emergency operation*
Il n'y avait pas de temps à perdre: il fallait opérer à chaud. *There was no time to waste: they had to perform an emergency operation.*

　opérer à froid—*to let things cool down first*
Heureusement rien ne pressait, et ils pouvaient opérer à froid. *Fortunately there was no hurry, and they could let things cool down first.*

optique—*optics*
　dans l'optique de—*from the viewpoint of*
Dans l'optique des jeunes, cette morale est périmée. *From the viewpoint of young people, that morality is outdated.*

ordinaire—*ordinary*
　à l'ordinaire (d'ordinaire)—*usually*
Il rentre à midi et demi à l'ordinaire (d'ordinaire). *He usually comes home at half past noon.*

ordre—*order*
　dans cet ordre de—*in that line of*
Il vaut mieux ne pas aller plus loin dans cet ordre d'idées. *It's better not to go any further in that line of thought.*

　être (rentrer) dans l'ordre—*to be under control*
Rassurez-vous; tout est (rentré) dans l'ordre maintenant. *Stop worrying; everything is under control now.*

　l'ordre du jour—*the agenda*
Après cette discussion générale, nous allons passer à l'ordre du jour. *After this general discussion, we are going to proceed with the agenda.*

oreille—*ear*
　avoir de l'oreille—*to have an ear for music*

Puisque l'enfant a de l'oreille, on va lui faire prendre des leçons de chant. *Since the child has an ear for music, we are going to have him take singing lessons.*

casser (rebattre) les oreilles à—*to deafen, to drive crazy*
Cesse de me casser (rebattre) les oreilles avec tes questions incessantes. *Stop deafening me (driving me crazy) with your incessant questions.*

où—*where, in which, when*
par où—*which way*
Nous n'avons pas vu par où ils sont partis. *We didn't see which way they went.*

ours—*bear*
un ours mal léché—*a big oaf*
C'est un ours mal léché, mais il a bon coeur. *He's a big oaf, but his heart is in the right place.*

ouvrir—*to open*
ouvrir le bal—*to start the ball rolling*
Je vais faire une offre pour ouvrir le bal. *I'm going to make an offer to start the ball rolling.*

s'ouvrir à—*to confide in*
Je regrette de m'être ouvert à ce bavard. *I'm sorry that I confided in that gossip.*

page—*page*
à la page—*up to date*
Malgré son isolement, elle réussissait à rester à la page. *Despite her isolation, she managed to remain up to date.*

paille—*straw*
sur la paille—*down and out*

Autrefois cette famille était très riche, mais maintenant elle est sur la paille. *Once that family was very rich, but now they are down and out.*

pain—*bread*

au pain sec—*on bread and water*

Pour punir l'enfant on l'a mis au pain sec. *To punish the child, they put him on bread and water.*

avoir du pain sur la planche—*to have one's work cut out for one (a long row to hoe)*

Je n'ai plus de temps libre en ce moment; j'ai du pain sur la planche. *I have no more free time right now; I have my work cut out for me (a long row to hoe).*

C'est pain bénit!—*It's a golden opportunity!*

paire—*pair*

C'est une autre paire de manches!—*That's another story! That's something else again!*

paix—*peace*

(Fiche-moi) la paix!—*Leave me alone!*

panier—*basket*

un panier de crabes—*a hornet's nest*

Le département d'histoire est un vrai panier de crabes, les professeurs sont toujours en train de se disputer. *The history department is a real hornet's nest, the professors are always arguing with each other.*

un panier percé—*a spendthrift*

Sa fille achète tout ce qu'elle voit; c'est un panier percé. *His daughter buys everything she sees; she's a spendthrift.*

panne—*breakdown*

en panne—*out of order, stuck*

L'ascenseur est en panne; prenez l'escalier. *The elevator is out of order (stuck); use the stairs.*

en panne de—*out of*

J'ai remarqué que j'étais en panne de tabac. *I noticed that I was out of tobacco.*

en panne sèche—*out of gas*
Notre voiture est tombée en panne sèche en pleine campagne. *Our car ran out of gas way out in the country.*

---

papa—*daddy*
à la papa—*in leisurely fashion*
Ils roulaient à la papa. *They were driving along in leisurely fashion.*
C'est un papa gâteau.—*He spoils his children (with gifts).*

---

papier—*paper*
Enlevez (ôtez, rayez) cela de vos papiers.—*Don't count on that. You can forget about that.*

de papier-mâché—*pasty*
Nous lui trouvions une mine de papier-mâché. *We thought he had a pasty look (complexion).*

---

par—*by, per*
par à-coups—*by fits and starts*
Le nouveau programme marche par à-coups. *The new program is working by fits and starts.*

par ailleurs—*otherwise, moreover*
Je le trouve très fatigué, mais par ailleurs agacé par notre solicitude. *I find him very tired, but otherwise (moreover) annoyed by our concern.*

par-ci, par-là—*here and there*
On voyait des feuilles mortes répandues par-ci, par-là. *You could see fallen leaves scattered here and there.*

par là même—*by the same token*
Ils sont pauvres, mais par là même ils n'ont rien à perdre. *They are poor, but by the same token they have nothing to lose.*

---

paraître—*to appear*
Il n'y paraît plus.—*There's no trace left of it.*

---

par-dessus—*above, over*
en avoir par-dessus la tête—*to be fed up with*
J'en ai par-dessus la tête de cette publicité idiote. *I'm fed up with this stupid commercial.*

par-dessus le marché—*into the bargain, on top of it all*
Il m'injurie et puis par-dessus le marché il veut que je m'excuse! *He insults me and then he wants me to apologize into the bargain (on top of it all)!*

---

pareil—*like, similar*
C'est du pareil au même.—*It's one and the same thing.*

---

parer—*to adorn, to parry*
Parons au plus pressé.—*First things first.*

se parer de—*to lay (false) claim to*
Il se pare du titre de comte. *He lays (false) claim to the title of Count.*

---

parfum—*perfume, flavor*
au parfum—*in the know*
Je me demande si le chancelier est au parfum. *I wonder whether the Chancellor is in the know.*

---

parler—*to speak, to talk*
parler chiffons—*to talk fashion*
Elles passent leur temps à parler chiffons. *They spend their time talking fashion.*

parler de la pluie et du beau temps—*to make small talk, to talk about the weather*
En attendant son arrivée, nous avons parlé de la pluie et du beau temps. *While waiting for him to arrive, we made small talk (talked about the weather).*

parler d'or—*to speak words of wisdom*
Après tant de discours creux, le sénateur a parlé d'or. *After so many empty speeches, the senator spoke words of wisdom.*

parler français comme une vache espagnole—*to speak broken French*
Malgré un long séjour, vous parlez toujours français comme une vache
espagnole. *Despite a long stay, you still speak broken French.*

Tu parles!—*You bet! You said it!*

Voilà qui est parlé!—*Well said!*

---

part—*place, portion, share*
à part—*aside from*
A part sa famille, elle ne connaît personne ici. *Aside from her family, she
doesn't know anyone here.*

à part soi—*in one's heart*
J'ai voté pour le projet de loi, mais à part moi je m'en défiais. *I voted for
the bill, but in my heart I had misgivings.*

avoir part au gâteau—*to have a finger in the pie*
Votre associé veut toujours avoir part au gâteau. *Your partner always
wants to have a finger in the pie.*

C'est de la part de qui?—*Who is calling?*

de la part de—*from, on behalf of*
Voici un cadeau de la part du Marquis de Carabas. *Here is a gift from (on behalf of) the Marquess of Carabas.*

de part en part—*through and through*
Le pauvre jeune homme tomba transpercé de part en part par l'épée de son adversaire. *The poor youth fell, pierced through and through by his opponent's sword.*

faire la part du feu—*to cut one's losses*
Plutôt que de se plaindre, ils ont décidé de faire la part du feu. *Rather than complain, they decided to cut their losses.*

faire part de—*to announce*
Nous voulons faire part du mariage de notre fils. *We wish to announce our son's marriage.*

---

parti—*decision, party*
le parti pris—*bias, prejudice*
Je vous le dis sans parti pris; ils ne sont pas dignes de confiance. *I say it to you without bias (prejudice); they are untrustworthy.*

---

partie—*match, part, party*
avoir partie liée avec—*to be hand in glove with*
Le maire a partie liée avec le député. *The mayor is hand in glove with the deputy.*

Ce n'est pas une partie de plaisir.—*It's no picnic.*

Ce n'est que partie remise.—*It's just put off till another time (a later day).*

C'est ma partie.—*That's right up my alley.*

---

partir—*to depart, to leave, to start (out)*
à partir de—*as of, from . . . on, starting*
A partir d'aujourd'hui, je ne fume plus. *As of today (from today on, starting today), I'm not going to smoke any more.*

Cela part d'un bon coeur.—*His (her) intentions are good.*

Il part battu.—*He (feels he) has two strikes against him.*

(re) partir à zéro—*to make a fresh start, to start (out) from scratch*

Après les élections, nous (re)partirons à zéro. *After the elections, we will make a fresh start (we will start out from scratch).*

---

pas—*step*

à pas comptés—*with measured step (tread)*

Le cortège approchait lentement, à pas comptés. *The procession approached slowly, with measured step (tread).*

à pas de loup—*stealthily*

Le cambrioleur s'approchait de la maison à pas de loup. *The burglar approached the house stealthily.*

avoir le pas sur—*to have rank over*

Ce n'est pas la peine de briguer ce poste: elle a le pas sur vous. *It's not worth it for you to solicit that position: she has rank over you.*

de ce pas—*at this rate; right away*

De ce pas il nous faudra trois jours pour y arriver. *At this rate, it will take us three days to get there.* Attends-moi; j'y vais de ce pas. *Wait for me; I'll go there right away.*

un pas de clerc—*a blunder, a faux pas*

Voulant remédier à la situation, il fit plutôt un pas de clerc. *Trying to improve the situation, he committed a blunder (made a faux pas) instead.*

---

passage—*passage, passing*

au passage—*in passing; as (it, he, etc.) goes by*

Au passage, il nous a souhaité le bonjour. *In passing, he said hello to us.* Il faut saisir l'occasion au passage. *You have to seize the opportunity as it goes by.*

de passage—*passing through*

Ils nous ont dit qu'ils n'étaient que de passage. *They told us that they were only passing through.*

---

passe—*pass*

dans une bonne (mauvaise) passe—*in a good (bad) situation*

Vous devrez m'excuser pour l'instant: je suis dans une mauvaise passe. *You will have to excuse me for the moment: I'm in a bad situation.*

être en passe de—*to be in a fair way to, to stand to*
Le syndicat est en passe de perdre tous les avantages qu'il a obtenus. *The union is in a fair way to (stands to) lose all the benefits it gained.*

---

passer—*to pass*

en passer par là (y passer)—*to go through with something*
Résignez-vous; il faudra en passer par là (y passer). *Resign yourself; you'll have to go through with it.*

faire passer le goût du pain à—*to do in*
Les complices du criminel lui ont fait passer le goût du pain. *The criminal's accomplices did him in.*

Il faudra d'abord me passer sur le corps!—*Over my dead body!*

J'en passe, et des meilleurs.—*Not to mention some of the most important.*

passe encore (de)—*never mind*
Passe encore d'être en retard, mais ne pas m'avoir même prévenu! *Never mind your being late, but not even to have let me know!*

passer à tabac—*to give the third degree (the works) to*
La police l'a passé à tabac pour le faire parler. *The police gave him the third degree (the works) to make him talk.*

passer au crible—*to go through with a fine-tooth comb*
L'éditeur a passé le manuscrit au crible. *The editor went through the manuscript with a fine-tooth comb.*

passer au fil de l'épée—*to put to the sword*
Pour ne pas avoir à les garder, ils ont passé tous les prisonniers au fil de l'épée. *So they wouldn't have to guard them, they put all the prisoners to the sword.*

passer comme une lettre à la poste—*to go through easily*
Notre proposition a passé comme une lettre à la poste. *Our proposal went through easily.*

passer de la pommade à—*to butter up, to soft-soap*
Pour se faire bien voir, il essaie de me passer de la pommade tout le temps. *To get in my good graces, he keeps trying to butter me up (to soft-soap me).*

passer en jugement—*to stand trial*
Vous devrez passer en jugement devant un jury. *You will have to stand trial before a jury.*

passer la main—*to turn in one's badge (spurs)*
Le vieil acteur a décidé enfin de passer la main. *The old actor finally decided to turn in his badge (spurs).*

passer la rampe—*to get across*
La nouvelle pièce, malgré ses défauts, passait la rampe. *The new play, despite its flaws, got across.*

passer l'arme à gauche—*to cash in one's chips, to kick the bucket*
Après une longue maladie, le père Michel a passé l'arme à gauche. *After a long illness, old man Michel cashed in his chips (kicked the bucket).*

passer par les armes—*to execute (with a firing squad)*
Le général a fait passer le traître par les armes. *The general had the traitor executed (by a firing squad).*

passer une commande—*to place an order*
Son gouvernement avait passé une importante commande d'avions militaires. *His government had placed a major order for military aircraft.*

passer une faute (un caprice, etc.)—*to give in to, to make allowances for*
Sa mère lui passe tous ses caprices. *His mother gives in to (makes allowances for) all his whims.*

passer un film—*to show a picture*
Quel film passe-t-on au cinéma ce soir? *What picture are they showing at the movies tonight?*

passer un vêtement—*to slip on a garment*
Avant de sortir, elle a passé un pull. *Before going out, she slipped on a sweater.*

se passer—*to go by; to happen*
Les vacances se sont vite passées. *The vacation went by quickly.* Qu'est-ce qui s'est passé ici? *What happened here?*

se passer de—*to do (to get along) without*

Avec le temps, tu apprendras à te passer de mon aide. *In time, you'll learn to do (to get along) without my help.*

---

patte—*foot, paw*
faire patte de velours—*to put on a velvet glove*
Afin de calmer les craintes des employés, le directeur a fait patte de velours. *In order to allay the employees' fears, the director put on a velvet glove.*

---

pavé—*paving stone*
C'est le pavé de l'ours.—*Save me from my (well-meaning) friends!*

sur le pavé—*in the gutter*
Pendant la Dépression, beaucoup de gens se sont trouvés sur le pavé du jour au lendemain. *During the Depression, many people found themselves in the gutter overnight.*

---

pavois—*shield*
élever (hisser) sur le pavois—*to glorify*
Les révolutionnaires élevaient (hissaient) Robespierre sur le pavois alors. *The revolutionaries glorified Robespierre at that time.*

---

payer—*to pay*
être payé pour le savoir—*to have learned the hard way*
La concurrence est acharnée, je suis payé pour le savoir. *The competition is ruthless, as I've learned the hard way.*

ne pas payer de mine—*not to look like much*
Le restaurant ne payait pas de mine, mais les repas y étaient excellents. *The restaurant didn't look like much, but the meals there were excellent.*

payer de sa personne—*to make sacrifices*
Quant à notre succès, je l'ai payé de ma personne. *As for our success, I have made sacrifices for it.*

payer en monnaie de singe—*to give someone (not even) a wooden nickel*
Il m'a payé tous mes services en monnaie de singe. *He gave me (didn't even give me) a wooden nickel for all my services.*

payer les pots cassés—*to pay for the damage*

Ce sont toujours les innocents qui payent les pots cassés. *It is always the innocent people who pay for the damage.*

payer les violons—*to pay the bill*
Ton ami s'est bien amusé, maintenant c'est toi qui dois payer les violons. *Your friend had a very good time; now it's you who have to pay the bill.*

payer rubis sur l'ongle—*to pay cash on the barrel (on the line)*
Ce client n'aime pas avoir des dettes; il paie toujours rubis sur l'ongle. *This customer doesn't like to have debts; he always pays cash on the barrel (on the line).*

se payer—*to afford; to treat oneself to*
Nous ne pouvons pas nous payer le luxe d'une seconde voiture. *We can't afford the luxury of a second car.* Si on se payait un bon repas? *How about treating ourselves to a good meal?*

se payer de—*to settle for*
Il ne voulait plus se payer de belles paroles; il voulait des actes. *He no longer was willing to settle for fine words; he wanted action.*

se payer la tête de—*to make fun of, to put on*
Est-ce que tu te paies ma tête avec ces histoires stupides? *Are you making fun of me (putting me on) with these idiotic stories?*

---

pays—*country*
en pays de connaissance—*on familiar ground (territory)*
Quand je fais des maths je me sens en pays de connaissance. *When I do math, I feel as if I'm on familiar ground (territory).*

---

peau—*skin*
faire peau neuve—*to turn over a new leaf*
En sortant de prison, il a résolu de faire peau neuve. *Upon leaving jail, he resolved to turn over a new leaf.*

---

peine—*difficulty, pain, trouble, penalty*
à peine—*scarcely*
Cette famille a à peine de quoi vivre depuis la mort du père. *That family has scarcely enough to live on since the father's death.*

de la peine perdue sur—*wasted on*

Votre effort d'être gentil, c'est de la peine perdue sur ces gens-là. *Your attempt to be nice is wasted on those people.*

faire de la peine à quelqu'un—*to hurt someone (someone's feelings)*
Cela m'a fait de la peine de la voir partir si tôt. *It hurt me (hurt my feelings) to see her leave so soon.*

---

pencher—*to lean*
faire pencher la balance—*to tip the scales*
Son allocution a fait pencher la balance en notre faveur. *His address tipped the scales in our favor.*

se pencher sur—*to study*
Le gouvernement va se pencher sur ce problème. *The government is going to study that problem.*

---

pendre—*to hang*
Ça lui pendait au nez.—*He had it coming to him.*

pendre la crémaillère—*to have a housewarming*
Une fois emménagés, ils ont invité tous leurs amis à pendre la crémaillère. *Once they had moved in, they invited all their friends to (have) a housewarming.*

---

penser—*to think*
Penses-tu! (Pensez-vous!)—*Not at all!*
Tu penses! (Vous pensez!)—*You bet!*

---

pente—*slope*
Il est sur la pente savonneuse.—*He is on the skids.*

sur la bonne (la mauvaise) pente—*on the right (the wrong) track*
Je crois que si vous faites ainsi, vous êtes sur la bonne pente. *I think that if you do that you are on the right track.*

---

perdre—*to lose, to waste*
à ses heures (moments) perdu(e)s—*in one's spare time*
Cet homme politique est peintre à ses heures perdues (à ses moments perdus). *That politician is a painter in his spare time.*

J'y perds mon latin.—*I can't make head or tail of it.*

perdre la boule (le nord, pied)—*to go off the deep end, to lose one's marbles*

Il se conduit de façon bizarre; je crois qu'il a perdu la boule (le nord, pied). *He's behaving strangely; I think he's gone off the deep end (lost his marbles).*

perdre la main (le coup de main)—*to lose one's touch*

Le vieil artisan semblait avoir perdu la main (le coup de main). *The old craftsman seemed to have lost his touch.*

perdre (ne pas perdre) de vue—*to lose (to keep) track of*

Essayez de ne pas perdre de vue vos vieux amis. *Try not to lose (try to keep) track of your old friends.*

perdre sa salive—*to waste one's breath*

N'essaie pas de discuter avec eux; tu y perds ta salive. *Don't bother arguing with them; you're wasting your breath.*

se perdre—*to get lost*

Nous nous sommes perdus dans la forêt. *We got lost in the forest.*

s'y perdre—*to get (all) mixed up*

L'intrigue de ce roman est si compliquée qu'on s'y perd. *The plot in this novel is so intricate that you get (all) mixed up.*

une balle perdue—*a stray bullet*

L'enfant a été frappé par une balle perdue. *The child was hit by a stray bullet.*

un pays perdu—*an out-of-the-way place*

Leur maison d'été se trouvait dans un pays perdu. *Their summer home was located in an out-of-the-way place.*

---

péril—*danger, peril*

Il n'y a pas péril en la demeure.—*There is no harm in waiting.*

Pérou—*Peru*

Ce n'est pas le Pérou.—*It's no big deal. It's not a fortune. It's nothing to get excited about.*

---

perspective—*perspective*
  en perspective—*in view*
  Il a une belle situation en perspective. *He has a fine position in view.*

---

perte—*loss*
  à perte de vue—*as far as the eye can see*
  La vaste plaine s'étendait à perte de vue. *The vast plain extended as far as the eye could see.*

  avec perte et fracas—*brutally, with might and main*
  On l'a mis à la porte avec perte et fracas. *He was thrown out brutally (with might and main).*

  en pure perte—*to no avail*
  Nous avons discuté avec eux tout ce temps en pure perte. *We argued with them all this time to no avail.*

  en perte de vitesse—*losing steam, on the skids*
  La carrière de cet auteur semble être en perte de vitesse. *That author's career seems to be losing steam (to be on the skids).*

  une perte sèche—*a total loss*
  Dans l'incendie de son magasin il a subi une perte sèche. *In the fire in his store he sustained a total loss.*

---

peser—*to weigh*
  peser le pour et le contre—*to weigh the pros and cons*
  Avant d'agir, il faut peser le pour et le contre de la question. *Before acting, we must weigh the pros and cons of the question.*

  tout bien pesé—*all things considered*
  Tout bien pesé, je préfère rester ici. *All things considered, I prefer to stay here.*

---

petit—*little, small*
  à la petite semaine—*short-term*
  Le gouvernement actuel pratique une politique à la petite semaine. *The present administration is carrying on a short-term policy.*

  à petit feu—*little by little; over a low flame*

Tu me fais mourir à petit feu avec ton indécision. *You're killing me little by little with your indecisiveness.* Il faut faire cuire ce plat à petit feu. *This dish must be cooked over a low flame.*

au petit bonheur—*in a hit-or-miss fashion*
Il répondait aux questions du professeur au petit bonheur. *He answered the teacher's questions in a hit-or-miss fashion.*

au petit jour—*at daybreak*
Les ouvriers partent à la mine au petit jour. *The workers leave for the mine at daybreak.*

au petit pied—*poor man's*
Son château était un Versailles au petit pied. *His castle was a poor man's Versailles.*

Ce n'est pas de la petite bière!—*It's no small potatoes! It's nothing to be sneezed at!*

dans les petits papiers de—*in the good graces of*
Il était évident que cet étudiant n'était pas dans les petits papiers du professeur. *It was obvious that that student wasn't in his teacher's good graces.*

être aux petits soins pour—*to fall all over, to wait on hand and foot*
L'hôtesse était aux petits soins pour le ministre. *The hostess fell all over the minister (waited on the minister hand and foot).*

être dans ses petits souliers—*to feel cheap (like two cents)*
En écoutant leurs récriminations il était dans ses petits souliers. *Listening to their recriminations, he felt cheap (like two cents).*

faire la petite bouche—*to turn up one's nose*
Si tu as assez faim, tu ne feras pas la petite bouche devant ces tripes. *If you're hungry enough, you won't turn up your nose at this dish of tripe.*

le petit coin—*the john*
Où est le petit coin? *Where is the john?*

le petit monde—*the kiddies*
Taisez-vous, le petit monde! *Be still, kiddies!*

Mon petit doigt me l'a dit.—*A little birdie told me.*

---

pétrin—*kneading-trough*
   dans le pétrin—*in a fix (in a jam, in a mess, in Dutch, in hot water, in the soup)*
   Grâce à ta bêtise, nous voilà dans le pétrin! *Thanks to your stupidity, we're really in a fix (in a jam, in a mess, in Dutch, in hot water, in the soup)!*

---

peu—*little*
   à peu (de chose) près—*just about*
   Nous avons mille dollars, à peu (de chose) près. *We have just about a thousand dollars.*

   d'ici peu (sous peu)—*shortly*
   Vous recevrez ma réponse d'ici peu (sous peu). *You will get my answer shortly.*

   peu après—*soon after*
   Peu après sa lettre d'adieu, il a disparu. *Soon after his farewell letter, he disappeared.*

   peu importe—*no matter*
   Nous avons perdu leur adresse, mais peu importe. *We have lost their address, but no matter.*

peu s'en faut—*very nearly*

Ils ont travaillé trente heures, ou peu s'en faut. *They have worked for thirty hours, or very nearly.*

pour peu que—*if only*

Pour peu que nous ayons un rayon de soleil, nous ferons notre pique-nique. *If only we have a ray of sunshine, we will have our picnic.*

pour un peu—*almost, for two cents*

Pour un peu je serais parti en claquant la porte. *I almost went out (For two cents I would have gone out) slamming the door.*

---

peur—*fear*

avoir peur de—*to be afraid of*

Le Petit Chaperon Rouge n'avait pas peur du loup. *Little Red Riding Hood was not afraid of the wolf.*

avoir une peur bleue—*to be frightened to death, to be scared stiff*

Il a eu une peur bleue en voyant le monstre devant lui. *He was frightened to death (scared stiff) seeing the monster in front of him.*

faire peur à—*to frighten*

Ce gros coup de tonnere nous a fait peur. *That loud thunderclap frightened us.*

---

phrase—*sentence, phrase*

faire des phrases—*to talk in flowery language, to make speeches*

Au lieu de faire des phrases, tu devrais faire quelque chose. *Instead of talking in flowery language (making speeches), you ought to do something.*

---

pic—*peak*

à pic—*straight down; just at the right time*

La falaise tombait à pic sur la mer. *The cliff plunged straight down to the sea.* Son offre d'aide tombait à pic. *His offer of help came just at the right time.*

---

pièce—*piece, patch*

faire pièce à—*to counter*

Il a demandé une interview à la télé pour faire pièce aux critiques de son adversaire. *He asked for a TV interview to counter his adversary's criticisms.*

---

pied—*foot*

à pied d'œuvre—*on the job*
Nous sommes à pied d'œuvre et le travail sera vite fait. *We are on the job, and the work will soon be done.*

au pied levé—*at the drop of a hat, on the spur of the moment*
Le chanteur a pu remplacer son collègue au pied levé. *The singer was able to replace his colleague at the drop of a hat (on the spur of the moment).*

Ça lui fera les pieds.—*That will teach him.*

C'est le pied!—*It's (It feels) great!*

comme un pied—*clumsily, badly*
Ce garçon est gentil, mais il conduit comme un pied. *That fellow is nice, but he drives clumsily (badly).*

de pied ferme—*resolutely, steadfastly*
Les soldats attendaient l'ennemi de pied ferme. *The soldiers awaited the enemy resolutely (steadfastly).*

faire des pieds et des mains—*to move heaven and earth*
Il a fait des pieds et des mains pour garder son poste. *He moved heaven and earth to keep his job.*

faire du pied à—*to play footsie with*
Il lui faisait du pied sous la table. *He was playing footsie with her under the table.*

faire le pied de grue—*to cool one's heels*
Au lieu de nous rejoindre, il nous a laissé faire le pied de grue. *Instead of meeting us, he let us cool our heels.*

faire un pied de nez à—*to thumb one's nose at*
Le coquin s'est sauvé en me faisant un pied de nez. *The rascal ran off thumbing his nose at me.*

le pied marin—*(good) sea legs*
Il est Breton, fils de pêcheurs; il a le pied marin. *He's a Breton, the son of fishermen; he's got (good) sea legs.*

sur pied—*up and about*
Sa mère est sur pied dès le petit matin. *His mother is up and about from early in the morning.*

sur un pied de—*on a footing of*
Elle peut lui parler sur un pied d'égalité. *She can talk with him on an equal footing.*

un pied dans la place—*a foot in the door*
Maintenant que j'ai un pied dans la place, le reste sera facile. *Now that I have a foot in the door, the rest will be easy.*

pierre—*rock, stone*
C'est une pierre dans mon jardin.—*That's a dig at me.*

faire d'une pierre deux coups—*to kill two birds with one stone*
Ce nouveau plan a l'avantage de faire d'une pierre deux coups. *This new plan has the advantage of killing two birds with one stone.*

la pierre d'achoppement—*the stumbling block*
L'accord des socialistes sera la pierre d'achoppement pour le passage du projet de loi. *The agreement of the socialists will be the stumbling block to passage of the bill.*

la pierre de touche—*the acid test*
Le taux d'inflation sera la pierre de touche du succès de leur plan. *The rate of inflation will be the acid test for the success of their plan.*

pignon—*gable*
avoir pignon sur rue—*to have a flourishing business*
Ils disent que la CIA a pignon sur rue en Pologne. *They say that the CIA has a flourishing business in Poland.*

pile—*battery, pile, tails (of a coin)*
à pile ou face—*heads or tails*
Nous avons joué les consommations à pile ou face. *We played heads or tails for drinks.*
Il est midi (etc.) pile.—*It's twelve (etc.) on the dot (sharp).*

piquer—*to inject, to prick*
faire piquer—*to put away, to put to sleep (an animal)*

Nous avons dû faire piquer notre vieux chien. *We had to put away our old dog (put our old dog to sleep).*

piquer du nez—*to do a nosedive; to fall down*
L'avion a piqué du nez et s'est écrasé au sol. *The plane did a nosedive and crashed into the ground.* Le vieillard piquait du nez sur son journal. *The old man was falling down into his newspaper.*

piquer une colère—*to fly into a rage, to throw a fit*
En apprenant qu'on l'avait trompé, il a piqué une colère monstre. *On learning that he had been fooled, he flew into a towering rage (threw an enormous fit).*

piquer un fard (un soleil)—*to blush*
Il a piqué un fard (un soleil) en parlant à la belle fille. *He blushed while talking to the beautiful girl.*

piquer un roupillon (un somme)—*to grab (to take) forty winks*
Je vais piquer un roupillon (un somme) avant dîner. *I'm going to grab (to take) forty winks before dinner.*

se piquer de—*to pride oneself on*
Il se piquait d'être un connaisseur de vins. *He prided himself on being a connoisseur of wines.*

---

place—*place, room, square*
   les gens en place—*people with influence*
Tu ne pourras jamais faire cela sans l'aide des gens en place. *You'll never be able to do that without the help of people with influence.*

   sur place—*(right) on the spot*
Nous lui avons demandé de faire la réparation sur place. *We asked him to do the repair (right) on the spot.*

---

plaire—*to please*
   A Dieu ne plaise!—*God forbid!*

   Plaît-il?—*I beg your pardon! What did you say?*

   se plaire (dans un endroit)—*to be happy, to like it (in a place)*
Nous nous plaisons beaucoup à Paris. *We are very happy (We like it a lot) in Paris.*

se plaire à—*to delight in*
Elle se plaît à tout critiquer. *She delights in criticizing everything.*

plaisanterie—*joke*
comprendre (entendre) la plaisanterie—*to be able to take a joke*
Attention à ce que vous dites; ce gros type ne comprend pas (n'entend pas) la plaisanterie. *Be careful of what you say; that big lug can't take a joke.*

une plaisanterie de corps de garde—*a locker-room joke*
Il avait le toupet de dire des plaisanteries de corps de garde au pasteur. *He had the nerve to tell locker-room jokes to the minister.*

plaisir—*pleasure*
à plaisir—*exaggeratedly*
Elle se tourmente à plaisir. *She torments herself exaggeratedly.*

plan—*plan, plane*
en plan—*high and dry*
Malgré ses promesses, il nous a laissés en plan. *Despite his promises, he left us high and dry.*

planche—*board, plank*
faire la planche—*to float on one's back*
Pour se reposer en nageant, elle faisait la planche de temps en temps. *To get rested while swimming, she floated on her back from time to time.*

plancher—*floor*
le plancher des vaches—*dry land*
Les marins avaient perdu l'espoir de retrouver le plancher des vaches. *The sailors had lost hope of getting back to dry land.*

planter—*to plant*
planter là—*to walk out on*
Fatiguée de ses caprices, elle l'a planté là. *Tired of his whims, she walked out on him.*

plat—*dull, flat*

à plat—*all in (run down)*
Je n'en peux plus; je suis à plat. *I can't go on; I'm all in (I'm run down).*

à plat ventre—*(flat) on one's stomach*
Les enfants étaient couchés à plat ventre. *The children were lying (flat) on their stomachs.*

faire du plat—*to feed a line, to make a play*
Le garçon du café faisait du plat à une dame. *The waiter was feeding a line to (making a play for) a lady.*

plat—*dish, plate*

faire (tout) un plat de—*to make (to stir up) a big fuss about*
Elle a fait (tout) un plat du prix de sa chambre. *She made (she stirred up) a big fuss about the price of her room.*

plein—*full*

à plein—*fully*
Il respirait à plein l'air de la campagne. *He could breathe fully the country air.*

à pleins bords—*to the brim*
Elle goûtait son bonheur à pleins bords. *She enjoyed her good fortune to the brim.*

de plein fouet—*head-on*
Leur voiture a été frappée de plein fouet. *Their car was hit head-on.*

Donnez pleins gaz!—*Give it the gun!*

en plein—*(right) in the middle of*
Nous mangeons des tomates maintenant en plein hiver. *We eat tomatoes now (right) in the middle of winter.*

en plein air (vent, soleil)—*in the open (air)*
Ils ont monté le spectacle en plein air (vent, soleil). *They produced the show in the open (air).*

en pleine forme—*in the pink*
Elle se sent en pleine forme maintenant. *She is feeling in the pink now.*

en pleine mer—*at (to) sea, on the high seas*

Elle s'est aventurée en pleine mer dans une petite barque. *She ventured out to sea in a little boat.* La bataille a eu lieu en pleine mer. *The battle took place on the high seas.*

plein à craquer—*bursting (bulging) at the seams*
Prenez un autre sac; celui-ci est plein à craquer. *Take another bag; this one is bursting (bulging) at the seams.*

plein de—*a lot (lots) of*
Demande-lui: il a plein d'argent. *Ask him: he has a lot (lots) of money.*

faire le plein—*to fill up (the tank)*
On s'est arrêtés à une station service pour faire le plein. *We stopped at a gas station to fill up (the tank).*

---

pleurer—*to cry, to weep*
   pleurer comme un veau (comme une vache, comme une Madeleine, à chaudes larmes)—*to cry one's eyes (one's heart) out*
En voyant ce film, j'ai pleuré comme un veau (comme une vache, comme une Madeleine, à chaudes larmes). *When I saw that movie, I cried my eyes (my heart) out.*

---

pleuvoir—*to rain*
   Il pleut à seaux (à verse, à flots).—*It's pouring. It's raining cats and dogs. The rain is coming down in buckets.*

   qu'il pleuve ou qu'il vente—*rain or shine, come what may*
Nous irons au match qu'il pleuve ou qu'il vente. *We'll go to the game rain or shine (come what may).*

---

pli—*fold, pleat*
   Cela ne fait pas un pli.—*It's as good as done. It's smooth sailing.*

---

plier—*to fold*
   plier bagage—*to pack up and go*
Plions bagage avant que le propriétaire arrive. *Let's pack up and go before the landlord comes.*

   se plier à—*to submit to*

Il s'est vite plié à la discipline militaire. *He submitted quickly to military discipline.*

plomb—*lead*

à plomb—*straight down*
Le soleil tombait à plomb sur le désert. *The sun's rays were falling straight down on the desert.*

avoir du plomb dans l'aile—*to be in bad shape*
Il continue à travailler, mais on sent bien qu'il a du plomb dans l'aile. *He goes on working, but you can tell that he is in bad shape.*

n'avoir pas de plomb dans la cervelle (la tête)—*to be scatterbrained*
Cette actrice est jolie mais elle n'a pas de plomb dans la cervelle (la tête). *That actress is pretty but she's scatterbrained.*

pluie—*rain*

faire la pluie et le beau temps—*to carry a lot of weight*
C'est lui qui fait la pluie et le beau temps dans l'entreprise. *He is the one who carries a lot of weight in the business.*

plus—*more, most*

avoir plus d'un tour dans son sac—*to have more than one trick up one's sleeve*
Vous croyez l'avoir pris, mais il a plus d'un tour dans son sac. *You think you've got him, but he has more than one trick up his sleeve.*

de plus—*more; moreover*
Un mot de plus et je sors. *One word more and I'll leave.*
Elle a pris tout notre argent; de plus, elle a emporté une bonne partie de nos meubles. *She took all our money; moreover, she carried away a good part of our furniture.*

en plus de—*in addition to*
En plus de son travail, elle garde des enfants. *In addition to her job, she takes care of children.*

de plus en plus—*more and more*
Nous gagnons de plus en plus d'argent. *We're earning more and more money.*

Il n'y en a pas plus que de beurre en broche.—*It's as scarce as hens' teeth.*

sans plus—*and that's all, but nothing more*
Il a été correct sans plus. *He was polite and that's all (but nothing more).*

pocher—*to poach*
   pocher l'oeil à quelqu'un—*to give someone a black eye*
Quand il m'a insulté je lui ai poché l'oeil. *When he insulted me, I gave him a black eye.*

poids—*weight*
   faire le poids—*to be (to come) up to snuff, to measure up*
Le nouveau directeur ne faisait pas le poids dans ces circonstances difficiles. *The new head wasn't (didn't come) up to snuff (didn't measure up) in those difficult circumstances.*

poil—*(body) hair*
   à poil—*in the buff (raw)*
Trouvant un coin isolé, ils se sont baignés à poil. *Finding an isolated spot, they went swimming in the buff (in the raw).*

   à un poil près—*by a hair's breadth; almost*
Il a été reçu à l'examen à un poil près. *He passed the exam by a hair's breadth.*
A un poil près, on avait un accident. *We almost had an accident.*

   au poil—*terrific*
On a mangé un repas au poil dans ce bistrot. *We ate a terrific meal in that café.*

   avoir un poil dans la main—*to be a lazy dog*
Ton neveu ne fait rien; il a un poil dans la main. *Your nephew doesn't do a thing; he's a lazy dog.*

   de bon (mauvais) poil—*in a good (bad) mood*
Ne lui parle même pas: il est de mauvais poil ce matin. *Don't even speak to him: he's in a bad mood this morning.*

point—*period, point, stitch*

  à point—*well-done*

  J'ai commandé un steak à point. *I ordered a well-done steak.*

  à point (nommé)—*in the nick of time*

  Son chèque est arrivé à point (nommé). *His check arrived in the nick of time.*

  au point—*perfected, ready for use*

  Sa nouvelle machine est au point maintenant. *His new machine is perfected (ready for use) now.*

  au point du jour—*at the crack of dawn*

  Les chasseurs se sont levés au point du jour. *The hunters arose at the crack of dawn.*

  au point mort—*in neutral; at a standstill*

  Laissez la voiture au point mort. *Leave the car in neutral.* Le commerce était au point mort. *Business was at a standstill.*

  faire le point—*to sum up*

  La commission a fait le point de la situation. *The committee summed up the situation.*

  sur le point de—*about to*

  J'étais sur le point de partir quand il est arrivé. *I was about to leave when he arrived.*

---

pointe—*point, tip*

  à la pointe—*in the forefront (on the cutting edge)*

  Cet institut est à la pointe des recherches sur le cancer. *This institute is in the forefront (on the cutting edge) of cancer research.*

  de pointe—*cutting-edge, leading*

  Cet appareil utilise une technologie de pointe. *This device uses cutting-edge (leading) technology.*

  sur la pointe des pieds—*on tiptoe*

  Sa mère est entrée dans sa chambre sur la pointe des pieds. *His mother entered his bedroom on tiptoe.*

---

poire—*pear*

  entre la poire et le fromage—*by the end of a meal, over coffee*

Les deux avocats se sont mis d'accord entre la poire et le fromage. *The two lawyers came to an agreement by the end of the meal (over coffee).*

poisson—*fish*
Poisson d'avril!—*April fool!*

pomme—*apple*
la pomme de discorde—*the bone of contention*
Le salaire est la pomme de discorde dans leurs négotiations. *Salary is the bone of contention in their negotiations.*

pont—*bridge*
faire le pont—*to take off from work (between two holidays)*
Ils ont fait le pont du jeudi premier mai jusqu'au weekend. *They took off from work between Thursday, May 1, and the weekend.*

faire un pont d'or à—*to offer a bonus to sign*
La société lui a fait un pont d'or pour qu'il accepte le poste. *The company offered him a signing bonus so that he would accept the job.*

portée—*reach*
à la portée de—*within reach of*
Ne mettez pas ces produits chimiques a la portée des enfants. *Don't put those chemicals within reach of the children.*

à portée de la main—*near at (on) hand*
Je n'ai pas votre livre à portée de la main. *I don't have your book near at hand (on hand).*

porter—*to bring, to carry, to wear*
être porté à—*to be inclined to*
Nous ne sommes pas portés à croire tout ce qu'il dit. *We aren't inclined to believe everything he says.*

il n'est pas bien porté de—*it is not considered proper to*
Il n'est pas bien porté de se moucher sur sa manche. *It is not considered proper to wipe one's nose on one's sleeve.*

porter atteinte à—*to strike a blow at (to)*

Cette nouvelle loi porte atteinte à la liberté de la presse. *This new law strikes a blow at (to) freedom of the press.*

porter aux nues—*to praise to the skies*
Ils ont porté aux nues la cuisine du nouveau chef. *They praised the new chef's cooking to the skies.*

porter de l'eau à la rivière—*to carry coals to Newcastle*
Ouvrir un autre restaurant ici, c'est porter de l'eau à la rivière. *Opening another restaurant here is like carrying coals to Newcastle.*

porter la main sur—*to lay a finger on, to raise one's hand to*
Vous n'oseriez pas porter la main sur votre père! *You wouldn't dare lay a finger on (raise your hand to) your father!*

porter le chapeau de—*to take responsibility for*
On lui a fait porter le chapeau de la défaite. *They made him take responsibility for the defeat.*

porter plainte—*to lodge a complaint*
Je vais porter plainte contre cet escroc. *I'm going to lodge a complaint against that crook.*

porter sur—*to bear on (upon)*
Ils ont fait porter tous leurs efforts sur la reconstruction. *They brought all their efforts to bear on reconstruction.*

se faire porter pâle—*to report in sick*
Ce soldat se fait souvent porter pâle. *That soldier is always reporting in sick.*

se porter acquéreur (candidat, etc.)—*to come forward as a buyer (candidate, etc.)*
Il s'est porté acquéreur du tableau. *He came forward as a buyer of the picture.*

se porter bien (mal)—*to feel well (ill)*
Depuis son accident il ne se porte plus aussi bien. *Since his accident he hasn't been feeling so well any more.*

se porter comme un charme (comme le Pont-neuf)—*to be as fit as a fiddle (as sound as a dollar)*

Depuis son opération elle se porte comme un charme (comme le Pont-neuf).
Since her operation she has been as fit as a fiddle (as sound as a dollar).

portion—*portion*
   à la portion congrue—*to a bare minimum*
   Ils ont été réduits à la portion congrue. *They have been limited to a bare minimum.*

portrait—*portrait*
   le portrait craché (tout le portrait) de—*the (living, spit and) image of*
   Cet enfant est le portrait craché (tout le portrait) de sa mère. *That child is the (living, spit and) image of his mother.*

poser—*to place, to pose, to put*
   poser pour la galerie—*to make a grandstand play*
   Ce qu'il dit n'est pas sincère; il pose pour la galerie. *What he's saying isn't sincere; he's making a grandstand play.*

   poser un lapin à quelqu'un—*to stand someone up*
   Je l'ai attendu longtemps, mais il m'a posé un lapin. *I waited for him for a long time, but he stood me up.*

   se poser—*to land*
   L'avion endommagé s'est posé sans incident. *The damaged airplane landed without incident.*

   se poser en—*to play the part of, to act*
   Pour attirer la pitié, il se pose toujours en victime. *To attract sympathy, he always plays the part of (acts) the victim.*

possible—*possible*
   au possible—*as can be*
   Il est gentil au possible. *He is as nice as can be.*

   faire (tout) son possible—*to do all one can*
   Elle a fait (tout) son possible pour arriver à l'heure. *She did all she could to arrive on time.*

   Pas possible!—*You don't say! Really!*

223

pot—*can, jar, pot*

avoir du pot—*to be in luck*

J'ai raté l'épreuve de conduite; je n'ai pas eu de pot. *I failed the driving test; I was out of luck.*

boire (prendre) un pot—*to have a drink*

Allons prendre un pot ensemble au café. *Let's go have a drink together at the café.*

un pot de vin—*a bribe*

Tout le monde savait que ce fonctionnaire acceptait des pots de vin. *Everyone knew that that official was taking bribes.*

---

pouce—*inch, thumb*

(Dis) pouce!—*Cry (say) uncle!*

et le pouce—*and a bit more*

Il pèse cent kilos—et le pouce! *He weighs two hundred twenty pounds—and a bit more!*

---

poule—*hen*

C'est une poule mouillée.—*He's a coward.*

quand les poules auront des dents—*when hell freezes over*

Il me rendra mon argent quand les poules auront des dents. *He'll pay me back my money when hell freezes over.*

---

pour—*for*

en avoir pour—*for it to take (time)*
Nous en avons pour une demi-heure à faire ce travail. *This job will take us about half an hour.*

en avoir pour son argent—*to get one's money's worth*
Je ne regrette pas d'y être allé: j'en ai eu pour mon argent. *I don't regret having gone there: I got my money's worth.*

en être pour—*to have nothing to show for*
Ils m'ont trompé et j'en suis pour mon argent. *They tricked me and I have nothing to show for my money.*

pour ainsi dire—*so to speak*
Il n'a pour ainsi dire rien fait de ce qu'on lui avait demandé. *He did nothing, so to speak, of what he had been asked to do.*

pour de bon—*for good, for keeps*
Est-ce que vous nous quittez pour de bon, alors? *Are you leaving us for good (for keeps), then?*

pour en finir—*in short, to make a long story short*
Pour en finir, nous n'avons pas eu de succès. *In short (to make a long story short), we had no success.*

pour...que—*however (+ adjective)*
Pour important qu'il soit, on le traitera comme les autres. *However important he may be, he'll be treated like the others.*

pour un oui, pour un non—*over trifles*
Ils sont toujours prêts à se battre pour un oui, pour un non. *They are always ready to fight over trifles.*

---

pousser—*to grow, to push*

faire pousser (des plantes, etc.)—*to grow (plants, etc.)*
Je fais pousser des haricots dans mon jardin cette année. *I'm growing beans in my garden this year.*

pousser à la roue—*to pitch in, to put one's shoulder to the wheel*
Quand nous avons besoin d'aide, il sait pousser à la roue. *When we need help, he knows how to pitch in (to put his shoulder to the wheel).*

pousser dans ses derniers retranchements—*to drive into a corner*

Ses concurrents ont réussi à le pousser dans ses derniers retranchements.
His competitors have managed to drive him into a corner.

pousser quelqu'un à bout—*to exhaust someone's patience*
Il a fini par me pousser à bout par son insistance. *He ended up by*
exhausting my patience with his insistence.

se pousser—*to make one's way; to move over*
Ce jeune homme ambitieux se pousse dans le monde. *That ambitious*
young man is making his way in society. Pousse-toi; je veux m'asseoir.
Move over; I want to sit down.

---

poussière—*dust*
 et des poussières—*and a bit more*
Cela vous coûtera mille francs et des poussières. *That will cost you a*
thousand francs and a bit more.

---

pouvoir—*to be able, to be allowed*
 il se peut que—*it is possible that*
Il se peut qu'ils soient déjà partis. *It is possible that they have already*
gone.

 n'en pouvoir mais—*to be powerless*
J'aurais voulu l'aider, mais j'avoue que je n'en peux mais. *I would have*
liked to help him, but I confess that I'm powerless.

 n'en pouvoir plus—*to have reached the end of one's rope*
J'y renonce; je n'en peux plus. *I give up; I've reached the end of my rope.*

 ne pas pouvoir sentir (souffrir) quelqu'un, ne pas pouvoir voir
 quelqu'un en peinture—*not to be able to stand someone*
Je n'ai pas vu ce film parce que je ne peux pas sentir (souffrir) l'acteur
principal (je ne peux pas voir l'acteur principal en peinture). *I didn't see*
that film because I can't stand the leading actor.

 on ne peut plus—*as can be, ever so*
Cette méthode est on ne peut plus simple. *This method is as simple as can*
be (ever so simple).

---

prêcher—*to preach*
 prêcher dans le désert—*to talk to deaf ears*

Parler raison à ces adolescents, c'est prêcher dans le désert. *Trying to reason with those teen-agers is talking to deaf ears.*

prêcher d'exemple—*to set an example*
Pour prêcher d'exemple, l'officier s'élança vers les lignes ennemies. *To set an example, the officer dashed toward the enemy lines.*

prêcher pour son saint—*to have an axe to grind*
Dans cette commission, chaque député prêche pour son saint. *In that committee, every congressman has an axe to grind.*

---

premier—*first*

à la première heure—*first thing in the morning*
Je le ferai demain à la première heure. *I'll do it first thing in the morning tomorrow.*

au premier abord—*at first sight*
Au premier abord la maison paraissait trop petite. *At first sight the house seemed too small.*

au premier chef—*preeminently*
Ce projet s'impose au premier chef. *This project is preeminently necessary.*

de premier ordre—*first-rate, tops, top-notch*
Son nouveau secrétaire est de premier ordre. *Her new secretary is first-rate (tops, top-notch).*

du premier jet—*at the first shot*
Il a réussi son poème du premier jet, contre toute attente. *He got his poem right at the first shot, against all expectations.*

faire ses premières armes—*to be just starting out (in a job)*
Il faisait ses premières armes dans le commerce. *He was just starting out in business.*

le premier venu—*the first to come along*
Elle a accepté la première situation venue. *She accepted the first job to come along.*

---

prendre—*to catch, to take*
à tout prendre—*all in all, on the whole*

A tout prendre, nous l'avons échappé belle dans cette affaire. *All in all (on the whole), we had a narrow escape in this business.*

en prendre à son aise—*to do as one likes*

Quoi qu'on lui dise, il n'en prend qu'à son aise. *Whatever you tell him, he just does as he likes.*

en prendre de la graine—*to follow someone's example*

Votre soeur a réussi; prenez-en de la graine. *Your sister has succeeded; follow her example.*

en prendre pour son grade—*to get a real dressing-down*

L'élève qui avait triché en a pris pour son grade. *The student who had cheated got a real dressing-down.*

être pris—*to be tied up*

Je ne peux pas déjeuner avec vous; je suis pris. *I can't go out to lunch with you; I'm tied up.*

faire prendre des vessies pour des lanternes—*to pull the wool over someone's eyes*

Ne le croyez pas; il veut nous faire prendre des vessies pour des lanternes. *Don't believe him; he's trying to pull the wool over our eyes.*

le prendre de haut—*to react indignantly*

Si vous allez le prendre de haut, je ne vais plus rien dire. *If you are going to react indignantly, I won't say anything more.*

ne pas prendre de gants—*not to mince words*

Il n'a pas pris de gants pour leur dire ce qu'il pensait. *He didn't mince words in telling them what he thought.*

prendre à partie—*to take to task; to set upon*

Les directeurs l'ont pris à partie pour le mauvais rendement de son département. *The managers took him to task for the poor output of his department.* Au cours du débat, le candidat a été pris a partie par l'opposition. *During the debate, the candidate was set upon by the opposition.*

prendre à tâche de—*to make it one's duty to*

Il a pris à tâche d'achever l'oeuvre de son père. *He made it his duty to finish his father's work.*

prendre au sérieux (à la légère, etc.)—*to take seriously (lightly, etc.)*

Vous ne prenez pas cette histoire au sérieux! *You don't take that story seriously!*

prendre de court—*to catch by surprise*
Leur décision inattendue nous a pris de court. *Their unexpected decision caught us by surprise.*

prendre du bon côté—*to take in good part*
Il a pris notre plaisanterie du bon côté, heureusement. *He took our joke in good part, fortunately.*

prendre (du poids)—*to gain (weight)*
J'ai pris cinq kilos pendant les vacances. *I gained eleven pounds during the vacation.*

prendre du ventre—*to get a paunch (a pot belly)*
Avec l'âge il prend du ventre. *As he gets older, he's getting a paunch (a pot belly).*

prendre en bonne (mauvaise) part—*to take well (badly)*
Elle a pris en bonne (mauvaise) part ce que vous lui avez dit. *She took what you told her well (badly).*

prendre en écharpe—*to sideswipe*
Les deux voitures se sont prises en écharpe. *The two cars sideswiped each other.*

prendre en grippe—*to take a dislike to*
Je sens que notre directeur m'a pris en grippe dès le départ. *I sense that our director took a dislike to me right from the start.*

prendre en main—*to get the feel of; to take charge of*
Je commence à prendre cette nouvelle voiture en main. *I'm beginning to get the feel of this new car.* Elle a tout de suite pris l'opération en main. *She immediately took charge of the operation.*

prendre fait et cause pour—*to go to bat for, to stand up for*
Je ne peux pas oublier qu'il a pris fait et cause pour moi autrefois. *I can't forget that he went to bat (he stood up) for me in the past.*

prendre fin—*to come to an end*
Le spectacle prendra fin vers trois heures. *The show will come to an end around three o'clock.*

prendre garde—*watch out*

"Et si je t'aime, prends garde à toi!" *"And if I were to love you, watch out!"*

prendre goût à—*to acquire a taste for*
J'ai pris goût à la cuisine vietnamienne. *I've acquired a taste for Vietnamese cooking.*

prendre la clé des champs—*to run away*
Au lieu de rentrer au pensionnat, l'enfant a pris la clé des champs. *Instead of returning to boarding school, the child ran away.*

prendre la mer—*to put out to sea*
Le bateau a pris la mer au coucher du soleil. *The boat put out to sea at sunset.*

prendre la mouche—*to get into a huff*
Si vous prenez la mouche à chaque instant, nous ne nous entendrons jamais. *If you get into a huff every minute, we'll never reach an agreement.*

prendre la parole—*to take the floor*
Le délégué chinois a pris la parole pour protester. *The Chinese delegate took the floor to protest.*

prendre la poudre d'escampette—*to fly the coop*
Pendant l'absence des gardiens, le prisonnier a pris la poudre d'escampette. *During the guards' absence, the prisoner flew the coop.*

prendre le frais—*to get a breath of fresh air*
J'ai la tête lourde; allons prendre le frais. *My head is stuffy; let's go and get a breath of fresh air.*

prendre le large—*to clear out, to go out to sea*
Quand on l'a recherché, le bandit avait pris le large. *When they searched for him, the bandit had cleared out (gone out to sea).*

prendre le pli de—*to get into the habit of*
Elle avait pris le pli d'y aller très tôt tous les matins. *She had gotten into the habit of going there early every morning.*

prendre parti pour—*to side with*
Il prenait toujours parti pour les plus faibles. *He would always side with the underdogs.*

prendre pied—*to get a foothold*

Sa société n'arrivait pas à prendre pied en France. *His company couldn't manage to get a foothold in France.*

prendre pour argent comptant—*to take as gospel truth (at face value)*
Ne prenez pas tout ce qu'il dit pour argent comptant. *Don't take everything he says as gospel truth (at face value).*

prendre sans vert—*to catch napping*
Ils ne m'attendaient pas et je les ai pris sans vert. *They weren't expecting me and I caught them napping.*

prendre sa retraite—*to go into retirement*
Quand comptez-vous prendre votre retraite? *When do you plan on going into retirement?*

prendre ses jambes à son cou—*to take to one's heels*
A l'approche du propriétaire, les vandales ont pris leurs jambes à leur cou. *At the landlord's approach, the vandals took to their heels.*

prendre son parti de—*to resign oneself to*
L'inégalité existera toujours; il faut en prendre son parti. *Inequality will always exist; you have to resign yourself to it.*

prendre sous son bonnet—*to take into one's own hands*
Il a pris sous son bonnet de réorganiser l'entreprise. *He took it into his own hands to reorganize the company.*

prendre sur le fait—*to catch flat-footed*
La police a pris le cambrioleur sur le fait. *The police caught the burglar flat-footed.*

prendre une culotte—*to lose a fortune, to take a beating*
Ce soir-là il a pris une culotte au casino. *That night he lost a fortune (he took a beating) at the casino.*

s'en prendre à—*to pick on*
Ce n'est pas de ma faute; pourquoi vous en prenez-vous à moi? *It isn't my fault; why are you picking on me?*

se prendre d'amitié (de sympathie) pour—*to make friends with, to take up with*
Il s'est pris d'amitié (de sympathie) pour le fils des voisins. *He made friends with (took up with) the neighbors' son.*

s'y prendre bien (mal)—*to go about it the right (wrong) way*

Il s'y est mal pris pour gagner notre confiance. *He went about gaining our confidence the wrong way.*

---

près—*near*

à cela près que—*except that, with the exception that*
Ils se ressemblent à cela près que l'un a les yeux bleus. *They look alike except (with the exception) that one has blue eyes.*

à peu près—*about, almost*
Il y a à peu près mille habitants dans cette ville. *There are about (almost) a thousand inhabitants in that town.*

à ... près—*within*
Cela fait le poids, à trois grammes près. *It's within three grams of making the weight.*

pas près de—*a long way from, not about to*
Je ne suis pas près de recommencer. *I'm a long way from doing that again (I'm not about to do that again).*

près de ses sous—*tightfisted*
Malgré sa fortune, elle est près de ses sous. *In spite of her wealth, she is tightfisted.*

---

présenter—*to introduce, to present*

présenter (se présenter à) un concours (un examen)—*to take an exam*
Il a présenté le concours (il s'est présenté au concours) de Polytechnique. *He took the exam to enter the Polytechnic Institute.*

se présenter à—*to be up for; to report to*
Le sénateur se présente aux élections. *The senator is up for election.* Vous devrez vous présenter au commissariat de police demain. *You have to report to the police station tomorrow.*

---

presse—*(printing) press*

avoir bonne (mauvaise) presse—*to have a good (bad) reputation*
Une fois établies, les fortunes ont bonne presse. *Once established, fortunes have good reputations.*

presser—*to hasten, to press*

Cela ne presse pas (Rien ne presse).—*There is no (great) rush.*

presser comme un citron—*to squeeze dry*

Ils l'ont pressé comme un citron et puis l'ont abandonné. *They squeezed him dry and then they abandoned him.*

se presser—*to throng*

La foule se pressait aux portes du théâtre. *The crowd thronged the doors of the theater.*

Si on lui pressait le nez, il en sortirait du lait.—*He's not dry behind the ears.*

---

prêter—*to lend*

prêter à—*to give rise to, to invite*

Ces règlements compliqués prêtent à des abus. *These complicated rules give rise to (invite) abuse.*

prêter attention à—*to pay attention to*

Sur le moment je n'ai pas prêté attention à ce qu'elle disait. *At the time I didn't pay attention to what she was saying.*

prêter le flanc à—*to lay oneself open to*

Le gouverneur a prêté le flanc à la critique par ses actes irréfléchis. *The governor has laid himself open to criticism by his thoughtless actions.*

prêter main-forte à—*to come to the aid (assistance) of*

Ils ont demandé à leurs amis de leur prêter main-forte. *They asked their friends to come to their aid (assistance).*

prêter serment—*to swear (take) an oath*

Le chef exigeait que ses alliés lui prêtent serment. *The chief required his allies to swear (take) an oath to him.*

se prêter à—*to (let oneself) be a party to, to go along with*

Je refuse de me prêter à cette intrigue. *I refuse to (let myself) be a party to that plot (to go along with that plot).*

---

preuve—*proof*

faire preuve de—*to display*

Il a fait preuve d'un grand courage dans ces circonstances. *He displayed great courage in those circumstances.*

---

prier—*to beg, to pray*
Je vous en prie.—*Please. You're welcome.*

se faire prier—*to play hard-to-get, to need coaxing*
Elle s'est fait prier avant de jouer du piano. *She played hard-to-get (needed coaxing) before she played the piano.*

---

prise—*capture, catch, hold*
aux prises avec—*struggling against*
Il était aux prises avec des difficultés insurmontables. *He was struggling against insuperable difficulties.*

une prise de bec—*a run-in*
Il a eu une prise de bec avec son surveillant. *He had a run-in with his foreman.*

---

prix—*price, prize*
à prix d'or—*for a fortune*
Ils ont acheté leur maison à prix d'or. *They bought their house for a fortune.*

au prix coûtant—*at cost*
Il a accepté de me vendre la calculatrice au prix coûtant. *He agreed to sell me the calculator at cost.*

au prix de—*by dint of*
Il a réussi au prix d'un immense effort. *He succeeded by dint of a tremendous effort.*

de prix—*costly, valuable*
Ce sont des meubles de prix. *These are costly (valuable) pieces of furniture.*

---

procès—*lawsuit, trial*
faire le procès de—*to pick holes in, to criticize*
L'opposition a fait le procès du nouveau projet de loi. *The opposition picked holes in (criticized) the new bill.*

---

proche—*near(by)*
de proche en proche—*little by little*
L'épidémie se répand de proche en proche. *The epidemic is spreading little by little.*

promenade—*stroll, walk*
faire une promenade (à pied)—*to go for (to take) a walk*
Nous avons décidé de faire une promenade (à pied) après diner. *We decided to go for (to take) a walk after dinner.*

faire une promenade (en voiture, à bicyclette, en bateau, etc.)—*to go for a (car, bicycle, boat, etc.) ride*
Le dimanche la famille fait souvent une promenade (en voiture). *On Sundays the family often goes for a (car) ride.*

promener—*to lead, to walk*
envoyer promener—*to get rid of*
Il nous agace; envoyons-le promener! *He's annoying us; let's get rid of him!*

promener son regard sur—*to run one's eyes over*
L'orateur promena son regard sur la foule à ses pieds. *The speaker ran his eyes over the crowd at his feet.*

se promener (à cheval, en voiture, etc.)—*to go for a (horseback, car) ride*
Nous nous sommes promenés (à cheval, en voiture) dans le parc. *We went for a (horseback, car) ride in the park.*

promettre—*to promise*
Ça promet!—*That bodes well! (ironic)*
Il gèle en septembre? Ça promet! *It's freezing in September? That bodes well!*

promettre monts et merveilles—*to promise the moon (pie in the sky)*
Le candidat promettait monts et merveilles à ses électeurs. *The candidate was promising the moon (pie in the sky) to his constituents.*

prononcer—*to pronounce*
se prononcer—*to reach a decision (a verdict)*

Le jury n'a pas pu se prononcer après de longues délibérations. *The jury couldn't reach a decision (a verdict) after long deliberation.*

---

propos—*purpose, talk*

à ce propos—*in this (that) connection*
Je dois dire, à ce propos, qu'il s'est trompé. *I must say, in this (that) connection, that he was wrong.*

à propos—*at the right time; by the way; to the point*
Son offre d'aide tombe à propos. *His offer of help comes at the right time.* A propos, avez-vous vu ce nouveau film? *By the way, have you seen that new film?* Ce que vous avez dit était vraiment à propos. *What you said was really to the point.*

à propos de bottes—*without cause*
Ils se disputaient à propos de bottes. *They would argue without cause.*

---

propre—*clean, own, proper*

C'est du propre (et du joli)!—*That's just fine! (ironic) What a mess!*

de son propre chef—*on one's own (authority)*
Il a pris la décision de partir de son propre chef. *He made the decision to leave on his own (authority).*

Me voilà propre!—*I'm in a nice fix (mess)!*

propre à rien—*good-for-nothing*
Ne l'écoutez pas: c'est un propre à rien. *Don't listen to him: he's a good-for-nothing.*

propre comme un sou neuf—*as clean as a whistle*
Sa voiture est toujours propre comme un sou neuf. *His car is always as clean as a whistle.*

---

prouver—*to prove*

prouver par a plus b—*to prove beyond the shadow of a doubt*
Il a prouvé par a plus b que la direction avait raison. *He proved beyond the shadow of a doubt that the management was right.*

---

prune—*plum*

pour des prunes—*for nothing, without reason (pop.)*

Ce n'est pas pour des prunes qu'il a été choisi. *It's not for nothing (without reason) that he was chosen.*

prunelle—*(eye)ball, plum*
  la prunelle de ses yeux—*the apple of one's eye*
  Elle leur est (chère) comme la prunelle de leurs yeux. *She is as dear to them as the apple of their eye.*

puissance—*power*
  en puissance—*potential(ly)*
  C'est un grand artiste en puissance. *He is potentially a great artist.*

puits—*well*
  un puits de science—*a fount of knowledge*
  Le professeur Dupont est un puits de science; demandez-lui. *Professor Dupont is a fount of knowledge; ask him.*

punir—*to punish*
  Il est puni par où il a péché.—*He is reaping what he sowed.*

purée—*puree, mashed vegetables*
  dans la purée—*down and out (fam.)*
  Il faudra que tu nous aides; nous sommes dans la purée. *You'll have to help us; we're down and out.*

qualité—*quality*
  avoir qualité pour—*to be empowered to*
  Avez-vous qualité pour signer ce document? *Are you empowered to sign this document?*

  en qualité de—*as, in one's capacity as*

En qualité de médecin, il vous a interdit de sortir. *(In his capacity) as a physician, he forbade you to go out.*

---

quand—*when*
> **quand même**—*anyway, nonetheless*
> Si vous ne voulez pas y aller, j'irai quand même. *If you won't go there, I'll go anyway (nonetheless).*

---

quartier—*neighborhood, quarter*
> **quartier libre**—*leave, time off*
> Le samedi après-midi les soldats auront quartier libre. *Saturday afternoons the soldiers will have time off (leave).*

---

quatre—*four*
> **à quatre pattes**—*on all fours, on one's hands and knees*
> Les enfants s'amusaient à marcher à quatre pattes. *The children played at crawling on all fours (on their hands and knees).*

> **faire les quatre cents coups**—*to kick up one's heels, to run wild*
> Malgré sa dignité actuelle, il a fait les quatre cents coups pendant sa jeunesse. *For all his present dignity, he kicked up his heels (he ran wild) during his youth.*

> **faire les quatre volontés de quelqu'un**—*to dance to somebody's tune*
> Elle est très docile et fait toujours les quatre volontés de son père. *She is very submissive and always dances to her father's tune.*

> **Il n'y avait que quatre pelés et un tondu.**—*Hardly anyone was there.*

> **les quatre fers en l'air**—*(flat) on one's back*
> J'ai perdu l'équilibre et je suis tombé les quatre fers en l'air. *I lost my balance and fell (flat) on my back.*

> **un de ces quatre matins**—*one of these days*
> Un de ces quatre matins, elle va vous quitter. *One of these days, she's going to leave you.*

---

quelque—*some*
> **. . .et quelques**—*. . .odd*

Il y avait cinquante et quelques personnes à la réunion. *There were fifty-odd people at the meeting.*

quelque peu—*something (somewhat) of a*
On dit que le nouveau président est quelque peu conservateur. *They say that the new president is something (somewhat) of a conservative.*

---

question—*question*
Pas question!—*Nothing doing!*

---

queue—*tail*

à la queue de—*at the bottom of*
Il était toujours à la queue de sa classe. *He was always at the bottom of his class.*

à la queue leu leu—*one after another, in single file*
Les enfants sont partis à la queue leu leu. *The children went off one after another (in single file).*

faire la queue—*to line up, to stand in line*
Une centaine de personnes faisaient la queue au guichet. *A hundred people or so were lined up (were standing in line) at the box office.*

faire une queue de poisson—*to cut in front (of a car)*
Un chauffard m'a fait une queue de poisson. *A reckless driver cut in front of my car.*

(histoire, propos) sans queue ni tête—*cock-and-bull story*
Comment croire cette histoire (ces propos) sans queue ni tête? *How was one to believe that cock-and-bull story?*

---

quitte—*quits*

en être quitte à bon compte—*to get off cheap*
Vue la gravité de l'affaire, ils en ont été quittes à bon compte. *Given the gravity of the affair, they got off cheap.*

en être quitte pour—*to get off with*
Heureusement, j'en ai été quitte pour un avertissement. *Luckily, I got off with a warning.*

quitte à—*even if it means*

Nous partirons très tôt, quitte à les attendre à l'arrivée. *We'll leave very early, even if it means waiting for them on our arrival.*

quitte ou double—*double or nothing*

Il a joué ses derniers sous à quitte ou double, et il a tout perdu. *He bet his last few cents double or nothing, and he lost everything.*

quitter—*to leave*

ne pas quitter d'une semelle—*not to leave for a second*

Son enfant ne veut pas la quitter d'une semelle. *Her child won't leave her for a second.*

Ne quittez pas!—*Don't hang up! Hold the wire!*

quoi—*what*

A quoi bon?—*What's the use?*

de quoi—*the means, the wherewithal*

Il a de quoi bien vivre. *He has the means (the wherewithal) to live well.*

Il n'y a pas de quoi.—*Don't mention it. You're welcome.*

Il n'y a pas de quoi fouetter un chat.—*There's nothing to it. There's nothing to make a fuss about.*

quoi que (qui)—*no matter what*

Quoi qui arrive, vous pouvez compter sur moi. *No matter what happens, you can count on me.*

rabattre—*to fold back*

en rabattre—*to back down*

Attends un peu; tu verras qu'il en rabattra malgré ses menaces. *Wait a minute; you'll see that he'll back down despite his threats.*

rabattre le caquet à—*to pull down a peg*

Ma réponse a rabattu le caquet à ce prétentieux. *My answer pulled that pretentious fellow down a peg.*

se rabattre sur—*to fall back on*
Le président du parti étant malade, on s'est rabattu sur le secrétaire. *Since the party's president was ill, they fell back on the secretary.*

rade—*harbor, roads*
en rade—*in the lurch, up in the air*
Nos projets sont restés en rade. *Our plans were left in the lurch (up in the air).*

rage—*rage*
faire rage—*to be (all) the rage; to rage*
Les robes décolletées font rage cette année. *Low-cut dresses are (all) the rage this year.* La tempête faisait rage dehors. *The storm was raging outside.*

raide—*stiff*
Ça, c'est raide! (Elle est raide, celle-là!)—*That's hard to swallow!*

raison—*reason*
à raison de—*at the rate of*
Les lettres arrivaient à raison de cinquante par semaine. *The letters came at a rate of fifty per week.*

avoir raison—*to be right*
Je sais que j'ai raison dans cette histoire. *I know I'm right in this matter.*

avoir raison de—*to get the better of*
Elle a fini par avoir raison de sa résistance. *She ended up by getting the better of his resistance.*

en raison de—*on account of*
En raison des grèves, les trains seront retardés aujourd'hui. *On account of the strikes, the trains will be delayed today.*

se faire une raison—*to give in, to make do*
Il aurait voulu vivre à Paris, mais il s'est fait une raison et le voilà à Nantes. *He would have liked to live in Paris, but he had to give in (to make do), and he is staying in Nantes.*

ramasser—*to pick up*

à ramasser à la petite cuiller—*ready to be carted away*

Après l'examen, les étudiants étaient à ramasser à la petite cuiller. *After the test, the students were ready to be carted away.*

ramasser une gamelle (une pelle)—*to take a spill*

La piste était si glacée qu'elle a ramassé une gamelle (une pelle). *The trail was so icy that she took a spill.*

---

rang—*rank, row, order*

au rang de—*among*

Je le compte au rang de mes meilleurs amis. *I count him among my best friends.*

en rang d'oignons—*all in a row*

Les enfants attendaient à la porte en rang d'oignons. *The children were waiting all in a row at the door.*

---

ranger—*to arrange, to put in order*

se ranger—*to settle down; to step aside*

Il s'est marié pour se ranger. *He got married to settle down.* Je me suis rangé pour laisser passer les autres. *I stepped aside to let the others pass.*

---

rapport—*relation(ship), report*

en rapport avec—*in touch with; in keeping with*

Mettez-vous tout de suite en rapport avec votre ambassade. *Get in touch with your embassy right away.*

Cherchez un poste en rapport avec vos qualifications. *Look for a position in keeping with your qualifications.*

par rapport à—*as against, in comparison with*

Il faut regarder leurs bénéfices par rapport à leur production globale. *You have to look at their profits as against (in comparison with) their overall production.*

---

rapporter—*to bring back*

s'en rapporter à—*to rely on*

Je m'en rapporte à vous pour les invitations. *I'm relying on you for the invitations.*

ras—*cut close, level*

à ras bord—*to the brim*
Elle a rempli son verre à ras bord. *She filled her glass to the brim.*

à (au) ras de—*at the level of*
Les hirondelles volaient à (au) ras du sol. *The swallows were flying at ground level.*

rat—*rat*

fait comme un rat—*caught like a rat in a trap*
Je pensais les prendre, mais me voilà fait comme un rat. *I thought that I'd get them, but now I'm caught like a rat in a trap.*

rate—*spleen*

désopiler (dilater, épanouir) la rate de—*to tickle*
Cette histoire va vous désopiler (dilater, épanouir) la rate. *This story is going to tickle you.*

rater—*to miss*

Il n'en rate pas une!—*He's always putting his foot in it!*

rater le coche—*to miss the boat*
C'était une belle occasion mais vous avez raté le coche. *It was a fine opportunity but you missed the boat.*

rayon—*ray, shelf, range*
C'est mon rayon.—*That's just my cup of tea (right up my alley).*

rebrousser—*to brush up, to rub up*
rebrousser chemin—*to go back (the way one came)*
C'était un cul de sac et nous avons dû rebrousser chemin. *It was a dead end and we had to go back (the way we came).*

recette—*recipe, returns*
  faire recette—*to go over well; to be a winner*
  Son idée a fait recette. *His idea went over well.* Son livre a fait recette.
  His book was a winner.

recevoir—*to receive, to admit*
  être reçu (à un examen, etc.)—*to pass (an exam, etc.)*
  Il a été reçu docteur l'année dernière. *He passed his doctoral exams last
  year.*
  J'ai été reçu comme un chien dans un jeu de quilles.—*I was given the
  cold shoulder.*

réclame—*advertisement*
  en réclame—*on (special) sale*
  Ces articles sont en réclame pendant toute la semaine. *These items are on
  (special) sale all week.*

réclamer—*to complain, to lay claim to*
  se réclamer de—*to give as a reference*
  Je me suis réclamé de vous pour avoir le poste. *I gave you as a reference
  to get the job.*

reconnaître—*to recognize*
  ne pas s'y reconnaître—*not to know one's way around, to lose one's
  bearings*
  Je ne m'y reconnais pas dans cette partie de la ville. *I don't know my way
  around (I lose my bearings) in this part of the city.*

recueillir—*to gather (up), to take in*
  se recueillir—*to gather one's thoughts*
  Il se recueillit un moment avant de donner sa réponse. *He gathered his
  thoughts for a moment before giving his answer.*

reculer—*to move back, to recoil*
  reculer devant—*to balk (to stop) at*

Il ne reculera devant rien pour avoir ce qu'il veut. *He will balk (stop) at nothing to have what he wants.*

reculer pour mieux sauter—*to put things off*
Attendre demain pour commencer ce travail, c'est seulement reculer pour mieux sauter. *Waiting until tomorrow to start that job is just putting it off.*

---

redorer—*to gild again*
redorer son blason—*to restore one's family fortunes*
Le comte espérait redorer son blason en épousant une riche Américaine. *The Count hoped to restore his family fortunes by marrying a rich American woman.*

---

refus—*refusal*
Ce n'est pas de refus.—*I (You) can't say no to that.*

---

refuser—*to refuse*
refuser de marcher—*not to go along*
Quand ils ont suggéré la trahison, nous avons refusé de marcher. *When they suggested treachery, we wouldn't go along.*

refuser sa porte à—*to bar one's door to*
Outré de sa conduite, je lui ai refusé ma porte. *Outraged by his behavior, I barred my door to him.*

se refuser—*to deny oneself*
Il ne se refuse jamais rien. *He never denies himself anything.*

---

regard—*look, regard*
au regard de—*from the point of view of*
Au regard des Européens, la politique américaine ne se comprend pas. *From the point of view of the Europeans, American policy cannot be understood.*

en regard—*facing*
Notre maison se trouvait dans la rue principale, et la leur était en regard. *Our house was on the main street, and theirs was facing us.*

en regard de—*compared with*

En regard de la conjoncture économique en Europe, l'économie japonaise
marche très bien. *Compared with the economic situation in Europe, the
Japanese economy is doing just fine.*

---

regarder—*to look (at)*
Cela ne vous regarde pas.—*That's none of your business.*

regarder à—*to keep an eye (a close eye) on*
L'avare regardait toujours à la dépense. *The miser always kept an eye (a
close eye) on expenses.*

regarder de travers—*to look askance at*
Quand j'ai dit cela, il m'a regardé de travers. *When I said that, he looked
askance at me.*

se regarder en chiens de faïence—*to glare at one another*
A travers la barrière les deux voisins se regardaient en chiens de faïence.
The two neighbors glared at each other through the fence.

y regarder à deux fois (de près)—*to think twice*
Il vaut mieux y regarder à deux fois (de près) avant d'acheter cette auto.
You'd better think twice before buying that car.

---

règle—*rule, ruler*
de règle—*common practice*
Il est de règle d'inviter le président à cette réunion. *It is common practice
to invite the president to this meeting.*

en règle—*in order*
Tous vos papiers sont en règle, monsieur. *All your papers are in order, sir.*

---

règlement—*regulation, ruling, settlement*
un règlement de comptes—*a (gangland) settling of scores*
Il a été tué dans un règlement de comptes. *He was killed in a (gangland)
settling of scores.*

---

régler—*to rule, to settle*
réglé comme du papier à musique—*as regular as clockwork*
Il est comme un robot; sa vie est réglée comme du papier à musique. *He
is like a robot; his life is as regular as clockwork.*

régler son compte à quelqu'un—*to settle someone's hash*
S'il continue à m'embêter, je vais lui régler son compte. *If he keeps on annoying me, I'm going to settle his hash.*

regret—*nostalgia, regret*
à regret—*reluctantly*
Elle nous a quittés à regret. *She left us reluctantly.*

être au regret de—*to regret, to be sorry*
La directrice est au regret de ne pas pouvoir vous recevoir. *The headmistress regrets (is sorry) that she is unable to receive you.*

rein—*kidney, small of the back*
avoir les reins solides—*to be able to take it*
Cette entreprise résistera à la crise; elle a les reins solides. *This business will weather the crisis; it can take it.*

relever—*to raise, to relieve, to collect, to note*
relever de—*to be just getting over; to fall within the domain of*
Elle relève d'une grippe. *She is just getting over the flu.* Ce cas relève du psychiatre. *This case falls within the domain of the psychiatrist.*

se relever de—*to recover from*
Le pays mettra longtemps à se relever de la guerre. *The country will be a long time recovering from the war.*

remarquer—*to notice, to remark*
se faire remarquer—*to draw attention*
Il se fait remarquer partout où il va. *He draws attention wherever he goes.*

remède—*cure, remedy*
un remède de bonne femme—*an old wives' remedy*
Jamais vous ne guérirez avec ce remède de bonne femme. *You will never get better with that old wives' remedy.*

un remède de cheval—*a drastic remedy*
Le chômage est un remède de cheval pour combattre l'inflation! *Unemployment is a drastic remedy to fight inflation!*

remercier—*to thank*

remercier un employé—*to dismiss an employee*
Après de longues années de service, plusieurs employés ont été remerciés par la compagnie. *After long years of service, several employees have been dismissed by the company.*

---

remettre—*to put back, to put off, to hand in*

en remettre—*to stretch things*
Quand il raconte une histoire, il en remet toujours. *When he tells a story, he always stretches things.*

Ne remettez plus les pieds ici!—*Don't show your face around here again!*

remettre à sa place—*to cut down to size*
Il se vante mais nous allons le remettre à sa place. *He talks big but we're going to cut him down to size.*

remettre quelqu'un—*to place someone*
Dites-moi encore votre nom; je ne vous remets pas. *Tell me your name again; I can't place you.*

s'en remettre à—*to rely on*
Je m'en remets à votre générosité. *I'm relying on your generosity.*

se remettre à—*to start again*
Il s'est remis à pleuvoir. *It has started raining again.*

se remettre de—*to get over*
Je ne peux pas me remettre de mon étonnement de les voir ici. *I can't get over my surprise at seeing them here.*

---

remonter—*to go back (up), to take up again*
remonter à—*to date back to*
Cette mode remonte au début du siècle. *That fashion dates back to the turn of the century.*

---

remorque—*trailer*
être à la remorque—*to tag along*
Ce petit parti politique est à la remorque des socialistes. *That little political party tags along with the socialists.*

---

remuer—*to move, to stir*
Remuez-vous un peu!—*Get a move on!*

---

rencontre—*encounter, meeting*
aller à la rencontre de—*to (go and) meet*
J'irai à sa rencontre s'il pleut. *I'll (go and) meet him if it rains.*

---

rendre—*to give back, to render, to turn in*
On vous le rend bien.—*The feeling is mutual.*

rendre + adjectif—*to make + adjective*
Cette bonne nouvelle nous a rendus tous heureux. *That good news made us all happy.*

rendre compte de—*to report on*
Le journal n'a pas encore rendu compte de leur congrès. *The newspaper has not yet reported on their convention.*

rendre gorge—*to pay up*
L'inspecteur des contributions directes lui a fait rendre gorge. *The income tax service inspector made him pay up.*

rendre l'âme—*to give up the ghost*

Après une longue maladie, il a rendu l'âme. *After a long illness, he gave up the ghost.*

rendre la monnaie de sa pièce (la pareille) à quelqu'un—*to get back at someone, to give someone a taste of his own medicine*

Il m'a trompé mais je lui ai rendu la monnaie de sa pièce (la pareille). *He deceived me but I got back at him (gave him a taste of his own medicine).*

rendre service—*to do a favor; to be of use*

Elle leur a rendu un grand service en gardant les enfants pendant leur absence. *She did them a great favor by keeping the children during their absence.*

Cet appareil peut encore rendre service: ne le jetez pas. *That device can still be of use: don't throw it away.*

se rendre—*to surrender*

La ville s'est rendue sans combat. *The city surrendered without a battle.*

se rendre compte de—*to realize*

Je ne me rendais pas compte de la gravité de la situation. *I didn't realize the gravity of the situation.*

se rendre (quelque part)—*to go (somewhere)*

Il s'est rendu à l'hôpital en toute hâte. *He went to the hospital in a great hurry.*

---

renfort—*reinforcement*

à grand renfort de—*with a great many*

Il a rassemblé son courage à grand renfort de cognac. *He summoned up his courage with a great many brandies.*

---

rentrer—*to go back, to hold back*

faire rentrer les paroles dans la gorge à quelqu'un—*to make someone eat his words*

Il m'a traité de menteur mais je lui ferai rentrer les paroles dans la gorge. *He called me a liar but I'll make him eat his words.*

rentrer dans—*to run into*

Son camion est rentré dans la voiture de son copain. *His truck ran into his pal's car.*

rentrer dans son argent (ses frais)—*to break even, to get one's money (expenses) back*
Il n'a pas fait de bénéfices mais il est rentré dans son argent (ses frais). *He didn't make a profit but he broke even (he got his money [his expenses] back).*

rentrer dedans (dans le chou) à—*to pile (to pitch, to run) into*
S'il continue à m'insulter, je vais lui rentrer dedans (dans le chou). *If he keeps on insulting me, I'm going to pile (to pitch) into him.* Le camion m'est rentré dedans. *The truck ran into me.*

---

renverser—*to overturn*
se renverser—*to lean (to sit) back*
Il se renversa dans son fauteuil et écouta la musique. *He leaned (sat) back in his armchair and listened to the music.*

---

renvoyer—*to dismiss, to send back, to put off*
renvoyer aux calendes grecques—*to put off indefinitely*
Etant trop pris, il renvoyait notre rendez-vous aux calendes grecques. *Since he was too busy, he kept putting our appointment off indefinitely.*

renvoyer de Caïphe à Pilate—*to drive from pillar to post*
Les fonctionnaires renvoyaient le pauvre homme de Caïphe à Pilate. *The officials drove the poor man from pillar to post.*

renvoyer la balle—*to throw it right back, to pass the buck*
A quoi bon discuter? Il va me renvoyer la balle. *What's the use arguing? He's going to throw it right back at me (to pass the buck to me).*

---

répandre—*to spill, to spread*
se répandre en—*to burst into*
Il se répandit en compliments exagérés. *He burst into exaggerated compliments.*

---

répondre—*to answer, to correspond*
répondre de—*to vouch for*
Ne vous inquiétez pas; je réponds de son intégrité. *Don't worry; I can vouch for his integrity.*

répondre en Normand—*to give an evasive answer*

A toutes nos questions il répondait en Normand; peut-être bien que oui. *He gave an evasive answer to all our questions: maybe so.*

répondre (insolemment)—*to talk back*
Elle a défendu à ses enfants de répondre (insolemment). *She forbade her children to talk back.*

---

repos—*rest, repose*
de tout repos—*secure, safe*
C'est un placement de tout repos. *It's a secure (safe) investment.*

---

reposer—*to rest, to put back*
se reposer sur—*to rely on*
Vous pouvez vous reposer sur moi pour ce service. *You can rely on me for that service.*

---

reprendre—*to reprimand, to regain, to take back*
On ne m'y reprendra plus!—*You won't catch me doing that again!*

reprendre du poil de la bête—*to regain one's strength*
Il faut que tu reprennes du poil de la bête avant de pouvoir aller travailler. *You have to regain your strength before you can go to work.*

reprendre haleine—*to get one's second wind*
Il s'est remis à courir après avoir repris haleine. *He started running again when he had gotten his second wind.*

reprendre le collier—*to get back in harness*
Malgré son âge, il a fallu qu'il reprenne le collier pour gagner sa vie. *In spite of his age, he had to get back in harness in order to earn his living.*

s'y reprendre à plusieurs fois—*to make several tries*
Nous nous y sommes repris à quatre fois sans réussir à attraper la balle. *We made four tries without managing to catch the ball.*

---

représenter—*to represent*
représenter une pièce—*to perform a play*
La troupe a représenté *L'Avare* de Molière. *The company performed Moliere's* The Miser.

---

reprise—*mending, recovery, taking up again*
 à deux (à plusieurs, etc.) reprises—*two (several, etc.) times*
 Je lui ai dit cela à plusieurs reprises. *I told him that several times.*

réserve—*reservation, reserve*
 faire des réserves sur—*to have mixed feelings about*
 Je fais toujours des réserves sur la valeur de son projet. *I still have mixed feelings about the validity of his project.*

 sous réserve de—*subject to*
 Votre demande sera acceptée, sous réserve de l'approbation du directeur. *Your request will be accepted, subject to the approval of the director.*

 sous toutes réserves—*without any guarantees*
 Je vous donne le renseignement sous toutes réserves. *I give you the information without any guarantees.*

respect—*respect*
 sauf votre respect—*with all due respect*
 Sauf votre respect, monsieur, votre associé est un fainéant. *With all due respect, sir, your partner is a loafer.*

ressembler—*to resemble*
 Ils se ressemblent comme deux gouttes d'eau.—*They are as alike as two peas in a pod.*

ressort—*spring, competence*
 du ressort de—*one's responsibility*
 Ne me demandez pas de le faire, ce n'est pas de mon ressort. *Don't ask me to do it, it's not my responsibility.*

reste—*remainder, rest*
 au (du) reste—*besides, moreover*
 Il ne vient pas; au (du) reste, je ne l'ai pas invité. *He isn't coming; besides (moreover), I didn't invite him.*

 de reste—*left over*
 J'ai de l'argent de reste que je vais placer. *I have some money left over that I am going to invest.*

en reste—*in arrears; indebted*
Je ne voulais pas être en reste envers eux. *I didn't want to be in arrears
(indebted) to them.*

sans attendre (demander) son reste—*without waiting, suddenly*
A notre grande surprise, il est parti sans attendre (demander) son reste. *To
our great surprise, he left without waiting (suddenly).*

---

rester—*to remain, to stay*
en être resté à—*to be still back with (in the time of)*
Ils en sont restés à la lampe à pétrole. *They're still back with (in the time
of) the oil lamp.*

en rester là—*to leave it at that*
Si vous n'acceptez pas mon offre, restons-en là. *If you won't accept my
offer, let's leave it at that.*

il reste... à—*to have... left*
Il me reste cent francs pour finir le mois. *I have a hundred francs left
until the end of the month.*

ne pas rester sur un refus—*not to take no for an answer*
Il faut venir parce que nous ne resterons pas sur un refus. *You have to
come because we won't take no for an answer.*

reste à savoir si...—*it remains to be seen whether*
Reste à savoir si elles viendront chez nous. *It remains to be seen whether
they'll come to our house.*

rester le bec dans l'eau—*to be left high and dry*
Ses camarades ont abandonné et lui est resté le bec dans l'eau. *His
comrades gave up and he was left high and dry.*

rester les bras croisés—*to sit back*
Ils sont restés les bras croisés pendant que l'ennemi envahissait leur pays.
They sat back while the enemy invaded their country.

rester sur le carreau—*to be out cold; not to make the grade*
Quand le gros type l'a frappé, il est resté sur le carreau. *When the big
fellow hit him, he was out cold.* Il pensait être admis, mais il est resté
sur le carreau. *He thought he would pass, but he didn't make the grade.*

rester sur sa faim—*to go away (to remain) unsatisfied*

Comme le musée avait fermé les salles des impressionnistes, il a dû rester sur sa faim. *Since the museum had closed the impressionist wing, he had to go away (to remain) unsatisfied.*

retard—*delay*

en retard—*late*

Vous êtes en retard de dix minutes pour la réunion. *You're ten minutes late for the meeting.*

en retard sur—*behind*

A cause de la grève, le train est en retard sur l'horaire. *Because of the strike, the train is behind schedule.*

retomber—*to fall back*

retomber sur ses pattes (pieds)—*to come out unscathed*

C'est un débrouillard qui réussit toujours à retomber sur ses pattes (pieds). *He's a shrewd operator who always manages to come out unscathed.*

retour—*return*

de retour—*back*

Je ne savais pas que vous étiez déjà de retour de votre voyage. *I didn't know you were already back from your trip.*

faire un retour sur soi-même—*to examine one's (own) conscience*

Avant d'accuser les autres, faites un retour sur vous-même. *Before you accuse others, examine your (own) conscience.*

sans retour—*for good and all*

Votre argent est perdu sans retour. *Your money is lost for good and all.*

sur le retour—*past one's prime*

C'était un grand acteur, mais il est sur le retour maintenant. *He was a great actor, but he is past his prime now.*

retourner—*to go back, to return, to turn over*

de quoi il retourne—*what it's all about*

Je n'arrive pas à comprendre de quoi il retourne. *I can't manage to understand what it's all about.*

retourner le couteau (le fer) dans la plaie—*to rub it in*

J'ai compris mon erreur; ne retournez pas le couteau (le fer) dans la plaie. *I've understood my mistake; don't rub it in.*

retourner quelqu'un comme une crêpe (un gant)—*to change someone's mind at will*
Elle sait retourner cette grosse brute come une crêpe (un gant). *She can change that big bruiser's mind at will.*

retourner sa veste—*to (be a) turncoat*
Ce libéral a retourné sa veste et a voté avec les conservateurs. *That liberal was a turncoat (turned coat) and voted with the conservatives.*

se retourner—*to turn around*
Les hommes se retournent sur son passage pour la regarder. *Men turn around to look at her when she goes by.*

---

retrouver—*to find (again), to meet (again), to regain*
s'y retrouver—*to know where one is (at); to make up for it*
Lui seul sait s'y retrouver dans ce désordre. *He is the only one who knows where he is (at) in this mess.* Le boucher ne gagne pas grand'chose sur le veau, mais il s'y retrouve sur le boeuf. *The butcher doesn't make much on veal, but he makes up for it on beef.*

---

réussir—*to succeed, to bring off*
réussir à—*to turn out well for*
Tout ce qu'il entreprend lui réussit. *Everything he undertakes turns out well for him.*

---

revanche—*revenge*
en revanche—*on the other hand*
Il n'est pas brillant, mais en revanche il est travailleur. *He isn't brilliant, but on the other hand he is hardworking.*

---

revenir—*to come back, to return*
Cela revient à dire que. . .—*That amounts to saying . . .*

en être revenu—*to be disillusioned*
Il croyait au socialisme, mais il en est revenu maintenant. *He used to believe in socialism, but he is disillusioned now.*

en revenir à—*to come back to*
J'en reviens toujours à ce que je disais avant. *I keep coming back to what I said before.*

faire revenir—*to sauté*
Faites revenir l'oignon dans du beurre. *Sauté the onion in butter.*

revenir à—*to amount (come) to; to appeal to; to be the share of; to be up to*
La réparation reviendra à trois cents dollars. *The repairs will amount (come) to three hundred dollars.* Elle est peut-être gentille, mais sa tête ne me revient pas. *Perhaps she's nice, but her face doesn't appeal to me.* Dans le partage, la maison revient à Paul. *In the distribution, the house is Paul's share.* Le dernier essai revient à Camille. *The last attempt is up to Camille.*

revenir à la charge—*to keep harping on something*
Nous voulions éviter cette question, mais il revenait toujours à la charge. *We wanted to avoid that question, but he kept on harping on it.*

revenir de—*to get over*
Il est revenu de son engouement. *He has gotten over his infatuation.* Je n'en reviens pas! *I can't get over it!*

revenir de loin—*to have had a close call*
Nous revenons de loin; le fusil était chargé. *We had a close call; the gun was loaded.*

revenir sur—*to go back on; to go back over*
Il est revenu sur sa promesse. *He went back on his promise.* Ne revenons pas sur cette question éternellement. *Let's not keep going back over that question.*

revenir sur le tapis—*to come (to crop) up*
La question des impôts est revenue de nouveau sur le tapis. *The question of taxes came (cropped) up again.*

---

rien—*nothing*

Cela ne fait rien.—*It doesn't matter.*

Comme si de rien n'était.—*As if nothing had happened.*

De rien.—*Don't mention it. You're welcome.*

en un rien de temps—*in no time at all, in short order*
Nous avons fini le travail en un rien de temps. *We finished the job in no time at all (in short order).*

Je n'en ai rien à cirer.—*That doesn't concern me.*

n'avoir rien à voir avec—*to have nothing to do with*
Ce film n'a rien à voir avec le roman du même titre. *This film has nothing to do with the novel of the same title.*

pour rien au monde—*not for the world*
Je ne ferais cela pour rien au monde. *I wouldn't do that for the world.*

rien moins que—*anything but; nothing short of*
La maison n'est rien moins que confortable. *The house is anything but comfortable.* Ce ne serait rien moins que malhonnête. *That would be nothing short of dishonest.*

rien ne sert de—*it's no use*
Rien ne sert d'essayer d'éviter cette responsabilité. *It's no use trying to avoid this responsibility.*

un rien de—*a hint (a shade) of*
J'ai senti un rien de regret dans sa lettre. *I sensed a hint (a shade) of regret in his letter.*

---

rigueur—*rigor, strictness*
à la rigueur—*if need be*
Vous pouvez à la rigueur arriver plus tard. *If need be, you may arrive later.*

de rigueur—*a must, obligatory*
La tenue de soirée est de rigueur pour cette réception. *Evening dress is a must (is obligatory) for that reception.*

---

rimer—*to rhyme, to versify*
Cela ne rime à rien.—*That doesn't make sense. That has no rhyme or reason.*

---

rincer—*to rinse*
se rincer la dalle—*to wet one's whistle*

Je suis allé au bar pour me rincer la dalle avant d'aller au travail. *I went to the bar to wet my whistle before going to work.*

se rincer l'oeil—*to get an eyeful*

Maintenant que tu t'es rincé l'oeil à la regarder, viens m'aider un peu. *Now that you've gotten an eyeful looking at her, come on and help me a little.*

---

rire—*to laugh*

pour rire—*as a joke, for fun*

Ne t'en fais pas; j'ai dit cela pour rire. *Don't get upset; I said that as a joke (for fun).*

rire à gorge déployée (aux éclats, aux larmes, comme un bossu)—*to laugh one's head off, to roar with laughter*

Ce film comique m'a fait rire aux éclats. *That comic film made me laugh my head off (roar with laughter).*

rire à la barbe (au nez) de quelqu'un—*to laugh in someone's face*

Je suis impatient de le voir, pour lui rire à la barbe (au nez). *I can't wait to see him, so I can laugh in his face.*

rire dans sa barbe (sous cape)—*to laugh up one's sleeve*

Il riait dans sa barbe (sous cape) en voyant les ennuis que nous nous étions attirés. *He laughed up his sleeve, seeing the trouble we had gotten ourselves into.*

rire jaune—*to laugh on the other side of one's face*

Mon rival a ri jaune en apprenant mon succès. *My rival laughed on the other side of his face on learning of my success.*

se rire de—*to make light of*

Elle se rit des difficultés que nous prévoyons. *She makes light of the difficulties which we foresee.*

Vous voulez rire!—*You're joking!*

---

risque—*risk*

aux risques et périls de—*at one's own risk*

Vous empruntez cette route en construction à vos risques et périls. *You take this road under construction at your own risk.*

---

risquer—*to risk*

risquer le coup—*to shoot the works, to take a chance*
N'ayez pas peur; allez-y, risquez le coup. *Don't be afraid; go ahead and shoot the works (take a chance).*

risquer le paquet—*to stake everything*
C'est ma dernière chance; je vais risquer le paquet sur ce cheval. *It's my last chance; I'm going to stake everything on that horse.*

---

river—*to rivet, to nail*

river son clou à quelqu'un—*to shut someone up*
S'il continue à parler comme cela, je vais lui river son clou. *If he goes on talking that way, I'm going to shut him up.*

---

roi—*king*

de roi—*fit for a king*
Le tournedos est un morceau de roi. *The filet mignon is a piece fit for a king.*

Le roi n'est pas son cousin.—*He's full of himself.*

---

rompre—*to break*

rompre des lances (en visière) avec—*to attack publicly*
Le ministre a rompu des lances (en visière) avec ses anciens collègues. *The minister attacked his former colleagues publicly.*

---

rompu à—*experienced in*
Ce n'est pas un débutant; il est rompu à la politique. *He is no beginner; he is experienced in politics.*

---

rond—*round*

faire des ronds de jambe—*to bow and scrape*
Tous ses associés faisaient des ronds de jambe devant lui. *All his associates bowed and scraped before him.*

rond en affaires—*on the level*
J'aime bien traiter avec lui car il est rond en affaires. *I like to do business with him because he is on the level.*

---

ronde—*round*

à la ronde—*within (a radius of)*

Il n'y a pas un motel à dix kilomètres à la ronde. *There isn't a motel within (a radius of) ten kilometers.*

---

ronger—*to erode, to gnaw*

ronger son frein—*to chafe (champ) at the bit*

Le nouveau directeur rongeait son frein en attendant le début de la saison. *The new director was chafing (champing) at the bit, waiting for the season to begin.*

se ronger les foies (les sangs)—*to eat one's heart out*

Ils se rongeaient les foies (les sangs) d'inquiétude. *They were eating their hearts out with worry.*

---

roue—*wheel*

faire la roue—*to strut and preen*

L'acteur faisait la roue devant les dames. *The actor strutted and preened before the ladies.*

---

rouler—*to roll, to drive*

rouler carosse—*to live in high style*

"Si je roulais carosse comme vous, je ne casserais pas des cailloux." *"If I were living in high style like you, I wouldn't be breaking up stones."*

rouler quelqu'un—*to sell someone a bill of goods*

J'ai cru à votre promesse et vous m'avez roulé. *I took you at your word and you sold me a bill of goods.*

rouler sa bosse—*to be around, to knock about*

Il a roulé sa bosse à travers le monde. *He has been around (has knocked about) all over the world.*

rouler sur (un sujet)—*to turn on (a subject)*

La conversation roulait sur les scandales politiques récents. *The conversation turned on the recent political scandals.*

rouler sur l'or—*to be rolling in money*

Sa fiancée est belle, intelligente, et elle roule sur l'or. *His fiancée is beautiful, intelligent, and she is rolling in money.*

se rouler les pouces (se les rouler)—*to twiddle one's thumbs*
Pourquoi est-ce que tu te roules les pouces (tu te les roules), au lieu de
   m'aider? *Why are you twiddling your thumbs, instead of helping me?*

roulette—*roulette, wheel*
comme sur des roulettes—*like clockwork*
L'opération a marché comme sur des roulettes. *The operation went off like
   clockwork.*

route—*road, way*
En route!—*All aboard! Let's get going!*

en route pour—*on one's (the) way to*
Nous étions déjà en route pour Paris quand il nous a rattrapés. *We were
   already on our (on the) way to Paris when he caught up with us.*

ruer—*to kick, to rear up*
ruer dans les brancards—*to be (get) recalcitrant*
Après des années de besogne, il rue dans les brancards. *After years of
   hard work, he's being (getting) recalcitrant.*

sage—*good, wise*
sage comme une image—*as good as can be (as gold)*
Son bébé est toujours sage comme une image. *Her baby is always as good
   as can be (as good as gold).*

saigner—*to bleed*
saigné à blanc—*drained dry*
Le dictateur laisse le pays saigné à blanc. *The dictator is leaving the
   country drained dry.*

se saigner aux quatre veines—*to sacrifice oneself*

Ils se sont saignés aux quatre veines pour envoyer leurs enfants en pensionnat. *They sacrificed themselves to send their children to boarding school.*

---

sain—*healthy, sound*
   sain et sauf—*safe and sound*
   Malgré la tempête, ils sont arrivés sains et saufs. *Despite the storm, they arrived safe and sound.*

---

saint—*saint*
   à la saint-glinglin—*till the cows come home*
   Il continue à remettre ce projet à la saint-glinglin. *He keeps putting this project off till the cows come home.*

   C'est une sainte-nitouche.—*Butter wouldn't melt in her mouth.*

---

saisir—*to grasp, to seize*
   saisir la balle au bond—*to grab an opportunity*
   Voyant le moment venu, il a saisi la balle au bond. *Seeing the right time had come, he grabbed the opportunity.*

---

saison—*season*
   de saison—*fitting, suitable*
   Votre optimisme ne me semble pas vraiment de saison. *Your optimism doesn't seem really fitting (suitable) to me.*

   hors de saison—*out of place*
   Ces remarques sont absolument hors de saison. *Those observations are completely out of place.*

---

salaire—*salary, wages*
   un salaire de famine (de misère)—*starvation wages, a pittance*
   Pour un si gros travail on lui payait un salaire de famine (de misère). *For such a hard job he was paid starvation wages (a pittance).*

---

sang—*blood*
   avoir du sang de navet (de poulet)—*to be lethargic (a wimp)*

Ne compte pas sur lui, il a du sang de navet (de poulet). *Don't count on him, he's lethargic (a wimp).*

Bon sang!—*Hang it!*

le sang-froid—*cool(ness)*

Il ne perd jamais son sang-froid, quel que soit le danger. *He never loses his cool(ness), whatever the danger may be.*

Mon sang n'a fait qu'un tour.—*My heart skipped a beat.*

---

sans—*without*

sans aucun doute—*without a doubt*

Le bateau arrivera sans aucun doute demain. *The boat will arrive tomorrow without a doubt.*

sans autre forme de procès—*without further ceremony*

Il m'a mis à la porte sans autre forme de procès. *He threw me out without further ceremony.*

sans ça (sans quoi)—*otherwise*

Il était malade; sans ça (sans quoi) nous l'aurions vu au match. *He was ill; otherwise we would have seen him at the game.*

sans doute—*probably*

Il nous a sans doute oubliés. *He has probably forgotten us.*

sans faute—*without fail*

Je vous rendrai le livre demain sans faute. *I'll give you back the book tomorrow without fail.*

Sans rancune!—*No hard feelings!*

---

santé—*health*

boire à la santé de (porter une santé à)—*to drink (a toast) to*

A la fin du repas on a bu à la santé de (porté une santé à) l'hôte. *After dinner a toast was drunk (they drank) to the host.*

---

saut—*jump, leap*

au saut du lit—*just as one is getting up*

Il est venu me trouver au saut du lit. *He came to see me just as I was getting up.*

faire le saut—*to take the plunge*
Après des mois d'hésitation, il a décidé de faire le saut. *After months of hesitation, he decided to take the plunge.*

faire un saut chez—*to drop in on*
En passant à Paris, ils ont fait un saut chez leur ami. *Going through Paris, they dropped in on their friend.*

il n'y a qu'un saut—*it's only a stone's throw*
D'ici au centre ville il n'y a qu'un saut. *It's only a stone's throw from here downtown.*

---

sauter—*to jump, to leap, to skip, to blow up*
Cela saute aux yeux.—*That's as plain as the nose on your face.*

que ça saute—*snap to it*
Nettoyez cette chambre et que ça saute! *Clean this room up and snap to it!*

sauter au cou à (de)—*to throw one's arms around*
En me voyant, elle m'a sauté au cou. *When she saw me, she threw her arms around me.*

sauter au plafond—*to blow one's top (to blow up), to hit (to raise) the roof*
Son père a sauté au plafond quand elle a échoué à l'examen. *Her father blew his top (blew up, hit the roof, raised the roof) when she failed her exam.*

sauter du coq à l'âne—*to jump from one topic to another*
Ce conférencier minable n'a fait que sauter du coq à l'âne. *That miserable speaker did nothing but jump from one topic to another.*

sauter le pas—*to take the plunge*
Il a hésité longtemps avant de sauter le pas et d'adhérer au parti. *He hesitated for a long time before taking the plunge and joining the party.*

se faire sauter la cervelle—*to blow one's brains out*
En voyant le cours de la bourse si bas, il s'est fait sauter la cervelle. *Seeing the stock market index so low, he blew his brains out.*

---

sauver—*to rescue, to save*
Sauve-qui-peut!—*Every man for himself!*

sauver les apparences—*to keep up appearances*
Ils tenaient toujours leur salon du jeudi pour sauver les apparences. *They still held their Thursday salon to keep up appearances.*

sauver les meubles—*to salvage things*
Il nous faut au moins faire un effort pour sauver les meubles. *At least we have to try to salvage things.*

se sauver—*to be off, to run; to run away*
Au revoir; il faut que je me sauve. *So long; I have to be off (to run).*
L'enfant s'était sauvé mais on l'a retrouvé. *The child had run away but he was found again.*

---

savoir—*to know*

à savoir—*namely, to wit*
Nous avons du bétail à vendre, à savoir des boeufs, des chevaux, et des moutons. *We have cattle for sale, namely (to wit) oxen, horses, and sheep.*

en savoir long sur—*to know a thing or two about*
L'inspecteur en sait long sur cette affaire mystérieuse. *The inspector knows a thing or two about that mysterious business.*

le savoir-faire—*know-how*
Il a le savoir-faire qu'il faut pour accomplir cette tâche. *He has the necessary know-how to get this job done.*

le savoir-vivre—*savoir-faire*
Son expérience du monde lui avait donné un grand savoir-vivre. *His experience of the world had given him a good deal of savoir-faire.*

ne pas savoir à quel saint se vouer—*to be at one's wit's end*
Elle avait tout essayé sans succès et ne savait pas à quel saint se vouer. *She had tried everything unsuccessfully and was at her wit's end.*

ne pas savoir où donner de la tête (sur quel pied danser)—*not to know what to do next*
Il était débordé et ne savait plus où donner de la tête (sur quel pied danser). *He was overwhelmed and no longer knew what to do next.*

savoir à quoi s'en tenir—*to know what's what*
Maintenant je sais à quoi m'en tenir dans cette affaire. *Now I know what's what in that business.*

savoir ce que quelqu'un a dans le ventre—*to find out what someone has on his mind*

Je veux d'abord savoir ce que nos adversaires ont dans le ventre. *First I want to find out what our opponents have on their minds.*

savoir gré à—*to be grateful to*

Je lui sais gré de sa discrétion dans cette affaire. *I am grateful to him for his discretion in this matter.*

savoir s'y prendre avec—*to have a way with*

Mon frère sait s'y prendre avec les chiens. *My brother has a way with dogs.*

un je ne sais quoi—*(a certain) something or other*

Elle a un je ne sais quoi qui rend tous les hommes fous. *She has (a certain) something or other that drives all men crazy.*

---

scie—*saw*

Quelle scie!—*What a nuisance!*

---

scier—*to saw*

scier (le dos à)—*to bore stiff*

Tu me scies (le dos) avec tes histoires sans fin. *You bore me stiff with your endless stories.*

---

séance—*meeting, session*

séance tenante—*on the spot*

Nous avons dû prendre la décision séance tenante. *We had to make the decision on the spot.*

---

sec—*dry*

à sec—*flat broke*

J'ai tout dépensé et maintenant je suis à sec. *I've spent everything and now I'm flat broke.*

aussi sec—*right away*

Elle m'a lâché aussi sec pour un homme qui avait plus d'argent. *She dropped me, right away, for a man with more money.*

sec comme un coup de trique—*skinny as a rail*

Il est grand et sec comme un coup de trique. *He is tall and skinny as a rail.*

sécher—*to dry (out)*

sécher sur pied—*to languish*

Son ami, en partant, l'a laissée à sécher sur pied. *Her friend, in leaving, has left her to languish.*

sécher un cours—*to cut a class*

Il a séché son cours d'algèbre à cause du match. *He cut his algebra class because of the game.*

secouer—*to shake*

secouer les puces à—*to shake up*

En lui parlant comme cela elle lui a secoué les puces. *By talking to him that way, she shook him up.*

se secouer—*to pull oneself together*

Secouez-vous un peu; ce n'est pas la fin du monde! *Pull yourself together a little; it's not the end of the world!*

secret—*secret*

au secret—*in solitary*

On gardait le prisonnier au secret. *The prisoner was being kept in solitary.*

C'est le secret de Polichinelle.—*It's an open secret.*

sein—*bosom, breast, womb*

au sein de—*in the lap of; within*

Il vit au sein du luxe. *He is living in the lap of luxury.* Il n'y a pas d'unanimité au sein de la commission. *There is no agreement within the committee.*

selle—*saddle, stool*

aller à la selle—*to have a bowel movement*

Le malade est-il allé à la selle aujourd'hui? *Did the patient have a bowel movement today?*

sellette—*stool*

> **sur la sellette**—*on the hot seat (on the carpet)*
> Le procureur a mis le témoin de la défense sur la sellette. *The prosecutor put the defense witness on the hot seat (on the carpet).*

selon—*according to*
> **C'est selon.**—*It depends.*

> **selon toute apparence**—*in all likelihood (probability)*
> Le président démissionnera demain, selon toute apparence. *The president will resign tomorrow, in all likelihood (probability).*

semaine—*week*

> **de semaine**—*on duty (for the week)*
> Je serai de semaine à la fin du mois. *I'll be on duty (for the week) at the end of the month.*

> **en semaine**—*during the week*
> Il n'est jamais libre en semaine; il faut venir dimanche. *He is never free during the week; you have to come Sunday.*

> **faire la semaine anglaise**—*to have Saturdays off*
> Dans son entreprise on fait la semaine anglaise. *In his company they have Saturdays off.*

> **la semaine des quatre jeudis**—*when hell freezes over*
> Vous reverrez votre argent la semaine des quatre jeudis. *You'll see your money again when hell freezes over.*

semblant—*appearance, pretense*

> **faire semblant (de)**—*to pretend (to)*
> Il fait semblant de dormir mais il est éveillé. *He is pretending to sleep but he is awake.*

> **ne faire semblant de rien**—*to feign ignorance*
> Quand la police est arrivée il n'a fait semblant de rien. *When the police arrived he feigned ignorance.*

sembler—*to seem*

> **comme bon me (te, lui, etc.) semble**—*as I (you, he, etc.) see(s) fit*

Quoi que tu dises, je ferai comme bon me semble. *No matter what you say, I'll do as I see fit.*

Que vous en semble?—*What do you think (of it)?*

semer—*to sow*
semer la zizanie—*to sow discord*
Son nouvel ami essayait de semer la zizanie entre elle et ses copines. *Her new boyfriend tried to sow discord between her and her friends.*

semer quelqu'un—*to ditch (to get rid of) someone*
J'ai eu du mal à semer ce casse-pied. *I had a hard time ditching (getting rid of) that bore.*

sens—*direction, sense*
dans le sens de—*wise*
Coupez les planches dans le sens de la longueur. *Cut the planks lengthwise.*

sens dessus-dessous—*topsy-turvy, upside down*
Tout est sens dessus-dessous dans sa chambre: quelle pagaille! *Everything is topsy-turvy (upside-down) in his room: what a mess!*

sentir—*to feel, to sense, to smell*
ne pas se sentir de colère (de joie, etc.)—*to be beside oneself with anger (joy, etc.)*
Je ne me sens pas de colère, après tous les cadeaux qu'ils ont reçus de moi! *I'm beside myself with anger, after all the presents they've received from me!*

sentir le fagot—*to smack of heresy*
Le curé lui a dit que ses idées sentaient le fagot. *The priest told him that his ideas smacked of heresy.*

sentir le sapin—*to be at death's door*
Les gens du village disaient que le père Michel sentait le sapin. *The people in the village said that old man Michel was at death's door.*

se sentir tout chose—*to feel funny*
Après la piqûre je me sentais tout chose. *After the injection I felt funny.*

septième—*seventh*

au septième ciel—*on cloud nine, walking on air*

Depuis qu'il a rencontré cette fille, il est au septième ciel. *Since he met that girl, he's been on cloud nine (walking on air).*

serrer—*to press, to tighten*

serrer la main à quelqu'un—*to shake someone's hand*

A la fin de la discussion, je lui ai serré la main cordialement. *At the end of our discussion, I shook his hand cordially.*

serrer la vis à—*to put the heat (the screws) on*

Nous devrons lui serrer la vis pour qu'il termine le travail à temps. *We'll have to put the heat (the screws) on him so he'll finish the job in time.*

serrer le coeur à quelqu'un—*to stir someone's heart*

Le récit de ses malheurs m'a serré le coeur. *The story of his misfortunes stirred my heart.*

serrer les dents—*to grit one's teeth, to keep a stiff upper lip*

Il faut que nous serrions les dents devant cette nouvelle difficulté. *We have to grit our teeth (keep a stiff upper lip) in the face of this new difficulty.*

serrer les rangs (se serrer les coudes)—*to close ranks*

En face du danger, tout le monde a serré les rangs (s'est serré les coudes). *In the face of danger, everyone closed ranks.*

service—*favor, service*

être de service—*to be on duty*

Je suis de service un samedi sur deux. *I am on duty every other Saturday.*

faire le service entre—*to run between*

Il y a un car qui fait le service entre la gare et l'aéroport. *There is a bus which runs between the station and the airport.*

servir—*to serve*

servir à—*to be used for*

Cette machine sert à fabriquer des boulons. *This machine is used for making bolts.*

servir de—*to be used as, to serve as*

Cette église a servi d'entrepôt pendant la révolution. *This church was used as (served as) a storehouse during the revolution.*

se servir de—*to use*
Puis-je me servir de votre téléphone pour appeler mon frère? *May I use your telephone to call my brother?*

---

seul—*alone, only, sole*
comme un seul homme—*unanimously*
Quand elle a fini son discours, tous ont applaudi comme un seul homme. *When she finished her speech, everyone applauded unanimously.*

seul à seul—*alone together*
Nous en reparlerons plus tard seul à seul. *We'll talk of it again later when we're alone together.*

---

si—*if*
et si—*what if*
Et si tes parents rentraient tout à coup? *What if your parents came home all of a sudden?*

si nous. . .(si l'on. . ., etc.)—*how about*
Si nous faisions (Si l'on faisait) une promenade avant dîner? *How about going for a walk before dinner?*

---

siècle—*century*
le siècle des lumières—*the Enlightenment*
Diderot était un des grands auteurs du siècle des lumières. *Diderot was one of the great authors of the Enlightenment.*

---

sien—*one's*
les siens—*one's (own) flesh and blood, one's own people*
Je ne m'attendais pas à une telle indifférence de la part des miens. *I didn't expect such indifference from my (own) flesh and blood (my own people).*

---

signe—*sign*
faire signe à—*to signal, to wave to*
Il m'a fait signe d'avancer lentement. *He signaled me (waved to me) to come forward slowly.*

faire signe du doigt à—*to beckon (to)*

Il m'a fait signe du doigt depuis l'autre côté de la barrière. *He beckoned (to) me from the other side of the fence.*

faire un signe de (la) tête—*to nod*

Elle n'a pas répondu un mot, mais elle a fait un signe de (la) tête. *She didn't say a word in reply, but she nodded.*

se signer—*to cross oneself*

Elle s'est signée en entrant dans l'église. *She crossed herself as she entered the church.*

---

simple—*simple, single*

C'est simple comme bonjour.—*It's as easy as pie.*

dans le plus simple appareil—*in the altogether (nude)*

Entrant soudain, il la trouva dans le plus simple appareil. *Entering suddenly, he found her in the altogether (nude).*

---

sitôt—*as soon (as)*

pas de sitôt—*not for a long while*

Vous n'aurez pas votre argent de sitôt. *You won't get your money for a long while.*

sitôt dit, sitôt fait.—*No sooner said than done.*

---

soi—*oneself*

Cela va de soi.—*That goes without saying.*

soi-disant—*of sorts, so-called, some sort of; supposedly*

C'est un soi-disant guérisseur. *He is a healer of sorts (a so-called healer, some sort of healer).*

Il est venu ici, soi-disant pour nous aider. *He came here, supposedly to help us out.*

---

somme—*sum*

somme toute—*all in all, in sum*

Somme toute, nous n'avons pas perdu grand'chose. *All in all (In sum), we haven't lost much.*

---

sommeil—*sleep*
  avoir sommeil—*to be sleepy*
  Couchons l'enfant; il a sommeil. *Let's put the child to bed; he's sleepy.*

songer—*to (day) dream, to think*
  sans songer à mal (à malice)—*with no ill intent, without thinking*
  Elle a dit cela sans songer à mal (à malice). *She said that with no ill intent (without thinking).*

sonner—*to ring, to sound*
  avoir. . .ans (bien) sonnés—*to be (well) past. . .*
  Bien qu'il ait l'air jeune, il a cinquante ans (bien) sonnés. *Although he seems young, he is (well) past fifty.*

  On ne t'a pas sonné!—*Nobody asked you!*

  sonner juste (faux)—*(not) to ring true*
  Je trouve que son explication sonne juste (faux). *I think his explanation rings (doesn't ring) true.*

  sonner les cloches à—*to bawl out*
  Quand il est rentré après minuit, son père lui a sonné les cloches. *When he came home after midnight, his father bawled him out.*

sorcier—*sorcerer*
  Ce n'est pas sorcier.—*There's nothing so hard about that.*

sort—*fate, lot*
  faire un sort à—*to finish up*
  Nous avons fait un sort à la dernière bouteille de vin. *We finished up the last bottle of wine.*

  Le sort en est jeté.—*The die is cast.*

sorte—*sort, kind*
  faire en sorte que—*to see to it that*
  Faites en sorte qu'on ne vous entende plus! *See to it that we don't hear you any more!*

sortie—*exit, way out*

à la sortie de—*upon leaving*

A sa sortie de l'école, il a trouvé un bon poste. *Upon leaving school, he found a good job.*

faire une sortie contre—*to lash out at*

Le député conservateur a fait une sortie contre les lois sur l'avortement. *The conservative congressman lashed out at the laws on abortion.*

---

sortir—*to go out, to take out*

D'où sortez-vous?—*Where have you been (not to know that)?*

ne pas être sorti de l'auberge—*not to be out of the woods*

Le chirurgien dit que le malade n'est pas encore sorti de l'auberge. *The surgeon says that the patient isn't out of the woods yet.*

s'en sortir—*to get out of difficulty, to manage*

Pourrez-vous vous en sortir avec trois mille francs? *Will you be able to get out of difficulty (to manage) with three thousand francs?*

sortir de l'ordinaire—*to be out of the ordinary*

C'est un cas curieux et qui sort de l'ordinaire. *It's a curious case and one that is out of the ordinary.*

sortir de ses gonds—*to blow a fuse, to blow (to flip) one's lid, to fly off the handle*

En entendant cette injure, il est sorti de ses gonds. *On hearing that insult, he blew a fuse (he blew, he flipped his lid, he flew off the handle).*

---

sou—*cent, penny*

être sans le sou (n'avoir ni sou ni maille, ne pas avoir le sou, ne pas avoir un sou vaillant)—*to be penniless*

Il était beau et de famille noble, mais il était sans le sou (n'avait ni sou ni maille, n'avait pas le sou, n'avait pas un sou vaillant). *He was handsome and of noble family, but he was penniless.*

pas pour un sou (deux sous)—*not in the least*

Il n'est pas fier pour un sou (deux sous), malgré sa célébrité. *He's not in the least proud, despite his celebrity.*

souffrance—*suffering*

en souffrance—*in abeyance*

Le projet est resté en souffrance faute de crédits. *The project was left in abeyance for lack of funds.*

souhait—*wish*

à souhait—*perfectly*

A ce grand hôtel, nous avons été servis à souhait. *At that grand hotel, we were waited on perfectly.*

A vos souhaits!—*Bless you! Gesundheit!*

soulever—*to lift, to raise*

soulever le coeur à quelqu'un—*to turn someone's stomach*

La vue de cette destruction m'a soulevé le coeur. *The sight of that destruction turned my stomach.*

soupe—*soup*

être soupe au lait (s'emporter comme une soupe au lait)—*to fly off the handle (easily)*

Il a un coeur d'or mais il est soupe au lait (il s'emporte comme une soupe au lait). *He has a heart of gold but he flies off the handle (easily).*

souple—*flexible, supple*

souple comme un gant—*easygoing*

Elle ne vous fera pas d'histoires; elle est souple comme un gant. *She won't make any problems for you; she is easygoing.*

sourd—*deaf*

comme un sourd—*with all one's might*

Il est tombé sur le voleur, et l'a frappé comme un sourd. *He jumped on the robber, and struck him with all his might.*

faire la sourde oreille—*to turn a deaf ear*

Elle a fait la sourde oreille quand ses locataires se sont plaints. *She turned a deaf ear when her tenants complained.*

sourd comme un pot—*stone deaf*

Parlez-lui très fort; il est sourd comme un pot! *Speak very loudly to him; he's stone deaf!*

sourire—*to smile*

ne pas sourire à—*not to appeal to*
Cette perspective ne me sourit guère. *That prospect doesn't appeal much to me.*

sous—*under*

sous le boisseau—*under wraps*
Ils gardent les nouveaux modèles sous le boisseau avant le Salon. *They are keeping the new models under wraps before the show.*

style—*style*

de style—*period*
Son appartement était plein de meubles de style. *His apartment was full of period furniture.*

sucer—*to suck*

sucer avec le lait—*to be weaned on*
Elle a sucé le jeu d'échecs avec le lait. *She was weaned on the game of chess.*

sucer jusqu'à la moelle—*to bleed dry*
Quand ses créanciers l'auront sucé jusqu'à la moelle, ils le lâcheront. *When his creditors have bled him dry, they will let him go.*

sucrer—*to sweeten*

se sucrer—*to help oneself to more than one's share*
Le partage n'est pas juste; le patron s'est sucré. *The portions aren't fair; the boss helped himself to more than his share.*

sucrer les fraises—*to have the shakes*
Son âge se voyait seulement du fait qu'il sucrait les fraises. *You could tell his age only from the fact that he had the shakes.*

suer—*to sweat*

faire suer—*to give a pain in the neck*

Il nous fait suer avec ses histoires de pêche. *He gives us a pain in the neck with his fish stories.*

faire suer le burnous—*to exploit the natives*
Ce colon a fait fortune en faisant suer le burnous. *That settler made a fortune by exploiting the natives.*

suer la misère (l'ennui, etc.)—*to reek of poverty (boredom, etc.)*
Ce quartier de la ville sue la misère. *This part of the city reeks of poverty.*

suer sang et eau—*to sweat blood*
Il a sué sang et eau pour établir cette entreprise. *He has sweated blood to establish this business.*

---

suite—*consequence, rest, sequel, sequence*
  à la suite de—*following*
De fortes inondations sont venues à la suite de la tempête. *Heavy flooding came following the storm.*

  avoir de la suite dans les idées—*to follow through on one's ideas*
Elle ne laisse pas tomber ses projets; elle a de la suite dans les idées. *She doesn't drop her projects; she follows through on her ideas.*

  dans (par) la suite—*later on*
J'ai appris dans (par) la suite qu'elle s'était mariée. *I learned later on that she had married.*

  de suite—*in a row; on end*
Il a avalé trois verres de cognac de suite. *He downed three glasses of cognac in a row.* Ils ont travaillé douze heures de suite. *They worked for twelve hours on end.*

  donner suite à—*to follow up on*
Il a promis de donner suite à ma demande. *He promised to follow up on my request.*

  Suite à votre lettre. . .—*Referring to your letter. . .*

  (tout) de suite—*right away, right now*
Je veux que tu fasses tes devoirs (tout) de suite! *I want you to do your homework right away (right now)!*

---

suivre—*to attend, to follow*

A suivre.—*To be continued.*

Au suivant!—*(Who's) next?*

faire suivre—*to forward*

Je vous serais reconnaissant de faire suivre cette lettre. *I would be grateful if you forwarded this letter.*

suivre un cours—*to take a class*

Elle a suivi un cours de phonétique à l'Institut britannique. *She took a phonetics course at the British Institute.*

---

supplice—*torture*

au supplice—*in agony*

Il était au supplice en attendant le résultat de l'examen. *He was in agony waiting for the results of the exam.*

---

sûr—*safe, sure*

bien sûr—*of course*

Tu as oublié d'aller chez le dentiste, bien sûr. *You forgot to go to the dentist's, of course.*

sois (soyez) sûr—*rest assured*

Soyez sûr que je ferai tout mon possible. *Rest assured that I will do everything in my power.*

---

surcroît—*increase*

de (par) surcroît—*in addition*

Elle était étrangère et, de (par) surcroît, ne parlait pas leur langue. *She was a foreigner and, in addition, did not speak their language.*

---

surplus—*surplus*

au surplus—*moreover*

Je ne vous crois pas; au surplus, cela n'a pas d'importance. *I don't believe you; moreover, that is of no importance.*

---

suspendre—*to hang, to suspend*

être suspendu aux lèvres de quelqu'un—*to hang on someone's words*

Le public était suspendu aux lèvres du conférencier. *The audience was hanging on the lecturer's words.*

suspendu aux jupes de sa mère—*tied to one's mother's apron strings*
Leur frère était encore suspendu aux jupes de leur mère. *Their brother was still tied to their mother's apron strings.*

---

système—*system*
   le système D—*resourcefulness*
   Malgré les restrictions, il se tirait d'affaire grâce au système D. *Despite the restrictions, he got along thanks to his resourcefulness.*

---

tabac—*tobacco*
   faire un tabac—*to be a hit*
   Sa dernière pièce a fait un tabac. *His latest play was a hit.*

---

table—*table*
   faire table rase de—*to make a clean sweep of*

Avec ses théories il voulait faire table rase du système politique. *With his theories he wanted to make a clean sweep of the political system.*

tableau—*picture*

(jouer, miser) sur les deux (sur tous les) tableaux—*(to bet on, to back) both sides*

Pour être sûr de gagner, il jouait sur les deux (sur tous les) tableaux. *To be sure of winning, he would bet on (he would back) both sides.*

tache—*spot, stain*

faire tache—*to stick out like a sore thumb*

Ses vieux vêtements faisaient tache dans cette société élégante. *His old clothes stuck out like a sore thumb in that elegant company.*

faire tache d'huile—*to be contagious, to spread*

La démagogie fait tache d'huile dans cette ambiance politique. *Demagogy is contagious (is spreading) in this political atmosphere.*

taille—*cut, size, waist*

avoir la taille bien prise—*to have a good figure*

Cette femme est grande et elle a la taille bien prise. *That woman is tall and she has a good figure.*

de taille—*massive, weighty*

Le chômage est un problème économique de taille. *Unemployment is a massive (weighty) economic problem.*

être de taille à—*to be big (strong) enough to*

Son chien était de taille à tuer un homme. *His dog was big (strong) enough to kill a man.*

tailler—*to cut, to hack*

se tailler—*to skip out*

Il s'est taillé sans payer la note. *He skipped out without paying the bill.*

tailler des croupières à—*to make problems for*

Ayant perdu, il cherche à tailler des croupières à son adversaire. *Having lost, he is trying to make problems for his opponent.*

tailler une bavette—*to chew the fat (the rag), to shoot the breeze*

Nous avons arrêté de travailler un instant pour tailler une bavette. *We stopped working for a while to chew the fat (to chew the rag, to shoot the breeze).*

---

tambour—*drum*

sans tambour ni trompette—*without fuss*

Il est parti tout d'un coup, sans tambour ni trompette. *He left all of a sudden, without fuss.*

---

tamponner—*to dab, to ram, to plug*

s'en tamponner le coquillard—*not to give a damn, couldn't care less*

Le parti politique de son mari? Elle s'en tamponne le coquillard. *She doesn't give a damn (couldn't care less) about her husband's political party.*

---

tant—*so much*

en tant que—*in the capacity of; insofar as*

Il est à Rio en tant qu'ambassadeur. *He is in Rio in the capacity of ambassador.* Il nous aide en tant que nous pouvons lui être utile. *He helps us insofar as we can be useful to him.*

tant bien que mal—*after a fashion, somehow or other*

Faute de temps, le menuisier a terminé le meuble tant bien que mal. *For lack of time, the cabinetmaker finished the piece of furniture after a fashion (somehow or other).*

tant et si bien que—*with the result that*

Il a bavardé sans regarder l'heure, tant et si bien qu'il est arrivé en retard. *He chatted without looking at the time, with the result that he arrived late.*

Tant mieux!—*Fine! So much the better!*

Tant pis!—*So what! Too bad!*

tant que—*as (so) long as*

Je resterai ici tant que vous continuerez à m'aider. *I'll stay here as (so) long as you continue to help me.*

tant s'en faut que—*far be it from*

Tant s'en faut que j'en dise du mal. *Far be it from me to speak ill of it.*

(un) tant soit peu—*just a bit*
Il est (un) tant soit peu affecté. *He is just a bit affected.*

taper—*to hit, to strike*

se taper quelque chose—*to treat oneself to something; to end up doing*
Pour célébrer, je vais me taper un verre de cognac. *To celebrate, I'm going to treat myself to a glass of brandy.*
Je me suis tapé toute la vaisselle. *I ended up doing all the dishes.*

se taper la cloche—*to eat to one's heart's content*
On s'est tapé la cloche au mariage de nos amis. *We ate to our heart's content at our friends' wedding.*

taper à côté—*to be off the mark*
Elle essayait de deviner mais elle tapait toujours à côté. *She tried to guess but she was always off the mark.*

taper dans le tas—*to grab a handful; to strike out at random*
Nous avons des kilos de pommes; vous n'avez qu'à taper dans le tas. *We have kilos of apples; just grab a handful.* Au cours de la mêlée avec les manifestants, la police tapait dans le tas. *During the scuffle with the demonstrators, the police struck out at random.*

taper dans l'oeil à quelqu'un—*to strike someone's fancy*
Cette robe rouge m'a tapé dans l'oeil. *That red dress has struck my fancy.*

taper sur les nerfs à quelqu'un—*to get in someone's hair, to get on someone's nerves, to get under someone's skin*
Elle a des manies qui me tapent sur les nerfs. *She has habits that get in my hair (get on my nerves, get under my skin).*

tapis—*carpet*

au tapis—*down for the count*
Son coup a envoyé son adversaire au tapis. *His blow sent his opponent down for the count.*

sur le tapis—*up for discussion*
La question du budget était sur le tapis. *The question of the budget was up for discussion.*

tapisserie—*tapestry, wallpaper*
  faire tapisserie—*to be a wallflower*
  Elle n'est pas allée au bal de crainte de faire tapisserie. *She didn't go to the dance for fear of being a wallflower.*

tard—*late*
  Il se fait tard.—*It's getting late.*

  pas plus tard qu'hier—*just (only) yesterday*
  Elle est toujours là; je l'ai vue pas plus tard qu'hier. *She is still here; I saw her just (only) yesterday.*

  sur le tard—*late in life*
  Il a épousé sa seconde femme sur le tard. *He married his second wife late in life.*

tarder—*to delay*
  il lui (etc.) tarde de—*he (etc.) can't wait to*
  Il nous tarde de revoir notre pays. *We can't wait to see our country again.*

  tarder à—*to be slow in*
  La fin de l'inflation tarde à venir. *The end of inflation is slow in coming.*

tarte—*pie*
  Ce n'est pas de la tarte!—*It's no easy matter!*

tas—*pile*
  dans le tas—*in(to) the crowd*
  La police a tiré dans le tas. *The police fired into the crowd.*

  sur le tas—*on the job*
  Au lieu d'aller à un lycée technique, il a appris son métier sur le tas.
    Instead of going to a vocational school, he learned his trade on the job.

  tâter—*to feel, to touch*

  tâter le terrain—*to get the lay of the land, to see how the land lies*
  Je vais leur poser quelques questions afin de tâter le terrain. *I'm going to ask them a few questions to get the lay of the land (to see how the land lies).*

tel—*such*

M. un Tel—*Mr. Such-and-such*

tel quel—*as is*

Ils me l'ont vendu tel quel, à un prix réduit. *They sold it to me as is, at a reduced price.*

---

tempérament—*temperament*

à tempérament—*on installment*

Ils ont payé les meubles de leur maison à tempérament. *They paid for the furniture in their house on installment.*

---

tempête—*storm*

C'est une tempête dans un verre d'eau.—*It's a tempest in a teapot.*

---

temps—*time, weather*

dans le temps—*formerly, a long time ago*

Dans le temps, elle était professeur de français. *Formerly (A long time ago), she was a teacher of French.*

de temps à autre (de temps en temps)—*from time to time, once in a while*

Nous nous voyons de temps à autre (de temps en temps). *We see each other from time to time (once in a while).*

en temps utile (voulu)—*in due time*

Vous recevrez votre permis en temps utile (voulu). *You will get your license in due time.*

le temps de—*as soon as, by the time*

Le temps de me coiffer, je serai prêt. *As soon as (by the time) I've combed my hair, I'll be ready.*

n'avoir qu'un temps—*to be short-lived*

Son succès n'a eu qu'un temps. *Her success was short-lived.*

par le(s) temps qui court (courent)—*as things go today*

Par le(s) temps qui court (courent), cela ne sert à rien d'économiser son argent. *As things go today, it's no use saving your money.*

un temps mort—*a break, a pause*

Au cours de sa conférence, il y a eu plusieurs temps morts gênants.
During his lecture there were several embarrassing breaks (pauses).

---

tenant—*supporter, holder*
  connaître les tenants (et aboutissants)—*to know the ins and outs*
  Elle connaît tous les tenants (et aboutissants) de l'affaire. *She knows all*
    the ins and outs of the affair.

---

tendre—*to stretch (out)*
  tendre la main—*to beg; to hold one's hand*
  Il en est réduit maintenant à tendre la main. *He is reduced now to begging.*
    Elle m'a tendu la main cordialement. *She held out her hand to me*
    cordially.

  tendre la perche—*to lend a helping hand*
  Je leur suis reconnaissant parce qu'ils m'ont tendu la perche lorsque
    j'avais des ennuis. *I'm grateful to them because they lent me a helping*
    hand when I was in trouble.

  tendre le dos—*to brace one's back*
  S'attendant à être battu, l'homme tendit le dos. *Expecting to be beaten,*
    the man braced his back.

  tendre l'oreille—*to prick up one's ears*
  Le chien tendait l'oreille au moindre bruit. *The dog pricked up its ears at*
    the slightest noise.

  tendre un piège—*to set a trap*
  Tout à coup il comprit qu'on lui avait tendu un piège. *All of a sudden he*
    understood that a trap had been set for him.

  tendu de—*draped in (with)*
  L'église est tendue de blanc pour la fête. *The church is draped in (with)*
    white for the celebration.

---

tenir—*to hold, to keep*
  avoir de qui tenir—*to be a chip off the old block*
  Son fils est grand et maigre; il a de qui tenir. *His son is tall and skinny;*
    he's a chip off the old block.

  il ne tient qu'à—*it's up to*

Il ne tient qu'à vous de réussir. *It's up to you to succeed.*

n'y plus tenir—*not to be able to stand it any longer*
Je pars tout de suite; je n'y tiens plus. *I'm leaving right away; I can't stand it any longer.*

Qu'à cela ne tienne.—*Never mind that. That's no problem.*

se le tenir pour dit—*to let it be said once and for all*
Tenez-vous le pour dit: c'est moi qui commande ici. *Let it be said once and for all: I'm in charge here.*

se tenir—*to behave; to be held, to take place*
Tenez-vous bien, les enfants. *Behave properly, children.* Le concert se tiendra dans l'église. *The concert will be held (will take place) in the church.*

se tenir à carreau—*to play (it) safe*
Se sachant surveillé, il se tenait à carreau. *Knowing he was being watched, he played (it) safe.*

se tenir à quatre—*to be all one can do to*
Je me tenais à quatre pour éviter de rire. *It was all I could do to keep from laughing.*

se tenir coi—*to lie low*
Vous feriez mieux de vous tenir coi pendant quelque temps. *You would do better to lie low for a while.*

se tenir les côtes—*to split one's sides*
Le public se tenait les côtes de rire. *The audience split its sides laughing.*

Tenez bon la rampe!—*Hang on tight!*

tenir à—*to insist on; to prize; to result from*
Malgré ce que vous dites, je tiens à aller le voir. *Despite what you say, I insist on going to see him.* Elle tient à ces vieux meubles. *She prizes these old pieces of furniture.* A quoi cette situation défavorable tient-elle? *What does this unfavorable situation result from?*

tenir bon—*to hold one's ground (one's own), to stand fast (one's ground)*
Malgré leurs assauts répétés, il a tenu bon. *Despite their repeated attacks, he held his ground (his own, he stood fast, he stood his ground).*

tenir de—*to take after*

L'enfant tient plus de sa mère que de son père. *The child takes after his mother more than his father.*

tenir debout—*to hold up (hold water); to remain standing*
Ce raisonnement est ridicule; il ne tient pas debout. *That reasoning is ridiculous; it doesn't hold up (hold water).* Je ne tiens plus debout; je suis trop fatigué. *I can't remain standing any longer; I'm too tired.*

tenir en haleine—*to hold (to keep) in suspense*
Cette histoire passionnante nous a tenus en haleine. *That exciting story held (kept) us in suspense.*

tenir en respect—*to keep at bay*
Elle a tenu le cambrioleur en respect avec un pistolet, pendant que son mari appelait la police. *She kept the burglar at bay with a gun while her husband called the police.*

tenir la dragée haute à—*to keep on a short leash*
Depuis leur mariage elle lui tient la dragée haute. *Since their marriage she has kept him on a short leash.*

tenir l'affiche—*to stay on the bill*
La pièce a tenu l'affiche pendant plusieurs semaines. *The play stayed on the bill for several weeks.*

tenir la jambe à—*to buttonhole*
Ce casse-pieds m'a tenu la jambe pendant une bonne heure. *That bore buttonholed me for a solid hour.*

tenir le bon bout—*to have the matter (well) in hand*
Ce n'est pas le moment de faiblir: nous tenons le bon bout. *This isn't the time to weaken: we have the matter (well) in hand.*

tenir le coup—*to hold out (up), to weather the storm*
Je ne sais pas si je vais pouvoir tenir le coup encore longtemps. *I don't know if I'm going to be able to hold out (to hold up, to weather the storm) much longer.*

tenir le haut du pavé—*to be (the) cock of the walk*
Depuis son succès de librairie, ce romancier tient le haut du pavé. *Since his book became a best-seller, that novelist is (the) cock of the walk.*

tenir lieu de—*to take the place of, to substitute for*

J'espère que cette petite notice tiendra lieu d'introduction. *I hope that this brief note will take the place of (will substitute for) an introduction.*

tenir quelque chose de quelqu'un—*to have heard something from someone*

Je tiens ce renseignement d'un journaliste. *I heard this information from a journalist.*

tenir rigueur à quelqu'un de quelque chose—*to hold something against someone*

Il me tient rigueur de mes absences trop fréquentes. *He holds my too frequent absences against me.*

tenir tête à—*to stand up to*

Maintenant qu'il a dix-huit ans, il commence à tenir tête à son père. *Now that he is eighteen, he is beginning to stand up to his father.*

tenir un discours (des propos)—*to make remarks*

Il nous a tenu un discours désobligeant (des propos désobligeants). *He made unflattering remarks to us.*

---

tenter—*to attempt, to tempt*

tenter le coup—*to have (to take) a shot at it*

C'est difficile mas ça vaut la peine de tenter le coup. *It's difficult but it's worth the trouble to have (to take) a shot at it.*

---

tenue—*behavior, dress*

avoir de la tenue (manquer de tenue)—*to behave properly (to misbehave)*

Nos enfants ont eu de la tenue (ont manqué de tenue) pendant la cérémonie. *Our children behaved properly (misbehaved) during the ceremony.*

---

terme—*term, time limit*

mettre un terme à—*to put a stop (an end) to*

Nous avons mis un terme à leur complot. *We put a stop (an end) to their plot.*

---

terre—*earth, land, soil*

  à terre—*ashore*

Les marins étaient heureux d'être à terre. *The sailors were happy to be ashore.*

  à (par) terre—*on the floor, on the ground*

En entendant les balles, il s'est couché à (par) terre. *Upon hearing the bullets, he lay down on the floor (on the ground).*

  terre-à-terre—*down-to-earth, no-nonsense*

Ce médecin a une manière terre-à-terre qui rassure. *That doctor has a down-to-earth (no-nonsense) manner which is reassuring.*

---

tête—*head, mind*

  à tête reposée—*when one has had time to reflect*

J'examinerai cette question à tête reposée. *I'll examine that question when I have had time to reflect.*

  avoir la tête près du bonnet—*to be hotheaded*

Ne le taquinez pas; il a la tête près du bonnet. *Don't tease him; he's hotheaded.*

  avoir la tête qui tourne—*to feel dizzy*

En haut de l'échelle, j'ai eu soudain la tête qui tournait. *Atop the ladder, I suddenly felt dizzy.*

  être tête d'affiche—*to have top billing*

Charles était tête d'affiche du spectacle. *Charles had top billing in the show.*

  faire la tête à—*to be in the sulks with*

Elle me fait la tête depuis notre discussion hier. *She has been in the sulks with me since our argument yesterday.*

  faire un tête à queue—*to go into a spin*

Roulant trop vite sur la glace, sa voiture a fait un tête à queue. *Going too fast on the ice, his car went into a spin.*

  Il a la tête du métier.—*He looks just like one (He looks just like you'd expect).*

  par tête (de pipe)—*per person*

Le dîner coûtera deux cents francs par tête (de pipe). *The dinner will cost two hundred francs per person.*

une tête de Turc—*a butt, a whipping boy*
Je refuse de servir de tête de Turc à leur propagande. *I refuse to serve as a butt (whipping boy) for their propaganda.*

un tête-à-tête—*a private conversation (occasion, etc.)*
Au cours d'un tête-à-tête, je lui ai fait savoir ce que je pensais de ses activités. *During a private conversation, I told him what I thought of his activities.*

ticket—*ticket*

avoir le (un) ticket avec—*to have made a hit with*
Il m'a dit que j'avais le (un) ticket avec sa sœur. *He told me that I had made a hit with his sister.*

tiers—*third*

en tiers—*a third party*
J'étais en tiers à leur rendez-vous. *I was a third party at their meeting.*

une tierce personne—*an outsider (a third party)*
Ne voulant pas être une tierce personne, elle est partie. *Not wanting to be an outsider (a third party), she left.*

tirer—*to draw, to pull, to shoot*

(Après ça) il n'y a plus qu'à tirer l'échelle.—*That beats all. That's the finish.*

à tire d'aile—*swiftly, in a flurry of feathers*
Les oiseaux se sont envolés à tire d'aile. *The birds flew swiftly away (flew away in a flurry of feathers).*

Cela ne tire pas à conséquence.—*That's of no importance.*

se faire tirer l'oreille—*to drag one's heels*
Cet étudiant se fait tirer l'oreille pour remettre son travail. *That student is dragging his heels about handing in his work.*

s'en tirer—*to pull through*

Le médecin croit que vous allez vous en tirer. *The doctor thinks you're going to pull through.*

se tirer—*to shove off*
Au revoir, il faut que je me tire! *So long, I have to shove off!*

se tirer d'affaire—*to get by; to get out of difficulty (to get away with it)*
Ils se tirent d'affaire avec ce qu'elle gagne. *They get by on what she earns.* Il s'est tiré d'affaire en prétextant une maladie. *He got out of difficulty (got away with it) by claiming he was ill.*

tiré à quatre épingles—*dressed to kill, spick-and-span*
Elle est toujours tirée à quatre épingles. *She is always dressed to kill (spick-and-span).*

tiré par les cheveux—*farfetched*
Son explication était tirée par les cheveux. *His explanation was farfetched.*

tirer à hue et à dia—*to pull and tug in opposite directions*
Ses soi-disant collaborateurs tiraient à hue et à dia. *His so-called collaborators were pulling and tugging in opposite directions.*

tirer à la courte paille—*to draw straws*
On a tiré à la courte paille pour voir qui irait. *They drew straws to see who would go.*

tirer au clair—*to clear up*
Il faut tirer au clair cette histoire mystérieuse. *This mysterious business has to be cleared up.*

tirer au flanc—*to goldbrick*
Arrête de tirer au flanc et viens nous aider. *Stop goldbricking and come and help us.*

tirer au sort—*to draw lots*
On a tiré au sort pour voir qui irait. *They drew lots to see who would go.*

tirer des plans sur la comète—*to count one's chickens before they're hatched, to build castles in the air*
Compter sur la victoire de tes amis, c'est tirer des plans sur la comète. *Reckoning on your friends' victory is counting your chickens before they're hatched (building castles in the air).*

tirer en longueur—*to drag on (to be drawn out)*

La conversation commençait à tirer en longueur. *The conversation was beginning to drag on (to be drawn out).*

tirer la couverture à soi—*to take the lion's share (of the credit)*
Je n'aime pas collaborer avec Jean parce qu'il tire toujours la couverture à lui. *I don't like to work with John because he always takes the lion's share (of the credit).*

tirer la langue—*to stick out one's tongue*
En me voyant, la petite fille m'a tiré la langue. *On seeing me, the little girl stuck out her tongue at me.*

tirer le diable par la queue—*to be hard up, to live from hand to mouth*
Pendant la Dépression ils ont tiré le diable par la queue. *During the Depression they were hard up (they lived from hand to mouth).*

tirer les cartes—*to read (someone's fortune in) the cards*
Une gitane m'a tiré les cartes à la foire. *A gypsy read (my fortune in) the cards for me at the fair.*

tirer les marrons du feu pour quelqu'un—*to pull someone's irons from the fire*
Qu'il se débrouille lui-même; j'en ai assez de tirer les marrons du feu pour lui. *Let him manage by himself; I'm tired of pulling his irons from the fire.*

tirer les vers du nez à—*to worm secrets out of*
Tu essaies de me tirer les vers du nez, mais je ne dirai rien. *You're trying to worm secrets out of me, but I won't say a thing.*

tirer parti de—*to make the most of*
Ma couturière sait tirer parti du moindre chiffon. *My dressmaker can make the most of the least scrap of material.*

tirer sa révérence—*to bow out*
Plutôt que d'accepter leur proposition, j'ai tiré ma révérence. *Rather than accept their proposal, I bowed out.*

tirer son chapeau—*to tip one's hat*
Ils ont du courage; je leur tire mon chapeau. *They have guts; I tip my hat to them.*

tirer son épingle du jeu—*to get out while the getting is good*
Son associé, qui est astucieux, a tiré son épingle du jeu. *His partner, who is shrewd, got out while the getting was good.*

tirer sur la corde (la ficelle)—*to push one's luck*
La secrétaire a tellement tiré sur la corde (la ficelle) qu'on l'a mise à la porte. *The secretary pushed her luck so far that they fired her.*

---

titre—*title*

à juste titre—*rightly*
On l'a accusé à juste titre d'être indécis. *He was rightly accused of being indecisive.*

à titre—*in a... way*
Je te dis ceci à titre confidentiel. *I'm telling you this in a confidential way.*

à titre de—*as, in the capacity of*
Je te donne ce conseil à titre d'ami. *I give you this advice as (in the capacity of) a friend.*

au même titre—*by the same token*
Le candidat est riche, mais au même titre il n'a besoin de rien. *The candidate is rich, but by the same token he doesn't need anything.*

au même titre que—*in the same way as*
La radio est libre au même titre que la presse. *The radio is free in the same way as the press.*

---

toilette—*dress, toilet*
faire sa toilette—*to wash up (and dress)*
Le temps de faire ma toilette et je suis à vous. *Let me just get washed up (and dressed) and I'll be right with you.*

tombeau—*tomb, grave*
à tombeau ouvert—*at breakneck speed*
La voiture roulait à tombeau ouvert lorsque l'accident a eu lieu. *The car was going at breakneck speed when the accident occurred.*

tomber—*to fall*
Il tombe des hallebardes.—*It's raining cats and dogs.*

tomber à la renverse (de surprise)—*to fall over backwards*
En le voyant, elle est tombée à la renverse (de surprise). *On seeing him, she fell over backwards.*

tomber à l'eau (dans le lac)—*to go down the drain*
Faute de crédits, tous nos projets sont tombés à l'eau (dans le lac). *For lack of funds, all our plans went down the drain.*

tomber amoureux de—*to fall for, to fall in love with*
Elle a quitté son fiancé parce qu'elle était tombée amoureuse d'un marin. *She left her fiancé because she had fallen for (fallen in love with) a sailor.*

tomber bien (juste)—*to come (just) at the right time*
Ce chèque de mon père tombe bien (tombe juste). *This check from my father comes (just) at the right time.*

tomber dans les pommes—*to pass out (cold)*
Le vue du sang l'a fait tomber dans les pommes. *The sight of blood made him pass out (cold).*

tomber dans un guêpier—*to stir up a hornet's nest*
Il ne se rendait pas compte en posant la question qu'il allait tomber dans un guêpier. *He didn't realize in asking the question that he was going to stir up a hornet's nest.*

tomber de Charybde en Scylla—*to jump out of the frying pan into the fire*

Pensant trouver refuge chez ses anciens alliés, il est tombé de Charybde en Scylla. *Thinking he would find refuge with his former allies, he jumped out of the frying pan into the fire.*

tomber de haut—*to come down to earth with a jolt*
Quand ils ont échoué malgré tout, je suis tombé de haut. *When they failed in spite of everything, I came down to earth with a jolt.*

tomber des nues—*to be thunderstruck*
Moi, je tombais des nues; je ne m'y attendais pas du tout. *As for me, I was thunderstruck; I didn't expect it at all.*

tomber du ciel—*to be a god-send*
Cette nouvelle tombait du ciel. *That news was a god-send.*

tomber en enfance—*to be in one's second childhood*
Son grand-père est tombé en enfance; il faut s'occuper de lui tout le temps. *Her grandfather is in his second childhood; he has to be looked after constantly.*

tomber en panne—*to break down*
Ils auraient gagné mais leur auto est tombée en panne. *They would have won but their car broke down.*

tomber en quenouille—*to fall into women's hands*
La médecine tombe en quenouille. *Medicine is falling into women's hands.*

tomber sous le sens—*to be self-evident*
Ce n'est pas la peine d'en discuter; cela tombe sous le sens. *It's not worth discussing; it is self-evident.*

tomber sur—*to fall in with, to happen upon, to run into; to light into; to come across*
En me promenant, je suis tombé sur mon vieil ami Paul. *While walking, I fell in with (I happened upon, I ran into) my old friend Paul.* Les deux soldats sont tombés sur la sentinelle. *The two soldiers lit into the sentry.* Je suis tombé sur cette référence dans le journal. *I came across this reference in the newspaper.*

tomber sur un bec (un os)—*to come up against (to hit) a snag*
Au bout de trois heures de recherches, il est tombé sur un bec (un os). *After three hours of searching, he came up against (he hit) a snag.*

tondre—*to clip, to mow*
Il tondrait un oeuf.—*He is a skinflint.*

tonnerre—*thunder*
du tonnerre—*tremendous, terrific*
C'est un pilote de course du tonnerre! *He's a tremendous (a terrific) race driver!*

Tonnerre de Brest!—*Shiver my timbers!*

torchon—*dish towel*
le coup de torchon—*brawl; purge*
Les soldats se sont donné le coup de torchon. *The soldiers had a brawl.*
Pour se débarrasser de ses anciens militants, le parti a donné un coup de torchon. *To get rid of its old militants, the party made a purge.*

Le torchon brûle.—*Things aren't going well between them.*

tordre—*to twist, to wring*
se tordre (de rire)—*to be rolling in the aisles, to laugh one's head off*
Le public se tordait (de rire). *The audience was rolling in the aisles (was laughing its head off).*

tort—*fault, wrong*
à tort—*wrongfully*
Il m'accusait à tort d'avoir volé le tableau. *He wrongfully accused me of having stolen the picture.*

à tort et à travers—*without rhyme or reason*
Elle a parlé du livre à tort et à travers. *She spoke without rhyme or reason about the book.*

avoir tort—*to be wrong*
J'ai eu tort de ne pas en parler plus tôt. *I was wrong not to speak of it earlier.*

dans son tort—*in the wrong*
L'autre chauffeur était dans son tort. *The other driver was in the wrong.*

touche—*touch, key*
　　sur la touche—*high and dry*
　　Le système de santé a laissé sur la touche un grand nombre de malades.
　　　The health system has left a great many patients high and dry.

toucher—*to touch*
　　toucher de près—*to be of intimate concern to*
　　Je m'occupe de cette question parce qu'elle me touche de près. *I'm taking*
　　　care of this matter because it is of intimate concern to me.

　　toucher du doigt—*to get to the heart of, to put one's finger on*
　　Là, vous touchez du doigt le problème essentiel. *There, you're getting to*
　　　the heart of (putting your finger on) the basic problem.

　　toucher un chèque—*to cash a check*
　　On lui a dit de ne pas toucher le chèque tout de suite. *He was told not to*
　　　cash the check right away.

　　toucher un mot—*to drop a hint*
　　Je lui a touché un mot sur ses absences fréquentes. *I dropped him a hint*
　　　about his frequent absences.

　　toucher un salaire de—*to make (a salary of)*
　　Cet employé touche un salaire de cinq mille francs. *This employee makes*
　　　(a salary of) five thousand francs.

　　un air de ne pas y toucher—*playing the innocent*
　　Son air de ne pas y toucher ne trompait personne. *Her playing the*
　　　innocent didn't fool anyone.

toujours—*always, still*
　　C'est toujours cela.—*At least it's something.*

　　toujours est-il que—*the fact remains that*
　　Toujours est-il que nous n'avons pas l'argent nécessaire. *The fact remains*
　　　that we don't have the required money.

tour—*lathe, trick, trip, turn*
　　à tour de bras—*with all one's might*
　　Ils l'ont frappé à tour de bras. *They hit him with all their might.*

à tour de rôle—*in turn, taking turns*

Pendant la longue route, nous avons conduit à tour de rôle. *During the long trip, we drove in turn (we drove taking turns).*

avoir. . .de tour—*to be. . .around*

Sa propriété a trois kilomètres de tour. *His property is three kilometers around.*

en un tour de main (un tournemain)—*in a jiffy*

Ne vous impatientez pas; ce travail sera fait en un tour de main (un tournemain). *Don't get impatient; this job will be done in a jiffy.*

faire le tour du cadran—*to sleep around the clock*

Après sa longue veillée, il a fait le tour du cadran. *After his long watch, he slept around the clock.*

faire le tour d'une question—*to look at a question from all sides*

Faisons d'abord le tour de cette question; puis nous examinerons les possibilités. *Let's first look at this question from all sides; then we'll go into the possibilities.*

faire un tour (à bicyclette, en auto, etc.)—*to go for a walk, a ride (on a bicycle, in a car, etc.)*

Nous avons fait un tour (en auto) avant dîner. *We went for a walk (for a little ride in our car) before dinner.*

le tour de main—*the knack*

Je ne peux plus le faire parce que j'ai perdu le tour de main. *I can't do it any more because I've lost the knack.*

tour à tour—*in turn; one after the other*

Ils ont tous parlé tour à tour. *They all spoke in turn.*

Il a occupé tour à tour des postes de tout genre. *He occupied all sorts of positions, one after the other.*

un tour de force—*quite a feat*

Son exécution de la sonate était un tour de force. *His performance of the sonata was quite a feat.*

---

tournant—*turn*

    attendre quelqu'un au tournant—*to wait for a chance to get back at (even with) someone*

Il m'a trompé, mais je l'attends au tournant. *He fooled me, but I'm waiting for a chance to get back at (even with) him.*

prendre un tournant à la corde—*to make a tight turn*
Pour essayer de semer l'autre voiture, il prenait les tournants à la corde. *Trying to lose the other car, he made tight turns.*

---

tourner—*to stir, to turn*

faire tourner en bourrique—*to drive crazy (up a wall), to have running around in circles*
Son amie le fait tourner en bourrique avec ses caprices. *His girlfriend drives him crazy (up a wall, has him running around in circles) with her whims.*

faire tourner la tête à quelqu'un—*to turn someone's head*
Leurs compliments lui faisaient tourner la tête. *Their compliments turned his head.*

ne pas tourner rond—*to be off one's rocker*
Si ton copain croit cela, c'est qu'il ne tourne pas rond. *If your pal believes that, it's because he's off his rocker.*

se (re)tourner—*to turn around*
Il se (re)tournait constamment pour voir s'il était suivi. *He kept turning around to see if he was being followed.*

se tourner les pouces—*to twiddle one's thumbs*
Viens nous aider au lieu de te tourner les pouces. *Come and help us instead of twiddling your thumbs.*

tourner autour du pot—*to beat around the bush*
Quand tu auras fini de tourner autour du pot, nous pourrons discuter sérieusement. *When you've stopped beating around the bush, we'll be able to discuss it seriously.*

tourner bride—*to turn back*
Les soldats, voyant l'embuscade, ont tourné bride. *The soldiers, seeing the ambush, turned back.*

tourner casaque—*to make an about-face, to turn coat*

Au moment des élections, plusieurs des députés ont tourné casaque. *At election time, several of the congressmen made an about-face (turned coat).*

tourner court—*to come to a sudden end*
Leurs projets grandioses ont tourné court. *Their grandiose plans came to a sudden end.*

tourner de l'oeil—*to faint dead away*
En voyant la souris, elle a tourné de l'oeil. *On seeing the mouse, she fainted dead away.*

tourner en eau de boudin—*to die (to wither) on the vine*
Tous leurs beaux projets ont tourné en eau de boudin. *All their fine plans died (withered) on the vine.*

tourner en ridicule—*to ridicule*
Son adversaire n'a pas eu de mal à le tourner en ridicule. *His opponent had no trouble ridiculing him.*

tourner rond—*to run (to work) smoothly*
Leur système est bien rôdé et il tourne rond. *Their system is well broken-in and it runs (works) smoothly.*

tourner un film—*to shoot a film*
N'y entrez pas; on est en train de tourner un film. *Don't go in there; they're shooting a film now.*

---

tout—*all, every, quite*

à tous crins—*out-and-out*
C'est un républicain à tous crins. *He is an out-and-out Republican.*

à toutes les sauces—*every which way*
Il raconte toujours la même histoire, qu'il accommode à toutes les sauces. *He always tells the same story, which he arranges every which way.*

à tous les coups—*at every shot (try)*
Quelle chance! Il gagne à tous les coups. *What luck! He wins at every shot (try).*

A tout à l'heure!—*See you later! So long!*

à tout bout de champ—*at every turn*

Elle cite Marx à tout bout de champ. *She quotes Marx at every turn.*

à tout casser—*at most; terrific*

A tout casser ils gagnent dix mille dollars par an. *At most they earn ten thousand dollars a year.*

On leur a offert un repas à tout casser. *They were given a terrific meal.*

à toute allure—*full blast, top speed*

Le train roulait à toute allure. *The train was going full blast (top speed).*

à toute épreuve—*foolproof*

C'est un mécanisme à toute épreuve. *It's a foolproof mechanism.*

à toutes fins utiles—*for whatever it may be worth, for whatever purpose it may serve*

Je vous envoie ce document à toutes fins utiles. *I am sending you this document for whatever it may be worth (for whatever purpose it may serve).*

à toutes jambes—*at top speed*

Il s'est sauvé à toutes jambes en nous voyant. *He ran away at top speed when he saw us.*

à tout hasard—*on an off chance*

Je lui ai posé la question à tout hasard. *I asked him the question on an off chance.*

à tout prendre—*in the main, on the whole*

A tout prendre, leur entreprise est très solide. *In the main (On the whole), their business is very sound.*

à tout propos—*at every opportunity*

Il vient m'interrompre à tout propos. *He comes and interrupts me at every opportunity.*

C'est du tout cuit.—*It's in the bag.*

C'est tout un.—*It comes to the same thing.*

comme tout un chacun—*like anybody else*

Je veux faire ce que je veux, comme tout un chacun. *I want to do as I wish, like anybody else.*

dans tous ses états—*in a state (a stew)*

Mon frère était dans tous ses états à cause de ses examens. *My brother was in a state (in a stew) because of his exams.*

de tous bords—*of all persuasions*

Le projet de loi a été attaqué par des gens de tous bords. *The bill was attacked by people of all persuasions.*

de toute façon—*in any case*

De toute façon, nous n'y pouvons rien. *In any case, we can't do anything about it.*

de toutes pièces—*from whole cloth, total(ly)*

C'est une histoire fabriquée de toutes pièces. *It's a story fabricated from whole cloth (a totally fabricated story).*

du tout—*a bit, at all*

Cela ne m'a pas fait mal du tout. *That didn't hurt me a bit (at all).*

en tout bien tout honneur—*with only the highest intentions*

Je vous le dis en tout bien tout honneur. *I tell you this with only the highest intentions.*

en toutes lettres—*in full detail*

La vérité sur ses actions y était écrite en toutes lettres. *The truth about his actions was written out there in full.*

le tout est de (que)—*the most important thing is*

Gagner est facile; le tout est de garder ce qu'on a gagné. *Winning is easy; the most important thing is keeping what one has won.*

le tout-(Paris, etc.)—*everyone who is anyone (in Paris, etc.)*

Le tout-Paris est venu au vernissage du peintre. *Everyone who is anyone in Paris came to the painter's* vernissage.

pour tout (+ nom)—*as one's only (entire) (+ noun)*

"[Le Roi de Sardaigne] avait pour toute armée quatre-vingt-dix paysans." *"[The King of Sardinia] had ninety peasants as his only (entire) army."*

pour tout potage—*all told*

Ses héritiers ont reçu quelques milliers de francs, pour tout potage. *His heirs received a few thousand francs, all told.*

sur tous les tons—*in every possible way*

J'ai essayé sur tous les tons de le lui faire comprendre. *I tried in every possible way to make him understand it.*

tous azimuts—*all points, all quarters, all-out*
L'agence publicitaire a entrepris une opération tous azimuts. *The advertising agency undertook an all points (all quarters, all-out) campaign.*

tous les combien?—*how often?*
Tu leur téléphones tous les combien? *How often do you phone them?*

tous les deux jours (mois, etc.)—*every other day (month, etc.)*
Je le vois tous les deux jours. *I see him every other day.*

tous les trente-six du mois—*once in a blue moon*
Nous nous parlons tous les trente-six du mois. *We talk with each other once in a blue moon.*

tout à coup (tout d'un coup)—*all of a sudden*
Il a cessé de pleuvoir tout à coup (tout d'un coup). *It stopped raining all of a sudden.*

tout + adj. + que—*for all one may*
Tout riche qu'il soit, il ne donne rien aux pauvres. *For all he may be rich, he gives nothing to the poor.*

tout à fait—*completely, absolutely*
Ce qu'il a dit est tout à fait ridicule. *What he said is completely (absolutely) ridiculous.*

tout à l'heure—*a little while ago; by and by, in a while*
Je l'ai vu passer tout à l'heure. *I saw him go by a little while ago.* Je suis sûr que nous le reverrons tout à l'heure. *I'm sure we'll see him again by and by (in a while).*

tout au moins—*at the very least*
Vous pourriez tout au moins leur dire bonjour. *You might at the very least say hello to them.*

tout au plus—*at the outside, at (the very) most*
Le programme peut accepter douze candidats tout au plus. *The program can accept twelve applicants at the outside (at most, at the very most).*

tout de go—*straight off*

Il a accepté notre offre tout de go. *He accepted our offer straight off.*

tout fait—*ready-made*
Ses opinions sur ce point sont toutes faites. *His opinions on this point are
ready-made.*

tout feu tout flamme—*a ball of fire*
Au début, quand elle a pris ce travail, elle était tout feu tout flamme. *In
the beginning, when she took this job, she was a ball of fire.*

toute la sainte journée—*all (the whole) day long*
Je suis si fatigué que je veux dormir toute la sainte journée. *I'm so tired
that I want to sleep all (the whole) day long.*

toute proportion gardée—*allowing for the difference (in size, etc.)*
Toute proportion gardée, son château est aussi beau que celui de Versailles.
Allowing for the difference in size, his castle is as fine as Versailles.

toute une affaire—*quite a job*
Corriger ce texte, c'est toute une affaire. *Correcting this text is quite a job.*

toutes voiles dehors—*under full sail; all out*
Le bateau voguait toutes voiles dehors. *The boat was going under full sail.*
Ils ont mis toutes voiles dehors pour terminer le travail à temps. *They
went all out to finish the job on time.*

tout juste—*(just) barely*
Elle a tout juste quinze ans. *She is (just) barely fifteen.*

tout le bataclan (le fourbi, le saint-frusquin, le tremblement)—*the
whole kit and caboodle*
Ils ont essayé de fourrer tout le bataclan (le fourbi, le saint-frusquin, le
tremblement) dans leur voiture. *They tried to fit the whole kit and
caboodle into their car.*

tout le monde—*everyone, everybody*
Tout le monde sait que ça ne va plus entre eux. *Everyone (Everybody)
knows that it's all over between them.*

---

train—*train*

au (du) train où—*at the rate*
Au (Du) train où vont les choses, la situation ne sera jamais normale. *At
the rate things are going, the situation will never be normal.*

en train—*in (good) shape; under way*
Vous avez l'air en train aujourd'hui. *You look in (good) shape today.*
L'opération est déjà en train. *The operation is already under way.*

en train de—*in the midst of*
Quand tu es entré, j'étais en train de faire mes devoirs. *When you came in, I was in the midst of doing my homework.*

le train de vie—*life-style*
Ayant perdu leur fortune, ils ne pouvaient plus maintenir leur train de vie. *Having lost their fortune, they could no longer maintain their life-style.*

---

traînée—*trail, streak*
  comme une traînée de poudre—*like wildfire*
La nouvelle s'est répandue comme une traînée de poudre. *The news spread like wildfire.*

---

traîner—*to drag, to draw*
  faire traîner en longueur—*to drag (to spin) out*
Ne faites pas traîner votre histoire en longueur; venez-en au fait. *Don't drag (spin) out your story; get to the point.*

---

trait—*line, trait, stroke*
  avoir trait à—*to be concerned with (related to)*
Il s'intéresse à tout ce qui a trait à l'électronique. *He is interested in everything which is concerned with (related to) electronics.*

  d'un trait—*in one gulp*
Il a avalé sa bière d'un trait. *He swallowed his beer in one gulp.*

---

traiter—*to deal, to treat, to use*
  traiter de—*to call*
Elle l'a traité d'imbécile. *She called him an idiot.*

  traiter de haut—*to act condescendingly toward*
Elle prend des airs et traite tout le monde de haut. *She puts on airs and acts condescendingly toward everyone.*

---

traître—*treacherous, traitor*
   pas un traître mot—*not a single word*
   Elle n'a pas dit un traître mot pendant la soirée. *She didn't say a single word all evening.*

tranchant—*(cutting) edge*
   à double tranchant—*that cuts both ways*
   Le sarcasme est une arme à double tranchant. *Sarcasm is a weapon that cuts both ways.*

transe—*trance, agony*
   entrer en transe—*to see red, to fly into a rage*
   Chaque fois qu'on rentrait tard, Papa entrait en transe. *Every time we came home late, Dad would see red (would fly into a rage).*

travail—*job, work*
   les travaux forcés—*hard labor*
   Il a été condamné à dix ans de travaux forcés. *He was sentenced to ten years' hard labor.*

   le travail noir—*moonlighting*
   Pour payer ses dettes il s'est mis à faire du travail noir. *To pay his debts he began moonlighting.*

travailler—*to work*
   Il travaille du chapeau.—*He has a screw loose.*

   travailler l'esprit de quelqu'un—*to prey on someone's mind*
   Ce souci m'a travaillé l'esprit toute la nuit. *That worry preyed on my mind all night long.*

   travailler pour le roi de Prusse—*to work for nothing (for peanuts)*
   J'ai démissionné, ne voulant pas travailler pour le roi de Prusse. *I resigned, since I didn't want to work for nothing (for peanuts).*

travers—*breadth, fault*
   à travers—*across, through*

Nous sommes partis à travers champs. *We set out across (through) the fields.*

au travers de—*through*

Au travers des arbres, on apercevait la mer. *Through the trees, you could see the ocean.*

de travers—*the wrong way*

J'ai avalé de travers. *I swallowed the wrong way.*

en travers de—*across, athwart*

Il s'est mis en travers du chemin. *He set himself across (athwart) the path.*

---

tremper—*to dip, to soak, to temper*

trempé jusqu'aux os (comme une soupe)—*soaked to the skin*

Surpris par la pluie, ils sont rentrés trempés jusqu'aux os (comme une soupe). *Caught in the rain, they came home soaked to the skin.*

tremper dans une affaire—*to be involved (to have a hand) in a deal*

On dit qu'il a trempé dans cette affaire louche. *People say that he was involved (had a hand) in that shady deal.*

---

trente—*thirty*

Il n'y a pas trente-six façons de le faire.—*There's only one way to do it.*

sur son trente-et-un—*all dolled up*

Elle s'était mise sur son trente-et-un pour aller danser. *She had gotten all dolled up to go dancing.*

---

tresser—*to braid*

tresser des couronnes à quelqu'un—*to sing someone's praises*

Cesse de lui tresser des couronnes, et dis-lui ce que tu penses vraiment. *Stop singing his praises, and tell him what you really think.*

---

trève—*truce*

la trève des confiseurs—*a political truce (at Christmas/New Year's)*

Pendant les fêtes, les députés marquaient la trève des confiseurs. *During the (Christmas/New Year's) holidays, the congressmen marked a political truce.*

trève de—*(that's) enough, stop*
Trève de compliments, je veux avoir votre opinion sincère. *(That's) Enough compliments (Stop the compliments), I want to get your sincere opinion.*

trier—*to select, to sort*
triés sur le volet—*a select few*
Les soldats de ce régiment sont triés sur le volet. *The soldiers in this regiment are a select few.*

tringle—*(curtain) rod*
se mettre la tringle—*to tighten one's belt*
Nous avons tous été obligés de nous mettre la tringle pendant la récession. *We have all been forced to tighten our belts during the recession.*

tripe—*tripe, gut*
rendre tripes et boyaux—*to be sick as a dog*
Après avoir mangé des produits avariés, ils ont tous rendu tripes et boyaux. *After eating spoiled produce, they were all sick as a dog.*

triste—*sad*
faire triste figure—*to cut a sorry figure*
Il faisait triste figure dans cette affaire. *He cut a sorry figure in that affair.*

faire triste mine à—*to give a cold reception to*
Après sa longue absence, son amie lui a fait triste mine. *After his long absence, his girl friend gave him a cold reception.*

triste comme un bonnet de nuit—*as dull as dishwater*
Son mari est riche mais il est triste comme un bonnet de nuit. *Her husband is rich but he's as dull as dishwater.*

un triste sire—*an unsavory individual*
L'homme avec lequel vous parliez me paraissait un triste sire. *The man you were talking with seemed like an unsavory individual to me.*

troisième—*third*
le troisième âge—*senior citizens*

La municipalité offre beaucoup de services au troisième âge. *The city offers many services to senior citizens.*

---

tromper—*to deceive, to fool*

se tromper—*to be wrong, to make a mistake*

Si vous croyez tout ce qu'il dit, vous vous trompez. *If you believe everything he says, you're wrong (you're making a mistake).*

se tromper d'adresse (de numéro, etc.)—*to have the wrong address (number, etc.); to be barking up the wrong tree*

Je n'ai pas trouvé le bureau parce que je me suis trompé d'étage. *I didn't find the office because I had the wrong floor.*

Si vous pensez que je vais vous donner de l'argent, vous vous trompez d'adresse. *If you think I'm going to give you money, you're barking up the wrong tree.*

tromper l'attente de—*not to live up to the expectations of*

Leur fils a trompé l'attente de la famille. *Their son didn't live up to his family's expectations.*

---

trop—*too, too many, too much*

de (en) trop—*to spare*

Prêtez-moi du sucre si vous en avez de (en) trop. *Lend me some sugar if you have any to spare.*

de trop—*in the way, not welcome*

Je sentais que j'étais de trop dans ce groupe. *I felt that I was in the way (not welcome) in that group.*

Je ne sais pas trop.—*I don't know exactly.*

par trop—*far (much) too*

J'ai trouvé sa réponse par trop insolente. *I found his reply far (much) too insolent.*

---

trou—*hole, gap*

faire son trou—*to find one's place (in the world)*

D'une façon ou d'une autre, je veux faire mon trou. *One way or another, I want to find my place (in the world).*

---

trousse—*bundle, kit*

  aux trousses de—*(hot) on the heels of*

  La police était aux trousses du cambrioleur. *The police was (hot) on the heels of the burglar.*

---

trouver—*to find*

  aller trouver—*to go and see*

  Allez trouver le directeur pour cette question. *Go and see the director about that question.*

  C'est bien trouvé.—*That's a good one.*

  il se trouve que—*it (so) happens that*

  Il se trouve que je n'étais pas là ce jour-là. *It (so) happens I was not there that day.*

  ne pas se trouver dans le pas d'un cheval—*to be few and far between (in short supply)*

  Des hommes totalement honnêtes, ça ne se trouve pas dans le pas d'un cheval. *Completely honest men are few and far between (in short supply).*

  ne pas trouver amateur—*to go begging*

  Il y a de beaux terrains à bâtir qui ne trouvent toujours pas amateur. *There are beautiful building lots which are still going begging.*

  se trouver—*to be, to feel; to be (situated)*

  Comment vous trouvez-vous maintenant? *How are you (feeling) now?* La villa se trouve au bord d'un lac. *The cottage is (situated) on a lakeshore.*

  se trouver bien (mal) de—*to be glad about (to regret) having*

  Elle se trouvait bien (mal) d'avoir rendu visite à sa tante. *She was glad about (She regretted) having visited her aunt.*

  se trouver mal—*to faint, to pass out*

  Il se trouvait mal à cause du manque d'air. *He was fainting (passing out) for the lack of air.*

  trouver à qui parler—*to meet one's match*

  Après quelques victoires faciles, le champion a enfin trouvé à qui parler. *After a few easy victories, the champion finally met his match.*

  trouver à redire à—*to find fault with, to take exception to*

Ce client trouve à redire à tout ce qu'on lui offre. *This customer finds fault with (takes exception to) everything we offer him.*

trouver bon de—*to see fit to*
Le professeur a trouvé bon de recommencer la leçon. *The teacher saw fit to start the lesson over.*

trouver chaussure à son pied—*to find one's proper match (mate)*
Il ne s'est jamais marié, n'ayant pas trouvé chaussure à son pied. *He never married, not having found a proper match (mate).*

trouver la mort—*to lose one's life*
Il a trouvé la mort dans un accident d'auto. *He lost his life in an automobile accident.*

trouver la pie au nid—*to make an important discovery*
L'agent a trouvé la pie au nid, et il espère décrocher la prime. *The officer has made an important discovery, and he hopes to get a reward.*

trouver le joint—*to get a handle on it*
Je n'arrive pas à trouver le joint. *I can't manage to get a handle on it.*

---

tu—*thou, you*
  à tu et à toi—*on a first-name basis, on familiar terms*
  Ils se connaissent depuis peu mais ils sont déjà à tu et à toi. *They have known each other only a short time but they're already on a first-name basis (on familiar terms).*

---

tuer—*to kill*
  à tue-tête—*at the top of one's lungs*
  Tous les galopins criaient à tue-tête. *All the kids were screaming at the top of their lungs.*

  se tuer—*to be (to get) killed*
  Ses parents se sont tués dans une avalanche. *His parents were (got) killed in an avalanche.*

---

turc—*Turkish*
  à la turque—*cross-legged*

Tous les enfants étaient assis à la turque, en lisant. *All the children were sitting cross-legged, reading.*

un—*a, an, one*
  à la une—*on the front page*
Donnez cinq colonnes à la une à ce titre. *Give this headline five columns on the front page.*

  comme pas un—*like nobody's business*
Elle fait ce travail comme pas un. *She does this work like nobody's business.*

  Et d'un(e)!—*One down!*

  l'un dans l'autre—*all in all*
L'un dans l'autre, ils gagnent dix mille dollars par an. *All in all, they make ten thousand dollars a year.*

urgence—*urgency, emergency*
  d'urgence—*immediately, emergency (adj. or adv.)*
Etant donné la gravité de son état, il a été opéré d'urgence. *Given the seriousness of his condition, he was operated on immediately (was given an emergency operation).*

urne—*urn*
  aller aux urnes—*to go to the polls*
Presque la totalité des Français sont allés aux urnes dimanche dernier. *Nearly all the French went to the polls last Sunday.*

usage—*custom, use, wear*
  avoir l'usage du monde—*to be worldly-wise, to know one's way around*
Grâce à son expérience, il a l'usage du monde. *Thanks to his experience, he is worldly-wise (he knows his way around).*

d'usage—*customary*
Il était d'usage de porter le deuil des membres de la famille pendant un an. *It was customary to wear mourning for family members for a year.*

faire de l'usage—*to wear (well)*
Ces vêtements nous ont fait beaucoup d'usage. *These clothes have worn very well for us.*

---

user—*to use, to wear out*
en user avec—*to treat*
Elle en a très mal usé avec lui. *She has treated him very badly.*

---

vache—*cow*
en vache—*on the sly*
Elle lui donnait des coups de pied en vache, mine de rien. *She was kicking him on the sly, without seeming to.*

---

vaisselle—*crockery*
faire la vaisselle—*to do (to wash) the dishes*
C'est votre tour de faire la vaisselle ce soir. *It's your turn to do (to wash) the dishes this evening.*

---

valoir—*to be worth*
Cela ne vaut pas les quatre fers d'un chien (un clou).—*It's not worth a hill of beans (a tinker's damn).*

Ça vaut le coup!—*It's worth it (the trouble)!*

faire valoir—*to do justice to, to make the most of; to impress upon (someone)*
Cette photo ne fait pas valoir sa beauté réelle. *This picture doesn't do justice to (make the most of) her real beauty.*

Il tenait à faire valoir ses droits au tribunal. *He insisted on impressing his rights upon the court.*

ne pas valoir cher—*not to be much good*
Il ne vaut pas cher comme cuisinier. *He isn't much good as a cook.*

ne valoir rien à—*not to agree with*
Les concombres ne me valent rien, alors j'évite de les manger. *Cucumbers don't agree with me, so I avoid eating them.*

se faire valoir—*to blow one's own horn*
Quand le patron est là, Jean essaie toujours de se faire valoir. *When the boss is around, John always tries to blow his own horn.*

vaille que vaille—*come what may*
Je vais tenter le coup vaille que vaille. *I'm going to give it a try, come what may.*

valoir la peine—*to be worthwhile.*
Cela vaut la peine de lui demander. *It's worthwhile asking him.*

valoir mieux—*to be better*
Il vaut mieux que vous essayiez de la calmer. *It's better for you to try to calm her.*

---

valser—*to waltz*

envoyer valser—*to send flying*
D'un geste violent, il a envoyé valser tous les papiers. *With a violent gesture, he sent all the papers flying.*

faire valser l'argent—*to spend money like water*
Ils prétendaient essayer de faire des économies, mais en réalité ils faisaient valser l'argent. *They claimed they were trying to economize, but in reality they were spending money like water.*

---

vase—*receptacle, vase*

en vase clos—*in a vacuum, in isolation*
Les étudiants se plaignent de vivre en vase clos. *The students complain of living in a vacuum (in isolation).*

---

vau—*valley*
à vau-l'eau—*down the drain, to the dogs*
Son entreprise allait à vau-l'eau. *His business was going down the drain (to the dogs).*

veau—*calf, veal*
faire le veau—*to lie around*
Cesse de faire le veau et mets-toi au travail. *Stop lying around and start working.*

vedette—*star, vedette*
en vedette—*in the limelight*
Avec la crise, les économistes sont en vedette actuellement. *With the crisis, economists are in the limelight at present.*

veiller—*to keep watch, to stay awake*
veiller à ce que—*to see to it that*
Veillez à ce que tout reste tranquille pendant mon absence. *See to it that everything remains quiet during my absence.*

veiller au grain—*to keep one's eyes open*
Notre situation est précaire; il faut veiller au grain. *Our situation is shaky; we have to keep our eyes open.*

veine—*vein, luck*
en veine de—*in a mood (a frame of mind) to*
Je ne me sens pas en veine d'écrire. *I don't feel in a mood (a frame of mind) to write.*

vendre—*to sell*
vendre aux enchères—*to auction off, to put under the hammer*
Après leur faillite, tous leurs biens ont été vendus aux enchères. *After their bankruptcy, all their possessions were auctioned off (were put under the hammer).*

vendre la peau de l'ours—*to count one's chickens before they are hatched*

En fêtant si tôt son élection, il vendait la peau de l'ours. *In celebrating his election so soon, he was counting his chickens before they were hatched.*

---

venir—*to come*

en venir à—*to arrive at*

Finalement, j'en viens à votre question principale. *Finally, I arrive at your main question.*

en venir aux mains—*to come to blows*

Après s'être injuriés, ils en sont venus aux mains. *After insulting each other, they came to blows.*

faire venir—*to send for*

Nous avons fait venir le médecin. *We sent for the doctor.*

faire venir l'eau à la bouche à quelqu'un—*to make someone's mouth water*

Ce bon ragoût me fait venir l'eau à la bouche. *This good stew makes my mouth water.*

Venez(-en) au fait!—*Come (get) to the point!*

venir à—*to happen to*

S'il venait à pleuvoir, nous pourrions aller au cinéma. *If it happened to rain, we could go to the movies.*

venir à bout de—*to cope with; to overcome, to wear down*

Je ne pourrai jamais venir à bout de ce travail tout seul. *I'll never be able to cope with this job myself.* Son obstination est venue à bout de notre résistance. *Her stubbornness overcame (wore down) our resistance.*

venir chercher—*to call for, to come and get*

Attendez-moi; je viendrai vous chercher à huit heures ce soir. *Wait for me; I'll call for (I'll come and get) you at eight o'clock this evening.*

venir de—*to have just*

Ils venaient de rentrer quand je les ai vus. *They had just returned when I saw them.*

---

vent—*wind*

avoir le vent en poupe—*for everything to be going one's way*

Après le grand succès de cet acteur à Broadway, il a le vent en poupe. *Following that actor's big success on Broadway, everything is going his way.*

avoir vent de—*to get wind of*
J'ai eu vent de cette transaction avant les autres. *I got wind of that deal before the others did.*

contre vents et marées—*through thick and thin*
Elle m'a soutenu contre vents et marées. *She has stayed with me through thick and thin.*

dans le vent—*in the swim*
Malgré son âge, il reste toujours dans le vent. *Despite his age, he still remains in the swim.*

Il fait un vent à écorner des boeufs.—*It's windy enough to blow you over.*

Il y a du vent dans les voiles.—*He's loaded to the gills.*

Quel bon vent vous amène?—*What do we owe the pleasure of your company to?*

---

ventre—*belly, stomach*
ventre à terre—*at full gallop*
Le cavalier est parti ventre à terre. *The horseman went off at full gallop.*

---

verbe—*verb, word*
avoir le verbe haut—*to be high and mighty*
Même après sa défaite, il avait toujours le verbe haut. *Even after his defeat, he was still high and mighty.*

---

verre—*glass*
avoir un verre dans le nez—*to have had one too many*
Il avait un verre dans le nez et titubait en marchant. *He had had one too many and staggered as he walked.*

boire (prendre) un verre—*to have a drink*
Allons boire (prendre) un verre ensemble au café. *Let's go have a drink together at the café.*

---

verrou—*bolt*

sous les verrous—*under lock and key*

Je ne me sentirai pas tranquille tant que ce malfaiteur ne sera pas sous les verrous. *I won't feel at ease until that criminal is under lock and key.*

vert—*green*

Ils (les raisins) sont trop verts.—*Sour grapes.*

de(s) vertes et de(s) pas mûres—*shocking things*

Elle nous en a dit de(s) vertes et de(s) pas mûres. *She said some shocking things to us.*

vertu—*virtue, power*

en vertu de—*in accordance with*

Je l'ai fait en vertu de votre autorisation. *I did it in accordance with your authorization.*

veste—*coat*

prendre (ramasser, remporter) une veste—*to take a beating (a licking)*

Le candidat républicain a pris (a ramassé, a remporté) une veste aux élections. *The Republican candidate took a beating (a licking) in the elections.*

vestiaire—*cloakroom, dressing room*

Au vestiaire!—*Get off the field! Back to the bushes!*

vidange—*emptying*

faire la vidange—*to change the oil*

N'oubliez pas de faire la vidange de votre voiture. *Don't forget to have the oil changed in your car.*

vide—*empty*

sous vide—*under vacuum*

Ce café est emballé sous vide. *This coffee is packed under vacuum.*

vider—*to empty*

vider les lieux—*to clear out, to vacate the premises*

La police lui a intimé l'ordre de vider les lieux immédiatement. *The police ordered him to clear out (to vacate the premises) immediately.*

vider son sac—*to get it (things) off one's chest, to make a clean breast of it*

Ne pouvant plus garder le silence sur cette affaire, il a décidé de vider son sac. *Unable to remain silent about that affair any longer, he decided to get it (things) off his chest (to make a clean breast of it).*

vider un différend (une querelle, etc.)—*to settle an argument (a dispute, etc.)*

Nous avons fait appel à un médiateur indépendant pour vider notre différend. *We appealed to an independent arbitrator to settle our argument.*

---

vie—*life*

avoir la vie dure—*to die hard*

Cette vieille superstition a la vie dure. *That old superstition dies hard.*

faire la vie—*to live it up, to make a scene*

Depuis la mort de sa femme, il fait la vie. *Since his wife's death, he's been living it up.*

Quand elle rentre trop tard, son mari lui fait la vie. *When she comes home too late, her husband makes a scene.*

mener (rendre) la vie dure à—*to give a hard time to, to make life hard for*

Le directeur menait (rendait) la vie dure à ses employés. *The director gave a hard time to (made life hard for) his employees.*

---

vieux—*old*

un vieux de la vieille—*an old-timer*

Son grand-père, qui avait fait la première guerre mondiale, était un vieux de la vieille. *His grandfather, who had fought in the First World War, was an old-timer.*

vieux comme Hérode (les chemins, le monde, les rues)—*as old as the hills*

Cette idée n'est pas originale; elle est vieille comme Hérode (comme les chemins, le monde, les rues). *That idea isn't original; it's as old as the hills.*

vieux jeu—*old hat*

Votre notion de la politesse est vieux jeu. *Your idea of courtesy is old hat.*

---

vif—*alive, lively, quick*

au vif—*to the quick*

Votre observation m'a blessé au vif. *Your remark cut me to the quick.*

à vif—*bare, open*

Elle avait toujours une plaie à vif. *She still had a bare (an open) wound.*

avoir les nerfs à vif—*to be on edge*

Il avait les nerfs à vif, et prenait toute observation comme une injure. *He was on edge, and took every remark as an insult.*

couper (tailler, trancher) dans le vif—*to take drastic action*

Etant donné le mauvais état de l'économie, le gouvernement se sentait obligé de couper (tailler, trancher) dans le vif. *Given the bad state of the economy, the government felt forced to take drastic action.*

le vif du sujet—*the heart of the matter*

Le conférencier est entré tout de suite dans le vif du sujet. *The lecturer went to the heart of the matter right away.*

sur le vif—*from life*

On voit bien que ce tableau a été peint sur le vif. *You can see that this picture was painted from life.*

---

vigne—*vine, vineyard*
dans les vignes du Seigneur—*in one's cups*
A la fin de la fête, les hommes du village étaient tous dans les vignes du Seigneur. *At the end of the celebration, the men of the village were all in their cups.*

---

vigueur—*vigor*
en vigueur—*in force, in effect*
Ce vieux règlement est toujours en vigueur. *This old regulation is still in force (in effect).*

---

vilain—*bad, naughty, ugly*
un vilain moineau (oiseau)—*a bad egg, an ugly customer*
Evitez de le déranger; c'est un vilain moineau (oiseau). *Avoid bothering him; he's a bad egg (an ugly customer).*

Il y a eu du vilain.—*There was trouble.*

---

vin—*wine*
avoir le vin gai (mauvais, triste)—*to be a cheerful (nasty, sad) drunk*
Ne lui donnez plus à boire; il a le vin mauvais. *Don't give him any more to drink; he's a nasty drunk.*

---

violent—*violent*
C'est un peu violent!—*That's a bit much!*

---

violon—*violin*
un violon d'Ingres—*a hobby*
La peinture était le violon d'Ingres de Winston Churchill. *Painting was Winston Churchill's hobby.*

---

visage—*face*
à visage découvert—*openly*

Je vais lui en parler à visage découvert. *I'm going to speak openly to him about it.*

faire bon visage à—*to put on a show of friendliness toward*
Il voyait qu'elle lui faisait bon visage, mais il savait ce qu'elle pensait vraiment. *He saw that she was putting on a show of friendliness toward him, but he knew what she really thought.*

---

vite—*quickly*
aller plus vite que les violons—*to jump the gun*
Doucement; nous ne voulons pas aller plus vite que les violons. *Take it easy; we don't want to jump the gun.*

---

vitesse—*gear, speed*
à toute vitesse (en quatrième vitesse, en vitesse)—*at top speed*
Quand on les a appelés, ils sont venus à toute vitesse (en quatrième vitesse, en vitesse). *When they were called, they came at top speed.*

gagner (prendre) de vitesse—*to outstrip; to steal a march on*
Son cheval a gagné (a pris) le favori de vitesse. *His horse outstripped the favorite.* Sa compagnie a gagné (a pris) ses concurrents de vitesse avec ce brevet. *His company stole a march on its competitors with this patent.*

---

vivre—*to live*
du vivant de—*during the lifetime of*
Du vivant de mon père, ce n'était pas ainsi. *During my father's lifetime, it wasn't like that.*

Vive . . .!—*Long live . . .!*

vivre au jour le jour—*to live from day to day, from hand to mouth*
Au lieu de penser à l'avenir, il préfère vivre au jour le jour. *Instead of thinking of the future, he prefers to live from day to day (from hand to mouth).*

vivre d'amour et d'eau fraîche—*to live on love alone*
Il vous faut de l'argent; vous ne pouvez pas vivre d'amour et d'eau fraîche. *You need money; you can't live on love alone.*

vivre en bonne intelligence—*to get along well*
Malgré leurs différences, ils ont réussi à vivre en bonne intelligence.
Despite their differences, they have managed to get along well.

voguer—*to sail*
(Et) Vogue la galère!—*Come what may!*

voie—*track, way*
en voie de—*nearing, on one's way to*
Les baleines semblent être en voie de disparition. *The whales seem to be
nearing (on their way to) extinction.*

les voies de fait—*acts of violence*
Désespérant de la justice, il en est venu aux voies de fait. *Despairing of
justice, he was reduced to acts of violence.*

voilà—*there is (are)*
Voilà le hic.—*That's the catch (hitch); There's the rub.*

voir—*to see*
Allez voir ailleurs si j'y suis!—*Go fly a kite!*

au vu et au su de tous—*to everybody's knowledge*
Ils vivent ensemble au vu et au su de tous. *They are living together, to
everybody's knowledge.*

en faire voir (de belles, de toutes les couleurs) à—*to give a hard time to*
Elle en fait voir (de belles, de toutes les couleurs) à son mari. *She gives
her husband a hard time.*

faire voir—*to show*
Fais voir tes mains avant d'aller à table. *Show (me) your hands before you
sit down to eat.*

faire voir du pays à—*to give a hard time to*
Les anciens du bureau faisaient voir du pays au nouveau venu. *The senior
office workers gave a hard time to the newcomer.*

laisser voir—*to give away, to reveal*

Son expression laissait voir sa crainte. *His expression gave his fear away (revealed his fear).*

ne pas voir les choses du même oeil—*not to see eye-to-eye*
Les deux associés ne voient pas toujours les choses du même oeil. *The two partners don't always see eye-to-eye.*

Ni vu ni connu!—*Mum's the word!*

n'y voir que du bleu (feu)—*to be taken in*
On avait falsifié les chiffres et les actionnaires n'y voyaient que du bleu (du feu). *The figures had been doctored and the stockholders were taken in.*

se faire bien (mal) voir de—*to get into the good (bad) books of*
Il s'est fait mal voir du proviseur en séchant ses cours. *He got into the principal's bad books by skipping classes.*

se voir (+ infinitif)—*to find oneself (+ past participle)*
Elle s'est vu refuser l'entrée du restaurant. *She found herself refused admission to the restaurant.*

voir du pays—*to get around*
Je vois que vous avez vu du pays pendant vos vacances. *I see that you've gotten around during your vacation.*

voir la vie en rose—*to see life through rose-colored glasses*
Elle est optimiste; elle voit toujours la vie en rose. *She is an optimist; she always sees life through rose-colored glasses.*

voir trente-six chandelles—*to see stars*
Le coup lui a fait voir trente-six chandelles. *The blow made him see stars.*

voir trouble—*to have blurred vision*
Depuis son accident d'auto il voit trouble. *Since his automobile accident he has had blurred vision.*

voir venir quelqu'un (avec ses gros sabots)—*to see through someone*
N'essayez pas de me tromper; je vous vois venir (avec vos gros sabots). *Don't try to fool me; I can see through you.*

Vous voyez le tableau?—*You get the picture?*

y voir—*to (be able to) see*

Je n'y vois goutte parce qu'il fait trop noir. *I don't (can't) see a thing because it's too dark.*

y voir clair—*to see the light*
Je n'avais pas compris leurs mobiles mais je commence à y voir clair. *I hadn't understood their motives but I'm beginning to see the light.*

---

voix—*voice*
    avoir voix au chapitre—*to have a say in things*
C'est seulement grâce à son argent qu'il a voix au chapitre. *It's only thanks to his money that he has a say in things.*

    de vive voix—*orally*
Il a donné sa démission de vive voix, non par écrit. *He tendered his resignation orally, not in writing.*

---

vol—*flight, robbery*
    attraper (saisir) au vol—*to catch on (to) quickly*
Elle a attrapé (saisi) au vol ce que nous voulions dire. *She quickly caught on to what we meant.*

    au vol—*in flight*
Il a attrapé la balle au vol. *He caught the ball in flight.*

    à vol d'oiseau—*as the crow flies*
Le lac est à trois kilomètres d'ici à vol d'oiseau. *The lake is three kilometers from here as the crow flies.*

---

volée—*flight, volley*
    à la volée—*full-force*
Elle m'a giflé à la volée. *She slapped me full force.*

---

voler—*to fly, to steal*
    On entendrait voler une mouche.—*You could hear a pin drop.*

    Tu ne l'as pas volé!—*You asked for it!*

    voler de ses propres ailes—*to fend for oneself, to stand on one's own two feet*

Tu es grand maintenant; tu peux voler de tes propres ailes. *You're a big boy now; you can fend for yourself (stand on your own two feet).*

voler en éclats—*to be shattered (to fly) to pieces*
Pendant la tempête, la vitrine a volé en éclats. *During the storm, the shop window was shattered (flew) to pieces.*

voleur—*thief*
Au voleur!—*Stop, thief!*

volume—*volume*
faire du volume—*to act important*
Il fait du volume pour masquer son insignifiance. *He acts important to hide his insignificance.*

vouloir—*to want, to wish*
En veux-tu, en voilà.—*As much as you like (galore).*

en vouloir à—*to have it in for (to hold it against); to be after*
Je sais qu'il m'en veut toujours de mon refus. *I know that he still has it in for (holds it against) me because I refused.*
Je voudrais bien savoir à quoi il en veut. *I'd like to know what he's after.*

ne rien vouloir savoir—*not to want to hear of it*
Il n'a rien voulu savoir quand on lui a demandé d'y participer. *He wouldn't hear of it when he was asked to take part.*

Que voulez-vous?—*What do you expect?*

s'en vouloir de—*to kick oneself for*
Je m'en veux d'avoir négligé cet aspect de la question. *I could kick myself for neglecting that side of the issue.*

vouloir bien—*to be willing*
Elle nous a dit qu'elle voulait bien venir avec nous. *She told us that she was willing to come with us.*

vouloir dire—*to mean*
Savez-vous ce que veut dire son silence? *Do you know what his silence means?*

Vous l'avez voulu!—*You asked for it!*

---

vrai—*true*

à vrai dire (à dire vrai)—*to tell the truth*
A vrai dire (A dire vrai), la musique populaire m'ennuie. *To tell the truth, popular music bores me.*

dans le vrai—*right*
Vous êtes dans le vrai en le traitant de vaurien. *You're right in calling him a good-for-nothing*

Pas vrai?—*Isn't it? O.K.? Right?*

pour de vrai—*for real, really*
Un jour il va le faire pour de vrai. *Some day he'll do it for real (he'll really do it).*

---

vue—*sight, view*

avoir des vues sur—*to have designs on*
Il est évident que cet homme a des vues sur votre terrain. *It's obvious that this man has designs on your land.*

à vue de nez—*at a rough guess, by rule of thumb*
A vue de nez, vous devez avoir dix mètres de tissu ici. *At a rough guess (by rule of thumb), you must have ten meters of cloth here.*

à vue d'oeil—*visibly*
Cet homme vieillit à vue d'oeil. *That man is aging visibly.*

en vue—*in the public eye*
Cette actrice est très en vue en ce moment. *That actress is very much in the public eye right now.*

en vue de—*with a view (an eye) to*
Faisons-le maintenant, en vue d'une future amélioration. *Let's do it now, with a view (an eye) to improving it in the future.*

une vue de l'esprit—*a theoretical view*
Leurs notions politiques ne sont qu'une vue de l'esprit. *Their political ideas are only a theoretical view.*

Z

zéro—*zero*

avoir le moral à zéro—*to be down in the dumps*

Après le départ de son amie, il avait le moral à zéro. *After his girlfriend left him, he was down in the dumps.*

C'est zéro!—*That's useless (worthless)!*

332

B

#

F

351

N

INDEX FRANÇAIS • ANGLAIS

INDEX FRANÇAIS • ANGLAIS

INDEX FRANÇAIS•ANGLAIS

Y

Z

PART II:
ENGLISH–FRENCH

SECONDE PARTIE:
ANGLAIS–FRANÇAIS

Foreword

Words do not live alone; they are closely knit together; they are interdependent. Words form natural clusters of speech called, more or less synonymously, expressions, locutions, phrases or idioms. These are not usually understandable from the meanings of the successive words. Most students know that the worst thing they can do is to translate an English sentence word for word into French. The result will be "fractured" French, which occasionally is funny, but usually inaccurate and incorrect. There are some expressions, of course, which can be translated literally from one language to the other, such as: Don't put all your eggs in the same basket./ Il ne faut pas mettre tous ses oeufs dans le même panier. For lack of space, such expressions have been omitted from the present dictionary, whose aim is to give as many idioms as possible, with their natural, exact equivalents in the other language, English or French.

Generally speaking, it is not a simple task to find these idioms in the long, compact columns of desk dictionaries under high-frequency entries like *avoir, être, dire, faire,* etc. The pocket dictionaries pack in as many separate words as they can, and leave little room for locutions. By presenting only the most current idiomatic phrases and expressions, this dictionary is handier, easier to consult than the desk size, and much more idiomatically complete than the pocket size. The examples are conversational, modern, up-to-date. Colloquialisms are represented, but slang and vulgarity have been ruled out. Expressions are illustrated with complete sentences, so that the student may use this dictionary as a stylistic guide for translations, compositions, letters, etc. The dictionary is intended for both high school and college students, as well as for the general public and especially the American traveler in France and French-speaking countries.

The basis for the French selection has been the innumerable lists of high-frequency words and idioms published in the last fifty years, beginning with the still reliable Vander Beke's. Among the most recent and recognized ones is *Le Français fondamental,* by Gougenheim and Rivenc. However, the author of the present dictionary has drawn mostly from his own lists. He has been a member of the group of linguists who, as early as 1943, turned out a bilingual series of beginners' books for use in the American Armed Forces. During his long career of teaching English in France, and French in Scotland and the United States, he has published half a dozen textbooks for use in the first four years of French. From his vocabularies he has selected 2000 French words, each of them from the nucleus, core and kernel of a widely used and forceful idiom. For the selection of the English "core" words, he has retained the equivalents from the French-English half, and checked them with C. K. Ogden's *Basic English,* many "service lists" of Great Britain, and textbooks for the teaching of English in American schools and colleges.

In each entry, the order is the alphabetical one of the first key word in the phrase or sentence. Each entry contains a complete sentence of a functional content. The entry word is followed by its principal equivalents in the other language. Alternate readings appear in parentheses.

The magic formula for the acquisition of a second language, as well as any other skill, is none other than hard work. It is assumed that the student has already been through a first-year French course. He has memorized conversations in the classroom and laboratory. He knows the essentials of grammar and composition. What he most lacks is knowledge of the exceptions to these rules, and particularly of the turns of phrase peculiar to French. Suppose that he has a short story, a scene from a play, a chapter or a few columns from a newspaper or magazine as reading assignment. Footnotes, a vocabulary and probably a pocket dictionary are at hand. So far, so good; but the time comes when he finds them inadequate. That is where this dictionary will be most useful. The idiom that the student comes across in reading or listening, or the sentence that he thinks up in English and wants to put into French, will be located easily with their equivalents.

François Denoeu
Professor of French, Emeritus
Dartmouth College

A Revisers' Note

We undertook the task of revising and completing the manuscript of this dictionary, following François Denoeu's death, at the request of his family, who were concerned to see this project come to fruition, among several other last monuments to Professor Denoeu's long and prolific career as a scholar. It was also, for us, a labor of love, since François had been teacher, colleague and friend to both of us, during our years at Dartmouth College. Our primary hope is that we have managed to remain faithful to the spirit and the intention, as well as to the long process of research and meditation, underlying the manuscript which Professor Denoeu did not have time to shape into its final form.

Our revisions are mainly of two sorts: 1) a careful pruning of the manuscript to eliminate technical or professional language (unless it is of a general application and usage), idioms whose resemblance in the two languages rendered translation unnecessary, and some of the more ephemeral popular expressions which Professor Denoeu had collected over his lengthy career; and 2) the addition of illustrative sentences in the considerable number of cases where they were lacking.

David and Jacqueline B. Sices

Preface to the New Edition

This new edition of *2001 French and English Idioms* represents a thorough and extensive revision of the 1982 edition. This revision has involved several changes, including the elimination of some outmoded or questionable idioms; the addition of new ones, along with illustrative sentences; the modification of the definitions of a certain number of earlier idioms, and the inclusion of alternative or additional definitions; and the modification of some of our original illustrative sentences.

In carrying out our revision we have, of course, made extensive use of our personal experience of teaching French language and civilization to Americans, as well as living and working in France and reading French journalistic, literary, and cultural materials. In particular, we have consulted a variety of modern lexical materials in both English and French, including the *Random House Webster College Dictionary* (New York, 1992); *A Dictionary of American Idioms* (Woodbury, NY, 1975); the *Collins-Robert French-English/English-French Dictionary* (London, 1982); Allain Rey and S. Chantreau, *Dictionnaire Robert des expressions et locutions* (Paris, 1994); Henri Bertaud du Chazaud, *Dictionnaire Robert des synonymes*, (Paris, 1988); Pascal Soufflet, *Expressions et locutions anglaises* (Paris, 1994); and G. Basuaux, *Idiomes et proverbes: anglais-français, français-anglais* (tome 1, Paris, 1990; tome 2, Paris, 1992). We have also examined numerous issues of contemporary French periodicals such as *L'Express, Le Point, VSD, L'Événement du jeudi, Le Nouvel Observateur*, etc., which have proved especially useful for the composition or revision of our illustrative sentences.

We think that this new edition represents, in a number of ways, a significant improvement over the original, about which we have already received much positive feedback. We hope that, over the coming years, it will continue to provide a useful tool for both American and French readers.

David and Jacqueline B. Sices
January 1996

English Idioms (Idiotismes anglais)

a(n)—*un, une*

a day (a month, etc.)—*par jour (par mois, etc.)*
Take this medicine three times a day. *Prenez ce médicament trois fois par jour.*

a pound (a kilo, a meter, etc.)—*la livre (le kilo, le mètre, etc.)*
This meat costs three dollars a pound. *Cette viande coûte trois dollars la livre.*

---

about—*au sujet de; presque*

about to—*sur le point de*
I was about to leave when you called. *J'étais sur le point de partir quand vous avez téléphoné.*

it's about time—*il est grand temps*
It's about time you did your work. *Il est grand temps que vous fassiez votre travail.*

not to be about to—*ne pas avoir l'intention de, ne pas être enclin à*
I was not about to do as she told me. *Je n'avais pas l'intention de (Je n'étais pas enclin à) faire comme elle me disait.*

---

accord—*le consentement, l'accord*

with one accord—*d'un commun accord*
The assembly acclaimed his declaration with one accord. *L'assemblée a applaudi sa déclaration d'un commun accord.*

---

account—*le compte*

on account—*à compte*
She made a partial payment on account. *Elle a fait un versement partiel à compte.*

on account of—*à cause de, en raison de*

On account of the strike, the trains will be delayed today. *A cause (en raison) de la grève, les trains seront retardés aujourd'hui.*

on no account—*sous aucun prétexte, en aucun cas*
You must on no account lend him money. *Vous ne devez sous aucun prétexte (en aucun cas) lui prêter de l'argent.*

to account—*rendre compte*
There's no accounting for taste.—*Chacun son goût.*

ace—*l'as*
an ace in the hole—*un atout en réserve*
Luckily for him, he had an ace in the hole. *Heureusement pour lui, il avait un atout en réserve.*

within an ace of—*à deux doigts de*
We were within an ace of catastrophe. *Nous avons été à deux doigts de la catastrophe.*

acid—*l'acide*
the acid test—*la pierre de touche*
The figures on inflation will be the acid test of their plan. *Les chiffres sur l'inflation seront la pierre de touche de leur plan.*

across—*à travers*
across the board—*sur tous les tableaux*
In the negotiations, the workers won across the board. *Dans les négociations, les ouvriers ont gagné sur tous les tableaux.*

across the street—*de l'autre côté de la rue, en face*
The house across the street is for rent. *La maison de l'autre côté de la rue (en face) est à louer.*

act—*l'acte*
an act of God—*une cause naturelle*
The fire was due to an act of God. *L'incendie était dû à une cause naturelle.*

in the act—*en flagrant délit*

We caught the burglars in the act. *Nous avons pris les cambrioleurs en flagrant délit.*

to get (to have) one's act together—*se ressaisir*
We can't help you until you get (you have) your act together. *Nous ne pouvons pas t'aider tant que tu ne te ressaisis pas.*

to act—*agir*

to act out—*mimer, montrer par les gestes*
She acted out the way she wanted it to be done. *Elle a mimé (montré par les gestes) la façon dont elle voulait que ce soit fait.*

to act up—*se conduire mal; faire des siennes*
Your children are acting up. *Vos enfants se conduisent mal.*
That machine is beginning to act up again. *Cette machine recommence à faire des siennes.*

to add—*additionner, ajouter*

to add insult to injury—*doubler ses torts d'un affront*
Her explanations just added insult to injury. *Ses explications ne faisaient que doubler ses torts d'un affront.*

to add up—*s'expliquer, concorder*
It doesn't add up. *Cela ne s'explique pas (ne concorde pas).*

to add up to—*mener à croire à, indiquer*
These things all add up to a case of homicide. *Toutes ces chosent mènent à croire à (indiquent) un cas d'homicide.*

addition   *l'addition*

in addition—*de plus*
The customer brought back his tray, and in addition he left a tip. *Le client a rapporté son plateau, et de plus il a laissé un pourboire.*

in addition to—*en plus de*
In addition to her fine voice, she is a good actress. *En plus de sa belle voix, c'est une bonne actrice.*

afoul—*en collision*

to come (fall, run) afoul of—*se mettre à dos*

The driver didn't want to come (fall, run) afoul of the police. *Le chauffeur ne voulait pas se mettre la police à dos.*

afraid—*effrayé, peureux*
  to be afraid—*avoir peur*
  Little Red Riding Hood was not afraid of the wolf. *Le Petit Chaperon rouge n'avait pas peur du loup.*

after—*après*
  after the fact—*après coup*
  He changed his answer after the fact. *Il a changé sa réponse après coup.*

  to be after something—*chercher quelque chose*
  I finally understood what he was after. *J'ai enfin compris ce qu'il cherchait.*

again—*encore (une fois)*
  again and again—*maintes fois*
  I've told you again and again not to do that! *Je t'ai dit maintes fois de ne pas faire cela!*

  as much again—*deux fois plus*
  Trying to save money, he ended up spending as much again. *En essayant d'économiser de l'argent, il a fini par en dépenser deux fois plus.*

against—*contre*
  against all comers—*envers et contre tous*
  He upholds his idea against all comers. *Il soutient son idée envers et contre tous.*

  against the grain—*à contre-courant, à rebrousse-poil*
  You'll never get anywhere by always going against the grain. *Vous n'y arriverez jamais en allant toujours à contre-courant (à rebrousse-poil).*

  as (over) against—*par rapport à*
  You have to look at their profits as (over) against their total production. *Il faut regarder leurs bénéfices par rapport à leur production globale.*

age—*l'âge*
  Act your age.—*Ne faites pas l'enfant.*

of age—*majeur*

Her family was waiting for her to come of age. *Sa famille attendait qu'elle devienne majeure.*

---

to agree—*consentir*

to agree with—*être d'accord avec*

I agree entirely with your plans. *Je suis entièrement d'accord avec vos projets.*

not to agree with—*ne valoir rien à*

Cucumbers don't agree with me. *Les concombres ne me valent rien.*

---

ahead—*en avant*

to be ahead of the game—*être gagnant, avoir (avoir pris) de l'avance*

If we finish this job, we'll be ahead of the game. *Si nous finissons ce travail, nous serons gagnants (nous aurons/nous aurons pris de l'avance).*

to get ahead of—*prendre de l'avance sur*

Let's run to get ahead of them. *Courons pour prendre de l'avance sur eux.*

to go ahead—*persévérer*

We went ahead with our plans despite their opposition. *Nous avons persévéré dans nos projets malgré leur opposition.*

---

air—*l'air*

to go off the air—*quitter l'antenne*

The station went off the air just as I started listening. *La station a quitté l'antenne au moment où je commençais à écouter.*

on the air—*à la radio, sur les ondes*

That program is no longer on the air. *Ce programme-là n'est plus à la radio (sur les ondes).*

up in the air—*en suspens*

Their plans are still up in the air. *Leurs projets sont encore en suspens.*

---

to air—*aérer*

to air one's views—*exposer ses idées*

We were seeking an opportunity to air our views. *Nous cherchions l'occasion d'exposer nos idées.*

---

alike—*semblable*

They are as alike as peas in a pod.—*C'est à s'y tromper. Ils se ressemblent comme deux gouttes d'eau.*

---

alive—*vivant*

alive and kicking—*plein de vie*

Despite his years, he was still alive and kicking. *Malgré son êge, il était toujours plein de vie.*

alive to—*sensible à, conscient de*

We are alive to the suffering they must be undergoing. *Nous sommes sensibles à (conscients de) la souffrance qu'ils doivent éprouver.*

to be alive with—*fourmiller de*

The mud was alive with bugs. *La vase fourmillait d'insectes.*

---

all—*tout*

All aboard!—*En route! En voiture!*

all along—*tout ce temps-là*

He was fooling us all along. *Il nous faisait marcher tout ce temps-là.*

all and sundry—*le ban et l'arrière-ban*

All and sundry had been summoned for the family reunion. *On avait convoqué le ban et l'arrière-ban pour la réunion de famille.*

all but—*presque*

When we heard that, we all but gave up hope. *Quand nous avons entendu cela, nous avons presque perdu tout espoir.*

all in—*épuisé, exténué*

At the end of the race, the runners were all in. *A la fin de la course, les coureurs étaient épuisés (exténués).*

all in all—*l'un dans l'autre, somme toute*

All in all, we have lost nothing in our attempt. *L'un dans l'autre (somme toute), nous n'avons rien perdu par notre tentative.*

all out—*maximum, total*

They made an all out effort to win. *Ils ont fait l'effort maximum (total) pour gagner.*

all of a sudden—*tout à coup, tout d'un coup*

All of a sudden it began to pour. *Tout à coup (tout d'un coup) il a commencé à pleuvoir à verse.*

all right—*(très) bien*

He is all right now. *Il va (très) bien maintenant.*

all set—*fin prêt*

She's all set, so we can leave now. *Elle est fin prête, donc nous pouvons partir maintenant.*

all the better (the less, the more)—*d'autant mieux (moins, plus)*

I understand his attitude all the better in that I know he has an interest in the case. *Je comprends d'autant mieux son attitude que je sais qu'il est intéressé à l'affaire.*

all the better (the worse)—*tant mieux (pis)*

All the better (the worse) if he can come. *Tant mieux (tant pis) s'il peut venir.*

all the more (since)—*d'autant plus (que)*

You ought all the more to have stayed, since you weren't ready. *Tu aurais dû rester d'autant plus que tu n'étais pas prêt.*

all thumbs—*maladroit*

Don't ask him to do the job, he's all thumbs. *Ne lui demandez pas de faire le travail, il est maladroit.*

all things considered—*toute réflexion faite*

All things considered, we had better accept. *Toute réflexion faite, il vaut mieux accepter.*

all told—*tout compte fait*

We made five hundred dollars all told. *Nous avons gagné cinq cents dollars tout compte fait.*

an all-time high—*le record de tous les temps*

Inflation has hit an all-time high. *L'inflation a atteint le record de tous les temps.*

as all get-out—*au possible*

This question is as hard as all get-out! *Cette question est difficile au possible!*

to be all ears—*écouter de toutes ses oreilles*
During his speech, Mary was all ears. *Pendant son discours, Marie écoutait de toutes ses oreilles.*

to be all for—*ne demander qu'à, ne pas demander mieux que de*
Our guests are all for staying here another night. *Nos invités ne demandent qu'à (ne demandent pas mieux que de) rester ici encore une nuit.*

for all one's worth—*de toutes ses forces*
Work on it for all you're worth. *Travaillez-y de toutes vos forces.*

for all the world—*tout à fait*
He looked for all the world like a tramp! *Il ressemblait tout à fait à un clochard!*

I'm all at sea.—*Je n'y comprends goutte. Je n'y suis pas du tout.*

in all probability—*selon toute apparence*
The president will resign tomorrow, in all probability. *Le président démissionnera demain, selon toute apparence.*

It's all Greek (to me).—*C'est de l'algèbre (du chinois).*

It's all in a day's work.—*Cela fait partie du métier.*

It's all over but the shouting.—*C'est une affaire classée.*

not all there—*un peu timbré*
Sometimes I think our teacher is not all there. *Je crois parfois que notre professeur est un peu timbré.*

Of all things!—*Par exemple!*

on all fours—*à quatre pattes*
The children were playing on all fours. *Les enfants jouaient à quatre pattes.*

to all intents and purposes—*en fait*
The matter is settled, to all intents and purposes. *La question est résolue, en fait.*

alley—*la ruelle, le passage*
　That's right up (down) my alley.—*C'est mon rayon. C'est ma partie. C'est dans mes cordes.*

to allow—*laisser, permettre*
　to allow (to make allowance) for—*tenir compte de*
　The boss will allow (will make allowance) for your lack of experience. *Le patron tiendra compte de votre manque d'expérience.*

alone—*seul*
　to leave (to let) alone—*laisser tranquille*
　Leave (let) them alone; they're working. *Laissez-les tranquilles; ils travaillent.*

　let alone—*sans parler de*
　We can't pay the taxes, let alone the rent. *Nous ne pouvons pas payer les impôts, sans parler du loyer.*

along—*le long*
　to be along for the ride—*être un poids mort, ne pas participer activement*
　They didn't want anyone on the team who was along for the ride. *Ils ne voulaient personne dans l'équipe qui soit un poids mort (qui ne participe pas activement).*

altogether—*bel et bien, tout à fait*
　in the altogether—*dans le plus simple appareil*
　Entering suddenly, he found her in the altogether. *Entrant soudain, il l'a trouvée dans le plus simple appareil.*

to amount—*(se) monter*
　It doesn't amount to a hill (a row) of beans.—*Cela ne vaut pas les quatre fers d'un chien.*

　That amounts to saying. . .—*Cela revient à dire que. . .*

angel—*l'ange*
> **You're no angel.**—*Je ne te vois pas blanc.*

ant—*la fourmi*
> **to have ants in one's pants**—*avoir la bougeotte*
> He couldn't stay put; he had ants in his pants. *Il ne pouvait pas rester en place; il avait la bougeotte.*

anxious—*inquiet*
> **to be anxious to**—*tenir à*
> I am anxious to meet your friend. *Je tiens à faire la connaissance de votre ami.*

any—*aucun*
> **any minute now**—*d'un moment à l'autre*
> We expect him to arrive any minute now. *Nous attendons son arrivée d'un moment à l'autre.*
>
> **anyone (any time, any way, anywhere, etc.) at all**—*n'importe qui (quand, comment, où, etc.)*
> Ask anyone to do it any time at all. *Demande à n'importe qui de le faire n'importe quand.*
>
> **any which way**—*n'importe comment*
> Since they were in a hurry, they did the job any which way. *Etant pressés, ils ont fait le travail n'importe comment.*
>
> **It's anybody's guess.**—*Personne ne sait au juste.*

anything—*n'importe quoi, quelque chose*
> **anything but**—*rien moins que*
> The house is anything but comfortable. *La maison n'est rien moins que confortable.*
>
> **(Do you want) anything else, sir?**—*Et avec cela, Monsieur?*

anywhere—*n'importe où, quelque part*
> **anywhere near**—*du tout près de, approchant de*
> Their figures aren't anywhere near reality. *Leurs chiffres ne sont pas du tout près (n'approchent pas) de la réalité.*

to get anywhere—*arriver à ses fins*
Did you get anywhere with your boss? *Es-tu arrivé à tes fins auprès de ton patron?*

apart—*de côté*
apart from—*à part, en dehors de*
I didn't find anything apart from that. *Je n'ai rien trouvé à part (en dehors de) cela.*

ape—*le (grand) singe*
to go ape over—*raffoler de, être fou de*
Our friends go ape over these candies! *Nos amis raffolent (sont fous) de ces bonbons!*

to appeal—*faire appel*
to appeal to—*en appeler à; revenir à*
I tried to appeal to his sense of justice. *J'ai essayé d'en appeler à son sens de la justice.* Maybe he's nice, but his face doesn't appeal to me. *Il est peut-être gentil, mais sa tête ne me revient pas.*

apple—*la pomme*
an apple-polisher—*un lèche-bottes*
That apple-polisher is always trying to get in good with the boss. *Ce lèche-bottes essaie toujours de se faire bien voir du patron.*

in apple-pie order—*bien rangé; comme sur des roulettes*
The house was always in apple-pie order. *La maison était toujours bien rangée.* Everything went off in apple-pie order. *Tout a marché comme sur des roulettes.*

the apple of one's eye—*(cher) comme la prunelle de ses yeux*
Their daughter is the apple of their eye. *Leur fille leur est (chère) comme la prunelle de leurs yeux.*

April—*avril*
April fool!—*Poisson d'avril!*

arm—*le bras; l'arme*
  arm in arm—*bras dessus, bras dessous*
  They walked along the river bank arm in arm. *Ils se promenaient le long de la rivière bras dessus, bras dessous.*

around—*autour (de)*
  around the clock—*vingt-quatre heures sur vingt-quatre*
  To finish before the deadline, they worked around the clock. *Pour finir avant la date limite, ils ont travaillé vingt-quatre heures sur vingt-quatre.*

  around the corner—*à deux pas d'ici*
  You'll see it soon: it's just around the corner. *Vous le verrez bientôt: ce n'est qu'à deux pas d'ici.*

  to have been around—*avoir roulé sa bosse*
  She knows a lot about life because she's been around. *Elle connaît bien la vie parce qu'elle a roulé sa bosse.*

arrest—*l'arrestation*
  under arrest—*en état d'arrestation*
  The policeman told the suspect that he was under arrest. *L'agent de police a dit au suspect qu'il était en état d'arrestation.*

as—*comme, tel*
  as... as—*aussi... que*
  The child promised to stay as good as possible. *L'enfant a promis de rester aussi sage que possible.*

  as can be—*au possible, on ne peut plus*
  This problem is as simple as can be. *Ce problème est simple au possible (on ne peut plus simple).*

  as far as someone is concerned—*en ce qui concerne quelqu'un, pour la part de quelqu'un*
  As far as I'm concerned, they can leave right away. *En ce qui me concerne (Pour ma part) ils peuvent partir tout de suite.*

  as far as someone knows—*à la connaissance de quelqu'un*

As far as I know, they have already left. *A ma connaissance, ils sont déjà partis.*

as for—*quant à*

As for you, you're fired! *Quant à vous, je vous mets à la porte!*

as is—*tel quel*

They sold it to me as is, at a reduced price. *Ils me l'ont vendu tel quel, à un prix réduit.*

as it were—*pour ainsi dire*

He is a Bohemian, as it were. *C'est un bohémien, pour ainsi dire.*

as of—*à compter (à partir) de*

The office will be open as of July 1. *Le bureau sera ouvert à compter (à partir) du premier juillet.*

as things stand (now)—*dans l'état actuel des choses*

As things stand (now), you don't have a chance of winning. *Dans l'état actuel des choses, vous n'avez aucune chance de gagner.*

---

ashamed—*honteux*

to be ashamed—*avoir honte*

I am ashamed of my ignorance. *J'ai honte de mon ignorance.*

---

aside—*de côté*

aside from—*à part*

Aside from her family, everyone was satisfied. *A part sa famille, tout le monde était satisfait.*

---

to ask—*demander*

to ask nothing better than to—*ne demander qu'à, ne pas demander mieux que de*

They ask nothing better than to stay here. *Ils ne demandent qu'à (ils ne demandent pas mieux que de) rester ici.*

to ask out—*inviter à sortir*

He has asked her out for Saturday. *Il l'a invitée à sortir samedi.*

to ask somone to do something—*demander à quelqu'un de faire quelque chose*

I'm going to ask my mother to go out. *Je vais demander à ma mère de sortir.*

to ask (to be allowed) to do something—*demander à faire quelque chose*
I'm going to ask my mother (to be allowed) to go out. *Je vais demander à sortir à ma mère.*

to be asking for trouble—*aller (courir) au-devant des ennuis, chercher des ennuis*
If you buy that car, you're asking for trouble. *Si vous achetez cette voiture, vous allez (vous courez) au-devant des ennuis (vous cherchez des ennuis).*

You asked for it!—*Tu ne l'as pas volé!*

---

asleep—*endormi*
My foot is asleep.—*J'ai des fourmis dans le pied.*

---

at—*à*
at all—*du tout*
I don't like that at all. *Je n'aime pas du tout cela.*

at large—*en fuite (cavale); extraordinaire*
The escaped prisoner was still at large. *Le prisonnier évadé était encore en fuite (en cavale).* Her father has been named ambassador at large. *Son père a été nommé ambassadeur extraordinaire.*

at loggerheads (odds)—*en désaccord*
After three days' discussion, the two sides were still at loggerheads (at odds). *Après trois jours de discussion, les deux partis étaient toujours en désaccord.*

at one (fell) swoop—*d'un seul coup*
She managed to take care of all their problems at one (fell) swoop. *Elle a réussi à résoudre tous leurs problèmes d'un seul coup.*

at that—*du coup, en fin de compte*
He found that the job wasn't so difficult, at that. *Il trouvait que le travail n'était pas si difficile, du coup (en fin de compte).*

---

to attend—*assister*
to attend to—*s'occuper de*

The mechanic will attend to your car right away. *Le mécanicien s'occupera de votre voiture tout de suite.*

---

attention—*l'attention*
Attention!—*Garde à vous!*

---

authority—*l'autorité*
on good authority—*à bonne enseigne*
I learned the news on good authority. *J'ai appris la nouvelle à bonne enseigne.*

---

automatic—*automatique*
on automatic (pilot)—*comme un automate*
He found he was doing the job on automatic (pilot). *Il a découvert qu'il faisait le travail comme un automate.*

---

avail—*l'effet, le profit*
to no avail—*en pure perte*
We have argued all this time to no avail. *Nous avons discuté tout ce temps en pure perte.*

---

to avail—*servir*
to avail oneself of—*profiter de*
I availed myself of the opportunity to see them. *J'ai profité de l'occasion pour les voir.*

---

away—*absent, au loin*
to do away with—*éliminer*
He tried to do away with all accepted ideas. *Il a voulu éliminer toute idée reçue.*

---

awkward—*maladroit*
the awkward age—*l'âge ingrat*
He was still at the awkward age, but he already promised to become a handsome young man. *Il était encore à l'âge ingrat, mais il s'annonçait déjà beau garçon.*

ax—*la hache*

  to have an ax to grind—*prêcher pour son saint*
On this committee, every congressman has his own ax to grind. *Dans cette commission, chaque député prêche pour son saint.*

babe—*le bébé*

  They are babes in the woods.—*Ils sont innocents (inexpérimentés) comme l'agneau qui vient de naître.*

back—*de derrière, en arrière*

  a back-seat driver—*la mouche du coche*
The director of this business has no need of the suggestions of back-seat drivers. *Le directeur de cette entreprise n'a aucun besoin des suggestions des mouches du coche.*

  a back street—*une rue d'un quartier excentrique*
We are suspicious of his shop, which is located on a back street. *Nous nous méfions de sa boutique, qui se trouve dans une rue d'un quartier excentrique.*

  back to square one—*(retour) à la case départ*
Since that solution didn't work, we are back to square one. *Puisque cette solution n'a pas marché, nous nous trouvons (retour) à la case départ.*

  back and forth—*de long en large*
He walked back and forth ceaselessly. *Il se promenait de long en large sans arrêt.*

  to be back—*être de retour*
You're already back from your trip? *Vous êtes déjà de retour de votre voyage?*

  to be back to one's old self again—*avoir retrouvé ses forces*
I'm back to my old self again, after the operation. *J'ai retrouvé de nouveau mes forces, après l'opération.*

  to get back in harness—*reprendre le collier*

Despite his age, financial problems made him get back in harness. *Malgré son âge, des ennuis financiers lui ont fait reprendre le collier.*

to go back a long way—*dater de loin*
Their friendship goes back a long way. *Leur amitié date de loin.*

on a (the) back burner—*en veilleuse*
They deem that the problem of unemployment can be put on a (the) back burner. *Ils jugent qu'on peut mettre le problème du chômage en veilleuse.*

No back talk!—*Pas de réplique (d'insolence)!*

---

back—*l'arrière, le dos*

to have one's back to the wall—*être (se trouver) au pied du mur*
He can't bargain with us: he has his back to the wall. *Il ne peut pas marchander avec nous: il est (il se trouve) au pied du mur.*

to have something in the back of one's mind—*avoir une idée derrière la tête*
Watch out; he has something in the back of his mind in asking that question. *Méfiez-vous; il a une idée derrière la tête en posant cette question.*

---

to back—*soutenir, reculer*

to back and fill—*user de faux-fuyants*
Since he didn't want to state his feelings clearly, he decided to back and fill. *Ne voulant pas indiquer nettement ses sentiments, il a décidé d'user de faux-fuyants.*

to back down—*en rabattre*
Wait a minute; you'll see that he'll back down despite his threats. *Attendez un peu; vous verrez qu'il en rabattra malgré ses menaces.*

to back out—*se dédire*
We were counting on their support, but they backed out. *Nous comptions sur leur soutien, mais ils se sont dédits.*

to back out of—*se soustraire à*
He always backs out of his responsibilities. *Il se soustrait toujours à ses responsabilités.*

to back up—*faire marche arrière; appuyer*

We backed up into a path in order to turn around. *Nous avons fait marche arrière dans un sentier pour faire demi-tour.*

He did everything he could to back up his assistants. *Il a fait tout son possible pour soutenir ses assistants.*

---

bad—*mauvais*

a bad actor (egg)—*un vilain oiseau*

I avoid dealing with him, because he's a bad actor (a bad egg). *J'évite d'avoir affaire à lui, parce que c'est un vilain oiseau.*

a bad break—*de la déveine*

We were about to succeed, but we had a bad break. *Nous étions sur le point de réussir, mais nous avons eu de la déveine.*

a bad deal—*un marché de dupes*

I don't accept your offer because it's a bad deal. *Je n'accepte pas votre offre parce que c'est un marché de dupes.*

bad(ly) off—*dans la gêne*

Since his family was bad(ly) off, he couldn't afford to take a vacation. *Puisque sa famille était dans la gêne, il ne pouvait pas se payer de vacances.*

to be in a bad way—*filer un mauvais coton*

The patient is in a bad way, despite the operation. *Le malade file un mauvais coton, malgré l'opération.*

to be in bad shape—*avoir du plomb dans l'aile*

He goes on working, but you can tell that he's in bad shape. *Il continue à travailler, mais on voit bien qu'il a du plomb dans l'aile.*

in bad straits—*dans une mauvaise passe*

The new government is in bad straits. *Le nouveau gouvernement est dans une mauvaise passe.*

It's bad form.—*Cela ne se fait pas. C'est un manque de goût (de tact).*

not half bad—*pas si mal, pas mal du tout*

Their way of doing things was not half bad. *Leur façon de faire les choses n'était pas si mal (pas mal du tout).*

on bad terms with—*mal avec*

She was on bad terms with all her neighbors. *Elle était mal avec tous ses voisins.*

too bad—*dommage*

It's too bad they couldn't come. *C'est dommage qu'ils n'aient pas pu venir.*

bag—*le sac*

bag and baggage—*avec armes et bagages*

They went away bag and baggage. *Ils sont partis avec armes et bagages.*

It's in the bag.—*C'est du tout cuit. L'affaire est dans le sac.*

to bail—*vider, écoper*

to bail out—*sauter en parachute; tirer d'ennuis*

Seeing his plane hit, the pilot bailed out. *Voyant son avion touché, le pilot a sauté en parachute.* He always expected his friends to bail him out. *Il s'attendait toujours à ce que ses amis le tirent d'ennuis.*

baker—*le boulanger, le pâtissier*

(in) baker's dozens—*treize à la douzaine*

These items come in baker's dozens today. *Ces articles se vendent treize à la douzaine aujourd'hui.*

balance—*l'équilibre*

on balance—*à tout prendre, tout compte fait*

On balance, they preferred to let a bad situation continue. *A tout prendre (Tout compte fait), ils ont préféré laisser subsister une mauvaise situation.*

bald—*chauve*

He's a bald-faced liar.—*Il ment comme un arracheur de dents (comme une épitaphe, comme il respire).*

to balk—*se dérober*

to balk at—*reculer devant*

He balked at the effort required to finish the job. *Il a reculé devant l'effort nécessaire pour finir le travail.*

ball—*la balle, le ballon*
  a ball of fire—*tout feu, tout flamme*
  When she started this project, she was a ball of fire. *Quand elle a commencé ce projet, elle était tout feu, tout flamme.*

  to keep the ball rolling—*soutenir la conversation*
  Why did you remain silent, instead of keeping the ball rolling? *Pourquoi vous taisiez-vous, au lieu de soutenir la conversation?*

  on the ball—*à la hauteur, débrouillard*
  Her colleagues could see that she was really (really had a lot) on the ball. *Ses collègues ont pu voir qu'elle était vraiment à la hauteur (débrouillarde).*

  to play ball—*entrer dans le jeu, jouer le jeu*
  If you play ball with us, we'll get along well. *Si vous entrez dans le jeu (jouez le jeu) avec nous, nous nous entrendrons bien.*

  to start the ball rolling—*ouvrir le bal*
  I'll make an offer to start the ball rolling. *Je vais faire une offre pour ouvrir le bal.*

ball—*le bal*
  to have a ball—*s'amuser follement, se donner du bon temps*
  She told them that she had had a ball at their party. *Elle leur a dit qu'elle s'était amusée follement à leur fête.* When he learned of his promotion, he went out and had a ball. *En apprenant sa promotion, il est allé se donner du bon temps.*

band—*la musique, l'orchestre*
  to get (to jump) on the bandwagon—*suivre le mouvement*
  Seeing the candidate's success, everyone got (jumped) on the bandwagon. *En voyant le succès du candidat, tout le monde a suivi le mouvement.*

to bank—*mettre en banque*
  to bank on—*compter sur*
  You can bank on their support. *Vous pouvez compter sur leur soutien.*

bar—*la barre, le barreau*
  behind bars—*en prison*

He swore he would put the criminal behind bars. *Il a juré qu'il mettrait le malfaiteur en prison.*

bargain—*le marché, l'occasion*
 into the bargain—*par-dessus le marché*
 He insults me and he wants me to apologize into the bargain! *Il m'insulte et par-dessus le marché il veut que je m'excuse!*

to bargain—*marchander*
 to get more than one bargained for—*tomber sur un bec*
 They had foreseen there would be some resistance, but they got more than they bargained for. *Ils avaient prévu qu'il y aurait un peu de résistance, mais ils sont tombés sur un bec.*

bark—*l'aboiement*
 His bark is worse than his bite.—*Il fait plus de bruit que de mal. Il n'est pas si méchant qu'il en a l'air.*

to bark—*aboyer*
 to bark at—*aboyer après*
 All the dogs in the neighborhood were barking at us. *Tous les chiens du quartier aboyaient après nous.*

 to bark up the wrong tree—*se tromper d'adresse*
 If you expect me to give you money, you're barking up the wrong tree. *Si vous vous attendez à ce que je vous donne de l'argent, vous vous trompez d'adresse.*

barrel—*le tonneau*
 a barrel of fun—*rigolo*
 This new game is a barrel of fun. *Ce nouveau jeu est rigolo.*

base—*la base*
 to be off base—*se tromper (d'adresse)*
 If you think that, you're way off base. *Si tu crois cela, tu te trompes vraiment (d'adresse).*

basket—*le panier*
   a basket case—*(une personne) incapable de s'en sortir, un cas désespéré*
   Now that his fiancée has left him, he's a basket case. *Depuis que son fiancée l'a quitté, il est incapable de s'en sortir (c'est un cas désespéré).*

bat—*la batte*
   at bat—*à quelqu'un de jouer (d'agir)*
   It's your turn at bat; try to be successful. *C'est à vous de jouer (d'agir); tâchez de réussir votre coup.*

   to go to bat for—*prendre fait et cause pour*
   I can't forget that he went to bat for me in the past when I needed him. *Je ne peux pas oublier qu'il a pris fait et cause pour moi autrefois quand j'avais besoin de lui.*

   (right) off the bat—*sur le champ, au pied levé*
   I can't answer your question (right) off the bat. *Je ne peux pas répondre à ta question sur le champ (au pied levé).*

bat—*la chauve-souris*
   to have bats in one's (the) belfry—*avoir une araignée au (dans le) plafond*
   If you believe that lie, you have bats in your (in the) belfry. *Si vous croyez ce mensonge, vous avez une araignée au (dans le) plafond.*

to bat—*cligner*
   without batting an eye (lash)—*sans sourciller*
   He paid the whole bill without batting an eye (lash). *Il a réglé le compte en entier sans sourciller.*

bated—*diminué*
   with bated breath—*en retenant son souffle*
   They awaited his decision with bated breath. *Ils attendaient sa décision en retenant leur souffle.*

to bathe—*baigner*
   bathed in perspiration (sweat)—*en nage*

At the end of the race, the runner was bathed in perspiration (sweat). *A la fin de la course, l'athlète était en nage.*

---

bathroom—*la salle de bains*

   to go to (to use) the bathroom—*aller aux cabinets*

   Peter asked the teacher if he could go to (use) the bathroom. *Pierre a demandé à la maîtresse s'il pouvait aller aux cabinets.*

---

to bawl—*brailler, hurler*

   to bawl out—*crier après, passer un savon à*

   When we came home late, Mom bawled us out. *Quand nous sommes rentrés en retard, maman nous a crié après (nous a passé un savon).*

---

to be—*être*

   -to-be—*futur*

   This is my bride-to-be. *Voici ma future épouse.*

   to be cold (hot)—*avoir froid (chaud)*

   If you are too cold (hot), adjust the thermostat. *Si vous avez trop froid (chaud), réglez le thermostat.*

   to be expensive—*coûter cher*

   Meat is more and more expensive. *La viande coûte de plus en plus cher.*

   to be. . .high (long, wide, etc.)—*avoir. . .de haut (de long, de large, etc.)*

   The wall is three meters high (long, wide). *Le mur a trois mètres de haut (de long, de large).*

   to be into—*s'intéresser à*

   His hobbies change constantly: lately he has been into golf. *Ses passe-temps changent constamment: tout récemment il s'intéresse au golf.*

   to be on a diet—*suivre un régime*

   I've lost a lot of weight since I've been on this diet. *J'ai beaucoup perdu de poids depuis que je suis ce régime.*

   to be on (a team, etc.)—*faire partie de (l'équipe, etc.)*

   My brother is on the soccer team. *Mon frère fait partie de l'équipe de football.*

   to be (situated)—*se trouver*

   The cottage is (situated) on a lakeshore. *La villa se trouve au bord d'un lac.*

to be to—*devoir*

My uncle was to arrive this morning. *Mon oncle devait arriver ce matin.*

to be willing—*vouloir bien*

She said she was willing to come with us. *Elle a dit qu'elle voulait bien venir avec nous.*

How are you?—*Comment allez-vous?*

how is it that. . .?—*comment se fait-il que. . .?*

How is it that you are here so late? *Comme se fait-il que vous soyez ici si tard?*

It is nasty (cold, hot, sunny, windy, etc.)—*Il fait mauvais (froid, chaud, du soleil, de vent, etc.).*

So be it.—*Ainsi soit-il.*

that is (to say)—*c'est-à-dire*

He is rich, that is (to say) his family is. *Il est riche, c'est-à-dire que sa famille l'est.*

---

beam—*le rayon*

on the beam—*sur la bonne voie*

Now you're on the beam; you can't miss it. *Vous voilà sur la bonne voie; vous ne pouvez pas le manquer.*

---

to bear—*porter, soutenir*

to bear down—*appuyer fermement; accabler*

You must bear down on the lid to close the box. *Il faut que vous appuyiez fermement sur le couvercle pour fermer la boîte.* The many items of bad news bore her down. *Les nombreuses mauvaises nouvelles l'accablaient.*

to bear in mind—*garder présent à l'esprit*

Bear in mind that he is beginnner. *Gardez présent à l'esprit qu'il est débutant.*

to bear out—*confirmer*

Subsequent events have borne out their predictions. *Les événements ultérieurs ont confirmé leurs prévisions.*

Bear left (right).—*Serrez à gauche (à droite).*

to bear up—*tenir le coup*

Is she bearing up well under her troubles? *Est-ce qu'elle tient bien le coup sous le poids de ses ennuis?*

to bear upon—*avoir trait à, se rapporter à*

This document bears upon the subject of your research. *Ce document a trait (se rapporte) au sujet de vos recherches.*

to bear watching—*valoir la peine qu'on y fasse attention*

The growth of nationalism bears watching. *La poussée du nationalisme vaut la peine qu'on y fasse attention.*

to bear with—*montrer un peu de patience envers*

We ask you to bear with us for a moment. *Nous vous prions de montrer un peu de patience envers nous un instant.*

---

to beat—*battre*

to beat a retreat—*battre en retraite*

When our tanks approached, the enemy beat a hasty retreat. *Quand nos chars se sont approchés, l'ennemi a battu en retraite précipitamment.*

to beat around the bush—*tourner autour du pot, y aller par quatre chemins*

He didn't beat around the bush in giving them the bad news. *Il n'a pas tourné autour du pot (il n'y est pas allé par quatre chemins) pour leur annoncer la mauvaise nouvelle.*

to beat hands down (hollow)—*battre à plate couture*

Their team beat us hands down (beat us hollow). *Leur équipe nous a battus à plate couture.*

to beat hell (the devil, the living daylights) out of—*ficher une raclée à*
The gang of hoodlums beat hell (the devil, the living daylights) out of him. *La bande de voyous lui a fichu une raclée.*

Beat it!—*Fiche(z) le camp!*

to beat to it (to the punch)—*devancer*
He wanted to get the story first, but the other reporter beat him to it (to the punch). *Il voulait être le premier à avoir la nouvelle, mais l'autre reporter l'a devancé.*

to beat up—*rouer de coups*
That big brute beat up my little brother. *Cette grosse brute a roué de coups mon petit frère.*

That beats all!—*(Après ça,) il n'y a qu'à tirer l'échelle! C'est le bouquet!*

That beats me!—*Je n'y comprends rien! Ça me dépasse!*

to beat the band—*à tout rompre; à toute vitesse*
The audience was applauding to beat the band. *Le public applaudissait à tout rompre.* The fire truck was racing down the street to beat the band. *Le camion des pompiers roulait à toute vitesse dans la rue.*

---

beck—*signe*
   to be at someone's beck and call—*obéir à quelqu'un au doigt et à l'œil*
   That big bruiser is at his mother's beck and call. *Ce gros malabar obéit à sa mère au doigt et à l'œil.*

---

to become—*devenir*
   What's become of him?—*Qu'est-il devenu?*

---

bed—*le lit*
   a bed of roses—*une partie de plaisir*
   Since the recession, their life was not a bed of roses. *Depuis la récession, leur vie n'était pas une partie de plaisir.*

---

bee—*l'abeille*
   a bee in one's bonnet—*marotte en tête*

The old man had a bee in his bonnet and there was no way of reasoning with him. *Le vieillard avait marotte en tête et il n'y avait pas moyen de le raisonner.*

to make a beeline for—*se précipiter sur*
The guests made a beeline for the refreshments. *Les invités se sont précipités sur les rafraîchissements.*

---

to beef—*grommeler, se plaindre*
  to beef up—*étoffer, augmenter*
  The university decided to beef up its teaching staff. *L'université a décidé d'étoffer (d'augmenter) son corps enseignant.*

---

to beg—*mendier, prier*
  to beg off—*se faire excuser*
  She was supposed to attend the ceremony, but she begged off. *Elle devait assister à la cérémonie, mais elle s'est fait excuser.*

  to beg the question—*être une pétition de principe*
  Their reply really begged the question. *Leur réponse était vraiment une pétition de principe.*

  to go begging—*ne pas trouver amateur*
  There are beautiful building lots which are going begging. *Il y a de beaux terrains à bâtir qui ne trouvent pas amateur.*

  I beg your pardon.—*Pardon. Plaît-il?*

---

to begin—*commencer*
  to begin with—*dès le départ*
  Their criteria were too high to begin with. *Leurs critères étaient excessifs dès le départ.*

---

behind—*derrière, en arrière*
  behind schedule—*en retard sur l'horaire*
  Because of the strike, the train is behind schedule. *A cause de la grève, le train est en retard sur l'horaire.*

  behind the eight ball—*dans une position désavantageuse*

I give in; you have me behind the eight ball. *Je me rends; vous m'avez dans une position désavantageuse.*

behind the scenes—*dans les coulisses*
She is the one who controls everything behind the scenes. *C'est elle qui dirige tout dans les coulisses.*

behind the times—*vieux jeu, dépassé*
His way of looking at things was considered behind the times. *Sa façon de voir les choses était considérée vieux jeu (dépassée).*

---

to belabor—*rouer de coups*
  to belabor the obvious—*enfoncer une porte ouverte*
  Attacking prohibition as a means of controlling alcoholism is to belabor the obvious. *Attaquer la prohibition comme moyen de combattre l'alcoolisme, c'est enfoncer une porte ouverte.*

---

bell—*la cloche, la clochette*
  with bells on—*avec joie*
  He said that he would be there with bells on. *Il a dit qu'il y assisterait avec joie.*

---

belly—*le ventre*
  to go (to turn) belly up—*faire faillite*
  Despite their hopes, the business went (turned) belly up. *Malgré leurs espérances, l'entreprise a fait faillite.*

  to have a belly laugh—*rire aux éclats*
  On hearing his crazy story we had a belly laugh. *En entendant son récit loufoque nous avons ri aux éclats.*

---

to belong—*appartenir*
  to belong to—*être à; faire partie de*
  This car belongs to me. *Cette voiture est à moi.* My brother belongs to the athletic club. *Mon frère fait partie du cercle sportif.*

  not to belong—*ne pas être à sa place*
  That man doesn't belong in this group. *Cet homme n'est pas à sa place dans ce groupe.*

---

below—*au-dessous (de)*
　below the belt—*bas, en traître*
　We thought that recalling our past statements was striking below the belt.
　*Nous trouvions que rappeler nos déclarations passées, c'était porter un
　coup bas (en traître).*

　under one's belt—*à son actif*
　The pilot had thousands of hours of flight under his belt. *Le pilote avait
　des milliers d'heures de vol à son actif.*

to belt—*fustiger*
　to belt out (a song)—*chanter (une chanson) à tue-tête*
　To end the show, they all belted out a popular song. *Pour terminer le
　spectacle, ils ont tous chanté une chanson populaire à tue-tête.*

bend—*le coude, le virage*
　(a)round the bend—*cinglé*
　They thought his new ideas showed he had gone (a)round the bend. *Ils
　trouvaient que ses nouvelles idées indiquaient qu'il était devenu cinglé.*

to bend—*courber, plier*
　to bend over backward—*se mettre en quatre*
　We bent over backward to welcome them. *Nous nous sommes mis en
　quatre pour les accueillir.*

　to bend someone's ear—*casser (rebattre) les oreilles à quelqu'un*
　During the entire evening, he bent my ear with his war stories. *Pendant
　toute la soirée, il m'a cassé (rebattu) les oreilles avec ses histoires de
　guerre.*

　bent on—*résolu à*
　He is bent on winning the first prize. *Il est résolu à gagner le grand prix.*

beneath—*sous*
　beneath contempt—*au-dessous de tout*
　His lack of solidarity is beneath contempt. *Son manque de solidarité est
　au-dessous de tout.*

beside—*à côte de*
  beside oneself (with anger)—*fou (de colère)*
  On learning of his attack, I was beside myself (with anger). *En entendant parler de son attaque, j'étais fou (de colère).*

  beside the point—*à côte de la question*
  But that argument is beside the point. *Mais cet argument est à côte de la question.*

best—*le meilleur, le mieux*
  at best—*tout au mieux*
  At best you can hope for a draw. *Tout au mieux vous pouvez espérer faire match nul.*

  It's your best bet.—*C'est ce que vous pouvez espérer (trouver) de mieux.*

  one had best—*on ferait mieux de*
  I think you had best leave now. *Je crois que vous feriez mieux de partir maintenant.*

to bet—*parier*
  You bet!—*Et comment! Tu parles! D'accord.*

better—*meilleur, mieux*
  better off—*plus à l'aise*
  The bride's family was better off than the groom's. *La famille de la mariée était plus à l'aise que celle de son époux.*

  better than—*plus de*
  We had hoped to spend better than two years there. *Nous avions espéré y passer plus de deux ans.*

  it is better—*il vaut mieux, mieux vaut*
  It is better to try to calm her. *Il vaut mieux (Mieux vaut) essayer de la calmer.*

  no better off—*pas plus avancé*
  I saw him, but I'm no better off for it. *Je l'ai vu, mais je n'en suis pas plus avancé.*

  one had better—*on ferait mieux de*

You had better stop doing that right away. *Vous feriez mieux d'arrêter de faire cela tout de suite.*

only better—*en mieux*

She is like her sister, only better. *C'est sa sœur, en mieux.*

between—*entre*

between you and me (you, me and the lamp post)—*de vous à moi, entre nous*

Between you and me (you, me and the lamp post), that man is crazy. *De vous à moi (entre nous), cet homme est fou.*

in between—*entre deux*

France and Germany are two neighboring powers, with little Luxembourg in between. *La France et l'Allemagne sont deux puissances voisines, avec le petit Luxembourg entre deux.*

to beware—*se méfier*

Beware of the dog.—*Chien méchant.*

beyond—*au delà*

to be beyond one's depth—*perdre pied, nager*

He admitted he was beyond his depth in those technical discussions. *Il a avoué qu'il perdait pied (nageait) dans ces discussions techniques.*

to be beyond shame—*avoir toute honte bue*

I was beyond shame, so I accepted their offer. *J'avais toute honte bue, alors j'ai accepté leur offre.*

beyond repair—*hors d'usage*

This machine is beyond repair and must be replaced. *Cette machine est hors d'usage et doit être remplacée.*

beyond the pale—*à l'index*

Since their defeat at the polls, they are politically beyond the pale. *Depuis leur défaite électorale, ils sont à l'index politiquement.*

It's beyond me!—*Cela me dépasse! Je n'y comprends rien!*

to bid—*enjoindre, offrir*

to bid fair to—*promettre de (faire, etc.)*

His sister bids fair to become an excellent mathematician. *Sa sœur promet de devenir une excellente mathématicienne.*

---

to bide—*attendre, durer*
   to bide one's time—*attendre le bon moment*
   She hasn't given up on it, she's just biding her time. *Elle n'y a pas renoncé, elle attend seulement le bon moment.*

---

big—*grand, gros*
   big on—*toqué de*
   It was obvious to everyone that he was big on the boss's daughter. *Il était évident à tous qu'il était toqué de la fille du patron.*

   a big shot (wheel, wig)—*une grosse légume, un gros bonnet, une huile*
   It's the big shots (wheels, wigs) who decided that. *Ce sont les grosses légumes (les gros bonnets, les huiles) qui ont décidé de cela.*

   to act the big shot (to talk big)—*faire l'important*
   He acts the big shot (he talks big), but he is just a clerk. *Il fait l'important, mais ce n'est qu'un petit employé.*

   (a size) too big—*à l'avantage*
   His mother always buys his clothes (a size) too big. *Sa mère lui achète toujours ses vêtements à l'avantage.*

   to be big-hearted—*avoir le cœur sur la main*
   He will always help you out because he is big-hearted. *Il vous aidera toujours parce qu'il a le cœur sur la main.*

   to be too big for one's breeches (hat)—*se croire sorti de la cuisse de Jupiter*
   The mayor is too big for his breeches (hat). *Le maire se croit sorti de la cuisse de Jupiter.*

   Big deal!—*La belle affaire!*

   It's no big deal.—*Ce n'est pas la mer à boire.*

---

bill—*la facture, la note*
   to foot the bill—*payer la note*

When they left, I had to foot the bill. *Après leur départ, c'est moi qui ai dû payer la note.*

---

bind—*la ligature, le grippage*
  in a bind—*dans le pétrin*
  Come and help me; I'm in a bind. *Viens m'aider; je suis dans le pétrin.*

---

bird—*l'oiseau*
  a funny (strange) bird—*un drôle de coco*
  Everyone says your brother is a funny (strange) bird. *Tout le monde dit que ton frère est un drôle de coco.*

  A little bird told me.—*Mon petit doigt me l'a dit.*

  birds of a feather—*(des gens) à mettre dans le même sac, de la même farine*
  You'll get the same answer from them both: they're birds of a feather. *Tu auras la même réponse des deux: ils sont à mettre dans le même sac (de la même farine).*

  for the birds—*tout juste bon pour les chiens*
  This meal is for the birds. *Ce repas est tout juste bon pour les chiens.*

---

birthday—*l'anniversaire*
  in one's birthday suit—*dans le plus simple appareil, dans le costume d'Adam (d'Eve)*
  When we opened the door, we saw her standing there in her birthday suit. *En ouvrant la porte, nous l'avons vue là dans le plus simple appareil (dans le costume d'Eve).*

---

bit—*le morceau*
  a bit—*un peu*
  If you ask me, she's a bit crazy. *A mon avis, elle est un peu folle.*

  a good bit (quite a bit)—*pas mal*
  He has a good bit (quite a bit) of money. *Il a pas mal d'argent.*

  bit by bit—*petit à petit, peu à peu*
  We finished the job bit by bit. *Nous avons fini le travail petit à petit (peu à peu).*

not a bit—*pas du tout*
That didn't hurt a bit. *Cela n'a pas fait mal du tout.*

bit—*le mors*
to chafe (to champ) at the bit—*ronger son frein*
The coach was chafing (champing) at the bit, waiting for the new season to begin. *L'entraîneur rongeait son frein en attendant le début de la nouvelle saison.*

bite—*la bouchée, la morsure*
to grab (to have) a bite—*casser la croûte, manger un morceau*
They stopped working for a while to grab (to have) a bite. *Ils ont arrêté de travailler un instant pour casser la croûte (manger un morceau).*

I've got a bite!—*Ça mord!*

to bite—*mordre*
to bite off more than one can chew—*avoir les yeux plus gros que le ventre*
When he tried to reform the system he was biting off more than he could chew. *En essayant de réformer le système il avait les yeux plus gros que le ventre.*

to bite someone's head off—*passer un savon à quelqu'un*
When we returned late, the coach really bit our heads off. *Quand nous sommes rentrés en retard, l'entraîneur nous a vraiment passé un savon.*

to bite the bullet—*avaler la pilule*
The president had to bite the bullet and sign the bill. *La président a dû avaler la pilule et signer le projet de loi.*

to bite the hand that feeds you—*montrer une grande ingratitude*
When she turned against her former patrons, she was biting the hand that fed her. *En se retournant contre ses anciens protecteurs, elle montrait une grande ingratitude.*

bitter—*amer*
to the bitter end—*jusqu'au bout*

The soldiers fought to the bitter end. *Les soldats se sont battus jusqu'au bout.*

---

black—*noir*

a black eye—*un œil au beurre noir*
He got a black eye in the brawl. *Il a eu un œil au beurre noir dans la bagarre.*

to be in the black—*faire des bénéfices*
We are in the black for the first time this year. *Nous faisons des bénéfices pour la première fois cette année.*

black and blue—*couvert de bleus*
After the game he was black and blue. *Après le match il était couvert de bleus.*

in black and white—*par écrit, en toutes lettres*
I want the agreement to be put in black and white. *Je veux qu'on mette l'accord par écrit (en toutes lettres).*

---

blank—*blanc, vide*

a blank check—*un chèque en blanc, carte blanche*
Since the ambassador had given him a blank check, he could do as he wished. *Puisque l'ambassadeur lui avait donné un chèque en blanc (carte blanche), il pouvait faire comme il voulait.*

---

to blast—*exploser, faire sauter*

to blast off—*être mis à feu, partir*
The rocket blasted off right on time. *La fusée a été mise à feu (est partie) juste à l'heure.*

---

to blaze—*marquer*

to blaze a trail—*frayer un chemin, poser des jalons*
His work has blazed a trail for future research. *Son travail a frayé le chemin (posé des jalons) pour des recherches futures.*

---

to bleed—*saigner*

to bleed dry—*sucer jusqu'à la moelle*

When his creditors have bled him dry, they will let him go. *Quand ses créanciers l'auront sucé jusqu'à la moelle, ils le lâcheront.*

to bleed oneself white—*se saigner aux quatre veines*
To send their children to boarding school they had to bleed themselves white. *Pour envoyer leurs enfants en pensionnat ils ont dû se saigner aux quatre veines.*

---

to bless—*bénir*
Bless you!—*A vos souhaits!*

---

blink—*le clignotement, le battement*
  on the blink—*en panne*
The elevator is on the blink again. *L'ascenseur est en panne encore une fois.*

---

block—*le billot, le bloc*
  on the block—*à vendre*
Their most valuable possessions were on the block. *Leurs possessions les plus précieuses étaient à vendre.*

---

blood—*le sang*
  That makes my blood boil!—*Cela me fait bouillir (enrager)!*

  There's bad blood between them.—*Le torchon brûle. Il y a du désaccord entre eux.*

---

to blow—*souffler*
  to blow a fuse (a gasket, one's lid, one's stack, one's top)—*sauter au plafond, sortir de ses gonds*
On learning of their mistake, he blew a fuse (a gasket, his lid, his stack, his top). *En apprenant leur erreur, il a sauté au plafond (il est sorti de ses gonds).*

  to blow hot and cold—*souffler le chaud et le froid*
Instead of making a firm decision, the president was blowing hot and cold. *Au lieu de se décider définitivement, le président soufflait le chaud et le froid.*

  to blow it—*le rater*

Too bad, boys; we blew it! *Tant pis, les gars; nous l'avons raté!*

to blow one's brains out—*se brûler (se faire sauter) la cervelle*
Seeing the stock market index so low, he blew his brains out. *En voyant le cours de la Bourse si bas, il s'est brûlé (s'est fait sauter) la cervelle.*

to blow one's cool—*perdre son sang-froid*
Don't blow your cool, he didn't mean any harm! *Ne perds pas ton sang-froid, il ne voulait pas dire de mal!*

to blow one's cover—*se découvrir, perdre son déguisement*
If you tell your girlfriend you're not English, you'll be blowing your cover. *En disant à ton amie que tu n'es pas Anglais, tu te découvriras (tu perdras ton déguisement).*

to blow one's lines—*oublier ses répliques*
The actor was so nervous that he kept blowing his lines. *L'acteur était si nerveux qu'il n'arrêtait pas d'oublier ses répliques.*

to blow one's mind—*époustoufler*
The news of her success just blew my mind! *La nouvelle de sa réussite m'a simplement époustouflé!*

to blow one's (own) horn—*chanter ses propres louanges*
When the boss is around, that clerk always blows his (own) horn. *Quand le patron est là, ce commis chante toujours ses propres louanges.*

to blow out—*crever; souffler*
The tire blew out. *Le pneu a crevé.* She blew the candles out. *Elle a soufflé les bougies.*

to blow over—*se calmer*
After an hour the storm blew over. *Au bout d'une heure la tempête s'est calmée.*

to blow the whistle—*mettre le holà*
There was so much corruption that the government had to blow the whistle. *Il y avait tant de corruption que le gouvernement a dû mettre le holà.*

to blow up—*(faire) sauter; gonfler*
The bridge blew up. (The rebels blew up the bridge.) *Le pont a sauté. (Les rebelles ont fait sauter le pont.)*

Daddy, would you please blow up my balloon? *Papa, veux-tu gonfler mon ballon, s'il te plaît?*

to blow up (a photo)—*agrandir (une photo)*
We blew up his picture to make the poster. *Nous avons agrandi sa photo pour faire l'affiche.*

blue—*bleu*

to be blue (to have the blues)—*avoir le cafard, broyer du noir*
I'm blue (I have the blues) today because it's raining. *J'ai le cafard (je broie du noir) aujourd'hui parce qu'il pleut.*

You can talk till you're blue in the face!—*Tu peux toujours parler!*

board—*le bord, la planche*

on board—*à bord (de)*
There was no one on board (the ship). *Il n'y avait personne à bord (du bateau).*

overboard—*par-dessus bord*
We have to throw the entire cargo overboard! *Il faut jeter toute la cargaison par-dessus bord!*

body—*le corps*

body English—*des gesticulations*
The golfer seemed to want to make the ball go into the hole using body English. *Le golfeur semblait vouloir faire entrer la balle dans le trou en faisant des gesticulations.*

in a body—*en groupe, en masse*
To protest, the entire audience left in a body. *Pour protester, tout le public est parti en groupe (en masse).*

to boil—*(faire) bouillir*

to boil down to—*se réduire à*
The story boils down to this. *L'histoire se réduit à ceci.*

to get boiling mad—*se fâcher tout rouge*
She would get boiling mad when I kidded her. *Elle se fâchait tout rouge quand je la taquinais.*

to boil over—*déborder*

The water in his car's radiator boiled over. *L'eau du radiateur de sa voiture a débordé.*

bone—*l'os*

a bone to pick—*maille à partir*

I had a bone to pick with that fellow. *J'avais maille à partir avec cet individu.*

to bone up on—*potasser*

For her exam, she needed to bone up on French history. *Pour son examen, elle avait besoin de potasser l'histoire de France.*

the bone of contention—*la pomme de discorde*

Salary is the bone of contention. *C'est le salaire qui est la pomme de discorde.*

book—*le livre*

by the book—*selon le règlement*

In order to slow up production, the employees worked strictly by the book. *Pour ralentir la production, les employés ont travaillé strictement selon le règlement.*

boot—*la botte*

to boot—*par-dessus le marché*

We were obliged to accept his success, and his arrogance to boot. *Nous avons été obligés d'accepter son succès, et son arrogance par-dessus le marché.*

to bore—*ennuyer*

to bore stiff (to death, to tears)—*ennuyer à mourir*

You bore me stiff (to death, to tears) with your stories. *Tu m'ennuies à mourir avec tes histoires.*

born—*né*

to be born under a lucky star—*naître sous une bonne étoile*

She seems to have been born under a lucky star. *Elle semble être née sous une bonne étoile.*

to be born with a silver spoon in one's mouth—*naître coiffé*
She was born with a silver spoon in her mouth, but she knows how to
work. *Elle est née coiffée, mais elle sait travailler.*

born yesterday—*né d'hier (de la dernière pluie)*
I may be naïve, but I wasn't born yesterday! *Je suis peut-être naïf, mais
je ne suis pas né d'hier (de la dernière pluie)!*

to borrow—*emprunter*
  to borrow trouble—*voir tout en noir, broyer toujours du noir*
  I'm an optimist: I prefer not to borrow trouble. *Je suis optimiste: je
  préfère ne pas voir tout en noir (broyer toujours du noir).*

to boss—*diriger*
  to boss around—*mener à la baguette*
  His wife bosses him around. *Sa femme le mène à la baguette.*

to bother—*ennuyer*
  Don't bother!—*Ne vous dérangez pas! Ne vous en faites pas!*

bottom—*du bas*
  the bottom line—*le fin mot de l'histoire*
  We can argue all we want, but the bottom line is that we'll have to do as
  they say. *Nous pouvons discuter autant que nous voulons, mais le fin
  mot de l'histoire est qu'il faudra faire comme ils disent.*

bottom—*le bas, le fond*
  at the bottom (end) of—*à la queue de*
  He was always at the bottom (end) of the class. *Il était toujours à la queue
  de la classe.*

  Bottoms up!—*Cul sec!*

  The bottom has fallen out!—*C'est la fin des haricots (la fin de tout)!*

  the bottom of the barrel—*le fond du panier*
  We were forced to take the bottom of the barrel. *Nous avons été obligés
  de prendre le fond du panier.*

bound—*lié, obligé*

    bound for—*à destination de, en route pour*

They took a train bound for Paris. *Ils ont pris un train à destination de (en route pour) Paris.*

    bound hand and foot—*pieds et poings liés*

The robbers had left him there bound hand and foot. *Les voleurs l'avaient laissé là pieds et poings liés.*

    one is bound to—*il est sûr que (l'on, etc.)*

You are bound to be disappointed, I know. *Il est sûr que vous serez déçu, je le sais.*

---

to bow—*s'incliner, saluer*

    to bow and scrape—*faire des courbettes*

You can show your respect without bowing and scraping to them. *Vous pouvez montrer votre respect sans leur faire des courbettes.*

    to bow out—*tirer sa révérence*

Rather than accept such a proposal, I bowed out. *Plutôt que d'accepter une telle proposition, j'ai tiré ma révérence.*

---

bowel—*le boyau*

    to have a bowel movement—*aller à la selle*

Did the patient have a bowel movement today! *Le malade est-il allé à la selle aujourd'hui?*

---

to bowl—*lancer (une boule), faire rouler*

    to bowl over—*faire tomber à la renverse, sidérer*

Their unexpected offer of help bowled us over. *Leur offre inattendue d'aide nous a fait tomber à la renverse (nous a sidérés).*

---

brain—*la cervelle, le cerveau*

    to have on the brain—*ne penser qu'à*

That man has politics on the brain. *Cet homme ne pense qu'à la politique.*

---

bread—*le pain*

    bread and butter—*terre à terre, de tous les jours*

The other party talked primarily about bread and butter issues. *L'autre parti a parlé surtout de questions terre à terre (de tous les jours).*

on bread and water—*au pain sec*
He was put on bread and water for punishment. *On l'a mis au pain sec pour le punir.*

one's bread and butter—*son moyen de subsistance*
Used car sales are their bread and butter. *La vente des voitures d'occasion c'est leur moyen de subsistance.*

---

to break—*casser, rompre*
to break camp—*lever le camp*
At dawn the enemy's army had already broken camp. *A l'aube, l'armée de l'ennemi avait déjà levé le camp.*

to break cover—*sortir à découvert*
The fleeing convict was forced to break cover. *Le prisonnier en fuite a été obligé de sortir à découvert.*

to break down—*abattre; décomposer; tomber en panne*
We had to break down the door. *Il nous a fallu abattre la porte.* This acid breaks down fats. *Cet acide décompose les matières grasses.* They would have won the race, but their car broke down. *Ils auraient gagné la course, mais leur auto est tombée en panne.*

to break even—*rentrer dans ses frais*
Far from making a profit, he only managed to break even. *Loin de faire des bénéfices, il n'a réussi qu'à rentrer dans ses frais.*

to break (fresh) ground—*innover*
Their new production methods broke (fresh) ground. *Leurs nouvelles méthodes de production innovaient.*

to break in (a car)—*roder (une voiture)*
It takes a thousand miles to break in this car. *Il faut faire mille milles pour roder cette voiture.*

to break in(to)—*entrer par effraction dans*
Thieves broke in(to) their house. *Des voleurs sont entrés par effraction dans leur maison.*

to break loose (out)—*s'évader*

Everyone was searching for the prisoner who had broken loose (out).
Tout le monde recherchait le prisonnier qui s'était évadé.

to break one's neck (trying)—*se mettre en quatre*
I broke my neck (trying) to find what she wanted. *Je me suis mis en quatre pour lui trouver ce qu'elle voulait.*

to break out—*éclater, se déclarer*
Suddenly war broke out in the East. *Soudain la guerre a éclaté en Orient.*
A fire broke out on the second floor. *Un incendie s'est déclaré au premier étage.*

to break the law—*enfreindre la loi*
You are breaking the law by entering here. *Vous enfreignez la loi en entrant ici.*

to break the news—*annoncer la nouvelle*
We don't dare break the news to him. *Nous n'osons pas lui annoncer la nouvelle.*

to break through—*enfoncer, percer*
We finally broke through the barrier of their reserve. *Nous avons enfin réussi à enfoncer (percer) l'obstacle de leur retenue.*

to break up—*se briser; se disperser*
It was obvious that their marriage was breaking up. *Il était évident que leur mariage se brisait.* The clouds were breaking up. *Les nuages se dispersaient.*

It breaks my heart.—*Cela me fend le cœur (l'âme).*

---

breath—*l'haleine, le souffle*
a breath of (fresh) air—*l'air (le frais)*
My head is stuffy; let's go get a breath of (fresh) air. *J'ai la tête lourde; allons prendre l'air (le frais).*

to save (not to waste) one's breath—*épargner sa salive*
Save (don't waste) your breath; we don't believe you. *Epargnez votre salive; nous ne vous croyons pas.*

---

to breathe—*respirer, souffler*
to breathe down someone's neck—*menacer de dépasser quelqu'un; suivre les actions de quelqu'un de trop près*

The runner felt his opponent breathing down his neck. *Le coureur sentait que son adversaire menaçait de le dépasser.* I don't like the boss always breathing down my neck. *Je n'aime pas que le patron suive toujours mes actions de trop près.*

to breathe easy (a sigh of relief)—*pousser un soupir de soulagement*
Now that the inspector was gone, we all breathed easy (a sigh of relief). *Maintenant que l'inspecteur était parti, nous avons tous poussé un soupir de soulagement.*

to breathe one's last (breath)—*rendre le dernier soupir*
After saying farewell to his family, the sick man breathed his last (breath). *Après avoir fait ses adieux à sa famille, le malade a rendu le dernier soupir.*

---

breeze—*la brise*
It's a breeze!—*C'est du gâteau!*

---

to breeze—*fraîchir*
to breeze in—*arriver en coup de vent*
Suddenly my brother breezed in. *Mon frère est entré soudain en coup de vent.*

---

to brew—*brasser*
to be brewing—*se tramer, être dans l'air*
It was obvious that trouble was brewing. *Il était évident que des troubles se tramaient (étaient dans l'air).*

---

bright—*clair, brillant*
bright and early—*de bonne heure*
All the family was up bright and early that day. *Toute la famille était levée de bonne heure ce jour-là.*

---

to bring—*amener, apporter*
to bring about—*effectuer*
They brought about a reconciliation between the enemies. *Ils ont effectué une réconciliation entre les ennemis.*

to bring around—*amener*

I thought we could bring him around to our way of thinking. *Je croyais que nous pouvions l'amener à notre façon de penser.*

to bring down—*faire tomber*

The defection of the left brought down the coalition. *La défection de la gauche a fait tomber la coalition.*

to bring down the house—*faire crouler la salle sous les applaudissements*

Her latest play brought down the house. *Sa dernière pièce a fait crouler la salle sous les applaudissements.*

to bring home—*faire comprendre*

Their actions brought home the need for effective controls. *Leurs actions ont fait comprendre le besoin de réglementation efficace.*

to bring home the bacon—*faire bouillir la marmite*

She works evenings to bring home the bacon. *Elle travaille le soir pour faire bouillir la marmite.*

to bring off—*mener à bien*

We never thought that they would bring off such a difficult plan. *Nous n'avons jamais cru qu'ils mèneraient à bien un projet si difficile.*

to bring on—*provoquer*

I'm afraid that her intense activity will bring on a bout of fever. *Je crains que son activité intensive ne provoque un accès de fièvre.*

to bring out—*faire ressortir, mettre en valeur*

The spices bring out its flavor. *Les épices font ressortir sa saveur (mettent sa saveur en valeur).*

to bring to a close (an end)—*mettre fin à*

That brings this question to a close (an end). *Cela met fin à cette histoire.*

to bring to bear—*faire porter*

They brought all their efforts to bear on the reconstruction. *Ils ont fait porter tous leurs efforts sur la reconstruction.*

to bring to book (to terms)—*amener à composition*

After their long opposition, we finally brought them to book (to terms). *Après leur longue opposition, nous les avons enfin amenés à composition.*

to bring to light—*mettre au grand jour*

Their plot was finally brought to light. *On a enfin mis leur complot au grand jour.*

to bring up—*élever; soulever*
We have brought up our children to respect the law. *Nous avons élevé nos enfants à respecter la loi.*
I didn't dare bring up the question of their participation in the venture. *Je n'ai pas osé soulever la question de leur participation à l'entreprise.*

to bring up the rear—*fermer la marche*
After the tanks, the veterans brought up the rear. *Après les chars, les anciens combattants fermaient la marche.*

---

broad—*large*
in broad daylight—*en plein jour*
They robbed the bank in broad daylight. *Ils ont volé la banque en plein jour.*

Bronx—*le Bronx (un arrondissement de New-York)*
a Bronx cheer—*une expression de désapprobation (d'incrédulité)*
The speaker's claims were greeted with a Bronx cheer by the audience. *Les affirmations de l'orateur ont été accueillies par le public d'une expression de désapprobation (d'incrédulité).*

---

brown—*brun, marron*
in a brown study—*recueilli, plongé dans la méditation*
Don't disturb him while he is in a brown study. *Ne le dérangez pas pendant qu'il est recueilli (plongé dans la méditation).*

---

to brush—*brosser*
to brush off—*envoyer promener; écarter à la légère*
The well-known actor tried to brush off the crowd waiting for him. *L'acteur célèbre essayait d'envoyer promener la foule qui l'attendait.*
We mustn't brush off the possibility of this causing war. *Nous ne devons pas écarter à la légère la possibilité que cela provoque la guerre.*

to brush up (on)—*réviser*

Now is the time to brush up (on) your French. *C'est le moment de réviser votre français.*

---

to buck—*regimber*
Buck up!—*Du courage! Reprenez du poil de la bête!*

---

to buckle—*boucler*
to buckle down—*se mettre au boulot*
Now we should buckle down and finish the job. *Maintenant nous devrions nous mettre au boulot et finir le travail.*

---

to bud—*bourgeonner*
budding—*en herbe*
Her son is a budding novelist. *Son fils est un romancier en herbe.*

---

buff—*le cuir, la peau*
in the buff—*à poil*
We went swimming in the buff. *On s'est baignés à poil.*

---

bug—*l'insecte, le microbe*
Bug off!—*Fous le camp! Fiche-moi la paix!*
What's bugging you?—*Quelle mouche te pique?*

---

to bulge—*gonfler*
bulging at the seams—*plein à craquer*
Take another bag; this one is bulging at the seams. *Prenez un autre sac; celui-ci est plein à craquer.*

---

bull—*le taureau*
a bull session—*une discussion sans fin*
When the lights were out, the students continued their bull session. *Une fois les lumières éteintes, les élèves ont continué leur discussion sans fin.*
That's a load (a lot) of bull(-shit)!—*C'est un tas de conneries (de foutaises)!*

bum—*le clochard, le derrière*

  on the bum—*en panne*

  She couldn't come because her car is on the bum. *Elle n'a pas pu venir parce que sa voiture est en panne.*

---

to bump—*cogner, heurter*

  to bump off—*faire son affaire à, supprimer*

  People in the underworld bumped the witness off. *Les gens du milieu ont fait son affaire au (supprimé le) témoin.*

  to bump into—*rencontrer (au hasard)*

  Guess who I bumped into downtown today! *Devine qui j'ai rencontré (par hasard) en ville aujourd'hui!*

---

to burn—*brûler*

  to burn one's bridges behind one—*couper ses ponts*

  Now that they have left the company, they have burned their bridges behind them. *Maintenant qu'ils ont quitté la compagnie, ils ont coupé leurs ponts.*

  to burn out—*s'user; mourir*

  If he keeps working at this pace, he is sure to burn out. *S'il continue à travailler de ce pas, il s'usera forcément.* After a while, the candle burnt out. *Au bout de quelque temps, la bougie est morte.*

  to burn the midnight oil—*travailler fort avant dans la nuit*

  Preparing for his exams, he burned the midnight oil. *En préparant ses examens, il travaillait fort avant dans la nuit.*

  Money burns a hole in his pocket.—*L'argent lui fond dans les mains.*

  That burns me up!—*Ça me fait bondir!*

---

to bury—*enterrer*

  to bury one's head in the sand—*pratiquer la politique de l'autruche*

  They buried their head in the sand, hoping their problems would go away. *Ils pratiquaient la politique de l'autruche, espérant que leurs problèmes disparaîtraient.*

  to bury the hatchet—*faire la paix*

The two old enemies finally decided to bury the hatchet. *Les deux vieux ennemis ont enfin décidé de faire la paix.*

---

but—*mais*
but for—*sans*
But for her, we would have lost the game. *Sans elle, nous aurions perdu le match.*

---

butter—*le beurre*
Butter wouldn't melt in her mouth.—*C'est une sainte nitouche.*

to have butter fingers—*avoir la main maladroite*
Don't let him carry that; he has butterfingers. *Ne lui laisse pas porter cela; il a la main maladroite.*

---

to butter—*beurrer*
to butter someone up—*passer la main dans le dos à quelqu'un*
When he says those nice things, he's just trying to butter you up. *Quand il te dit ces gentillesses, il veut seulement te passer la main dans le dos.*

---

button—*le bouton*
to have all one's buttons—*avoir toute sa raison*
Don't listen to him, he doesn't have all his buttons. *Ne l'écoutez pas, il n'a pas toute sa raison.*

on the button—*précis(ément), juste(ment)*
Richard's estimate was right on the button. *Le devis de Richard était tout à fait précis (juste).*

---

to button—*boutonner*
to button down—*préciser, confirmer; mettre au point*
Try and button down those figures before we go ahead. *Essayez de préciser (de confirmer) ces chiffres avant qu'on continue.* They managed to button down the deal before quitting. *Ils ont réussi à mettre l'affaire au point avant de quitter le bureau.*

to buttonhole—*tenir la jambe à*
He buttonholed me for an hour. *Il m'a tenu la jambe pendant une heure.*

Button your lip!—*Bouche cousue!*

---

to buy—*acheter*

to buy a pig in a poke—*acheter chat en poche*
You're trying to make me buy a pig in a poke. *Vous essayez de me faire acheter chat en poche.*

to buy off—*acheter (la conscience de)*
To avoid a struggle, he bought his opponent off. *Pour éviter la lutte, il a acheté (la conscience de) son adversaire.*

to buy out—*racheter la part de*
My doctor would like to buy out her partner. *Mon médecin voudrait racheter la part de son associé.*

to buy sight unseen—*acheter les yeux fermés*
He bought that consignment sight unseen. *Il a acheté ce lot les yeux fermés.*

I don't buy that!—*Je ne suis pas client! Je n'y crois pas!*

---

by—*par, près (de)*

by and by—*tout à l'heure*
We'll see them again by and by. *Nous les reverrons tout à l'heure.*

by and large—*en gros*
The matter is settled, by and large. *La question est résolue, en gros.*

by oneself—*tout seul*
I ate the whole pie by myself. *J'ai mangé la tarte entière tout seul.*

---

call—*l'appel*

It was a close call.—*Il était moins cinq.*

on call—*de garde, de service*
Who is the doctor on call today? *Quel est le médecin de garde (de service) aujourd'hui?*

---

to call—*appeler*

to be called—*s'appeler*

What is this dish called? *Comment s'appelle ce plat?*

to call a spade a spade—*appeler un chat un chat, dire le mot et la chose*

In their circle, they always insist on calling a spade a spade. *Dans leur milieu, on insiste toujours pour appeler un chat un chat (pour dire le mot et la chose).*

to call down—*réprimander*

Learning of our escapades, the principal called us all down. *En apprenant nos escapades, le principal nous a tous réprimandés.*

to call for—*demander; venir chercher*

The situation calls for drastic reform. *La situation demande une réforme dramatique.* I'll call for you at eight p.m. *Je viendrai te chercher à huit heures du soir.*

to call into question—*mettre en doute*

Their actions call their loyalty into question. *Leurs actions mettent leur fidélité en doute.*

to call it a day (quits)—*abandonner la partie, arrêter le travail*

Feeling tired, they decided to call it a day (quits). *Se sentant fatigués, ils ont décidé d'abandonner la partie (d'arrêter le travail).*

to call off—*annuler*

They called the game off because of rain. *Ils ont annulé le match à cause de la pluie.*

to call on (upon)—*rendre visite à; sommer*

Our neighbors called on (upon) us yesterday. *Nos voisins nous ont rendu visite hier.* They called on (upon) us to answer the question. *Ils nous ont sommés de répondre à la question.*

to call on the carpet—*mettre sur la sellette*

His boss called him on the carpet. *Son patron l'a mis sur la sellette.*

to call someone's bluff—*coincer quelqu'un*

Since she boasted of her knowledge, they called her bluff by asking her hard questions. *Puisqu'elle se vantait de ses connaissances, ils l'ont coincée en lui posant des questions difficiles.*

to call the roll—*faire l'appel*

She was absent when the teacher called the roll. *Elle était absente quand le professeur a fait l'appel.*

to call the shots (the tune)—*être aux commandes*
He is the one who calls the shots (the tune) in this business. *C'est lui qui est aux commandes de cette entreprise.*

to call to account—*demander des comptes à*
She will surely call them to account for their actions. *Elle leur demandera sûrement des comptes de leurs actes.*

---

camera—*l'appareil photographique, la caméra*
off camera—*en dehors du champ de la caméra*
The audience heard the actress's remarks coming from off camera. *Le public entendait les observations de l'actrice venant d'en dehors du champ de la caméra.*

on camera—*devant la caméra*
He waited until he was on camera before getting into his role. *Il attendait d'être devant la caméra avant d'entrer dans son rôle.*

---

can—*la boîte, le bidon*
a can of worms—*un guêpier*
Don't get involved in their project: it's a can of worms! *Ne te laisse pas entraîner dans leur projet: c'est un guêpier!*

---

to cancel—*annuler, oblitérer*
to cancel out—*se neutraliser*
It seems to us that the advantages and disadvantages of his system cancel out. *Il nous semble que les avantages et les désavantages de son système se neutralisent.*

---

capacity—*la capacité, la contenance*
filled to capacity—*comble*
The hall was filled to capacity. *La salle était comble.*

---

card—*la carte*
It was in the cards.—*C'était écrit (fatal).*

to lay (to put) one's cards on the table—*jouer cartes sur table*
Why not lay (put) your cards on the table and admit you're against us?
Pourquoi ne pas jouer cartes sur table, en avouant que vous êtes contre nous?

The cards are stacked against me.—*La fortune m'est contraire. Je pars vaincu.*

---

care—*le soin, le souci*
(in) care of—*aux bons soins de, chez*
Send him the letter (in) care of his mother. *Envoyez-lui la lettre aux bons soins de (chez) sa mère.*

---

to care—*se soucier*
I couldn't care less (I don't care).—*Ça m'est égal. C'est le cadet de mes soucis. Je m'en moque.*

not to care for—*ne pas aimer*
He doesn't care much for spinach. *Il n'aime pas beaucoup les épinards.*

Who cares?—*Qu'est-ce que ça peut faire?*

---

carriage—*l'équipage, la voiture*
the carriage trade—*la grosse clientèle (riche)*
Their merchandise is aimed at the carriage trade. *Leurs marchandises visent la grosse clientèle (riche).*

---

to carry—*porter*
to be carried—*être voté*
The motion is carried. *La motion est votée.*

to carry coals to Newcastle—*porter de l'eau à la rivière*
Opening another restaurant here is like carrying coals to Newcastle. *Ouvrir un autre restaurant ici, c'est porter de l'eau à la rivière.*

to carry (not to carry) a tune—*chanter juste (faux)*
She likes music, but she can't carry a tune. *Elle aime la musique, mais elle chante faux.*

to carry off the honors—*remporter la palme*

His meticulous work always carried off the honors. *Son travail méticuleux remportait toujours la palme.*

to carry on—*faire des scènes; persévérer*
She carried on terribly in public. *Elle faisait des scènes abominables en public.* Carry on with that task until you have finished. *Persévérez dans cette tâche jusqu'à ce que vous ayez fini.*

to carry on simultaneously—*mener de front*
He shouldn't have carried on his studies and work simultaneously. *Il n'aurait pas dû mener de front ses études et son travail.*

to carry out (through)—*mener à bien*
They managed to carry the thing out (through) despite the difficulty. *Ils ont réussi à mener l'affaire à bien malgré la difficulté.*

to carry over—*reporter*
We will carry that question over until the next meeting. *Nous reporterons cette question à la prochaine réunion.*

to carry the ball for—*être le bras droit de*
I can count on Peter; he carries the ball for me. *Je peux compter sur Pierre; c'est mon bras broit.*

to carry the day—*l'emporter*
Their motion carried the day. *Leur motion l'a emporté.*

to carry the torch for—*avoir le béguin pour*
Although she tried to forget her lover, she was carrying the torch for him. *Bien qu'elle ait essayé d'oublier son amant, elle avait le béguin pour lui.*

---

to cart—*transporter*
    to cart away (off)—*emporter*
    We asked them to cart away (off) their equipment. *Nous leur avons demandé d'emporter leur équipement.*

---

case—*le cas*
    a case in point—*la meilleure preuve*
    She cannot be depended on: her refusal to help is a case in point. *On ne peut pas compter sur elle: son refus d'aider en est la meilleure preuve.*

(just) in case—*au cas où*
I'll take a raincoat, (just) in case it should rain. *Je prends mon impermeable, au cas où il pleuvrait.*
You have a case.—*Votre cas (cause) est plausible.*

---

to cash—*encaisser, toucher*
to cash in on—*tirer profit de*
They decided to cash in on their experience. *Ils ont décidé de tirer profit de leur expérience.*

to cash in one's chips—*passer l'arme à gauche*
The old man cashed in his chips. *Le vieil homme a passé l'arme à gauche.*

---

to cast—*jeter*
to cast about (around) for—*chercher partout*
The candidate cast about (around) for funds. *Le candidat a cherché de l'argent partout.*

to cast a (one's) vote for—*voter pour*
They cast a (their) vote for the socialist candidate. *Ils ont voté pour le candidat socialiste.*

to cast in one's lot with—*partager le sort de*
He decided to cast in his lot with the oppressed. *Il a décidé de partager le sort des opprimés.*

to cast off—*s'affranchir de*
Have the courage to cast off your chains! *Ayez le courage de vous affranchir de vos chaînes!*

---

catch—*le hic, la prise*
There's a catch to it.—*Il y a anguille sous roche.*

---

to catch—*attraper*
to catch fire (catch on)—*avoir du succès*
Her new song caught fire (caught on) right away. *Sa nouvelle chanson a eu tout de suite du succès.*

to catch flat-footed—*prendre sur le fait*

The police caught the burglar flat-footed. *La police a pris le cambrioleur sur le fait.*

to catch hold of—*saisir*
They tried to catch hold of the rope. *Ils ont essayé de saisir la corde.*

to catch it—*écoper, le payer*
If you keep misbehaving, you're going to catch it! *Si tu continues à te conduire mal, tu vas écoper (le payer)!*

to catch on—*comprendre*
The new employee caught on fast. *Le nouvel employé a vite compris.*

to catch napping—*prendre au dépourvu*
They didn't expect me, so I caught them napping. *Ils ne m'attendaient pas, alors je les ai pris au dépourvu.*

to catch off guard (unawares)—*prendre au dépourvu*
Your new request caught me off guard (unawares). *Votre nouvelle demande m'a pris au dépourvu.*

to catch red-handed—*prendre la main dans le sac*
The boss caught the employee red-handed. *Le patron a pris l'employé la main dans le sac.*

to catch sight of—*apercevoir*
We caught sight of her at the theater. *Nous l'avons aperçue au théâtre.*

to catch up to (with)—*rattraper*
Though they ran as fast as possible, they couldn't catch up to (with) her. *Bien qu'ils aient couru aussi vite que possible, ils n'ont pas pu la rattraper.*

I wouldn't be caught dead there (doing that)!—*On ne m'y prendrait jamais (à faire cela)!*

---

to cave—*s'effondrer*
　　to cave in—*céder, se dégonfler*
　　They talked about resisting, but we knew that they would end up by caving in. *Ils parlaient de résister, mais nous savions qu'ils finiraient par céder (se dégonfler).*

---

to celebrate—*célébrer, fêter*

to celebrate a promotion (one's stripes, etc.)—*arroser une promotion (ses galons, etc.)*

Let's go to the café and celebrate your promotion. *Allons au café arroser ta promotion.*

cent—*le centime, le sou*

a cent to one's name—*un sou vaillant*

By the end of vacation he no longer had a cent to his name. *A la fin des vacances il n'avait plus un sou vaillant.*

to chafe—*écorcher, irriter*

to chafe at the bit—*ronger son frein*

The new manager was chafing at the bit, waiting for the new season to begin. *Le nouveau directeur rongeait son frein en attendant le début de la nouvelle saison.*

to challenge—*défier*

to challenge (to a duel)—*demander satisfaction à*

The lieutenant challenged the captain (to a duel) for his insult. *Le lieutenant a demandé satisfaction de son injure au capitaine.*

chance—*le hasard, l'occasion*

chances are that—*il y a de fortes chances que*

Chances are that she won't come. *Il y a de fortes chances qu'elle ne viendra pas.*

Not a chance!—*Pas de danger!*

change—*le changement*

for a change—*pour une fois*

I see you are on time for a change! *Je vois que vous êtes à l'heure pour une fois!*

to have a change of heart—*changer d'avis*

They were expected to vote republican, but they must have had a change of heart. *Ils étaient censés voter républicain, mais ils ont dû changer d'avis.*

to change—*changer*
to change off—*alterner*

The actors decided to change off roles in order to avoid monotony. *Les acteurs ont décidé d'alterner les rôles pour éviter la monotonie.*

to change one's mind—*changer d'idée*

They won't buy the house because they have changed their minds. *Ils ne vont pas acheter la maison parce qu'ils ont changé d'idée.*

to change one's tune—*changer de langage*

When they hear our reasons, they'll change their tune. *Quand ils entendront nos raisons, ils changeront de langage.*

character—*le caractère, le personnage*
It's in character for him (for her, etc.).—*C'est bien de lui (d'elle, etc.)*

charge—*la charge, le prix*
a charge account—*un compte*

She kept a charge account at that store. *Elle avait un compte à ce magasin.*

to charge—*faire payer, charger*
to charge off—*faire son deuil de, faire une croix sur; partir en coup de vent*

The company decided to charge off their debts. *La compagnie a décidé de faire son deuil de (faire une croix sur) leurs dettes.* The soldier charged off without waiting for further orders. *Le soldat est parti en coup de vent, sans attendre d'autres ordres.*

to charge up—*mettre sur un compte; charger*

You can charge this dinner up to me. *Vous pouvez mettre ce dîner sur mon compte.* Your car's battery was not fully charged up. *L'accumulateur de votre voiture n'était pas complètement chargé.*

to chase—*chasser, poursuivre*
   to chase after rainbows—*courir après des chimères*
   He is always chasing after rainbows instead of making serious plans. *Il court toujours après des chimères au lieu de faire des projets sérieux.*

   to chase skirts—*courir le cotillon (le jupon)*
   Despite his age, he still is chasing skirts. *Malgré son âge, il court toujours le cotillon (le jupon).*

   Go chase yourself!—*Tu peux toujours courir!*

cheap—*bon marché, de mauvaise qualité*
   a cheapskate—*un avare, un grippe-sous*
   I don't like to go out to dinner with him, because he's a cheapskate. *Je n'aime pas sortir dîner avec lui, parce que c'est un avare (un grippe-sous).*

   on the cheap—*au rabais, au plus bas prix*
   They always seemed to clothe their children on the cheap. *Ils semblaient toujours habiller leurs enfants au rabais (au plus bas prix).*

to check—*arrêter, vérifier*
   to check in (at a hotel)—*prendre une chambre (à l'hôtel)*
   On arriving, we checked in at a hotel. *En arrivant, nous avons pris une chambre à l'hôtel.*

   to check off—*cocher*
   Please check off the box corresponding to your situation. *Veuillez cocher la case qui correspond à votre situation.*

   to check out—*quitter l'hôtel*
   That couple checked out at eleven a.m. *Ce couple a quitté l'hôtel à onze heures du matin.*

   to check on (out)—*vérifier*
   I'll check on (out) what she said. *Je vais vérifier ce qu'elle a dit.*

   to check with—*consulter*
   You had better check with the boss before doing that. *Vous feriez mieux de consulter le patron avant de faire cela.*

cheek—*la joue*
    cheek by jowl—*tout près de, côte à côte*
    He and the President were cheek by jowl. *Il s'est trouvé tout près du Président (Lui et le Président se sont trouvés côte à côte).*

to chew—*mâcher, mastiquer*
    to chew out—*passer un savon à*
    The sergeant chewed him out for arriving late. *Le sergent lui a passé un savon pour son retard.*

    to chew someone's ears off—*rebattre les oreilles à quelqu'un*
    She chewed my ears off with her constant complaints. *Elle m'a rebattu les oreilles avec ses plaintes incessantes.*

    to chew the fat (the rag)—*tailler une bavette*
    We stopped working for a while to chew the fat (the rag). *Nous avons arrêté de travailler un moment pour tailler une bavette.*

    to chew the scenery—*charger (exagérer) son rôle*
    In order to attract attention, the actor began to chew the scenery. *Pour attirer l'attention, l'acteur s'est mis à charger (exagérer) son rôle.*

child—*l'enfant*
    (big, great) with child—*enceinte*
    We just learned that our daughter is (big, great) with child. *Nous venons d'apprendre que notre fille est enceinte.*

It's child's play!—*C'est l'enfance de l'art!*

to chime—*sonner, carillonner*
　to chime in—*faire chorus, mettre son grain de sel*
　Why do you have to chime in every time I speak? *Pourquoi faut-il que tu fasses chorus (que tu mettes ton grain de sel) chaque fois que je parle?*

chin—*le menton*
　(Keep your) chin up!—*Courage! Haut les cœurs!*

chip—*le copeau, l'éclat, le jeton*
　to be a chip off the old block—*avoir de qui tenir*
　His son is an athlete; he's a chip off the old block. *Son fils est athlète; il a de qui tenir.*

　to have a chip on one's shoulder—*en vouloir au monde entier*
　Watch out for him; he has a chip on his shoulder. *Méfiez-vous de lui; il en veut au monde entier.*

　in the chips—*plein aux as*
　He was in the chips, so he gave tips to everyone. *Il était plein aux as, alors il a donné des pourboires à tout le monde.*

　when the chips are down—*au moment critique*
　You can count on her when the chips are down. *On peut compter sur elle au moment critique.*

to choose—*choisir, élire*
　to choose up sides—*sélectionner les équipes*
　The two biggest boys chose up sides for the soccer game. *Les deux plus grands garçons ont sélectionné les équipes pour le match de football.*

cigar—*le cigare*
　(Good try, but) no cigar!—*Tintin!*

to clamp—*serrer, cramponner*
　to clamp down (on)—*serrer la vis (à)*

The police are going to clamp down on young offenders. *La police va serrer la vis aux jeunes délinquants.*

---

class—*la classe*
in a class by itself (oneself)—*hors ligne*
He is a runner in a class by himself. *C'est un coureur hors ligne.*

---

clean—*net, propre*
a clean bill of health—*la parfaite santé*
The doctor gave him a clean bill of health. *Le médecin l'a trouvé en parfaite santé.*

as clean as a whistle—*propre comme un sou neuf*
His car is always as clean as a whistle. *Son auto est toujours propre comme un sou neuf.*

---

to clean—*nettoyer*
to clean out—*débarrasser, nettoyer*
Let's clean out the closets. *Débarrassons (nettoyons) les placards.*

to clean up—*(re)mettre tout en ordre; gagner gros*
Don't forget to clean up when you have finished playing. *N'oubliez pas de (re)mettre tout en ordre quand vous aurez fini de jouer.* They cleaned up at the races. *Ils ont gagné gros aux courses.*

to clean up one's act—*mettre de l'ordre dans ses affaires*
If you don't clean up your act, no one will hire you. *Si vous ne mettez pas de l'ordre dans vos affaires, personne ne vous embauchera.*

---

clear—*clair, net*
(as) clear as crystal—*clair comme de l'eau de roche*
His intentions were (as) clear as crystal. *Ses intentions étaient claires comme de l'eau de roche.*

in the clear—*blanchi de tout soupçon; hors de danger*
The judge's decision meant that the defendant was in the clear. *La décision du juge signifiait que l'accusé était blanchi de tout soupçon.*

As soon as we know you're in the clear, you can start over again. *Dès que nous saurons que vous êtes hors de danger, vous pourrez recommencer de nouveau.*

It's as clear as mud.—*C'est la bouteille à l'encre.*

---

clear—*dégagé, loin*

to keep (to steer) clear of—*se tenir à distance de*
I try to keep (to steer) clear of those hoodlums. *J'essaie de me tenir à distance de ces voyous.*

---

to clear—*dégager, éclaircir*

to clear out—*débarrasser le plancher, vider les lieux; prendre la poudre d'escampette*
I order you to clear out immediately! *Je vous ordonne de débarrasser le plancher (de vider les lieux) immédiatement!* They packed their bags without saying anything and they cleared out. *Ils ont fait leurs valises sans rien dire et ils ont pris la poudre d'escampette.*

to clear the air (the atmosphere)—*dissiper les malentendus*
Your frank answer has cleared the air (the atmosphere). *Votre réponse franche a dissipé les malentendus.*

to clear the decks—*déblayer le terrain, repartir de zéro*
If you want to get anything done, you'll have to clear the decks first. *Si vous voulez accomplir quelque chose, vous devrez d'abord déblayer le terrain (repartir de zéro).*

to clear up—*percer (à jour), tirer au clair; se mettre au beau*
They finally cleared up the mystery of her disappearance. *Ils ont enfin percé (à jour; tiré au clair) le mystère de sa disparition.* The weather is starting to clear up. *Le temps commence à se mettre au beau.*

---

to climb—*grimper*
Go climb a tree!—*Va te faire pendre ailleurs!*

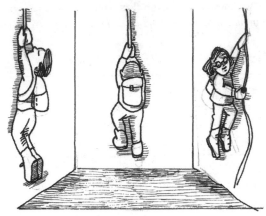

to climb the walls—*être exaspéré*

Because of her children's noise and unruliness, she was climbing the walls. *A cause du bruit et de l'indiscipline de ses enfants, elle était exaspérée.*

clock—*l'horloge, la pendule*

   It's three (six, etc.) o'clock.—*Il est trois (six, etc.) heures.*

   like clockwork—*comme sur des roulettes*

   The operation went like clockwork. *L'opération a marché comme sur des roulettes.*

close—*étroit, près*

   at close quarters—*corps à corps; tout près*

   The soldiers were fighting at close quarters. *Les soldats se battaient corps à corps.* We finally got to see the great man at close quarters. *Nous avons enfin réussi à voir le grand homme tout près.*

   close-lipped—*bouche cousue, muet comme une carpe*

   He remained close-lipped in the face of all our questions. *Il est resté bouche cousue (muet comme une carpe) devant toutes nos questions.*

   close up—*de près*

   Seen close up, the actress did not seem very beautiful. *Vue de près, l'actrice ne semblait pas très belle.*

   to have a close call—*avoir chaud, l'échapper belle.*

We had a close call that time! *Nous avons eu chaud (nous l'avons échappé belle) cette fois-là.*

---

to close—*fermer*

to close down—*fermer (définitivement)*

The new government closed down all the opposition newspapers. *Le nouveau gouvernement a fermé (définitivement) tous les journaux d'opposition.*

to close in—*s'approcher*

As we felt them closing in, we decided to move on. *Comme nous les sentions s'approcher, nous avons décidé d'aller plus loin.*

to close in on—*cerner*

The enemy was gradually closing in on them. *L'ennemi les cernait peu à peu.*

to close off—*condamner*

To save oil, they closed off the front door. *Pour conserver le mazout, ils ont condamné la porte d'entrée.*

to close out—*exclure; solder*

We felt as if the organization had closed us out. *Nous avons eu l'impression que l'organisation nous avait exclus.* The store was closing out all summer merchandise. *Le magasin soldait toute la marchandise d'été.*

to close ranks—*se serrer les coudes, serrer les rangs*

In the face of danger, people often close ranks. *Devant le danger, les gens se serrent souvent les coudes (serrent souvent les rangs).*

to close up shop—*fermer boutique*

The old merchant finally decided to close up shop. *Le vieux commerçant a enfin décidé de fermer boutique.*

---

cloud—*le nuage*

on cloud nine—*au septième ciel*

Since I met this girl, I'm on cloud nine. *Depuis que j'ai recontré cette fille, je suis au septième ciel.*

(up) in the clouds—*dans la lune*

Their teenage son is always (up) in the clouds. *Leur fils adolescent est toujours dans la lune.*

to cloud—*couvrir, obscurcir*
to cloud the issue—*brouiller les cartes*
Your explanation just clouds the issue. *Votre explication ne fait que brouiller les cartes.*

It is clouding up.—*Le ciel se couvre.*

clover—*le trèfle*
(living) in clover—*comme un coq en pâte*
With his new job he is really (living) in clover. *Dans sa nouvelle situation il est vraiment comme un coq en pâte.*

clue—*l'indice*
not to have a clue—*ne pas avoir la moindre idée, ne savoir rien de rien*
When we asked him what had happened, it was obvious that he didn't have a clue. *Quand nous lui avons demandé ce qui s'était passé, il était évident qu'il n'avait pas la moindre idée (ne savait rien de rien).*

coast—*la côte*
The coast is clear.—*Le champ est libre.*

coattails—*les basques, la queue (d'un habit)*
on someone's coattails—*dans le sillage (à la remorque) de quelqu'un*
The candidate was elected on the President's coattails. *Le candidat a été élu dans le sillage (Le candidat élu était à la remorque) du Président.*

cock—*le coq, le cran*
to be cock of the walk—*tenir le haut du pavé*
Since his book became a best-seller, that novelist is the cock of the walk. *Depuis son succès, ce romancier tient le haut du pavé.*

a cock-and-bull story—*une histoire à dormir debout*
His explanation was a cock-and-bull story. *Son explication était une histoire à dormir debout.*

cold—*froid*

a cold fish—*un pisse-froid*
That banker is a cold fish. *Ce banquier est un pisse-froid.*

cold comfort—*une maigre consolation*
His opponents' failure was cold comfort to him. *L'échec de ses adversaires était une maigre consolation pour lui.*

cold turkey—*abruptement, sans aide médicale*
Our friend ended his drug habit cold turkey. *Notre ami a mis fin abruptement (sans aide médicale) à sa dépendance aux drogues.*

to get (to have) cold feet—*avoir les foies (la frousse)*
I know you won't do it because you'll get (have) cold feet. *Je sais que tu ne le feras pas parce que tu auras les foies (la frousse).*

It (the weather) is cold.—*Il fait froid.*

It will be a cold day in Hell!—*(On verra ça) quand les poules auront des dents!*

---

to come—*venir*

to come about—*arriver, se passer; changer de direction*
The events came about in the following way. *Les événements sont arrivés (se sont passés) de la façon suivante.*
The boat capsized as it was coming about. *Le bateau a chaviré en changeant de direction.*

to come across (upon)—*rencontrer (par hasard)*
We came across (upon) John on our way to the station. *Nous avons rencontré Jean (par hasard) en allant à la gare.*

Come again?—*Répétez! Qu'est-ce que vous voulez dire?*

Come along!—*Venez donc!*

to come apart—*se défaire*
His repair came apart. *Sa réparation s'est défaite.*

to come around—*se ranger*
I see that you are finally coming around to my way of thinking. *Je vois que vous vous rangez enfin à mon avis.*

to come back down to earth—*revenir à la réalité*

You had better come back down to earth if you want to succeed. *Vous feriez mieux de revenir à la réalité si vous voulez réussir.*

to come between—*s'interposer entre*
I don't want to come between two old friends. *Je ne veux pas m'interposer entre deux vieux amis.*

to come clean—*se mettre à table*
The suspect finally came clean. *Le suspect a fini par se mettre à table.*

to come down—*être démoli*
That old building will have to come down. *Ce vieux bâtiment devra être démoli.*

to come down a notch (a peg, from one's high horse, in the world)—*descendre d'un cran*
Now that he has lost his fortune, he'll come down a notch (a peg, from his high horse, in the world). *Maintenant qu'il a perdu sa fortune, il descendra d'un cran.*

to come down with—*attraper*
After his walk he came down with a cold. *Suivant sa promenade il a attrapé un rhume.*

come hell or high water—*quand le diable y serait*
I'll go come hell or high water! *J'irai quand le diable y serait!*

to come in—*arriver; entrer*
His horse came in last. *Son cheval est arrivé dernier.* Come on in! *Entrez donc!*

to come in handy—*tomber bien*
This money comes in handy. *Cet argent tombe bien.*

to come into—*hériter de*
On her uncle's death, she came into a large sum of money. *A la mort de son oncle, elle a hérité d'une somme d'argent importante.*

to come of age—*atteindre sa majorité*
He came of age during the war. *Il a atteint sa majorité pendant la guerre.*

Come on!—*Allez-y! Allons donc! Venez!*

to come on strong—*forcer la note, dépasser la mesure, y aller un peu fort*

He was trying to impress her, but she thought he was coming on strong. *Il essayait de l'impressionner, mais elle trouvait qu'il forçait la note (dépassait la mesure, y allait un peu fort).*

to come on (upon)—*trouver, tomber sur*

We came on (upon) them lying in the grass. *Nous les avons trouvés (Nous sommes tombés sur eux) couchés dans l'herbe.*

to come out—*se résoudre; réussir; sortir*

How did it all come out? *Comment est-ce que tout cela s'est résolu?* The picture came out very well, didn't it? *La photo a très bien réussi, n'est-ce pas?* They didn't want to come out of the house. *Ils ne voulaient pas sortir de la maison.*

to come out ahead (on top)—*sortir gagnant*

They came out ahead (on top) in the contest. *Ils sont sortis gagnants du concours.*

to come out with—*sortir*

He came out with unexpected remarks. *Il sortait des observations inattendues.*

to come over—*passer; prendre*

Why don't you come over and see me once in a while? *Pourquoi ne passez-vous pas me voir de temps en temps?* I don't know what came over me. *Je ne sais pas ce qui m'a pris.*

to come through (with flying colors)—*s'en tirer haut la main*

The test was difficult, but he came through (with flying colors). *L'épreuve était difficile, mais il s'en est tiré haut la main.*

to come to—*revenir à, se monter à*

How much does the bill come to? *A combien revient (se monte) la facture?*

to come to a dead stop—*s'arrêter pile*

The taxi came to a dead stop at the intersection. *Le taxi s'est arrêté pile au carrefour.*

to come to a head—*en arriver au point critique*
The situation has come to a head now. *La situation en est arrivée au point critique maintenant.*

to come to grief (to no good [end])—*mal tourner*
All their fine plans came to grief (to no good [end]). *Tous leurs beaux projets ont mal tourné.*

to come to grips with—*s'attaquer à*
You must come to grips with the problem. *Il faut que vous vous attaquiez au problème.*

to come to (to one's senses)—*reprendre connaissance (revenir à soi)*
When he came to (came to his senses), it was already too late. *Quand il a repris conscience (est revenu à lui), il était déjà trop tard.*

to come to pass—*advenir*
It came to pass one day that a prince visited the city. *Il advint un jour qu'un prince visita la ville.*

come to think of it—*maintenant que j'y pense*
Come to think of it, I must have left my keys in my room. *Maintenant que j'y pense, j'ai dû laisser mes clés dans ma chambre.*

to come true—*se réaliser*
All her dreams seemed to be coming true. *Tous ses rêves semblaient se réaliser.*

to come up—*venir sur le tapis*

That question came up again in our discussion. *Cette question est revenue sur le tapis pendant notre discussion.*

to come up against—*se heurter à*
We have come up against insuperable obstacles. *Nous nous sommes heurtés à des obstacles insurmontables.*

to come up to scratch—*faire le poids*
They asked the chairman to resign because he didn't come up to scratch. *Ils ont demandé la démission du président parce qu'il ne faisait pas le poids.*

to come up with—*trouver*
John came up with a good idea for an article. *Jean a trouvé une bonne idée pour un article.*

come what may—*advienne que pourra, vaille que vaille*
I'm going to give it a try, come what may. *Je vais tenter le coup, advienne que pourra (vaille que vaille).*

coming and going—*sans recours, d'une façon ou d'une autre*
Whatever I tried, he would have me coming and going. *Quoi que j'essaie, il m'aurait sans recours (d'une façon ou d'une autre).*

He had it coming to him!—*Ça lui pendait au nez!*

How come?—*Pourquoi donc?*

not to come to one (to mind)—*faire défaut*
The exact expression doesn't come to me (to mind). *L'expression juste me fait défaut.*

What came over you?—*Qu'est-ce qui vous a pris?*

when it comes to—*quand il s'agit de*
When it comes to working, count him out. *Quand il s'agit de travailler, ne comptez pas sur lui.*

---

commission—*la commission*
out of commission—*hors de combat*
The enemy had put the airplane out of commission. *L'ennemi avait mis l'avion hors de combat.*

---

common—*commun*

to be common knowledge—*courir les rues*
That scandalous story is common knowledge. *Cette histoire scandaleuse court les rues.*

commonplace—*monnaie courante*
This kind of reasoning, though false, is commonplace. *Ce genre de raisonnement, bien que faux, est monnaie courante.*

common sense—*le bon sens*
Common sense is the most widely shared thing in the world. *Le bon sens est la chose le mieux partagée du monde.*

to compare—*comparer*

to compare notes—*échanger ses impressions*
Let's compare notes after his lecture. *Echangeons nos impressions après sa conférence.*

to compare well with—*soutenir la comparaison avec*
Their new model compares well with the Italian one. *Leur nouveau modèle soutient la comparaison avec le modèle italien.*

to concern—*intéresser*
To whom it may concern.—*A qui de droit.*

to connect—*joindre, relier*
He is well-connected.—*Il a des relations.*

connection—*la connexion, le rapport*

to have connections—*avoir des relations*
To succeed in this job, you have to have connections. *Pour réussir dans ce poste, il faut avoir des relations.*

conscience—*la conscience*

in (upon one's) conscience—*la main sur la conscience*
In (upon my) conscience, that is the truth. *La main sur la conscience, c'est la vérité.*

consideration—*la considération*
in consideration of—*eu égard à*
In consideration of their age, he let them go free. *Eu égard à leur âge, il les a relâchés.*

into consideration—*en ligne de compte*
Those questions don't enter into consideration. *Ces questions n'entrent pas en ligne de compte.*

---

conspicuous—*évident*
to be conspicuous by one's absence—*briller par son absence*
While the work was at its height, the chief was conspicuous by his absence. *Pendant le gros du travail, le chef brillait par son absence.*

---

to continue—*continuer*
To be continued.—*A suivre.*

---

control—*la direction, la maîtrise*
to be in (to have) control of—*être maître de*
The army is in (has) control of the situation. *L'armée est maître de la situation.*

to be under control—*être (rentrer) dans l'ordre*
Everything is under control now. *Tout est (est rentré) dans l'ordre maintenant.*

---

conversation—*la conversation*
to be a conversation piece—*se faire remarquer, faire jaser*
Their strange furniture was a real conversation piece. *Leurs meubles bizarres se faisaient vraiment remarquer (faisaient vraiment jaser).*

---

to cook—*(faire) cuire*
to cook someone's goose—*faire son affaire à quelqu'un*
If he continues making such mistakes, his rivals will cook his goose. *S'il continue à commettre de telles erreurs, ses rivaux lui feront son affaire.*
to cook up—*combiner*

He is always cooking up schemes. *Il est toujours en train de combiner des projets.*

What's cooking!—*Qu'est-ce qui se mijote?*

---

cool—*frais*

to be as cool as a cucumber—*garder un sang-froid imperturbable*
During the debate he was as cool as a cucumber. *Pendant le débat il a gardé un sang-froid imperturbable.*

to be cool toward someone—*battre froid à quelqu'un*
She has been cool toward me for some time. *Elle me bat froid depuis quelque temps.*

---

to cool—*rafraîchir*
Cool it (Keep [your] cool)!—*Gardez votre sang-froid! Restez calme!*

to cool one's heels—*faire le pied de grue*
Instead of meeting us, he let us cool our heels. *Au lieu de nous retrouver, il nous a laissé faire le pied de grue.*

---

to cop—*pincer, piquer*
to cop out—*s'esquiver*
They were counting on his help, but he copped out. *Ils comptaient sur son aide, mais il s'est esquivé.*

---

cork—*le bouchon, le liège*
to blow (to pop) one's cork—*piquer une colère*
When they told her what her son had done, she blew (she popped) her cork! *Quand on lui a dit ce qu'avait fait son fils, elle a piqué une colère!*

---

corner—*l'angle, le coin*
to have a corner on—*accaparer*
They have got a corner on the market. *Ils ont accaparé le marché.*

---

cost—*le coût, le prix*
at all costs (at any cost)—*coûte que coûte*

It must be done at all costs (at any cost). *Il faut que ce soit fait coûte que coûte.*

to cost—*coûter*

to cost an arm and a leg (a pretty penny)—*coûter les yeux de la tête*

This painting cost me an arm and a leg (a pretty penny). *Ce tableau m'a coûté les yeux de la tête.*

to cough—*tousser*

to cough up—*payer, rendre gorge*

The Internal Revenue Service made him cough up. *Les contributions directes l'ont fait payer (lui ont fait rendre gorge).*

count—*le compte*

the countdown—*le compte à rebours*

The space agency started the countdown for the launch. *L'agence spatiale a commencé le compte à rebours pour le lancement.*

to count—*compter*

to count heads (noses)—*faire l'appel*

When they counted heads (noses), they found that several people were missing. *Quand ils ont fait l'appel, ils ont découvert que plusieurs personnes manquaient.*

Count me out.—*Ne comptez pas sur moi.*

to count one's chickens before they are hatched—*vendre la peau de l'ours*

By celebrating his election so early, he was counting his chickens before they were hatched. *En fêtant si tôt son élection, il vendait la peau de l'ours.*

couple—*le couple*

a couple of—*deux ou trois*

I have a couple of things to do first. *J'ai deux ou trois choses à faire d'abord.*

course—*le cours*
   of course—*bien entendu (sûr)*
   Of course we will go to see them. *Bien entendu (sûr), nous irons les voir.*

   Of course (not)!—*Mais oui (Mais si; Mais non)!*

to court—*faire la cour à*
   to court disaster—*courir au désastre*
   If you continue this way, you are courting disaster. *Si vous continuez ainsi, vous courez au désastre.*

cover—*la couverture*
   from cover to cover—*d'un bout à l'autre, de la première à la dernière page*
   I read the book from cover to cover. *J'ai lu le livre d'un bout à l'autre (de la première à la dernière page).*

   to seek (to take) cover—*se mettre à l'abri*
   They all sought (took) cover from the storm. *Ils se sont tous mis à l'abri de l'orage.*

   under cover of—*à la faveur de*
   They escaped under cover of darkness. *Ils se sont évadés à la faveur de l'obscurité.*

to cover—*couvrir*
   to cover all bases—*considérer toutes les possibilités*
   I don't want to start the project until I've covered all bases. *Je ne veux pas commencer le projet avant d'avoir considéré toutes les possibilités.*

   to cover a lot of ground—*traiter un large éventail de questions*
   This discussion will cover a lot of ground. *Cette discussion traitera un large éventail de questions.*

   to cover for—*remplacer*
   The office called him and asked him to cover for the other salesman. *On l'a appelé du bureau pour lui demander de remplacer l'autre vendeur.*

   to cover one's ass (one's behind)—*se couvrir*
   They made up that entire story to cover their asses (their behinds). *Ils ont inventé cette histoire de toutes pièces pour se couvrir.*

to cover up—*cacher, dissimuler; étouffer une affaire*

The administration was trying to cover up numerous instances of corruption. *Le gouvernement essayait de cacher (de dissimuler) de nombreux cas de corruption.* The newspapers accused the government of covering up. *Les journaux accusaient le gouvernement d'avoir étouffé l'affaire.*

---

cow—*la vache*

till the cows come home—*la semaine des quatre jeudis, quand les poules auront des dents*

You won't see your money again till the cows come home. *Vous ne reverrez votre argent que la semaine des quatre jeudis (quand les poules auront des dents).*

---

crack—*le craquement, la fente*

at the crack of dawn—*au point du jour*

The hunters arose at the crack of dawn. *Les chasseurs se sont levés au point du jour.*

to have (to take) a crack at—*tenter sa chance à*

I'd like to have (to take) a crack at that job. *Je voudrais tenter ma chance à ce poste.*

---

to crack—*casser, fendre*

to crack a book—*ouvrir un livre*

He never cracks a book before a test. *Il n'ouvre jamais un livre avant un examen.*

to crack a joke—*dire (lancer) une plaisanterie*

Stop cracking jokes and answer us seriously. *Cessez de dire (de lancer) des plaisanteries et répondez-nous sérieusement.*

to crack a smile—*sourire*

She never cracked a smile. *Elle ne souriait jamais.*

to crack down on—*sévir contre*

The governor has decided to crack down on crime. *Le gouverneur a décidé de sévir contre la criminalité.*

to crack the whip—*faire la loi*

She cracked the whip, and the entire family obeyed. *Elle faisait la loi, et toute la famille obéissait.*

to crack up—*s'écraser; éclater de rire*

The plane cracked up on takeoff. *L'avion s'est écrasé au décollage.* That story made me crack up. *Cette histoire m'a fait éclater de rire.*

Get cracking!—*Et que ça saute! Grouille-toi!*

He's (It's) not at all he's (it's) cracked up to be.—*Sa réputation est surfaite.*

---

to cramp—*gêner*

    to cramp someone's style—*enlever ses moyens à quelqu'un*

    I couldn't do the job properly because he cramped my style. *Je n'ai pas pu faire le travail correctement parce qu'il m'enlevait mes moyens.*

---

to crank—*tourner (avec une manivelle)*

    to crank out—*émettre, produire*

    Their publishing house cranked out large numbers of religious pamphlets. *Leur maison d'édition émettait (produisait) un grand nombre de pamphlets religieux.*

    to crank up—*mettre en marche*

    I hate to crank this old project up again. *Cela m'ennuie de remettre ce vieux projet en marche.*

---

to crash—*(s')écraser*

    to crash the gate—*resquiller*

    Half the crowd had crashed the gate to enter. *La moitié de la foule était entrée en resquillant.*

---

crazy—*fou*

    to be boy- (girl-) crazy—*ne penser qu'aux garçons (aux filles)*

    Our son is girl-crazy. *Notre fils ne pense qu'aux filles.*

    He's as crazy as a loon.—*Il est fou à lier.*

    like crazy—*à toute vitesse*

    His car was going like crazy when it hit the tree. *Sa voiture roulait à toute vitesse quand elle a percuté l'arbre.*

---

cream—*la crème*

   the cream of the crop—*le dessus du panier*

   They took only the cream of the crop. *Ils n'ont pris que le dessus du panier.*

to create—*créer*

   to create a stir—*faire un éclat*

   Leave right away without creating a stir. *Partez tout de suite sans faire d'éclat.*

credit—*le crédit*

   to be a credit to—*faire honneur à*

   He is a credit to the profession. *Il fait honneur à la profession.*

   to one's credit—*à son actif*

   He has three wins to his credit. *Il a trois victoires à son actif.*

to creep—*ramper*

   to creep up on—*prendre peu à peu*

   She felt that old age was creeping up on her. *Elle sentait que la vieillesse la prenait peu à peu.*

to crop—*pousser, tondre*

   to crop up—*venir sur le tapis*

   The question of taxes cropped up again. *La question des impots est venue de nouveau sur le tapis.*

to cross—*croiser, traverser*

   Cross my heart!—*La main sur la conscience!*

   to cross out—*rayer*

   Cross out the inapplicable statements. *Rayez les mentions inutiles.*

   to cross up—*contrarier les desseins de, trahir*

   Don't try to cross me up. *N'essayez pas de contrarier mes desseins (me trahir).*

crow—*le corbeau*

   as the crow flies—*à vol d'oiseau*

The lake is three kilometers from here as the crow flies. *Le lac est à trois kilomètres d'ici à vol d'oiseau.*

---

to crown—*couronner*
   to crown it all—*pour comble de malheur*
   To crown it all, their car broke down. *Pour comble de malheur, leur auto est tombée en panne.*

---

crush—*l'écrasement, la presse*
   to have a crush on—*avoir le béguin pour*
   She had a crush on her teacher. *Elle avait le béguin pour son professeur.*

   There was a crush at the gates.—*On s'écrasait aux portes.*

---

to cry—*crier, pleurer*
   to cry foul—*crier au scandale*
   The lawyer cried foul when the jury found his client guilty. *L'avocat a crié au scandale quand le jury a trouvé son client coupable.*

   to cry havoc—*crier à la catastrophe*
   The prophet cried havoc, but no one would listen to him. *Le prophète criait à la catastrophe, mais personne ne voulait l'écouter.*

   to cry oneself to sleep—*s'endormir à force de pleurer*
   After her failure, she cried herself to sleep. *Après son échec, elle s'est endormie à force de pleurer.*

   to cry one's eyes (heart) out—*pleurer à chaudes larmes*
   When I saw that sentimental movie, I cried my eyes (heart) out. *En voyant ce film sentimental, j'ai pleuré à chaudes larmes.*

   to cry wolf—*crier au loup*
   She had cried wolf so many times that no one believed her any more. *Elle avait crié au loup si souvent que personne ne la croyait plus.*
   It's no use crying over spilled milk. *Ce qui est fait est fait.*

---

cuff—*la manchette, le poignet*
   off the cuff—*impromptu*
   The president gave a speech off the cuff. *Le président a fait un discours impromptu.*

on the cuff—*à crédit*

The bartender served him a beer on the cuff. *Le barman lui a servi une bière à crédit.*

---

cup—*la coupe, la tasse*

to be in one's cups—*être dans les vignes du Seigneur*

At the end of the celebration, all the men of the village were in their cups. *A la fin de la fête, tous les hommes du village étaient dans les vignes du Seigneur.*

That's (just) my cup of tea!—*C'est mon fait (mon rayon)!*

---

to curl—*friser, rouler*

to curl one's lip—*faire la moue*

She curled her lip, as she didn't believe what he was saying. *Elle a fait la moue, car elle ne croyait pas ce qu'il disait.*

to curl one's (the) hair—*à te (lui, etc.) faire dresser les cheveux sur la tête*

He told a story to curl your (the) hair. *Il a raconté une histoire à vous faire dresser les cheveux sur la tête.*

---

to curry—*étriller*

to curry favor with—*chercher à se faire bien voir de*

In order to get ahead, he always tried to curry favor with his superiors. *Pour avancer sa carrière, il cherchait toujours à se faire bien voir de ses supérieurs.*

to curl up with—*se pelotonner avec*

I curled up in bed with a good book. *Je me suis pelotonné dans mon lit avec un bon livre.*

---

custom—*la coutume*

custom-made—*fait sur mesure*

He only wears custom-made suits. *Il ne porte que des complets faits sur mesure.*

---

customer—*le client*
He's a rough (a tough) customer.—*C'est un fameux (un rude) lapin.*

---

cut—*la coupe*
  a cut above—*nettement au-dessus de*
  Their new residence was a cut above the previous one. *Leur nouvelle demeure était nettement au-dessus de la précédente.*

---

to cut—*couper*
  to be cut out for (to be)—*avoir l'étoffe de*
  He is cut out for (to be) a leader. *Il a l'étoffe d'un chef.*

  to cut a class—*sécher un cours*
  He cut his algebra class because of the game. *Il a séché son cours d'algèbre à cause du match.*

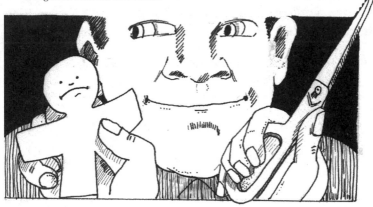

  to cut a good (a sorry) figure—*faire bonne (piètre, triste) figure*
  He cut a good (a sorry) figure in his formal suit. *Il faisait bonne (piètre, triste) figure dans son habit.*
  cut and dried—*tout fait*
  His opinions are cut and dried. *Ses opinions sont toute faites.*

  to cut and run—*s'enfuir, se tailler (fam.)*
  When they saw reinforcements arrive, they cut and ran. *Voyant arriver des renforts, ils se sont enfuis (se sont taillés).*

  to cut back on—*réduire, rogner sur*

They are trying to cut back on spending. *Ils essaient de réduire (rogner sur) les dépenses.*

to cut both ways—*être à double tranchant*
What you are saying cuts both ways. *Ce que vous dites est à double tranchant.*

to cut corners—*faire des compromis, prendre des raccourcis*
They were trying to cut corners in order to reduce the cost of production. *Ils essayaient de faire des compromis (prendre des raccourcis) pour réduire le prix de la production.*

to cut down—*abattre*
The woodsmen cut down the oak tree. *Les bûcherons ont abattu le chêne.*

to cut in front of (in on, off)—*couper la route à, faire une queue de poisson à*
A wild driver cut in front of us (cut in on us, cut us off). *Un chauffard nous a coupé la route (nous a fait une queue de poisson).*

Cut it out!—*Arrêtez! Finissez!*

to cut ice with—*impressionner*
That reasoning cuts no ice with me. *Ce raisonnement ne m'impressionne pas.*

to cut loose—*couper les amarres; faire des bêtises*
She had to cut loose from her family. *Il lui fallait couper les amarres avec sa famille.* Whenever he drank, he would cut loose. *Chaque fois qu'il buvait, il faisait des bêtises.*

to cut off one's nose to spite one's face—*faire quelque chose par dépit*
If you refuse to go, they'll think you are cutting off your nose to spite your face. *Si tu refuses d'y aller, ils penseront que tu le fais par dépit.*

to cut one's losses—*faire la part du feu*
They decided it was better to cut their losses. *Ils ont décidé qu'il valait mieux faire la part du feu.*

to cut one's teeth on—*faire (etc.) depuis l'enfance*
She cut her teeth on jazz. *Elle fait du jazz depuis l'enfance.*

to cut short—*abréger, interrompre*
I won't cut this story short. *Je ne veux pas abréger (interrompre) cette histoire.*

to cut someone down to size—*remettre quelqu'un à sa place*
He talks big but we'll cut him down to size. *Il se vante mais nous allons le remettre à sa place.*

to cut the ground from under—*couper l'herbe sous le pied à*
His premature initiative cut the ground from under me. *Son initiative prématurée m'a coupé l'herbe sous le pied.*

to cut to the quick—*blesser au vif*
Your thoughtless remark cut him to the quick. *Votre remarque irréfléchie l'a blessé au vif.*

to cut up—*couper en morceaux*
The butcher cut the meat up. *Le boucher a coupé la viande en morceaux.*

They are cut from the same cloth.—*Ils sont du même acabit.*

You cut your own throat.—*Tu l'as cherché (voulu).*

daily—*quotidien*
  one's daily dozen—*de la gymnastique, des exercices*
  She tried to keep in shape by doing her daily dozen. *Elle essayait de garder la forme en faisant de la gymnastique (des exercices).*

to damn—*(con)damner*
  to damn with faint praise—*éreinter sous couleur d'éloge*
  The critics damned him with faint praise. *Les critiques l'ont éreinté sous couleur d'éloge.*

to dance—*danser*
  to dance the night away—*passer toute la nuit à danser*
  Forgetting their troubles, they danced the night away. *Oubliant leurs ennuis, ils ont passé toute la nuit à danser.*

  to dance to another tune—*changer de ton (de conduite)*
  He is resisting us now, but soon he'll dance to another tune. *Il nous résiste maintenant, mais bientôt il changera de ton (de conduite).*

to dance to somebody's tune—*faire les quatre volontés de quelqu'un*
She is very docile and always dances to her father's tune. *Elle est très docile et fait toujurs les quatre volontés de son père.*

---

dark—*foncé, obscur, sombre*
  to be dark (out)—*faire noir*
It was dark (out) and you couldn't see a thing. *Il faisait noir et on n'y voyait rien.*

  to be in the dark about—*tout ignorer de*
We were in the dark about his motives. *Nous ignorions tout de ses mobiles.*

  a dark horse—*un outsider*
The Republican candidate was a dark horse. *Le candidat républicain était un outsider.*

---

to darken—*obscurcir*
  Never darken my door again!—*Ne remettez plus les pieds chez moi!*

---

darn—*fichtre*
  I'll be darned!—*Ça alors!*

---

date—*la date*
  to date—*jusqu'à présent (maintenant)*
We have received no reply to date. *Nous n'avons reçu aucune réponse jusqu'à présent (maintenant).*

---

to date—*dater*
  to date back to—*remonter à*
These fashions date back to the turn of the century. *Ces modes remontent au début du siècle.*

---

day—*le jour*
  day in, day out—*sans arrêt, tout le temps*
It rained day in, day out. *Il a plu sans arrêt (tout le temps).*

  day-to-day—*de tous le jours*

The day-to-day work is not hard. *Le travail de tous les jours n'est pas difficile.*

to dawn—*poindre*
to dawn on someone—*venir à l'esprit de quelqu'un*
It never dawned on her that he might be telling the truth. *Il ne lui est jamais venu à l'esprit qu'il pouvait dire la vérité.*

dead—*mort*
to be dead tired (dead on one's feet)—*tomber de fatigue*
Let's stop walking now because I'm dead tired (dead on my feet).
Arrêtons de marcher maintenant parce que je tombe de fatigue.

dead set against—*tout à fait contre*
He is dead set against the proposal. *Il est tout à fait contre la proposition.*

dead to rights—*en flagrant délit*
The police had caught him dead to rights. *La police l'avait pris en flagrant délit.*

dead to the world—*profondément endormi*
In a few moments, the exhausted man was dead to the world. *Au bout de quelques instants, l'homme épuisé était profondément endormi.*

He's a dead duck.—*Son compte est bon.*

in the dead of the night—*au plus profond de la nuit*
The thieves must have come in the dead of the night. *Les voleurs ont dû venir au plus profond de la nuit.*

Over my dead body!—*Il faudrait d'abord me passer sur le corps!*

deal—*l'affaire, le marché*
a good (a great) deal—*pas mal*
There were a good (a great) deal of customers in the store. *Il y avait pas mal de clients dans le magasin.*

Big deal!—*La belle affaire!*

It's a deal!—*Affaire conclue! Tope-là!*

to deal—*distribuer, donner*
to have to deal with someone—*avoir affaire à quelqu'un*

If you keep doing that, you will have to deal with me. *Si vous continuez à faire cela, vous aurez affaire à moi.*

---

death—*la mort*

at death's door—*à l'article de la mort*

The villagers said that old man Michel was at death's door. *Les gens du village disaient que le père Michel était à l'article de la mort.*

the death blow—*le coup de grâce*

His friends' betrayal of him was the death blow. *La trahison de ses amis était le coup de grâce.*

death on—*l'ennemi mortel (juré) de*

She is death on all grammatical mistakes. *C'est l'ennemie mortelle (jurée) de toute faute de grammaire.*

You will be the death of me!—*Tu me feras mourir (de fatigue, de rire, etc.)!*

---

deck—*le pont*

on deck—*à pied d'œuvre, prêt à agir*

They knew that if they needed her, she was on deck. *Ils savaient que s'ils avaient besoin d'elle, elle était à pied d'œuvre (prête à agir).*

---

to deck—*décorer*

decked in (with)—*tendu de, décoré de*

The church is decked in (with) white for the celebrations. *L'église est tendue (décorée) de blanc pour les fêtes.*

---

deep—*profond*

deep down—*dans son for intérieur*

Deep down, I believe he is right. *Dans mon for intérieur, je crois qu'il a raison.*

in deep (water)—*dedans jusqu'au cou*

I'm sorry to say that you're in deep (water) in this business. *Je crains que vous ne soyez dedans jusqu'au cou dans cette affaire.*

in the deep, dark past—*dans la nuit des temps*

The origins of this tradition are lost in the deep, dark past. *Les origines de cette tradition se perdent dans la nuit des temps.*

---

defiance—*le défi*
   in defiance of—*en dépit de*
   He acted in defiance of all common sense. *Il a agi en dépit de tout bon sens.*

---

to deliver—*livrer*
   to deliver the goods—*tenir parole (sa promesse)*
   They said they would finish the job today, and they really delivered the goods. *Ils ont dit qu'ils finiraient le travail aujourd'hui, et ils ont vraiment tenu parole (leur promesse).*

---

to deny—*nier*
   to deny oneself something—*se refuser quelque chose*
   He never denies himself anything. *Il ne se refuse jamais rien.*

---

to depend—*dépendre*
   depending on (upon)—*selon*
   I will go to London or Paris, depending on (upon) the circumstances. *J'irai à Londres ou à Paris, selon les circonstances.*

   to depend on (upon) someone—*compter sur quelqu'un*
   You can depend on (upon) her because she is reliable. *Vous pouvez compter sur elle parce qu'elle est sérieuse.*

---

depth—*la profondeur*
   the depths of—*le fin fond de*
   I found it in the depths of the warehouse. *Je l'ai trouvé au fin fond de l'entrepôt.*

   to get out of (to go beyond) one's depth—*perdre pied*
   He got out of (went beyond) his depth and panicked. *Il a perdu pied et a été pris de panique.*

---

design—*le dessein, le dessin*
   to have designs on—*avoir des vues sur*

It is obvious that he has designs of your property. *Il est évident qu'il a des vues sur vos biens.*

---

devil—*le diable*

There will be the devil to pay!—*Ça va barder!*

---

diamond—*le diamant*

He is a diamond in the rough.—*Il est mal dégrossi. Sous des dehors frustes, c'est un brave garçon.*

---

dice—*les dés*

No dice!—*Des clous! impossible!*

---

die—*le dé*

The die is cast.—*Le sort en est jeté. Les jeux sont faits.*

---

to die—*mourir*

to be dying to—*brûler (mourir) d'envie de*

She is dying to get invited to their house. *Elle brûle (elle meurt) d'envie de se faire inviter chez eux.*

to die away—*s'affaiblir, s'éteindre*

As the music died away, the sounds of the street became audible. *A mesure que la music s'affaiblissait (s'éteignait), les bruits de la rue se faisaient entendre.*

to die down—*s'apaiser, se calmer*

Her fever seems to have died down now. *Sa fièvre semble s'être apaisée (calmée) maintenant.*

to die hard—*avoir la vie dure*

Old superstitions die hard. *Les vieilles superstitions ont la vie dure.*

to die off—*disparaître (mourir) l'un après l'autre*

The members of the aristocracy are dying off. *Les membres de l'aristocratie disparaissent (meurent) l'un après l'autre.*

to die of old age—*mourir de sa belle mort*

Despite all his ailments, he died of old age. *Malgré toutes ses maladies, il mourut de sa belle mort.*

to die out—*s'éteindre (peu à peu)*
The old customs are dying out. *Les vieux usages s'éteignent (peu à peu).*

to die with one's boots on—*mourir à la tâche*
The old explorer died with his boots on. *Le vieil explorateur est mort à la tâche.*

---

difference—*la différence*
It makes no difference. *Cela ne fait rien.*

---

dig—*le coup de bêche, la fouille*
That's a dig at me.—*C'est une pierre dans mon jardin.*

---

to dig—*creuser*
   to dig in (one's heels)—*s'accrocher à ses positions*
Under the pressure of their demands, he dug in (his heels). *Sous la pression de leurs exigences, il s'accrochait à ses positions.*

   to dig out—*dénicher, sortir à coups de pelle*
We had to dig them out of the debris. *Nous avons dû les dénicher des décombres (les sortir des décombres à coups de pelle).*

   to dig up—*déterrer*
You are digging up a lot of old complaints. *Vous déterrez un tas de vieux griefs.*

---

dime—*la pièce de dix cents*
It's (they're) a dime a dozen.—*Les rues en sont pavées.*

---

to dine—*dîner*
   to dine out—*dîner en ville*
My parents are dining out this evening. *Mes parents dînent en ville ce soir.*

---

dirt—*la saleté, la terre*
   dirt cheap—*pour rien*
They got that picture dirt cheap. *Ils ont eu ce tableau pour rien.*

---

dirty—*sale*
   a dirty look—*un regard de travers*

When I said that, she gave me a dirty look. *Quand j'ai dit cela, elle m'a lancé un regard de travers.*

---

dish—*l'assiette, le plat*
  to do (to wash) the dishes—*faire la vaisselle*
  It's your turn to do (to wash) the dishes. *C'est votre tour de faire la vaisselle.*

---

to dish—*servir, verser dans un plat*
  to dish it out—*faire ce qu'il faut*
  Don't worry about her, she can really dish it out! *Ne vous inquiétez pas pour elle, elle sait faire ce qu'il faut!*

  to dish out—*distribuer*
  The teacher dished out punishments to any student who hadn't finished the work. *Le maître distribuait des punitions à tout élève qui n'avait pas fini le travail.*

---

to do—*faire*
  to do away with—*supprimer*
  They have done away with bus service. *Ils ont supprimé le service d'autobus.*

  to do in—*liquider, supprimer*
  The dictator thought that the only way to ensure his situation was to do his enemies in. *Le dictateur croyait que la seule façon d'assurer sa situation était de liquider (supprimer) ses ennemis.*

  to do one's bit—*faire sa part*
  During the crisis, everyone must do his bit. *Pendant la crise, chacun doit faire sa part.*

  to do oneself proud—*se faire honneur*
  You can be satisfied because you have done yourself proud with this job. *Vous pouvez être satisfait parce que vous vous êtes fait honneur avec ce travail.*

  to do one's hair—*se coiffer*
  She was doing her hair when I came in. *Elle se coiffait quand je suis entré.*

to do one's (level) best—*faire de son mieux*
It's a difficult task but I'll do my (level) best. *C'est une tâche difficile mais je ferai de mon mieux.*

do or die—*désespéré*
They made a do or die effort to overcome the opposition. *Ils ont fait un effort désespéré pour vaincre l'opposition.*

to do out of—*priver de*
She complained that her sister had done her out of her inheritance. *Elle s'est plainte de ce que sa sœur l'ait privée de son héritage.*

to do over—*refaire*
He was told to do the job over. *On lui a dit de refaire le travail.*

dos and don'ts—*ce qu'il faut et ne faut pas faire*
I asked the club president to explain the dos and don'ts to me. *J'ai demandé au président du club de m'expliquer ce qu'il fallait et ne fallait pas faire.*

to do someone dirt—*faire un sale coup à quelqu'un*
He couldn't forgive the fact that they had done him dirt. *Il ne pouvait pas pardonner le fait qu'ils lui avaient fait un sale coup.*

to do to death—*rebattre*
That subject has been done to death. *Ce sujet-là est rebattu.*

to do up—*remettre à neuf*
They decided to do up the house, rather than move. *Ils ont décidé de remettre la maison à neuf, plutôt que de déménager.*

to do without—*se passer de*
In time, you'll learn to do without my help. *Avec le temps, tu apprendras à te passer de mon aide.*

to have to do with—*s'agir de, avoir pour sujet*
This novel has to do with the Revolution. *Dans ce roman il s'agit de (Ce roman a pour sujet) la Révolution.*

How are you doing?—*Comment ça va-t-il?*

How do you do?—*Comment allez-vous? Enchanté.*

I could do with—*je prendrais volontiers*
I could do with a glass of water. *Je prendrais volontiers un verre d'eau.*

That should do it.—*Cela devrait faire l'affaire.*

That will do!—*C'est bon! Ça suffit!*

dog—*le chien*

in the doghouse—*en défaveur (pénitence)*
Since he came home late he's been in the doghouse. *Depuis qu'il est rentré tard il est en défaveur (pénitence).*

dole—*l'allocation de chômage*
  on the dole—*au chômage*
Many workers were on the dole during the Great Depression. *Beaucoup d'ouvriers étaient au chômage pendant la Grande Dépression.*

doll—*la poupée*
  He (she) is a doll!—*C'est un amour!*

dollar—*le dollar*
  it's dollars to doughnuts that—*il y a mille à parier contre un que*
It's dollars to doughnuts that they won't come. *Il y a mille à parier contre un qu'ils ne viendront pas.*

done—*fait*
  to be done—*avoir fini*

I'm done; we can leave now. *J'ai fini; nous pouvons partir maintenant.*

to have done—*en avoir fini*
I hope you have done with that unpleasant bunch! *J'espère que tu en as fini avec cette bande désagréable!*

He's done for.—*Son compte est bon.*

---

dot—*le point, le pois*
  on the dot—*pile*
  We must arrive at twelve o'clock on the dot. *Il faut que nous arrivions à midi pile.*

---

to dot—*pointiller*
  to dot the i's and cross the t's—*mettre les points sur les i*
  We'll leave it up to the lawyers to dot the i's and cross the t's. *Nous laisserons les avocats mettre les points sur les i.*

  on the dotted line—*à l'endroit indiqué*
  Please sign on the dotted line and we'll have finished. *Veuillez signer à l'endroit indiqué et nous aurons terminé.*

---

double—*double*
  to do a double take—*faillir tomber à la renverse (de surprise)*
  Seeing him there, she did a double take. *En le voyant là, elle a failli tomber à la renverse (de surprise).*

  a double-dealer—*un faux jeton*
  Don't trust him; he's a double-dealer. *Ne lui faites pas confiance; c'est un faux jeton.*

  double or nothing—*à quitte ou double*
  He bet what little he had left double or nothing. *Il a joué le peu qui lui restait à quitte ou double.*

  on the double—*au pas de course, le plus rapidement possible*
  They told us to get back on the double. *Ils nous ont dit de revenir au pas de course (le plus rapidement possible).*

---

to double—*doubler*
  to double in brass—*jouer plusieurs rôles*

Thanks to his many talents, he was able to double in brass in our
company. *Grâce à ses talents nombreux, il a pu jouer plusieurs rôles
dans notre compagnie.*

to double up—*se mettre à deux; se plier en deux*
They had to double up in the rooms. *Il a fallu qu'ils se mettent à deux
dans les chambres.* He doubled up in pain. *Il s'est plié en deux, de
douleur.*

---

doubt—*le doute*

no doubt—*sans doute*
No doubt they will be coming tomorrow. *Sans doute viendront-ils
demain.*

when in doubt—*dans le doute*
When in doubt, don't do anything. *Dans le doute, abstiens-toi.*

without a doubt—*sans aucun doute*
We will arrive tomorrow, without a doubt. *Nous arriverons demain, sans
aucun doute.*

---

down—*en bas*

to be down on—*avoir une dent contre*
The player thought that the coach was down on him. *Le joueur croyait
que l'entraîneur avait une dent contre lui.*

to be down on one's luck—*avoir de la déveine*
He asked me to lend him a hundred dollars, since he was down on his
luck. *Il m'a demandé de lui prêter cent dollars, puisqu'il avait de la
déveine.*

down and out—*sans le sou, sur la paille*
He helped me when I was down and out. *Il m'a aidé quand j'étais sans le
sou (sur la paille).*

down at the heels—*dans la dèche*
The former owner of this castle is down at the heels now. *L'ancien
propriétaire de ce château est dans la dèche maintenant.*

down cold (pat)—*bien appris, par cœur*
She had the grammar lesson down cold (pat). *Elle avait bien appris la
leçon de grammaire (Elle savait la leçon de grammaire par cœur).*

down in the dumps (mouth)—*découragé*
I was feeling down in the dumps (mouth) because of my problems. *Je me sentais découragé à cause de mes ennuis.*

down one's alley—*son rayon, ce qu'il faut à quelqu'un*
That job was right down my alley. *Ce travail était juste mon rayon (ce qu'il me fallait).*

a down payment—*un acompte*
They asked for a down payment of five thousand francs. *Ils ont demandé un acompte de cinq mille francs.*

downstairs—*en bas*
I heard a noise downstairs. *J'ai entendu un bruit en bas.*

down the drain—*à l'eau, par la fenêtre*
All her hopes for a better life seemed to be going down the drain. *Tout son espoir d'une meilleure vie semblait s'en aller à l'eau (par la fenêtre).*

Down the hatch!—*Cul sec! A la tienne!*

down the line—*sur toute la ligne*
The president wants to cut back on expenses down the line. *Le président veut couper les dépenses sur toute la ligne.*

down-to-earth—*terre à terre*
This doctor has a down-to-earth manner which is reassuring. *Ce médecin a une manière terre à terre qui rassure.*

down to the wire—*jusqu'à la dernière minute*
The outcome of the elections was in doubt down to the wire. *Le résultat des élections était en doute jusqu'à la dernière minute.*

downtown—*au centre-ville*
We are going downtown to do some shopping. *Nous allons au centre-ville pour faire des courses.*

down with—*à bas*
They were shouting "Down with tyranny!" *Ils criaient "A bas la tyrannie!"*

---

to drag—*traîner*
to drag one's heels—*se faire tirer l'oreille*

This student is dragging his heels about handing in his homework .*Cet étudiant se fait tirer l'oreille pour remettre son devoir.*

to drag out—*faire traîner en longueur*
We didn't want to drag the discussion out. *Nous ne voulions pas faire traîner la discussion en longueur.*

---

to draw—*dessiner, tirer*

to draw a bead on—*ajuster, viser*
The marksman was drawing a bead on the target. *Le tireur ajustait (visait) la cible.*

to draw a blank—*faire chou blanc*
We tried to find him but we drew a blank. *Nous avons essayé de le trouver mais nous avons fait chou blanc.*

to draw blood—*faire une prise de sang; porter*
The nurse drew blood from the patient's arm. *L'infirmière a fait une prise de sang au (bras du) malade.* Their accusations drew blood. *Leurs accusations ont porté.*

to draw lots—*tirer à la courte paille (au sort)*
They drew lots to see who would go. *Ils ont tiré à la courte paille (au sort) pour voir qui irait.*

to draw out—*faire traîner; faire parler*
I don't want to draw out the procedure. *Je ne veux pas faire traîner le processus.* She tried to draw him out, without success. *Elle a essayé sans succès de le faire parler.*

to draw the line—*refuser de marcher*
When they suggested treachery, we finally drew the line. *Quand ils ont suggéré la trahison, nous avons refusé enfin de marcher.*

to draw up—*dresser; s'arrêter (arriver)*
We must draw up some new plans. *Nous devons dresser de nouveaux projets.* As I was leaving, their car drew up. *Comme je sortais, leur voiture s'est arrêtée (est arrivée).*

---

to dream—*rêver*

to dream up—*imaginer, inventer*

Who dreamed up that story? *Qui est-ce qui a imaginé (inventé) cette histoire?*

I wouldn't dream of it!—*Jamais l'idée ne me viendrait (à l'esprit)!*

---

to dress—*(s')habiller, préparer*

dressed to kill (to the nines)—*tiré à quatre épingles, sur son trente-et-un*

She was dressed to kill (to the nines) for the dance. *Elle était tirée à quatre épingles (sur son trente-et-un) pour le bal.*

to dress (to give a dressing) down—*laver la tête à*

His mother dressed him (gave him a dressing) down when she saw him coming in late. *Sa mère lui a lavé la tête en le voyant rentrer en retard.*

to dress up—*se couvrir; se mettre sur son trente-et-un*

Don't forget to dress up; the weather is getting cold. *N'oubliez pas de vous couvrir; il commence à faire froid.*

He dressed up to go to his friends' wedding. *Il s'est mis sur son trente-et-un pour aller au mariage de ses amis.*

---

to drink—*boire*

to drink it in (up)—*boire du (petit) lait*

Upon hearing those flattering words, his audience drank it in (up). *En entendant ces mots flatteurs, son public buvait du (petit) lait.*

to drink like a fish—*boire comme un trou*

Since his accident, he has started to drink like a fish. *Depuis son accident, il s'est mis à boire comme un trou.*

---

to drive—*conduire, enfoncer*

to drive a hard bargain—*être dur en affaires*

That merchant drives a hard bargain. *Ce commerçant est dur en affaires.*

to drive at—*vouloir en venir à*

What was she driving at? *Où voulait-elle en venir?*

to drive into a corner (to the wall)—*pousser dans ses derniers retranchements*

His competitors have managed to drive him into a corner (to the wall). *Ses concurrents ont réussi à le pousser dans ses derniers retranchements.*

to drive someone crazy (up a wall)—*faire tourner quelqu'un en bourrique, rendre quelqu'un fou; casser (rompre) les oreilles à quelqu'un*

His girl friend drives him crazy (up a wall) with her whims. *Son amie le fait tourner en bourrique (le rend fou) avec ses caprices.* You're driving me crazy (up a wall) with your questions. *Tu me casses (me romps) les oreilles avec tes questions.*

---

drop—*la chute, la goutte*

a drop in the bucket—*une goutte d'eau à la mer*

His contribution would be just a drop in the bucket. *Sa contribution ne serait qu'une goutte d'eau à la mer.*

at the drop of a hat—*au pied levé*

He was ready to leave at the drop of a hat. *Il était prêt à partir au pied levé.*

---

to drop—*(laisser) tomber*

to drop a hint—*toucher un mot*

I dropped him a hint concerning his absences. *Je lui ai touché un mot à propos de ses absences.*

to drop a line—*envoyer un mot*

Drop me a line when you arrive. *Envoyez-moi un mot en arrivant.*

to drop by (in)—*passer voir quelqu'un*

Don't forget to drop by (in) when you have a chance. *N'oubliez pas de passer me (nous, etc.) voir quand vous en aurez l'occasion.*

Drop dead!—*Va te faire voir ailleurs!*

to drop off (to sleep)—*s'endormir*

She dropped off (to sleep) around ten o'clock. *Elle s'est endormie vers dix heures.*

to drop out(of)—*abandonner*

Their son has dropped out of school. *Leur fils a abandonné ses études.*

to drop someone off—*déposer quelqu'un*

I'll drop you off at the corner. *Je vous déposerai au coin de la rue.*

to drop something in the lap of someone—*se débarrasser de quelque chose sur quelqu'un.*

My boss dropped the problem in my lap. *Mon patron s'est débarrassé du problème sur moi.*

---

to drown—*(se) noyer*
  to drown out—*couvrir, étouffer*
  The noise from the street drowned out the last chords of the symphony. *Les bruits de la rue ont couvert (étouffé) les derniers accords de la symphonie.*

---

drug—*la drogue*
  a drug on the market—*une marchandise invendable*
  Unfortunately, these devices have become a drug on the market. *Malheureusement, ces appareils sont devenus une marchandise invendable.*

---

to drum—*battre, tambouriner*
  to drum up—*racoler, susciter*
  They played loud music to drum up trade. *Ils jouaient de la musique très forte pour racoler des clients (susciter des affaires).*

---

dry—*sec*
  a dry run—*un coup d'essai*
  You had better make a dry run before you use that machine for real. *Vous devriez faire un coup d'essai avant d'utiliser cette machine pour de bon.*

  He's not dry behind the ears.—*Si on lui pressait le nez il en sortirait du lait.*

---

due—*dû*
  in due course (time)—*en temps utile (voulu)*
  You will get your license in due course (time). *Vous recevrez votre permis en temps utile (voulu).*

  with all due respect—*sauf votre respect, si l'on peut se permettre*
  With all due respect, sir, your partner is a crook. *Sauf votre respect (si je peux me permettre), monsieur, votre associé est un escroc.*

---

dull—*ennuyeux, lent*
> **dull as dishwater (ditchwater)**—*triste comme un bonnet de nuit*
> Her husband is rich but he's dull as dishwater (ditchwater). *Son mari est riche mais il est triste comme un bonnet de nuit.*

to dust—*épousseter, essuyer*
> **to dust off**—*frôler (avec une balle de baseball)*
> The pitcher dusted off the batter. *Le lanceur a frôlé le batteur (avec la balle).*

Dutch—*hollandais*
> **to be in Dutch**—*être dans le pétrin*
> I'm in Dutch because I forgot to bring my ticket. *Je suis dans le pétrin parce que j'ai oublié d'apporter mon billet.*

duty—*le devoir*
> **duty-bound**—*de son devoir*
> He felt duty-bound to tell them exactly what had happened. *Il croyait que c'était de son devoir de leur dire exactement ce qui s'était passé.*
>
> **off duty**—*libre, pas de service*
> Since I was off duty, I decided to go to the movies. *Puisque j'étais libre (je n'étais pas de service), j'ai décidé d'aller au cinéma.*
>
> **on duty**—*de garde, de service*
> Who is the doctor on duty today? *Quel médecin est de garde (de service) aujourd'hui?*

to dwell—*demeurer, habiter*
> **to dwell on (upon)**—*insister (s'étendre) sur*
> Why do you have to dwell on (upon) what is past? *Pourquoi faut-il que vous insistiez (vous vous étendiez) sur ce qui est passé?*

to dye—*teindre*
> **dyed-in-the-wool (deep-dyed)**—*bon teint*
> He is a dyed-in-the-wool (deep-dyed) Republican. *C'est un républicain bon teint.*

each—*chacun, chaque*
   To each his own.—*(A chacun) Chacun son goût.*

---

eager—*empressé*
   an eager beaver—*un bourreau de travail*
   The other workers in the office considered him an eager beaver. *Les autres employés de son bureau le considéraient un bourreau de travail.*

---

ear—*l'oreille*
   an ear for music—*de l'oreille*
   Since he has an ear for music, they are going to give him singing lessons. *Puisqu'il a de l'oreille, on va lui donner des leçons de chant.*

   to catch (to get) an earful—*en entendre de toutes les couleurs*
   When he finally got home, he got an earful. *Quand il est enfin rentré chez lui, il en a entendu de toutes les couleurs.*

   to have (to keep) one's ear to the ground—*être aux écoutes*
   He had (kept) his ear to the ground, in case a good job became vacant. *Il était aux écoutes, au cas où un bon poste serait vacant.*

   to knock (to set) on one's ear—*faire voir trente-six chandelles à*
   If you insult me once more, I'll knock (I'll set) you on your ear. *Si tu m'insultes encore une fois, je te ferai voir trente-six chandelles.*

   up to one's ears in something—*dans quelque chose jusqu'au cou*
   I'm up to my ears in paperwork. *Je suis dans la paperasserie jusqu'au cou.*

---

early—*matinal, premier, prochain*
   early on—*dès le début, très tôt*
   Early on, she learned how to save her money. *Elle a appris dès le début (très tôt) à économiser son argent.*

---

to earn—*gagner, mériter*
  to earn one's keep—*gagner de quoi vivre*
  He isn't old enough to earn his keep. *Il n'a pas encore l'âge de gagner de quoi vivre.*

earnest—*sérieux, sincère*
  in earnest—*pour de bon*
  It was starting to rain in earnest. *Il commençait à pleuvoir pour de bon.*

earth—*la terre*
  what on earth—*que diable*
  What on earth are you doing here? *Que diable faites-vous là?*

to ease—*faciliter, soulager*
  to ease off (up)—*se détendre, y aller doucement*
  Try to ease off (up), or you'll make a mess of it. *Essaie de te détendre (d'y aller doucement), ou tu en feras un gâchis.*

  to ease someone out—*encourager quelqu'un à partir (démissionner, etc.)*
  The vice-president was eased out with a generous indemnity. *On a encouragé le vice-président à partir avec une indemnité généreuse.*

easy—*facile*
  to be an easy first (an easy winner)—*arriver bon premier*
  His horse was an easy first (an easy winner) in the race. *Son cheval est arrivé bon premier de la course.*

  to be on easy street—*avoir la poche bien garnie*
  Since his inheritance he has been on easy street. *Depuis son héritage il a la poche bien garnie.*

  Easy does it (take it easy)!—*(Allez-y) doucement!*

  to have (to take) it easy—*se la couler douce*
  She wants to get rich so she can have (can take) it easy afterward. *Elle veut devenir riche pour pouvoir se la couler douce après.*

to eat—*manger*
  to eat dirt (humble pie)—*faire des excuses humiliantes*

Once he had admitted his mistake, they made him eat dirt (humble pie). *Une fois qu'il a eu avoué son erreur, ils l'ont obligé à faire des excuses humiliantes.*

to eat like a horse—*manger comme quatre (comme un ogre)*
On his return from boarding school, he always eats like a horse. *En retrant de pensionnat, il mange toujours comme quatre (comme un ogre).*

to eat one's fill—*manger à sa faim*
People don't eat their fill every day in this country. *Les gens ne mangent pas toujours à leur faim dans ce pays.*

to eat one's heart out—*se ronger les sangs*
They ate their hearts out with envy. *Ils se rongeaient les sangs d'envie.*

to eat one's words—*se rétracter*
We'll make that braggart eat his words. *Nous obligerons ce vantard à se rétracter.*

to eat out—*manger en ville*
We eat out once a week. *Nous mangeons en ville une fois par semaine.*

to eat out of house and home—*mettre sur la paille (à force de manger)*
My family will end up by eating me out of house and home. *Ma famille finira par me mettre sur la paille (à force de manger).*

to eat out of someone's hand—*faire les quatre volontés de quelqu'un*
By the time he has finished, they will be eating out of his hand. *Lorsqu'il aura terminé, ils feront ses quatre volontés.*

to eat to one's heart's content—*manger tout son soûl*
After a long day's work, it felt good to eat to our heart's content. *Après une longue journée de travail, cela nous a fait plaisir de manger tout notre soûl.*

I'll eat my hat!—*Je veux bien être pendu!*
to make someone eat crow—*rabattre le caquet à quelqu'un*
Despite his pretensions, we made him eat crow. *Malgré ses prétensions, nous lui avons rabattu le caquet.*

What's eating you?—*Quelle mouche te pique?*

edge—*le bord, le fil*

to get (to have) an edge on someone—*avoir barre sur quelqu'un*
If we make this offer quickly, we'll have an edge on them. *Si nous faisons vite cette offre, nous aurons barre sur eux.*

on edge—*à cran*
He is on edge because he is afraid of missing his appointment. *Il est à cran parce qu'il a peur de manquer son rendez-vous.*

to edge—*border, s'approcher*

to edge out—*battre d'un poil, coiffer au poteau*
They edged out the best opposing team. *Ils ont battu d'un poil (coiffé au poteau) leurs meilleurs adversaires.*

effect—*l'effet*

to go into (to take) effect—*entrer en vigueur*
The new law goes into (takes) effect on Tuesday. *La nouvelle loi entre en vigueur mardi.*

egg—*l'œuf*

to end up with (to have) egg on one's face—*faire piètre figure, se couvrir de ridicule*
We didn't want to admit our mistake, for fear of ending up with (of having) egg on our face. *Nous ne voulions pas avouer notre erreur, de peur de faire piètre figure (de nous couvrir de ridicule).*

He's a good (a bad) egg.—*C'est un chic (un sale) type.*

elbow—*le coude*

at one's elbow—*sous la main*
I don't have your book at my elbow right now. *Je n'ai pas votre livre sous la main en ce moment.*

out at the elbows—*dans la dèche*
All of those people were out at the elbows, despite their apparent dignity. *Tous ces gens-là étaient dans la dèche, malgré leur dignité apparente.*

else—*autre*

  or else—*sinon*

  You had better do as I say, or else you'll be sorry. *Vous feriez mieux de faire comme je vous dis, sinon vous regretterez.*

---

end—*le bout, le but, la fin*

  at the end of one's rope (one's tether)—*au bout de son rouleau*

  He was at the end of his rope (his tether) and didn't know what to do any more. *Il était au bout de son rouleau et ne savait plus quoi faire.*

  an end run—*une dérobade*

  His attempt to get nominated by the governor was an end run. *Son effort pour se faire nommer par le gouverneur était une dérobade.*

  to hold (to keep) one's end up—*faire sa part (du travail)*

  Despite her fever, she continued to hold (to keep) her end up. *Malgré sa fièvre, elle a continué à faire sa part (du travail).*

  no end of—*à n'en plus finir*

  He caused us no end of trouble. *Il nous a donné des ennuis à n'en plus finir.*

  on end—*d'affilée, de suite*

  They worked twelve hours on end. *Ils ont travaillé douze heures d'affilée (de suite).*

  the end of the line—*le bout de son rouleau (de ses ressources)*

  Having reached the end of the line, they had lost all hope of succeeding. *Arrivés au bout de leur rouleau (de leurs ressources), ils avaient perdu tout espoir de réussir.*

---

to enjoy—*jouir de, prendre plaisir à*

  to enjoy oneself—*s'amuser*

  We enjoyed ourselves a great deal at the show. *Nous nous sommes beaucoup amusés au spectacle.*

---

enough—*assez*

  enough to go around—*assez pour tout le monde*

We don't have enough bread to go around. *Nous n'avons pas assez de pain pour tout le monde.*

strangely (surprisingly, etc.) enough—*chose curieuse (étonnante, etc.)*
Strangely enough, he didn't ask for his change. *Chose curieuse, il n'a pas demandé sa monnaie.*

---

equal—*égal*

equal to—*à la hauteur (au niveau) de*
The director did not feel equal to his responsibilities. *Le directeur ne se sentait pas à la hauteur (au niveau) de ses responsabilités.*

---

even—*égal, uni*

even-steven—*donnant donnant*
It's even-steven, your watch for my necklace. *C'est donnant donnant, ta montre contre mon collier.*

even with (the surface of)—*à fleur de*
The dragonfly was gliding even with (the surface of) the water. *La libellule planait à fleur d'eau.*

on an even keel—*en équilibre*
He had his hands full keeping the business on an even keel. *Il avait fort à faire pour tenir l'entreprise en équilibre.*

We're even!—*Nous sommes quittes!*

---

even—*même*

even though—*lors même que*
Even though you didn't want to, you would have to accept. *Lors même que vous ne le voudriez pas, il faudrait accepter.*

---

event—*l'événement*

at all events (in any event)—*en tout cas*
At all events (in any event), you'll see us next week. *En tout cas, vous nous verrez la semaine prochaine.*

in the event of—*en cas de*
She will cancel the race in the event of bad weather. *Elle annulera la course en cas de mauvais temps.*

in the event that—*au cas où*
In the event that you miss the train, write us. *Au cas où vous rateriez le train, écrivez-nous.*

ever—*déjà, jamais; toujours*
Did you ever!—*Je vous demande un peu!*

ever and again (ever and anon)—*de temps à autre*
Ever and again (Ever and anon) they would take walks in the country. *De temps à autre ils faisaient des promenades à la campagne.*

ever so—*on ne peut plus*
The comedian was ever so funny. *Le comédien était on ne peut plus drôle.*

for ever (and ever)—*à (tout) jamais*
I am giving it up for ever (and ever). *J'y renonce à (tout) jamais.*

every—*chaque, tout*
at every turn—*à tout instant*
They come and bother us at every turn. *Ils viennent nous déranger à tout instant.*

every bit (inch)—*jusqu'au bout des ongles; tout aussi*
It was clear that he was every bit (inch) an Englishman. *Il était clair qu'il était anglais jusqu'au bout des ongles.* You are every bit (inch) as bright as your sister. *Tu es tout aussi intelligent que ta sœur.*

every last man (last one of us)—*tous sans exception*
Every last man (last one of us) must do his duty! *Tous sans exception doivent (devons) faire leur (notre) devoir!*

Every little bit helps.—*Ça peut toujours servir.*

Every man for himself!—*Chacun pour soi! Sauve-qui-peut!*

every now and then (so often)—*de loin en loin, de temps en temps*
He comes to see us every now and then (so often). *Il vient nous voir de loin en loin (de temps en temps).*

every other—*tous les deux*
Take this medicine every other day. *Prenez ce médicament tous les deux jours.*

every which way—*dans tous les sens*
The soldiers scattered every which way. *Les soldats se sont dispersés dans tous les sens.*

everything—*tout*
Everything's coming up roses.—*Tout marche comme sur des roulettes.*

evil—*mauvais, méchant*
an evil mind—*l'esprit mal tourné*
You twisted what I said because you have an evil mind. *Vous avez dénaturé ce que j'ai dit parce que vous avez l'esprit mal tourné.*

to excite—*exciter*
to be excited about—*être emballé (ému, enthousiasmé) à l'idée de (par)*
She is excited about her new job. *Elle est emballée (émue, enthousiasmée) à l'idée de (par) son nouveau travail.*

to expect—*attendre, s'attendre à*
to be expecting—*attendre un bébé (un heureux événement)*
Her sister is expecting. *Sa sœur attend un bébé (un heureux événement).*
What do you expect?—*Que voulez-vous?*

to explain—*expliquer*
to explain away—*justifier*
What you say is fine, but it can't explain away their refusal to help us. *Ce que vous dites est très bien, mais ne peut pas justifier leur refus de nous aider.*

eye—*l'œil*
with an eye to—*dans le but de*
We bought that house with an eye to renting it out. *Nous avons acheté cette maison dans le but de la mettre en location.*

face—*la figure, le visage*

Her (His) face fell.—*Son visage s'est allongé.*

in the face of—*devant, en dépit de*
The soldiers resisted in the face of fierce attacks. *Les soldats ont résisté devant des attaques (en dépit d'attaques) acharnées.*

on the face of it—*d'après les apparences*
The problem is simple, on the face of it. *Le problème est facile, d'après les apparences.*

to one's face—*ouvertement, sans ambages*
She had the nerve to say that to my face. *Elle a eu le toupet de me dire cela ouvertement (sans ambages).*

---

to face—*affronter, donner sur*
faced with—*menacé de*
They are faced with bankruptcy. *Ils sont menacés de faillite.*

to face the music—*tenir tête à l'orage*
We're caught and now we'll have to face the music. *On est pris et maintenant il faudra tenir tête à l'orage.*

to face up to—*faire face (front) à*

You have to face up to this difficulty. *Vous devez faire face (front) à cette difficulté.*

fact—*le fait*

the facts of life—*les réalités de la vie; la vérité sur le sexe*

It is time that he learned the facts of life and got a job. *Il est temps qu'il apprenne les réalités de la vie et qu'il trouve un travail.* Children are taught the facts of life as soon as possible. *On explique aux enfants la vérité sur le sexe aussi tôt que possible.*

to fade—*se faner, passer*

to fade away—*s'éteindre*

The memory of their visit has faded away. *Le souvenir de leur visite s'est éteint.*

to fade in—*apparaître, monter*

The sound of their broadcast faded in as we listened. *Le son de leur émission est apparu (est monté) pendant que nous écoutions.*

to fade out—*s'affaiblir, disparaître*

Their calls for help faded out little by little. *Leurs appels à l'aide s'affaiblirent (disparurent) peu à peu.*

fair—*égal, juste, beau, blond*

a fair shake—*une considération impartiale*

All he wanted was a fair shake in his request for a job. *Il ne demandait qu'une considération impartiale de sa demande d'emploi.*

fair and square—*loyal*

Their treatment of our friends has always been fair and square. *Leur traitement de nos amis a toujours été loyal.*

fair game—*la proie idéale*

The corrupt police chief had become fair game for the newspapers. *Le chef de la police corrompu était devenu la proie idéale des journaux.*

fair-haired boy—*l'enfant chéri*

He has always been the critics' fair-haired boy. *Il a toujours été l'enfant chéri des critiques.*

fair to middling—*couci-couça*

When they asked how I was feeling, I could only reply "Fair to middling." *Quand ils ont demandé comment j'allais, je n'ai pu répondre que "Couci-couça."*

in a fair way to—*en passe de*

The union is in a fair way to lose all the benefits it won. *Le syndicat est en passe de perdre tous les avantages qu'il a obtenus.*

It's not fair.—*Ce n'est pas de jeu.*

---

to fall—*tomber*

to fall apart—*tomber en pièces*

Their old car was falling apart. *Leur vieille voiture tombait en pièces.*

to fall asleep—*s'endormir*

He fell asleep while reading. *Il s'est endormi en lisant.*

to fall back—*reculer*

As soon as we confronted them, they fell back. *Dès que nous les avons affrontés, ils ont reculé.*

to fall back on—*se rebattre sur*

We had to fall back on our reserves. *Il a fallu nous rebattre sur nos réserves.*

to fall behind—*prendre du retard*

They fell behind in paying the rent. *Ils ont pris du retard pour payer le loyer.*

to fall down on the job—*ne pas être à la hauteur*

She was named president, but she is afraid she will fall down on the job. *On l'a nommée présidente, mais elle a peur de ne pas être à la hauteur.*

to fall flat—*faire un four*

His new play fell flat. *Sa nouvelle pièce a fait un four.*

to fall flat on one's back (head over heels)—*tomber les quatre fers en l'air*

The two dancers fell flat on their backs (head over heels). *Les deux danseurs sont tombés les quatre fers en l'air.*

to fall flat on one's face—*tomber à plat ventre*

I slipped and fell flat on my face. *J'ai glissé, et je suis tombé à plat ventre.*

to fall for—*se laisser prendre à*

Did you fall for that old trick? *Vous êtes-vous laissé prendre à ce vieux manège?*

to fall for (to fall in love with)—*tomber amoureux de*

She fell for (fell in love with) a sailor. *Elle est tombée amoureuse d'un marin.*

Fall in!—*A vos rangs! Formez les rangs!*

to fall into—*donner dans*

I fell into their trap. *J'ai donné dans leur piège.*

to fall into step with—*accompagner*

Encountering him in the street, his colleague fell into step with him. *L'ayant rencontré dans la rue, son collègue l'accompagné.*

to fall in with—*tomber sur*

While walking, I fell in with my friend Paul. *En me promenant, je suis tombé sur mon ami Paul.*

to fall off—*baisser, diminuer*

The people's enthusiasm for the new plan seems to be falling off. *L'enthousiasme du peuple pour le nouveau plan semble baisser (diminuer).*

Fall out!—*Rompez les rangs!*

to fall out with—*se disputer avec*

He fell out with his partner. *Il s'est disputé avec son associé.*

to fall short of—*rester au-dessous de*

The results fell short of our expectations. *Les résultats sont restés au-dessous de notre attente.*

to fall through—*tomber à l'eau*

All our plans fell through at the last minute. *Tous nos projets sont tombés à l'eau au dernier moment.*

---

fancy—*la fantaisie*

to strike (to take) someone's fancy—*taper dans l'œil à quelqu'un*

That dress struck (took) her fancy. *Cette robe lui a tapé dans l'œil.*

---

far—*distant, loin(tain)*

a far cry from—*loin de*
This is a far cry from what you had promised us. *Ceci est loin de ce que vous nous aviez promis.*

as far as... is (am, are) concerned—*à l'avis de, selon; quant à*
As far as they are concerned, we can all just go away! *A leur avis (Selon eux), nous n'avons tous qu'à nous en aller!* As far as your plans are concerned, you can forget them. *Quant à vos projets, vous pouvez les oublier.*

as far back as—*du plus loin que*
As far back as I remember, they always lived there. *Du plus loin que je me rappelle, ils ont toujours habité là.*

by far (far and away)—*de beaucoup, de loin*
He was by far (far and away) the best racer on the team. *C'était de beaucoup (de loin) le meilleur coureur de l'équipe.*

far and near (far and wide)—*un peu partout*
Curious people came from far and near (far and wide) to see the exhibit. *Les curieux sont venus d'un peu partout pour voir l'exposition.*

far be it from—*n'avoir garde de, tant s'en faut que*
Far be it from me to do what he forbids. *Je n'ai garde de faire (tant s'en faut que je fasse) ce qu'il interdit.*

farfetched—*tiré par les cheveux*
He gave us a farfetched explanation. *Il nous a donné une explication tirée par les cheveux.*

in so far as—*dans la mesure où*
I will help you in so far as I can. *Je vous aiderai dans la mesure où je le pourrai.*

so (thus) far—*jusqu'ici*
We haven't caught any fish so (thus) far. *Nous n'avons pas attrapé de poissons jusqu'ici.*

That's going a bit (too) far.—*C'est beaucoup dire. C'est un peu beaucoup.*

the far side—*l'autre côté*

Until then, no one had ever seen the far side of the moon. *Jusque là, personne n'avait jamais vu l'autre côté de la lune.*

fast—*rapide*
a fast buck—*un profit rapide*
All they wanted was to make a fast buck and then disappear. *Tout ce qu'ils voulaient, c'était de faire un profit rapide et puis disparaître.*

to be... fast—*avancer de*
Your watch is three minutes fast. *Votre montre avance de trois minutes.*

fast and furious—*à toute allure; violent (violemment)*
The man was driving his car fast and furious. *L'homme conduisait sa voiture à toute allure.* The storm was raging fast and furious. *La tempête se déchaînait violemment.*

fat—*gros*
Fat chance!—*Tu peux te fouiller (il peut se fouiller, etc.)!*

fat—*la graisse*
The fat is in the fire.—*Le feu est aux poudres.*

fault—*la faute*
to a fault—*à l'excès*
She is generous to a fault. *Elle est généreuse à l'excès.*

favor—*la faveur, le service*
to enjoy (to find) favor—*avoir la cote*
He enjoys (finds) favor thanks to his connections. *Il a la cote grâce à ses relations.*

in favor of—*d'avis de*
The majority were in favor of refusing the offer. *La majorité était d'avis de refuser l'offre.*

out of favor—*mal en cour*

He realized that he was out of favor and could hope for no preference. *Il se rendit compte qu'il était mal en cour et ne pouvait espérer aucune préférence.*

---

favorite—*favori, préféré*
　favorite son—*le candidat local (à la présidence)*
　The municipal council sent a letter in support of their favorite son. *Le conseil municipal a envoyé une lettre soutenant le candidat local (à la présidence).*

---

feather—*la plume*
　It's a feather in your cap.—*C'est un fleuron à votre couronne.*

---

to feather—*emplumer, garnir de plumes*
　to feather one's nest—*mettre du foin dans ses bottes, faire sa pelote*
　Having feathered his nest, he wants to retire now. *Ayant mis du foin dans ses bottes (fait sa pelote), il veut prendre sa retraite maintenant.*

---

to feed—*nourrir*
　to be fed up—*en avoir marre (par-dessus la tête, plein le dos, plein le sac, ras le bol, soupé)*
　I'm fed up with his arrogance! *J'en ai marre (par-dessus la tête, plein le dos, plein le sac, ras le bol, soupé) de son arrogance!*

　to feed a line—*faire du plat à*
　Are you being sincere or are you feeding me a line? *Etes-vous sincère ou est-ce que vous me faites du plat?*

---

to feel—*(se) sentir*
　to feel cold (hot)—*avoir froid (chaud)*
　If you feel too cold (too hot), adjust the thermostat. *Si tu as trop froid (trop chaud), règle le thermostat.*

　to feel equal (up) to—*se sentir de force à*
　I didn't feel equal (up) to answering their accusations. *Je ne me sentais pas de force à répondre à leurs accusations.*

　to feel for—*comprendre (les ennuis de)*

She told us she felt for us, but she couldn't do anything about it. *Elle nous a dit qu'elle nous comprenait (comprenait nos ennuis), mais qu'elle ne pouvait rien y faire.*

to feel in one's bones   *avoir le pressentiment de (que)*
We're going to fail; I feel it in my bones. *Nous allons échouer; j'en ai le pressentiment.*

to feel like—*avoir envie de*
I feel like sleeping now. *J'ai envie de dormir maintenant.*

to feel like oneself—*se sentir dans son assiette*
I don't feel like myself today. *Je ne me sens pas dans mon assiette aujourd'hui.*

to feel no pain—*être soûl (parti)*
It was clear to everyone around him that he was feeling no pain. *Il était évident à tous ceux qui l'entouraient qu'il était soûl (parti).*

to feel one's oats—*se sentir d'attaque (en grande forme)*
Thanks to her success, she was feeling her oats. *Grâce à son succès, elle se sentait d'attaque (en grande forme).*

to feel one's way—*avancer à tâtons*
We felt our way along the wall. *Nous avancions à tâtons le long du mur.*

to feel out—*tâter*
The pupils decided to feel the principal out concerning the yearly dance. *Les élèves ont décidé de tâter le principal à propos du bal annuel.*

it feels like—*on dirait que*
It feels like it is going to rain. *On dirait qu'il va pleuvoir.*

---

feeling—*la sensation, le sentiment*
    The feeling is mutual.—*On vous le rend bien.*

---

fence—*la barrière, la clôture*
    to remain (to sit) on the fence—*ménager la chèvre et le chou*
The candidate tried to remain (to sit) on the fence for fear of losing his constituents from either side. *De peur de perdre ses électeurs des deux bords, le candidat essayait de ménager la chèvre et le chou.*

---

to fend—*parer*

  to fend for oneself—*voler de ses propres ailes*

  You're a big boy now; you must fend for yourself. *Tu es un grand garçon maintenant; tu dois voler de tes propres ailes.*

few—*peu (nombreux)*

  to be few and far between—*ne pas se trouver sous le pas d'un cheval*

  Opportunities like this are few and far between. *De telles occasions ne se trouvent pas sous le pas d'un cheval.*

field—*le champ*

  to have a field day—*remporter un grand succès*

  His horses had a field day at the races. *Ses chevaux ont remporté un grand succès aux courses.*

to fight—*se battre*

  a fighting chance—*une chance sur dix*

  They were given a fighting chance of winning. *On leur donnait une chance sur dix de gagner.*

  to fight shy of—*faire son possible pour éviter de*

  He had good ideas, but he fought shy of speaking in public. *Il avait de bonnes idées, mais il faisait son possible pour éviter de parler en public.*

  to fight tooth and nail—*lutter bec et ongles*

  After fighting tooth and nail, they finally made up. *Après avoir lutté bec et ongles, ils ont enfin fait la paix.*

to figure—*calculer*

  to figure in something—*tenir compte de quelque chose*

  The economists forgot to figure in inflation. *Les économistes ont oublié de tenir compte de l'inflation.*

  to figure on—*compter sur*

  She didn't figure on our coming. *Elle ne comptait pas sur notre présence.*

  to figure out—*comprendre, pénétrer*

They haven't figured out our trick. *Ils n'ont pas compris (pénétré) notre astuce.*

It figures.—*Ça cadre. Ça s'explique.*

---

fill—*le plein*

to have had one's fill—*en avoir soupé*
I've had my fill of their promises. *J'en ai soupé de leurs promesses.*

one's fill—*tout son soûl*
He ate and drank his fill. *Il a mangé et bu tout son soûl.*

---

to fill—*remplir*

to fill someone in—*mettre quelqu'un au courant*
We'll try to fill the director in when he arrives. *Nous tâcherons de mettre le directeur au courant quand il arrivera.*

to fill someone's shoes—*remplacer (suppléer) quelqu'un*
It will be hard to fill her shoes, because she is extraordinary. *Il sera difficile de la remplacer (suppléer), puisqu'elle est extraordinaire.*

to fill the bill—*faire l'affaire*
I think this washer will fill the bill. *Je crois que cette rondelle fera l'affaire.*

---

filthy—*sale*

filthy rich—*cousu d'or*
His fiancée isn't beautiful, but she is filthy rich. *Sa fiancée n'est pas belle, mais elle est cousue d'or.*

---

final—*final*

in the final analysis—*au bout du (en fin de) compte*
In the final analysis, it doesn't matter to me. *Au bout du (en fin de) compte, cela m'est égal.*

---

to find—*découvrir, trouver*

to find fault with—*trouver à redire à*
That customer finds fault with everything. *Ce client trouve à redire à tout.*

to find oneself—*trouver sa voie*

She did not want to commit herself until she had found herself. *Elle ne voulait pas s'engager avant d'avoir trouvé sa voie.*

to find one's niche (one's place in the world)—*faire son trou*
One way or another, I hoped to find my niche (my place in the world). *D'une façon ou d'une autre, j'espérais faire mon trou.*

to find one's proper match—*trouver chaussure à son pied*
He never married, since he couldn't find his proper match. *Il ne s'est jamais marié, n'ayant pas pu trouver chaussure à son pied.*

to find out—*(aller) voir*
Find out if everything is all right. *Allez voir (Voyez) si tout va bien.*

---

fine—*beau, fin*

in fine (in short)—*somme toute*
In fine (In short), after long deliberation, we decided not to act. *Somme toute, après une longue délibération, nous avons décidé de ne pas agir.*

It (the weather) is fine.—*Il fait beau.*

It's fine with me.—*Je suis d'accord. Ça me va très bien.*

(That's) a fine thing!—*C'est du propre!*

with a fine-tooth comb—*au crible*
We went through the document with a fine-tooth comb. *Nous avons passé le document au crible.*

---

finger—*le doigt*

a finger in the pie—*part au gâteau*
Your partner always seems to have a finger in the pie. *Votre associé semble toujours avoir part au gâteau.*

to lay (to put) one's finger on—*mettre le doigt sur*
There is something wrong with his idea, but I can't seem to lay (to put) my finger on it. *Il y a quelque chose qui ne va pas dans son idée, mais je n'arrive pas à mettre le doigt dessus.*

to one's fingertips—*jusqu'au bout des ongles*
She's an aristocrat to her fingertips. *Elle est aristocrate jusqu'au bout des ongles.*

finish—*la fin*
That's the finish!—*(Après ça) Il n'y a plus qu'à tirer l'échelle!*

---

to fire—*tirer, faire feu*
Fire away!—*Allez-y! Dites-le!*

to fire someone—*donner son congé à quelqu'un, mettre quelqu'un à la porte*
He was fired after fifteen years of service. *On lui a donné son congé (on l'a mis à la porte) après quinze ans de service.*

---

first—*premier*
at first blush (sight)—*au premier aboard*
At first blush (sight) the house seemed quite small. *Au premier abord la maison paraissait assez petite.*

(at) first—*d'abord*
(At) first, I didn't know anyone there. *D'abord je n'y connaissais personne.*

first and last—*avant tout*
First and last, she insisted on remaining faithful to her principles. *Avant tout, elle tenait à rester fidèle à ses principes.*

first off—*d'emblée, tout d'abord*
First off, I must tell you that I won't go. *D'emblée (Tout d'abord), je dois vous dire que je n'irai pas.*

first-rate—*de premier ordre*
His wife is a first-rate pilot. *Sa femme est un pilote de premier ordre.*

first-string—*de la meilleure équipe, de la meilleure qualité*
You're going to need your first-string workers to do this job. *Vous aurez besoin de vos ouvriers de la meilleure équipe (de la meilleure qualité) pour ce travail.*

first thing (in the morning)—*à la première heure*
I'll do it first thing (in the morning) tomorrow. *Je le ferai demain à la première heure.*

First things first.—*Parons au plus pressé.*

of the first water—*de bonne trempe*
He is an aristocrat of the first water. *C'est un aristocrate de bonne trempe.*

(on) the first of the week (the month)—*au début de la semaine (du mois)*
I'll see him (on) the first of the week (the month). *Je le verrai au début de la semaine (du mois).*

---

fish—*le poisson*
It's neither fish nor fowl.—*Ce n'est ni chair ni poisson.*

other fish to fry—*d'autres chats à fouetter*
I can't help you now; I have other fish to fry. *Je ne peux pas t'aider maintenant; j'ai d'autres chats à fouetter.*

---

fit—*convenable, disposé, en bonne form*
to be as fit as a fiddle—*se porter comme un charme*
Since the operation she has been as fit as a fiddle. *Depuis l'opération elle se porte comme un charme.*

fit for a king—*un morceau de roi*
The filet mignon is fit for a king. *Le tournedos est un morceau de roi.*

fit to be tied—*dans une colère bleue*
When she heard the news, she was fit to be tied. *Quand elle a entendu la nouvelle, elle est entrée dans une colère bleue.*

---

fit—*l'accès*
by fits and starts—*par à-coups*
The new program is working by fits and starts. *Le nouveau programme marche par à-coups.*

to have (to throw) a fit—*piquer une crise*
She had (she threw) a fit when she saw how dirty they were. *Elle a piqué une crise en voyant combien ils étaient sales.*

---

to fit—*convenir*

to fit into the picture—*jouer un rôle*

I don't see how they fit into the picture in this business. *Je ne vois pas quel rôle ils jouent dans cette affaire.*

to fit someone—*aller à quelqu'un*

His new coat fits him very badly. *Sa nouvelle veste lui va très mal.*

---

to fix—*attacher, réparer*

to fix on (upon)—*choisir, s'arrêter sur*

They seem to have fixed on (upon) that building lot. *Ils ont l'air d'avoir choisi (de s'être arrêtés sur) ce terrain à bâtir.*

to fix someone's wagon—*régler son compte à quelqu'un*

If you try and stop me, I'll fix your wagon! *Si tu essaies de m'arrêter, je te règlerai ton compte!*

to fix someone up with someone—*trouver un/une partenaire pour quelqu'un*

He promised to fix me up with a nice girl this evening. *Il a promis de trouver une partenaire sympathique pour moi ce soir.*

to fix up—*arranger, retaper*

Once they've fixed up the house, they'll be able to rent it out. *Une fois qu'ils auront arrangé (retapé) la maison, ils pourront la mettre en location.*

to fizzle—*grésiller, pétiller*
  to fizzle out—*faire long feu, finir en queue de poisson*
  Their fine plans all fizzled out. *Leurs beaux projets ont tous fait long feu (fini en queue de poisson).*

flash—*l'éclair*
  a flash in the pan—*un feu de paille*
  His great love turned out to be only a flash in the pan. *Son grand amour s'est révélé n'être qu'un feu de paille.*

flat—*plat*
  to have a flat (tire)—*crever*
  We had a flat (tire) on the way to our vacation. *Nous avons crevé en partant en vacances.*

  flat on one's back—*couché sur le dos, incapable de se lever*
  I would have greeted them, but I was flat on my back. *Je les aurais accueillis, mais j'étais couché sur le dos (incapable de me lever).*

  flat out—*carrément; à sa vitesse de pointe*
  She told me flat out that she wouldn't come. *Elle m'a dit carrément qu'elle ne viendrait pas.* The bus was going flat out when it hit the tree. *Le car roulait à sa vitesse de pointe quand il a percuté l'arbre.*

flesh—*la chair*
  to flesh out—*étoffer*
  Let's try and flesh out this project before we present it. *Tâchons d'étoffer ce projet avant de le présenter.*

  in flesh and blood (in the flesh)—*en chair et en os*
  We saw the President in flesh and blood (in the flesh). *Nous avons vu le Président en chair et en os.*

  one's (own) flesh and blood—*les siens, sa famille*

I didn't expect such indifference from my (own) flesh and blood. *Je ne m'attendais pas à une telle indifférence de la part des miens (de ma famille).*

---

to flip—*tourner, donner une chiquenaude à*
to flip one's lid (wig)—*sortir de ses gonds*
When she heard the news, she flipped her lid (her wig)! *En entendant la nouvelle, elle est sortie de ses gonds!*

---

floor—*l'étage, le plancher*
to mop up (to wipe up) the floor with—*battre à plates coutures*
We were afraid that they would mop up (wipe up) the floor with us. *Nous avions peur qu'ils nous battent à plates coutures.*

to the floor—*à (par) terre*
The pencil fell to the floor. *Le crayon est tombé à (par) terre.*

---

fly—*la mouche*
a fly in the ointment—*une ombre au tableau*
The only fly in the ointment is the low selling price of grains. *La seule ombre au tableau est la mévente des grains.*

---

to fly—*(faire) voler, fuir*

to fly blind (by the seat of one's pants)—*voler sans visibilité; improviser*
Because of the thick fog, the pilot was flying blind (by the seat of his pants). *A cause du brouillard épais, le pilote volait sans visibilité.*
When I make this suggestion, I'm just flying blind (by the seat of my pants). *En faisant cette suggestion, je ne fais qu'improviser.*

to fly by—*filer*
The days seemed to fly by. *Les journées semblaient filer.*

fly-by-night—*éphémère*
It was a fly-by-night organization. *C'était une organisation éphémère.*

to fly in the face of—*aller à l'encontre de, batter en brèche*
What you are saying flies in the face of our experience. *Ce que vous dites va à l'encontre de (bat en brèche) notre expérience.*

to fly off the handle—*être (s'emporter comme une) soupe au lait; prendre la mouche, sortir de ses gonds*

He has a heart of gold but he flies off the handle. *Il a un cœur d'or mais il est (il s'emporte comme une) soupe au lait.* If you fly off the handle at every remark, we'll never reach an agreement. *Si vous prenez la mouche (si vous sortez de vos gonds) à chaque observation, nous ne nous entendrons jamais.*

to fly the coop—*décamper, mettre les bouts*

During the guards' absence, the prisoner flew the coop. *Pendant l'absence des gardes, le prisonnier a décampé (a mis les bouts).*

---

to foam—*écumer, mousser*

to foam at the mouth—*écumer de rage*

He was foaming at the mouth because of our failure to arrive on time. *Il écumait de rage parce que nous n'étions pas arrivés à l'heure.*

---

to fold—*plier*

to fold (up)—*fermer boutique*

He was forced to fold (up) and try another trade. *Il a été obligé de fermer boutique et d'essayer un autre métier.*

---

to follow—*suivre*

to follow in someone's footsteps—*marcher sur (suivre) les pas de quelqu'un*

When he became a doctor, he was following in his father's footsteps. *En devenant médecin, il marchait sur (il suivait) les pas de son père.*

to follow suit—*en faire autant*

Since they had already left, we followed suit. *Puisqu'ils étaient déjà partis, nous en avons fait autant.*

to follow through (up) on—*donner suite à*

He promised to follow through (up) on my request. *Il a promis de donner suite à ma demande.*

---

food—*l'aliment, la cuisine, la nourriture*

food for thought—*matière à réfléchir*

Her comments gave me food for thought. *Ses observations me donnaient matière à réfléchir.*

---

fool—*la dupe, le sot*
  foolproof—*infaillible*
  This is a foolproof method. *C'est une méthode infaillible.*

---

to fool—*tromper*
  to fool around—*perdre son temps*
  Stop fooling around and come and help us. *Cessez de perdre votre temps et venez nous aider.*

  to fool away—*gaspiller*
  You can't do that; you're just fooling away your time. *Tu ne peux pas faire cela; tu ne fais que gaspiller ton temps.*

  to fool with—*jouer (au plus fin) avec; tripoter*
  You can't fool with them, they're too smart! *On ne peut pas jouer (au plus fin) avec eux, ils sont trop malins!* I'm tired of seeing you fool with that watch! *J'en ai assez de te voir tripoter cette montre!*

---

foot—*le pied*
  a foot in the door—*un pied dans la place (l'étrier)*
  Now that we have a foot in the door, the rest will be easy. *Maintenant que nous avons un pied dans la place (dans l'étrier), le reste sera facile.*

  on foot—*à pied*
  They came to the meeting on foot. *Ils sont venus à pied à la réunion.*

  on one's feet—*debout; d'aplomb*
  The entire assembly was on its feet applauding. *Toute l'assemblée était debout et applaudissait.* She said she would start working again as soon as she was on her feet. *Elle a dit qu'elle se remettrait au travail dès qu'elle serait d'aplomb.*

---

for—*pendant, pour*
  (bound, leaving) for—*à destination de*
  The train (bound, leaving) for Lyons is in the station. *Le train à destination de Lyon est à quai.*

for all—*en dépit de*

For all her promises, she never finished the work. *En dépit de ses promesses, elle n'a jamais fini le travail.*

for all one's worth—*de toutes ses forces*

He kept pedaling for all his worth. *Il a continué à pédaler de toutes ses forces.*

for certain (for sure)—*sûr(ement)*

They will be taking the course for certain (for sure). *Ils suivront sûrement le cours.*

for crying out loud—*au nom du ciel, pour l'amour de Dieu*

For crying out loud, what did you expect me to do? *Au nom du ciel (Pour l'amour de Dieu), que voulais-tu que je fasse?*

for dear life—*éperdument*

They hung on to the mast for dear life. *Ils se sont accrochés éperdument au mât.*

for openers—*en premier lieu*

What is wrong? For openers, they don't have their books! *Qu'est-ce qui ne va pas? En premier lieu, ils n'ont pas leurs livres!*

for the asking—*à volonté*

The refreshments were there for the asking. *Les rafraîchissements étaient là à volonté.*

for (the benefit of)—*à l'intention de*

I know he said that for me (for my benefit). *Je sais qu'il a dit cela à mon intention.*

---

to forbid—*défendre, interdire*

    God forbid!—*A Dieu ne plaise! Loin de moi (de nous, etc.)!*

---

force—*la force*

    in force—*en vigueur*

    This old regulation is still in force. *Ce vieux règlement est toujours en vigueur.*

---

fore—*l'avant*

    fore and aft—*de l'avant à l'arrière*

The ship had been repainted fore and aft. *Le navire avait été repeint de l'avant à l'arrière.*

to the fore—*au premier plan, en évidence*
The recession has brought the problem of unemployment to the fore. *La récession a mis le problème du chômage au premier plan (en évidence).*

to forget—*oublier*
Forget it!—*Laissez tomber!*

to forget oneself—*perdre patience*
If you don't listen to me, I'm going to forget myself! *Si tu ne m'écoutes pas, je vais perdre patience!*

to fork—*bifurquer, fourcher*
to fork out (over, up)—*allonger, cracher (fam.)*
He was obliged to fork out (over, up) a hundred dollars for their meal. *Il a été obligé d'allonger (de cracher) cent dollars pour leur repas.*

forty—*quarante*
to grab (to take) forty winks—*piquer un roupillon*
I'm going to grab (to take) forty winks before dinner. *Je vais piquer un roupillon avant dîner.*

to foul—*entortiller, salir*
to foul up—*ficher en l'air, flanquer par terre*
Her new interests have fouled up our relationship. *Ses nouveaux intérêts ont fichu nos rapports en l'air (flanqué nos rapports par terre).*

four—*quatre*
a four-letter word—*un gros mot*
He told me what he really thought in four-letter words. *Il m'a dit le fond de sa pensée avec des gros mots.*

free—*gratuit, libre*
a free hand—*carte blanche*
She had a free hand in the furnishing of the apartment. *Elle avait carte blanche pour meubler l'appartement.*

free and clear—*libre de tout encombrement*

They wouldn't buy the house until it was free and clear. *Ils ne voulaient pas acheter la maison avant qu'elle ne soit libre de tout encombrement.*

free and easy—*sans gêne*

He is nice but I find his manner a little too free and easy. *Il est gentil mais je trouve sa manière un peu trop sans gêne.*

free-for-all—*la mêlée générale*

The game ended in a free-for-all. *Le match s'est terminé par une mêlée générale.*

free rein (scope)—*libre cours*

She gave free rein (scope) to her imagination in this poem. *Elle a donné libre cours à son imagination dans ce poème.*

with a free hand—*avec libéralité (prodigalité)*

He gave out compliments with a free hand. *Il faisait des compliments avec libéralité (prodigalité).*

---

to freeze—*geler*

to freeze out—*bloquer, évincer*

Their strategy was to freeze out any competition. *Leur stratégie était de bloquer (d'évincer) toute concurrence.*

It's freezing out.—*Il gèle à pierre fendre.*

---

fresh—*frais*

fresh out of—*frais émoulu de*

He is a young man fresh out of school. *C'est un jeune homme frais émoulu de l'école.*

We're fresh out of it!—*Nous venons de vendre le dernier!*

---

frog—*la grenouille*

a frog in one's throat.—*un chat dans la gorge*

I can't speak louder: I have a frog in my throat. *Je ne peux pas parler plus fort: j'ai un chat dans la gorge.*

---

from—*de*

from . . . on—*à partir de*

From today on, I won't smoke any more. *A partir d'aujourd'hui, je ne fume plus.*

from what—*à ce que*
From what I can see, she has not understood. *A ce que je vois, elle n'a pas compris.*

---

front—*de devant*
on the front burner—*en priorité*
They had to put the diplomatic problems on the front burner. *Ils ont dû mettre les problèmes politiques en priorité.*

the front office—*la direction*
The front office has decided not to pursue that research. *La direction a décidé de ne pas poursuivre ces recherches.*

the front page—*la une*
Give this headline five columns on the front page. *Donnez cinq colonnes à la une à ce titre.*

up front—*en acompte; ouvert, sincère*
They had to pay a large sum up front so their offer would be accepted. *Ils ont dû payer une grosse somme en acompte pour qu'on accepte leur offre.* What we appreciated about her was that she was completely up front with us. *Ce qu'on estimait chez elle, c'est qu'elle était complètement ouverte (sincère) avec nous.*

---

frying pan—*la poêle*
out of the frying pan and into the fire—*de Charybde en Scylla*
They thought they were safe, but they had just fallen out of the frying pan into the fire. *Ils se croyaient en sécurité, mais ils étaient seulement tombés de Charybde en Scylla.*

---

full—*plein*
(at) full blast—*à fond de train, à toute allure*
The train was going (at) full blast. *Le train roulait à fond de train (à toute allure).*

at full gallop (speed)—*à bride abattue, ventre à terre*

The horseman went off at full gallop (speed). *Le cavalier est parti à bride abattue (ventre à terre).*

to be in full swing—*battre son plein*
The fair was in full swing when we arrived. *La fête battait son plein quand nous sommes arrivés.*

full of beans—*plein d'entrain*
The old man was feeling full of beans that day. *Le vieux se sentait plein d'entrain ce jour-là.*

full of fight—*d'attaque*
I was full of fight as soon as I woke up. *J'étais (je me sentais) d'attaque dès mon réveil.*

full of fun—*très amusant (un plaisantin)*
My uncle is full of fun. *Mon oncle est très amusant (un plaisantin).*

full of the devil (full of it)—*espiègle*
Don't blame the child if he is full of the devil (full of it). *Ce n'est pas la faute de l'enfant s'il est espiègle.*

in full—*intégralement, tout*
Their bill was paid in full by the duke. *Leur compte fut payé intégralement (tout payé) par le duc.*

in full career—*en pleine course*
They stopped the horse in full career. *Ils ont arrêté le cheval en pleine course.*

in full cry—*à grands cris*
The mob pursued them in full cry. *La foule les poursuivait à grands cris.*

in full dress (regalia)—*en grande tenue*
The soldiers paraded in full dress (regalia). *Les soldats ont défilé en grande tenue.*

---

fun—*le divertissement, le plaisir*

for (in) fun—*pour rire*
Don't get upset; we did it for (in) fun. *Ne te fâche pas; nous l'avons fait pour rire.*

fun and games—*une partie de plaisir*

Persuading them to come was not entirely fun and games. *Les convaincre de venir n'était pas tout à fait une partie de plaisir.*

to have fun—*s'amuser*
The children had a lot of fun at the sailing club. *Les enfants se sont bien amusés au club de voile.*

Like fun he (she, etc.) did!—*Tu parles (Je t'en fiche), ş'il (si elle, etc.) l'a fait!*

to make fun of (to poke fun at)—*mettre en boîte, se moquer de*
She keeps on making fun of (poking fun at) me and I'm sick of it! *Elle ne cesse de me mettre en boîte (de se moquer de moi) et j'en ai marre!*

funeral—*l'enterrement*
It's your funeral!—*Tant pis pour toi!*

funny—*comique, drôle*
funny business—*des histoires*
Come closer, and I don't want any funny business. *Approchez-vous, et je ne veux pas d'histoires.*

fuss—*le bruit, l'embarras*
fuss and feathers—*du chichi, du tralala*
You didn't have to make all that fuss and feathers for us! *Tu n'avais pas à faire tout ce chichi (tout ce tralala) pour nous!*

to make (to stir up) a fuss about—*faire tout un plat de*
She made (She stirred up) a fuss about the price of her room. *Elle a fait tout un plat du prix de sa chambre.*

game—*le jeu, le match*
His (our, your, etc.) game is up.—*C'en est fait de lui (de nous, de vous, etc.).*

gang—*la bande, l'équipe*
  like gangbusters—*comme une fleur, comme sur des roulettes*
  Their plan went like gangbusters. *Leur plan a marché comme une fleur (comme sur des roulettes).*

to gang—*se mettre à plusieurs, se mettre en bande*
  to gang up on (against)—*se mettre à plusieurs contre*
  I can't do anything if you're going to gang up on (against) me. *Je ne peux rien faire si vous allez vous vous mettre à plusieurs contre moi.*

to gather—*cueillir*
  to be gathered to one's fathers—*aller rejoindre ses ancêtres*
  At the end of a long, useful life he was gathered to his fathers. *A la fin d'une longue vie utile il alla rejoindre ses ancêtres.*

  to gather dust—*dormir dans les cartons (les fichiers)*
  The committee's report is gathering dust. *Le rapport de la commission dort dans les cartons (les fichiers).*

gay—*gai, joyeux*
  the gay nineties—*la belle époque*
  She particularly enjoyed romantic songs of the gay nineties. *Elle aimait particulièrement les chansons sentimentales de la belle époque.*

to get—*avoir, devenir, obtenir*
  to be getting along (in years)—*se faire vieux*
  Her grandmother is getting along (in years). *Sa grand'mère se fait vieille.*

  to be getting up in the world—*faire son chemin*
  Despite his humble origins, he is getting up in the world. *Malgré ses origines modestes, il fait son chemin.*

  to be (just) getting over—*relever de, se remettre de*
  She is (just) getting over the flu. *Elle relève (se remet) d'une grippe.*

  to get a break—*avoir un coup de veine*
  After years of failure, they finally got a break. *Après des années d'échec, ils ont enfin eu un coup de veine.*

  to get across—*faire comprendre; traverser*

I can't seem to get that idea across to him. *Je n'arrive pas à lui faire comprendre cette idée.* How can we get across the river? *Comment pouvons-nous traverser la rivière?*

to get a fix on—*comprendre, situer*
As soon as we get a fix on their plans, we'll deal with them. *Dès que nous aurons compris (situé) leurs projets, nous nous chargerons d'eux.*

to get a grip on oneself—*reprendre courage, se ressaisir*
Try to get a grip on yourself! *Essayez de reprendre courage (de vous ressaisir)!*

to get a handle on—*trouver le joint pour résoudre*
I can't seem to get a handle on this problem. *Je n'arrive pas à trouver le joint pour résoudre ce problème.*

to get ahead—*prendre de l'avance; faire son chemin*
I wonder how they got ahead of us? *Je me demande comment ils ont pris de l'avance sur nous?* If you want to get ahead, you have to have connections. *Si vous voulez faire votre chemin, il faut avoir des relations.*

to get (all) dolled up—*se mettre sur son trente-et-un*
She got (all) dolled up to go dancing. *Elle s'est mise sur son trente-et-un pour aller danser.*

Get a load of this!—*Ecoute (Regarde) un peu ceci!*

to get along—*aller (se porter); se débrouiller; s'entendre*
How is he getting along? *Comment va-t-il (se porte-t-il)?* We always manage to get along somehow. *Nous arrivons toujours à nous débrouiller.* After years of marriage, they still weren't getting along. *Après des années de mariage, ils ne s'entendaient toujours pas.*

to get along without—*se passer de*
I can get along without meat. *Je peux me passer de viande.*

Get a move on!—*Grouillez-vous! Remuez-vous un peu!*

to get a rise out of—*faire marcher*
I couldn't get a rise out of him, despite all my efforts. *Je n'ai pas pu le faire marcher, malgré tous mes efforts.*

to get around—*voir du pays*

We have gotten around during our vacation. *Nous avons vu du pays
pendant nos vacances.*

to get around someone—*entortiller quelqu'un*
I see that he managed to get around you. *Je vois qu'il a réussi à vous
entortiller.*

to get around to—*trouver le temps de*
I'll get around to doing that tomorrow. *Je trouverai le temps de faire cela
demain.*

to get at—*pénétrer; vouloir en venir à*
I can't seem to get at their source of income. *Je n'arrive pas à pénétrer
la source de leurs revenus.* What was she getting at? *Où voulait-elle en
venir?*

to get away—*s'enfuir*
The robbers all got away. *Les voleurs se sont tous enfuis.*

to get away (off) with—*s'en tirer avec*
I don't know how he got away (off) with just a warning. *Je ne sais pas
comment il s'en est tiré avec un simple avertissement.*

to get away with murder—*s'en tirer à très bon compte*
They got away with murder in that business. *Ils s'en sont tirés à très bon
compte dans cette histoire.*

Get a wiggle on!—*Remuez-vous un peu!*

to get a word in edgewise—*placer un mot*
She was so excited that I couldn't get a word in edgewise. *Elle était si
émue que je n'ai pas pu placer un mot.*

to get back at someone—*rendre à quelqu'un la monnaie de sa pièce*
We'll get back at them another time. *Nous leur rendrons la monnaie de
leur pièce une autre fois.*

to get back to—*retourner à*
Now let's get back to our reading. *Retournons maintenant à notre lecture.*

to get behind—*avoir (prendre) du retard; épauler, soutenir*
I got behind in my payments. *J'ai eu (J'ai pris) du retard dans mes
versements.* If everyone gets behind the chief, I think we'll succeed. *Si
tout le monde épaule (soutient) le chef, je crois que nous réussirons.*

to get by—*se tirer d'affaire*

They get by on what she earns. *Ils se tirent d'affaire avec ce qu'elle gagne.*

Get cracking!—*Que ça saute!*

to get down to brass tacks (to business)—*en venir à l'essentiel (au fait)*
The negotiators are finally getting down to brass tacks (to business). *Les négociateurs en viennent enfin à l'essentiel (au fait).*

to get even with—*se venger de*
I'll get even with you some day. *Je me vengerai de toi un jour ou l'autre.*

to get going—*se mettre en route (au travail)*
It's late; you had better get going. *Il est tard; vous devriez vous mettre en route (au travail).*

to get hell—*se faire laver la tête*
We got hell because of our carelessness. *Nous nous sommes fait laver la tête à cause de notre négligence.*

to get hold of—*attraper, saisir; trouver*
We tried to get hold of them, but they fell. *Nous avons essayé de les attraper (saisir), mais ils sont tombés.* I can't get hold of the reference you're looking for. *Je n'arrive pas à trouver la référence que vous cherchez.*

to get in—*arriver, rentrer*

When do you think they are going to get in? *Quand pensez-vous qu'ils arriveront (qu'ils rentreront)?*

to get in (on, on board) a car (a boat, a plane, a train)—*monter dans une auto (un bateau, un avion, un train)*
We got on (board) the plane right away. *Nous sommes montés tout de suite dans l'avion.*

to get in bad with—*se mettre à dos*
Through his provocations, he got in bad with them. *Par ses provocations, il se les est mis à dos.*

to get in someone's hair—*porter (taper) sur les nerfs à quelqu'un*
Go outside; you're getting in my hair. *Sors; tu me portes (tapes) sur les nerfs.*

to get into a rut—*s'encroûter (s'enliser) dans la routine*
We are getting further and further into a rut in this job. *Nous nous encroûtons (enlisons) de plus dans la routine de ce travail.*

to get it—*comprendre, y être*
You don't get it, do you? *Tu ne comprends pas (Tu n'y es pas), n'est-ce pas?*

to get it in the neck—*écoper*
I know that it's you who will end up getting it in the neck. *Je sais que c'est vous qui finirez par écoper.*

to get it (things) off one's chest—*vider son sac*
Unable to remain silent any longer, he decided to get it (things) off his chest. *Ne pouvant plus garder le silence, il a décidé de vider son sac.*

Get lost!—*Fiche-moi le camp!*

to get lost—*se perdre*
We got lost in the forest. *Nous nous sommes perdus dans la forêt.*

to get nowhere—*n'être pas plus avancé qu'avant, perdre sa salive*
I tried to persuade her, but I got nowhere. *J'ai essayé de la convaincre, mais je n'étais pas plus avancé qu'avant (je perdais ma salive).*

to get off—*descendre*
I get off at the next stop. *Je descends au prochain arrêt.*

to get off cheap (easy)—*en être quitte (s'en tirer) à bon compte*

Given the gravity of the affair, they got off cheap (easy). *Vu la gravité de l'affaire, ils en ont été quittes (ils s'en sont tirés) à bon compte.*

to get off on the wrong foot—*partir du mauvais pied*
The trouble is that you got off on the wrong foot with your new boss. *L'ennuyeux c'est que vous êtes parti du mauvais pied avec votre nouveau patron.*

to get off someone's back (case)—*lâcher les baskets à quelqu'un, laisser quelqu'un tranquille*
If you don't get off my back (my case), I'll never finish this job. *Si tu ne me lâches pas les baskets (tu ne me laisses pas tranquille), je ne finirai jamais ce travail.*

to get off the ground—*démarrer, réussir*
She has interesting projects, but they never seem to get off the ground. *Elle a des projets intéressants, mais ils ne semblent jamais démarrer (réussir).*

to get on (in years)—*vieillir*
It was all too evident that the actress was getting on (in years). *Il n'était que trop évident que l'actrice vieillissait.*

to get one's back (dander, Irish) up—*se braquer, se mettre en rogne*
He is a mild-mannered person, until he gets his back (dander, Irish) up. *Il est docile, jusqu'au point où il se braque (se met en rogne).*

to get one's feet wet—*se mouiller*
Sooner or later you'll have to get your feet wet in this business. *Tôt ou tard il faudra que tu te mouilles dans cette affaire.*

to get one's head together—*se ressaisir*
As soon as I get my head together, I'll be able to go with you. *Dès que je me serai ressaisi, je pourrai vous accompagner.*

to get one's second wind—*reprendre haleine*
He started to run again when he had gotten his second wind. *Il s'est remis à courir après avoir repris haleine.*

to get on (onto)—*monter dans*
After I got on (onto) the train, I couldn't find a seat. *Après être monté dans le train, je n'ai pas pu trouver une place assise.*

to get on someone's nerves—*porter (taper) sur les nerfs à quelqu'un, taper sur le système à quelqu'un*

Stop making that noise; it's getting on my nerves! *Cesse de faire ce bruit; il me porte (il me tape) sur les nerfs (il me tape sur le système)!*

to get out—*sortir*

What time do they get out of work? *A quelle heure sortent-ils du travail?*

to get out of one's system—*se débarrasser de*

I can't get that feeling out of my system. *Je n'arrive pas à me débarrasser de ce sentiment.*

to get out when the getting is good—*tirer son épingle du jeu*

His partner got out when the getting was good. *Son associé a tiré son épingle du jeu.*

to get over—*se remettre de*

He has gotten over his initial surprise. *Il s'est remis de son étonnement initial.*

to get rid of—*se débarrasser (se défaire) de*

She finally got rid of her old car. *Elle s'est enfin débarrassée (défaite) de sa vieille voiture.*

to get set—*se préparer*

Give us time to get set for the dance. *Donnez-nous le temps de nous préparer pour le bal.*

to get someone down—*abattre, déprimer quelqu'un*

All this bad news has gotten her down. *Toutes ces mauvaises nouvelles l'ont abattue (déprimée).*

to get someone in trouble (in wrong)—*causer des ennuis à quelqu'un*

He is always trying to get me in trouble (in wrong). *Il essaie toujours de me causer des ennuis.*

to get someone out off a scrape (difficulty, trouble)—*tirer quelqu'un d'affaire (d'embarras)*

I am grateful to him, for he has often gotten me out of a scrape (difficulty, trouble). *Je lui suis reconnaissant, car il m'a souvent tiré d'affaire (d'embarras).*

to get someone's goat—*taper sur les nerfs à quelqu'un*

Her children really know how to get her goat. *Ses enfants savent bien lui taper sur les nerfs.*

to get something off one's chest—*dire ce qu'on a sur le cœur*

I have to get something off my chest before we start. *Il faut que je dise ce que j'ai sur le cœur avant qu'on commence.*

to get something through one's head—*comprendre quelque chose, se mettre quelque chose dans la tête*

They can't get it through their head that we aren't coming. *Ils n'arrivent pas à comprendre (à se mettre dans la tête) que nous ne venons pas.*

to get somewhere—*faire quelque chose*

At last we're starting to get somewhere with this product. *Nous commençons enfin à faire quelque chose de ce produit.*

to get the air (the brush-off)—*se faire envoyer promener, se faire envoyer sur les roses*

When he tried to make a date with her, he got the air (the brush-off). *Lorsqu'il a essayé de prendre rendez-vous avec elle, il s'est fait envoyer promener (il s'est fait envoyer sur les roses).*

to get the ax (the boot, the bounce, the gate, the sack)—*se faire mettre à la porte (renvoyer)*

After thirty years of service, she got the ax (the boot, the bounce, the gate, the sack). *Après trente ans de service, elle s'est fait mettre à la porte (s'est fait renvoyer).*

to get the hang (the knack)—*attraper le coup*

I think you're quickly going to get the hang (the knack) of playing this game. *Je crois que vous allez vite attraper le coup pour jouer ce jeu.*

to get the jump on—*avoir (prendre) une avance sur*

If you want to get the contract, you'll have to get the jump on the competition. *Si vous voulez obtenir le contrat, il faudra que vous ayez (preniez) une avance sur la concurrence.*

to get the lay of the land—*tâter le terrain*

I'm going to ask them a few questions in order to get the lay of the land. *Je vais leur poser quelques questions pour tâter le terrain.*

Get the lead out (of your pants)!—*Et que ça saute! Magne-toi!*

to get the message—*piger, saisir*

If you don't get the message, I'll say it again. *Si tu ne piges (tu ne saisis) pas, je le répéterai.*

to get the short end of the stick—*ne pas recevoir son dû, se faire avoir*
If they only paid you fifty francs, you got the short end of the stick. *Si l'on ne vous a payé que cinquante francs vous n'avez pas reçu votre dû (vous vous êtes fait avoir).*

to get the show on the road—*mettre les choses en train*
We have talked enough now, let's get the show on the road. *Nous avons assez parlé maintenant, mettons les choses en train.*

to get through to—*avoir (obtenir) la communication avec; se faire comprendre*
We can't get through to the airport right now. *Nous n'arrivons pas à avoir (obtenir) la communication avec l'aéroport en ce moment.*
She wanted to help, but she couldn't get through to him. *Elle voulait aider, mais elle n'a pas pu se faire comprendre de lui.*

to get to do something—*avoir l'occasion de faire quelque chose*
When will we get to see them? *Quand aurons-nous l'occasion de les voir?*

to get to first base—*franchir la première étape*
I can't even get to first base with her. *Je n'arrive même pas à franchir la première étape avec elle.*

to get together—*se réunir*
The alumni get together every five years. *Les anciens élèves se réunissent tous les cinq ans.*

to get to the heart of the matter (the question)—*entrer dans le vif du sujet (de la question)*
The journalists wanted to get right to the heart of the matter (the question). *Les journalistes ont voulu entrer tout de suite dans le vif du sujet (de la question).*

to get under someone's skin—*taper sur les nerfs à quelqu'un*
Her habits get under my skin. *Ses manies me tapent sur les nerfs.*

to get under way—*se mettre en train*
When the troop gets under way, it should be able to arrive in one day. *Quand la troupe se met en train, elle devrait pouvoir arriver en un jour.*

to get up—*se lever*

I hate to get up early in the morning. *Je déteste me lever tôt le matin.*

to get (up) on one's high horse—*monter sur ses grands chevaux*

When you criticize his actions, he always gets (up) on his high horse. *Quand on critique ses actions, il monte toujours sur ses grands chevaux.*

to get up the nerve—*trouver le courage*

He never got up the nerve to ask her out. *Il n'a jamais trouvé le courage de lui demander de sortir avec lui.*

to get used to—*se faire à*

She is gradually getting used to her new job. *Elle se fait peu à peu à sa nouvelle situation.*

to get what is coming to one—*avoir ce qu'on mérite*

I hope that that liar will get what is coming to him. *J'espère que ce menteur aura ce qu'il mérite.*

to get wise to—*être mis au parfum de*

He finally got wise to their intrigues. *Il a enfin été mis au parfum de leurs intrigues.*

Get with it!—*D'où sors-tu?*

You get the picture?—*Vous voyez le tableau?*

You've got it.—*C'est cela.*

What's got(ten) into him?—*Qu'est-ce qui le prend?*

---

gift—*le cadeau, le don*

a gift for—*la bosse de*

She has a gift for music. *Elle a la bosse de la musique.*

the gift of gab—*le bagou*

She isn't brilliant but she has the gift of gab. *Elle n'est pas brillante mais elle a du bagou.*

---

to gild—*dorer*

to gild the lily—*renchérir sur la perfection*

It would be gilding the lily for that woman to wear makeup. *Ce serait renchérir sur la perfection, que cette femme se maquille.*

---

gills—*les ouïes*
  to the gills—*au possible*
The boat was loaded to the gills. *Le bateau était chargé au possible.*

---

to give—*donner*
  to give a big hand to—*applaudir chaleureusement*
The audience gave a big hand to the star. *Le public a applaudi la vedette chaleureusement.*

  to give a black eye to—*donner un œil au beurre noir à, pocher l'œil à*
She gave her husband a black eye. *Elle a donné un œil au beurre noir (elle a poché l'œil) à son mari.*

  to give a boost to—*remonter le moral à*
You're saying those nice things just to give me a boost. *Vous dites ces gentillesses seulement pour me remonter le moral.*

  to give a boost (a hand up, a leg up) to—*faire la courte échelle à*
Give me a boost (a hand up, a leg up) so I can pick that apple. *Fais-moi la courte échelle, que je cueille cette pomme.*

  to give a break to—*donner sa chance à; pardonner*

The coach gave him a break and let him play. *L'entraîneur lui a donné sa chance et l'a laissé jouer.* Give me a break, I just arrived! *Pardon, je viens d'arriver!*

to give a dressing down (hell) to—*passer un savon à*
His mother gave him a dressing down (hell) when she saw him come in late. *Sa mère lui a passé un savon en le voyant rentrer tard.*

to give a going-over to—*passer à tabac*
The police caught the suspect and gave him a going-over. *La police a attrapé le suspect et l'a passé à tabac.*

to give a hard time—*donner du fil à retordre à*
Before leaving him, she gave him a hard time. *Avant de le quitter, elle lui a donné du fil à retordre.*

to give a lecture to—*faire la morale à, sermonner*
She gave me a lecture about my conduct. *Elle m'a fait la morale (m'a sermonné) à propos de ma conduite.*

to give a licking to—*flanquer une raclée à*
They fought, and Pierre gave him a licking. *Ils se sont battus, et Pierre lui a flanqué une raclée.*

to give a lift (a ride) to—*emmener, laisser monter dans sa voiture*
Will you give me a lift (a ride) over to the station? *Voulez-vous m'emmener (me laisser monter dans votre voiture) jusqu'à la gare?*

give and take—*des concessions*
We can't live without there being some give and take. *Nous ne pouvons pas vivre sans qu'il y ait quelques concessions.*

to give a pain (in the neck)—*faire suer*
You give us a pain (in the neck) with your fish stories! *Tu nous fais suer avec tes histoires de pêche!*

to give a piece of one's mind—*dire ses quatre vérités à*
When he came home, she gave him a piece of her mind. *Quand il est rentré, elle lui a dit ses quatre vérités.*

to give a ring—*donner un coup de fil à*
Give me a ring when you get to Paris. *Donnez-moi un coup de fil en arrivant à Paris.*

to give a run for one's money—*en faire baver à*

Their team gave us a run for our money before losing. *Leur équipe nous en a fait baver avant de perdre.*

to give a song and dance—*faire toute une histoire (tout un plat) de*
She gave me a song and dance about their absence. *Elle m'a fait toute une histoire (tout un plat) de leur absence.*

to give away—*faire cadeau de; trahir*
They are giving away all their furniture. *Ils font cadeau de tous leurs meubles.* His expression gave away his fear. *Son expression trahissait sa peur.*

to give a wide berth to—*se tenir à distance de*
Give those people a wide berth. *Tenez-vous à distance de ces gens-là.*

to give back—*rendre*
Give me back my book right away. *Rendez-moi mon livre tout de suite.*

to give chase—*poursuivre*
The burglar fled, with the police giving chase. *Le cambrioleur s'est enfui, poursuivi par la police.*

to give in to—*céder à*
His mother gives in to all his whims. *Sa mère cède à tous ses caprices.*

to give in (up)—*se rendre*
Don't fire; we give in (up). *Ne tirez pas; nous nous rendons.*

to give it one's all—*y mettre le paquet*
He gave it his all and he won. *Il y a mis le paquet et il a gagné.*

Give it (her) the gun!—*Donnez pleins gaz!*

to give it to someone—*écraser quelqu'un*
You tried to beat him, but he really gave it to you! *Tu as tâché de le battre, mais il t'a vraiment écrasé!*

to give off—*émettre*
This apparatus gives off harmful radiation. *Cet appareil émet des radiations nocives.*

to give oneself away—*se révéler être, se trahir*
Despite his apparent friendliness, the villain gave himself away. *Malgré son amabilité apparente, il s'est révélé être un traître (le traître s'est trahi).*

give or take—*à ... près, en plus ou en moins*
They have lived here for a month, give or take a few days. *Ils habitent ici depuis un mois, à quelques jours près (avec quelques jours en plus ou en moins).*

to give out—*distribuer; venir à manquer*
He was giving out leaflets on the street. *Il distribuait des pamphlets dans la rue.* The supplies gave out after two weeks. *Les provisions vinrent à manquer après quinze jours.*

to give over—*affecter, réserver*
These four rooms are given over to temporary exhibitions. *Ces quatre salles sont affectées (réservées) aux expositions temporaires.*

to give pause to—*donner à réfléchir à*
Their hesitancy gave me pause. *Leur hésitation m'a donné à réfléchir.*

to give rise to—*donner lieu à, prêter à*
The new laws give rise to abuse. *Les nouvelles lois ont donné lieu (ont prêté) à des abus.*

to give someone a dose of his own medicine (his just deserts)—*rendre la monnaie de sa pièce (la pareille) à quelqu'un*
His victims finally gave him a dose of his own medicine (his just deserts). *Ses victimes lui ont enfin rendu la monnaie de sa pièce (la pareille).*

to give someone his head—*donner carte blanche à quelqu'un, laisser faire quelqu'un*
If you give him his head, he'll find a way to get there faster. *Si vous lui donnez carte blanche (Si vous le laissez faire), il trouvera moyen d'y arriver plus vite.*

to give the air—*plaquer*
She gave her boyfriend the air. *Elle a plaqué son ami.*

to give the ax—*mettre à la porte, sabrer*
He was surprised when the company gave him the ax after so many years. *Il s'est étonné quand la compagnie l'a mis à la porte (l'a sabré) après tant d'années.*

to give the bird—*huer, siffler*
The audience gave the singer the bird. *Le public a hué (sifflé) le chanteur.*

to give the brush-off—*se débarrasser de*

We finally managed to give that bore the brush-off. *Nous avons enfin réussi à nous débarrasser de ce casse-pieds.*

to give the cold shoulder—*battre froid, recevoir comme un chien dans un jeu de quilles*

When I saw her at the party, she gave me the cold shoulder. *Quand je l'ai vue à la fête, elle m'a battu froid (elle m'a reçu comme un chien dans un jeu de quilles).*

Give the devil his due.—*A tout seigneur tout honneur. Il faut faire la part du diable.*

to give the eye—*faire de l'œil à*

I tell you that guy was giving you the eye! *Je te dis que ce type te faisait de l'œil!*

to give the finger—*faire un bras d'honneur*

When I cut off the other car, the driver gave me the finger. *Quand j'ai coupé la voie à l'autre voiture, le conducteur m'a fait un bras d'honneur.*

to give the gate—*mettre à la porte*

The party crasher was given the gate. *On a mis le resquilleur à la porte.*

to give the lie to—*contredire, donner le démenti à*

His actions give the lie to his claims of innocence. *Ses actions contredisent (donnent le démenti à) ses protestations d'innocence.*

to give the nod to—*accepter, donner le feu vert à*

The commission gave him the nod for that job. *La commission l'a accepté (lui a donné le feu vert) pour ce poste.*

to give the once-over—*jeter un coup d'œil sur, parcourir*
She gave our manuscript the once-over. *Elle a jeté un coup d'œil sur (a parcouru) notre manuscrit.*

to give the run-around—*faire courir pour rien, faire des réponses de Normand*
I'm tired of being given the run-around. *J'en ai assez qu'on me fasse courir pour rien (me fasse des réponses de Normand).*

to give the slip—*fausser compagnie à*
He gave us the slip in the crowd. *Il nous a faussé compagnie dans la foule.*

to give the works—*passer à tabac*
The police gave him the works to make him talk. *La police l'a passé à tabac pour le faire parler.*

to give up—*abandonner, renoncer à*
They will not give up the captured territory. *Ils ne veulent pas abandonner le (renoncer au) territoire conquis.*

to give up (hope of)—*faire son deuil de*
As for that job, you may as well give up (hope of it). *Quant à ce poste, tu peux en faire ton deuil.*

to give up the ghost—*rendre l'âme*
After a long illness, he gave up the ghost. *Après une longue maladie, il rendit l'âme.*

to give way—*céder; céder le pas*
We had to give way to their demands. *Il a fallu que nous cédions à leurs exigences.* Motorists must give way to pedestrians. *Les automobilistes doivent céder le pas aux piétons.*

not to give a damn (a darn, a hang)—*s'en ficher, s'en moquer*
Do as you want, I don't give a damn (a darn, a hang)! *Fais comme tu voudras, je m'en fiche (je m'en moque)!*

---

glad—*heureux*
the glad hand—*un accueil cordial*

They gave their visitor the glad hand. *Ils ont fait un accueil cordial à leur invité.*

---

glory—*la gloire*
Glory be!—*Dieu soit loué!*

---

to gloss—*gloser, polir*
to gloss over—*escamoter, glisser sur*
In their reply, they glossed over the problems raised by their plan. *Dans leur réponse, ils ont escamoté (ils ont glissé sur) les problèmes soulevés par leur plan.*

---

to go—*aller*
as the saying goes—*comme on dit*
I've been taken, as the saying goes. *Je me suis fait avoir, comme on dit.*

to go—*à emporter*
I'd like two sandwiches to go. *Je voudrais deux sandwichs à emporter.*

to go about it—*s'y prendre, y aller*
He goes about it without pulling his punches. *Il s'y prend (il y va) sans mettre de gants.*

to go about it openly—*y aller de franc jeu*
He is an opportunist but at least he goes about it openly. *C'est un opportuniste mais au moins il y va de franc jeu.*

to go after—*en avoir à, viser*
He felt that his examiners were going after him because of his lack of experience. *Il avait l'impression que ses interrogateurs lui en avaient (le visaient) à cause de son manque d'expérience.*

Go ahead!—*Allez-y! Continuez!*

to go all out (whole hog)—*y mettre le paquet*
He decided to go all out (whole hog) and he won. *Il a décidé d'y mettre le paquet et il a gagné.*

to go along with—*appuyer, se prêter à*
I refuse to go along with their plans. *Je refuse d'appuyer (de me prêter à) leurs desseins.*

to go (and) get—*aller chercher (trouver)*

Go (and) get your brother right away. *Va chercher (trouver) ton frère tout de suite.*

to go ape over—*être fou (toqué) de*

They said that the director was going ape over the young actress. *On disait que le metteur-en-scène était fou (toqué) de la jeune actrice.*

to go around—*aller partout; assez pour tout le monde*

He went around telling lies about them. *Il allait partout en racontant des mensonges sur eux.* We did not have enough supplies to go around. *Nous n'avions pas assez de provisions pour tout le monde.*

to go away—*s'en aller*

Go away; you're bothering me! *Va-t'en; tu me déranges!*

to go back—*retourner*

I went back to see him the next day. *Je suis retourné le voir le lendemain.*

to go back on—*reprendre*

He went back on his promise. *Il a repris sa promesse.*

to go back over—*revenir sur*

Let's not go back over that same question. *Ne revenons pas sur cette même question.*

to go bad—*tourner*

The milk has gone bad. *Le lait a tourné.*

to go begging—*ne pas trouver d'amateurs*

The pictures by that painter were going begging. *Les tableaux de ce peintre ne trouvaient pas d'amateurs.*

to go broke (under)—*boire un bouillon, faire faillite*

Despite the loans, he went broke (under). *Malgré les prêts, il a bu un bouillon (il a fait faillite).*

to go by—*(se) passer*

The vacation went by quickly. *Les vacances se sont vite passées (ont passé vite).*

to go by the book—*appliquer le règlement*

Our sergeant always goes by the book. *Notre sergent applique toujours le règlement.*

to go crazy (nuts)—*devenir fou (dingue)*

He was going crazy (nuts) trying to answer their questions. *Il devenait fou (dingue) à essayer de répondre à leurs questions.*

to go down in history (in the records)—*faire date*
The decision they made today will go down in history (in the records). *La décision qu'ils ont prise aujourd'hui fera date.*

to go down the drain—*tomber à l'eau*
All our plans went down the drain. *Tous nos projets sont tombés à l'eau.*

to go Dutch (treat)—*payer chacun sa part*
We went Dutch (treat) to the restaurant. *Chacun a payé sa part au restaurant.*

to go easy on (with)—*y aller doucement avec*
Go easy on (with) the whisky, you've drunk enough. *Vas-y doucement avec le whisky, tu as assez bu.*

Go fly a kite (jump in the lake)!—*Va te faire cuire un œuf! Va voir ailleurs si j'y suis!*

to go for—*avoir un penchant pour*
We go for classical music. *Nous avons un penchant pour la musique classique.*

to go for a ride (a walk)—*faire une promenade (un tour)*
We went for a ride (a walk) before dinner. *Nous avons fait une promenade (un tour) avant dîner.*

to go for broke—*risquer le paquet*

They decided that the prize was important enough to go for broke. *Ils ont décidé que le prix était assez important pour risquer le paquet.*

to go for naught (for nothing)   *n'aboutir à rien*

All his efforts went for naught (for nothing). *Tous ses efforts n'ont abouti à rien.*

to go halfway—*couper la poire en deux, faire un compromis*

We'll never come to an agreement if you won't go halfway. *Nous n'arriverons jamais à un accord si vous ne voulez pas couper la poire en deux (faire un compromis).*

to go halves—*partager (en deux)*

Let's go halves on the cost of food. *Partageons le coût des repas (en deux).*

to go haywire—*perdre la boule; se détraquer*

He has gone haywire; we can't rely on him anymore. *Il a perdu la boule; nous ne pouvons plus compter sur lui.* The machine went haywire because they used it for too long. *La machine s'est détraquée parce qu' ils s'en sont servis pendant trop longtemps.*

to go in for—*s'adonner à, pratiquer*

He goes in for meditation. *Il s'adonne à (il pratique) la méditation.*

going downhill—*en baisse*

His business has been going downhill for some time. *Ses affaires sont en baisse depuis quelque temps.*

going strong—*d'attaque*

She is eighty and still going strong. *Elle a quatre-vingts ans et elle est toujours d'attaque.*

to go into—*s'embarquer (se lancer) dans*

I don't want to go into a long explanation of his thought. *Je ne veux pas m'embarquer (me lancer) dans une longue explication de sa pensée.*

to go it alone—*faire bande à part, faire cavalier seul*

Since they couldn't work with others, they would always go it alone. *Ne pouvant travailler avec les autres, ils faisaient toujours bande à part (cavalier seul).*

to go native—*adopter le mode de vie indigène (local)*

After twenty years of life in the colonies, he had gone native. *Après vingt ans de vie dans les colonies, il avait adopté le mode de vie indigène (local).*

to go off—*sauter*
The bomb went off while they were working on it. *La bombe a sauté pendant qu'ils y travaillaient.*

to go off half-cocked—*agir avec trop de hâte*
We don't want to go off half-cocked in this matter. *Nous ne voulons pas agir avec trop de hâte dans cette affaire.*

to go (off) like clockwork—*marcher comme sur des roulettes*
The operation went (off) like clockwork. *L'opération a marché comme sur des roulettes.*

to go off the deep end (go overboard)—*perdre la boule*
He's behaving strangely; I think he's gone off the deep end (gone overboard). *Il agit bizarrement; je crois qu'il a perdu la boule.*

to go on—*continuer*
Go on talking; I'm listening to you. *Continuez de parler; je vous écoute.*

to go one better—*damer le pion à*
They tried to go us one better by producing an automatic machine. *Ils ont voulu nous damer le pion en fabriquant une machine automatique.*

to go out for—*se porter candidat pour*
She went out for a part in the new play. *Elle s'est portée candidate pour un rôle dans la nouvelle pièce.*

to go out of fashion—*se démoder*
These hats will quickly go out of fashion. *Ces chapeaux se démoderont vite.*

to go out of one's way—*se donner bien du mal*
He went out of his way to help me. *Il s'est donné bien du mal pour m'aider.*

to go out on a limb—*se hasarder*
I'll go out on a limb and say that the economy will improve. *Je me hasarderai à dire que l'économie va s'améliorer.*

to go out to pasture—*aller planter ses choux*

My career is finished; I can just go out to pasture. *Ma carrière est terminée; je n'ai qu'à aller planter mes choux.*

to go over—*dépasser, mordre sur; être reçu; revoir*

His car went over the yellow line. *Sa voiture a dépassé (a mordu sur) la bande jaune.* How did the show go over? *Comment le spectacle a-t-il été reçu?*

I'd like to go over your report before you hand it in. *Je voudrais revoir votre rapport avant que vous le rendiez.*

to go over big—*avoir un grand succès*

Their idea went over big. *Leur idée a eu un grand succès.*

to go overboard—*s'emballer*

I don't think I'm going overboard when I say she's terrific. *Je ne crois pas m'emballer en disant qu'elle est formidable.*

to go places—*faire son chemin; voyager*

I am sure that young man is going to go places. *Je suis sûr que ce jeune homme fera son chemin.* He wants to go places and see a lot of things. *Il veut voyager et voir beaucoup de choses.*

Go right ahead.—*Libre à vous. Ne vous gênez pas.*

to go sour—*mal tourner*

Despite their care, the plan went sour. *Malgré leur soin, le plan a mal tourné.*

to go sour on—*perdre son enthousiasme initial pour*

They seem to have gone sour on our idea. *Ils semblent avoir perdu leur enthousiasme initial pour notre idée.*

to go straight—*s'acheter une conduite*

Since that incident with the police, he has gone straight. *Depuis cette histoire avec la police, il s'est acheté une conduite.*

to go the distance—*tenir jusqu'au bout*

His manner isn't elegant, but you know he'll go the distance. *Sa manière n'est pas élégante, mais on sait qu'il tiendra jusqu'au bout.*

to go through—*être approuvé; subir*

The bill went through without difficulty. *Le projet de loi a été appprouvé sans difficulté.* I am tired after all I have gone through. *Je suis fatigué après tout ce que j'ai subi.*

to go through the motions of doing—*faire pour la forme*
They went through the motions of applying for a job. *Ils ont fait une demande d'emploi pour la forme.*

to go through with—*exécuter; en passer par là, y passer*
He wouldn't dare go through with his plan. *Il n'oserait pas exécuter son projet.* Resign yourself; you'll have to go through with it. *Résignez-vous; il faudra en passer par là (y passer).*

to go to any lengths to—*faire n'importe quoi pour*
He will go to any lengths to win. *Il fera n'importe quoi pour gagner.*

to go to (a university, etc.)—*faire ses études à*
She went to Harvard. *Elle a fait ses études à Harvard.*

to go to bat for—*prendre fait et cause pour*
I won't forget that she went to bat for me when I needed her. *Je n'oublierai pas qu'elle a pris fait et cause pour moi quand j'avais besoin d'elle.*

to go to bed with—*coucher avec*
He kept asking that woman to go to bed with him. *Il demandait constamment à cette femme de coucher avec lui.*

to go to one's head—*monter au cerveau à*
Success went to his head. *Le succès lui est monté au cerveau.*

to go to pieces—*s'effondrer*
She went to pieces after her father's death. *Elle s'est effondrée après la mort de son père.*

to go to pot (seed)—*s'en aller à la dérive*
You mustn't let him go to pot (seed) this way. *Il ne faut pas le laisser s'en aller à la dérive ainsi.*

to go steady (to go together)—*sortir ensemble*
They have been going steady (going together) for a year now. *Ils sortent ensemble depuis un an maintenant.*

to go to the dogs—*aller à vau-l'eau*
Their company is going to the dogs. *Leur entreprise va à vau-l'eau.*

to go to town—*ne pas faire les choses à moitié*
She went to town when she organized the party. *Elle n'a pas fait les choses à moitié en organisant la fête.*

to go to waste—*être gaspillé*

All her talent is going to waste because of her inactivity. *Tout son talent est gaspillé à cause de son inactivité.*

to go under—*couler*

They lost all their money when the business went under. *Ils ont perdu tout leur argent quand l'entreprise a coulé.*

to go up in flames (in smoke)—*s'en aller en fumée, tomber à l'eau*

His long-pondered plans were going up in flames (in smoke). *Ses projets médités de longue date s'en allaient en fumée (tombaient à l'eau).*

to go wild over—*s'enthousiasmer pour*

The audience went wild over his songs. *Le public s'est enthousiasmé pour ses chansons.*

to go with the flow—*suivre le mouvement*

Rather than fight fashion, she decided to go with the flow. *Plutôt que de résister à la mode, elle a décidé de suivre le mouvement.*

to go wrong—*se gâter; se tromper*

After a while, everything started to go wrong. *Au bout de quelque temps, tout a commencé à se gâter.*

I can't find where we went wrong. *Je n'arrive pas à trouver où nous nous sommes trompés.*

to have a go at—*essayer, tenter sa chance à*

I would like to have a go at that. *Je voudrais essayer (tenter ma chance à) cela.*

No go!—*Je ne marche pas! Pas question!*

on the go—*sur la brèche, en mouvement*

Our congressman is always on the go. *Notre député est toujours sur la brèche (en mouvement).*

---

gold—*l'or*

It's a gold mine!—*C'est de l'or en barre!*

---

good—*bon*

a good deal—*pas mal, une bonne partie*

We saw a good deal of Europe on our trip. *Nous avons vu pas mal (une bonne partie) de l'Europe pendant notre voyage.*

a good many—*pas mal de*
A good many people were present at the show. *Pas mal de gens ont assisté au spectacle.*

as good as—*comme si*
It's as good as done. *C'est comme si c'était fait.*

as good as can be (as gold)—*sage comme une image*
Her baby is as good as can be (as gold). *Son bébé est sage comme une image.*

to be a good sport—*comprendre la plaisanterie*
You can tease her; she's a good sport. *On peut la taquiner; elle comprend la plaisanterie.*

to be as good as one's word—*tenir parole*
He said he would come and he was as good as his word. *Il a dit qu'il viendrait et il a tenu parole.*

to be so good as to—*avoir l'obligeance de*
Will you be so good as to change places with me? *Voulez-vous avoir l'obligeance de changer de place avec moi?*

to be . . . to the good—*avoir un bénéfice de*
I'm a hundred francs to the good on that deal. *J'ai un bénéfice de cent francs dans cette affaire.*

in good hands—*à bonne école*
He is in good hands for learning how to behave properly. *Il est à bonne école pour apprendre à se conduire comme il faut.*

in someone's good books—*dans les petits papiers de quelqu'un*
She chose me because I'm in her good books. *Elle m'a choisi parce que je suis dans ses petits papiers.*

good and—*tout à fait*
I'll leave when I'm good and ready. *Je partirai quand je serai tout à fait prêt.*

Good grief!—*Bon sang! Ciel!*

in good—*en bons termes*
Unfortunately, I'm not in good with the authorities. *Malheureusement, je ne suis pas en bons termes avec les autorités.*

in good part—*du bon côté*

We are glad that he took our advice in good part. *Nous sommes contents qu'il ait pris nos conseils du bon côté.*

in good season (time)—*en temps utile*

They promised to carry out his orders in good season (time). *Ils ont promis de suivre ses ordres en temps utile.*

no good—*inutile; sans valeur*

It's no good for you to complain. *Il est inutile de vous plaindre.* We found that their suggestions were no good. *Nous avons trouvé que leurs suggestions étaient sans valeur.*

---

goose—*l'oie*

gooseflesh (goose-pimples)—*la chair de poule*

That detective story gave me gooseflesh (goose-pimples). *Ce roman policier m'a donné la chair de poule.*

His (Their, etc.) goose is cooked!—*Son (Leur, etc.) compte est réglé!*

---

gospel—*l'évangile*

the gospel truth—*la vérité pure*

It's hard to believe, but it's the gospel truth! *C'est difficile à croire, mais c'est la vérité pure!*

---

to grab—*saisir*

to grab a bite—*manger sur le pouce*

For lack of time we grabbed a bite. *Faute de temps nous avons mangé sur le pouce.*

grab bag—*le fourre-tout*

The concert was a grab bag, with music of all kinds. *Le concert était un fourre-tout, avec de la musique de toutes sortes.*

---

gravy—*la sauce*

the gravy train—*un fromage*

You really seem to have found the gravy train in your new job. *Vous semblez vraiment avoir trouvé un fromage, dans votre nouveau travail.*

---

greasy—*graisseux, gras*

a greasy spoon—*une gargote*

That neighborhood did not have a decent restaurant, only a greasy spoon.
Ce quartier n'avait pas de restaurant convenable, rien qu'une gargote.

---

great—*grand*

to go great guns—*être en pleine forme; marcher à pleins gaz*
He said that he was going great guns. *Il a dit qu'il était en pleine forme.*
The business is going great guns. *L'entreprise marche à pleins gaz.*

great strides—*de grands progrès*
Medicine has made great strides in the past four hundred years. *La
médecine a fait de grands progrès au cours des quatre cents dernières
années.*

He's (she's) no great shakes.—*Ce n'est pas un aigle. Il (elle) ne casse
rien.*

---

green—*vert*

to be a greenhorn—*être tombé de la dernière pluie*
They tried to take advantage of him, thinking he was a greenhorn. *Ils ont
essayé d'abuser de lui, pensant qu'il était tombé de la dernière pluie.*

a green thumb—*le don du jardinage*
Her roses are always splendid because she has a green thumb. *Ses roses
sont toujours splendides parce qu'elle a le don du jardinage.*

to be green around the gills—*avoir mauvaise mine*
After the airplane ride he was green around the gills. *Après la promenade
en avion il avait mauvaise mine.*

green as grass (a greenhorn)—*naïf (un bleu)*
The newcomer was green as grass (a greenhorn). *Le nouveau-venu était
naïf (un bleu).*

green with envy—*vert de jalousie*
His disagreeable comments showed he was green with envy. *Ses
observations désobligeantes montraient qu'il était vert de jalousie.*

---

to grieve—*se lamenter*
It grieves me to have to say it.—*Il m'en coûte de le dire.*

---

to grin—*sourire*
  to grin and bear it—*prendre son mal en patience*
  Since he can't do anything about it, he has to grin and bear it. *Puisqu'il n'y peut rien, il faut qu'il prenne son mal en patience.*

to grind—*moudre, broyer*
  to grind down—*écraser*
  The enemy's superior forces ended up by grinding us down. *Les forces supérieures de l'ennemi ont fini par nous écraser.*

  to grind out—*écrire péniblement, pondre*
  The writer was obliged to grind out publicity articles in order to make a living. *L'écrivain était obligé d'écrire péniblement (de pondre) des articles publicitaires pour vivre.*

  to grind to a halt—*s'immobiliser peu à peu*
  Because of the recession, industrial production has ground to a halt. *A cause de la récession, la production industrielle s'est immobilisée peu à peu.*

grist—*le blé à moudre*
  That's grist for his (your, etc.) mill.—*Cela apporte de l'eau à son (à votre, etc.) moulin.*

to grit—*grincer*
  to grit one's teeth—*serrer les dents*
  We must grit our teeth in the face of this difficulty. *Il faut que nous serrions les dents devant cette difficulté.*

groove—*sillon*
  in the groove—*dans le vent*
  His jazz piano-playing was really in the groove. *Sa façon de jouer le jazz au piano était vraiment dans le vent.*

gross—*flagrant, grossier*
  to gross out—*soulever le cœur*

His disregard for manners grossed everyone out. *Son indifférence aux manières a soulevé le cœur à tout le monde.*

---

ground—*le sol, la terre*

from the ground up—*de fond en comble, en partant de zéro*
They had to rebuild the business from the ground up. *Ils ont dû reconstituer la compagnie de fond en comble (en partant de zéro).*

off the ground—*en (état de) marche*
Now let's try and get this operation off the ground. *Essayons maintenant de mettre cette opération en (état de) marche.*

---

to grow—*devenir, grandir, pousser*

to grow on one—*gagner à être connu*
He seems dull at first but he grows on you. *Il semble ennuyeux au premier abord mais il gagne à être connu.*

to grow out of—*devenir trop grand pour*
She has grown out of her clothes. *Elle est devenue trop grande pour ses vêtements.*

to grow up—*devenir (être) adulte (grand), grandir*
When I grow up, I want to be a locomotive engineer. *Quand je devendrai (je serai) adulte (grand) (je grandirai), je veux être chauffeur de locomotive.*

---

guard—*la garde, le gardien*

off guard—*à l'improviste, au dépourvu*
If you catch him off guard, maybe he'll tell you the truth. *Si tu le prends à l'improviste (au dépourvu), il te dira peut-être la vérité.*

to be (to remain) on one's guard—*se tenir sur la réserve*
The President is (is remaining) on his guard until the situation becomes clearer. *Le Président se tient sur la réserve en attendant que la situation s'éclaircisse.*

---

guess—*la supposition*

It's anyone's guess.—*Bien malin qui (le) trouvera. C'est impossible à prévoir.*

---

gum—*la colle, la gomme*
  to gum up—*arrêter, bousiller*
  Their activities have gummed up all our plans. *Leurs activités ont arrêté (bousillé) tous nos projets.*

to gun—*abattre, tuer*
  to gun for—*chercher (la ruine de)*
  Be careful, that guy is gunning for you! *Sois prudent, ce type te cherche (ce type cherche ta ruine)!*

gut—*le boyau, l'entraille*
  to have guts—*avoir de l'estomac, avoir du cœur au ventre, avoir du cran*
  He must have had guts to fight alone against ten men. *Il a fallu qu'il ait de l'estomac (du cœur au ventre, du cran) pour lutter seul contre dix hommes.*

to hail—*héler, saluer*
  to hail from—*être originaire de, venir de*
  Where does she hail from? *D'où est-elle originaire (vient-elle)?*

hair—*le cheveu, le poil*
  a hair of the dog (hound) that bit one—*un petit verre (pour faire passer la gueule de bois)*
  The best thing for you would be a hair of the dog (hound) that bit you. *Le mieux pour toi serait un petit verre (pour faire passer ta gueule de bois).*
  It was just a hair's breadth away.—*Il s'en est fallu d'un cheveu.*

half—*à moitié*
  at half mast—*en berne*
  The flag is at half mast because of the senator's death. *Le drapeau est en berne en raison de la mort du sénateur.*

to be only half listening—*n'écouter que d'une oreille*
Her child was only half listening to her advice. *Son enfant n'écoutait ses conseils que d'une oreille.*

half a mind (a notion)—*presque envie*
I have half a mind (a notion) to report you to the police! *J'ai presque envie de vous dénoncer à la police!*

half an eye—*un peu de bon sens*
If you had half an eye, you'd realize that she is lying. *Si tu avais un peu de bon sens, tu te rendrais compte qu'elle ment.*

half sober—*entre deux vins*
When I saw him, he was half sober. *Quand je l'ai vu, il était entre deux vins.*

half the battle—*déjà pas mal, presque gagné*
If you have gotten his phone number, that's half the battle. *Si tu as obtenu son numéro de téléphone, c'est déjà pas mal (la partie est presque gagnée).*

half way—*à mi-chemin*
He stopped running half way to the finish. *Il a arrêté de courir à mi-chemin du but.*

not (the) half of it—*pas le mieux de l'affaire, pas tout*
Wait a minute, that's not (the) half of it! *Attends une minute, ce n'est pas le mieux de l'affaire (ce n'est pas tout)!*

---

ham—*le jambon*
   to ham it up—*forcer son rôle*
   The actor's performance was not convincing, because he was hamming it up. *Le jeu de l'acteur n'était pas convaincant, parce qu'il forçait son rôle.*

---

hammer—*le marteau*
   under the hammer—*aux enchères*
   After their bankruptcy, all their possessions went under the hammer. *Après leur faillite, tous leurs biens ont été vendus aux enchères.*

---

to hammer—*enfoncer, marteler, taper*

   to hammer (away) at—*attaquer avec acharnement, s'acharner sur*

   They kept on hammering (away) at our arguments. *Ils continuaient à attaquer nos arguments avec acharnement (à s'acharner sur nos arguments).*

---

hand—*la main*

   at (on) hand—*disponible*

   That's all the money I have at (on) hand. *C'est tout l'argent disponible que j'ai.*

   by hand—*à la main*

   We had to copy the entire manuscript by hand. *Nous avons dû copier le manuscrit entier à la main.*

   (from) hand to mouth—*au jour le jour*

   After their parents' death, they were forced to live (from) hand to mouth. *Après la mort de leurs parents, ils ont été obligés de vivre au jour le jour.*

   to give (to lend) a (helping) hand—*donner un coup d'épaule (de main) à*

   The neighbors gave (lent) us a (helping) hand to finish the work. *Les voisins nous ont donné un coup d'épaule (de main) pour finir le travail.*

   hand in glove—*comme les deux doigts de la main, de mèche.*

   The two politicians are hand in glove. *Les deux hommes politiques sont comme les deux doigts de la main (de mèche).*

   hand in hand—*de conserve*

   The two men acted hand in hand in the conspiracy. *Les deux hommes ont agi de conserve dans la conspiration.*

   hand over fist—*à foison, à la pelle*

   Their new business was making money hand over fist. *Leur nouvelle entreprise gagnait de l'argent à foison (à la pelle).*

   hands down—*dans un fauteuil, haut la main*

   He ran so fast that he won the race hands down. *Il a couru si vite qu'il est arrivé dans un fauteuil (a gagné la course haut la main).*

   hand to hand—*corps à corps*

   The two armies were fighting hand to hand. *Les deux armées se battaient corps à corps.*

to have one's hands full—*avoir fort à faire*

The police had their hands full holding the crowd back. *La police avait fort à faire pour retenir la foule.*

(near) at hand—*à portée de la main*

I like to keep my tools (near) at hand. *J'aime garder mes outils à portée de la main.*

on hand—*disponible*

That is all the money I have on hand. *C'est tout l'argent disponible que j'ai.*

on one's hands—*sur les bras*

Since my brother's divorce, I have had him on my hands. *Depuis le divorce de mon frère, je l'ai sur les bras.*

on the one hand—*d'une part*

On the one hand, we don't want to spoil the surprise... *D'une part, nous ne voulons pas gâcher la surprise...*

on the other hand—*d'autre part*

...but, on the other hand, we want to warn them. *...mais, d'autre part, nous voulons les avertir.*

out of hand—*sommaire(ment); intenable*

The judge dismissed their case out of hand. *Le juge a renvoyé leur cause sommairement.* These children are getting out of hand! *Ces enfants deviennent intenables!*

---

to hand—*passer*

to hand down—*passer; transmettre*

Hand me down that dish, please. *Passez-moi cette assiette, s'il vous plaît.* This old story has been handed down from generation to generation. *Cette vieille histoire a été passée (transmise) de génération en génération.*

to hand in—*remettre*

The teacher asked his pupils to hand in their compositions the next day. *Le maître a demandé à ses élèves de remettre leur essai le lendemain.*

to hand out—*distribuer*

They were arrested because they were handing out illegal political leaflets. *Ils ont été arrêtés parce qu'ils distribuaient des tracts politiques illégaux.*

to hand over—*céder; remettre*
She was obliged to hand over her property to the heirs. *Elle a été obligée de céder ses biens aux héritiers.* Upon leaving, you should hand the keys over to the superintendent. *En partant, vous devriez remettre les clés au concierge.*

You have to hand it to him.—*Il n'a pas son pareil.*

What's that you're handing me?—*Qu'est-ce que tu me chantes là?*

---

to handle—*manier, traiter*

to handle with kid gloves—*traiter avec ménagement*
She is sensitive; you have to handle her with kid gloves. *Elle est sensible; il faut la traiter avec ménagement.*

---

to hang—*accrocher, pendre*

to be hung over—*avoir la gueule de bois (mal aux cheveux)*
The day after the party, everyone was hung over. *Le lendemain de la fête, tout le monde avait la gueule de bois (mal aux cheveux).*

to be hung up on—*faire tout un complexe de*
He is afraid of flying; he's hung up on it. *Il a peur de prendre l'avion; il en fait tout un complexe.*

to hang around—*traîner*
His friends hang around the streets all day. *Ses camarades traînent dans les rues toute la journée.*

to hang back—*être réticent, hésiter, se faire tout petit*
Don't hang back if you want to be chosen. *Ne sois pas réticent (Ne reste pas en arrière; Ne te fais pas tout petit) si tu veux qu'on te choisisse.*

to hang fire—*être en souffrance*
For the moment, their plans are hanging fire. *Pour l'instant, leurs projets sont en souffrance.*

to hang in the balance—*en aller de*

The future of our country hangs in the balance! *Il en va de l'avenir de notre pays!*

Hang in there!—*Tenez bon! Ne lâchez pas!*

Hang it!—*Bon sang!*

to hang it up—*abandonner (la lutte)*
Feeling he was getting too old for politics, he decided to hang it up. *Se sentant trop vieux pour la politique, il a décidé d'abandonner (la lutte).*

to hang loose—*se la couler douce*
Why try so hard, when you can hang loose? *Pourquoi faire tant d'efforts, quand on peut se la couler douce?*

to hang one on—*prendre une cuite*
After their success in the examination, they really hung one on. *Après leur succès à l'examen, ils ont vraiment pris une cuite.*

to hang one's head—*baisser la tête*
Feeling ashamed of her inactivity, she hung her head. *Ayant honte de son oisiveté, elle baissait la tête.*

to hang on for dear life—*se cramponner (désespérément)*
He hung on to the boat for dear life. *Il s'est cramponné (désespérément) au bateau.*

to hang out in—*fréquenter*
The group of boys used to hang out in that café. *Le groupe de garçons fréquentait ce café.*

to hang out one's shingle—*annoncer (afficher) l'ouverture d'un cabinet*
After leaving medical school, the young doctor hung out his shingle. *Après sa sortie de l'école de médecine, le jeune médecin a annoncé (affiché) l'ouverture de son cabinet.*

to hang tough—*s'accrocher, tenir tête*
We asked them to give in, but they were determined to hang tough. *Nous leur avons demandé de céder, mais ils étaient résolus à s'accrocher (à tenir tête).*

to hang up—*raccrocher*
The operator told me to hang up. *La standardiste m'a dit de raccrocher.*

Time hangs heavy on my hands.—*Je trouve le temps long.*

to happen—*arriver, se passer*

as it happens (it so happens that)—*il se trouve que, justement*
As it happens, (It so happens that) my friend is interested in stamp collecting. *Il se trouve que (Justement,) mon ami s'intéresse à la philatélie.*

to happen upon—*tomber sur*
I happened upon this reference in the newspaper. *Je suis tombé sur cette référence dans le journal.*

it (so) happens that (one happens to)—*il se trouve que*
It (so) happens that I was gone (I happened to be gone) that day. *Il se trouve que j'étais parti ce jour-là.*

---

happy—*content, heureux*

the happy medium—*le juste milieu*
She always goes from one extreme to another; there is no happy medium. *Elle va toujours du blanc au noir; il n'y a pas de juste milieu.*

---

hard—*difficile, dur*

to be hard put to (to have a hard time)—*avoir du mal à*
I would be hard put to answer (I would have a hard time answering) that question. *J'aurais du mal à répondre à cette question.*

to be hard up—*être dans la gêne, tirer le diable par la queue*
During the great Depression they were hard up. *Pendant la grande Dépression ils étaient dans la gêne (ils tiraient le diable par la queue).*

hard by—*tout près (de)*
The hotel was hard by the railroad station. *L'hôtel était tout près de la gare.*

hard-nosed—*coriace, intransigeant*
He had a reputation as a hard-nosed negotiator. *Il avait la réputation d'être un négociateur coriace (intransigeant).*

hard on—*sévère pour*
Try not to be too hard on them, they are young. *Tâche de ne pas être trop sévère pour eux, ils sont jeunes.*

hard sell—*promotion agressive*
They were trying to spread their system by making a hard sell. *Ils essayaient de répandre leur système en faisant une promotion agressive.*

the hard way—*à ses (propres) dépens*
I learned that the hard way. *J'ai appris cela à mes (propres) dépens.*

---

to hark—*écouter, prêter attention*
   to hark back—*revenir sur; remonter à*
He is always harking back to his childhood experiences. *Il revient toujours sur ses expériences enfantines.* This idea harks back to primitive times. *Cette idée remonte à des temps primitifs.*

---

harness—*le harnais*
   to get back in(to) harness—*reprendre le collier*
It's good to get back in(to) harness! *Cela fait du bien de reprendre le collier!*

---

hat—*le chapeau*
   hat in hand—*en courbant l'échine, l'échine basse*
We were obliged to ask for their aid hat in hand. *Nous avons été obligés de demander leur aide en courbant l'échine (l'échine basse).*

   Hats off!—*Chapeau bas!*

   high-hat—*collet monté*
Our new neighbors are very high-hat. *Nos nouveaux voisins sont très collet monté.*

---

hatchet—*la hachette*
   hatchet man—*l'homme de main*
He was the company's hatchet man when it came to firing employees. *C'était l'homme de main de la compagnie quand il fallait mettre des employés à la porte.*

---

to haul—*haler, traîner*
   to haul off and—*faire inopinément (sans préavis)*

We were surprised when she hauled off and sent us home. *Nous avons été étonnés quand elle nous a renvoyés à la maison inopinément (sans préavis).*

---

to have—*avoir*

to be had—*se faire avoir*

If you paid that much, you've been had. *Si tu as payé autant que cela, tu t'es fait avoir.*

had best (better)—*ferait mieux de*

You had best (better) ask her advice before doing that. *Vous feriez mieux de lui demander son avis avant de faire cela.*

had rather (sooner)—*aimer mieux*

I had rather (sooner) die than make a speech in public. *J'aimerais mieux mourir que de faire un discours public.*

to have a good time—*s'amuser*

Try and have a good time at their party this evening. *Tâche de t'amuser à leur fête ce soir.*

to have a hand in—*tremper dans*

People say he had a hand in that shady deal. *Les gens disent qu'il a trempé dans cette affaire louche.*

to have an ache (a pain)—*avoir mal à*

If you have a headache, take an aspirin. *Si vous avez mal à la tête, prenez un cachet d'aspirine.*

to have an eye (a good eye) for—*avoir le coup d'œil pour, s'y connaître en*

He has an eye (a good eye) for clothing. *Il a le coup d'œil pour les (Il s'y connaît en) vêtements.*

to have a short fuse—*avoir la tête près du bonnet, être soupe au lait*

Don't argue with her, she has a short fuse. *Ne discute pas avec elle, elle a la tête près du bonnet (elle est soupe au lait).*

to have a way with—*savoir s'y prendre avec*

My brother has a way with dogs. *Mon frère sait s'y prendre avec les chiens.*

to have had it—*en avoir assez (marre, jusque là, plein les bottes)*

I've had it with his insolence! *J'en ai assez (marre, jusque là, plein les bottes) de son insolence!*

to have had its (one's) day—*avoir fait son temps*
Let's forget about that idea; it has had its day. *Laissons tomber cette idée; elle a fait son temps.*

to have it coming—*le chercher, le vouloir*
Don't complain about your bad grade, you had it coming! *Ne vous plaignez pas de votre mauvaise note, vous l'avez cherchée (l'avez voulue)!*

to have it in for—*en vouloir à*
She has it in for him because he was late. *Elle lui en veut à cause de son retard.*

to have it out—*avoir une explication*
The dissatisfied worker had it out with his supervisor. *L'ouvrier mécontent a eu une explication avec son surveillant.*

to have just—*venir de*
They had just arrived when I saw them. *Ils venaient d'arriver quand je les ai vus.*

to have kittens—*être dans tous ses états, piquer une colère (une crise)*
When she hears that, she'll have kittens! *Quand elle entendra ça, elle sera dans tous ses états (piquera une colère [une crise])!*

to have no business—*ne pas être à quelqu'un de*
He has no business giving me advice. *Ce n'est pas à lui de me donner des conseils.*

to have on—*porter*
He has his best shoes on. *Il porte ses plus belles chaussures.*

to have one's cake and eat it too—*vouloir le beurre et l'argent du beurre*
You have to choose; you can't have your cake and eat it too. *Il faut choisir; on ne peut vouloir le beurre et l'argent du beurre.*

to have one's own way—*n'en faire qu'à sa tête*
It's no use arguing with her; she'll have her own way. *Ce n'est pas la peine de discuter avec elle; elle n'en fera qu'à sa tête.*

to have rocks in one's (the) head—*avoir un grain, travailler du chapeau*
You have rocks in your (the) head if you think that! *Tu as un grain (Tu travailles du chapeau), si tu penses cela!*

to have something going for one (what it takes)—*avoir de l'étoffe (des atouts)*
Don't underestimate his chances, he has something going for him (he has what it takes). *Ne sousestimez pas ses chances, il a de l'étoffe (des atouts).*

to have the blues—*avoir le cafard, broyer du noir*
He had the blues because his girl friend hadn't written to him. *Il avait le cafard (Il broyait du noir) parce que son amie ne lui avait pas écrit.*

to have something (the goods) on—*avoir des preuves contre*
The police had something (the goods) on the head of the gang. *La police avait des preuves contre le chef de la bande.*

to have two strikes against one—*être mal en point, partir battu*
We felt like giving up, since we had two strikes against us. *Nous avions envie d'abandonner, puisque nous étions mal en point (nous partions battus).*

He has it made!—*C'est du tout cuit (pour lui)!*

I won't have it!—*Je ne le permettrai pas!*

not to have all one's marbles—*avoir une case en moins, manquer une case*

I think he didn't have all his marbles when he made that will. *Je crois qu'il avait une case en moins (manquait une case) en faisant ce testament.*

---

head—*le chef, la tête*

to be (to stand) head and shoulders above—*dépasser de beaucoup*
Our team is (stands) head and shoulder above all the others. *Notre équipe dépasse les autres de beaucoup.*

head on—*de plein fouet*
The two trucks collided head on. *Les deux camions se sont heurtés de plein fouet.*

head over heels in love—*follement amoureux*
My brother is head over heels in love with the girl next door. *Mon frère est follement amoureux de la fille des voisins.*

a head start—*une longueur d'avance*
If we plan now, we'll have a head start over our opponents. *Si nous faisons des projets maintenant, nous aurons une longueur d'avance sur nos adversaires.*

Heads will roll!—*Ça va barder! Des têtes vont tomber1 Il va y avoir des changements (des limogeages)!*

not to be able to make head or tail of—*n'y comprendre goutte*
He explained the theory to me but I couldn't make head or tail of it. *Il m'a expliqué la théorie mais je n'y comprenais goutte.*

over one's head—*trop complexe pour quelqu'un; jusqu'au cou, trop loin*
Those ideas are over my head. *Ces idées sont trop complexes pour moi.*
His efforts failed because he was in the business over his head. *Ses efforts ont échoué parce qu'il était jusqu'au cou (il était allé trop loin) dans l'affaire.*

to yell one's head off—*crier à tout rompre*
I yelled my head off, but it did no good. *J'ai crié à tout rompre, mais cela n'a rien fait.*

---

to head—*(se) diriger*

to head off—*déjouer, parer*

The general sent a company to head off their attack. *Le général a envoyé une compagnie pour déjouer (parer) leur attaque.*

to head up—*diriger*

The board chose her to head up the company. *Le conseil d'administration l'a choisie pour diriger la société.*

---

to hear—*entendre*

to hear about (of)—*entendre parler de*

I have never heard about (of) that incident. *Je n'ai jamais entendu parler de cet incident.*

to hear from—*avoir (recevoir) des nouvelles de*

Have you heard from your son yet? *Avez-vous déjà eu (reçu) des nouvelles de votre fils?*

to hear (it said) that—*entendre (se laisser) dire que*

I heard (it said) that we would have a visit from the President. *J'ai entendu (je me suis laissé) dire que nous aurions la visite du Président.*

not to hear of it—*ne rien vouloir savoir*

We asked him to take part but he wouldn't hear of it. *Nous lui avons demandé de participer mais il n'a rien voulu savoir.*

---

heart—*le cœur, le fond*

after (close to, near to) one's (own) heart—*selon son cœur*

She finally found a man after (close to, near to) her (own) heart. *Elle a enfin trouvé un homme selon son cœur.*

at heart—*au fond, dans le fond*

He's a good fellow at heart. *C'est un brave garçon au fond (dans le fond).*

Have a heart!—*Pitié!*

His heart is in the right place.—*Il a bon cœur.*

in one's heart (of hearts)—*dans son for intérieur*

I voted for the bill but in my heart (of hearts) I had misgivings. *J'ai voté pour le projet de loi mais dans mon for intérieur je m'en défiais.*

My heart leapt into my throat.—*Mon sang n'a fait qu'un tour.*

one's heart in one's mouth (throat)—*le cœur dans la gorge*
I had my heart in my mouth (throat) while watching his acrobatic feats.
J'avais le cœur dans la gorge en regardant ses tours d'acrobatie.

one's heart in one's work—*du cœur à l'ouvrage*
He doesn't have much training but he has his heart in his work. *Il n'a pas beaucoup d'entraînement mais il a du cœur à l'ouvrage.*

one's heart set on—*à cœur*
This is a project that I have my heart set on completing. *Voici un projet que j'ai à cœur de mener à bien.*

to one's heart's content—*à cœur joie*
We sang and danced to our heart's content. *Nous avons chanté et dansé à cœur joie.*

---

to heave—*jeter, soulever*
    to heave a sigh—*pousser un soupir*
We heaved a sigh of relief when we saw them leave. *Nous avons poussé un soupir de soulagement en les voyant partir.*

    to heave up—*vomir*
After the party, I heaved up everything I had eaten. *Après la fête, j'ai vomi tout ce que j'avais mangé.*

---

heavy—*lourd*
    heavy weather—*gros temps*
The trawler left the port in heavy weather. *Le chalutier a quitté le port par gros temps.*

---

to hedge—*entourer (d'une haie)*
    to hedge a (one's) bet—*se couvrir*
A cautious man hedges his bets. *L'homme prudent se couvre.*

---

heel—*le talon*
    to bring to heel—*faire rentrer dans le rang, rappeler à l'ordre*
Despite their reluctance, we'll bring them to heel. *Malgré leur résistance, nous les ferons rentrer dans le rang (les rappellerons à l'ordre).*

down at (on) one's (the) heels—*dans la dèche*

Many formerly wealthy aristocratic families are now down at (on) their (the) heels. *Beaucoup de familles aristocratiques, riches autrefois, sont dans la dèche maintenant.*

on the heels of—*à la suite de*

Massive inflation came on the heels of the economic recovery. *Une inflation massive arriva à la suite du redressement économique.*

---

hell—*l'enfer*

for the hell of it—*sans motif réel*

When they were asked why they did it, they answered that it was for the hell of it. *Quand on leur a demandé pourquoi ils l'avaient fait, ils ont répondu que c'était sans motif réel.*

hell on wheels—*le diable lui-même*

Don't have anything to do with him: he's hell on wheels. *Tâche de ne rien avoir à faire avec lui: c'est le diable lui-même.*

like hell—*des prunes; à toute allure*

You think that she'll call? Like hell! *Vous croyez qu'elle téléphonera? Des prunes!* The car was going like hell. *La voiture roulait à toute allure.*

the hell—*diable*

What the hell did they want? *Que diable voulaient-ils?*

There will be hell to pay!—*Ça va barder!*

when hell freezes over—*quand les poules auront des dents*

He'll pay you back when hell freezes over! *Il te rendra ton argent quand les poules auront des dents!*

---

to help—*aider*

to help doing something—*se défendre (s'empêcher, se retenir) de faire quelque chose*

She couldn't help laughing when she thought of it. *Elle ne pouvait pas se défendre (s'empêcher, se retenir) de rire en y pensant.*

Help yourself.—*Servez-vous.*

I can't help it.—*C'est plus fort que moi.*

May I help you? (in a store)—*Vous désirez?*

Not if I can help it!—*Je le ferai à mon corps défendant! Pas si bête!*

to hem—*ourler, se râcler la gorge*
to hem and haw—*bafouiller; tergiverser, vaciller*
Instead of giving a clear answer, he hemmed and hawed. *Au lieu de donner une réponse nette, il bafouillait.*
While the directors are hemming and hawing, our competition is gaining on us. *Tandis que les directeurs sont en train de tergiverser (vaciller), la concurrence gagne du terrain.*

here—*ici*
here and now—*à l'instant (présent)*
We can't wait for them to find a cure; we have to act here and now. *Nous ne pouvons pas attendre qu'ils trouvent un remède; il nous faut agir à l'instant (présent).*

Here goes!—*Allons-y! Tentons le coup!*

here's to…—*buvons (portons un toast) à…*

That's neither here nor there.—*Là n'est pas la question.*

hide—*la peau*
hide (n)or hair—*la moindre trace*
Since that day we haven't seen hide (n)or hair of them. *Depuis ce jour on n'en a pas vu la moindre trace .*

high—*haut*
high and dry—*en rade*
Despite his promises, he left us high and dry. *Malgré ses promesses, il nous a laissés en rade.*

high and low—*dans tous les coins, partout*
I looked high and low for you. *Je t'ai cherché dans tous les coins (partout).*

in(to) high gear—*à la vitesse maximale*
Our washer production has moved into (is in) high gear now. *Notre production de machines à laver est à la vitesse maximale maintenant.*

It's high time!—*Il est grand temps!*

the high sign—*un signe d'intelligence*
When they saw their comrade approaching, they gave him the high sign. *En voyant s'approcher leur camarade, ils lui ont fait un signe d'intelligence.*

hilt—*la garde, la poignée*
    to the hilt—*à tous crins, inconditionnel(lement)*
    She is a lover of classical music to the hilt. *C'est une fanatique à tous crins (inconditionnelle) de la musique classique.*

to hinge—*mettre des charnières*
    to hinge on—*dépendre de*
    Our country's future hinges on their vote. *L'avenir de notre pays dépend de leur vote.*

history—*l'histoire*
    That's (just) history now!—*C'est de l'histoire ancienne maintenant!*

to hit—*frapper*
    a hit-and-run driver—*un chauffard*
    He got run over by a hit-and-run driver. *Il s'est fait écraser par un chauffard.*

    to hit it off—*bien s'entendre*
    The two boys hit it off right away. *Les deux garçons se sont bien entendus tout de suite.*

    to hit one's stride—*trouver son rythme*
    He'll finish the job quickly now that he's hit his stride. *Il finira le travail rapidement maintenant qu'il a trouvé son rythme.*

    to hit on (upon)—*tomber sur*
    We hit on (upon) this solution while talking about other questions. *Nous sommes tombés sur cette solution en parlant d'autres questions.*

    hit or miss—*à la va-comme-je-te-pousse, au petit bonheur*
    Their way of ordering things was hit or miss. *Leur façon de commander les choses était à la va-comme-je-te-pousse (au petit bonheur).*

to hit the books—*bûcher*

I'd better hit the books before the exam. *Je ferais mieux de bûcher avant l'examen.*

to hit the bricks—*descendre dans la rue*

When the workers hit the bricks, all the merchants closed up shop. *Quand les ouvriers sont descendus dans la rue, tous les commerçants ont fermé boutique.*

to hit the ceiling (the roof)—*bondir (de colère)*

Her father hit the ceiling (the roof) when he got the bill. *Son père a bondi (de colère) quand il a reçu la facture.*

to hit the deck—*se mettre au boulot*

That's enough rest; let's hit the deck! *Cela suffit de repos; mettons-nous au boulot!*

to hit the dirt—*se jeter à plat ventre*

As soon as they heard bullets flying, they hit the dirt. *Dès qu'ils ont entendu siffler des balles, ils se sont jetés à plat ventre.*

to hit the hay (the sack)—*se pieuter*

I'm exhausted and I'm going to hit the hay (the sack) right away. *Je suis fourbu et je vais me pieuter tout de suite.*

to hit the high spots—*faire la noce*

During his visit to New York, he wanted to hit the high spots every night. *Pendant sa visite à New York, il voulait faire la noce tous les soirs.*

to hit the jackpot—*gagner le gros lot*

What luck! You've hit the jackpot! *Quelle chance! Vous avez gagné le gros lot!*

to hit the nail on the head—*mettre (en plein) dans le mille, mettre le doigt dessus*

What you say is absolutely right; you've hit the nail on the head. *Ce que vous dites est absolument juste; vous avez mis (en plein) dans le mille (vous avez mis le doigt dessus).*

to hit the road—*se mettre en route*

We'll have to hit the road early tomorrow morning. *Nous devrons nous mettre en route de bonne heure demain matin.*

to hit the spot—*être juste ce qu'il faut*

That glass of cold water hit the spot. *Ce verre d'eau fraîche était juste ce qu'il fallait.*

---

to hitch—*accrocher, attacher*

to hitch a ride—*faire de l'autostop*

If we want to get to the beach, we'll have to hitch a ride. *Si nous voulons aller à la plage, il faudra faire de l'autostop.*

to hitch one's wagon to a star—*viser haut*

You'll never get anywhere unless you hitch your wagon to a star. *Jamais vous n'arriverez à rien à moins de viser haut.*

to hoe—*biner*

   to hoe one's row—*faire son travail*

   Just hoe your row, and don't pay attention to what others are doing. *Tu n'as qu'à faire ton travail, sans regarder ce que font les autres.*

---

to hoist—*hisser*

   hoist on one's own petard—*pris à son propre piège*

   He thought he could surprise his enemies, but he ended up hoist on his own petard. *Il croyait pouvoir surprendre ses ennemis, mais il a fini par être pris à son propre piège.*

---

hold—*la prise*

   No holds (are) barred.—*Tous les coups sont permis.*

---

to hold—*tenir*

   to hold a brief for—*se faire l'avocat de*

   I hold no brief for their policies. *Je ne me fais pas l'avocat de leur politique.*

   to hold back—*(se) retenir*

   You can't hold back now, you must give it your full effort. *Il ne faut pas vous retenir maintenant, vous devez y aller jusqu'au bout.*

   to hold court—*avoir sa cour*

   She thinks she can hold court, even though she has lost her fortune. *Elle croit pouvoir avoir sa cour, quoiqu'elle ait perdu sa fortune.*

   Hold everything (Hold it)!—*Attendez! Ne bougez pas!*

   to hold forth—*pérorer*

   While the politician was holding forth, his opponents were writing laws. *Pendant que l'homme politique pérorait, ses adversaires rédigeaient des lois.*

   to hold good (true)—*être valable*

   That rule holds good (true) in all cases. *Cette règle est valable dans tous les cas.*

   to hold (it) against someone—*en vouloir (tenir rigueur) à quelqu'un*

   He still holds it against me that I refused to help. *Il m'en veut (il me tient rigueur) toujours de mon refus d'aider.*

to hold off—*attendre; faire patienter*

I hope the rain will hold off for a while. *J'espère que la pluie attendra un peu.* Try to hold him off until I arrive. *Tâche de le faire patienter jusqu'à ce que j'arrive.*

to hold on—*tenir bon; attendre*

Hold on, you mustn't give up! *Tenez bon, il ne faut pas abandonner!* Hold on a minute while I look up their number. *Attends un instant que je trouve leur numéro.*

to hold one's end up—*y mettre du sien*

We'll make it if everyone holds his end up. *Nous y réussirons si tout le monde y met du sien.*

to hold one's ground (one's own)—*tenir bon (ferme)*

She held her ground (her own) despite the increasing pressure. *Elle tenait bon (ferme) en dépit d'une pression croissante.*

to hold one's peace (one's tongue)—*tenir sa langue*

Instead of talking foolishly, you would do better to hold your peace (your tongue). *Au lieu de dire des sottises, vous feriez mieux de tenir votre langue.*

Hold on to your hat!—*Tenez bon la rampe!*

to hold out—*tendre; tenir le coup*

He held out his hand to me. *Il m'a tendu la main.* I don't know whether we'll be able to hold out much longer. *Je ne sais pas si nous pourrons tenir le coup encore longtemps.*

to hold over—*prolonger*

They are holding the exhibition over for another week. *Ils vont prolonger l'exposition d'une semaine.*

to hold the fort—*tenir la barre*

You have to hold the fort here while we're trying to convince the administration. *Vous devez tenir la barre ici pendant que nous essayons de convaincre l'administration.*

to hold the line—*ne rien céder*

We've made all the concessions possible, and now we plan to hold the line. *Nous avons fait toutes les concessions possibles, et maintenant nous avons l'intention de ne rien céder.*

Hold the line (the wire)!—*Ne quittez pas! [au téléphone]*

to hold tight—*s'accrocher*
He tried to hold tight to the door handle. *Il a essayé de s'accrocher à la poignée de la porte.*

to hold to account—*demander des comptes*
If they get in trouble, I'll hold you to account for it. *S'ils ont des ennuis, je vous en demanderai des comptes,*

to hold up—*arrêter; attaquer à main armée; soutenir; tenir le coup*
What is holding up this line? *Qu'est-ce qui arrête cette file d'attente?*
Two bandits held up the bank. *Deux bandits ont attaqué la banque à main armée.*
There is nothing holding up this ceiling! *Il n'y a rien qui soutienne ce plafond!*
This paint didn't hold up very well. *Cette peinture n'a pas très bien tenu le coup.*

to hold up (to hold water)—*tenir debout*
Your reasoning doesn't hold up (doesn't hold water). *Votre raisonnement ne tient pas debout.*

Hold your horses!—*Ne vous emballez pas!*

not to hold a candle to—*ne pas arriver à la cheville de*
This writer doesn't hold a candle to Henry James. *Cet écrivain n'arrive pas à la cheville de Henry James.*

---

hole—*le trou*
to be in a hole—*avoir des ennuis, être dans l'embarras*
They gave me a hand when I was in a hole. *Ils m'ont secouru lorsque j'avais des ennuis (lorsque j'étais dans l'embarras).*

to be in the hole—*avoir un trou*
I'm $100 in the hole in my accounts. *J'ai un trou de $100 dans mes comptes.*

---

holy—*sacré, saint*
Holy cow!—*Nom d'un chien!*

---

home—*le foyer, la maison*
(at) home—*chez soi*
My aunt is staying (at) home today. *Ma tante reste chez elle aujourd'hui.*

to hit (to strike) home   *faire mouche*
His reply hit (struck) home. *Sa réplique a fait mouche.*

home free—*arrivé à bonne fin*
If you can make the judge accept your story, you're home free. *Si tu arrives à faire accepter ton histoire au juge, tu seras arrivé à bonne fin.*

the home office—*la maison mère*
The home office of this business is located in Lille. *La maison mère de cette entreprise se trouve à Lille.*

---

honest—*honnête, loyal*
honest (I will)!—*vrai de vrai!*
I'll write you every day, honest (I will)! *Je t'écrirai tous les jours, vrai de vrai!*

---

hook—*le crochet*
by hook or by crook—*coûte que coûte*
We'll get that money by hook or by crook. *Nous aurons cet argent coûte que coûte.*

to give (to get) the hook—*(se faire) mettre à la porte*
Because we weren't doing enough work, we got (were given) the hook. *Puisque nous ne faisions pas assez de travail, on nous a mis à la porte.*

hook, line, and sinker—*sans questions*
She swallowed our story hook, line, and sinker. *Elle a avalé notre histoire sans questions.*

on one's own hook—*de son propre gré*
You did it on your own hook, and you'll have to face the consequences. *Vous l'avez fait de votre propre gré et vous devrez en souffrir les conséquences.*

---

to hop—*sauter, sautiller*
Hop to it!—*Que ça saute! Plus vite que ça!*

---

to hope—*espérer*
  to hope against hope—*espérer contre toute raison*
  You think we can win, but that's hoping against hope. *Vous croyez que nous pouvons gagner, mais c'est espérer contre toute raison.*

hornet—*le frelon, la guêpe*
  a hornets' nest—*un guêpier*
  I didn't realize that my question would stir up a hornets' nest! *Je ne me rendais pas compte que ma question soulèverait un guêpier!*

horse—*le cheval*
  (straight) from the horse's mouth—*de source sûre*
  He got that advice (straight) from the horse's mouth. *Il a eu ce conseil de source sûre.*

  That's a horse of a different color.—*C'est une autre paire de manches.*

hot—*chaud*
  to be hotheaded—*avoir la tête près du bonnet*
  Don't tease him; he's hotheaded! *Ne le taquinez pas; il a la tête près du bonnet!*

  to get hot under the collar (hot and bothered)—*se mettre en boule, s'emporter*
  Don't get hot under the collar (hot and bothered): we were joking! *Ne te mets pas en boule (ne t'emporte pas): nous plaisantions!*

  He's (she's, etc.) not so hot.—*Ce n'est pas un as.*

  hot and heavy—*avec acharnement*
  The couple were having a hot and heavy argument. *Le couple se disputait avec acharnement.*

  hot on the heels of—*aux trousses de*
  The police were hot on the heels of the robber. *La police était aux trousses du voleur.*

  in hot water—*dans de beaux draps*
  I'm in hot water because I let the dog run away. *Je suis dans de beaux draps parce que j'ai laissé s'échapper le chien.*

in the hot seat—*sur la sellette*

The accused employee was in the hot seat. *L'employé accusé était sur la sellette.*

That's a hot one!—*Elle est bonne, celle-là!*

That's (a lot of) hot air!—*Ce sont des paroles en l'air! C'est du blablabla!*

---

hour—*l'heure*

for hours on end—*pendant des heures*

The lecturer talked for hours on end. *Le conférencier a parlé pendant des heures.*

---

house—*la maison*

to have a housewarming—*pendre la crémaillère*

They invited all their friends to have a housewarming. *Ils ont invité tous leurs amis à pendre la crémaillère.*

It's on the house.—*C'est la maison qui paie.*

open house—*table ouverte*

When they were rich, they always kept open house. *Quand ils étaient riches, ils tenaient toujours table ouverte.*

to put (to set) one's house in order—*mettre de l'ordre dans ses affaires*

Before leaving, he put (set) his house in order. *Avant de partir, il a mis de l'ordre dans ses affaires.*

---

how—*comment*

how about . . .—*si nous (si l'on, etc.) . . .*

How about going for a walk? *Si nous faisions (si l'on faisait, etc.) une premenade?*

How about that!—*Qu'est-ce que vous dites de cela? Vous m'en direz tant!*

How are you?—*Comment vas-tu (allez-vous)?*

how come (how is it that)...?—*comment se fait-il que...?*

How come (is it that) they never come to see you? *Comment se fait-il qu'ils ne viennent jamais te voir?*

how far—*à quelle distance; jusqu'où*

How far is our destination? *A quelle distance est notre destination?* How far do you think they'll go? *Jusqu'où pensez-vous qu'ils iront?*
How so?—*Comment cela se fait-il? Pourquoi dites-vous cela?*

---

to howl—*hurler*
  a howling success—*un succès fou*
  Their new show was a howling success. *Leur nouveau spectacle a eu un succès fou.*

---

hue—*haro*
  a hue and cry—*une levée de boucliers*
  The court's harsh sentences provoked a hue and cry. *Les jugements sévères de la cour ont provoqué une levée de boucliers.*

  with hue and cry—*à cor et à cri*
  They demanded repayment with hue and cry. *Ils ont réclamé le remboursement à cor et à cri.*

---

to hunt—*chasser*
  to hunt down—*dénicher, dépister*
  We tried to hunt down the source of that rumor. *Nous avons essayé de dénicher (dépister) la source de cette rumeur.*

  to hunt up—*chercher, tâcher de trouver*
  If you wait a minute, I'll go hunt up a picture of your uncle. *Si tu attends un instant, je vais chercher (tâcher de trouver) une photo de ton oncle.*

---

to hurt—*blesser, faire mal à*
  to hurt someone's feelings—*faire de la peine à quelqu'un*
  It hurt my feelings to see them leave so early. *Cela m'a fait de la peine de les voir partir si tôt.*

---

ice—*la glace*
  on ice—*en souffrance*

Until the end of the strike, the baseball season is on ice. *Jusqu'à la fin de la grève, la saison de baseball est en souffrance.*

---

idiot—*idiot*

It's idiots' delight!—*C'est la foire aux cancres!*

---

if—*si*

if... anything—*si... quoi que ce soit*

They'll try to plead innocent, if they do anything. *Ils essayeront de plaider non-coupable, s'ils font quoi que ce soit.*

if only (at least)—*si encore*

If only (at least) he was willing to help us! *Si encore il voulait bien nous aider!*

no ifs, ands, or buts—*pas de réplique*

I'm telling you to do it, and no ifs, ands, or buts. *Je te dis de le faire, et pas de réplique.*

---

in—*chez soi, dans, dedans*

to be in for—*être menacé de*

We're in for a period of economic depression. *Nous sommes menacés d'une période de dépression économique.*

in a bind (a fix, a jam)—*dans le pétrin*
I thought I could help you, but now we're both in a bind (a fix, a jam)! *Je croyais pouvoir t'aider, mais nous voilà tous deux dans le pétrin maintenant!*

in a lather—*affolé*
When I saw him, he really seemed to be in a lather. *Quand je l'ai vu, il avait vraiment l'air [d'être] affolé.*

in a nutshell—*bref, en un mot*
In a nutshell, I think they have gone too far. *Bref (En un mot), je crois qu'ils sont allés trop loin.*

in a pig's eye—*quand les poules auront des dents*
Sure, he'll do what you asked, in a pig's eye! *Oui, il fera ce que tu as demandé, quand les poules auront des dents!*

in (cahoots) with—*de mèche*
It was obvious the mayor was in (cahoots) with the builders. *Il était évident que le maire était de mèche avec les constructeurs.*

in for it—*dans de beaux draps, frais*
Now we're in for it! *Nous voilà dans de beaux draps (frais) maintenant!*

in (fashion)—*à la mode*
Jeans are in (fashion) everywhere this year. *Les blue-jeans sont à la mode partout cette année.*

in keeping—*en rapport*
They tried to maintain a lifestyle in keeping with their well-known name. *Ils essayaient de garder un train de vie en rapport avec leur nom connu.*

in no time (nothing) flat—*en un rien de temps*
We'll have this car fixed in no time (nothing) flat. *Nous aurons réparé cette voiture en un rien de temps.*

in no uncertain terms—*sans mâcher ses mots*
He told us in no uncertain terms what he thought of our offer. *Il nous a dit sans mâcher ses mots ce qu'il pensait de notre offre.*

in on it—*dans le coup*
Don't ask me why; I'm not in on it. *Ne me demande pas pourquoi; je ne suis pas dans le coup.*

the ins and outs—*les coins et recoins*
He knows the ins and outs of the university. *Il connaît les coins et recoins de l'université.*

in that—*étant donné que*
It's better for us not to go, in that they have already left. *Il vaut mieux que nous n'y allions pas, étant donné qu'ils sont déjà partis.*

to indulge—*(se) permettre*
  to indulge in—*s'adonner à*
He indulges in drinking. *Il s'adonne à la boisson.*

to inform—*informer, renseigner*
  to inform of—*faire savoir*
Inform me of the time of your arrival. *Faites-moi savoir l'heure de votre arrivée.*

inside—*(à) l'intérieur*
  to blow (to turn) inside out—*retourner*
The wind blew (turned) my umbrella inside out. *Le vent a retourné mon parapluie.*

  to get inside a part (a role)—*se mettre dans la peau d'un personnage*
That actress manages to get inside all the parts (the roles) she plays. *Cette actrice réussit à se mettre dans la peau de tous les personnages qu'elle joue.*

  an inside lead (track)—*un tuyau*
He got this job because he had an inside lead (track). *Il a eu ce poste parce qu'il avait un tuyau.*

  inside of—*en moins de*
We think we'll be back inside of an hour. *Nous pensons être de retour en moins d'une heure.*

  inside out—*à l'envers*
I put my sweater on inside out. *J'ai mis mon pullover à l'envers.*

intent—*le dessein, l'intention*
  for (to) all intents and purposes—*en fait, pratiquement*

For (to) all intents and purposes, the war is over. *En fait, la guerre est terminée (La guerre est pratiquement terminée).*

iron—*le fer*
   to have several irons in the fire—*mener plusieurs affaires de front*
   To take care of his growing needs, he had to have several irons in the fire. *Pour subvenir à ses besoins croissants, il devait mener plusieurs affaires de front.*

to iron—*presser, repasser*
   to iron out—*aplanir*
   We'll iron out that difficulty later. *Nous aplanirons cette difficulté plus tard.*

issue—*le problème, le sujet*
   at issue—*en cause, en question*
   She said that her religion was not at issue. *Elle disait que sa religion n'était pas en cause (en question).*

to jack—*soulever (avec un cric)*
   to jack up—*augmenter*
   The wholesalers have jacked up their prices. *Les grossistes ont augmenté leurs prix.*

jazz—*le jazz*
   to jazz up—*mettre de l'entrain dans; rajeunir*
   Let's try and jazz up this party. *Essayons de mettre de l'entrain dans cette fête.* A few ribbons will jazz up your skirt. *Quelques rubans rajeuniront votre jupe.*

job—*l'emploi, le travail*
   to do a bad (a good) job of—*s'y prendre mal (bien) pour*

He did a bad (a good) job of making friends with us. *Il s'y est mal (bien) pris pour gagner notre amitié.*

to do a job on—*bousiller, gâcher*

Your plastic surgeon really did a job on your face! *Votre chirurgien esthétique vous a vraiment bousillé (gâché) le visage!*

to do the job—*faire l'affaire*

I think this new part will do the job. *Je crois que cette nouvelle pièce fera l'affaire.*

on the job—*sur le tas; vigilant*

He learned his trade as a machinist on the job. *Il a appris son métier de machiniste sur le tas.* Fortunately, the police were on the job. *Heureusement, la police était vigilante.*

John—*Jean*

John Hancock—*la signature*

All you have to do is put your John Hancock at the bottom of the page. *Tout ce qu'il vous reste de faire est d'apposer votre signature au bas de la page.*

Johnny—*Jeannot*

He's a Johnny-come-lately.—*C'est un nouveau venu.*

He was Johnny-on-the-spot.—*Il est arrivé à point nommé.*

---

to join—*adhérer à, (se) joindre (à)*

to join hands—*s'entraider*

If we all join hands, the work will soon be finished. *Si nous nous entraidons tous, le travail sera bientôt fini.*

---

joke—*la plaisanterie*

as a joke—*pour rire*

Don't get upset; I said that as a joke! *Ne t'en fais pas; j'ai dit ça pour rire!*

That's no joke!—*Il n'y a pas de quoi rire!*

---

to joke—*plaisanter*
  (all) joking aside—*sérieusement*
  But (all) joking aside, what are you going to do? *Mais sérieusement,
  qu'allez-vous faire?*

---

jump—*le saut*
  to be a (one) jump ahead of—*avoir une longueur d'avance sur*
  Our opponents are a (one) jump ahead of us. *Nos adversaires ont une
  longueur d'avance sur nous.*

  to get (to have) the jump on someone—*prendre quelqu'un de vitesse*
  By making this offer we'll get (we'll have) the jump on him. *En faisant
  cette offre nous le prendrons de vitesse.*

---

to jump—*sauter*
  to jump all over (jump on)—*prendre à partie*
  During the debate, the candidate was jumped all over (jumped on) by the
  women. *Pendant le débat, le candidat a été pris à partie par les
  femmes.*

  to jump bail—*ne pas comparaître*
  His trial had been set for the following week, but he jumped bail. *La date
  de son procès avait été fixée pour la semaine suivante, mais il n'a pas
  comparu.*

  to jump down someone's throat—*s'en prendre à quelqu'un*
  He jumps down my throat for the slightest error. *Il s'en prend à moi pour
  la moindre erreur.*

  to jump out of one's skin—*sursauter de frayeur*
  I jumped out of my skin when I saw them appear. *J'ai sursauté de frayeur
  en les voyant apparaître.*

  to jump ship—*déserter, ficher le camp*
  They looked for him all over, but he had jumped ship. *Ils l'ont cherché
  partout, mais il avait déserté (fichu le camp).*

  to jump the gun—*aller plus vite que les violons, précipiter les choses*
  Let's not jump the gun: I'm not sure that idea is a good one. *N'allons
  pas plus vite que les violons (Ne précipitons pas les choses): je ne suis
  pas sûr que cette idée soit bonne.*

to jump the rent—*déménager à la cloche de bois*

Being without money, they were obliged to jump the rent. *Etant sans argent, ils ont été obligés de déménager à la cloche de bois.*

to jump to conclusions—*juger à la légère*

You are jumping to conclusions in this matter. *Vous jugez à la légère dans cette affaire.*

---

jury—*le jury*

The jury is out (on that).—*Cela n'est pas du tout sûr. Cela reste à voir.*

---

just—*juste, seulement*

to do (etc.) just the same—*ne pas laisser de*

His work is difficult but it pleases him just the same. *Son travail est difficile mais ne laisse pas de lui plaire.*

just about—*à peu (de chose) près*

We have just about a thousand dollars. *Nous avons à peu près mille dollars (mille dollars, à peu de chose près).*

just a moment (a second)—*un instant, un moment*

Just a moment (a second), sir; I'm calling him. *Un instant (Un moment), monsieur; je l'appelle.*

just (a moment ago)—*à l'instant*

I just learned (a moment ago) that he has gone out. *J'apprends à l'instant qu'il est sorti.*

just barely—*de justesse*

They just barely caught the last train. *Ils ont attrapé le dernier train de justesse.*

just right—*à la perfection*

Congratulations; you did that just right! *Félicitations; vous avez fait cela à la perfection!*

just the same—*tout de même*

Just the same, I prefer to leave right away. *Tout de même, je préfère partir tout de suite.*

just what the doctor ordered—*exactement ce qu'il faut (à quelqu'un)*

Thanks for that cup of tea: it was just what the doctor ordered. *Merci pour cette tasse de thé: c'était exactement ce qu'il me fallait.*

---

justice—*la justice*

  to do justice to—*avantager; faire honneur à*

That photo doesn't do justice to her . *Cette photo ne l'avantage pas.* The guests certainly did justice to my cooking. *Les invités ont certainement fait honneur à mon dîner.*

---

keep—*l'entretien*

  for keeps—*pour de bon*

Are you staying with us for keeps? *Est-ce que vous restez avec nous pour de bon?*

---

to keep—*garder, tenir*

  to keep a civil tongue in one's head—*surveiller son langage*

I'll thank you to keep a civil tongue in your head! *Je vous serai reconnaissant de surveiller votre langage!*

  to keep a straight face—*garder son sérieux*

The speech was so ridiculous that I had trouble keeping a straight face. *Le discours était si ridicule que j'ai eu du mal à garder mon sérieux.*

  to keep a tight rein on—*tenir la bride haute*

He keeps a tight rein on his daughter and won't let her go out. *Il tient la bride haute sur sa fille et ne veut pas la laisser sortir.*

  to keep away from—*éviter*

You must keep away from sweets. *Il faut que vous évitiez les sucreries.*

  to keep company—*se fréquenter*

They had been keeping company for many years. *Ils se fréquentaient depuis de longues années.*

  to keep from—*s'empêcher de*

We could hardly keep from laughing at their ineptitude. *Nous pouvions à peine nous empêcher de rire de leur ineptie.*

to keep harping on something—*revenir à la charge*
We wanted to avoid that question but he kept harping on it. *Nous voulions éviter cette question mais il revenait à la charge.*

to keep house—*tenir un ménage*
He was so busy that he needed someone in to keep house for him. *Il était si occupé qu'il avait besoin de quelqu'un pour tenir son ménage.*

Keep it under your hat!—*Bouche cousue! Gardez cela pour vous!*

Keep off the grass!—*Défense de marcher sur l'herbe! Pelouse interdite!*

to keep on—*ne pas arrêter de*
They kept on knocking at the door. *Ils n'arrêtaient pas de frapper à la porte.*

to keep one's end up—*faire sa part*
I'll try to keep my end up, but you'll have to help, too. *Je tâcherai de faire ma part, mais il faudra que vous m'aidiez aussi.*

to keep one's fingers crossed—*toucher du bois*
Let's keep our fingers crossed while waiting for the results. *Touchons du bois en attendant les résultats.*

to keep one's hand in—*s'entretenir la main*
I try to work at it every day to keep my hand in. *J'essaie d'y travailler tous les jours pour m'entretenir la main.*

to keep one's nose clean—*se tenir à carreau*
If you keep your nose clean, you won't get into trouble. *Si tu te tiens à carreau, tu ne t'attireras pas d'ennuis.*

to keep (one's nose) out of—*ne pas se mêler de*
Keep (your nose) out of their business. *Ne vous mêlez pas de leurs affaires.*

to keep one's nose to the grindstone—*travailler sans répit*
I have kept my nose to the grindstone all these years for nothing. *J'ai travaillé sans répit pendant toutes ces années pour rien.*

to keep one's own counsel—*garder ses opinions pour soi*

I find that if one keeps one's own counsel, one has fewer problems. *Je trouve que si l'on garde ses opinions pour soi, on a moins de problèmes.*

Keep out!—*Défense d'entrer!*

to keep posted—*(se) tenir au courant*
Keep me posted as the situation develops. *Tenez-moi au courant à mesure que la situation évoluera.*

to keep someone in line—*tenir quelqu'un en main*
We will win if you manage to keep your supporters in line. *Nous gagnerons si vous réussissez à tenir vos partisans en main.*

to keep something for a rainy day—*garder une poire pour la soif*
She put the money back in the drawer in order to keep something for a rainy day. *Elle a remis l'argent dans le tiroir afin de garder une poire pour la soif.*

to keep tabs on—*avoir à l'œil*
You must keep tabs on those new pupils. *Il faut avoir ces nouveaux élèves à l'œil.*

to keep the ball rolling—*ne pas perdre l'élan; soutenir la conversation*
I'll make an offer just to keep the ball rolling. *Je ferai une offre, histoire de ne pas perdre l'élan.* She said anything that came to mind to keep the ball rolling. *Elle disait tout ce qui lui venait à l'esprit pour soutenir la conversation.*

to keep the wolf from the door—*joindre les deux bouts*
She worked long hours to keep the wolf from the door. *Elle travaillait de longues heures pour joindre les deux bouts.*

to keep to oneself—*ne fréquenter personne; faire bande à part*
To avoid troublesome questions, she keeps to herself. *Pour éviter les questions indiscrètes, elle ne fréquente personne.* Their group always kept to itself. *Leur groupe faisait toujours bande à part.*

to keep track of—*ne pas perdre de vue*
Try to keep track of your old friends. *Essayez de ne pas perdre de vue vos vieux amis.*

to keep up—*(se) maintenir; suivre*

I hope this good weather will keep up. *J'espère que ce beau temps se maintiendra.* Since she wasn't able to keep up, she ran slower. *Ne pouvant pas suivre, elle a couru moins vite.*

to keep up with the Joneses—*rivaliser avec les voisins*
They bought a new car just to keep up with the Joneses. *Ils ont acheté une voiture neuve juste pour rivaliser avec les voisins.*

Keep your eye on the ball (Keep your eyes peeled; Keep your weather eye open)!—*Ouvrez l'œil (et le bon)!*

Keep your shirt on!—*Ne t'énerve pas!*

---

kettle—*la bouilloire*
That's a fine (a pretty) kettle of fish!—*Nous voilà dans de beaux draps!*

---

key—*la clé (clef)*
(all) keyed up—*gonflé à bloc*
The team was (all) keyed up for the game. *L'équipe était gonflée à bloc pour le match.*

---

kick—*le coup de pied*
for kicks—*histoire de rire*
They say that they did it for kicks. *Ils disent qu'ils l'ont fait histoire de rire.*

---

to kick—*donner un coup de pied*
He was kicked upstairs.—*On s'est débarrassé de lui en lui donnant de l'avancement.*

to kick a habit—*se défaire d'une dépendance (d'une habitude)*
They have been working regularly ever since they kicked their drug habit. *Ils travaillent régulièrement depuis qu'ils se sont défaits de leur dépendance aux drogues.*

to kick around—*donner des coups de pied à; discuter de*
He spends most of the day kicking a ball around. *Il passe le plus clair de la journée à donner des coups de pied à un ballon.* Let's kick this idea around before the meeting. *Discutons de cette idée avant la réunion.*

to kick in—*allonger; s'engager*
My parents kicked in half of the money I needed. *Mes parents ont allongé la moitié de la somme qu'il me fallait.*
The supercharger kicks in at five thousand r.p.m. *Le compresseur s'engage à cinq mille tours-minute.*

to kick off—*donner le coup d'envoi à*
They had a party to kick off the electoral campaign. *Ils ont fait une fête pour donner le coup d'envoi à la campagne électorale.*

to kick oneself for something—*se mordre les doigts de quelque chose*
The doctor said he could kick himself for not ordering more tests. *Le médecin a dit qu'il se mordait les doigts de ne pas avoir ordonné davantage d'examens.*

to kick out—*jeter à la porte*
The bartender kicked the drunkard out. *Le barman a jeté l'ivrogne à la porte.*

to kick over the traces—*ruer dans les brancards*
After years of docility, he is kicking over the traces. *Après des années de docilité, il rue dans les brancards.*

to kick the bucket—*casser sa pipe, passer l'arme à gauche*
Old man Michel kicked the bucket. *Le père Michel a cassé sa pipe (a passé l'arme à gauche).*

to kick up a row (a rumpus)—*faire du boucan (du foin)*
They kicked up a row (a rumpus) when we made them leave. *Ils ont fait du boucan (du foin, le diable à quatre) quand nous les avons fait sortir.*

to kick up one's heels—*faire les quatre cents coups*
For all his apparent dignity, he kicked up his heels during his youth. *Malgré son air de dignité, il a fait les quatre cents coups pendant sa jeunesse.*

---

kid—*le chevreau, le gosse*
    kid brother (sister)—*le petit frère (la petite sœur)*
    My kid brother (sister) plays the piano very well. *Mon petit frère (Ma petite sœur) joue très bien du piano.*

---

to kid—*taquiner*

to kid oneself—*se bercer d'illusions*

You're kidding yourself if you think he will come. *Vous vous bercez d'illusions si vous croyez qu'il viendra.*

No kidding (You're kidding)!—*Sans blague!*

---

to kill—*tuer*

My dogs (feet) are killing me!—*Mes pieds me font affreusement mal.*

to kill off—*exterminer*

Unlimited hunting has managed to kill off all of the wolves in this region. *La chasse illimitée a réussi à exterminer tous les loups de cette région.*

to kill two birds with one stone—*faire coup double, faire d'une pierre deux coups*

This new plan has the advantage of killing two birds with one stone. *Ce nouveau projet a l'avantage de faire coup double (faire d'une pierre deux coups).*

---

kind—*l'espèce, la sorte*

kind of—*plutôt*

She's nice, but she's kind of strange. *Elle est gentille, mais elle est plutôt bizarre.*

in kind—*en nature*

Not having any ready cash, the farmer paid us in kind. *N'ayant pas d'argent liquide, le fermier nous a payés en nature.*

---

kingdom—*le royaume*

till kingdom come—*jusqu'à la fin des temps, sans fin*

We could discuss this problem till kingdom come. *Nous pourrions discuter de ce problème jusqu'à la fin des temps (sans fin).*

---

to kiss—*embrasser*

to kiss ass—*faire de la lèche*

We have to kiss ass to get them to do anything. *Il faut faire de la lèche pour leur faire faire n'importe quoi.*

to kiss off—*faire son deuil de*

You can kiss off your promotion. *Vous pouvez faire votre deuil de votre promotion.*

---

knee—*le genou*
  knee-high to a grasshopper—*haut comme trois pommes*
  I knew that man when he was knee-high to a grasshpoper. *Je connaissais cet homme quand il était haut comme trois pommes.*

---

knife—*le couteau*
  to go under the knife—*monter (passer) sur le billard*
  He avoided going to see the doctor for fear of having to go under the knife. *Il évitait d'aller voir le docteur de peur d'avoir à monter (passer) sur le billard.*

---

to knit—*tricoter*
  close-knit—*(très) uni*
  They are a close-knit family. *C'est une famille (très) unie.*

  to knit one's brow—*froncer les sourcils*
  Excessive worry makes him knit his brow. *L'excès des soucis lui fait froncer les sourcils.*
  Stick (tend) to your knitting!—*Mêlez-vous de vos affaires.*

---

to knock—*frapper*
  to knock about (around)—*rouler sa bosse*
  He has knocked about (around) all over the world. *Il a roulé sa bosse à travers le monde.*

  to knock for a loop—*flanquer par terre*
  The news knocked me for a loop! *La nouvelle m'a flanqué par terre!*

  to knock into a cocked hat—*battre à plate couture*
  His opponent in the debate knocked him into a cocked hat. *Son adversaire dans le débat l'a battu à plate couture.*

  Knock if off!—*Arrêtez! Ça suffit!*

  to knock off (the price)—*rabattre (du prix)*
  I'll knock a hundred francs off (the price). *Je vais rabattre cent francs (du prix).*

to knock off (work)—*arrêter (le travail)*
The laborers knocked off (work) at five. *Les travailleurs ont arrêté (le travail) à cinq heures.*

Knock (on) wood!—*Touchez du bois!*

to knock out (cold)—*étendre sur le carreau*
The blow knocked him out (cold). *Le coup l'a étendu sur le carreau.*

to knock someone off—*faire passer le goût du pain à quelqu'un*
They say it's his wife who knocked him off. *On dit que c'est sa femme qui lui a fait passer le goût du pain.*

To knock someone's block off (to knock someone silly)—*casser la figure à quelqu'un*
Keep your hands off my brother, or I'll knock your block off! (I'll knock you silly!) *Si tu touches à mon frère, je te casse la figure!*

to knock the daylights out of—*faire voir trente-six chandelles à*
The blow knocked the daylights out of him. *Le coup lui a fait voir trente-six chandelles.*

---

to know—*connaître, savoir*

in the know—*à la page (dans le bain); au courant*
I'm sorry about that mistake; I'm not yet really in the know. *Je m'excuse de cette gaffe; je ne suis pas encore vraiment à la page (dans le bain).*
We tried to find out if he was in the know about their activitites. *Nous avons essayé de savoir s'il était au courant de leurs activités.*

to know all the angles (the score)—*connaître les ficelles (la musique)*
His accountant knew all the angles (the score). *Son comptable connaissait les ficelles (la musique).*

to know all the answers—*être une fine mouche*
Don't try to fool him; he knows all the answers. *N'essayez pas de le tromper; c'est une fine mouche.*

to know better than to—*savoir qu'on ne doit pas*
He ought to know better than to eat so much .*Il devrait savoir qu'on ne doit pas tant manger.*

to know like a book (like the back of one's hand)—*connaître comme sa poche*

I was born in Paris; I know it like a book (like the back of my hand). *Je suis né à Paris; je le connais comme ma poche.*

to know one's onions (one's stuff)—*connaître son rayon, s'y connaître*
That mechanic knows his onions (his stuff)! *Ce mécanicien connaît son rayon (s'y connaît)!*

to know one's way around—*savoir se débrouiller*
He is young but he already knows his way around. *Il est jeune mais il sait déjà se débrouiller.*

to know the ropes—*connaître son affaire*
He already knows the ropes in his new job. *Il connait déjà son affaire dans son nouveau travail.*

to know what's what—*savoir de quoi il retourne*
You can depend on him; he knows what's what. *Vous pouvez compter sur lui; il sait de quoi il retourne.*

to know where one is at—*savoir s'y retrouver*
He is the only one who knows where he is at in this mess. *Lui seul sait s'y retrouver dans ce désordre.*

to know where one stands—*savoir à quoi s'en tenir*
Thanks to your frankness I know where I stand. *Grâce à votre franchise je sais à quoi m'en tenir.*

to know which side one's bread is buttered on—*savoir où est son intérêt*
He'll do us this favor because he knows which side his bread is buttered on. *Il nous rendra ce service parce qu'il sait où est son intérêt.*

not to know beans (the first thing) about—*ignorer le premier mot de*
He doesn't know beans (the first thing) about chemistry. *Il ignore le premier mot de la chimie.*

not to know from Adam—*ne connaître ni d'Eve ni d'Adam*
I don't know that fellow from Adam. *Je ne connais ce type ni d'Eve ni d'Adam.*

not to know whether one is coming or going—*ne plus savoir où on en est*

When they had finished their explanation, he didn't know whether he was coming or going. *Quand ils ont eu fini leur explication, il ne savait plus où il en était.*

not to know which way to turn—*ne pas savoir où donner de la tête*
He was overwhelmed with work and didn't know which way to turn. *Il était débordé de travail et ne savait pas où donner de la tête.*

What do you know!—*Pas possible!*

---

knuckle—*l'articulation (du doigt)*
  to knuckle down—*s'atteler au boulot*
  Now that we've finished chatting, it's time to knuckle down. *Maintenant que nous avons fini de bavarder, il est temps de nous atteler au boulot.*

  to knuckle under—*baisser les bras, mettre les pouces*
  Facing superior forces, he felt there was nothing to do but knuckle under. *Devant des forces supérieures, il sentait qu'il n'avait pas d'autre choix que de baisser les bras (mettre les pouces).*

---

to labor—*peiner, travailler dur*
  to labor under a delusion—*être victime d'une illusion*
  You are laboring under the delusion that you are part of the elite. *Vous êtes victime de l'illusion que vous faites partie de l'élite.*

---

to lace—*corser, lacer*
  to lace into—*éreinter*
  The critics laced into his new opera. *Les critiques ont éreinté son nouvel opéra.*

---

lack—*le manque*
  for lack of—*faute de*
  For lack of something better, I watched T.V. *Faute de mieux, j'ai regardé la télé.*

---

land—*la terre*

    to do a land-office business—*faire des affaires d'or*
    The first few days they did a land-office business. *Les premiers jours ils ont fait des affaires d'or.*

    the land of nod—*le pays des rêves*
    It's time for the children to be off to the land of nod. *Il est temps que les enfants aillent au pays des rêves.*

lap—*l'étape, le giron*

    in (on) one's lap—*sur les genoux*
    She held the child in (on) her lap. *Elle tenait l'enfant sur les genoux.*

    in the lap of luxury—*au sein du (dans le) luxe*
    Thanks to his success, he's living in the lap of luxury. *Grâce à ses succès, il vit au sein du (dans le) luxe.*

to lash—*cingler*

    to lash out at—*faire une sortie contre*
    The conservative congressman lashed out at the laws on abortion. *Le député conservateur a fait une sortie contre les lois sur l'avortement.*

last—*dernier*

    to be on one's last legs—*battre de l'aile*
    His business is in bad shape and it's on its last legs. *Son affaire est en mauvais état et elle bat de l'aile.*

    It's the last word.—*C'est le dernier cri.*

    last but not least—*sans oublier*
    And last but not least, our coach, who made our victory possible. *Sans oublier notre entraîneur, qui a rendu notre victoire possible.*

    the last gasp—*l'agonie*
    The doctor said that his patient was at the last gasp. *Le médecin a dit que son malade était à l'agonie.*

    the last hurrah—*la fin de tous ses espoirs*
    I want to keep playing until the last hurrah. *Je veux continuer à jouer jusqu'à la fin de tous mes espoirs.*

    the last laugh (word)—*le dernier mot*

He thought he had won but we had the last laugh (word). *Il pensait avoir gagné mais c'est nous qui avons eu le dernier mot.*

last licks—*une dernière chance*

It isn't over until you give us last licks. *Ce n'est pas fini, tant que vous ne nous aurez pas donné une dernière chance.*

That's the last straw!—*Cela dépasse les bornes! C'en est trop! C'est le comble! Il ne manquait plus que ça!*

to the last ditch—*jusqu'au bout*

We will fight them to the last ditch. *Nous les combattrons jusqu'au bout.*

---

last—*le dernier, la fin*

at last—*enfin*

At last we are alone. *Nous voilà enfin seuls.*

That's the (We've seen the) last of him.—*Nous ne l'avons plus revu.*

---

to latch—*fermer au loquet*

to latch on—*s'accrocher; piger*

They tried to latch on to our position. *Ils ont essayé de s'accrocher à notre position.* If you don't latch on, I'll explain it again. *Si tu ne piges pas, je vais l'expliquer encore une fois.*

---

late—*en retard, tard; récent*

to be in one's late thirties (forties, etc.)—*friser la quarantaine (la cinquantaine, etc.)*

My aunt is in her late thirties but she just started college. *Ma tante frise la quarantaine mais elle vient d'entrer à l'université.*

It's the latest thing.—*C'est le dernier cri.*

of late—*dernièrement*

My eyesight has been bad of late. *Ma vue s'est affaiblie dernièrement.*

---

to laugh—*rire*

to laugh off—*se tirer par une pirouette de*

I told them they couldn't laugh it off. *Je leur ai dit qu'ils ne pouvaient pas s'en tirer par une pirouette.*

to laugh one's head off—*rire à gorge déployée (aux éclats, aux larmes)*
That comic film made me laugh my head off. *Ce film comique m'a fait rire à gorge déployée (aux éclats, aux larmes).*

to laugh on the other side of one's face—*rire jaune*
My rival laughed on the other side of his face when he learned of my success. *Mon rival a ri jaune en apprenant mon succès.*

to laugh up one's sleeve—*rire dans sa barbe*
Seeing the trouble they had gotten themselves into, he laughed up his sleeve. *En voyant les ennuis qu'ils s'étaient attirés, il riait dans sa barbe.*

This is no laughing matter!—*Il n'y a pas matière à rire!*

---

law—*la loi, le droit*
    the law of averages—*les probabilités*
According to the law of averages, your stocks should show a slight profit. *Selon les probabilités, vos actions devraient montrer un léger bénéfice.*

---

to lay—*pondre, poser*
    to lay about one(self)—*frapper de grands coups*
To fend them off, she laid about her(self) with a club. *Pour les tenir en respect, elle frappait de grands coups avec un gourdin.*

    to lay a finger on—*porter la main sur*
Don't you dare lay a finger on him! *N'essayez pas de porter la main sur lui!*

to lay an egg—*faire un four*
That dramatist's latest play laid an egg. *La dernière pièce de ce dramaturge a fait un four.*

to lay at someone's door—*mettre sur le dos de quelqu'un*
Don't lay your problems at my door. *Ne me mettez pas vos problèmes sur le dos.*

to lay away (to lay by)—*mettre de côté*
I asked them to lay the couch away (to lay the couch by). *Je leur ai demandé de mettre le sofa de côté.*

to lay claim to—*revendiquer*
France laid claim to that territory. *La France revendiquait ce territoire.*

to lay down the law—*faire la loi*
The father lays down the law in their family. *Le père fait la loi dans leur famille.*

to lay hands on—*mettre la main sur; s'emparer de*
We can't lay hands on the reference. *Nous n'arrivons pas à mettre la main sur la référence.* Several countries tried to lay hands on the disputed land. *Plusieurs pays ont essayé de s'emparer du territoire contesté.*

to lay it on thick—*charrier, exagérer*
Don't you think he's laying it on a bit thick? *Ne trouves-tu pas qu'il charrie (qu'il exagère) un peu?*

to lay low—*abattre*
The flu had laid him low. *La grippe l'avait abattu.*

Lay off!—*Finissez!*

to lay off—*licencier*
The factory had to lay off twenty workers. *L'usine a dû licencier vingt ouvriers.*

to lay oneself open to—*prêter le flanc à*
The candidate has laid himself open to criticism. *Le candidat a prêté le flanc à la critique.*

to lay out—*dépenser; étaler*

We had to lay out a thousand francs for you. *Nous avons dû dépenser mille francs pour vous.* Her suits were laid out on the bed. *Ses tailleurs étaient étalés sur le lit.*

to lay to rest—*faire taire; porter en terre*
He would have liked to lay that rumor to rest. *Il aurait voulu faire taire ce bruit.* Were you there when my late uncle was laid to rest? *Y étiez-vous quand feu mon oncle a été porté en terre?*

to lay waste to—*ravager*
The barbarians had laid waste to the whole country. *Les barbares avaient ravagé le pays entier.*

---

lazy—*paresseux*
to be a lazy dog—*avoir un poil dans la main*
Your nephew doesn't do a thing; he'a a lazy dog. *Ton neveu ne fiche rien; il a un poil dans la main.*

---

to lead—*conduire, mener*
to lead by the nose—*mener par le bout du nez*
She leads her husband by the nose. *Elle mène son mari par le bout du nez.*

to lead down the garden path—*mener en bateau*
I believed what they were saying, but they were leading me down the garden path. *Je croyais ce qu'ils disaient, mais ils me menaient en bateau.*

to lead off—*commencer, ouvrir la voie*
It's your turn to lead off. *C'est votre tour de commencer (d'ouvrir la voie).*

to lead on—*faire marcher*
She was leading me on and I thought she was sincere. *Elle me faisait marcher et je la croyais sincère.*

Lead on! (Lead the way!)—*Montrez le chemin!*

to lead up to—*mener à, précéder*
All this chatter was leading up to a sales offer. *Tout ce baratin menait à (précédait) une offre de vente.*

---

league—*la ligue*
  in league—*de mèche*
  Rumor had it that he was in league with their enemies. *Le bruit courait qu'il était de mèche avec leurs ennemis.*

  not to be in the same league with—*être d'un autre calibre que*
  That novelist writes well but he is not in the same league with Hemingway. *Ce romancier écrit bien mais il est d'un autre calibre que Hemingway.*

to lean—*s'appuyer, se pencher*
  to lean on—*faire pression sur*
  You'll have to lean on him if you want to get anything. *Vous devrez faire pression sur lui si vous voulez obtenir quelque chose.*

  to lean over backwards—*se mettre en quatre*
  They are leaning over backwards to help you. *Ils se mettent en quatre pour vous aider.*

leap—*le bond, le saut*
  by leaps and bounds—*à pas de géant*
  The economy is improving by leaps and bounds. *L'économie progresse à pas de géant.*

to learn—*apprendre*
  to have learned the hard way—*être payé pour le savoir*
  Competition is ruthless in this business, as I've learned the hard way. *La concurrence est acharnée dans ce commerce; je suis payé pour le savoir.*

lease—*le bail*
  That gives me a new lease on life.—*Cela me donne un regain de vie.*

least—*moindre*
  not in the least—*pas le moins du monde, pas pour un sou*
  He's not in the least proud. *Il n'est pas le moins du monde fier. (Il n'est pas fier pour un sou.)*

to leave—*laisser, partir, quitter*

to be left—*rester*

Three candidates for the position are left. *Il reste trois candidats pour le poste.*

to be left at the post—*manquer le coche*

Because he wasn't attentive, he was left at the post. *Par suite de son inattention, il a manqué le coche.*

to be left holding the bag—*rester le bec dans l'eau*

The others gave up and he was left holding the bag. *Les autres ont abandonné et lui est resté le bec dans l'eau.*

to be left out in the cold—*rester en plan*

Her friends were taken along and she was left out in the cold. *On a emmené ses amies et elle est restée en plan.*

to leave in the lurch—*poser un lapin*

I waited a long time but he left me in the lurch. *J'ai attendu longtemps mais il m'a posé un lapin.*

to leave no stone unturned—*remuer ciel et terre*

He vowed to leave no stone unturned until he found them. *Il a juré de remuer ciel et terre pour les retrouver.*

to leave off—*arrêter de, interrompre*

You can leave off preparing that report now. *Vous pouvez arrêter de préparer (interrompre la préparation de) ce rapport maintenant.*

to leave out—*omettre, sauter*

You left out several names on the list. *Vous avez omis (sauté) plusieurs noms de la liste.*

to leave sadder but wiser—*désabuser*

This bad experience left her sadder but wiser. *Cette mauvaise expérience l'a désabusée.*

to leave speechless—*couper le souffle à*

My unexpected accusation left him speechless. *Mon accusation inattendue lui a coupé le souffle.*

to leave to one's own devices—*laisser se tirer d'affaire*

Since she didn't want help, we left her to her own devices. *Puisqu'elle ne voulait pas d'aide, nous l'avons laissé se tirer d'affaire.*

to leave twisting in the wind—*laisser cuire dans son jus, laisser en carafe*

The President did not want to leave his candidate twisting in the wind. *Le Président ne voulait pas laisser son candidat cuire dans son jus (en carafe).*

---

leg—*la jambe*

Give me a leg up.—*Donnez-moi un coup de main; Faites-moi la courte échelle.*

not to have a leg to stand on—*être à bout d'arguments valables (de ressources)*

They are still arguing but they don't have a leg to stand on. *Ils continuent à discuter mais ils sont à bout d'arguments valables (de ressources).*

---

leisure—*le loisir*

at leisure—*libre*

I am not at leisure to give you that information. *Je ne suis pas libre de vous donner ce renseignement.*

at one's leisure—*à tête reposée*

I prefer to write this letter at my leisure. *Je préfère écrire cette lettre à tête reposée.*

---

to lend—*prêter*

to lend someone a (helping) hand—*tendre la perche à quelqu'un*

I am grateful to them for lending me a (helping) hand when I was in trouble. *Je leur suis reconnaissant parce qu'ils m'ont tendu la perche lorsque j'avais des ennuis.*

---

less—*moins*

less and less—*de moins en moins*

We see them less and less these days. *Nous les voyons de moins en moins ces jours-ci.*

---

to let—*laisser, permettre*

let alone—*sans parler de*

We can't pay the interest, let alone the principal. *Nous ne pouvons pas payer les intérêts, sans parler du principal.*

to let bygones be bygones—*oublier (passer l'éponge sur) le passé*
We agreed to let bygones be bygones, and start from scratch. *Nous nous sommes mis d'accord pour oublier (passer l'éponge sur) le passé, et recommencer à zéro.*

to let down—*décevoir*
We were counting on you but you let us down. *Nous comptions sur vous mais vous nous avez déçus.*

to let go of—*lâcher*
Let go of that rope right away. *Lâchez cette corde tout de suite.*

Let her (it) rip!—*Fonce! Vas-y! Mettons les gaz!*

to let it all hang out—*tout étaler au grand jour*
It's no use trying to keep it secret: we'd better let it all hang out. *Ce n'est pas la peine d'essayer de le tenir secret: nous ferions mieux de tout étaler au grand jour.*

Let it ride!—*Laisse(z) tomber!*

to let loose (with)—*lâcher, laisser échapper*
He let loose (with) a string of curses. *Il a lâché (laissé échapper) une bordée de jurons.*

to let off—*en être quitte pour; laisser partir*
The prisoner was let off with a small fine. *Le prisonnier en a été quitte pour une légère amende.* The children were let off from school early today. *On a laissé les enfants partir de classe de bonne heure aujourd'hui.*

to let off steam—*se défouler*
It was obvious she was just saying that to let off steam. *Il était évident qu'elle ne disait cela que pour se défouler.*

to let on—*avouer, laisser savoir*
He didn't want to let on that he knew us. *Il ne voulait pas avouer (laisser savoir) qu'il nous connaissait.*

to let one's hair down—*se déboutonner*
After his initial reserve, he finally let his hair down with me. *Après sa réserve initiale, il a fini par se déboutonner avec moi.*

to let out—*lâcher [une couture]; laisser sortir; louer*
You will have to let that seam out. *Il faudra que vous lâchiez cette couture.* Let the cat out. *Laisse sortir le chat.* They wanted to let out their upstairs room. *Ils voulaient louer leur chambre d'en haut.*

Let sleeping dogs lie.—*Ne réveillez pas le chat qui dort. Il vaut mieux ne pas en parler.*

to let slip—*laisser échapper*
She let slip a comment about her friends. *Elle a laissé échapper une observation sur ses amis.*

to let someone have it—*clouer le bec à quelqu'un, river son clou à quelqu'un*
If he keeps making nasty remarks, I'm going to let him have it! *S'il continue à faire des remarques méchantes, je vais lui clouer le bec (river son clou)!*

to let someone in—*ouvrir à quelqu'un*
When I knocked, it was Paul who let me in. *Quand j'ai frappé, c'est Paul qui m'a ouvert.*

to let the cat out of the bag—*vendre la mèche*
The surprise was about to come off when you let the cat out of the bag. *La surprise allait réussir quand vous avec vendu la mèche.*

Let the chips fall where they may!—*Advienne que pourra! Je m'en lave les mains!*

to let the grass grow under one's feet—*laisser traîner les choses*
I didn't succeed in business by letting the grass grow under my feet. *Je n'ai pas réussi dans les affaires en laissant traîner les choses.*

to let up—*diminuer*
The rain has let up a bit. *La pluie a un peu diminué.*

---

level—*égal, uni*

one's level best—*son mieux*
I did my level best but it was impossible. *J'ai fait de mon mieux mais c'était impossible.*

on the level—*de bonne foi*

His offer is interesting but is he on the level? *Son offre est intéressante mais est-il de bonne foi?*

---

liberty—*la liberté*
   at liberty—*autorisé*
I'm not at liberty to tell you that. *Je ne suis pas autorisé à vous dire cela.*

---

lick—*le coup de langue*
   a lick and a promise—*un brin de toilette*
He gave himself a lick and a promise before hurrying out. *Il a fait un brin de toilette avant de sortir en hâte.*

   not to do a lick of work—*ne pas en ficher une secousse (une rame)*
He never does a lick of work. *Il ne fiche jamais une secousse (une rame).*

---

to lick—*lécher*
   to lick into shape—*mettre au point*
The coach promised to lick the team into shape. *L'entraîneur a promis de mettre l'équipe au point.*

   to lick one's wounds—*panser ses blessures, reprendre ses forces*
Badly beaten at the polls, he went home to lick his wounds. *Sérieusement battu aux élections, il est retourné chez lui pour panser ses blessures (reprendre ses forces).*

   to lick the dust—*mordre la poussière*
More than a thousand of the enemy troops had licked the dust. *Plus d'un millier des soldats ennemis avaient mordu la poussière.*

---

lid—*le couvercle*
   to blow (to flip) one's lid—*sortir de ses gonds*
Your father will blow (will flip) his lid when he hears of what you've done. *Ton père sortira de ses gonds quand il saura ce que tu as fait.*

---

to lie—*mentir*
   to lie in one's teeth (throat)—*mentir effrontément (comme un arracheur de dents, comme on respire)*

Don't believe him: he's lying in his teeth (throat). *Ne le croyez pas: il ment effrontément (comme un arracheur de dents, comme il respire).*

---

to lie—*être couché, se trouver*
to lie about—*traîner*
There were magazines and newspapers lying about all over. *Il y avait des magazines et des journaux qui traînaient partout.*

to lie around—*faire le veau*
Stop lying around and come help me. *Cesse de faire le veau et viens m'aider.*

to lie down—*se coucher*
You're tired; lie down and rest a while. *Vous êtes fatigué; couchez-vous et reposez-vous un peu.*

to lie down on the job—*tirer au flanc*
You'll never get anywhere if you lie down on the job. *Vous n'arriverez jamais à rien en tirant au flanc.*

to lie in ambush—*tendre une embuscade*
The patrol was lying in ambush for them. *La patrouille leur tendait une embuscade.*

to lie in state—*être exposé en grande pompe*
The body of the Cardinal lay in state. *Le corps du Cardinal était exposé en grande pompe.*

to lie in wait—*être à l'affût*
Her opponents are lying in wait for her slightest mistake. *Ses adversaires sont à l'affût de sa moindre faute.*

to lie low—*se tenir coi*
They are looking for you; you had better lie low for a while. *Ils te recherchent; tu ferais mieux de te tenir coi pendant un temps.*

---

life—*la vie*
for the life of one—*sur sa vie*
I don't know, for the life of me. *Je ne le sais pas, sur ma vie.*

from life—*sur le vif*
You can see that this picture was painted from life. *On voit bien que ce tableau a été peint sur le vif.*

to have as many lives as a cat—*avoir l'âme chevillée au corps*
We thought we were rid of him, but he has as many lives as a cat. *Nous croyions nous être débarrassées de lui, mais il a l'âme chevillée au corps.*

the life of the party—*le boute-en-train*
John is always the life of the party. *C'est toujours Jean le boute-en-train.*

Not on your life!—*Jamais de la vie!*

to the life—*d'après nature, tout craché*
The author described him to the life. *L'auteur en a fait une description d'après nature (tout craché).*

---

to light—*allumer*

to light into—*tomber à bras raccourcis sur*
The two soldiers lit into the enemy sentinel. *Les deux soldats sont tombés à bras raccourcis sur la sentinelle ennemie.*

to light out—*foncer à toute pompe*
When they heard the news, they lit out for the square. *Quand ils ont entendu la nouvelle, ils ont foncé à toute pompe vers la place.*

---

to lighten—*alléger*
Lighten up!—*Un peu d'humour!*

---

like—*comme, tel que*

anything (something) like—*du tout comme*
Is your song anything (something) like Schubert's *Lieder*? *Votre chanson est-elle du tout comme les* Lieder *de Schubert?*

like anything (blazes, crazy, mad)—*comme un forcené*
The students were shouting like anything (blazes, crazy, mad). *Les étudiants criaient comme des forcenés.*

the likes of—*le pareil de*
We had never seen the likes of him. *Nous n'avions jamais vu son pareil.*

That's just like him (you, etc.).—*C'est bien (de) lui (de vous, etc.). Je le (Je vous, etc.) reconnais là.*

What is he (she, etc.) like?—*Comment est-il (est-elle, etc.)?*

---

to like—*aimer*

As you like (it).—*Comme il vous plaira. Si le cœur vous en dit.*

How do you like him (it)?—*Comment le trouvez-vous?*

limelight—*les feux de la rampe*
in the limelight—*en vedette*
With inflation, economists are in the limelight now. *Avec l'inflation, les économistes sont en vedette actuellement.*

limit—*la limite*

That's the limit!—*Cela dépasse les bornes! C'est le bouquet!*

You're the limit!—*Vous êtes impayable!*

line—*la ligne, la queue, le trait*
to fall (to get) into line—*s'aligner*
They will end up by falling (getting) into line with the others. *Ils finiront par s'aligner sur les autres.*

in line for—*bien placé pour obtenir*
He is in line for his superior's job. *Il est bien placé pour obtenir le poste de son supérieur.*

in line with—*conforme à*
His actions were not in line with our policies. *Ses actions n'étaient pas conformes à nos règlements.*

in the line of duty—*au champ d'honneur*
The soldier was killed in the line of duty. *Le soldat a été tué au champ d'honneur.*

It's all in the line of duty.—*Cela fait partie du métier.*

to lay (to put) it on the line—*parler sans détour*
I'm going to lay (to put) it on the line to you. *Je vais vous parler sans détour.*

to stand in line (to line up)—*faire la queue*
A hundred people or so were standing in line (were lined up) at the box office. *Une centaine de personnes faisaient la queue au guichet.*

to line—*aligner, doubler, régler*

lined up—*en vue*

Do you have someone lined up for the job? *Avez-vous quelqu'un en vue pour le poste?*

to line one's pockets—*se remplir les poches*

The former mayor was accused of lining his pockets. *L'ancien maire était accusé de s'être rempli les poches.*

to line up—*faire la queue; trouver*

We lined up at the ticket window. *Nous avons fait la queue devant le guichet.* We haven't lined anyone up for that job. *Nous n'avons trouvé personne pour ce travail.*

---

lip—*la lèvre*

to give (to pay) lip service to—*approuver du bout des lèvres*

He gives (he pays) lip service to tax reform. *Il approuve la réforme fiscale du bout des lèvres.*

None of your lip!—*Pas d'insolences!*

---

little—*(le) peu*

a little while ago—*tout à l'heure*

I saw him here a little while ago. *Je l'ai vu ici tout à l'heure.*

in a little while—*tout à l'heure*

He will be here in a little while. *Il sera là tout à l'heure.*

little did one think that—*on ne pensait guère que*

Little did I think that he would believe my story. *Je ne pensais guère qu'il croirait mon histoire.*

---

to live—*habiter, vivre*

to be living in clover (off the fat of the land)—*vivre comme un coq en pâte*

Since he married that heiress, he's been living in clover (off the fat of the land). *Depuis qu'il a épousé cette héritière, il vit comme un coq en pâte.*

to be living on borrowed time—*ne plus en avoir pour longtemps à vivre*

The doctor said that the patient is living on borrowed time. *Le docteur a dit que le malade n'en a plus pour longtemps à vivre.*

to live a fast life—*mener une vie de bâton de chaise*
Aren't you tired of this fast life you are living? *N'êtes-vous pas fatigué de cette vie de bâton de chaise que vous menez?*

to live down—*faire oublier*
You must try to live down your bad reputation. *Il faut que vous tâchiez de faire oublier votre mauvaise réputation.*

to live from hand to mouth—*tirer le diable par la queue*
During the Depression they lived from hand to mouth. *Pendant la Dépression ils ont tiré le diable par la queue.*

to live high on the hog (in style)—*mener grand train*
Since their business started doing well, they have been living high on the hog (in style). *Depuis que leurs affaires marchent bien, ils mènent grand train.*

to live in—*être logé et nourri*
Their maid lives in. *Leur bonne est logée et nourrie.*

to live it up—*faire la noce (la vie)*
As long as his money held out, he lived it up. *Tant que son argent a duré, il a fait la noce (la vie).*

to live out—*passer*

I don't think your grandmother will live out the winter. *Je ne crois pas que votre grand'mère passe l'hiver.*

to live the life of Riley—*mener la vie de château*
Now that she is rich, she is living the life of Riley. *Maintenant qu'elle est riche, elle mène la vie de château.*

to live to a ripe old age—*faire de vieux os*
If you keep up that pace, you won't live to a ripe old age. *A ce rythme-là, vous ne ferez pas de vieux os.*

to live up to the expectations of—*répondre à l'attente de*
That promising young man lived up to his family's expectations. *Ce garçon prometteur a répondu à l'attente de sa famille.*

---

load—*la charge*
  a load of—*un tas de*

I have a load of things to do before leaving. *J'ai un tas de choses à faire avant de partir.*

Get a load of that!—*Regarde-moi ça!*

to get a load off one's mind—*vider son sac*
I let him talk, seeing that he had to get a load off his mind. *Je l'ai laissé parler, voyant qu'il lui fallait vider son sac.*

to load—*charger*
He is loaded (to the gills).—*Il a du vent dans les voiles.*

loaded for bear—*prêt à agir*
The new salesman was loaded for bear as soon as he arrived. *Le nouveau vendeur était prêt à agir dès son arrivée.*

lock—*la serrure*
lock, stock and barrel—*tout le saint-frusquin*
They sold everything, lock, stock and barrel. *Ils ont vendu tout le saint-frusquin.*

under lock and key—*sous clé*
You must keep these documents under lock and key. *Il faut garder ces documents sous clé.*

to lock—*fermer (à clé)*
to lock horns—*s'affronter*
The two executives locked horns over the policy to follow. *Les deux cadres se sont affrontés à propos de la politique à suivre.*

to lock up—*enfermer, mettre en prison*
If you continue to behave that way, I'm going to have you locked up. *Si vous continuez à agir de la sorte, je vais vous faire enfermer (mettre en prison).*

lonesome—*seul, solitaire*
all by (on) one's lonesome—*de sa propre initiative, tout seul*
Did she get that done all by (on) her lonesome? *Est-ce qu'elle a accompli cela de sa propre initiative (toute seule)?*

long—*long, longtemps*

as long as—*du moment que*
As long as you take it like that, I'm leaving. *Du moment que vous le prenez comme ça, je m'en vais.*

to be long in the tooth—*ne plus être tout jeune*
Say, your girl friend is a bit long in the tooth .*Dis donc, ton amie n'est plus toute jeune!*

by a long shot (sight)—*le moins du monde; de loin*
I know they won't win, not by a long shot (sight). *Je sais qu'ils ne gagneront pas, pas le moins du monde.*
She was the best speaker that day by a long shot (sight). *Elle était de loin le meilleur orateur ce jour-là.*

in the long haul (run)—*à la fin, à la longue, en définitive*
In the long haul (run), you won't regret your decision. *A la fin (à la longue, en définitive), vous ne regretterez pas votre décision.*

the long and the short of it is (to make a long story short)—*enfin, bref*
The long and the short of it is (To make a long story short), we're broke. *Enfin, bref, nous sommes fauchés.*

long live—*vive*
Long live King Louis! *Vive le roi Louis!*

a long row to hoe (a long way to go)—*du pain sur la planche*
You haven't finished; you still have a long row to hoe (a long way to go). *Vous n'avez pas fini; vous avez encore du pain sur la planche.*

a long shot—*(quelque chose) qui a peu de chances de réussir*
They knew it was a long shot, but they decided to give it a try. *Ils savaient que cela avait peu de chances de réussir, mais ils ont décidé de tenter le coup.*

long-standing—*de longue date*
There is a long-standing rivalry between them. *Il y a une rivalité de longue date entre eux.*

long-term—*de longue haleine*
This is a long-term project. *C'est un projet de longue haleine.*

a long way from—*pas près de*

I'm a long way from finishing this article. *Je ne suis pas près de finir cet article.*

So long!—*A bientôt! Au revoir!*

---

look—*le regard*
   to have (to take) a look at—*donner un coup d'œil à, jeter un coup d'œil sur*
Have (take) a look at this new book. *Donnez un coup d'œil à (Jetez un coup d'œil sur) ce nouveau livre.*

---

to look—*regarder, sembler*
   to be looking up—*repartir*
Business is looking up now. *Les affaires repartent maintenant.*

   it looks like—*on dirait (que)*
What a funny dog; it looks like a big sheep! *Quel drôle de chien; on dirait un gros mouton!* It looks like it's going to rain. *On dirait qu'il va pleuvoir.*

   to look after—*s'occuper de, veiller sur*
Don't worry; I'll look after your interests in your absence. *Ne vous inquiétez pas; je m'occuperai de (je veillerai sur) vos intérêts pendant votre absence.*

   to look a gift horse in the mouth—*critiquer le cadeau qu'on a reçu*
You don't like that tie, but you shouldn't look a gift horse in the mouth. *Tu n'aimes pas cette cravate, mais on ne critique pas le cadeau qu'on a reçu.*

   to look alive (sharp)—*se dépêcher, se grouiller*
He told them to look alive (sharp) and get the job done. *Il leur a dit de se dépêcher (de se grouiller) et de finir le travail.*

   to look away—*détourner les yeux*
He had to look away from that sad sight. *Il a dû détourner les yeux de ce triste spectacle.*

   to look daggers at—*fusiller du regard*
She didn't say anything, but she looked daggers at him. *Elle n'a rien dit, mais elle l'a fusillé du regard.*

   to look down on (down upon; down one's nose at)—*traiter de haut*

She puts on airs and looks down on (down upon; down her nose at) everybody. *Elle prend des airs et traite tout le monde de haut.*

to look for—*chercher*
He looked all over for his coat. *Il a cherché son manteau partout.*

to look forward to—*se faire une fête (une joie) de*
I am looking forward to seeing them again. *Je me fais une fête (une joie) de les revoir.*

Look here!—*Eh là! Voyons!*

to look high and low for—*chercher dans tous les coins*
We looked high and low for your book. *Nous avons cherché votre livre dans tous les coins.*

to look in on—*passer voir*
The doctor looked in on his patient this morning. *Le docteur est passé voir son malade ce matin.*

to look into—*examiner*
You ought to look into his credentials. *Vous devriez examiner ses titres.*

to look like—*ressembler à*
She looks exactly like her father. *Elle ressemble exactement à son père.*

to look on—*regarder*
He fell on his face while everyone was looking on. *Il s'est cassé la figure pendant que tout le monde regardait.*

to look on (upon)—*considérer*
They looked on (upon) her as an intruder. *Ils la considéraient comme une intruse.*

Look out!—*Attention! Gare à vous!*

to look out on—*donner sur*
His windows looked out on the forest. *Ses fenêtres donnaient sur la forêt.*

to look over—*jeter un coup d'œil sur, parcourir*
I only wanted to look over these figures. *Je voulais seulement jeter un coup d'œil sur (parcourir) ces chiffres.*

to look to—*compter sur; veiller à*

All of us look to you to protect us. *Nous comptons tous sur vous pour nous protéger.* You had better look to your own interests. *Tu ferais mieux de veiller à tes propres intérêts.*

to look to one's laurels—*ne pas se laisser éclipser*
He is a champion, but he'd better look to his laurels. *C'est un champion, mais il ferait bien de ne pas se laisser éclipser.*

to look up—*chercher, vérifier*
If you're not sure, look it up in the dictionary. *Si vous n'êtes par sûr, cherchez-le (vérifiez-le) dans un dictionnaire.*

to look up to—*admirer, regarder avec admiration*
All the children look up to their older sister. *Tous les enfants admirent leur sœur aînée (regardent leur sœur aînée avec admiration).*

to look ill (well)—*avoir mauvaise (bonne) mine*
After her vacation in the South of France, she looked well. *Après ses vacances dans le Midi, elle avait bonne mine.*

---

loop—*la boucle, le looping*
  to knock (to throw) for a loop—*laisser pantois, sidérer*
The news of their marriage knocked (threw) me for a loop. *La nouvelle de leur mariage m'a laissé pantois (m'a sidéré).*

---

loose—*détaché, lâche*
  to be at loose ends—*avoir perdu le nord*
Since his brother's departure, he seems to be at loose ends. *Depuis le départ de son frère, il semble avoir perdu le nord.*

  on the loose—*en liberté*
There was a wild tiger on the loose. *Il y avait un tigre sauvage en liberté.*

---

to lose—*perdre*
  He is losing his grip.—*Il baisse.*

  to lose ground (out) to—*céder du terrain à*
His company is losing ground (out) to its competitors. *Sa compagnie cède du terrain à ses concurrents.*

  to lose heart—*se décourager*
When they saw the enemy reinforcements arrive, they lost heart. *En voyant arriver les renforcements ennemis, ils se sont découragés.*

to lose one's cool—*perdre son sang-froid, s'affoler*

I'm afraid I lost my cool when I saw how many people were there. *J'ai peur d'avoir perdu mon sang-froid (de m'être affolé) en voyant combien de monde il y avait.*

to lose one's heart to—*donner son cœur à*

Our aunt has lost her heart to her lodger. *Notre tante a donné son cœur à son locataire.*

to lose one's life—*trouver la mort*

His parents lost their lives in a car accident. *Ses parents ont trouvé la mort dans un accident de voiture.*

to lose one's marbles—*perdre la boule*

He's behaving strangely; I think he's lost his marbles. *Il agit bizarrement; je crois qu'il a perdu la boule.*

to lose one's shirt—*perdre jusqu'à son dernier sou, prendre une culotte*

He lost his shirt gambling. *Il a perdu jusqu'à son dernier sou (il a pris une culotte) au jeu.*

to lose one's temper—*se mettre en colère*

When she heard of their failure, she lost her temper. *En apprenant leur échec, elle s'est mise en colère.*

to lose one's touch—*perdre la main (le coup de main)*

The old craftsman seems not to have lost his touch. *Le vieil artisan ne semble pas avoir perdu la main (le coup de main).*

to lose out—*être perdant*

Because of their delay, they lost out on the deal. *A cause de leur retard, ils ont été perdants dans l'affaire.*

losing steam—*en perte de vitesse*

That author's career seems to be losing steam. *La carrière de cet auteur semble être en perte de vitesse.*

---

loss—*la perte*

at a loss—*embarrassé*

When you ask him a question, he is never at a loss to reply. *Quand on lui pose une question, il n'est jamais embarrassé pour répondre.*

---

lost—*perdu*

to be lost on—*être peine perdue sur*

Your kindness is lost on those boors! *Votre gentillesse est peine perdue sur ces rustres!*

Get lost!—*Fiche le camp! Va voir ailleurs si j'y suis!*

a lost soul—*une âme en peine*

When I found him, he was wandering like a lost soul. *Quand je l'ai trouvé, il errait comme une âme en peine.*

lost to the world—*perdu dans ses pensées*

I couldn't catch her attention because she was lost to the world. *Je n'ai pas pu attraper son attention parce qu'elle était perdue dans ses pensées.*

There is no love lost between them!—*Ils ne peuvent pas se sentir!*

---

lot—*le lot*

to have a lot to get off one's chest—*en avoir gros sur le cœur*

I have to talk to you; I have a lot to get off my chest. *Il faut que je te parle; j'en ai gros sur le cœur.*

a lot of—*beaucoup de*

There were a lot of people at the meeting. *Il y avait beaucoup de gens à la réunion.*

a lot going for one—*beaucoup en sa faveur*

The job will be difficult but you have a lot going for you. *La tâche sera difficile mais vous avez beaucoup en votre faveur.*

That's a lot of bunk!—*C'est de la blague (des histoires)!*

a whole lot—*un tas*
We really have had a whole lot of problems. *Nous avons vraiment eu un tas de problèmes.*

---

love—*l'amour*

for love—*pour la gloire*
He worked at it for love, since he didn't make a cent for it. *Il y travaillait pour la gloire, puisqu'il n'y gagnait pas un sou.*

for love or money—*pour tout l'or du monde*
I wouldn't do that for love or money. *Je ne ferais pas cela pour tout l'or du monde.*

in love with—*amoureux de*
My sister has fallen in love with your brother. *Ma sœur est tombée amoureuse de ton frère.*

It was love at first sight.—*Ça a été le coup de foudre.*

a love affair—*une histoire d'amour, une liaison*
Everybody was talking about their love affair. *Tout le monde parlait de leur histoire d'amour (de leur liaison).*

---

low—*bas*

an all-time low (a new low)—*le niveau le plus bas*
The stock exchange reached an all-time low (a new low) today. *Le cours de la Bourse a atteint le niveau le plus bas aujourd'hui.*

He's the lowest of the low!—*C'est le dernier des derniers (le dernier des hommes)!*

---

to lower—*baisser*

to lower the boom—*mettre le holà à*
The only way to make them behave properly is to lower the boom. *La seule façon de les réduire à l'ordre est d'y mettre le holà.*

---

luck—*la chance*

   as luck would have it—*comme par hasard*

   As luck would have it, he was at home when we arrived. *Comme par hasard, il était chez lui quand nous sommes arrivés.*

   to be in luck—*avoir de la chance*

   We're in luck: they haven't left yet. *Nous avons de la chance: ils ne sont pas encore partis.*

   to crowd (to push) one's luck—*tenter le sort*

   If you don't stop now, you'll be crowding (pushing) your luck. *Si tu n'arrêtes pas maintenant, tu vas tenter le sort.*

lump—*le morceau*

   to get (to take) one's lumps—*encaisser des coups*

   With all his experience of the world, he has really gotten (taken) his lumps. *Avec toute son expérience du monde, il a vraiment encaissé des coups.*

   a lump in one's throat—*la gorge serrée*

   At his departure, everyone had a lump in his throat. *A son départ, tout le monde avait la gorge serrée.*

mad—*fou, furieux*

   mad at—*en colère après*

   There's no reason to get mad at me. *Il n'y a aucune raison de te mettre en colère après moi.*

   This is (What) a madhouse!—*C'est la foire!*

main—*principal*

   in the main—*en gros*

   In the main, I think you can count on them. *En gros, je crois que vous pouvez compter sur eux.*

   the main drag—*la rue principale, le centre*

You don't mean to tell me that this is the main drag! *Vous ne voulez pas me faire croire que c'est ça la rue principale (le centre)!*

---

make—*la facture, la marque*

  to be on the make—*être en quête de bonnes fortunes, poursuivre un but intéressé*

That man is always on the make. *Cet homme est toujours en quête de bonnes fortunes (poursuit toujours un but intéressé).*

---

to make—*faire rendre, obliger*

  to have it made—*être arrivé*

After years of effort, they have it made now. *Après des années d'efforts, ils sont arrivés maintenant.*

  How are you making out?—*Comment ça marche?*

  to make a big deal (a federal case) out of—*faire toute une histoire (tout un plat) de*

Don't make a big deal (a federal case) out of our absence! *Ne fais pas toute une histoire (tout un plat) de notre absence!*

  to make a clean breast of it—*vider son sac*

Unable to remain silent any longer, he decided to make a clean breast of it. *Ne pouvant plus garder le silence, il a décidé de vider son sac.*

  to make a clean sweep of—*rafler*

Their team made a clean sweep of the prizes. *Leur équipe a raflé les prix.*

  to make a day of it—*occuper (passer) toute la journée (à quelque chose)*

As long as we had come to Paris, we decided to make a day of it. *Puisque nous étions venus à Paris, nous avons décidé d'y occuper (passer) toute la journée.*

  to make a dent—*entamer, faire un trou*

Despite their efforts, they don't seem to be able to make a dent in the defense's arguments. *Malgré leurs efforts, ils ne semblent pas pouvoir entamer (faire un trou dans) les arguments de la défense.*

  to make a fool (a monkey) of—*tourner en ridicule*

His opponent made a fool (a monkey) of him at the meeting. *Son adversaire l'a tourné en ridicule à la réunion.*

to make a fresh start—*(re)partir à zéro*
After the elections we will be able to make a fresh start. *Après les élections nous pourrons (re)partir à zéro.*

to make a go of—*faire marcher, réussir*
They finally seem to be making a go of their business. *Ils ont enfin l'air de faire marcher (de réussir) leur affaire.*

to make a hit with—*avoir du succès auprès de, avoir le ticket avec*
Your husband made a hit with the ladies! *Votre mari a eu du succès auprès des (a eu le ticket avec les) dames!*

to make a killing—*réussir un beau coup*
He made a killing recently on the stock exchange. *Il a réussi un beau coup récemment à la Bourse.*

to make allowances for—*tenir compte de*
When you evaluate a painting, don't forget to make allowances for the artist's popularity. *En évaluant un tableau, n'oubliez pas de tenir compte de la cote de l'artiste.*

to make an issue of—*faire toute une histoire de*
Let's not make an issue of their refusal to help us. *Ne faisons pas toute une histoire de leur refus de nous aider.*

to make a pass at—*faire des avances à*
Stop making passes at my girl friend. *Cesse de faire des avances à mon amie.*

to make a (one's) pile—*faire son beurre*
Now that he's made a (his) pile, he takes it easy. *Maintenant qu'il a fait son beurre, il se la coule douce.*

to make a point of—*se faire un devoir de*
He makes a point of visiting his grandmother. *Il se fait un devoir de rendre visite à sa grand'mère.*

to make a practice of—*avoir pour principe*
He makes a practice of never lending money to his friends. *Il a pour principe de ne jamais prêter d'argent à ses amis.*

to make (a salary of)—*toucher un salaire de*
This employee makes (a salary of) five thousand francs. *Cet employé
touche un salaire de cinq mille francs.*

to make believe—*faire semblant*
The children made believe they were grownups. *Les enfants faisaient
semblant d'être des adultes.*

to make bold to—*prendre la liberté de*
May I make bold to invite you to the dance? *Puis-je prendre la liberté de
vous inviter au bal?*

to make book—*accepter des paris*
The police arrested him while he was making book on the races. *La
police l'a arrêté alors qu'il acceptait des paris sur les courses.*

to make (both) ends meet—*joindre les deux bouts*
What with inflation, they can't manage to make (both) ends meet. *Avec
l'inflation, ils n'arrivent pas à joindre les deux bouts.*

to make do—*s'arranger, se débrouiller*
We don't have enough to eat but we'll have to make do. *Nous n'avons pas
assez à manger mais nous devrons nous arranger (nous débrouiller).*

to make faces—*faire des grimaces*
Our children were making faces at the neighbors. *Nos enfants faisaient
des grimaces aux voisins.*

to make for—*se diriger vers*
Seeing the storm approach, they made for the lighthouse. *Voyant venir la
tempête, ils se sont dirigés vers le phare.*

to make free with—*prendre des libertés avec*
Even though we're friends, I don't like your making free with my things.
*Bien qu'on soit amis, je n'aime pas que tu prennes des libertés avec
mes affaires.*

to make fun of—*se payer la tête de*
Is that true, or are you making fun of me? *Est-ce vrai, ou est-ce que tu te
paies ma tête?*

to make good—*rembourser; réussir*

I am sure that he will make good his debts. *Je suis sûr qu'il remboursera ses dettes.* They have vowed to make good within a year. *Ils ont juré de réussir d'ici un an.*

to make hay—*profiter de l'occasion*
His opponents were making hay of his personal problems. *Ses adversaires profitaient de l'occasion de ses problèmes personnels.*

to make head or tail—*y comprendre goutte*
I can't make head or tail of his proposals. *Je n'y comprends goutte à ses propositions.*

to make heads roll—*faire tomber des têtes (un coup de balai)*
To restore the company's profitability, management decided to make heads roll. *Pour rétablir la rentabilité de la compagnie, la direction a décidé de faire tomber des têtes (de faire un coup de balai).*

to make it—*y aller; réussir*
I don't think I can make it Tuesday. *Je ne crois pas pouvoir y aller mardi.* If we all try our best, I think we'll make it. *Si nous faisons tous de notre mieux, je crois que nous réussirons.*

Make it snappy!—*Magne-toi! Que ça saute!*

to make it (things) hot for—*rendre la vie intenable pour*
We are going to make it (things) hot for cheaters. *Nous allons rendre la vie intenable pour les tricheurs.*

to make it up to—*dédommager*
How can I make it up to you for your trouble? *Comment puis-je vous dédommager de vos peines?*

to make it with—*coucher avec*
He told all his pals that he had made it with a beautiful actress. *Il a dit à tous ses copains qu'il avait couché avec une belle actrice.*

to make light of—*prendre à la légère, se rire de*
She makes light of all the difficulties which we foresee. *Elle prend à la légère (se rit de) toutes les difficultés que nous prévoyons.*

to make no bones about—*ne pas hésiter à, ne pas y aller par quatre chemins pour*
He made no bones about criticizing our actions. *Il n'a pas hésité à (Il n'y est pas allé par quatre chemins pour) critiquer nos actions.*

to make off—*filer*
The accountant made off with all our money. *Le comptable a filé avec tout notre argent.*

to make oneself clear—*se faire bien comprendre*
Let me make myself clear: I don't agree. *Que je me fasse bien comprendre: je ne suis pas d'accord.*

to make oneself scarce—*disparaître de la nature*
After his defeat in the elections, he made himself scarce. *Après sa défaite aux élections, il a disparu dans la nature.*

to make one's mark—*se faire un nom*
She wanted to make her mark in the fashion world before retiring. *Elle voulait se faire un nom dans le monde de la mode avant de prendre sa retraite.*

to make out—*apercevoir; remplir; se débrouiller; se peloter*
I thought I made out a sail in the distance. *J'ai cru apercevoir une voile au loin.* Make out this form and then hand it back to me. *Remplissez ce formulaire et puis rendez-le-moi.* He made out all right in the contest. *Il s'est assez bien débrouillé au concours.*
The two young people were making out in the back seat of the car. *Les deux jeunes se pelotaient à l'arrière de la voiture.*

to make over—*retoucher; transférer*
She promised to make the dress over by the weekend. *Elle a promis de retoucher la robe avant la fin du week-end.* They asked him to make the property over to them. *Ils lui ont demandé de leur transférer la propriété.*

to make sense—*avoir du sens*
I think that her proposal makes sense. *Je trouve que sa proposition a du sens.*

makeshift—*de fortune*
We built a makeshift shelter for the night. *Nous avons bâti un abri de fortune pour la nuit.*

to make short work of—*ne faire qu'une bouchée de*
He made short work of his opponent and won in three sets. *Il n'a fait qu'une bouchée de son adversaire et il a vaincu en trois sets.*

to make something (the best, the most) of—*tirer (le meilleur) parti de*
My dressmaker knows how to make something (the best, the most) of the
least scrap of material. *Ma couturière sait tirer (le meilleur) parti du
moindre bout de tissu.*

to make sure that—*s'assurer que*
Before entering, we made sure that they had left. *Avant d'entrer, nous
nous sommes assurés qu'ils étaient partis.*

to make the big time—*arriver, réussir*
When his show played at the Palace, he knew that he had made the big
time. *Quand son spectacle a été monté au Palace, il a compris qu'il
était arrivé (il avait réussi).*

to make the cut (the grade)—*réussir, se faire admettre*
After failing twice, he finally made the cut (the grade) on the third try.
*Après avoir échoué deux fois, il a enfin réussi (il s'est enfin fait
admettre) au troisième essai.*

to make the feathers (the fur) fly—*se crêper le chignon*
The two irate women made the feathers (the fur) fly. *Les deux femmes en
colère se crêpaient le chignon.*

to make time—*aller vite; faire du plat*
You'll have to make time if you want to arrive before noon. *Il faudra que
vous alliez vite si vous voulez arriver avant midi.* He spent the
afternoon making time with the waitress. *Il a passé l'après-midi à faire
du plat à la serveuse.*

to make the first move—*faire les premiers pas*
It's up to him to make the first move. *C'est à lui de faire les premiers pas.*

to make the grade—*réussir*
After failing twice, he finally made the grade. *Après avoir échoué deux
fois, il a enfin réussi.*

to make too much of—*se faire une montagne (un monde) de*
It's only a little test; don't make too much of it. *Ce n'est qu'une petite
épreuve; ne t'en fais pas une montagne (un monde).*

to make tracks—*décamper, filer*
They had made tracks before the police arrived. *Ils avaient décampé (filé)
avant que la police n'arrive.*

to make up—*composer; fabriquer de toutes pièces; se maquiller*
The team is made up of young players. *L'équipe se compose de jeunes
joueurs.* I'm sure you made up that story. *Je suis sûr que vous avez
fabriqué cette histoire de toutes pièces.* She made up before returning
downstairs. *Elle s'est maquillée avant de redescendre.*

to make up for it—*s'y retrouver*
The butcher doesn't make much on beef but he makes up for it on
delicatessen. *Le boucher ne gagne pas grand'chose sur le bœuf mais il
s'y retrouve sur la charcuterie.*

to make up one's mind to—*se résoudre à*
Faced with their opposition, the minister made up his mind to resign.
Devant leur opposition, le ministre s'est résolu à démissionner.

to make up with—*se réconcilier avec*
After a long quarrel, he made up with his brother. *Après une longue
querelle, il s'est réconcilié avec son frère.*

to make use of—*se servir de*
I told them to make use of my name whenever they wanted. *Je leur ai dit
de se servir de mon nom toutes les fois qu'ils le voudraient.*

to make waves—*faire un éclat*
As long as you don't make waves, they won't bother you. *Tant que tu ne
feras pas d'éclat, ils te laisseront tranquille.*

to make way—*céder la place*
You'll have to make way for the new arrivals. *Ils vous faudra céder la
place aux nouveaux-venus.*

That makes two of us!—*Et moi de même!*

What do you make of it?—*Qu'en pensez-vous?*

What makes him tick?—*Quelle sorte d'homme est-ce? Qu'y a-t-il au
fond de lui?*

---

man—*l'homme*

man and boy—*depuis l'enfance*
I've always been a farmer, man and boy. *J'ai toujours été un cultivateur,
depuis l'enfance.*

a man of parts—*un homme de talent (instruit)*
Besides being a successful businessman, he is a man of parts. *En plus d'être un commerçant prospère, c'est un homme de talent (instruit).*

one's own man—*fils de ses œuvres, maître de soi*
I am free because I'm my own man. *Je suis libre parce que je suis fils de mes œuvres (je suis maître de moi).*

to a man—*sans exception, à l'unanimité*
When the proposal was put to a vote, the members accepted it to a man. *Quand on a mis la proposition aux voix, les membres l'ont acceptée sans exception (à l'unanimité).*

---

manor—*le manoir*
  to the manor (manner) born—*qui a cela dans le sang*
  He rode a horse as if he was to the manor (manner) born. *Il montait à cheval comme s'il avait cela dans le sang.*

---

many—*beaucoup de, maint*
  many a—*maint (et maint)*
  Many a time I'd have wanted to say what I thought. *Maintes (et maintes) fois j'aurais voulu dire ce que je pensais.*

---

map—*la carte*
  off the map—*à l'autre bout du monde, au diable (vauvert)*
  The town in which they lived was off the map. *Le bourg où ils habitaient était à l'autre bout du monde (au diable [vauvert]).*

  on the map—*en vedette*
  Their exploits put Peoria on the map. *Leurs exploits ont mis Peoria en vedette.*

---

mark—*la marque, la trace*
  up to the mark—*à la hauteur*
  The new director wasn't up to the mark so he was replaced. *Le nouveau directeur n'était pas à la hauteur; on l'a donc remplacé.*

---

to mark—*marquer*

to mark time—*faire du sur place, piétiner*
I'm sick of marking time, I have to find a new job. *J'en ai marre de faire du sur place (de piétiner), il faut que je trouve une autre situation.*

market—*le marché*

to be in the market for—*chercher à acheter, être à la recherche de*
They told us they were in the market for a house in the country. *Ils nous ont dit qu'ils cherchaient à acheter (qu'ils étaient à la recherche d') une maison de campagne.*

match—*le pareil*

a match for—*de force à lutter avec, égal à*
Our runner was no match for his opponent. *Notre coureur n'était pas de force à lutter avec (égal à) son adversaire.*

matter—*l'affaire, la matière, la question*

a matter of opinion—*sujet d'appréciation (de discussion)*
Her artistic ability is a matter of opinion. *Ses capacités artistiques sont sujet d'appréciation (de discussion).*

as a matter of course—*d'office*
The secretary sends this form as a matter of course to all applicants. *La secrétaire envoie cet imprimé d'office à tous les candidats.*

as a matter of fact—*en fait*
As a matter of fact, the experts' opinion proved to be wrong. *En fait, l'avis des experts s'est révélé faux.*

for that matter—*à ce propos, quant à cela*
For that matter, you may as well forget our contract. *A ce propos (Quant à cela), tu peux très bien oublier notre contrat.*

in a matter of (+ time)—*en quelques (+ temps)*
He was able to arrive in a matter of minutes. *Il a pu arriver en quelques minutes.*

no matter how (much) one does something—*avoir beau faire quelque chose*

No matter how (much) he denies it, I know it is true. *Il a beau le nier; je sais que c'est vrai.*

no matter what—*peu importe ce que (qui), quoi que (qui)*
No matter what you say, I will do it anyway. *Peu importe ce que vous dites (quoi que vous disiez), je le ferai quand même.*

What's the matter?—*Qu'est-ce qui se passe? Qu'y a-t-il donc?*

---

to mean—*signifier, vouloir dire*
  to mean business—*ne pas plaisanter*
Watch out; that policeman means business. *Attention; cet agent ne plaisante pas.*

  to mean well—*avoir de bonnes intentions*
She means well but she can't do the job. *Elle a de bonnes intentions mais elle n'est pas capable de faire le travail.*

---

means—*le moyen*
  By all means!—*Mais certainement!*

  by no means—*en aucune façon; pas le moins du monde*
By no means will we do that. *Nous ne ferons cela en aucune façon.* She is by no means stupid. *Elle n'est pas le moins du monde stupide.*

---

to measure—*mesurer*
  to measure up—*être à la hauteur, être au niveau*
The coach didn't measure up to his responsibilities. *L'entraîneur n'était pas à la hauteur de (au niveau de) ses responsabilités.*

---

meat—*la viande*
  That's my meat!—*Ça me connaît! Je m'y connais!*

  That's not my meat.—*C'est pas mes oignons.*

---

medicine—*la médecine, le médicament*
  He got a dose (a taste) of his own medicine!—*On lui a rendu la monnaie de sa pièce!*

---

to meet—*recontrer, retrouver*
  to (go and) meet—*aller à la rencontre de*
  I'll (go and) meet him if it rains. *J'irai à sa rencontre s'il pleut.*

  I'll meet you half-way.—*Coupons la poire en deux.*

  to meet one's maker—*aller voir Saint-Pierre*
  After a long life, he was prepared to meet his maker. *Après une longue vie, il était prêt à aller voir Saint-Pierre.*

  to meet one's match—*trouver à qui parler*
  After an easy start, he finally met his match. *Après un départ facile, il a enfin trouvé à qui parler.*

  to meet one's eye—*se présenter (s'offrir) aux yeux de*
  A beautiful sight met our eyes. *Un beau spectacle se présentait (s'offrait) à nos yeux.*

  There's more to it than meets the eye.—*Il y a anguille sous roche.*

---

mend—*la guérison*
  on the mend—*en voie de guérison*
  The doctor says the patient is on the mend. *Le médecin dit que le malade est en voie de guérison.*

---

to mend—*raccommoder, réparer*
  to mend one's fences—*se réconcilier avec ses rivaux*
  After his victory, the President wanted to mend his fences. *Après sa victoire, le Président voulait se réconcilier avec ses rivaux.*

  to mend one's ways—*s'amender*
  There is still time, if you mend your ways. *Il est encore temps, si vous vous amendez.*

---

to mention—*mentionner*
  Don't mention it!—*Il n'y a pas de quoi!*

  not to mention—*sans compter*
  Those who fought were French and British, not to mention many from the rest of Europe. *Ceux qui se sont battus étaient Français et Britanniques, sans compter beaucoup venus du reste de l'Europe.*

---

to mess—*mettre en désordre, salir*
  to mess about (around)—*perdre son temps; traîner*
  Stop messing about (around) with that machine and help me. *Cesse de perdre ton temps avec cette machine et aide-moi.* He told them that he had been messing about (around) with some friends. *Ils leur a dit qu'il avait traîné avec des amis.*

  to mess up—*gâcher, mettre en désordre*
  We seem to have messed up their plans. *Nous semblons avoir gâché leurs projets (avoir mis leurs projets en désordre).*

middle—*moyen*
  middle-aged—*d'un certain âge*
  The young actress was accompanied by an unknown middle-aged man. *La jeune actrice était accompagnée d'un inconnu d'un certain âge.*

middle—*le milieu*
  in the middle of nowhere—*au bout du monde, dans un coin perdu*
  Their country house was out in the middle of nowhere. *Leur maison de campagne se trouvait au bout du monde (dans un coin perdu).*

  middle-of-the-road—*modéré*
  She claimed to be a middle-of-the-road Republican. *Elle prétendait être une Républicaine modérée.*

to mince—*émincer*
  to mince words—*mâcher ses mots*
  He didn't mince words in telling them what he thought. *Il n'a pas mâché ses mots pour leur dire ce qu'il pensait.*

mind—*l'esprit*
  to be of two minds—*être irrésolu, hésiter*
  He was of two minds concerning the election. *Il était irrésolu (Il hésitait) en ce qui concernait l'élection.*

  to be out of (not in one's right) mind—*avoir perdu la boule*
  Don't listen to that man; he's out of (he's not in his right) mind. *N'écoutez pas cet homme; il a perdu la boule.*

to have a mind of one's own—*savoir ce qu'on veut*
She is sweet but she has a mind of her own. *Elle est gentille mais elle sait ce qu'elle veut.*

to have (half) a mind to—*avoir bien envie de*
I have (half) a mind to refuse to attend. *J'ai bien envie de refuser d'y assister.*

in one's mind's eye—*en imagination*
I can see all of that in my mind's eye. *Je peux voir tout cela en imagination.*

My mind is made up.—*C'est (tout) réfléchi.*

on one's mind—*en tête*
She had a lot of problems on her mind. *Elle avait un tas de problèmes en tête.*

to my mind—*à mon avis, (il) m'est avis que*
To my mind, the battle is already lost. *A mon avis (Il m'est avis que) la bataille est déjà perdue.*

---

to mind—*faire attention à*
   do you mind. . .?—*cela vous ennuie-t-il de. . .?*
Do you mind waiting here a minute? *Cela vous ennuie-t-il d'attendre ici un moment?*

   to mind one's own business—*se mêler (s'occuper) de ses affaires*
What I'm doing doesn't concern you; mind your own business. *Ce que je fais ne vous regarde pas; mêlez-vous (occupez-vous) de vos affaires.*

   to mind one's p's and q's—*faire bien attention, surveiller son langage*
If you mind your p's and q's, you won't get into trouble. *Si tu fais bien attention (Si tu surveilles ton langage), tu ne t'attireras pas d'ennuis.*

   to mind the store—*s'occuper des affaires (de quelqu'un)*
Who's minding the store for us? *Qui est-ce qui s'occupe de nos affaires?*

   Never mind.—*Cela ne fait rien. N'importe. Qu'à cela ne tienne.*

---

to miss—*manquer, rater*
   to miss out on—*laisser passer*

You have missed out on a splendid opportunity. *Vous avez laissé passer une belle occasion.*

to miss someone (something)—*s'ennuyer de quelqu'un (de quelque chose)*

During my trip I missed you all. *Pendant mon voyage je m'ennuyais de vous tous.*

to miss the boat—*rater le coche*

It's too late to change your mind; you've missed the boat. *Il est trop tard pour changer d'avis; vous avez raté le coche.*

to miss the point—*répondre à côté (de la question)*

You have missed the point; can we trust them? *Vous avez répondu à côté (de la question); pouvons-nous leur faire confiance?*

---

to mix—*mélanger, mêler*

to get (all) mixed up—*s'y perdre*

This plot is so complicated that you get (all) mixed up. *Cette intrigue est si compliquée qu'on s'y perd.*

to mix it up—*échanger des coups*

The two fighters mixed it up for a while. *Les deux boxeurs ont échangé des coups pendant un instant.*

---

money—*l'argent, la monnaie*

to be in the money (made of money)—*rouler sur l'or*

Since oil was found on his land, he's in the money (made of money). *Depuis qu'on a trouvé du pétrole sur ses terres, il roule sur l'or.*

for my money—*à mon avis*

For my money, you're making a mistake. *A mon avis, vous faites erreur.*

(right) on the money—*juste*

Her guess was (right) on the money. *Elle avait deviné juste.*

---

monkey—*le singe*

monkey business—*des blagues, des histoires*

I want you to come right here, and no monkey business! *Je veux que vous veniez ici tout de suite, et pas de blagues (d'histoires)!*

---

month—*le mois*

a month of Sundays—*des mois et des mois*
We haven't seen her for a month of Sundays. *Nous ne l'avons pas revue depuis des mois et des mois.*

mood—*l'état d'esprit*

to be in the mood for (to)—*avoir envie de*
Leave me alone; I'm not in the mood to talk. *Laissez-moi tranquille; je n'ai pas envie de parler.*

to mop—*balayer, essuyer*

to mop (up) the floor with—*battre à plates coutures*
I think my friend will mop (up) the floor with yours. *Je crois que mon ami battra le tien à plates coutures.*

more—*plus*

more and more—*de plus en plus*
He is beginning to make more and more money. *Il commence à gagner de plus en plus d'argent.*

more often than not—*la plupart du temps, le plus souvent*
More often than not they missed their train. *La plupart du temps (Le plus souvent) ils rataient leur train.*

more than one can shake a stick at—*des tas*
There were more people there than you can shake a stick at. *Il y avait là des tas de gens.*

most—*le plus*

for the most part—*en général, la plupart du temps*
For the most part, we stayed at home. *En général (La plupart du temps), nous restions chez nous.*

mountain—*la montagne*

to make a mountain out of a molehill—*se noyer dans un verre d'eau*
Don't expect him to do that; he'll make a mountain out of a molehill. *Ne vous attendez pas à ce qu'il fasse cela; il se noie dans un verre d'eau.*

move—*le déménagement, le déplacement*
  on the move—*en marche*
  Their army is already on the move. *Leur armée est déjà en marche.*

to move—*bouger, déménager, (se) déplacer, remuer*
  to move in on—*avancer sur*
  The enemy is starting to move in on us. *L'ennemi commence à avancer sur nous.*

  to move over—*se pousser*
  Move over, I want to sit down. *Pousse-toi. Je veux m'asseoir.*

much—*beaucoup*
  much as—*pour autant que*
  Much as I'd like to come, I'm afraid I can't. *Pour autant que je veuille venir, je regrette de ne pas le pouvoir.*

  That's a bit (too) much!—*Elle est bonne, celle-là!*

mud—*la boue*
  Here's mud in your eye!—*A la tienne!*

  Your name is mud!—*Vous êtes perdu de réputation!*

mum—*chut*
  Mum's the word!—*Bouche cousue!*

to nail—*clouer*
  to nail down—*conclure, sceller; mettre au pied du mur*
  We finally nailed down that contract. *Nous avons enfin conclu (scellé) ce contrat.* See if you can nail him down. *Vois si tu peux le mettre au pied du mur.*

name—*le nom*
  the name of the game—*l'essentiel*

In this business, the name of the game is sales. *Dans ce genre de commerce, l'essentiel c'est la vente.*

to one's name—*à soi*
She didn't have a cent to her name. *Elle n'avait pas un sou à elle.*

to name—*appeler*

to be named after—*porter le nom de*
She was named after her grandmother. *Elle portait le nom de sa grand'mère.*

to name names—*faire des révélations*
Out of fear, he started to name names before the committee. *De peur, il a commencé à faire des révélations devant la commission.*

near—*proche*
It was a near miss—*Il s'en est fallu de peu.*

necessary—*nécessaire*
if necessary—*s'il y a lieu*
Come back and see me if necessary. *Revenez me voir s'il y a lieu.*

neck—*le cou*

neck and neck—*à égalité*
The opponents are neck and neck in the campaign. *Les adversaires sont à égalité dans la campagne électorale.*

this neck of the woods—*ces parages*
What brings you to this neck of the woods? *Qu'est-ce qui vous amène dans ces parages?*

neighborhood—*le quartier, le voisinage*
in the neighborhood of—*dans les*
This car will cost you in the neighborhood of fifty thousand francs. *Cette voiture vous coûtera dans les cinquante mille francs.*

nerve—*le nerf*
to have a lot of (some) nerve—*avoir du culot (du toupet)*

He has a lot of (some) nerve to tell me that! *Il en a du culot (du toupet), de me dire ça!*

to have nerve—*avoir de l'estomac*
He must have nerve to try to accomplish such a difficult feat. *Il faut qu'il ait de l'estomac pour essayer d'accomplir un tel coup.*

never—*jamais*
Never mind.—*Laissez tomber.*

never mind—*passe encore de*
Never mind your being late, but you should have called me. *Passe encore d'être en retard, mais vous auriez dû m'appeler.*

Never say die!—*Il ne faut jamais désespérer! Impossible n'est pas français!*

Well, I never!—*Par exemple!*

next—*prochain*
the next best thing—*à défaut de cela, le mieux*
The next best thing would be to eat in the other restaurant. *A défaut de cela, le mieux serait de manger dans l'autre restaurant.*

next door (to)—*à côté (de)*
Their family lives next door to our friends. *Leur famille habite à côté de nos amis.*

the next of kin—*les (plus) proches parents*
We ought to notify the next of kin of his death. *Nous devrions prévenir ses (plus) proches parents de sa mort.*

next to—*presque*
The job turned out to be next to impossible. *Il s'est trouvé que le travail était presque impossible.*

nice—*gentil*
nice and—*bien*
Drink this, it's nice and warm. *Buvez ceci, c'est bien chaud.*

nick—*l'entaille*
in the nick of time—*à point (nommé)*

His check arrived in the nick of time. *Son chèque est arrivé à point (nommé).*

---

to nip—*pincer*

It was nip and tuck!—*C'était à un cheveu près!*

to nip in the bud—*écraser (étouffer, tuer) dans l'œuf*
The secret police nipped the plot in the bud. *La police secrète a écrasé (étouffé, tué) le complot dans l'œuf.*

---

no—*nul, pas*

No deal (dice, go, sale, soap, way)!—*Pas question! Rien à faire!*

no end—*énormément, des tas*
Their refusal caused us no end of trouble. *Leur refus nous a causé énormément (des tas) d'ennuis.*

no fooling (kidding)—*sans blague, sans mentir*
No fooling (kidding), this coat fits you like a glove! *Sans blague (Sans mentir), cette veste vous va comme un gant!*

no good (no use)—*inutile*
It was no good (no use) trying to persuade him. *C'était inutile d'essayer de le persuader.*

No sweat!—*Ne t'inquiète pas! Pas de problème!*

No wonder!—*Cela n'a rien d'étonnant!*

---

nobody—*personne*

like nobody's business—*comme pas un*
She does this kind of work like nobody's business. *Elle fait ce genre de travail comme pas un.*

nobody's fool—*pas né d'hier*
Don't try to trick her, she's nobody's fool. *N'essayez pas de la rouler, elle n'est pas née d'hier.*

There's nobody home.—*Il (Elle, etc.) est bête. Il (Elle, etc.) est dans la lune.*

---

to nod—*donner un signe de tête, hocher la tête*

to nod off—*s'assoupir*
She would nod off after dinner. *Elle s'assoupissait après dîner.*

---

none—*aucun*

to be none the worse for it—*ne pas s'en porter plus mal*
I had a scare but I'm none the worse for it. *J'ai eu peur mais je ne m'en porte pas plus mal.*

to have none of it—*ne pas marcher*
I told them I would have none of it. *Je leur ai dit que je ne marchais pas.*

---

nose—*le nez*

on the nose—*au poil*
They figured the cost on the nose. *Ils ont calculé le prix au poil (exactement).*

to put someone's nose out of joint—*défriser (dépiter) quelqu'un*
His neighbors' success put his nose out of joint. *La réussite de ses voisins l'a défrisé (dépité).*

---

to nose—*flairer, s'avancer prudemment*

to nose about (around)—*fouiller, fourrer son nez dans*
If you nose about (around) in my papers, I'll fire you. *Si vous fouillez (fourrez votre nez) dans mes papiers, je vous mettrai à la porte.*

to nose out—*dénicher, dépister; battre d'un nez*
The journalist nosed out a scandalous story. *Le journaliste a déniché (dépisté) une histoire scandaleuse.* Our horse nosed theirs out. *Notre cheval a battu le leur d'un nez.*

---

nothing—*rien*

for nothing—*à l'œil, gratuitement; pour des prunes*
I had no money but they gave it to me for nothing. *Je n'avais pas d'argent mais ils me l'ont donné à l'œil (gratuitement).* It's not for nothing that he was chosen as leader. *Ce n'est pas pour des prunes qu'on l'a choisi comme chef.*

to have nothing to show for—*en être pour*

They tricked me and I have nothing to show for my money. *Ils m'ont trompé et j'en suis pour mon argent.*

in nothing flat—*en moins de deux, en un rien de temps*
I told her I would get there in nothing flat. *Je lui ai dit que j'y serais en moins de deux (en un rien de temps).*

It's nothing to write home about.—*Il n'y a pas de quoi le crier sur les toits.*

to make (to think) nothing of—*prendre à la légère*
They made (they thought) nothing of our warnings. *Ils ont pris notre avertissement à la légère.*

Nothing doing!—*Je ne marche pas! Pas question!*

nothing short of—*rien moins que*
That would be nothing short of a miracle. *Ce ne serait rien moins qu'un miracle.*

nothing to do with—*rien à voir avec*
This movie has nothing to do with the novel of the same title. *Ce film n'a rien à voir avec le roman du même titre.*

There's nothing to it.—*Ce n'est pas une affaire. Il n'y a pas de quoi fouetter un chat.*

---

now—*maintenant*
from now on—*désormais*
From now on I'm the boss of this business. *Désormais c'est moi le patron de cette entreprise.*

now and again (now and then)—*de temps à autre, de temps en temps*
We still see them now and again (now and then). *Nous les voyons encore de temps à autre (de temps en temps).*

---

nowhere—*nulle part*
nowhere near—*pas du tout près (de), très loin (de)*
Your offer is nowhere near what we want. *Votre offre n'est pas du tout près (est très loin) de ce que nous cherchons.*

---

number—*le chiffre, le nombre, le numéro*
  His number is up.—*Son affaire est faite.*

  I have (I've got) your number.—*Je te vois venir (avec tes gros sabots).*

to nurse—*soigner*
  to nurse a grudge against—*garder rancune à*
  She nursed a grudge against her former colleague. *Elle gardait rancune à son ancien collègue.*

nut—*la noisette, la noix*
  to be nuts—*avoir reçu un coup de marteau, être marteau*
  If you paid a hundred francs for that, you're nuts! *Si tu as payé ça cent francs, tu as reçu un coup de marteau (tu es marteau)!*

  to be nuts about—*être toqué de*
  He was nuts about his friend's girlfriend. *Il était toqué de l'amie de son ami.*

  It's a hard (tough) nut to crack.—*Ça nous donne du fil à retordre.*

oar—*l'aviron, la rame*
  to put (to stick) one's oar in—*y mettre son grain de sel*
  If he knows nothing about it, why is he putting (sticking) his oar in? *S'il n'en sait rien, pourquoi y met-il son grain de sel?*

to occur—*arriver*
  to occur to—*venir à l'idée à*
  It never occurred to me that she had already left. *Il ne m'est jamais venu à l'idée qu'elle était déjà partie.*

odd—*impair*
  . . .odd—*. . .et quelques*

There were fifty odd people at the meeting. *Il y avait cinquante et quelques personnes à la réunion.*

---

odds—*l'avantage, les chances*

to be at odds with—*ne pas être d'accord avec, ne pas s'entendre avec*
He is at odds with his partner. *Il n'est pas d'accord avec (Il ne s'entend pas avec) son associé.*

by all odds—*sans question*
She is by all odds the best candidate for the position. *Elle est sans question la meilleure candidate pour le poste.*

the odds are—*il y a gros à parier*
The odds are that she won't come. *Il y a gros à parier qu'elle ne viendra pas.*

---

off—*au loin (de), en dehors (de)*

to be off—*se sauver*
Good-bye; I must be off right away. *Au revoir; il faut que je me sauve tout de suite.*

to be off bag and baggage—*plier baggage*
In a twinkling they were off bag and baggage. *En un clin d'œil ils avaient plié baggage.*

to be off duty—*ne pas être de service*
The doorkeeper is off duty this evening. *Le concierge n'est pas de service ce soir.*

to be (way) off base—*se mettre le doigt dans l'œil*
You're way off base if you think that. *Tu te mets le doigt dans l'œil si tu penses cela.*

to be off the mark (the target)—*taper à côté*
She tried to guess but she was always off the mark (the target). *Elle essayait de deviner, mais elle tapait toujours à côté.*

off and on—*par instants*
He comes back here off and on to borrow money. *Il revient ici par instants pour emprunter de l'argent.*

off one's feed—*sans appétit*

Since my operation I've been off my feed. *Depuis mon opération je suis sans appétit.*

off one's rocker (trolley)—*cinglé, tombé sur la tête*
You must be off your rocker (trolley) to believe that! *Il faut que tu sois cinglé (tombé sur la tête) pour croire cela!*

off the cuff—*impromptu, improvisé*
She gave a speech off the cuff. *Elle a fait un discours impromptu (improvisé).*

off the hook—*dégagé de responsabilité*
It is a great relief for them to be off the hook in this business. *C'est pour eux un gros soulagement d'être dégagés de responsabilité dans cette affaire.*

off the top of one's head—*sans être certain de ce qu'on dit*
He gave us those figures off the top of his head. *Il nous a donné ces chiffres sans être certain de ce qu'il disait.*

off the wall—*aberrant*
His behavior was really off the wall! *Sa conduite était vraiment aberrante!*

on the off chance—*à tout hasard*
I asked him that difficult question on the off chance. *Je lui ai posé cette question difficile à tout hasard.*

(right) off the bat—*à froid, tout de go*
I was not about to answer their question (right) off the bat. *Je n'allais pas répondre à leur question à froid (tout de go).*

---

offing—*la distance*
in the offing—*en perspective*
There seems to be a tax rise in the offing. *Il semble y avoir une augmentation des impôts en perspective.*

---

often—*souvent*
as often as (more often than) not—*le plus souvent*
As often as (more often than) not he would have to go to bed without supper. *Le plus souvent il devait se coucher sans souper.*

How often?—*Combien de fois? Tous les combien?*

---

old—*vieux*

How old are you?—*Quel âge avez-vous?*

an old flame—*un(e) ancien(ne)*
She is an old flame of his. *C'est une de ses anciennes.*

an old hand at—*un vieux renard de*
He is an old hand at politics; he can manage. *C'est un vieux renard de la politique; il sait se débrouiller.*

old hat—*vieux jeu*
Your idea of courtesy is old hat now. *Votre notion de la courtoisie est vieux jeu maintenant.*

old lady. . .—*la mère. . .*
It's old lady Michel who has lost her cat. *C'est la mère Michel qui a perdu son chat.*

old man. . .—*le père. . .*
Old man Lustucru answered her, "No, old lady Michel, your cat isn't lost." *Le père Lustucru lui a répondu: mais non, la mère Michel, votre chat n'est pas perdu.*

an old saw—*un cheval de bataille*
He keeps harping on his old saw, the right to work. *Il revient toujours à son cheval de bataille, le droit au travail.*

---

on—*de l'avant, dessus*

to be on to—*connaître les ficelles de; être sur la piste de*
He can't fool us; we're on to him now. *Il ne nous trompe plus; nous connaissons ses ficelles maintenant.*
I think you're on to something important! *Je crois que vous êtes sur la piste de quelque chose d'important!*

on and off—*de temps en temps, par moments*
It rained on and off. *Il a plu de temps en temps (par moments).*

on and on—*sans relâche*
The speaker talked on and on. *Le conférencier a parlé sans relâche.*

on the quiet (the Q.T.)—*en catimini, en douce*
They had their meeting on the quiet (the Q.T.) because of the police. *Ils ont fait leur réunion en catimini (en douce) à cause de la police.*

---

once—*autrefois, une fois*

   all at once—*tout d'un coup*

   All at once a dog jumped on me. *Tout d'un coup un chien m'a sauté dessus.*

   at once—*à la fois; tout de suite*

   You are trying to do too many things at once. *Vous essayez de faire trop de choses à la fois.* You must come down here at once! *Il faut que vous descendiez ici tout de suite!*

   once and for all—*une (bonne) fois pour toutes*

   I'm telling you this once and for all: be careful. *Je vous dis ceci une (bonne) fois pour toutes: faites attention.*

   once in a blue moon—*tous les trente-six du mois*

   We see each other once in a blue moon. *Nous nous voyons tous les trente-six du mois.*

   once in a while—*de temps à autre, de temps en temps*

   We try to visit our cousins in Europe once in a while. *Nous essayons de rendre visite à nos cousins d'Europe de temps à autre (de temps en temps).*

   once upon a time—*une fois*

   Once upon a time there was a beautiful princess. . .*Il y avait une fois une belle princesse. . .*

---

one—*on, un*

   as one—*d'un commun accord*

   When she entered, the guests applauded as one. *Quand elle est entrée, les invités ont applaudi d'un commun accord.*

   for one thing—*d'abord*

   He can't do it; for one thing, he doesn't know how to drive. *Il ne peut pas le faire; d'abord, il ne sait pas conduire.*

   to have a one-track mind—*ne pouvoir penser qu'à une chose à la fois*

   Let him finish what he is doing; he has a one-track mind. *Laissez-le finir ce qu'il fait; il ne peut penser qu'à une chose à la fois.*

to have one foot in the grave—*sentir le sapin*

He isn't very old, but he already has one foot in the grave. *Il n'est pas très âgé, mais il sent déjà le sapin.*

It's one and the same thing.—*C'est du pareil au même.*

(it's) one way or the other—*de deux choses l'une*

(It's) one way or the other; either he leaves, or he gets arrested. *De deux choses l'une; ou il s'en va ou il se fait arrêter.*

one and all—*tous sans exception*

I welcome you one and all. *Vous êtes tous les bienvenus, sans exception.*

a one-horse town— *un patelin, un pays perdu*

As punishment, the official was transferred to a one-horse town. *En guise de sanction, le fonctionnaire a été transféré à un patelin (un pays perdu).*

That's one for the books!—*Elle est bonne, celle-là! Par exemple!*

---

only—*seulement*

only yesterday—*pas plus tard qu'hier*

She is still here; I saw her only yesterday. *Elle est toujours là; je l'ai vue pas plus tard qu'hier.*

---

open—*ouvert*

in the open—*à ciel ouvert, à découvert*

This is a mine which is worked in the open. *C'est une mine qu'on exploite à ciel ouvert (à découvert).*

(in the) open air—*au grand air; en plein air (vent)*
They dried the towels in the open air. *Ils ont séché les serviettes au grand air.* She does her shopping at an open-air market (at a market in the open air). *Elle fait ses courses à un marché en plein air (vent).*

It's an open secret.—*C'est le secret de Polichinelle.*

open to question—*discutable*
The applicant's ability is open to question. *Les capacités du candidat sont discutables.*

---

to open—*ouvrir*
to open up—*ouvrir; s'ouvrir*
They decided to open up the safe. *Ils ont décidé d'ouvrir le coffre-fort.*
The flower opened up like a parasol. *La fleur s'est ouverte comme une ombrelle.*

---

order—*la commande, l'ordre*
in order—*en règle*
Your papers seem to be in order, sir. *Vos papiers ont l'air d'être en règle, monsieur.*

in order that—*afin que*
I called you in order that we may discuss the matter. *Je vous ai appelé afin que nous puissions examiner la question.*

in order to—*afin de, pour*
We stopped in order to check the oil. *Nous nous sommes arrêtés afin de (pour) vérifier l'huile.*

It's a large (a tall) order.—*Ce n'est pas une petite affaire.*

on order—*commandé*
The item you asked for is on order. *L'article que vous avez demandé est commandé.*

on the order of—*dans les*
We'll be able to supply on the order of three thousand demonstrators. *Nous pourrons fournir dans les trois mille manifestants.*

to order—*sur commande*
They make these hats to order. *Ils font ces chapeaux sur commande.*

to order—*commander, ordonner*
    to order around—*mener à la baguette*
    She orders her husband around. *Elle mène son mari à la baguette.*

other—*autre*
    to have other fish to fry—*avoir d'autres chats à fouetter*
    I can't wait for long, I have other fish to fry. *Je ne peux pas attendre longtemps, j'ai d'autres chats à fouetter.*

    on the other hand—*d'autre part, en revanche, par contre*
    He isn't brilliant but on the other hand he is hard-working. *Il n'est pas brillant mais d'autre part (en revanche, par contre) il est travailleur.*

    the other side of the coin—*le revers de la médaille*
    It's a fine job but the other side of the coin is that we have to move. *C'est une belle situation mais le revers de la médaille c'est qu'il faut déménager.*

out—*dehors, hors de*
    to be out for oneself—*rechercher son propre intérêt*
    He never thinks of others; he's always out for himself. *Il ne pense jamais aux autres; il recherche toujours son propre intérêt.*

    to be out of luck—*jouer de malheur, manquer de veine*
    I went to his apartment three times without finding him; I was out of luck. *Je suis allé trois fois à son appartement sans le trouver; j'ai joué de malheur (j'ai manqué de veine).*

    to be out of one's head (mind, senses, wits)—*avoir perdu la tête, perdre la raison*
    Going out in this weather without a coat; why, you're out of your head (mind, senses, wits)! *Sortir par un pareil temps sans manteau; mais vous avez perdu la tête (vous perdez la raison)!*

    to be out of pocket—*en être pour ses frais*
    You profited by it and I was out of pocket. *Vous en avez profité et moi j'en étais pour mes frais.*

to be out of the ordinary—*sortir de l'ordinaire*
This is a curious case, one that is out of the ordinary. *C'est un cas curieux, et qui sort de l'ordinaire.*

to be out of touch—*avoir perdu le contact*
He is out of touch with contemporary politics. *Il a perdu le contact avec la politique actuelle.*

(from) out of the woodwork—*sans crier gare*
His old drinking buddy appeared (from) out of the woodwork. *Son ancien camarade de beuverie a apparu sans crier gare.*

to get out of the way—*s'écarter, se pousser*
Get out of the way if you don't want to be run over. *Ecartez-vous (Poussez-vous) si vous ne voulez pas qu'on vous écrase.*

to get someone out of one's hair—*se débarrasser de quelqu'un*
If I don't get that nuisance out of my hair, I'll go crazy! *Si je ne me débarrasse pas de cette peste, je vais devenir fou!*

to get (to put) someone out of the way—*se débarrasser de quelqu'un*
If he interferes, we'll have to get (to put) him out of the way. *S'il nous gêne, il faudra que nous nous débarrassions de lui.*

on the outs—*en froid*
They used to be good friends, but now they're on the outs. *C'étaient de bons amis, mais ils sont en froid maintenant.*

out-and-out—*consommé, fieffé*
He is an out-and-out crook. *C'est un escroc consommé (fieffé).*

out at the elbows—*dans la dèche, dans la gêne; troué au coudes*
Now that they have lost their fortune, they are out at the elbows. *Maintenant qu'ils ont perdu leur fortune, ils sont dans la dèche (dans la gêne). His jacket was out at the elbows. *Sa veste était trouée aux coudes.*

out in front—*en flèche*
His laboratory wants to be out in front. *Son laboratoire veut être en flèche.*

out in left field—*à côté de la plaque*
The answer he gave was out in left field. *La réponse qu'il a donnée était à côté de la plaque.*

out in the cold—*en plan*

The child felt as if the others had left him out in the cold. *L'enfant pensait que les autres l'avaient laissé en plan.*

out like a light—*K.O.*

When the big man punched him, he was out like a light. *Quand le gros homme l'a frappé, il a été K.O.*

out loud—*à voix haute, tout haut*

You shouldn't say such things out loud! *Il ne faut pas dire de telles choses à voix haute (tout haut).*

out of—*à court de*

They were out of money. *Ils étaient à court d'argent.*

out of a clear blue sky (out of the blue, nowhere)—*sans qu'on s'y attende*

Out of a clear blue sky (Out of the blue, Out of nowhere), he asked her to marry him. *Sans qu'elle s'y attende, il lui a demandé de l'épouser.*

out of bounds—*d'accès interdit; sorti du terrain*

I'm sorry, but that information is out of bounds. *Je regrette, mais ce renseignement est d'accès interdit.* The ball went out of bounds. *Le ballon est sorti du terrain.*

out of court—*à l'amiable*

They settled their dispute out of court. *Ils ont réglé leur différend à l'amiable.*

out of date (fashion, style)—*démodé, passé de mode*

Courtesy seems to be out of date (fashion, style). *La politesse semble être démodée (passée de mode).*

out of gas—*en panne sèche*

Our car ran out of gas. *Notre voiture est tombée en panne sèche.*

out of it—*pas branché*

Your friend is very nice, but he's really out of it. *Ton copain est très gentil, mais il n'est vraiment pas branché.*

out of joint—*luxé*

Her shoulder was out of joint. *Son épaule était luxée.*

out of keeping with—*en désaccord avec*

His actions are out of keeping with his words. *Ses activités sont en désaccord avec ses paroles.*

out of kilter (whack)—*déglingué*
When he tried to use the machine, it was out of kilter (whack). *Quand il a essayé de se servir de la machine, elle était déglinguée.*

out of line—*déplacé*
Your behavior is completely out of line. *Votre conduite est tout à fait déplacée.*

out of order—*déplacé; en panne*
We think that his comments are out of order. *Nous trouvons que ses observations sont déplacées.* The elevator is out of order; use the stairs. *L'ascenseur est en panne; prenez l'escalier.*

out of print (stock)—*épuisé*
That book is out of print (stock) now. *Ce livre est épuisé maintenant.*

out of shape (trim)—*en mauvaise forme*
Being out of shape (trim), she came in last in the race. *Etant en mauvaise forme, elle est arrivée dernière de la course.*

out of sorts—*mal en train*
I'm feeling out of sorts this morning. *Je me sens mal en train ce matin.*

out of the hole—*hors de dette, tiré d'affaire*
If you lend me fifty bucks, I'll be out of the hole. *Si tu me prêtes cinquante balles, je serai hors de dette (tiré d'affaire).*

out of the way—*écarté, isolé*
The village where they live is rather out of the way. *Le village où ils habitent est assez écarté (isolé).*

out of the woods—*tiré d'affaire, sorti de l'auberge*
The doctor says that his patient isn't out of the woods yet. *Le médecin dit que le malade n'est pas encore tiré d'affaire (sorti de l'auberge).*

out of this world—*fantastique*
Your hairdo is out of this world! *Votre coiffure est fantastique!*

out of work—*en chômage, sans travail*
Because of the recession, many people were out of work. *A cause de la récession, beaucoup de gens étaient en chômage (sans travail).*

out to lunch—*idiot*

Don't ask your friend, he's out to lunch. *Ne demande pas à ton camarade, il est idiot.*

way out (in the sticks)—*au diable (au diable vert, vauvert)*
He lives way out (in the sticks). *Il habite au diable (au diable vert, vauvert).*

outside—*l'extérieur*
at the outside—*au maximum*
The program can accept twelve people at the outside. *Le programme peut accepter douze personnes au maximum*

over—*au-dessus (de), fini, plus de*
to be (to come) right over—*arriver tout de suite*
Wait there; I'll be (I'll come) right over. *Attendez là; j'arrive tout de suite.*

to go over—*être reçu*
How did the show go over? *Comment le spectacle a-t-il été reçu?*

to haul (to rake) over the coals—*sonner les cloches à*
His boss hauled (raked) him over the coals for his mistake. *Son patron lui a sonné les cloches à cause de son erreur.*

It's over my head.—*Cela me dépasse. Je n'y comprends rien.*

over a barrel—*à sa merci (sous sa coupe)*
Because of my debts, he has me over a barrel. *A cause de mes dettes, il m'a à sa merci (sous sa coupe).*

over and above—*en plus de*
I have accounted for my expenses over and above the *per diem. J'ai fait le compte de mes dépenses en plus du* per diem.

over and over (again)—*maintes et maintes fois*
They had been warned over and over (again). *On les avait avertis maintes et maintes fois.*

Over my dead body!—*A mon corps défendant!*

over the counter—*en vente libre*
These medicines are sold over the counter. *Ces médicaments sont en vente libre.*

over the hill—*sur le retour*

That actor is over the hill and can't find any roles. *Cet acteur est sur le retour et ne peut pas trouver de rôles.*

over the hump—*doublé (franchi) le cap*
Once we're over the hump, this will go much more quickly. *Une fois qu'on aura doublé (franchi) le cap, cela ira beaucoup plus vite.*

over there—*là-bas*
Is that your sister I see over there? *Est-ce ta sœur que je vois là-bas?*

over the years—*avec le passage des années (du temps)*
Over the years I have developed my own system. *Avec le passage des années (du temps) j'ai formé mon propre système.*

over with—*fini*
When this job is over with, we'll be able to relax. *Quand ce travail sera fini, nous pourrons nous détendre.*

---

own—*propre*
of one's own—*à soi*
They want to have a house of their own. *Ils veulent avoir une maison à eux.*

of one's own (invention)—*de son cru*
He told jokes of his own (invention). *Il racontait des plaisanteries de son cru.*

of one's own making—*de sa façon*
She served us a liquor of her own making. *Elle nous a servi un alcool de sa façon.*

on one's own—*indépendant*
We'll see what you can do when you're on your own. *Nous verrons ce dont vous serez capable quand vous serez indépendant.*

on one's own (authority)—*de son propre chef*
He made that decision on his own (authority). *Il a pris cette décision de son propre chef.*

---

to own—*avoir, posséder*
to own up to—*admettre, reconnaître*

Faced by the evidence, he owned up to his guilt. *Devant les preuves, il a admis (reconnu) sa culpabilité.*

to pack—*emballer, faire les valises*
to pack a mean punch (a wallop)—*avoir un coup de poing terrible*
For his weight, this boxer packs a mean punch (a wallop). *Pour son poids, ce boxeur a un coup de poing terrible.*

to pack it in (up)—*faire son (ses) paquet(s)*
He was quite ill and he prepared to pack it in (up). *Il était bien malade et s'apprêtait à faire son paquet (ses paquets).*

to pack off—*expédier*
He packed his family off to the country. *Il a expédié sa famille à la campagne.*

to pack up and go—*plier bagage*
The policemen ordered me to pack up and go. *Les agents m'ont intimé l'ordre de plier bagage.*

to pad—*rembourrer*
to pad a bill—*augmenter (falsifier) une facture*
It was obvious that the merchant had padded the bill. *Il était évident que le commerçant avait augmenté (falsifié) la facture.*

to pad the bills (for a housekeeper)—*faire danser l'anse du panier*
They no longer sent their cook shopping because she padded the bills. *Ils n'envoyaient plus leur cuisinière faire le marché, parce qu'elle faisait danser l'anse du panier.*

to paddle—*pagayer*
to paddle one's own canoe—*voler de ses propres ailes*
You'll have to paddle your own canoe after I'm gone. *Il vous faudra voler de vos propres ailes après mon départ.*

pain—*la douleur, le mal, la peine*
  to be a pain in the ass (neck)—*casser les pieds à*
  Get out; you're a pain in the ass (neck) with your complaints! *Va-t'en; tu me casses les pieds avec tes plaintes!*

---

to paint—*peindre*
  to paint oneself into a corner—*se trouver le dos au mur*
  Trying to justify his colleagues' actions, he painted himself into a corner. *En essayant de justifier les actions de ses collègues, il s'est trouvé le dos au mur.*

---

palm—*la paume*

  to have in the palm of one's hand—*avoir sous sa coupe*
  He can't resist; you've got him in the palm of your hand. *Il ne peut pas résister; vous l'avez sous votre coupe.*

---

to palm—*manier*
  to palm off—*refiler*
  The salesman tried to palm off an old jalopy on them. *Le vendeur a essayé de leur refiler un vieux tacot.*

---

to pan—*laver à la batée*
  to pan out—*réussir*
  Their project didn't pan out. *Leur projet n'a pas réussi.*

---

paper—*le papier*

  on paper—*en principe*

  Their idea seemed good on paper, but it wasn't practical. *Leur idée semblait bonne en principe, mais elle n'était pas pratique.*

---

par—*le pair, la normale*

  That's par for the course.—*Il fallait s'y attendre.*

---

part—*la part, la partie*

  to be part and parcel of—*faire partie intégrante de*

  His group is part and parcel of the opposition. *Son groupe fait partie intégrante de l'opposition.*

  in these parts—*dans ces parages*

  We don't often see foreigners in these parts. *Nous ne voyons pas souvent d'étrangers dans ces parages.*

---

to part—*partir, séparer*

  to part company with—*se séparer de*

  When they made fun of our country, we parted company with them. *Quand ils se sont moqués de notre pays, nous nous sommes séparés d'eux.*

  to part one's hair—*porter la raie*

  She parts her hair in the middle. *Elle porte la raie au milieu.*

  to part with—*se défaire de*

  I hate to part with this picture—*Cela m'ennuie de me défaire de ce tableau.*

  the parting of the ways—*la croisée des chemins*

  The two collaborators have reached the parting of the ways. *Les deux collaborateurs sont arrivés à la croisée des chemins.*

---

party—*la fête, le parti*

  to (let oneself) be a party to—*se prêter à*

  I won't (let myself) be a party to this plot. *Je ne me prêterai pas à cette intrigue.*

---

to pass—*passer*

  to pass (an examination, etc.)—*être reçu à (un examen, etc.)*

He passed his final examinations. *Il a été reçu à ses examens de fin de cours.*

to pass away (to pass on)—*décéder*

His grandfather passed away (passed on) last week. *Son grandpère est décédé la semaine dernière.*

to pass by (to pass over)—*laisser pour compte*

He was passed by (passed over) when it came time for promotions. *On l'a laissé pour compte au moment des promotions.*

to pass muster—*être acceptable*

Will this article pass muster for the collection? *Ce papier sera-t-il acceptable pour le recueil?*

to pass oneself off as—*se faire passer pour*

She tried to pass herself off as a model. *Elle essayait de se faire passer pour un mannequin.*

to pass out—*distribuer*

A group of people were passing out leaflets on the street. *Un groupe de gens distribuait des prospectus dans la rue.*

to pass out (cold)—*s'évanouir*

The sight of blood made him pass out (cold). *La vue du sang l'a fait s'évanouir.*

to pass the buck to—*mettre l'affaire sur le dos à*

To avoid the responsibility, he passed the buck to me. *Pour éviter la responsabilité, il m'a mis l'affaire sur le dos.*

to pass the hat—*faire la quête*

Upon his death, his friends passed the hat for his widow. *A sa mort, ses amis ont fait la quête pour sa veuve.*

to pass the time of day—*tailler une bavette*

We found the two men passing the time of day. *Nous avons trouvé les deux hommes qui taillaient une bavette.*

to pass up—*laisser passer*

You have passed up a splendid opportunity which you'll regret. *Vous avez laissé passer une belle occasion que vous regretterez.*

to pass upon—*juger*

I refuse to pass upon their qualifications. *Je refuse de juger leurs qualifications.*

---

past—*au delà*
past one's prime—*sur le retour*
He was a great actor but he's past his prime. *C'était un grand acteur mais il est sur le retour.*

---

to pat—*caresser, flatter*
to pat on the back—*complimenter*
I must pat her on the back for her deed. *Il faut que je la complimente pour son acte.*

---

to patch—*rapiécer, réparer*
to patch things up—*se réconcilier*
I was sure the two friends would patch things up. *J'étais sûr que les deux amis se réconcilieraient.*

---

to pave—*goudronner, paver*
to pave the way for—*ouvrir (préparer) le chemin à*
His writings paved the way for the revolution. *Ses écrits ont ouvert (préparé) le chemin à la révolution.*

---

pay—*la paie*
pay dirt—*un bon filon*
After years of effort, they have finally hit pay dirt. *Après des années d'efforts, ils ont enfin découvert un bon filon.*

---

to pay—*payer*
to pay attention—*faire (prêter) attention*
At the time I didn't pay attention to what she was saying. *Sur le moment je n'ai pas fait (prêté) attention à ce qu'elle disait.*

to pay down—*verser des arrhes*
I paid fifty dollars down and I'll pay the rest in twelve months. *J'ai versé cinquante dollars d'arrhes et je payerai le reste dans douze mois.*

to pay off—*être couronné de succès*

After months and months of work, her efforts paid off. *Après des mois de travail, ses efforts ont été couronnés de succès.*

to pay one's respects—*présenter ses respects*
We wanted to pay our respects to the new commander. *Nous voulions présenter nos respects au nouveau commandant.*

to pay the piper—*payer les violons*
You had a good time; now you have to pay the piper. *Tu t'es amusé; maintenant il faut payer les violons.*

to pay through the nose for—*acheter à prix d'or*
They paid through the nose for their Louis XV desk. *Ils ont acheté leur secrétaire Louis XV à prix d'or.*

to pay up—*régler, solder*
Their account is paid up. *Leur note est réglée (soldée).*

---

to peep—*regarder furtivement*
  a peeping Tom—*un voyeur*
The police suspected that a peeping Tom was roaming around the neighborhood. *La police soupçonnait qu'un voyeur rôdait dans le quartier.*

---

pep—*l'allant*
  a pep talk—*des paroles d'encouragement*
The coach gave his team a pep talk before the game. *L'entraîneur a dit des paroles d'encouragement à son équipe avant le match.*

---

pet—*domestiqué, préféré*
  pet peeve—*la bête noire*
Math is her pet peeve. *Les maths sont sa bête noire.*

Peter—*Pierre*
  to peter out—*s'épuiser, tarir*
The supply of water petered out. *La provision d'eau s'est épuisée (a tari).*

---

pick—*le choix, la sélection*
  the pick of the crop (pack)—*le dessus du panier*

We were able to take the pick of the crop (pack) because we arrived first. *Nous avons pu prendre le dessus du panier parce que nous sommes arrivés les premiers.*

---

to pick—*choisir, cueillir*

to pick a fight—*chercher querelle*

He's a troublemaker; he picks fights with everyone. *C'est un mauvais coucheur; il cherche querelle à tout le monde.*

to pick a lock—*crocheter une serrure*

The thieves entered by picking the lock. *Les voleurs sont entrés en crochetant la serrure.*

to pick apart (to pick holes in, to pick to pieces)—*chercher des poux, trouver à redire à*

They kept picking our explanation apart (picking holes in our explanation, picking our explanation to pieces). *Ils ont continué de chercher des poux (de trouver à redire) à notre explication.*

to pick at one's food—*manger du bout des dents*

She picked at her food because she wasn't hungry. *Elle mangeait du bout des dents parce qu'elle n'avait pas faim.*

to pick off—*abattre*

The shooter managed to pick off several enemy soldiers. *Le tireur a réussi à abattre plusieurs soldats ennemis.*

to pick on—*s'en prendre à*

It isn't my fault. Why do you pick on me? *Ce n'est pas de ma faute. Pourquoi vous en prenez-vous à moi?*

to pick one's way through—*avancer à travers avec précaution*

We had to pick our way through the rubble. *Il a fallu que nous avancions à travers les débris avec précaution.*

to pick out—*choisir*

Help me pick out a birthday card for my nephew. *Aide-moi à choisir une carte d'anniversaire pour mon neveu.*

to pick over—*trier*

When you have picked over this fruit, there won't be many good ones left. *Quand vous aurez trié ces fruits, il n'en restera pas beaucoup de bons.*

to pick someone's brains—*faire appel aux lumières de quelqu'un*
Let me pick your brains, to see if we can solve this problem. *Laissez-moi faire appel à vos lumières, pour voir si nous pouvons résoudre ce problème.*

to pick up—*ramasser; reprendre*
Pick up your dirty clothes before you go out. *Ramasse ton linge sale avant de sortir.* Business is starting to pick up a bit. *Les affaires commencent à reprendre un peu.*

to pick up the tab—*payer l'addition*
He picked up the tab at dinner. *C'est lui qui a payé l'addition du dîner.*

---

picnic—*le pique-nique*
It's no picnic!—*Ce n'est pas une partie de plaisir (de la tarte)!*

---

picture—*l'image, le tableau*
to be the picture of health—*respirer la santé*
She is beautiful and fresh, and she is the picture of health. *Elle est belle et fraîche, et elle respire la santé.*

---

pie—*la tarte*
He promised pie in the sky.—*Il promettait la lune.*

---

piece—*le morceau, la pièce*
to do piecework—*travailler à la tâche*
They get very tired since they have been doing piecework. *Ils se fatiguent beaucoup depuis qu'ils travaillent à la tâche.*

of a piece—*semblable*
Their various works were all of a piece. *Leurs ouvrages divers étaient tous semblables.*

piecemeal—*par bribes*
I learned the whole story piecemeal. *J'ai appris l'histoire entière par bribes.*

a piece of cake—*du gâteau*
That job was a piece of cake! *Ce travail, c'était du gâteau!*

a piece of the action—*sa part du gâteau*
Their pals said that they wanted a piece of the action. *Leurs complices ont dit qu'ils voulaient leur part du gâteau.*

pig—*le cochon*
> **In a pig's eye!**—*Mon œil!*

pile—*le tas*
> **to make piles (of money)**—*gagner de l'argent à la pelle*
> He made piles (of money) in the sale of wheat. *Il a gagné de l'argent à la pelle dans la vente du blé.*

to pile—*entasser*
> **to pile into**—*rentrer dedans à*
> If he keeps insulting me, I'm going to pile into him. *S'il continue à m'insulter, je vais lui rentrer dedans.*

> **to pile up**—*s'amasser*
> The paperwork kept piling up. *La paperasserie continuait à s'amasser.*

pillar—*le pilier*
> **from pillar to post**—*de Caïphe à Pilate*
> The officials drove us from pillar to post. *Les bureaucrates nous ont renvoyés de Caïphe à Pilate.*

pin—*l'épingle*
> **to have pins and needles**—*avoir des fourmis*
> I had pins and needles in my legs from sitting. *J'avais des fourmis dans les jambes à force de rester assis.*

> **on pins and needles**—*sur des charbons ardents*
> He was on pins and needles waiting for the jury's decision. *Il était sur des charbons ardents en attendant la décision du jury.*

to pin—*épingler*
> **to pin down**—*coincer; mettre le doigt dessus*

He was pinned down under the wreckage. *Il était coincé sous les décombres.* There's something wrong, but I can't pin it down. *Il y a quelque chose qui ne va pas, mais je n'arrive pas à mettre le doigt dessus.*

to pin one's faith (hopes) on—*mettre son espoir en*
Don't pin your faith (hopes) on his good will. *Ne mettez pas votre espoir en sa bonne volonté.*

to pin someone's ears back—*frotter les oreilles à quelqu'un*
If you do that, I'm going to pin your ears back. *Si tu fais cela, je vais te frotter les oreilles.*

to pin something on someone—*mettre quelque chose sur le dos de quelqu'un*
They tried to pin the responsibility for it on us. *Ils ont essayé de nous en mettre la responsabilité sur le dos.*

to pin up—*afficher, attacher*
He pinned the photo up on the wall. *Il a affiché (attaché) la photo au mur.*

pinch—*la pincée*
in a pinch—*au besoin*
You can use my car in a pinch. *Vous pouvez vous servir au besoin de mon auto.*

to pinch—*pincer*
to pinch pennies—*être grippe-sous*
He has millions, but he pinches pennies. *Il a des millions, mais il est grippe-sous.*

pink—*rose*
in the pink—*en pleine forme*
It was obvious that she was in the pink. *Il était évident qu'elle était en pleine forme.*

pipe—*la pipe*
a pipe dream—*un château en Espagne*

I think your plans are just a pipe dream. *Je crois que tes projets ne sont qu'un château en Espagne.*

---

to pipe—*siffler*

    to pipe down—*baisser le ton*

    Pipe down, children! *Baissez le ton, les enfants!*

    to pipe up—*se faire entendre*

    All of a sudden a member of the audience piped up. *Tout d'un coup un membre du public s'est fait entendre.*

    piping hot—*très chaud*

    This dish must be served piping hot. *Il faut servir ce plat très chaud.*

---

to pit—*opposer*

    to pit against—*opposer à*

    They pitted their champion against ours. *Ils ont opposé leur champion au nôtre.*

---

to pitch—*lancer, ranger*

    to pitch in—*mettre la main à la pâte, pousser à la roue*

    When we need help, he knows how to pitch in. *Quand nous avons besoin d'aide, il sait mettre la main à la pâte (pousser à la roue).*

    to pitch into—*rentrer dedans à*

    If he keeps insulting me, I'm going to pitch into him. *S'il continue à m'insulter, je vais lui rentrer dedans.*

---

pity—*la pitié*

    For pity's sake!—*De grâce!*

    It's a pity—*C'est dommage*

    It's a pity you can't come to our party. *C'est dommage que vous ne puissiez pas venir à notre fête.*

---

to place—*mettre, poser*

    to place someone—*remettre quelqu'un*

    Tell me your name; I can't place you. *Dites-moi votre nom; je ne vous remets pas.*

---

plain—*laid, uni, évident*
in plain clothes—*en civil*
There were two policemen in plain clothes at the door. *Il y avait deux agents en civil à la porte.*

He is plainspoken.—*Il a son franc parler.*

That's as plain as the nose on your face.—*Cela saute aux yeux.*

---

plate—*l'assiette*
on one's plate—*à faire*
He replied he already had too much on his plate. *Il a répondu qu'il avait déjà trop à faire.*

---

to play—*jouer*
He's not playing with a full deck.—*Il est bête. Il lui manque une case.*

to play aboveboard—*jouer cartes sur table (franc jeu)*
I won't continue if they don't play aboveboard. *Je ne continue pas s'ils ne jouent pas cartes sur table (franc jeu).*

to play (a game, a sport)—*jouer à*
They played bridge every evening. *Ils jouaient au bridge tous les soirs.*

to play (an instrument)—*jouer de*
She plays the piano and the cello. *Elle joue du piano et du violoncelle.*

to play ball with—*entrer dans le jeu de*
If you want to work here, you'll have to play ball with the supervisor. *Si tu veux travailler ici, il faudra que tu entres dans le jeu du surveillant.*

to play both ends against the middle (to play both sides)—*ménager la chèvre et le chou, nager entre deux eaux*
That deputy plays both ends against the middle (plays both sides) in order to avoid making enemies. *Ce député ménage la chèvre et le chou (nage entre deux eaux) pour éviter de se faire des ennemis.*

to play down—*minimiser*
I am trying to play down their role in the matter. *J'essaie de minimiser leur rôle dans l'affaire.*

to play dumb—*faire l'âne pour avoir du son*
That lawyer is playing dumb. *Cet avocat fait l'âne pour avoir du son.*

to play fast and loose—*jouer double jeu*
You had better not try to play fast and loose with us. *Vous feriez mieux de ne pas essayer de jouer double jeu avec nous.*

to play for high stakes (for keeps)—*jouer gros (jeu)*
He was playing for high stakes (for keeps) and everyone knew it. *Il jouait gros (jeu) et tout le monde le savait.*

to play for time—*essayer de gagner du temps*
Don't listen to their arguments: they're just playing for time. *N'écoutez pas leurs arguments: il essaient seulement de gagner du temps.*

to play games—*jouer au plus fin, se jouer*
She isn't really worried; she's playing games with us. *Elle ne se fait pas vraiment de souci; elle joue au plus fin avec nous (elle se joue de nous).*

to play hardball—*faire monter les enjeux*
Once they saw our offer was serious, they started to play hardball. *Quand ils ont vu que notre offre était sérieuse, ils ont commencé à faire monter les enjeux.*

to play havoc (hell, hob) with—*semer la pagaille dans*
Your attitude is playing havoc (hell, hob) with our organization. *Votre attitude sème la pagaille dans notre organisation.*

to play hooky—*faire l'école buissonnière*
The little rascal would often play hooky. *Le petit garnement faisait souvent l'école buissonière.*

to play into the hands of—*faire le jeu de*
If you continue that way, you'll be playing into your opponents' hands. *Si vous continuez ainsi, vous ferez le jeu de vos adversaires.*

to play it by ear—*aviser au dernier moment, voir le moment venu*
We'll have to play it by ear, to find room for all the people we've invited. *Il faudra qu'on avise au dernier moment (qu'on voie le moment venu), pour trouver de la place pour tous les invités.*

to play it safe—*se tenir à carreau*
Since he knew he was under surveillance, he played it safe. *Se sachant surveillé, il se tenait à carreau.*

to play off against—*monter contre*

It's no use trying to play us off against them. *Ce n'est pas la peine d'essayer de nous monter contre eux.*

to play one's cards close to one's vest—*cacher son jeu*
He is a wily adversary who plays his cards close to his vest. *C'est un adversaire rusé qui cache son jeu.*

to play one's cards right—*bien mener son jeu (sa barque)*
If you play your cards right, you won't have any problems. *Si vous menez bien votre jeu (votre barque), vous n'aurez pas d'ennuis.*

to play on (upon)—*miser sur; taper sur*
They were playing on (upon) our good nature. *Ils misaient sur notre bonhommie.* That loud music is beginning to play on (upon) my nerves. *Cette musique bruyante commence à me taper sur les nerfs.*

to play politics—*faire jouer ses relations*
It started as fair competition, but then you began to play politics. *Cela a commencé par être une concurrence loyale, mais alors tu as commencé à faire jouer tes relations.*

to play possum—*faire le mort*
The thief played possum while the police passed by. *Pendant le passage de la police le voleur a fait le mort.*

to play second fiddle—*être un sous-fifre*
He is tired of always playing second fiddle. *Il en a assez d'être toujours un sous-fifre.*

to play the angles—*être un combinard*
You can't compete with him; he plays the angles. *Vous ne pouvez pas rivaliser avec lui; c'est un combinard.*

to play the field—*avoir plusieurs prétendants, sortir avec plusieurs hommes*
Since she wasn't ready to get married, she played the field. *Puisqu'elle n'était pas prête à se marier, elle avait plusieurs prétendants (sortait avec plusieurs hommes).*

to play the market—*jouer à la Bourse*
It amused him to play the market. *Cela l'amusait de jouer à la Bourse.*

to play the patsy (the sucker)—*être le dindon de la farce*

I played the patsy (the sucker). *J'ai été le dindon de la farce.*

to play to the grandstand—*jouer pour la galerie*
It was obvious that she was playing to the grandstand. *Il était évident qu'elle jouait pour la galerie.*

to play up—*mettre en valeur*
Try to play up the importance of their cooperation. *Tâchez de mettre en valeur l'importance de leur coopération.*

to play up to—*faire de la lèche à*
Stop playing up to your boss. *Cesse de faire de la lèche à ton patron.*

---

to please—*plaire à*
Please yourself.—*A votre aise. Comme vous voulez (voudrez).*

---

to plow—*labourer*
to plow into—*écraser*
The truck plowed into my car. *Le camion a écrasé ma voiture.*

---

to pluck—*cueillir, plumer*
Pluck up your courage!—*N'écoute que ton courage! Prends ton courage à deux mains!*

---

point—*le point, la pointe*
in point of fact—*au fait*
In point of fact, we know that he was lying. *Au fait, nous savons qu'il mentait.*

point-blank—*à bout portant; de but en blanc*
He fired at the thief point-blank. *Il a tiré sur le voleur à bout portant.* She asked the question of me point-blank. *Elle m'a posé la question de but en blanc.*

There's no point in staying (going, etc.).—*Il est inutile de rester (attendre, etc.).*

to the point—*à propos*
What you said was really to the point. *Ce que vous avez dit était vraiment à propos.*

You've got a point there.—*Il y a du vrai dans ce que vous dites là.*

to point—*indiquer*
  to point at (out, to)—*désigner (montrer) du doigt*
  The guide pointed at (out, to) the governor's mansion. *Le guide a désigné (montré) du doigt la maison du gouverneur.*

  to point up—*mettre en évidence*
  Their ignorance of our past pointed up the need to study history. *Leur ignorance de notre passé mettait en évidence le besoin d'étudier l'histoire.*

to poke—*pousser*
  to poke about (around)—*fourrager; traîner*
  Why was he poking about (around) in our things? *Pourquoi fourrageait-il dans nos affaires?* While they were poking about (around), I got my work done. *Pendant qu'ils traînaient, j'ai fini mon travail.*

  to poke in the ribs—*donner un coup de coude à*
  He gave me a poke in the ribs to make me shut up. *Il m'a donné un coup de coude pour que je me taise.*

  to poke one's nose into other people's business—*se mêler de ce qui ne vous regarde pas*
  That gossip keeps poking his nose into other people's business. *Ce bavard n'arrête pas de se mêler de ce qui ne le regarde pas.*

pole—*le pôle*
  poles apart—*aux antipodes*
  Their positions are poles apart from each other. *Leurs positions sont aux anitpodes l'une de l'autre.*

to polish—*polir*
  to polish off—*expédier*
  We polished off three bottles of wine with the meal. *Nous avons expédié trois bouteilles de vin pendant le repas.*

  to polish the apple—*passer de la pommade*

When you compliment him, it's obvious that you're polishing the apple. *Quand tu lui fais des compliments, il est évident que tu lui passes de la pommade.*

---

to pop—*(faire) éclater*

  to pop for—*se fendre de*

We decided that each of us would pop for ten dollars. *Nous avons décidé qu'on se fendrait chacun de dix dollars.*

  to pop in—*entrer en passant*

I popped in because I was in the neighborhood. *Je suis entré en passant parce que j'étais dans le quartier.*

  to pop the question—*faire sa déclaration*

Because her father was so rich, he didn't have the nerve to pop the question. *Comme son père était si riche, il n'avait pas le courage de faire sa déclaration.*

  to pop up—*revenir sur le tapis*

That question keeps popping up. *Cette question revient sans cesse sur le tapis.*

---

to post—*afficher, mettre à la poste*

  Post no bills.—*Défense d'afficher.*

---

pot—*la casserole, le pot*

  pot luck—*la fortune du pot*

If you come and visit us, you'll have to take pot luck. *Si vous venez nous rendre visite, vous devrez manger à la fortune du pot.*

---

to pound—*battre, piler*

  to pound the pavement—*parcourir les rues*

She pounded the pavement looking for a job. *Elle parcourait les rues à la recherche d'un emploi.*

---

to pour—*verser*

  to pour oil on troubled waters—*calmer les passions*

The mediator tried to pour oil on troubled waters. *Le médiateur a essayé de calmer les passions.*

powder—*la poudre*
  the powder room—*les toilettes (pour dames)*
  She excused herself to go to the powder room. *Elle s'est excusée pour aller aux toilettes.*

power—*le pouvoir, la puissance*
  More power to you!—*Je vous souhaite bonne chance!*

  the powers that be—*les autorités constituées*
  I'm sorry, but this rule was made by the powers that be. *Je regrette, mais cette règle a été faite par les autorités constituées.*

practice—*l'exercice, la pratique*

  in practice—*bien entraîné, en forme; en réalité*
  Even after the season had ended, she tried to stay in practice. *Même après la fin de la saison, elle essayait de rester bien entraînée (en forme).* In practice, that is a very hard thing to do. *En réalité, il est très difficile de faire cela.*

  out of practice—*rouillé*
  I'll do my best, but I feel out of practice. *Je ferai de mon mieux, mais je me sens rouillé.*

to praise—*louer*
  to praise to the skies—*porter aux nues*
  They praised her sculpture to the skies. *Ils portaient sa sculpture aux nues.*

prayer—*la prière*
  not a prayer—*pas la moindre chance*
  You don't have a prayer of winning! *Vous n'avez pas la moindre chance de gagner.*

premium—*la prime*

at a premium—*très recherché*

Tickets for the new production are at a premium. *Les billets pour la nouvelle production sont très recherchés.*

---

present—*le présent*

for the present—*pour le moment*

For the present we shall have to do without it. *Pour le moment nous devrons nous en passer.*

---

to press—*pousser, presser*

to press on—*forcer (presser) le pas*

We pressed on in order to arrive by nightfall. *Nous avons forcé (pressé) le pas afin d'arriver avant la tombée de la nuit.*

to press the flesh—*serrer la pince*

The candidate spent part of every day pressing the flesh of the voters. *Le candidat passait une partie de chaque journée à serrer la pince aux électeurs.*

---

pretty—*joli*

Here's (That's) a pretty kettle of fish!—*En voilà une affaire! Nous voilà dans de beaux draps.*

a pretty penny—*une somme coquette*

If you buy that, it will cost you a pretty penny! *Si vous l'achetez, cela vous coûtera une somme coquette!*

---

to prey—*faire sa proie*

to prey upon one's mind—*travailler l'esprit à*

That worry preyed upon my mind all night long. *Ce souci m'a travaillé l'esprit toute la nuit.*

---

to prick—*piquer*

to prick up one's ears—*tendre l'oreille*

He pricked up his ears at the slightest sound of steps. *Il tendait l'oreille au moindre bruit de pas.*

---

pride—*l'orgueil, la vanité*
  pride of place—*la place d'honneur*
  They gave pride of place to their coin collection. *Ils donnaient la place d'honneur à leur collection de monnaies.*

prime—*la perfection*
  the prime of life—*la force de l'âge*
  He is being made to retire in the prime of life. *On l'oblige à prendre sa retraite dans la force de l'âge.*

to prime—*amorcer*
  to prime the pump—*renflouer (une entreprise, etc.)*
  They invested all their savings, to prime the pump. *Ils ont investi toutes leurs économies, pour renflouer l'entreprise.*

print—*l'imprimerie*
  in print—*publié; pas épuisé*
  This story is already in print. *Cette histoire est déjà publiée.* This issue is still in print. *Ce numéro n'est pas encore épuisé.*

private—*privé*
  a private eye—*un détective privé*
  She hired a private eye to trail her husband. *Elle a engagé un détective privé pour filer son mari.*

prize—*le prix*
  He (she) is no prize package.—*Ce n'est pas une étoile. Il (Elle) ne casse rien.*

process—*le procédé, le processus*
  in the process of—*en cours de*
  The store is in the process of being renovated. *Le magasin est en cours de rénovation.*

progress—*le progrès*
  in progress—*en cours*

They reported on work in progress. *Ils ont rendu compte du travail en cours.*

---

to promise—*promettre*

to promise pie in the sky (the moon)—*promettre monts et merveilles (plus de beurre que de pain)*

All the candidates in the election are promising pie in the sky (the moon). *Tous les candidats aux élections promettent monts et merveilles (plus de beurre que de pain).*

---

public—*public*

in the public eye—*en vue*

That actress is very much in the public eye right now. *Cette actrice est très en vue en ce moment.*

---

pull—*la traction*

to have pull—*avoir le bras long*

He has pull and could help you. *Il a le bras long et pourrait t'aider.*

---

to pull—*arracher, tirer*

He doesn't pull his punches!—*Il n'y va pas avec le dos de la cuiller (de main morte)!*

I'll (We'll) be pulling for you. *Tous mes (nos) vœux vous accompagnent.*

to pull a fast one on someone—*avoir quelqu'un*

Those cheaters tried to pull a fast one on me. *Ces tricheurs ont essayé de m'avoir.*

to pull a long face—*faire la mine, faire un drôle de nez*

What's the matter with him? He's pulling a long face at us. *Qu'est-ce qu'il a? Il nous fait la mine (Il nous fait un drôle de nez).*

to pull a rabbit out of one's (the) hat—*faire un tour de passe-passe*

He'll have to pull a rabbit out of his (the) hat to solve this problem. *Il devra faire un tour de passe-passe pour résoudre ce problème.*

to pull into (out of) the station—*entrer en (sortir de la) gare*

The train pulled into (out of) the station on schedule. *Le train est entré en (est sorti de la) gare à l'heure.*

to pull off—*décrocher, réussir*
He pulled off a surprising victory. *Il a décroché (réussi) une victoire étonnante.*

to pull oneself together—*rassembler ses esprits (ses forces); se secouer*
Let's pull ourselves together for the test. *Rassemblons nos esprits (nos forces) pour l'épreuve.* Pull yourself together, man; it's not the end of the world! *Secouez-vous un peu, mon vieux; ce n'est pas la fin du monde.*

to pull oneself up by one's (own) bootstraps—*s'élever à la force des poignets*
Starting from nothing, she pulled herself up by her (own) bootstraps. *Partant de rien, elle s'est élevée à la force des poignets.*

to pull one's weight—*faire sa part du travail*
Those of you who aren't pulling their weight will be fired. *Ceux d'entre vous qui ne font pas leur part du travail seront mis à la porte.*

to pull out all the stops—*remuer ciel et terre, travailler d'arrache-pied*
You will have to pull out all the stops to accomplish that. *Il faudra que vous remuiez ciel et terre (que vous travailliez d'arrache-pied) pour accomplir cela.*

to pull over—*se rabattre sur le côté, se ranger*
The policeman ordered the driver to pull over. *L'agent de police a ordonné au chauffeur de se rabattre sur le côté (de se ranger).*

to pull rank—*se prévaloir de son grade*
Don't try to pull rank on me. *N'essaie pas de te prévaloir de ton grade avec moi.*

to pull someone's leg—*faire marcher quelqu'un*
You were pulling our leg when you said that. *Vous nous faisiez marcher en disant cela.*

to pull strings (wires)—*se faire pistonner*
He got his job by pulling strings (wires). *Il a eu son poste en se faisant pistonner.*

to pull the plug on—*exposer*

The committee pulled the plug on corruption in their management. *La commission a exposé la corruption dans leur gestion.*

to pull the rug out from under—*couper l'herbe sous le pied à*
He pulled the rug out from under me by making that offer. *Il m'a coupé l'herbe sous le pied en faisant cette offre.*

to pull the wool over someone's eyes—*jeter de la poudre aux yeux*
He always tries to pull the wool over our eyes but he won't succeed. *Il essaie toujours de nous jeter de la poudre aux yeux mais il n'y arrivera pas.*

to pull through—*s'en tirer*
The doctor thinks that you will pull through. *Le médecin croit que vous allez vous en tirer.*

to pull up—*avancer; s'arrêter*
Pull up a chair and sit down. *Avancez une chaise et asseyez-vous.* A car pulled up in front of the store. *Une voiture s'est arrêtée devant le magasin.*

to pull up stakes—*lever le camp*
When we arrived, they had already pulled up stakes. *Quand nous sommes arrivés, ils avaient déjà levé le camp.*

---

to pump—*pomper*
to pump iron—*faire des haltères*
She kept in shape by pumping iron. *Elle restait en forme en faisant des haltères.*

---

to punch—*donner un coup de poing, poinçonner*
to punch (in) the clock—*pointer*
The workers punch (in) the clock morning and evening. *Les ouvriers pointent matin et soir.*

---

purpose—*le but, le propos*
to answer (to serve) the purpose—*faire l'affaire*
I think this tool will answer (will serve) the purpose. *Je crois que cet outil fera l'affaire.*

to be (to talk, etc.) at cross purposes—*discuter sur un malentendu, tourner autour d'un quiproquo*

We wasted several hours talking at cross purposes. *Nous avons gaspillé plusieurs heures à discuter sur un malentendu (à tourner autour d'un quiproquo).*

on purpose—*à dessein, exprès*

It was no accident; he did it on purpose. *Ce n'était pas un accident; il l'a fait à dessein (exprès).*

to no purpose—*en pure perte*

We have spent our money to no purpose. *Nous avons dépensé notre argent en pure perte.*

---

to push—*pousser*

if (when) push comes to shove—*au pire, le cas échéant*

If (When) push comes to shove, I think we can depend on them. *Au pire (Le cas échéant), je crois que nous pouvons compter sur eux.*

to push (a product)—*faire l'article*

The salesman was pushing his can openers. *Le vendeur faisait l'article pour ses ouvre-boîtes.*

to push around—*malmener*

The policemen were pushing the strikers around. *Les agents de police malmenaient les grévistes.*

to push off—*filer, se mettre en route*

It's getting late, I'd better push off. *Il se fait tard, je ferais mieux de filer (de me mettre en route).*

to push one's luck—*y aller un peu fort*

You're pushing your luck if you try to make him back down. *Tu y vas un peu fort si tu essaies de le faire reculer.*

to push the panic button—*s'affoler*

When I saw the wolf, I pushed the panic button. *Quand j'ai vu le loup, je me suis affolé.*

to push up daisies—*manger les pissenlits par la racine*
By that time I'll be pushing up daisies. *A ce moment-là je mangerai les pissenlits par la racine.*

---

to put—*mettre, poser*
   It's all put on.—*C'est du bidon.*

   I wouldn't put it past him (them, etc.).—*Je l'en (les en, etc.) crois bien capable(s).*

   to put a crimp in—*mettre obstacle à*
   Our comments definitely put a crimp in their development. *Nos observations ont certainement mis obstacle à leur développement.*

   to put away—*engloutir; ranger*
   He put away an enormous meal. *Il a englouti un gros repas.* Don't forget to put away your clothes. *N'oublie pas de ranger tes vêtements.*

   to put away (down, to sleep)—*faire piquer*
   We had to put away our old dog (put our old dog down, to sleep). *Nous avons dû faire piquer notre vieux chien.*

   to put by—*mettre de côté*
   They had put by quite a bit of money. *Ils avaient mis de côté pas mal d'argent.*

   to put down—*écraser; poser*

The government put down the revolt. *Le gouvernement a écrasé la révolte.*
Put that plate down on the table. *Posez cette assiette sur la table.*

to put heads together—*se consulter*
We decided to put heads together in order to solve the problem. *Nous avons décidé de nous consulter pour résoudre le problème.*

to put in an appearance—*faire acte de présence*
The mayor put in an appearance at the reception. *Le maire a fait acte de présence à la réception.*

to put in one's two cents' worth—*y mettre son grain de sel*
He doesn't know anything. Why does he always put in his two cents' worth? *Il n'en sait rien. Pourquoi y met-il toujours son grain de sel?*

to put it mildly—*c'est le moins qu'on puisse dire*
We have lost a fortune, to put it mildly. *Nous avons perdu une fortune, c'est le moins qu'on puisse dire.*

to put it (something) over on someone—*avoir (faire marcher) quelqu'un*
Don't try to put it (something) over on me. *N'essaie pas de m'avoir (de me faire marcher).*

to put off—*remettre*
Let's put our meeting off until Thursday. *Remettons notre réunion à jeudi.*

to put on—*se payer la tête de; mettre; monter*
You're putting me on! *Tu te paies ma tête!* She put on her coat. *Elle a mis son manteau.* The company put on a new production of "The Miser." *La troupe a monté une nouvelle mise en scène de "L'Avare."*

to put on a big front (a big show)—*en jeter plein la vue, faire de l'esbroufe*
They always put on a big front (a big show) to impress people. *Ils en jettent toujours plein la vue (Ils font toujours de l'esbroufe) pour impressioner les gens.*

to put on airs—*prendre de grands airs, se donner du genre*
You don't have to put on airs for me. *Ce n'est pas la peine de prendre de grands airs (de vous donner du genre) avec moi.*

to put on an act—*jouer la comédie*
You can't believe him; he's putting on an act. *On ne peut pas le croire; il joue la comédie.*

to put one's best foot forward—*partir du bon pied*
All the candidates were trying to put their best foot foward. *Tous les candidats essayaient de partir du bon pied.*

to put one's foot down—*faire acte d'autorité*
If he insists on arguing, you'll have to put your foot down. *S'il insiste pour discuter, il faudra que vous fassiez acte d'autorité.*

to put one's foot in it (in one's mouth)—*mettre les pieds dans le plat*
Not knowing that she was the boss's girl friend, he put his foot in it (in his mouth). *Ne sachant pas que c'était l'amie du patron, il a mis les pieds dans le plat.*

to put one's hand to the plow (one's shoulder to the wheel)—*pousser à la roue*
We'll succeed if we all put our hands to the plow (our shoulders to the wheel). *Nous réussirons si nous poussons tous à la roue.*

to put on the dog (the ritz)—*se donner des airs*
Your neighbors are putting on the dog (the ritz) to impress you. *Vos voisins se donnent des airs pour vous impressionner.*

to put on the map—*faire connaître*
We're planning to put this town on the map. *Nous comptons faire connaître cette ville.*

to put on weight—*grossir, prendre du poids*
I don't eat too much because I don't want to put on weight. *Je ne mange pas trop parce que je ne veux pas grossir (prendre du poids).*

to put out—*éteindre; déranger*
The firemen quickly put out the blaze. *Les pompiers ont vite éteint l'incendie.*
She didn't want to put us out. *Elle ne voulait pas nous déranger.*

to put out of the way—*faire son affaire à*
Rumor had it that gangsters had put him out of the way. *On disait que des gens du milieu lui avaient fait son affaire.*

to put out the welcome mat—*accueillir à bras ouverts*
Our American cousins put out the welcome mat for us. *Nos cousins américains nous ont accueillis à bras ouverts.*

to put out to pasture—*mettre à la retraite*

He was put out to pasture at the age of fifty-five. *On l'a mis à la retraite à l'âge de cinquante-cinq ans.*

to put out to sea—*prendre la mer*
The ship put out to sea at sunset. *Le bateau a pris la mer au coucher du soleil.*

to put something over on someone—*avoir (berner) quelqu'un*
He was angry because she had put something over on him. *Il était en colère parce qu'elle l'avait eu (berné).*

to put someome through his paces—*voir ce dont quelqu'un est capable*
We are going to put the new workers through their paces. *Nous allons voir ce dont les nouveaux ouvriers sont capables.*

to put teeth in—*rendre efficace*
We have to put teeth in the new law. *Il faut que nous rendions la nouvelle loi efficace.*

to put the arm on—*forcer*
They put the arm on him to lend them his apartment. *Ils l'ont forcé à leur prêter son appartement.*

to put the bite on—*faire appel à, obliger à donner*
Raymond put the bite on several friends for a large sum. *Raymond a fait appel à plusieurs amis pour (a obligé plusieurs amis à lui donner) une grosse somme.*

to put the heat (the screws) on—*mettre l'épée dans les reins à*
We'll have to put the heat (the screws) on him so he will finish the job quickly. *Nous devrons lui mettre l'épée dans les reins pour qu'il finisse le travail rapidement.*

to put through the wringer—*en faire baver à*
The sergeant put the new recruit through the wringer. *Le sergent en a fait baver à la nouvelle recrue.*

to put to bed—*mettre sous presse*
When the day's issue had been put to bed, the newsmen would go out for a drink. *Quand le numéro du jour avait été mis sous presse, les journalistes allaient prendre un verre.*

to put to shame—*faire honte à*

His great generosity put us to shame. *Sa grande générosité nous a fait honte.*

to put two and two together—*tirer les conclusions qui s'imposent*
If you put two and two together, you'll see he is the guilty one. *Si vous tirez les conclusions qui s'imposent, vous verrez que c'est lui le coupable.*

to put up—*fournir; héberger*
How much money can you put up? *Combien d'argent pouvez-vous fournir?* Our friends put us up for the night. *Nos amis nous ont hébergés pour la nuit.*

to put up a good fight—*bien se défendre*
Our team put up a good fight before losing. *Notre équipe s'est bien défendue avant de perdre.*

a put-up job—*un coup monté*
His arrest was obviously a put-up job. *Son arrestation était de toute évidence un coup monté.*

to put upon—*marcher sur les pieds à*
He refused to be put upon. *Il a refusé de se laisser marcher sur les pieds.*

to put up to—*pousser à faire*
She claimed that her friends had put her up to it. *Elle prétendait que ses amis l'avaient poussée à le faire.*

to put up with—*accepter, s'accommoder de*
She was forced to put up with a diminished life-style. *Elle a été obligée d'accepter (de s'accommoder d') un train de vie réduit.*

Put your money where your mouth is (Put up or shut up).—*Les actes valent mieux que les paroles.*

question—*la question*
  in question—*en cause*

His honesty is not at all in question. *Son honnêteté n'est pas du tout en cause.*

That is out of the question.—*Il ne peut en être question.*

to question—*interroger*
to question something—*mettre quelque chose en doute*
The senators questioned the qualifications of the candidate. *Les sénateurs ont mis en doute les qualités du candidat.*

quick—*rapide*
to have a quick one—*prendre un verre rapide*
Let's have a quick one before the show. *Prenons un verre rapide avant le spectacle.*

quick on the draw (on the trigger)—*prompt à la détente*
Try to calm him down; he's quick on the draw (on the trigger). *Essayez de le calmer; il est prompt à la détente.*

quite—*assez, tout à fait*
It's quite the thing!—*C'est le dernier cri!*

quite a bit (a few, a lot of)—*pas mal de*
Quite a few (a lot of) people will be at the ceremony. *Pas mal de gens assisteront à la cérémonie.*

quite a job—*toute une affaire, pas une petite affaire*
It will be quite a job to repair this motor. *Ce sera toute une affaire (Ce ne sera pas une petite affaire) de réparer ce moteur.*

to rack—*torturer*
to rack one's brain—*se casser la tête, se creuser la cervelle*
I'm racking my brain to find a solution. *Je me casse la tête (Je me creuse la cervelle) pour trouver une solution.*

rain—*la pluie*

> **rain or shine**—*qu'il pleuve ou qu'il vente*
> We will go to the game rain or shine. *Nous irons au match qu'il pleuve ou qu'il vente.*

> **to take a rain check**—*attendre la prochaine occasion*
> I can't accept your invitation but I'll take a rain check. *Je ne peux pas accepter votre invitation mais j'attendrai la prochaine occasion.*

to rain—*pleuvoir*

> **to rain cats and dogs (pitchforks)**—*pleuvoir à seaux (à torrents), tomber des cordes*
> They stayed home because it was raining cats and dogs (pitchforks). *Ils sont restés à la maison parce qu'il pleuvait à seaux (à torrents; il tombait des cordes).*

to raise—*lever, soulever*

> **to raise Cain (hell, the devil, the roof)**—*faire du chahut (un boucan de tous les diables)*
> After the game, the fans raised Cain (hell, the devil, the roof). *Après le match, les supporters ont fait du chahut (un boucan de tous les diables).*

> **to raise eyebrows**—*faire tiquer*
> Their constant presence together was raising eyebrows. *Leur constante présence ensemble faisait tiquer.*

> **to raise someone's hackles**—*mettre quelqu'un en rogne*
> Her stupid comments always raise my hackles. *Ses commentaires idiots me mettent toujours en rogne.*

to rake—*ratisser*

> **to rake in the money**—*gagner de l'argent à la pelle*
> Thanks to his shrewd investments, he is raking in the money now. *Grâce à ses placements judicieux, il gagne de l'argent à la pelle maintenant.*

rat—*le rat*

> **It's a rat race.**—*C'est la foire d'empoigne.*

rate—*le tarif, le taux*

  at any rate—*de toute façon*

  We will have to pay for it at any rate. *Il faudra que nous le payions de toute façon.*

  at this rate—*de ce pas, de ce train*

  At this rate, it will take us three days to get there. *De ce pas (De ce train), il nous faudra trois jours pour y arriver.*

---

rather—*assez, plutôt*

  had (would) rather—*aimer mieux*

  I had (would) rather read than watch TV. *J'aime mieux lire que regarder la télé.*

---

to rattle—*agiter, déconcerter, faire un bruit de ferraille*

  to rattle off—*débiter (à toute allure)*

  The accountant rattled off an incomprehensible bunch of figures. *Le comptable a débité (à toute allure) une série incompréhensible de chiffres.*

---

raw—*cru*

  in the raw—*à poil, nu*

  We were all standing in the raw on the banks of the stream. *Nous étions tous debout à poil (nus) sur le bord du ruisseau.*

---

to reach—*atteindre*

  to have reached the end of one's rope (tether)—*être à bout, n'en pouvoir plus*

  I give up; I've reached the end of my rope (tether). *J'y renonce; je suis à bout (je n'en peux plus).*

  to reach for the moon—*vouloir décrocher la lune*

  You risk losing everything if you reach for the moon. *Tu risques de tout perdre en voulant décrocher la lune.*

  Reach for the sky!—*Haut les mains!*

---

to read—*lire*

to be able to read someone like a book—*connaître quelqu'un comme sa poche, voir venir quelqu'un*
Don't try to fool me; I can read you like a book. *N'essuie pas de me tromper; je te connais comme ma poche (je te vois venir).*

to read someone's lips—*comprendre quelqu'un à demi-mot*
He didn't have to come out and say it: I could read his lips. *Il n'avait pas besoin de le dire tout haut: j'ai pu le comprendre à demi-mot.*

to read someone's mind—*lire dans la pensée de quelqu'un*
You must have read my mind! *Tu as dû lire dans ma pensée!*

to read the riot act—*tancer vertement*
To make them behave in the future, she read them the riot act. *Pour qu'ils se conduisent correctement à l'avenir, elle les a tancés vertement.*

to read up on—*se documenter sur*
You'd better read up on that subject first. *Vous feriez mieux de vous documenter sur ce sujet d'abord.*

---

ready—*prêt*

at the ready—*tout prêt*
In case there was trouble, the policeman had his whistle at the ready. *Au cas où il y aurait de la bagarre, l'agent avait son sifflet tout prêt.*

---

real—*authentique, réel*

for real—*pour de vrai*
He ended up doing it for real. *Il a fini par le faire pour de vrai.*

---

reason—*la cause, la raison*

within reason—*dans le domaine (la mesure) du possible*
I'll do anything you ask that is within reason. *Je ferai tout ce que vous demanderez dans le domaine (la mesure) du possible.*

---

record—*le disque, le record, le registre*

for the record—*pour mémoire*
We are sending you this bill just for the record. *Nous vous envoyons cette facture seulement pour mémoire.*

off the record—*à titre confidentiel*
The minister expressed his opinion off the record. *Le ministre a exprimé son avis à titre confidentiel.*

on record—*attesté, établi, public*
His opposition to the bill is on record. *Son opposition au projet de loi est attestée (établie, publique).*

---

red—*rouge*
in the red—*en déficit*
The accounts of their business are still in the red. *Les comptes de leur entreprise sont toujours en déficit.*

red-letter—*marqué d'une pierre blanche*
The anniversary of this discovery will be a red-letter day. *L'anniversaire de cette découverte sera marqué d'une pierre blanche.*

---

regard—*l'égard, le regard*
(Give) my regards to . . .—*(Dites) bien des choses de ma part à . . . Mes amitiés à . . .*

---

to regard—*considérer, regarder*
as regards—*en ce qui concerne*
As regards last night's incident, let's forget it. *En ce qui concerne l'incident d'hier soir, laissons tomber.*

---

regular—*régulier*
a regular fellow (guy)—*un brave (un chic) type*
I like your friend: he's a regular fellow (guy). *J'aime ton ami: c'est un brave (un chic) type.*

---

relief—*le secours, le soulagement*
to be on relief—*recevoir des secours (de l'Etat)*
Because of unemployment, the family is on relief. *A cause du chômage, la famille reçoit des secours (de l'Etat).*

---

religion—*la religion*
to get (to have) religion—*devenir (être) croyant*

She isn't the same since she's gotten (had) religion. *Elle n'est plus pareille depuis qu'elle est devenue (est) croyante.*

rent—*le loyer*
  to jump (to skip out on) the rent—*déménager à la cloche de bois*
  Being without money, they had to jump (to skip out on) the rent. *Etant sans argent, ils ont dû déménager à la cloche de bois.*

to report—*rapporter*
  to report to—*être sous l'autorité de; se présenter à*
  In our college, the dean reports to the president. *Dans notre université, le doyen est sous l'autorité du recteur.* You must report to the police station tomorrow. *Vous devrez vous présenter au commissariat de police demain.*

request—*la demande, la requête*
  by request—*à la demande; sur demande*
  They came a second time by request of the authorities. *Ils sont venus une deuxième fois, à la demande des autorités.* This catalogue will be sent to you by request. *Ce catalogue vous sera envoyé sur demande.*

respect—*l'égard, le respect*
  With all (due) respect!—*Ne vous (en) déplaise!*

  with respect to—*en ce qui concerne*
  This plane is remarkable with respect to its handling. *Cet avion est remarquable en ce qui concerne sa maniabilité.*

rest—*le repos*
  the rest room—*les cabinets, les toilettes*
  Can you tell me where the rest room is? *Pouvez-vous me dire où sont les cabinets (les toilettes)?*

to rest—*se reposer*
  not to rest until—*n'avoir de cesse que*
  She did not rest until the problem was solved. *Elle n'avait de cesse que le problème fût résolu.*

to rest assured—*être sûr*
Rest assured that I will do everything possible. *Soyez sûr que je ferai tout mon possible.*

to rest on one's oars—*prendre un repos (bien mérité)*
This is no time to rest on our oars: let's go on! *Ce n'est pas le moment de prendre un repos (bien mérité): continuons!*

return—*le retour*
in return—*en récompense; en revanche*
Despite all her efforts, she received very little in return. *Malgré tous ses efforts, elle a reçu très peu en récompense.* Their party tried to prevent his election; in return, he won't name them to his cabinet. *Leur parti a essayé d'empêcher son élection; en revanche, il ne les nommera pas à son cabinet.*

reverse—*la marche arrière, le revers*
in reverse—*à rebours*
They claimed that favoring minorities was discrimination in reverse. *Ils prétendaient que favoriser les minorités, c'était une discrimination à rebours.*

rhyme—*la rime*
with no (without) rhyme or reason—*à tort et à travers*
She spoke about the concept with no (without) rhyme or reason. *Elle a parlé du concept à tort et à travers.*

rid—*débarrassé*
to be (to get) rid of—*être débarrassé (se débarrasser) de*
How can we be (get) rid of that pest? *Comment pouvons-nous être débarrassés (nous débarrasser) de cette peste?*

ride—*la course, la promenade*
to go for (to take) a ride—*faire une promenade*
We went for (we took) a bike ride in the park. *Nous avons fait une promenade à vélo dans le parc.*

to hitch (to thumb) a ride—*faire de l'auto-stop*

The two boys hitched (thumbed) a ride to come here. *Les deux garçons ont fait de l'auto-stop pour venir ici.*

---

to ride—*aller (à cheval, en voiture, etc.), rouler*

to be riding for a fall—*courir à un échec*
They were too full of confidence and they were riding for a fall. *Ils étaient trop pleins de confiance et ils couraient à un échec.*

to be riding high—*avoir le vent en poupe*
Now that she has been promoted, she is riding high. *Maintenant qu'elle a eu sa promotion, elle a le vent en poupe.*

Let it ride!—*Laisse(z) tomber!*

to ride herd on—*mener à la baguette (tambour battant)*
The director rode herd on his staff. *Le directeur menait ses aides à la baguette (tambour battant).*

to ride roughshod over—*fouler aux pieds, piétiner*
Their team rode roughshod over ours. *Leur équipe a foulé la nôtre aux pieds (a piétiné la nôtre).*

to ride shotgun for—*défendre les intérêts de*
While the boss was away, his assistant rode shotgun for him. *Pendant l'absence de son patron, son assistant défendait ses intérêts.*

to ride up—*remonter*
This skirt keeps riding up. *Cette jupe n'arrête pas de remonter.*

---

right—*bon, correct, droit, juste*

All right.—*D'accord.*

to be right—*avoir raison*
I know that I'm right in this matter. *Je sais que j'ai raison dans cette histoire.*

right away (right off, right off the bat)—*au bond; sur le moment, tout de suite*
He grasped the idea right away (right off, right off the bat). *Il a saisi l'idée au bond.* I couldn't find an answer right away (right off, right off the bat). *Je n'ai pas su trouver une réponse sur le moment (tout de suite).*

the right cards—*les atouts (en main)*
Don't worry; you have all the right cards. *Ne t'inquiète pas; tu as tous les atouts (en main).*

right now—*tout de suite*
I want you to finish that right now. *Je veux que vous finissiez cela tout de suite.*

Right on!—*Allez-y! C'est ça!*

right side out—*à l'endroit*
Put your sweater on right side out. *Mets ton pull à l'endroit.*

That's right up my alley.—*C'est ma partie. C'est mon rayon.*

---

right—*le droit*

by rights—*en toute justice*
By rights, she should have become President upon the former President's resignation. *En toute justice, elle aurait dû devenir Président à la démission de l'ancien Président.*

in one's own right—*soi-même*
He is an excellent actor in his own right. *Il est lui-même un excellent comédien.*

---

to ring—*sonner*

to ring in—*carillonner*
Tomorrow they'll be ringing in the end of the war. *Demain on carillonnera la fin de la guerre.*

to ring out—*retentir*
Suddenly, a shot rang out. *Soudain, un coup de feu a retenti.*

to ring the changes—*faire des variantes dans*
They called on him to ring the changes in his usual speech. *Ils l'ont sommé de faire des variantes dans son allocution habituelle.*

to ring true—*avoir l'accent de la vérité, sonner juste*
I think that his explanation rings true. *Je trouve que son explication a l'accent de la vérité (sonne juste).*

to ring up—*donner un coup de fil (de téléphone)*

Ring me up when you've arrived. *Donnez-moi un coup de fil (de téléphone) quand vous serez arrivé.*

That rings a bell (for me).—*Cela me dit quelque chose.*

to rip—*déchirer*
to rip into—*éreinter*
The critics ripped into my new play. *Les critiques ont éreinté ma nouvelle pièce de théâtre.*

to rip off—*chiper, voler*
He was caught when he tried to rip off a portable radio. *On l'a arrêté quand il a essayé de chiper (voler) un poste de radio portatif.*

to rise—*se lever*
to rise to the occasion—*se montrer à la hauteur des circonstances*
You can always count on him to rise to the occasion. *Vous pouvez toujours compter sur lui pour se montrer à la hauteur des circonstances.*

risk—*le risque*
at one's own risk—*à ses risques et périls*
You take this road under construction at your own risk. *Vous empruntez cette route en construction à vos risques et périls.*

road—*le chemin, la route*
down the road—*à l'horizon, dans l'avenir*
Your idea solves our present troubles, but not those down the road. *Votre idée résout nos ennuis présents, mais pas ceux qui sont à l'horizon (dans l'avenir).*

one for the road—*le coup de l'étrier*
Let's have one for the road before the bar closes. *Buvons le coup de l'étrier avant la fermeture du bar.*

on the road—*en tournée*
While he was on the road, he met many interesting characters. *Pendant qu'il était en tournée, il a rencontré beaucoup de personnages intéressants.*

to rob—*voler*

to rob Peter to pay Paul—*faire un trou pour en boucher un autre*
The solution that you propose is robbing Peter to pay Paul. *La solution que vous proposez, c'est faire un trou pour en boucher un autre.*

to rob the cradle—*épouser (sortir avec) une femme beaucoup plus jeune que soi*
The professor and his student? He's robbing the cradle. *Le professeur épouse (Le professeur sort avec) une femme beaucoup plus jeune que lui.*

---

rock—*le caillou, la pierre*
to have rocks in one's head—*être cinglé*
She must have rocks in her head to propose that. *Elle doit être cinglée pour proposer cela.*

on the rocks—*à la côte; avec un glaçon*
Because of the economic crisis, his business is on the rocks. *A cause de la crise de l'économie, son entreprise est à la côte.* I'll take my whisky on the rocks. *Je prends mon whisky avec un glaçon.*

rock bottom—*le plus bas possible; défiant toute concurrence*
His morale has reached rock bottom. *Son moral est au plus bas possible.* The store advertised rock bottom prices. *Le magasin affichait des prix défiant toute concurrence.*

---

to rock—*(faire) balancer*
>**to rock the boat**—*jouer les trouble-fête*
>We will never get this bill passed if you rock the boat. *Nous ne ferons jamais accepter ce projet de loi si vous jouez les trouble-fête.*

roll—*le rouleau, le roulement, le roulis*
>**to be on a roll**—*avoir le vent en poupe*
>After winning three games in a row, the team seemed to be on a roll. *Après avoir gagné trois matchs de suite, l'équipe semblait avoir le vent en poupe.*

to roll—*rouler*

>**to roll in the aisles**—*se tordre (de rire)*
>The comedian was so funny that the audience was rolling in the aisles. *Le comique était si drôle que le public se tordait (de rire).*

>**to roll out the red carpet**—*recevoir en grande pompe*
>They rolled out the red carpet for the ambassador. *Ils ont reçu l'ambassadeur en grande pompe.*

>**to roll up one's sleeves**—*retrousser ses manches*
>All right, let's roll up our sleeves and get to work. *Eh bien, retroussons nos manches et mettons-nous au travail.*

>**to roll with the punches**—*encaisser les coups*

You must learn to roll with the punches if you want to survive. *Vous devez apprendre à encaisser les coups si vous voulez survivre.*

roof—*le toit*
   to go through (to hit, to raise) the roof—*sauter au plafond*
   Her father went through (hit, raised) the roof when she failed her exam. *Son père a sauté au plafond quand elle a échoué à son examen.*

rope—*la corde*
   to be on the ropes—*battre de l'aile, être sur le flanc*
   His opponents knew he was on the ropes and had lost all hope. *Ses adversaires savaient qu'il battait de l'aile (qu'il était sur le flanc) et avait perdu tout espoir.*

to rope—*lier*
   to rope in—*embringuer*
   She got roped into helping with the preparations. *Elle s'est fait embringuer pour aider avec les préparatifs.*

rotten—*pourri*
   a rotten egg—*un mauvais coucheur*
   He has a reputation of being a rotten egg. *Il a la réputation d'être un mauvais coucheur.*

rough—*approximatif, rude, rugueux*
   at a rough guess—*à vue de nez*
   At a rough guess, I would say you were forty. *A vue de nez, je dirais que vous avez quarante ans.*

   to have it rough—*en voir de dures*
   They had it rough during their childhood. *Ils en ont vu de dures pendant leur enfance.*

   rough and ready—*fruste, sans façons*
   His manners were a bit rough and ready, but at heart he was a nice fellow. *Ses manières étaient un peu frustes (sans façons), mais au fond c'était un brave garçon.*

   to rough it—*vivre à la dure*

For the first few months in this new place we'll have to rough it. *Pendant les premiers mois dans ce nouvel endroit nous devrons vivre à la dure.*

to rough up—*malmener, tabasser*
The union sent a couple of gorillas to rough up its opponents. *Le syndicat a envoyé quelques gorilles pour malmener (tabasser) ses adversaires.*

round—*la ronde*
to go (to make) the rounds—*circuler, passer de bouche en bouche*
The story of their quarrel went (made) the rounds. *L'histoire de leur dispute a circulé (est passée de bouche en bouche).*

row—*le rang, la rangée*
a hard (long, tough) row to hoe—*toutes les peines du monde*
You have a hard (long, tough) row to hoe to convince them. *Vous aurez toutes les peines du monde pour les convaincre.*

in a row—*d'affilée, de suite*
He swallowed three glasses of water in a row. *Il a avalé trois verres d'eau d'affilée (de suite).*

rub—*le frottement*
There's the rub.—*Voilà le hic. C'est là où le bât blesse.*

to rub—*frotter*
Don't rub it in.—*Ne retournez pas le fer dans la plaie.*

to rub down—*frictionner, frotter*
After swimming she went to get rubbed down. *Après la natation elle est allée se faire frictionner (frotter).*

to rub elbows (shoulders) with—*coudoyer*
This is a place where you can rub elbows (shoulders) with all kinds of people. *C'est un endroit où l'on peut coudoyer toutes sortes de gens.*

to rub off—*déteindre; (s')effacer*
I hope your sister's kindness will rub off on her friends. *J'espère que la gentillesse de ta sœur déteindra sur ses amis.* Don't worry, the ink will soon rub off. *Ne vous inquiétez pas, l'encre s'effacera bientôt.*

to rub out—*descendre*

They sent a hit man to rub out the witness. *Ils ont envoyé un tueur pour descendre le témoin.*

to rub someone's nose in something—*rappeler quelque chose à quelqu'un*
Why do you keep rubbing my nose in that problem? *Pourquoi me rappelles-tu toujours ce problème?*

to rub the wrong way—*prendre à rebrousse-poil*
He causes trouble for himself because he rubs people the wrong way. *Il se fait du tort parce qu'il prend les gens à rebrousse-poil.*

rule—*la règle, le règlement*
by rule of thumb—*à vue de nez*
Given the lack of time, I can only evaluate this by rule of thumb. *Etant donné le manque de temps, je ne peux évaluer ceci qu'à vue de nez.*

to rule—*régler, régner*
to rule out—*exclure*
The police have not ruled out the possibility of murder. *La police n'a pas exclu qu'il y ait eu meurtre.*

to rule the roost—*faire la loi (la pluie et le beau temps)*
Her husband rules the roost in their house. *Son mari fait la loi (la pluie et le beau temps) chez eux.*

run—*la course*
on the run—*en fuite*
The newspapers claim that the enemy is on the run. *Les journaux prétendent que l'ennemi est en fuite.*

to run—*courir*
to have someone running around in circles—*faire tourner quelqu'un en bourrique*
His girl friend has him running around in circles. *Son amie le fait tourner en bourrique.*

to run across—*tomber sur*
I ran across this reference in the newspaper. *Je suis tombé sur cette référence dans le journal.*

to run a fever (a temperature)—*avoir de la fièvre*
The patient was running a high fever (temperature). *Le malade avait une forte fièvre.*

to run afoul of—*se mettre à dos*
He was afraid of running afoul of the police. *Il avait peur de se mettre la police à dos.*

to run amok (amuck, riot)—*se déchaîner*
Hearing the rumor, the crowd ran amok (amuck, riot). *En entendant la rumeur, la foule s'est déchaînée.*

to run a (red) light—*brûler un feu (rouge)*
The ambulance ran all the (red) lights on its way to the hospital. *L'ambulance a brûlé tous les feux (rouges) en allant à l'hôpital.*

to run a tight ship—*tenir les affaires bien en main*
He runs a tight ship and won't stand for waste. *Il tient les affaires bien en main et n'accepte pas de gaspillage.*

to run away (off)—*faire une fugue, prendre la clé des champs, se sauver*
The child had run away (off) but the police brought him back home. *L'enfant avait fait une fugue (avait pris la clé des champs, s'était sauvé) mais la police l'a ramené à la maison.*

to run away with—*gagner haut la main*
Their team was so good that it ran away with the game. *Leur équipe était si bonne qu'elle a gagné le match haut la main.*

to run counter to—*aller à l'encontre de*
What you say runs counter to what I had heard. *Ce que vous dites va à l'encontre de ce que j'avais entendu dire.*

run down—*à plat; délabré*
She was run down after her long illness. *Elle était à plat après sa longue maladie.* This house is too run down to be repaired. *Cette maison est trop délabrée pour qu'on la répare.*

to run down—*réussir à trouver; se décharger*
I want to run down the source of that rumor. *Je veux réussir à trouver la source de cette rumeur.* I think your battery has run down. *Je crois que votre batterie s'est déchargée.*

to run down (over)—*écraser*

Crossing the street, he was run down (he was run over) by a truck. *En traversant la rue, il a été écrasé par un camion.*

to run for cover (for it)—*prendre la fuite, se sauver*
You'd better run for cover (for it), the enemy is coming! *Vous devriez prendre la fuite (vous sauver), l'ennemi arrive!*

a run-in—*une prise de bec*
They had a run-in about the budget. *Ils ont eu une prise de bec au sujet du budget.*

to run in the family—*tenir de famille*
That trait runs in the family. *Ce trait tient de famille.*

to run into—*rentrer dedans à*
All of a sudden the car ran into us. *Tout d'un coup la voiture nous est rentrée dedans.*

to run into the ground—*démolir, faire crever*
Are you trying to run this business into the ground? *Essayez-vous de démolir (de faire crever) cette entreprise?*

to run into (up against)—*rencontrer*
His patrol ran into (up against) opposition. *Sa patrouille a rencontré de l'opposition.*

to run low (out)—*baisser, tirer à sa fin*
Supplies are starting to run low (out). *Les provisions commencent à baisser (à tirer à leur fin).*

to run out of (short of)—*être à bout (à court) de*
We are running out of (short of) ideas. *Nous sommes à bout (à court) d'idées.*

to run out of steam—*perdre son élan, s'essouffler*
The rebellion is running out of steam for lack of victories. *La révolte perd son élan (s'essouffle) faute de victoires.*

to run someone ragged—*épuiser (éreinter) quelqu'un*
She ran me ragged with her shopping. *Elle m'a épuisé (éreinté) par ses courses.*

to run rings around—*battre à plates coutures, enfoncer*
Our team will run rings around yours! *Notre équipe battra la vôtre à plates coutures (enfoncera la vôtre)!*

to run scared—*lutter avec l'énergie du désespoir*

After seeing the polls, the candidate began to run scared. *Après avoir vu les sondages, le candidat s'est mis à lutter avec l'énergie du désespoir.*

to run someone down behind his back—*casser du sucre sur le dos de quelqu'un*

She runs her daughter-in-law down behind her back. *Elle casse du sucre sur le dos de sa belle-fille.*

to run something up the flagpole—*lancer un ballon d'essai*

It's an unusual idea, but I wanted to run it up the flagpole. *C'est une idée peu habituelle, mais je voulais lancer un ballon d'essai.*

to run the gauntlet—*essuyer le feu*

His new poems ran the gauntlet of criticism. *Ses nouveaux poèmes ont essuyé le feu de la critique.*

to run the show—*faire marcher l'affaire*

It's the boss's secretary who really runs the show. *C'est la secrétaire du patron qui fait marcher l'affaire vraiment.*

to run true to form—*rester digne de soi-même*

When she stuck to her principles, she was running true to form. *En s'accrochant à ses principes elle est restée digne d'elle-même.*

to run up—*laisser accumuler*

We have run up a considerable bill. *Nous avons laissé accumuler un compte considérable.*

to run water—*faire couler l'eau*

Run water for your bath. *Fais couler l'eau pour ton bain.*

to run wild—*faire les quatre cents coups*

They say he ran wild during his childhood. *On dit qu'il a fait les quatre cents coups pendant sa jeunesse.*

---

running—*la course*

to be in (out of) the running—*avoir des (ne pas avoir de) chances de réussir*

It looks to me as if you are still in (are already out of) the running. *Il me semble que vous avez encore des (n'avez déjà plus de) chances de réussir.*

---

rust—*la rouille*

  the rust belt—*la zone industrielle abandonnée*

Certain American cities, prosperous in the nineteenth century, are now part of the rust belt. *Certaines villes américaines, prospères au dix-neuvième siècle, font partie maintenant de la zone industrielle abandonnée.*

sack—*le sac*

  to sack out—*coucher à la belle étoile*

The weather was so fine that we decided to sack out. *Il faisait si beau temps que nous avons décidé de coucher à la belle étoile.*

saddle—*la selle*

  to be in the saddle—*être bien en selle, tenir les rênes*

After a difficult start, the new governor is in the saddle now. *Après des débuts difficiles, le nouveau gouverneur est bien en selle (tient les rênes) maintenant.*

to saddle—*seller*

  to be saddled with—*avoir sur les bras*

I'm saddled with all my relatives. *J'ai tous mes parents sur les bras.*

to sail—*faire de la voile, naviguer*

  to sail close to the wind—*friser l'illégalité*

We felt that their deals were sailing close to the wind. *Nous trouvions que leurs affaires frisaient l'illégalité.*

  to sail into—*attaquer avec entrain; faire des remontrances à*

They were young, and they sailed into their work. *Ils étaient jeunes, et ils ont attaqué leur travail avec entrain.* He expected praise, but instead they sailed into him. *Il s'attendait à des félicitations, mais on lui a plutôt fait des remontrances.*

to sail through—*faire comme en se jouant, passer comme une lettre à la poste*

He will sail through the test. *Il passera l'épreuve comme en se jouant (Il passera l'épreuve comme une lettre à la poste).*

---

sale—*la vente*

on sale—*en réclame, en solde; en vente*

These items are on sale at an interesting discount. *Ces articles sont en réclame (en solde) avec des réductions intéressantes.* You can find these items on sale everywhere. *On peut trouver ces articles en vente partout.*

---

to salt—*saler*

to salt away—*mettre à gauche*

She has salted away a lot of money over the years. *Elle a mis un tas d'argent à gauche au cours des années.*

---

same—*même*

by the same token—*il s'ensuit, par là même*

They are poor; by the same token they have nothing to lose. *Ils sont pauvres; il s'ensuit qu'ils (par là même ils) n'ont rien à perdre.*

in the same boat—*logés à la même enseigne*

We have to help each other because we are all in the same boat. *Il faut qu'on s'entraide parce que nous sommes tous logés à la même enseigne.*

Same here!—*Et moi (nous) de même! Moi (nous) aussi!*

---

to save—*économiser, sauver*

to save one's ass (hide, neck, skin)—*sauver sa peau*

We weren't covered with glory, but at least we had saved our ass (hide, neck, skin). *Nous ne nous étions pas couverts de gloire, mais au moins nous avions sauvé notre peau.*

to save something for a rainy day—*garder une poire pour la soif*

She put the hundred francs back in the drawer in order to save something for a rainy day. *Elle a remis les cent francs dans le tiroir afin de garder une poire pour la soif.*

to save the day—*sauver la situation*

Her act of desperation saved the day. *Son geste désespéré a sauvé la situation.*

Save your breath!—*Ne perds pas ta salive!*

---

to saw—*scier*

to saw wood—*ronfler*

She waited to hear him sawing wood before she got up. *Elle a attendu de l'entendre ronfler avant de se lever.*

---

say—*l'avis, le dire*

a say in things—*voix au chapitre*

It is only thanks to his money that he has a say in things. *C'est seulement grâce à son argent qu'il a voix au chapitre.*

---

to say—*dire*

I'll say! (I should say so!)—*Et comment! Je crois bien!*

to say one's piece—*dire ce qu'on a sur le cœur*

Let him say his piece before we make our decision. *Qu'il dise ce qu'il a sur le cœur avant de prendre notre décision.*

You don't say!—*Par exemple! Pas possible!*

You said a mouthful (it)!—*Tu parles!*

---

to scale—*proportionner*

to scale down—*réduire*

They scaled down their original project. *Ils ont réduit leur projet initial.*

---

to scare—*effrayer*

to be scared stiff (to death, out of one's wits)—*avoir une peur bleue*

He was scared stiff (to death, out of his wits) when he saw the crowd approaching. *Il a eu une peur bleue en voyant la foule s'approcher.*

to scare up—*dénicher*

Let's see if we can scare up something for lunch. *Voyons voir si nous pouvons dénicher quelque chose pour notre déjeuner.*

---

schedule—*l'emploi du temps, l'horaire, le programme*

on schedule—*à l'heure*

The train arrived at the station on schedule. *Le train est arrivé en gare à l'heure.*

---

score—*l'entaille, la marque*
  to even (to settle) the score with—*rendre la pareille à*
  They cheated him and he is trying to even (to settle) the score with them. *Ils l'ont volé et il essaie de leur rendre la pareille.*

  on that score—*à cet égard*
  There is nothing we can do for you on that score. *Il n'y a rien que nous puissions faire pour vous à cet égard.*

---

to scrape—*gratter*
  to scrape along—*tirer le diable par la queue*
  They have been scraping along since he lost his job. *Ils tirent le diable par la queue depuis qu'il a perdu son emploi.*

  to scrape the bottom of the barrel—*gratter les fonds de tiroir*
  They had to scrape the bottom of the barrel to pay their rent. *Ils ont dû gratter les fonds de tiroir pour payer leur loyer.*

  to scrape together (up)—*ramasser sou à sou*
  We finally scraped the necessary money together (scraped up the necessary money). *Nous avons enfin ramassé sou à sou l'argent nécessaire.*

---

scratch—*le grattement*
  to come up to scratch—*se montrer à la hauteur*
  The new director didn't come up to scratch during the crisis. *Le nouveau directeur ne s'est pas montré à la hauteur pendant la crise.*

  from scratch—*en partant de rien (de zéro)*
  She made her fortune from scratch. *Elle a fait sa fortune en partant de rien (de zéro).*

---

to scratch—*gratter*
  to scratch the surface—*commencer à entrevoir le fond*
  We have only scratched the surface of this problem. *Nous commençons seulement à entrevoir le fond de ce problème.*

You scratch my back and I'll scratch yours.—*C'est donnant-donnant.*
Un petit service en vaut un autre.

---

screw—*la vis*
  to have a screw loose—*travailler du chapeau*
  Don't believe his stories; he has a screw loose. *Ne crois pas à ses
    histoires; il travaille du chapeau.*

---

to screw—*visser*
  to screw around—*perdre son temps*
  Stop screwing around and come help us. *Cesse de perdre ton temps et
    viens nous aider.*

  to screw up—*bousiller*
  They tried their best, but they screwed up the repair. *Ils ont fait de leur
    mieux, mais ils ont bousillé la réparation.*

  to screw up one's courage—*prendre son courage à deux mains*
  Finally she had to screw up her courage and sing. *Elle a dû enfin prendre
    son courage à deux mains et chanter.*

---

sea—*la mer*
  (all) at sea—*désorienté, perplexe*

Their explanation left us (all) at sea. *Leur explication nous a laissés désorientés (perplexes).*

at (to) sea—*en pleine mer*
She ventured out at (to) sea in a small boat. *Elle s'est aventurée en pleine mer dans une petite barque.*

to be seasick—*avoir le mal de mer*
While crossing the Channel, we were all seasick. *En traversant la Manche, nous avons tous eu le mal de mer.*

sea legs—*le pied marin*
He is a Breton, the son of fishermen; he has sea legs. *Il est Breton, fils de pêcheurs; il a le pied marin.*

---

to search—*fouiller*
Search me!—*Je n'en sais rien!*

---

season—*la saison*

in season—*à propos*
That remark was scarcely in season. *Cette observation n'était guère à propos.*

out of season—*hors de propos*
I consider your comments to be out of season. *Je trouve que vos commentaires sont hors de propos.*

---

seat—*le derrière, le fond, le siège*

by the seat of one's pants—*au jugé, sans instruments*
He was flying the plane by the seat of his pants. *Il pilotait l'avion au jugé (sans instruments).*

---

second—*deuxième, second*

to be second to none—*ne le céder à personne*
As far as talent is concerned, he is second to none. *Pour le talent, il ne le cède à personne.*

in one's second childhood—*retombé en enfance*
His father is in his second childhood; he has to be watched all the time. *Son père est retombé en enfance; il faut le surveiller tout le temps.*

to get one's second wind—*reprendre ses forces*

Wait until I get my second wind, and I'll help you. *Attendez que je reprenne mes forces, et je vous aiderai.*

on second thought—*réflexion faite*

On second thought, you had better stay here. *Réflexion faite, vous feriez mieux de rester ici.*

secondhand—*d'occasion*

Not having a lot of money, we had to buy a secondhand car. *N'ayant pas beaucoup d'argent, nous avons dû acheter une voiture d'occasion.*

---

to see—*voir*

to see about—*s'occuper*

The doctor will see about finding you a nursing job. *Le docteur s'occupera de vous trouver un poste d'infirmière.*

to see eye-to-eye—*voir les choses du même œil*

The two brothers do not always see eye-to-eye. *Les deux frères ne voient pas toujours les choses du même œil.*

to see fit—*trouver bon*

He saw fit to dismiss the employee. *Il a trouvé bon de mettre l'employé à la porte.*

to see one's way to clear to—*trouver moyen de*

I don't see my way clear to doing what you ask. *Je ne trouve pas moyen de faire ce que vous demandez.*

to see someone home—*raccompagner quelqu'un*

I'll see you home after the show. *Je vous raccompagnerai après le spectacle.*

to see someone off—*accompagner quelqu'un (à la gare, etc.)*

We saw our friends off at the airport. *Nous avons accompagné nos amis à l'aéroport.*

to see something through—*mener quelque chose à bonne fin*

We will see this job through at all costs. *Nous mènerons ce travail à bonne fin coûte que voûte.*

to see stars—*voir trente-six chandelles*

When that giant hit me, I saw stars. *Quand ce géant m'a frappé, j'ai vu trente-six chandelles.*

to see the light—*comprendre, y voir clair*
After a long discussion, he finally saw the light. *Après une longue discussion, il a fini par comprendre (par y voir clair).*

to see the light of day—*naître, voir le jour*
That idea saw the light of day a long time ago. *Cette idée est née (a vu le jour) il y a longtemps.*

to see the way the land lies—*sonder (tâter) le terrain*
Before taking a position, the candidate wanted to see the way the land lay. *Avant de prendre position, le candidat voulait sonder (tâter) le terrain.*

to see things—*avoir des hallucinations*
He couldn't have been there; you must have been seeing things. *Il ne pouvait pas être là; vous avez dû avoir des hallucinations.*

to see through someone—*voir venir quelqu'un (avec ses gros sabots)*
Don't try to fool me; I can see through you. *N'essayez pas de me tromper; je vous vois venir (avec vos gros sabots).*

to see to it that—*faire en sorte que, veiller à ce que*
See to it that everybody remains calm. *Fais en sorte que (veille à ce que) tous restent calmes.*

---

seed—*la graine, la semence*
to go (to run) to seed—*monter en graine*
Their garden has gone (has run) to seed in their absence. *Leur jardin est monté en graine pendant leur absence.*

---

to seize—*saisir*
to seize on—*sauter sur*
They seized on the opportunity to avoid the test. *Ils ont sauté sur l'occasion d'éviter l'examen.*

---

self—*le moi, le même, soi*
a self-made man—*l'artisan de sa propre fortune, fils de ses œuvres*

That industrialist is a self-made man. *Cet industriel est l'artisan de sa propre fortune (est fils de ses œuvres).*

---

to sell—*(se) vendre*

  to sell down the river (to sell out)—*donner, trahir*

  To get a lighter sentence, he sold his accomplices down the river (he sold out his accomplices). *Pour avoir une peine plus légère, il a donné (trahi) ses complices.*

  to sell like hotcakes—*s'enlever (se vendre) comme des petits pains*

  His novels sell like hotcakes. *Ses romans s'enlèvent (se vendent) comme des petits pains.*

  to sell short—*sous-estimer, sous-évaluer*

  Don't sell their power short. *Ne sous-estime (Ne sous-évalue) pas leur force.*

  to sell someone a bill of goods—*rouler quelqu'un*

  I believed what you told me, and you sold me a bill of goods. *J'ai cru ce que vous m'avez dit, et vous m'avez roulé.*

  sold on—*acquis à*

  The director is sold on your new idea. *Le directeur est acquis à votre nouvelle idée.*

  sold out—*épuisé*

  I'm sorry but that item is sold out. *Je regrette mais cet article est épuisé.*

---

to send—*envoyer*

  to send about one's business (on one's way, packing)—*envoyer promener, envoyer au bain*

  If that pest keeps annoying me, I'm going to send him about his business (on his way, packing). *Si ce casse-pieds persiste à m'ennuyer, je vais l'envoyer promener (l'envoyer au bain).*

  to send (away) for—*commander par correspondance*

  My mother has sent away for a new dress. *Ma mère a commandé une nouvelle robe par correspondance.*

  to send for someone—*envoyer chercher quelqu'un, faire venir quelqu'un*

  We sent for the doctor immediately. *Nous avons envoyé chercher (fait venir) le docteur d'urgence.*

to send up the river—*mettre à l'ombre (en taule)*
The criminal was afraid the judge would send him up the river. *Le criminel avait peur que le juge le mette à l'ombre (en taule).*

to serve—*servir*

It serves him (her, me, you, etc.) right!—*C'est bien fait pour lui (pour elle, pour moi, pour vous, etc.)! C'est pain bénit!*

to serve notice that—*faire savoir que*
She served notice that the apartment would no longer be available. *Elle leur a fait savoir que l'appartement ne serait plus disponible.*

service—*le service*

in(to) the service—*dans l'armée, sous les drapeaux*
My older brother has been called in(to) the service. *Mon frère aîné a été appelé dans l'armée (sous les drapeaux).*

of service—*utile*
Tell me if I can be of service to you. *Dites-moi si je peux vous être utile.*

to see service—*faire campagne; faire de l'usage*
They saw service in the Pacific during World War II. *Ils ont fait campagne dans le Pacifique pendant la Deuxième Guerre Mondiale.* This car has seen a lot of service. *Cette voiture a fait beaucoup d'usage.*

set—*mis, pris*

to be set in one's ways—*avoir des idées bien arrêtées*
She will be hard to convince since she is set in her ways. *Elle sera difficile à convaincre, car elle a des idées bien arrêtées.*

(dead) set against—*(absolument) opposé à*
They were (dead) set against admitting him to the club. *Ils étaient (absolument) opposés à son admission au cercle.*

to set—*mettre, poser*

to set about—*se mettre à*
Let's set about translating this poem. *Mettons-nous à traduire ce poème.*

to set aside—*casser; mettre de côté*

The court of appeal set their conviction aside. *La cour d'appel a cassé leur condamnation.* We'll have to set something aside for later. *Nous devrons mettre quelque chose de côté pour plus tard.*

to set back—*coûter; retarder*
That house set him back quite a bit of money. *Cette maison lui a coûté pas mal d'argent.* This development could set our plans back. *Ce fait nouveau pourrait retarder nos projets.*

to set back on one's heels—*déconcerter, faire perdre les pédales à*
Their unexpected accusation set her back on her heels. *Leur accusation imprévue l'a déconcertée (lui a fait perdre les pédales).*

to set down—*poser*
Set that plate down and listen to me. *Posez cette assiette et écoutez-moi.*

to set down in writing—*coucher par écrit*
I want our agreement to be set down in writing. *Je veux que notre accord soit couché par écrit.*

to set forth—*faire connaître, indiquer*
I asked him to set forth his requirements. *Je lui ai demandé de faire connaître (d'indiquer) ses exigences.*

to set forth (off, out)—*se mettre en route*
The group of pilgrims set forth (off, out) for Spain. *Le groupe de pélerins s'est mis en route pour l'Espagne.*

to set in—*survenir*
They thought they had finished their work, but complications set in. *Ils croyaient avoir terminé leur travail, mais des complications sont survenues.*

to set in motion—*imprimer un mouvement à*
This wheel sets the mechanism in motion. *Cette roue imprime un mouvement au mécanisme.*

to set loose—*mettre en liberté*
We told them not to set the animal loose. *Nous leur avons dit de ne pas mettre l'animal en liberté.*

to set off—*détoner; faire ressortir*

Be careful not to set off the bomb! *Faites attention de ne pas détoner la bombe!* This color sets off your furniture nicely. *Cette couleur fait bien ressortir vos meubles.*

to set one's cap for (one's sights on)—*jeter son dévolu sur*
Everyone knew that she had set her cap for (her sights on) Michael. *Tout le monde savait qu'elle avait jeté son dévolu sur Michel.*

to set one's face against—*se refuser à*
She set her face against participating in their campaign. *Elle s'est refusée à participer à leur campagne.*

to set one's heart at rest—*calmer les inquiétudes de*
Although she refused his offer, she tried to set his heart at rest. *Bien qu'elle ait refusé son offre, elle a essayé de calmer ses inquiétudes.*

to set one's heart on—*vouloir à tout prix*
He set his heart on changing professions. *Il voulait à tout prix changer de métier.*

to set one's teeth on edge—*agacer, faire grincer les dents à*
What they call music sets my teeth on edge. *Ce qu'ils appellent de la musique m'agace (me fait grincer les dents).*

to set sail—*partir, prendre la mer*
The ship set sail for the New World. *Le navire est parti (a pris la mer) pour le Nouveau Monde.*

to set stock in (store by)—*faire grand cas de*
I don't set much stock in (store by) his promises. *Je ne fais pas grand cas de ses promesses.*

to set the pace (the tone)—*donner le la (le ton)*
They are used to setting the pace (the tone) in their town. *Ce sont eux qui ont l'habitude de donner le la (le ton) dans leur petite ville.*

to set the record straight—*mettre les choses au point*
The minister called a news conference to set the record straight. *Le ministre a convoqué une conférence de presse pour mettre les choses au point.*

to set the world on fire—*avoir inventé la poudre (le fil à couper le beurre)*

The new worker is nice, but he won't set the world on fire. *Le nouvel employé est gentil, mais il n'a pas inventé la poudre (le fil à couper le beurre).*

to set up shop—*monter son affaire (une boutique)*
They set up shop on Main Street. *Ils ont monté leur affaire (une boutique) dans la Grand'rue.*

to settle—*établir, régler*
I'll settle his hash!—*Je vais lui clouer le bec!*

to settle a (an old) score—*régler un compte*
Before I can shake his hand, I have to settle a (an old) score with him. *Avant de pouvoir lui serrer la main, j'ai un compte à régler avec lui.*

to settle down—*faire une fin*
He got married in order to settle down. *Il s'est marié pour faire une fin.*

to settle for—*se contenter de*
He no longer was willing to settle for fine words; he wanted action. *Il ne voulait plus se contenter de belles paroles; il voulait des actes.*

to settle on—*fixer son choix sur*
After looking at several houses, they settled on a bungalow. *Après avoir examiné plusieurs maisons, ils ont fixé leur choix sur une maisonnette.*

to sew—*coudre*
It's (the deal is) all sewed up.—*L'affaire est dans le sac.*

to shake—*secouer*
Shake a leg!—*Dégrouillez-vous! Faites vite!*

to shake down—*se faire les uns aux autres; soutirer*
Once the actors have shaken down, they will make a good company. *Une fois que les acteurs se seront faits les uns aux autres, ils feront une bonne troupe.* They shook him down for ten dollars. *Ils lui ont soutiré dix dollars.*

to shake off—*se débarrasser de*
I had a hard time shaking him off. *J'ai eu du mal à me débarrasser de lui.*

to shake up—*secouer les puces à*

With her harsh words, she really shook him up. *Avec ses remarques sévères, elle lui a vraiment secoué les puces.*

shame—*la honte*
For shame!—*C'est honteux! Vous devriez avoir honte!*

it's a shame—*c'est dommage*
It's a shame you weren't able to come. *C'est dommage que vous n'ayez pas pu venir.*

shape—*l'état, la forme*
in shape—*en train*
I can't walk so fast; I'm not in shape. *Je ne peux pas marcher si vite; je ne suis pas en train.*

to shape—*façonner, former*
to shape up—*faire des progrès, prendre forme*
That class is beginning to shape up. *Cette classe commence à faire des progrès (à prendre forme).*

sharp—*aigu*
sharp tongue—*la dent dure*
I don't like to argue with her; she has a sharp tongue. *Je n'aime pas discuter avec elle; elle a la dent dure.*

Twelve o'clock sharp.—*Midi pile.*

shelf—*l'étagère, le rayon*
off the shelf—*tout fait, tout prêt*
She uses materials off the shelf. *Elle se sert de matériel tout fait (tout prêt).*

on the shelf—*laissé pour compte*
He was tired of being on the shelf. *Il en avait assez d'être laissé pour compte.*

shell—*la coquille, le coquillage, la cosse*
in a nutshell—*en résumé, pour résumer*

In a nutshell, the stock market crash has left you penniless. *En résumé (Pour résumer), le krach de la bourse vous a laissé sans le sou.*

---

to shell—*écailler, écosser*
　to shell out—*casquer*
　We had to shell out ten dollars for the drinks. *Il a fallu casquer dix dollars pour les consommations.*

---

to shift—*changer*
　to shift for oneself—*se débrouiller, voler de ses propres ailes*
　You will have to learn to shift for yourself now. *Il faudra que tu apprennes à te débrouiller (à voler de tes propres ailes) maintenant.*

　to shift gears—*changer de propos*
　If I may shift gears, I'd like to speak of your book. *Si je puis changer de propos, j'aimerais parler de votre livre.*

---

to shine—*(faire) briller*
　to shine up to—*flatter*
　His colleagues accused him of shining up to his new boss. *Ses collègues l'accusaient de flatter son nouveau patron.*

---

ship—le bateau
　when one's ship comes in—*quand on aura fait fortune*
　I'll pay you back when my ship comes in. *Je vous rembourserai quand j'aurai fait fortune.*

---

shoe—*la chaussure, le soulier*
　in someone's shoes—*à la place de quelqu'un*
　I wouldn't like to be in the prime minister's shoes. *Je ne voudrais pas être à la place du premier ministre.*

　That's where the shoe pinches.—*C'est là où le bât blesse.*

　The shoe is on the other foot.—*Les rieurs sont de l'autre côté. Les rôles sont renversés à présent.*

---

to shoot—*tirer*

to shoot a film—*tourner un film*
Don't go in there; they are shooting a film. *N'y entrez pas; ils sont en train de tourner un film.*

to shoot from the hip—*céder à l'impulsion*
He could be a good administrator, but he tends to shoot from the hip. *Ce pourrait être un bon administrateur, mais il a tendance à céder à l'impulsion.*

to shoot it out—*échanger des coups de feu*
The police shot it out with the gang. *La police a échangé des coups de feu avec la bande.*

to shoot off one's mouth—*dire n'importe quoi*
Don't listen to him; he's always shooting off his mouth. *Ne l'écoutez pas; il dit n'importe quoi.*

to shoot one's wad—*dépenser tout son argent; dire ce qu'on a sur le cœur*
He shot his wad at the gaming tables. *Il a dépensé tout son argent au jeu.*
Now that you've shot your wad, we can discuss this question calmly. *Maintenant que vous avez dit ce que vous aviez sur le cœur, nous pouvons discuter de cette question avec calme.*

to shoot straight—*parler sans détours*
I think we can count on this doctor to shoot straight with us. *Je crois que nous pouvons compter sur ce médecin pour nous parler sans détours.*

to shoot the breeze (the bull)—*tailler une bavette*

We stopped working for a moment to shoot the breeze (the bull). *Nous avons arrêté de travailler un instant pour tailler une bavette.*

Shoot the works!—*Mettez-y le paquet! Risquez le coup!*

to shoot up—*monter en flèche; tirer au hasard dans (sur)*

Because of the energy crisis, oil stocks shot up. *A cause de la crise de l'énergie, les actions pétrolières sont montées en flèche.*

The cowboys shot up the barroom. *Les cowboys ont tiré au hasard dans (sur) le bar.*

shot through with—*criblé de*

Their essay is shot through with unattributed quotations. *Leur essai est criblé de citations sans référence exacte.*

---

short—*court*

(caught) short—*à découvert*

They asked to be repaid at a time when he was (caught) short. *Ils ont demandé le remboursement au moment où il était à découvert.*

for short—*par son nom diminutif, sans cérémonie*

My name is Edward, but call me Ted for short. *Mon nom est Edouard, mais appelez-moi par mon nom diminutif, (sans cérémonie) Ted.*

in short order—*en un rien de temps*

We managed to get rid of them in short order. *Nous avons réussi à nous en débarrasser en un rien de temps.*

in short (to make a long story short)—*enfin bref, pour en finir*

In short (To make a long story short), our efforts were unsuccessful. *Enfin bref (Pour en finir), nos efforts n'ont pas été couronnés de succès.*

in the short haul—*à court terme*

Their solution seems sensible in the short haul. *Leur solution semble raisonnable à court terme.*

to make short work of—*ne faire qu'une bouchée de*

Their team made short work of its opponents. *Leur équipe n'a fait qu'une bouchée de ses adversaires.*

short-lived—*sans lendemain*

He enjoyed a short-lived celebrity. *Il a joui d'une célébrité sans lendemain.*

the short end (of the stick)—*moins que sa part du gâteau (son dû)*
I worked very hard, but I got the short end (of the stick). *J'ai travaillé très dur, mais j'ai reçu moins que ma part du gâteau (que mon dû).*

short for—*le diminutif de*
Dick is short for Richard. *Dick est le diminutif de Richard.*

short of breath—*essoufflé*
He was short of breath from climbing the stairs. *Il était essoufflé d'avoir monté l'escalier.*

shot—*le coup*

to have (to take) a shot at it—*tenter le coup*
It's worth having (taking) a shot at it. *Ça vaut la peine de tenter le coup.*

short of—*à moins de; ni plus ni moins*
Short of stopping them from talking, I don't see what you can do. *A moins de les empêcher de parler, je ne vois rien que vous puissiez faire.*
It's nothing short of a miracle! *C'est un miracle, ni plus ni moins!*

a shot in the arm—*un coup de fouet*
Your help was the shot in the arm I needed. *Votre aide a été le coup de fouet dont j'avais besoin.*

a shot in the dark—*de pures conjectures*
His attempt to guess was a shot in the dark. *Son essai de deviner était de pures conjectures.*

like a shot—*du premier coup, sans hésiter*
She agreed like a shot to our offer. *Elle a accepté notre offre du premier coup (sans hésiter).*

a shotgun wedding—*un mariage forcé*
Everyone said that it was a shotgun wedding. *Tout le monde disait que c'était un mariage forcé.*

to shout—*crier, hurler*

to shout down—*rejeter (repousser) avec de hauts cris*

Their opponents shouted down their proposals. *Leurs adversaires ont rejeté (repoussé) leurs propositions avec de hauts cris.*

---

to shove—*bousculer, pousser*
to shove off—*filer, se tirer*
I'll tell you when it's time to shove off. *Je vous dirai quand il sera temps de filer (de se tirer).*

---

to show—*montrer*
Show her (him, them) in.—*Faites-la (-le, -les) entrer.*

to show a clean pair of heels—*se sauver à toutes jambes*
Wasting no time, he showed a clean pair of heels. *Sans perdre de temps, il s'est sauvé à toutes jambes.*

to show off—*faire étalage, faire montre; prendre des airs*
He always shows off his learning. *Il fait toujours étalage (montre) de son érudition.* You don't have to show off for us. *Vous n'avez pas besoin de prendre des airs devant nous.*

to show one's face—*mettre les pieds*
Don't show your face here again! *Ne remettez plus jamais les pieds ici!*

to show one's hand—*abattre (découvrir) son jeu, dévoiler ses batteries*
If you want to surprise him, don't show your hand too soon. *Si vous voulez le surprendre, n'abattez pas (ne découvrez pas) votre jeu (ne dévoilez pas vos batteries) top tôt.*

to show one's true colors—*se révéler sous son vrai jour*
When he behaved so badly, he was showing his true colors. *En se conduisant si mal, il se révélait sous son vrai jour.*

to show someone the door—*mettre quelqu'un à la porte*
If you make so much noise, I'll have to show you the door. *Si vous faites tant de bruit, il faudra que je vous mette à la porte.*

to show up—*arriver; faire honte à; paraître*
They always show up fifteen minutes late. *Ils arrivent toujours avec quinze minutes de retard.* She tried to show me up in public. *Elle a essayé de me faire honte en public.* I hope that this stain won't show up after washing. *J'espère que cette tache ne paraîtra pas après le lavage.*

to show what one is made of—*faire voir de quel bois on se chauffe*

Try and beat me, and I'll show you what I'm made of. *Essaie de me battre, et je te ferai voir de quel bois je me chauffe.*

---

to shrug—*hausser (les épaules)*

  to shrug off—*ignorer, ne pas relever*

She shrugged off their criticisms. *Elle a ignoré (n'a pas relevé) leurs critiques.*

---

to shuffle—*frotter, traîner*

  to shuffle off—*partir (s'en aller) en traînant les pieds*

The old man shuffled off slowly. *Le vieillard est parti (s'en est allé) lentement en traînant les pieds.*

  to shuffle the cards (the deck)—*battre les cartes*

It's up to the dealer to shuffle the cards (the deck). *C'est à celui qui donne de battre les cartes.*

---

to shut—*fermer*

  to shut down—*arrêter; fermer ses portes*

We'll have to shut down the machine so we can repair it. *Nous devrons arrêter la machine afin de pouvoir la réparer.* That theater shut down long ago. *Ce théâtre a fermé ses portes il y a longtemps.*

  to shut off—*couper*

If they shut off the electricity, we'll light some candles. *S'ils coupent l'électricité, nous allumerons des bougies.* They felt cut off from all their friends. *Ils se sentaient coupés de tous leurs amis.*

  to shut out—*bannir; empêcher de marquer un seul but*

You can't shut us out of your life. *Tu ne peux pas nous bannir de ta vie.* Our team shut its opponents out. *Notre équipe a empêché ses adversaires de marquer un seul but.*

  to shut someone up—*clouer le bec (rabattre le caquet) à quelqu'un; enfermer quelqu'un*

My reply really shut him up. *Ma réponse lui a vraiment cloué le bec (rabattu le caquet).* His family had him shut up in an asylum. *Sa famille l'a fait enfermer dans un asile.*

  Shut up (Shut your trap)!—*La ferme! Ta gueule!*

---

sick—*malade*

to be sick and tired—*en avoir marre, en avoir par-dessus la tête*
I'm sick and tired of this stupid commercial. *J'en ai marre (par-dessus la tête) de cette publicité imbécile.*

sick at heart—*la mort dans l'âme*
Sick at heart, he said farewell to his family. *La mort dans l'âme, il dit adieu à sa famille.*

side—*le côté, la côte*

on the side—*à côté; en pot de vin*
He earns a little money on the side. *Il se fait un peu d'argent à côté.* The dishonest politician also took money on the side. *Le politicien malhonnête prenait aussi de l'argent en pot de vin.*

a side street—*une petite rue*
Their store didn't do well because it was on a side street. *Leur magasin n'a pas prospéré parce qu'il était dans une petite rue.*

to sideswipe—*prendre en écharpe*
The two cars sideswiped each other. *Les deux voitures se sont prises en écharpe.*

sight—*la vue*

a sight for sore eyes—*un spectacle à réjouir le cœur*
After our long trip, our house was a sight for sore eyes. *Après notre long voyage, notre maison était un spectacle à réjouir le cœur.*

sight unseen—*avant de (sans) l'avoir vu*
They bought these cars sight unseen. *Ils ont acheté ces autos avant de (sans) les avoir vues.*

to sign—*signer*

to sign off—*terminer (une émission)*
Good-bye, listeners; I'm signing off for today. *Chers auditeurs, je termine (notre émission) pour aujourd'hui.*

to sign on (sign up)—*s'inscrire*
Have you signed on (signed up) for the cruise? *Vous êtes-vous inscrit à la croisière?*

to sign out—*signer (le registre) pour sortir*
We had to sign out from the dormitory. *Nous devions signer (le registre) pour sortir de la résidence.*

to sign over—*céder (par écrit)*
They signed over their right to the inheritance. *Ils ont cédé (par écrit) leur droit à l'héritage.*

signal—*le signal*
We got our signals crossed.—*Il y a eu malentendu.*

to simmer—*mijoter*
to simmer down—*se calmer*
Simmer down, they didn't mean it seriously! *Calmez-vous, ils ne parlaient pas sérieusement!*

to sing—*chanter*
to sing flat (off-key, out of tune)—*chanter faux*
Several choir members were singing flat (off-key, out of tune). *Plusieurs choristes chantaient faux.*

to sing out—*crier*
In the silence you could hear her voice sing out. *Dans le silence on pouvait entendre sa voix qui criait.*

single—*seul, simple*
(in) single file—*en file indienne*
We were walking along (in) single file. *Nous avancions en file indienne.*

to sink—*couler, sombrer*
It was sink or swim.—*C'était marche ou crève.*
to sink in—*pénétrer*
The news of her brother's death had not yet sunk in. *La nouvelle de la mort de son frère ne l'avait pas encore pénétrée.*

to sit—*être assis, s'asseoir*
to be sitting pretty—*tenir le bon bout*

Since he received his inheritance, he's been sitting pretty. *Depuis qu'il a eu son héritage, il tient le bon bout.*

He's sitting on top of the world.—*Il vit comme un coq en pâte.*

to sit back—*rester les bras croisés; se renverser*
They sat back while their country was invaded. *Ils sont restés les bras croisés pendant qu'on envahissait leur pays.* He sat back in his armchair and listened to the music. *Il s'est renversé dans son fauteuil et a écouté la musique.*

to sit back (to sit by)—*rester les bras croisés*
They sat back (sat by) while their country was being invaded. *Ils sont restés les bras croisés pendant qu'on envahissait leur pays.*

to sit in for—*remplacer*
I am sitting in for the other announcer during his vacation. *Je remplace l'autre speaker pendant ses vacances.*

to sit in on—*assister à*
She asked us to sit in on their meeting. *Elle nous a demandé d'assister à leur réunion.*

to sit on one's hands—*rester impassible (silencieux)*
The audience sat on their hands at the end of the play. *Le public est resté impassible (silencieux) à la fin de la pièce.*

to sit on someone—*museler quelqu'un*
We'll have to sit on him or he'll give us away. *Nous devrons le museler ou il nous trahira.*

to sit on the fence—*ménager la chèvre et le chou*
He would rather sit on the fence than give his real opinion. *Il préfère ménager la chèvre et le chou, plutôt que de donner son avis véritable.*

to sit out—*laisser passer*
I'm going to sit out this opportunity. *Je vais laisser passer cette occasion.*

to sit tight—*attendre les événements, ne pas bouger*
You would do better to sit tight instead of acting hastily. *Vous feriez mieux d'attendre les événements (de ne pas bouger) au lieu d'agir précipitamment.*

to sit up—*se redresser*

On hearing the noise, he sat up suddenly. *En entendant le bruit, il s'est brusquement redressé.*

to sit up and take notice—*montrer de l'intérêt*
When they started to express their objections, he finally sat up and took notice. *Quand ils ont commencé à exprimer leurs objections, il a enfin montré de l'intérêt.*

sitting—*assis*
He's a sitting duck.—*C'est une cible facile.*

six—*six*
at sixes and sevens—*en désordre, en pagaïe*
After their departure, the whole house was at sixes and sevens. *Après leur départ, toute la maison était en désordre (en pagaïe).*

It's six of one and half a dozen of the other.—*C'est bonnet blanc et blanc bonnet. C'est chou vert et vert chou.*

sixty—*soixante*
like sixty—*à toute allure*
They were going along like sixty. *Ils filaient à toute allure.*

to size—*classer par taille*
to size up—*jauger*
He sized up the situation at a glance. *Il a jaugé la situation d'un coup d'œil.*

skid—*la cale, le dérapage*
He is on the skids.—*Il est en perte de vitesse. Il est sur la pente savonneuse.*

skid row—*le trottoir*
He had once been an executive, but alcohol had brought him to skid row. *Il avait été cadre autrefois, mais l'alcool l'avait mis au trottoir.*

skin—*la peau*
by the skin of one's teeth—*de justesse*

He passed the exam by the skin of his teeth. *Il a été reçu à l'examen de justesse.*

He's a skinflint.—*Il tondrait un œuf.*

It's no skin off my ass (nose, teeth)!—*Je m'en fiche!*

skin and bones—*maigre comme un clou*

She was skin and bones because she didn't eat enough. *Elle était maigre comme un clou parce qu'elle ne mangeait pas assez.*

---

to skip—*sauter, sautiller*

Skip it!—*Laisse(z) tomber!*

to skip out—*mettre la clé sous la porte, se tailler*

When they tried to find him, he had skipped out. *Quand on a essayé de le trouver, il avait mis la clé sous la porte (il s'était taillé).*

---

slap—*la gifle*

a slap in the face—*un affront*

Their refusal to attend our party was a slap in the face. *Leur refus de venir à notre fête était un affront.*

---

to sleep—*dormir*

not to sleep a wink—*ne pas fermer l'œil*

I didn't sleep a wink all night because of the noise. *Je n'ai pas fermé l'œil de la nuit à cause du bruit.*

to sleep around—*coucher avec le premier venu*

People said that she was sleeping around. *Les gens racontaient qu'elle couchait avec le premier venu.*

to sleep it off—*cuver son vin*

After the party he went home to sleep it off. *Après la fête il est rentré cuver son vin.*

Sleep on it.—*La nuit porte conseille.*

to sleep out (out-doors, out under the stars)—*coucher à la belle étoile*

At camp, the children often sleep out (out-doors, out under the stars). *A la colonie, les enfants couchent souvent à la belle étoile.*

to sleep with—*coucher avec*

Everyone says she sleeps with the boss. *Tout le monde dit qu'elle couche avec le patron.*

sleepy—*somnolent*

    to be sleepy—*avoir sommeil*

    Let's put the child to bed; he is sleepy. *Couchons l'enfant; il a sommeil.*

slip—*la glissade*

    a slip of the pen (the tongue)—*un lapsus*

    I didn't mean to say that: it was just a slip of the pen (the tongue). *Je ne voulais pas dire cela: ce n'était qu'un lapsus.*

to slip—*échapper, glisser*

    It slipped my mind.—*Cela m'est sorti de l'esprit.*

    to slip a cog (a gear)—*perdre les pédales*

    That makes no sense; I think you've slipped a cog (a gear). *Cela n'a pas de sens: je crois que tu perds les pédales.*

    to slip on (a garment)—*passer (un vêtement)*

    Because of the chill, she slipped on a sweater. *A cause du froid, elle a passé un pull.*

    to slip through one's fingers—*filer entre les doigts de*

    The opportunity has slipped through our fingers. *L'occasion nous a filé entre les doigts.*

    to slip up—*faire une gaffe*

    In his haste to finish the job, he slipped up. *Dans sa hâte de finir le travail, il a fait une gaffe.*

slow—*lent*

    to be (to run) slow—*retarder*

    My watch is (runs) three minutes slow. *Ma montre retarde de trois minutes.*

    a slow burn—*la moutarde (me, lui, etc.) monte au nez*

    You can see that he is doing a slow burn. *On peut voir que la moutarde lui monte au nez.*

sly—*rusé, sournois*

   on the sly—*en cachette*

   He went to see his pals on the sly. *Il allait voir ses copains en cachette.*

   a sly devil—*une fine mouche*

   Don't try to fool her; she's a sly devil. *N'essaie pas de la tromper; c'est une fine mouche.*

small—*petit*

   It's small potatoes.—*C'est de la petite bière (une petite affaire).*

   to make small talk—*parler de choses et d'autres*

   While waiting for the curtain to rise, we made small talk. *En attendant le rideau, nous avons parlé de choses et d'autres.*

smash—*le coup écrasant*

   It's a smash (hit).—*C'est un succès fou.*

to smell—*sentir*

   I smell a rat.—*Ça me met la puce à l'oreille. Il y a anguille sous roche.*

   I smell trouble.—*(Je sens qu') Il va y avoir du grabuge.*

   to smell out—*flairer*

   They were able to smell out the plot against them. *Ils ont pu flairer le complot contre eux.*

   to smell up—*empester*

   All your experiments have smelled up this room. *Toutes vos expériences ont empesté cette pièce.*

to smoke—*fumer*

   to smoke out—*dénicher*

   The police took quite a while smoking out the culprit. *La police a mis un certain temps à dénicher le coupable.*

smooth—*égal, lisse*

   It's smooth sailing.—*Cela ne fait pas un pli.*

   to run (to work) smoothly—*tourner rond*

Their system is well tested and it runs (it works) smoothly. *Leur système est bien rodé et il tourne rond.*

to smooth—*lisser*
> **to smooth away (over)**—*escamoter, faire disparaître*
> You can't smooth away (over) the differences between our two plans. *Vous ne pouvez pas escamoter (faire disparaître) les différences entre nos deux projets.*

snail—*le limaçon, l'escargot*
> **at a snail's pace**—*au pas de tortue*
> We are making some progress, but at a snail's pace. *Nous faisons des progrès, mais au pas de tortue.*

snake—*le serpent*
> **There's a snake in the grass.**—*Il y a anguille sous roche.*

to snap—*mordre, (se) casser*
> **to snap one's fingers at**—*se moquer de*
> He snaps his fingers at danger. *Il se moque du danger.*
>
> **to snap out of it**—*reprendre du poil de la bête*
> You have to snap out of it and do something useful. *Il faut que tu reprennes du poil de la bête et que tu fasses quelque chose d'utile.*
>
> **snap to it**—*que ça saute*
> Clean up this room and snap to it!—*Nettoyez cette pièce et que ça saute!*
>
> **to snap up**—*rafler*
> The customers snapped up all the items on sale. *Les clients ont raflé tous les articles en solde.*

to sneeze—*éternuer*
> **It's nothing to sneeze at!**—*Ce n'est pas de la petite bière! Il ne faut pas cracher dessus!*

to sniff—*renifler*
> **to sniff out**—*déceler, dénicher*

She has to sniff out all possible sources of difficulty. *Il faut qu'elle décèle (déniche) toutes les sources possibles de difficulté.*

---

snow—*la neige*

to do a snow job on—*jeter de la poudre aux yeux à*

The contractor tried to do a snow job on us. *L'entrepreneur a essayé de nous jeter de la poudre aux yeux.*

---

to snow—*neiger*

to be snowed under—*être débordé*

Go without me; I'm snowed under with work. *Allez-y sans moi; je suis débordé de travail.*

---

so—*ainsi, aussi, si*

and so on and so forth—*et ainsi de suite*

He told us all about his father, his grandfathers, and so on and so forth. *Il nous a dit un tas d'histoires de son père, de ses grands-pères, et ainsi de suite.*

so-and-so—*chose, un tel*

We met Mr. So-and-so; I can't remember his name. *Nous avons rencontré M. Chose (un Tel); je ne me souviens pas de son nom.*

So be it.—*Ainsi soit-il.*

So far, so good!—*Pourvu que ça dure! Tout va bien jusqu'ici!*

So help me (God)!—*Je le jure (devant Dieu)!*

So long!—*A bientôt!*

so long as—*tant que*

So long as you refuse, we can't do it. *Tant que vous refuserez, nous ne pourrons pas le faire.*

so much for—*voilà bien*

She didn't come: so much for her promises! *Elle n'est pas venue: voilà bien ses promesses!*

so-so—*comme ci, comme ça*

She is feeling so-so. *Elle se porte comme ci, comme ça.*

so to speak—*pour ainsi dire*

He did nothing at all, so to speak. *Il n'a pour ainsi dire rien fait du tout.*

So what?—*Et alors? Et après? Tant pis!*

to soak—*tremper*

to soak up—*absorber*
By traveling, they thought they could soak up the local culture. *En voyageant, ils croyaient pouvoir absorber le mode de vie local.*

sob—*le sanglot*

a sob sister—*une poule mouillée*
Don't count on his help: he's a sob sister. *Ne compte pas sur son aide: c'est une poule mouillée.*

a sob story—*une histoire à faire pleurer*
He told us a sob story about his childhood. *Il nous a raconté une histoire à faire pleurer sur son enfance.*

social—*mondain, social*

a social climber—*un arriviste*
That social climber goes to all the best parties. *Cet arriviste va à toutes les meilleures fêtes.*

soft—*doux, mou*

soft on—*amoureux de; coulant pour*
Everyone knew that he was soft on his cousin. *Tout le monde savait qu'il était amoureux de sa cousine.*
The other congressmen said that he was soft on communists. *Les autres députés disaient qu'il était coulant pour les communistes.*

to soft-soap—*passer de la pommade à*
It's useless soft-soaping me; I won't do it. *Inutile de me passer de la pommade; je ne le ferai pas.*

a soft spot (in one's heart)—*un faible*
I forgive him, since I have a soft spot (in my heart) for him. *Je lui pardonne, puisque j'ai un faible pour lui.*

some—*quelque(s)*
  That's going some!—*Ça c'est quelque chose!*

---

something—*quelque chose*
  something of a—*quelque peu*
  My brother is something of a conservative. *Mon frère est quelque peu conservateur.*

  That's really something (else)!—*C'est autre chose!*

---

son—*le fils*
  son of a gun—*fripouille*
  That son of a gun tried to cheat me! *Cette fripouille a essayé de me duper!*

---

song—*la chanson, le chant*
  for a song—*pour une bouchée (un morceau) de pain*
  Thirty years ago he got the house for a song. *Il y a trente ans, il a eu la maison pour une bouchée (un morceau) de pain.*

  a song and dance—*toute une histoire*
  They gave us a song and dance about their problems. *Ils nous ont raconté toute une histoire à propos de leurs problèmes.*

---

soon—*(bien)tôt*
  No sooner said than done.—*Sitôt dit, sitôt fait.*

  sooner or later—*tôt ou tard*
  Sooner or later you'll agree with us. *Tôt ou tard vous serez d'accord avec nous.*

  would just as soon—*aimer autant*
  I would just as soon leave right away. *J'aime autant partir tout de suite.*

---

sore—*douloureux*
  He's a sorehead (a sore loser).—*C'est un râleur.*

  a sore point (spot)—*un point délicat (sensible)*
  Don't ask about his family: it's a sore point (spot). *Ne posez pas de questions sur sa famille: c'est un point délicat (sensible).*

sorry—*fâché, triste*

to be (to feel) sorry for—*plaindre*

I really am (feel) sorry for that poor woman. *Je plains cette pauvre femme sincèrement.*

You'll be sorry (for that)!—*Il vous en cuira! Vous aurez de mes nouvelles!*

---

sort—*la sorte*

of a sort—*en quelque sorte, une sorte de*

She's a patriot of a sort. *C'est une patriote en quelque sorte (une sorte de patriote).*

of sorts (some sort of)—*soi-disant, une espèce de*

He's a magician of sorts (some sort of magician). *C'est un soi-disant magicien (une espèce de magicien).*

sort of—*un peu, vaguement*

I was sort of sorry that I had spoken. *Je regrettais un peu (vaguement) d'avoir parlé.*

---

soul—*l'âme*

There wasn't a soul.—*Il n'y avait pas un chat.*

---

sound—*sain*

to be sound as a dollar—*se porter comme le Pont-neuf (comme un charme)*

That old man is still sound as a dollar. *Ce vieillard se porte toujours comme le Pont-neuf (comme un charme).*

---

to sound—*sonder, sonner*

How does it sound to you?—*Qu'est-ce que vous en dites (pensez)?*

to sound bad (good)—*sembler mauvais (bon)*

His idea doesn't sound bad (good) to me. *Son idée ne me semble pas mauvaise (bonne).*

to sound off—*pérorer*

Albert tended to sound off about all sorts of things. *Albert avait tendance à pérorer à propos de toutes sortes de choses.*

to sound like—*avoir l'air de, ressembler à*
That speech doesn't sound like the Bill Clinton I know. *Ce discours n'a pas l'air de (ne ressemble pas à) ceux du Bill Clinton que je connais.*

soup—*la soupe*
We're in the soup!—*Nous sommes dans le pétrin!*

sour—*acide*
Sour grapes!—*Ils (les raisins) sont trop verts!*

to sow—*semer*
to sow one's wild oats—*faire des fredaines, jeter sa gourme*
Let him sow his wild oats while he is still young. *Qu'il fasse des fredaines (Qu'il jette sa gourme) pendant qu'il est encore jeune.*

to spare—*épargner, ménager*
to spare—*de (en) trop*
Lend me some sugar, if you have any to spare. *Prêtez-moi du sucre, si vous en avez de (en) trop.*

to speak—*parler*
English- (French-, etc.) speaking—*anglophone (francophone, etc.), d'expression anglaise (française, etc.).*
Representatives of all the French-speaking nations were present. *Des représentants de tous les pays francophones (d'expression française) y assistaient.*

It's nothing to speak of.—*Ce n'est pas grand'chose.*

to speak one's mind (one's piece)—*donner son avis*
Let him speak his mind (his piece) and then you'll decide. *Laissez-le donner son avis et vous déciderez ensuite.*

to speak out (up)—*dire le fond de sa pensée*
I don't dare speak out (up) in this company. *Je n'ose pas dire le fond de ma pensée dans cette compagnie.*

to speak to—*aborder, affronter*
Before we leave, we'll have to speak to that question. *Avant de partir, il nous faudra aborder (affronter) cette question.*

to speak up—*parler à haute voix, parler plus fort*
Speak up, we can't hear you. *Parlez à haute voix (Parlez plus fort), nous ne pouvons pas vous entendre.*

to speak (up) for—*prendre le parti de*
Who will speak (up) for the poor in the new government? *Qui prendra le parti des pauvres dans le nouveau gouvernement?*

to speak volumes—*en dire long*
This hesitancy speaks volumes for their commitment. *Cette hésitation en dit long sur leur engagement .*

to speak well for—*bien montrer (prouver)*
Her readiness to help speaks well for her good will. *Son empressement à aider montre (prouve) bien sa bonne volonté.*

spoken for—*retenu*
That apartment has already been spoken for. *Cet appartement a déjà été retenu.*

---

to spell—*épeler*
to spell out—*écrire en toutes lettres, expliquer par le menu*
I asked him to spell out the terms of the agreement. *Je lui ai demandé d'écrire en toutes lettres (d'expliquer par le menu) les termes de l'accord.*

---

to spill—*répandre, verser*
to spill one's guts (the beans)—*manger le morceau, se mettre à table, vendre la mèche*
At the end of the interrogation, the prisoner finally spilled his guts (the beans). *Au bout de l'interrogation, le prisonnier a fini par manger le morceau (se mettre à table, vendre la mèche).*

---

spin—*la rotation*
Give it (Take) a spin.—*Essayez-le. Fais-en l'essai.*

---

to spin—*filer, tourner*
to spin a yarn—*débiter une (longue) histoire*
The old fisherman knew how to spin a yarn. *Le vieux pêcheur savait débiter une (longue) histoire.*

to spin one's wheels—*tourner à vide*
Let's stop spinning our wheels and get on with the job! *Cessons de tourner à vide et mettons-nous au travail!*

to spin out—*faire traîner en longueur*
Don't spin out your story; get to the point. *Ne faites pas traîner en longueur votre histoire; venez au fait.*

to spit—*cracher*

to spit bullets—*sortir de ses gonds*
When she heard what we had done, she spat bullets. *Quand elle a appris ce que nous avions fait, elle est sortie de ses gonds.*

to spit up—*vomir*
The baby spat up on his mother's shoulder. *Le bébé a vomi sur l'épaule de sa mère.*

to split—*fendre*

to split hairs—*chercher la petite bête, couper les cheveux en quatre*
Let's stop splitting hairs and come to an agreement. *Cessons de chercher la petite bête (de couper les cheveux en quatre) et mettons-nous d'accord.*

to split one's sides—*se tenir les côtes, se tordre*
The audience split their sides laughing. *Le public se tenait les côtes (se tordait) de rire.*

to split the difference—*couper la poire en deux*
The only way to settle our dispute is to split the difference. *Le seul moyen de vider notre différend est de couper la poire en deux.*

to spoil—*gâcher, gâter*

to be spoiling for—*brûler de*
It was obvious that he was spoiling for a fight. *Il était évident qu'il brûlait de se battre.*

spot—*l'endroit, la tache*

in a spot—*dans l'embarras*
Could you help me? I'm in a spot. *Pourriez-vous m'aider? Je suis dans l'embarras.*

on the spot—*séance tenante, sur-le-champ; sur la sellette*
We had to make the decision on the spot. *Nous avons dû prendre la
décision séance tenante (sur-le-champ).* The prosecutor put the witness
on the spot. *Le procureur a mis le témoin sur la sellette.*

to spread—*(se) répandre*
to spread oneself thin—*se disperser*
Trying both to teach and to carry on business is spreading yourself thin.
*Essayer à la fois d'enseigner et de brasser des affaires, c'est vous
disperser.*

spring—*le printemps*
a spring chicken—*une jeunesse*
He looks good, but he's no spring chicken! *Il a bonne mine, mais ce n'est
pas une jeunesse!*

spur—*l'éperon*
on the spur of the moment—*au pied levé, sans réfléchir*
I don't like to answer on the spur of the moment. *Je n'aime pas répondre
au pied levé (sans réfléchir).*

square—*carré, honnête*
to get square (to square oneself) with—*régler ses comptes avec*
I want to get square (square myself) with my creditors before I leave. *Je
veux régler mes comptes avec mes créanciers avant de partir.*

to have a square meal—*manger à sa faim*
We haven't had a square meal in days. *Nous n'avons pas mangé à notre
faim depuis plusieurs jours.*

on the square—*loyalement*
I am sure he did it on the square. *Je suis sûr qu'il l'a fait loyalement.*

to squeak—*craquer, grincer*
to squeak by (through)—*gagner (réussir) de justesse*
Our team squeaked by (through) and made it to the finals. *Notre équipe a
gagné (réussi) de justesse et s'est qualifiée pour la finale.*

stab—*le coup de couteau*
   to have (to make, to take) a stab—*faire un coup d'essai, s'essayer*
   Let me have (make, take) a stab at it first. *Laissez-moi faire un coup d'essai (m'y essayer) d'abord.*

   a stab in the back—*un coup de traître*
   His colleagues' abandonment was a stab in the back. *Le désistement de ses collègues était un coup de traître.*

to stack—*empiler*
   to stack the cards (the deck)—*mettre des bâtons dans les roues*
   I would have succeeded, but they had stacked the cards (the deck) against me. *J'aurais réussi, mais ils m'avaient mis des bâtons dans les roues.*

   to stack up against—*soutenir la comparaison avec*
   Does he stack up against his opposition? *Soutient-il la comparaison avec ses concurrents?*

stake—*l'enjeu, le pieu*
   at stake—*en jeu*
   The future of our country was at stake in their struggle. *L'avenir de notre pays était en jeu dans leur lutte.*

to stake—*jouer, miser*
   to stake a (one's) claim to—*revendiquer*
   Their newspaper staked a (its) claim to that story. *Leur journal revendiquait cette histoire.*

   to stake everything—*risquer le paquet*
   It's my last chance; I'm going to stake everything. *C'est ma dernière chance; je vais risquer le paquet.*

   to stake one's life on it—*en mettre sa main au feu*
   He is the guilty one; I'd stake my life on it. *C'est lui le coupable; j'en mettrais ma main au feu.*

   to stake out—*jalonner; surveiller*
   The miner staked out his territory. *Le mineur a jalonné son terrain.* The police staked out the neighborhood. *La police surveillait le quartier.*

to stamp—*fouler, piétiner*

stamping ground—*les lieux familiers*

He wanted to return to the stamping ground of his childhood. *Il voulait retourner aux lieux familiers de son enfance.*

to stamp out—*faire disparaître, supprimer*

If we try these methods, we'll be able to stamp out crime. *Si nous essayons ces méthodes, nous pourrons faire disparaître (supprimer) la criminalité.*

---

to stand—*se tenir debout, supporter*

to stand a chance—*avoir une chance*

Our candidate doesn't stand a chance of being elected. *Notre candidat n'a aucune chance d'être élu.*

to stand by—*rester là à ne rien faire; se tenir prêt*

How could you stand by when he was being attacked? *Comment pouviez-vous rester là à ne rien faire quand on l'attaquait?* The group was instructed to stand by in case of an emergency. *Le groupe avait pour ordre de se tenir prêt pour les cas d'urgence.*

to stand by someone—*rester fidèle à (soutenir) quelqu'un*

He stood by me during the most difficult times. *Il m'est resté fidèle (M'a soutenu) pendant les moments les plus difficiles.*

to stand firm—*tenir bon*

If we stand firm long enough, our opponents will get discouraged. *Si nous tenons bon assez longtemps, nos adversaires se décourageront.*

to stand for—*représenter; tolérer*

What does that symbol stand for? *Que représente ce symbole?* I won't stand for this behavior. *Je ne veux pas tolérer une telle conduite.*

to stand guard—*monter la garde*

The Statue of Liberty stands guard at the entrance to the port of New York. *La statue de la Liberté monte la garde à l'entrée du port de New York.*

to stand in awe of—*être rempli de respect pour*

They stand in awe of her accomplishments. *Ils sont remplis de respect pour ce qu'elle a accompli.*

to stand in good stead—*rendre grand service à*
His training stood him in good stead. *Sa formation lui a rendu grand service.*

to stand on ceremony—*faire des façons*
You don't need to stand on ceremony with us. *Vous n'avez pas besoin de faire de façons avec nous.*

to stand one's ground—*ne pas reculer d'une semelle, rester sur ses positions*
We weren't intimidated, so we stood our ground. *N'étant pas intimidés, nous n'avons pas reculé d'une semelle (nous sommes restés sur nos positions).*

to stand on one's (own) two feet—*voler de ses propres ailes*
Now that you're twenty-one, you must stand on your (own) two feet. *Maintenant que tu as vingt-et-un ans, il faut voler de tes propres ailes.*

to stand on one's record—*laisser parler ses actes pour soi*
I need no excuses; I'll stand on my record. *Je n'ai pas besoin d'excuses; je laisserai parler mes actes pour moi.*

to stand on one's rights—*faire valoir ses droits*
He insisted on standing on his rights before the court. *Il tenait à faire valoir ses droits devant le tribunal.*

to stand out—*se détacher, se distinguer*
Because of her height, she stood out from the rest of the group. *A cause de sa taille, elle se détachait (se distinguait) du reste du groupe.*

to stand pat—*ne pas en démordre, refuser de bouger*
Despite their protests, the referee stood pat. *Malgré leurs protestations, l'arbitre n'en démordait pas (refusait de bouger).*

to stand someone up—*faire faux bond (poser un lapin) à quelqu'un*
I waited for her for a long time but she stood me up. *Je l'ai attendue longtemps mais elle m'a fait faux bond (m'a posé un lapin).*

to stand the gaff—*tenir le coup*
At least we saw that they were able to stand the gaff when challenged. *Au moins nous avons vu qu'ils pouvaient tenir le coup quand on les mettait au défi.*

to stand to—*être en passe de*
The union stands to lose all the benefits it has gained. *Le syndicat est en passe de perdre tous les avantages qu'il a obtenus.*

to stand to reason—*aller de soi*
It stands to reason that they put their money in a bank. *Cela va de soi qu'ils ont mis leur argent à la banque.*

to stand up—*résister, se mettre debout*
Let's see if this paint will stand up over time. *Voyons si cette peinture résistera au passage du temps.*
Formerly, students stood up when the teacher entered. *Autrefois, les élèves se mettaient debout quand le professeur entrait.*

to stand up for—*défendre*
He is always the one who stands up for the oppressed. *C'est toujours lui qui défend les opprimés.*

to stand up to—*tenir tête à*
Now that he is eighteen, he is beginning to stand up to his father.
Maintenant qu'il a dix-huit ans, il commence à tenir tête à son père.

---

standing—*debout, permanent*
There is standing room only.—*Toutes les places (assises) sont prises.*

---

stark—*raide*
stark naked—*à poil*
The bathers were stark naked. *Les baigneurs étaient à poil.*

---

to start—*commencer, se mettre à*
for starters—*d'abord, pour commencer*
For starters, you haven't any right to do that. *D'abord (Pour commencer), vous n'avez aucun droit de faire cela.*

to start (a car, a motor, etc.)—*faire partir (une auto, un moteur, etc.), mettre (une auto, un moteur, etc.) en marche*
I can't seem to start the car. *Je n'arrive pas à faire partir l'auto (à mettre l'auto en marche).*

to start from scratch—*partir de zéro*

They have gone far, when you consider that they started from scratch. *Ils sont allés loin, quand on pense qu'ils sont partis de zéro.*

starting—*à partir de*

Starting today, I won't smoke any more. *A partir d'aujourd'hui, je ne fume plus.*

to start off with a bang—*démarrer en flèche*

His electoral campaign started off with a bang. *Sa campagne électorale a démarré en flèche.*

to start out—*se mettre en route*

We're waiting for the weather report before we start out. *Nous attendons le bulletin de la météo avant de nous mettre en route.*

to start (out) on a shoestring—*partir de rien*

This business started (out) on a shoestring. *Cette entreprise est partie de rien.*

to start something—*chercher des ennuis (la bagarre)*

Do you want to start something? *Tu veux chercher des ennuis (la bagarre)?*

to start the ball rolling—*mettre les choses en train*

I made an offer to start the ball rolling. *J'ai fait une offre pour mettre les choses en train.*

---

to starve—*priver de nourriture*

    to be starving (to death)—*avoir l'estomac dans les talons, mourir de faim*

    Let's go have dinner; I'm starving (to death)! *Allons dîner; j'ai l'estomac dans les talons (je meurs de faim).*

---

state—*l'état*

    in a state—*dans tous ses états*

    My sister was in a state about her exams. *Ma sœur était dans tous ses états à cause de ses examens.*

---

to stay—*rester*

    to stay away from—*éviter*

My doctor told me to stay away from fats. *Mon médecin m'a dit d'éviter les graisses.*

to stay put—*ne pas bouger, rester en place*
Stay put until we call you. *Ne bougez pas avant que nous vous appelions. (Restez en place jusqu'à ce que nous vous appelions.)*

to stay up (late)—*rester debout*
He often stays up (late) watching TV. *Il reste souvent debout à regarder la télé.*

---

steady—*ferme, régulier*
to go steady (to keep steady company with)—*sortir ensemble*
My brother and John's sister are going steady (keeping steady company). *Mon frère et la sœur de Jean sortent ensemble.*

---

steal—*le vol*
It's a steal!—*C'est donné!*

---

to steal—*voler*
to steal a march on—*gagner (prendre) de vitesse*
His company stole a march on the competitors. *Sa compagnie a gagné (a pris) ses concurrents de vitesse.*

to steal someone's thunder—*couper l'herbe sous le pied à quelqu'un*
By announcing the news prematurely, you stole my thunder. *En annonçant la nouvelle prématurément, vous m'avez coupé l'herbe sous le pied.*

to steal the show (the spotlight)—*faire sensation*
The new dancer stole the show (the spotlight). *Le nouveau danseur a fait sensation.*

---

steam—*la vapeur*
to blow (to let) off steam—*se défouler*
I yelled like that just to blow (to let) off steam. *J'ai hurlé ainsi, histoire de me défouler.*

to gather (to pick up) steam—*démarrer, prendre de la vitesse*
The movement is beginning to gather (to pick up) steam now. *Le mouvement commence à démarrer (à prendre de la vitesse) maintenant.*

steamed up—*dans tous ses états; embué*

She was steamed up about our misbehavior. *Elle était dans tous ses états à cause de notre mauvaise conduite.* We couldn't see out because the window was steamed up. *Nous ne pouvions pas voir dehors parce que la vitre était embuée.*

---

to steer—*diriger, guider*

    to steer clear of—*éviter*

He advised me to steer clear of those troublemakers. *Il m'a conseillé d'éviter ces fauteurs de troubles.*

---

to stem—*contenir*

    to stem the tide—*endiguer le flot*

Despite its efforts, the government couldn't stem the tide of inflation. *Malgré ses efforts, le gouvernement ne pouvait pas endiguer le flot de l'inflation.*

---

step—*la marche, la mesure, le pas*

    to be in (out of) step with the times—*être (ne pas être) à la page*

Your father is too strict, he's out of step with the times. *Ton père est trop strict; il n'est pas à la page.*

    to be just a (one) step ahead of—*avoir à ses trousses*

The burglar was just a (one) step ahead of the police. *Le cambrioleur avait la police à ses trousses.*

    to dog the steps of—*s'attacher aux pas de*

The detective dogged the suspect's steps. *Le détective s'attacha aux pas du suspect.*

---

to step—*marcher (pas à pas)*

    to step aside—*se ranger*

I stepped aside to let the others pass. *Je me suis rangé pour laisser passer les autres.*

    to step down—*démissioner*

The prime minister has decided to step down because of increasing opposition to his policies. *Le premier ministre a décidé de démissioner à cause de l'opposition croissante à sa politique.*

to step in—*intervenir*
The government will have to step in to prevent a strike. *Le gouvernement devra intervenir pour empêcher une grève.*

Step on it!—*Dégrouille-toi!*

to step on it (on the gas)—*appuyer sur le champignon, mettre les gaz*
Seeing that our car was being followed, we stepped on it (on the gas). *En voyant qu'on suivait notre auto, nous avons appuyé sur le champignon (nous avons mis les gaz).*

to step out of line—*faire une incartade, refuser de se conformer*
They stepped out of line, so they will be disciplined. *Ils ont fait une incartade (Ils ont refusé de se conformer), et ils seront disciplinés.*

to step out of the picture—*s'effacer*
To put an end to arguments, he stepped out of the picture. *Pour mettre fin aux discussions, il s'est effacé.*

to step up—*augmenter*
The government has asked us to step up production at all costs. *Le gouvernement nous a demandé d'augmenter la production à tout prix.*

---

stew—*le ragoût*
to be in a stew—*être dans tous ses états*
My sister was in a stew about her exams. *Ma sœur était dans tous ses états à cause de ses examens.*

---

to stew—*(faire) cuire à petit feu*
to stew about—*s'échauffer (se faire de) la bile pour*
Don't stew about such a small matter! *Ne vous échauffez pas la (ne vous faites pas de) bile pour si peu de chose!*

to stew in one's own juice—*mariner dans son jus*
If he wants to sulk, let him stew in his own juice. *S'il veut bouder, laisse-le mariner dans son jus.*

---

to stick—*coller, fourrer*
to be stuck with—*avoir sur les bras*
I'm stuck with this old car and I can't sell it. *J'ai cette vieille voiture sur les bras et je n'arrive pas à la vendre.*

to stick around—*rester dans les parages*
We told him to stick around until his friends arrived. *Nous lui avons dit de rester dans les parages jusqu'à l'arrivée de ses amis.*

to stick by (to, up for, with)—*rester fidèle à*
You have to admire him; he sticks by (to, up for, with) his friends. *Il faut l'admirer; il reste fidèle à ses amis.*

Stick 'em up!—*Haut les mains!*

to stick in someone's craw (crop, throat)—*rester en travers de la gorge de quelqu'un*
I can't help it, the words stuck in my craw (crop, throat)! *C'est plus fort que moi, les paroles me sont restées en travers de la gorge!*

to stick it out (to the end)—*tenir jusqu'au bout*
Despite the difficulty, he stuck it out (to the end). *Malgré la difficulté, il a tenu jusqu'au bout.*

to stick one's neck out—*se mouiller*
None of the candidates wanted to stick his neck out on this issue. *Aucun des candidats ne voulait se mouiller à propos de cette question.*

to stick out—*dépasser; détonner*
I cut off the piece that was sticking out. *J'ai coupé le bout qui dépassait.* His old clothes stuck out in that elegant company. *Ses vieux vêtements détonnaient dans cette société élégante.*

to stick out one's tongue—*tirer la langue*
Upon seeing me, the little girl stuck our her tongue. *En me voyant, la petite fille a tiré la langue.*

to stick to—*ne pas lâcher; se limiter à*
He stuck to his work despite the distractions. *Il n'a pas lâché son travail malgré les distractions.* Stick to the questions I asked you. *Limitez-vous aux questions que je vous ai posées.*

to stick to one's guns—*ne pas en démordre, ne pas sortir de là*
Despite proof to the contrary, she insisted on sticking to her guns. *Malgré les preuves contraires, elle n'a pas voulu en démordre (sortir de là).*

to stick to one's knitting—*s'occuper de ses oignons*
Stick to your knitting and leave politics to professionals. *Occupe-toi de tes oignons et laisse la politique aux professionnels.*

sticky—*collant, gluant*
 He has sticky fingers.—*Il a les doigts crochus. Il n'est pas très honnête.*

---

stiff—*raide*
 to have (to keep) a stiff upper lip—*faire contre mauvaise fortune bon cœur*
 We must have (keep) a stiff upper lip, in the face of this threat. *Nous devons faire contre mauvaise fortune bon cœur, devant cette menace.*
 stiff-necked—*entêté*
 Don't joke with her; she's very stiff-necked. *Ne plaisante pas avec elle; elle est très entêtée.*

---

still—*encore, toujours*
 still and all—*toujours est-il que*
 Still and all, they are our partners in this venture. *Toujours est-il que ce sont nos associés dans cette entreprise.*

---

stink—*la puanteur*
 to make (to raise) a stink—*faire tout un drame, se plaindre amèrement*
 He made (He raised) a stink about their absence. *Il a fait tout un drame (s'est plaint amèrement) de leur absence.*

---

to stir—*remuer*
 to stir up—*exciter; susciter*
 He was accused of stirring up the people's anger. *On l'accusait d'exciter la colère du peuple.* Unfortunately, they're going to stir up trouble for us. *Malheureusement, ils vont nous susciter des ennuis.*
 to stir up a hornet's nest—*mettre le feu au poudres*
 He didn't realize he was going to stir up a hornet's nest by saying that. *Il ne se rendait pas compte qu'il allait mettre le feu au poudres en disant cela.*

---

stitch—*la maille, le point (de suture)*
He had them in stitches.—*Il les a fait rire à se tenir les côtes (Il les a fait se tordre de rire).*

stock—*l'action, le stock*
to put (to set) no stock in—*faire peu de cas de*
He puts (He sets) no stock in what the newspapers say. *Il fait peu de cas de ce que disent les journaux.*

stone—*le caillou, la pierre*
stone broke—*à sec, fauché*
I've spent all my money and now I'm stone broke. *J'ai dépensé tout mon argent et maintenant je suis à sec (fauché).*

stone deaf—*sourd comme un pot*
Speak very loud to him; he's stone deaf. *Parlez-lui très fort; il est sourd comme un pot.*

a stone's throw away—*à deux pas, il n'y a qu'un saut*
The school is just a stone's throw away from our house. *L'école n'est qu'à deux pas de notre maison. (Il n'y a qu'un saut de notre maison à l'école.)*

a stone wall—*un mur*
We came up against a stone wall when we tried to convince them. *Nous nous sommes heurtés à un mur en essayant de les persuader.*

to stop—*cesser, (s')arrêter, terminer*
to stop at—*reculer devant*
He will stop at nothing to get what he wants. *Il ne reculera devant rien pour avoir ce qu'il veut.*

to stop by (in, off)—*s'arrêter en passant*
We thought we'd stop by (in, off) before going to church. *Nous avons décidé de nous arrêter en passant avant d'aller à l'église.*

to stop dead (in one's tracks, short)—*s'arrêter net (pile)*
The taxi stopped dead (in its tracks, short) in the middle of the intersection. *Le taxi s'est arrêté net (pile) au milieu du croisement.*

to stop over—*faire escale*
The plane stops over in Dakar. *L'avion fait escale à Dakar.*

to stop the show—*faire sensation*
The new dancer stopped the show. *Le nouveau danseur a fait sensation.*

store—*le magasin, le stock*
    to have something in store for—*ménager (réserver) quelque chose à*
    I have a surprise in store for them. *Je leur ménage (réserve) une surprise.*

    to lay (to set) store by—*faire cas de*
    I don't lay (set) much store by his promises. *Je ne fais pas grand cas (je fais peu de cas) de ses promesses.*

storm—*la tempête*
    to blow up (to kick up, to raise) a storm—*protester comme tous les diables*
    They blew up (kicked up, raised) a storm upon hearing the jury's decision. *Ils ont protesté comme tous les diables en entendant la décision du jury.*

straight—*direct, droit*
    to give (to put) it straight—*parler sans ambages (sans détours)*
    I asked the doctor to give (to put) it to me straight. *J'ai demandé au médecin de me parler sans ambages (sans détours).*

    It's straight from the horse's mouth.—*Cela vient de bonne source.*

    to put (to set) someone straight—*éclairer la lanterne de quelqu'un*
    He had some odd ideas, but we put (we set) him straight. *Il avait de drôles d'idées, mais nous avons éclairé sa lanterne.*

    to put (to set) things straight—arranger les choses
    I wanted to put (to set) things straight before leaving. *Je voulais arranger les choses avant de partir.*

    straight ahead—*tout droit*
    Her house is there; you have only to go straight ahead. *Sa maison est là; vous n'avez qu'à aller tout droit.*

    straight away—*tout de suite*

Don't forget to come home straight away. *N'oublie pas de rentrer tout de suite.*

straight down—*à plomb*
The sun's rays were falling straight down on the desert. *Les rayons du soleil tombaient à plomb sur le désert.*

straight from the shoulder—*ouvert(ement), sincère(ment)*
I spoke to them straight from the shoulder. *Je leur ai parlé ouvertement (sincèrement).*

straight off—*sur le champ, tout de go*
He accepted our offer straight off. *Il a accepté notre offre sur le champ (tout de go).*

a straight dealer (shooter)—*rond en affaires*
I like to do business with him because he is a straight dealer (shooter). *J'aime bien traiter avec lui parce qu'il est rond en affaires.*

straight up—*sans glaçons*
Do you want your apéritif on the rocks or straight up? *Préférez-vous votre apéritif avec ou sans glaçons?*

with a straight face—*en gardant son sérieux, sans rire*
I really couldn't tell him that story with a straight face. *Je n'ai vraiment pas pu lui raconter cette histoire en gardant mon sérieux (sans rire).*

---

strange—*étrange*
strange to say—*chose curieuse*
Strange to say, they never arrived. *Chose curieuse, ils ne sont jamais arrivés.*

---

stranger—*l'étranger*
to be (quite) a stranger—*se faire rare*
What's become of you? You've been (quite) a stranger lately. *Qu'est-ce que vous devenez? Vous vous faites rare ces jours-ci.*

---

straw—*la paille*
to catch (to clutch, to grasp) at straws—*s'accrocher à un semblant d'espoir*

If you expect him to help you, you're catching (clutching, grasping) at straws. *Si vous pensez qu'il vous aidera, vous vous accrochez à un semblant d'espoir.*

It's the last straw (the straw that broke the camel's back).—*C'est la goutte d'eau qui fait déborder le vase.*

a straw in the wind—*un signe de ce qui va venir*
They saw the slight changes in the polls as a straw in the wind. *Ils regardaient les légers changements dans les sondages comme un signe de ce qui allait venir.*

---

streak—*la bande, la raie*

to be on (to have) a winning (a losing) streak—*être dans une période de veine (de déveine)*
I don't want to stop playing while I'm on (I'm having) a winning (a losing) streak. *Je ne veux pas arrêter de jouer pendant que je suis dans une période de veine (de déveine).*

---

strength—*la force*

on the strength of—*en vertu de, sur la foi de*
I did it on the strength of what you had told me. *Je l'ai fait en vertu (sur la foi) de ce que vous m'aviez dit.*

---

to stretch—*étirer*

to stretch a point—*faire une concession*
He was willing to stretch a point for the sake of discussion. *Il voulait bien faire une concession afin de faciliter la discussion.*

to stretch things—*en rajouter*
When he tells a story he always stretches things. *Quand il raconte une histoire il en rajoute toujours.*

---

strike—*le coup, la grève*

He has two strikes against him.—*Il est dans une mauvaise passe. Il part battu.*

---

to strike—*battre, frapper*

to strike a bargain—*conclure un marché*
After an hour's discussion, we struck a bargain. *Après une heure de discussion, nous avons conclu un marché.*

to strike a blow for—*rompre une lance pour*
By defending our rights we're striking a blow for everyone's freedom. *En défendant nos droits nous rompons une lance pour la liberté de tous.*

to strike a happy medium—*trouver le juste milieu*
As in many things, it's best to strike a happy medium. *Comme dans beaucoup de choses, il faut trouver le juste milieu.*

to strike it rich (to strike oil)—*trouver l'Eldorado*
With their new store they seem to have struck it rich (to have struck oil). *Avec leur nouveau magasin ils ont l'air d'avoir trouvé l'Eldorado.*

to strike someone's fancy—*taper dans l'œil à quelqu'un*
This red dress struck my fancy. *Cette robe rouge m'a tapé dans l'œil.*

to strike out—*échouer; rayer*
When we tried to get his agreement, we struck out. *Quand nous avons essayé d'obtenir son accord, nous avons échoué.*
Strike out that last sentence and write this. *Rayez cette dernière phrase et écrivez ceci.*

to strike out for—*mettre le cap sur*
Their boat struck out for Panama. *Leur bateau a mis le cap sur Panama.*

to strike up—*engager, initier*
I struck up a conversation with my neighbor. *J'ai engagé (initié) la conversation avec mon voisin.*

---

string—*la ficelle*

No strings attached.—*Sans obligation (de votre part).*

on a (the string)—*par le bout du nez*
She had (kept) all her suitors on a (the) string. *Elle menait tous ses prétendants par le bout du nez.*

---

to string—*enfiler*

to string along—*faire marcher*

We finally realized that he was stringing us along with his promises. *Nous nous sommes enfin rendu compte qu'il nous faisait marcher avec ses promesses.*

to string out—*espacer*
They are stringing out their appearances to keep us waiting. *Ils espacent leurs apparitions pour nous faire attendre.*

---

stuck—*collé, enlisé*
stuck on—*entiché de*
It was easy to see that he was stuck on her. *Il était facile de voir qu'il était entiché d'elle.*

stuck up—*prétentieux*
They're so stuck up that they won't even speak to us. *Ils sont si prétentieux qu'il ne veulent même pas nous parler.*

---

stuff—*la chose, l'étoffe*
Stuff and nonsense!—*Balivernes! Chimères!*
That's the stuff!—*Allez-y! C'est ça!*

---

to stumble—*trébucher*
the stumbling block—*la pierre d'achoppement*
Getting our economic plan accepted will be the major stumbling block. *La principale pierre d'achoppement ce sera de faire accepter notre plan économique.*

---

subject—*le sujet*
subject to—*sous réserve de*
Your request will be accepted, subject to the approval of the head. *Votre demande sera acceptée, sous réserve de l'approbation du chef.*

---

substance—*la substance*
in substance—*en gros, en résumé*
What he said, in substance, was this: seek happiness! *Ce qu'il a dit, en gros (en résumé), c'était ceci: cherchez le bonheur!*

to suck—*sucer*

   to suck in—*absorber; duper; rentrer*

   It is amazing how much information he manages to suck in. *C'est
étonnant combien de renseignements il réussit à absorber.* They tried to
suck us in with their compliments. *Ils ont essayé de nous duper avec
leurs compliments.* Suck in that gut! *Rentrez ce ventre!*

   to suck up to—*faire de la lèche à*

   You won't get anywhere sucking up to the boss. *Tu n'arriveras à rien en
faisant de la lèche au patron.*

to suit—*aller à, convenir à*

   Suit yourself.—*A votre aise.*

to sum—*additionner*

   to sum up—*faire le point de, résumer*

   The committee was asked to sum up the present situation. *On a demandé
à la commission de faire le point de (de résumer) la situation actuelle.*

sun—*le soleil*

   His sun is setting.—*Son étoile pâlit.*

sure—*sûr*

   to be (to make) sure—*ne pas manquer*

   Be sure (Make sure) you come early. *Ne manquez pas de venir de bonne
heure.*

   for sure—*exactement*

   I don't know for sure how old he is. *Je ne sais pas exactement quel âge il a.*

   sure enough—*de fait, effectivement*

   We expected them, and sure enough, they arrived. *Nous les attendions et,
de fait (effectivement), ils sont arrivés.*

   a sure thing—*(une) chose acquise*

   The contract is a sure thing now. *Le contrat est (une) chose acquise
maintenant.*

   to be sure—*c'est certain*

   She lacks tact, to be sure. *Elle manque de tact, c'est certain.*

to swallow—*avaler*

to swallow one's pride—*rengainer son orgueil*
She had to swallow her pride and accept their offer. *Elle a dû rengainer son orgueil et accepter leur offre.*

to swear—*jurer*

to swear by—*ne jurer que par*
She swears by this remedy. *Elle ne jure que par ce remède.*

to swear in—*faire prêter serment à*
He was sworn in as a witness. *On lui a fait prêter serment comme témoin.*

to swear off—*jurer de renoncer à*
When he had a hangover he would swear off liquor. *Quand il avait mal aux cheveux il jurait de renoncer à l'alcool.*

to sweat—*suer, transpirer*

to sweat blood—*suer sang et eau*
He sweated blood to establish this business. *Il a sué sang et eau pour établir cette entreprise.*

to sweat it out—*passer un mauvais quart d'heure*
We had to sweat it out until help came. *Nous avons dû passer un mauvais quart d'heure en attendant du secours.*

to sweep—*balayer*

to be swept off one's feet—*avoir le coup de foudre; être soulevé d'enthousiasme*
Upon seeing him, she was swept off her feet. *En le voyant, elle a eu le coup de foudre.* When she sang, the crowd was swept off its feet. *Quand elle a chanté, la foule a été soulevée d'enthousiasme.*

to sweep under the carpet—*escamoter*
They tried to sweep the problems under the carpet. *Ils ont essayé d'escamoter les difficultés.*

sweet—*doux, sucré*

He has a sweet tooth.—*Il aime les gourmandises (friandises, sucreries).*

sweet on—*amoureux de*

Everyone knew that he was sweet on her. *Tout le monde savait qu'il était amoureux d'elle.*

to swell—*enfler, gonfler*
He has a swelled head.—*Il se gobe. Il est plein de lui-même.*

swim—*la nage*
  in the swim—*dans le bain (le mouvement, le vent)*
  Despite her age, she still remains in the swim. *Malgré son âge, elle reste toujours dans le bain (dans le mouvement, dans le vent).*

to swing—*(se)balancer*
  I can swing it.—*Je m'en charge.*

  to swing one's weight—*user de son influence*
  She tried to swing her weight to get a job for her son. *Elle a essayé d'user de son influence pour obtenir un emploi pour son fils.*

  to swing weight with—*avoir prise sur*
  Compliments don't swing any weight with him. *Les compliments n'ont pas prise sur lui.*

t—*(la lettre) t*
  to a t—*à la perfection*
  That dress suits you to a t. *Cette robe te va à la perfection.*

to take—*enlever, prendre, tenir*
  to be taken aback—*tomber de haut*
  I was taken aback on learning of their failure. *Je suis tombé de haut en apprenant leur échec.*
  to be taken (to take) ill—*tomber malade*
  After their walk in the rain, she was taken (she took) ill. *Après leur promenade sous la pluie, elle est tombée malade.*

  to take a back seat—*jouer un rôle secondaire*

He decided to take a back seat in the negotiations. *Il a décidé de jouer un rôle secondaire dans les négociations.*

to take a beating (a licking)—*ramasser une veste*
The Republican candidate took a beating (a licking) in the elections. *Le candidat républicain a ramassé une veste aux élections.*

to take a bow—*saluer le public*
After the performance, the conductor took a bow. *Après l'exécution, le chef d'orchestre a salué le public.*

to take a break (a breather)—*faire la pause*
We'll take a break (a breather) at ten o'clock this morning. *Nous ferons la pause à dix heures ce matin.*

to take (a certain time)—*en avoir pour; être l'affaire de*
I will take an hour to do this job. *J'en aurai pour une heure à faire ce travail.* It will take an hour to repair this motor. *Réparer ce moteur, ce sera l'affaire d'une heure.*

to take a chance—*risquer le coup*
Go ahead, it's better to take a chance and fail than to do nothing. *Allez-y, il vaut mieux risquer le coup et échouer que ne rien faire.*

to take a course—*suivre un cours*
She took a course in phonetics at the Sorbonne. *Elle a suivi un cours de phonétique à la Sorbonne.*

to take action (steps)—*prendre des mesures*
They are going to force us to take drastic action (steps). *Ils vont nous forcer à prendre des mesures sévères.*

to take a dim view of—*voir d'un mauvais œil*
This journalist takes a dim view of that proposal. *Ce journaliste voit cette proposition d'un mauvais œil.*

to take a dive—*faire la culbute*
They claim that the stocks took a dive. *Ils prétendent que les actions ont fait la culbute.*

to take advantage of—*abuser de, profiter de*
They took advantage of our ignorance. *Ils ont abusé (profité) de notre ignorance.*

to take after—*tenir de*

The child takes more after his mother than his father. *L'enfant tient plus de sa mère que de son père.*

to take a heavy toll—*faire de nombreuses victimes*
The flu epidemic has taken a heavy toll. *L'épidémie de grippe a fait de nombreuses victimes.*

to take a hint—*comprendre à demi-mot*
I mentioned my next appointment and he took the hint. *J'ai mentionné mon prochain rendez-vous et il m'a compris à demi-mot.*

to take a joke—*comprendre (entendre) la plaisanterie*
Be careful of what you say; he can't take a joke. *Attention à ce que vous lui dites; il ne comprend pas (il n'entend pas) la plaisanterie.*

to take a loss—*laisser des plumes*
He got rid of his business but he took a loss in doing it. *Il s'est débarrassé de son entreprise mais il y a laissé des plumes.*

to take amiss—*prendre en mauvaise part*
I hope you won't take my criticisms amiss. *J'espère que vous ne prendrez pas mes critiques en mauvaise part.*

to take an exam—*passer (présenter) un examen*
He decided to take the entrance exam for Polytechnique. *Il a décidé de passer (de présenter) le concours de Polytechnique.*

to take a notion to—*se mettre en tête de*
She took a notion to go swimming in the brook. *Elle s'est mis en tête de se baigner dans le ruisseau.*

to take apart—*démonter*
We have to take the engine apart to fix it. *Nous devons démonter le moteur pour le réparer.*

to take a poke (a punch, a sock) at—*donner un coup de poing à*
The fight started when John took a poke (a punch, a sock) at Richard. *La bagarre a commencé quand Jean a donné un coup de poing à Richard.*

to take a powder—*prendre la poudre d'escampette*
While we were away they had taken a powder. *Pendant notre absence ils avaient pris la poudre d'escampette.*

to take a shine to—*s'amouracher de*
My friend took a shine to my sister. *Mon ami s'est amouraché de ma sœur.*

to take a spill—*prendre un billet de parterre, ramasser une gamelle (une pelle), se casser la figure*
Crossing the street, he took a spill. *En traversant la rue, il a pris un billet de parterre (il a ramassé une gamelle [une pelle], il s'est cassé la figure).*

to take at face value (for gospel truth)—*prendre pour parole d'évangile*
You mustn't take what he says at face value (for gospel truth). *Il ne faut pas prendre ce qu'il dit pour parole d'évangile.*

to take a turn for the worse—*empirer*
The doctor says his condition is taking a turn for the worse. *Le médecin dit que son état empire.*

to take a walk (a ride)—*faire une promenade*
We took a walk (a ride) after dinner. *Nous avons fait une promenade après dîner.*

to take back—*reprendre*
Take back what you said! *Reprends ce que tu as dit!*

Take care!—*Attention! Prenez garde!*

to take care of oneself—*se débrouiller, se défendre*
She's a big girl; she can take care of herself. *C'est une grande fille, elle sait se débrouiller (se défendre).*

to take chances—*prendre des risques*
Drive slowly and don't take chances. *Roulez lentement et ne prenez pas de risques.*

to take charge of—*prendre en main, se charger de*
The vice-president took charge of the operation. *C'est le vice-president qui a pris l'opération en main (qui s'est chargé de l'opération).*

to take down—*décrocher, descendre*
The salesman took the suit down from the rack. *Le vendeur a décroché (descendu) le complet du rayon.*

to take down a notch (a peg)—*rabaisser (rabattre) le caquet à*
That resounding failure took him down a notch (a peg). *Cet échec éclatant lui a rabaissé (rabattu) le caquet.*

to take French leave—*filer à l'anglaise*

While the others were busy elsewhere, he took French leave. *Pendant que les autres étaient occupés ailleurs, il a filé à l'anglaise.*

to take heart—*(re)prendre courage*
We took heart when we learned of the enemy's departure. *Nous avons (re)pris courage en apprenant le départ de l'ennemi.*

to take heed—*faire attention, tenir compte*
They took no heed of our warning. *Ils n'ont pas fait attention à (Ils n'ont pas tenu compte de) notre avertissement.*

to take in—*accueillir; rouler*
Their house took in everyone who passed by. *Leur maison accueillait tous ceux qui passaient.* The crook took him in without difficulty. *L'escroc l'a roulé sans difficulté.*

to take in stride—*accepter de sang froid*
One has to learn to take these problems in stride. *Il faut apprendre à accepter ces problèmes de sang froid.*

to take issue with—*ne pas être d'accord avec*
We took issue with his interpretation of events. *Nous n'étions pas d'accord avec son interprétation des événements.*

to take it—*tenir le coup*
Don't be afraid to tell me the truth: we can take it. *N'ayez pas peur de me dire la vérité: nous pouvons tenir le coup.*

to take it into one's head—*se mettre en tête*
He took it into his head to run for president. *Il s'est mis en tête d'être candidat à la présidence.*

to take it (life, things) easy—*se laisser vivre*
I have nothing to do but take it (life, things) easy. *Je n'ai rien d'autre à faire que de me laisser vivre.*

to take it lying down—*encaisser quelque chose sans broncher*
I refuse to take that insult lying down. *Je refuse d'encaisser cette injure sans broncher.*

to take it on the chin—*encaisser les coups*
She took it on the chin without ever complaining. *Elle a encaissé les coups sans jamais se plaindre.*

to take it out on—*se venger sur*

He took his defeat out on his associates. *Il s'est vengé de sa défaite sur ses associés.*

to take it up with—*en parler à, s'adresser à*
If you're not satisfied, take it up with the management. *Si vous n'êtes pas satisfait, parlez-en (adressez-vous) à la direction.*

to take kindly to—*accepter de bonne grâce*
They don't take kindly to our criticism. *Ils n'acceptent pas de bonne grâce notre critique.*

to take leave of one's senses—*perdre la raison*
His actions are so strange that I think he has taken leave of his senses. *Ses actions sont si bizarres que je crois qu'il a perdu la raison.*

to take off—*décoller; lever le pied*
The airplane took off at one forty-five p.m. *L'avion a décollé à treize heures quarante-cinq.* The banker took off with our fortune. *Le banquier a levé le pied avec notre fortune.*

to take office—*entrer en fonctions*
The President will take office officially on January 1. *Le Président entrera en fonctions officiellement le premier janvier.*

to take off someone's hands—*débarrasser quelqu'un de*
Can you take this old car off my hands? *Pouvez-vous me débarrasser de cette vieille auto?*

to take on—*accepter le défi de; embaucher; se charger de*
Their business is a lot bigger than ours, but we'll take them on. *Leur entreprise est bien plus grande que la nôtre, mais nous accepterons leur défi.* The company was taking on engineers and salesmen. *La compagnie embauchait des ingénieurs et des vendeurs.* Are you sure you can take on such a big job? *Etes-vous sûr de pouvoir vous charger d'un si gros travail?*

to take one's hat off to—*tirer son chapeau à*
I take my hat off to you: you have courage. *Je vous tire mon chapeau: vous avez du courage.*

to take one's lumps—*encaisser des coups*
I had to take my lumps in my life before I made it. *J'ai dû encaisser des coups dans ma vie avant de réussir.*

to take one's medicine—*avaler la pilule*
He depended on their good will, so he had to take his medicine. *Il comptait sur leur bonne volonté, ainsi il a dû avaler la pilule.*

to take over—*assumer la direction de; occuper*
He took over the store. *Il a assumé la direction du magasin.* The enemy soldiers took over the city. *Les soldats ennemis ont occupé la ville.*

to take pains to—*se donner du mal pour*
She took great pains to finish the work right. *Elle s'est donné beaucoup de mal pour bien finir le travail.*

to take part in—*participer à*
Over a thousand people will take part in the concert. *Plus de mille personnes participeront au concert.*

to take place—*avoir lieu, se produire; se tenir*
Where did the accident take place? *Où l'accident a-t-il eu lieu (s'est-il produit)?* The concert will take place this evening in the church. *Le concert se tiendra ce soir à l'église.*

to take sides with—*prendre parti pour*
They were accused of taking sides with the rich. *On les accusait de prendre parti pour les riches.*

to take someone for a ride—*enlever quelqu'un (pour lui régler son compte); faire marcher quelqu'un*
Some gangsters took the witness for a ride. *Des gangsters ont enlevé le témoin (pour lui régler son compte).* I don't believe you: you're taking me for a ride. *Je ne vous crois pas: vous me faites marcher.*

to take someone's part (side)—*prendre le parti de quelqu'un*
Why do you always take their part (their side) in our arguments? *Pourquoi prenez-vous toujours leur parti dans nos disputes?*

to take someone's word for it—*en croire quelqu'un*
You can take my word for it; he's broke. *Vous pouvez m'en croire; il est fauché.*

to take something for granted—*croire que quelque chose va de soi*
You mustn't take their goodwill for granted. *Il ne faut pas croire que leur bonne volonté va de soi.*

to take something lying down—*se laisser faire*

I won't take this lying down: I'll protest! *Je ne me laisserai pas faire: je vais porter plainte!*

to take stock—*faire le point*

Now that the job is almost finished, let's stop a moment to take stock. *Le travail étant presque terminé, arrêtons-nous un moment pour faire le point.*

to take the edge off—*émousser*

Our disappointment had taken the edge off her enthusiasm. *Notre déception avait émoussé son enthousiasme.*

to take the field—*entrer en jeu*

When our side takes the field, there will be great applause. *Quand notre équipe entrera en jeu, il y aura de grands applaudissements.*

to take the floor—*prendre la parole*

The delegate from China took the floor to criticize the Russians. *Le délégué chinois a pris la parole pour critiquer les Russes.*

to take the part of—*jouer le rôle de*

She took the part of Phaedra. *Elle a joué le rôle de Phèdre.*

to take the pledge—*faire vœu de tempérance*

He had taken the pledge, but he came home drunk nonetheless. *Il avait fait vœu de tempérance, mais il est rentré ivre quand-même.*

to take the plunge—*faire le saut, sauter le pas*

He hesitated a long time before taking the plunge and joining the party. *Il a hésité longtemps avant de faire le saut (sauter le pas) et adhérer au parti.*

to take the rap for—*payer les pots cassés*

We know that he took the rap for his partner. *Nous savons qu'il a payé les pots cassés à la place de son associé.*

to take the stand—*venir à la barre*

The witness took the stand and swore to tell the truth. *Le témoin est venu à la barre et a juré de dire la vérité.*

to take the starch out of—*couper les bras (bras et jambes) à*

The news of his failure took the starch out of him. *La nouvelle de son échec lui a coupé les bras (lui a coupé bras et jambes).*

to take the wind out of one's sails—*couper l'herbe sous le pied*
His unexpected reply took the wind out of my sails. *Sa réponse inattendue m'a coupé l'herbe sous le pied.*

to take (time) off—*faire la pause*
Let's take (time) off for a drink. *Faisons la pause pour prendre un verre.*

to take to—*mordre à; prendre goût à; se prendre d'amitié pour*
She has taken to French marvelously. *Elle a mordu admirablement au français.* I have really taken to photography. *J'ai vraiment pris goût à la photographie.* They took to each other right away. *Ils se sont pris tout de suite d'amitié l'un pour l'autre.*

to take to one's heels—*prendre ses jambes à son cou*
At the policeman's approach, they took to their heels. *A l'approche de l'agent, ils ont pris leurs jambes à leur cou.*

to take to task—*réprimander*
She took us to task for our laziness. *Elle nous a réprimandés pour notre paresse.*

to take to the cleaners—*nettoyer, soutirer le maximum à*
Those crooks really took him to the cleaners. *Ces escrocs l'ont vraiment nettoyé (lui ont vraiment soutiré le maximum).*

to take (to) the stump—*faire des discours politiques*
In order to get elected, she had to take (to) the stump. *Pour se faire élire, il fallait qu'elle fasse des discours politiques.*

to take turns—*faire (etc.) à tour de rôle*
We'll take turns watching the shop. *Nous garderons le magasin à tour de rôle.*

to take up—*prendre; se mettre à*
This wardrobe takes up too much room. *Cette armoire prend trop de place.* She took up swimming in order to lose weight. *Elle s'est mise à faire de la natation pour perdre du poids.*

to take up the gauntlet—*relever le défi*
When they insulted us, we felt it necessary to take up the gauntlet. *Quand ils nous ont insultés, nous avons trouvé nécessaire de relever le défi.*

to take up with—*se lier avec*
He has taken up with the boss's son. *Il s'est lié avec le fils du patron.*

That takes the cake!—*Cela dépasse les bornes! C'est le bouquet.*

to take out—*à emporter*
That restaurant sells meals to take out. *Ce restaurant vend des repas à emporter.*

---

talk—*la conversation, le discours*
  to be the talk of the town—*défrayer la chronique*
Her escapade was the talk of the town. *Son escapade a défrayé la chronique.*

---

to talk—*parler*
  to talk a blue streak—*être un moulin à paroles*
He talks a blue streak; you can't get a word in edgewise. *C'est un moulin à paroles; on n'arrive pas à placer un mot.*

  to talk back—*répondre (insolemment)*
He forbade his children to talk back. *Il défendait à ses enfants de répondre (insolemment).*

  to talk big—*se vanter*
He talks big, but he doesn't do much. *Il se vante, mais il ne fait pas grand'chose.*

  to talk down—*parler avec condescendance; réduire au silence*
You mustn't talk down to the workers. *Il ne faut pas parler avec condescendance aux ouvriers.* Despite their strong opposition, we talked them down. *Malgré leur forte opposition, nous les avons réduits au silence.*

  to talk over—*discuter de*
We'll talk over the problem later. *Nous discuterons du problème plus tard.*

  to talk shop—*parler affaires*
Let's not talk shop this evening. *Ne parlons pas affaires ce soir.*

  to talk someone into (out of)—*décider quelqu'un à (dissuader quelqu'un de)*
They talked her into (out of) leaving. *Ils l'ont décidée à (dissuadée de) partir.*

to talk through one's hat—*dire n'importe quoi, parler en l'air*
You know nothing about it; you're talking through your hat. *Vous n'en savez rien; vous dites n'importe quoi (vous parlez en l'air).*

to talk turkey—*en venir au fait*
Let's stop beating around the bush and talk turkey. *Arrêtons de tourner autour du pot et venons-en au fait.*

to talk up—*parler en faveur de, vanter*
It was obvious that they were talking up their new system. *Il était évident qu'ils parlaient en faveur de (ils vantaient) leur nouveau système.*

---

tall—*grand, haut*
  a tall order—*demander un peu trop, pousser un peu*
  Capturing all those soldiers is a tall order! *Prendre tous ces soldats, c'est demander un peu trop (pousser un peu)!*

---

to tan—*bronzer, tanner*
  to tan someone's hide—*donner (flanquer) une raclée à quelqu'un*
  Daddy will tan your hide when he gets home! *Papa te donnera (te flanquera) une raclée en rentrant!*

---

tap—*le robinet*
  on tap—*disponible*

You'll have to have a large sum of money on tap. *Il faudra que vous ayez une grosse somme d'argent disponible.*

tar—*le goudron*
   to beat (to knock) the tar out of—*battre comme plâtre*
   If you stay there, that bruiser will beat (will knock) the tar out of you. *Si tu restes là, cette brute te battra comme plâtre.*

to tar—*goudronner*
   They are tarred with the same brush.—*Ils sont du même acabit.*

to teach—*apprendre, enseigner*
   to teach a lesson to—*apprendre à vivre à, servir de leçon à*
   I hope that experience will teach them a lesson. *J'espère que cette expérience leur apprendra à vivre (leur servira de leçon).*

to tear—*arracher, déchirer*
   to tear along—*filer*
   The car was tearing along the country road. *La voiture filait sur la route de campagne.*

   to tear down—*démolir*
   They are threatening to tear down the old station. *Ils menacent de démolir la vieille gare.*

   to tear into—*s'en prendre violemment à*
   The critics tore into his play for its immorality. *Les critiques s'en prirent violemment à sa pièce à cause de son immoralité.*

   to tear up—*déchirer*
   All right, let's tear up this contract and write another one. *D'accord, déchirons ce contrat et écrivons-en un autre.*

to tell—*dire, raconter*
   I'll tell you what.—*Ecoutez un peu. Je vais vous dire.*

   to tell apart (tell which is which)—*distinguer l'un de l'autre*
   I can't tell the twins apart (tell which twin is which). *Je n'arrive pas à distinguer les jumeaux l'un de l'autre.*

to tell it like it is—*dire la vérité toute nue*
Don't be afraid to tell it like it is to us. *N'ayez pas peur de nous dire la vérité toute nue.*

Tell it to the marines (to Sweeney)!—*A d'autres!*

to tell off—*gronder*
The teacher told the lazy students off. *Le professeur a grondé les élèves paresseux.*

to tell on—*dénoncer*
I would like to know who told on me. *Je voudrais bien savoir qui m'a dénoncé.*

to tell someone (where to get) off—*dire ses quatre vérités à quelqu'un*
One of these days I'm going to tell that conceited fellow (where to get) off. *Un jour je vais dire ses quatre vérités à ce prétentieux.*

---

tempest—*la tempête*
It's a tempest in a teapot.—*C'est une tempête dans un verre d'eau.*

---

tenterhook—*le crochet*
on tenterhooks—*sur des charbons ardents*
She kept us on tenterhooks waiting for her decision. *Elle nous tenait sur des charbons ardents, en attendant sa décision.*

---

term—*la condition, le terme*
to bring (to come) to terms—*amener (venir) à composition*
We finally brought them (we finally came) to terms. *Nous les avons enfin amenés (nous sommes enfin venus) à composition.*

---

to thank—*remercier*
Thank God!—*Dieu merci! Grâce à Dieu!*

---

thanks—*le remerciement*
thanks to—*grâce à*
It's thanks to him that we won. *C'est grâce à lui que nous avons gagné.*

---

that—*cela*
at that—*et en plus, somme toute*

They weren't so terrible, at that. *Et en plus (Somme toute), ils n'étaient pas si affreux.*

That's (so-and-so) for you!—*C'est bien de lui!*

That's that!—*Et voilà (tout)!*

That will be the day!—*On aura tout vu! Oui, quand les poules auront des dents!*

---

then—*alors, ensuite*

(right) then and there—*sur-le-champ*

We paid them (right) then and there. *Nous les avons payés sur-le-champ.*

then again—*d'autre part*

They were very helpful to us; then again, it was in their own interest. *Ils ont été très serviables envers nous; d'autre part, c'était dans leur propre intérêt.*

---

thick—*épais*

to lay (to pile, to spread) it on thick—*charrier*

I don't believe him; he's laying (piling, spreading) it on thick. *Je ne le crois pas; il charrie.*

They're thick as thieves.—*Ils s'entendent comme larrons en foire. Ils sont amis comme cochons.*

through thick and thin—*contre vents et marées*

She has stayed with me through thick and thin. *Elle m'a soutenu contre vents et marées.*

---

thin—*mince*

into thin air—*complètement, sans laisser de traces*
Their mysterious guest had vanished into thin air. *Leur hôte mystérieux avait complètement disparu (avait disparu sans laisser de traces).*

out of thin air—*à partir de rien*
You can't create a new constitution out of thin air. *On ne peut pas créer une nouvelle constitution à partir de rien.*

to skate (to walk) on thin ice—*se trouver sur la corde raide*
The delegate felt that he was skating (walking) on thin ice in that discussion. *Le délégué sentait qu'il se trouvait sur la corde raide dans cette discussion.*

---

thing—*la chose*

to hear (to see) things—*avoir des hallucinations*
There was no one there; you must have been hearing (seeing) things! *Il n'y avait personne: vous avez dû avoir des hallucinations!*

one thing leading to another—*de fil en aiguille*
One thing leading to another, we ended up married. *De fil en aiguille, on s'est trouvés mariés.*

a thing or two—*deux ou trois choses*
We know a thing or two about his past. *Nous savons deux ou trois choses sur son passé.*

---

to think—*penser*

I should think so!—*Je comprends! Je crois bien!*

to think a great deal (a lot, highly, much) of—*faire grand cas de*
Our coach doesn't think a great deal (a lot, highly, much) of the new player. *Notre entraîneur ne fait pas grand cas du nouveau joueur.*

to think ahead—*penser à l'avenir, prévoir*
If you don't think ahead, you may end up surprised. *Si vous ne pensez pas à l'avenir (vous ne prévoyez pas), vous risquez d'être surpris à la fin.*

to think better of it—*revenir son sur idée*

After some reflection, I thought better of it. *Après quelque réflexion, je suis revenu sur mon idée.*

to think it over—*y réfléchir*

Think it over before you answer. *Réfléchissez-y avant de répondre.*

to think little (nothing) of—*trouver normal de*

He thought little (nothing) of diving into the sea from the cliff. *Il trouvait normal de plonger dans la mer depuis la falaise.*

to think on one's feet—*savoir réagir rapidement*

This job requires someone who thinks on his feet. *Ce travail exige quelqu'un qui sait réagir rapidement.*

to think out (through)—*bien considérer*

If you stop and think things out (through), you'll see that I'm right. *Si vous prenez le temps de bien considérer les choses, vous verrez que j'ai raison.*

to think that—*dire que*

To think that we used to be so happy! *Dire que nous étions si heureux autrefois!*

to think twice—*y regarder à deux fois*

You ought to think twice before buying that house. *Il faut y regarder à deux fois avant d'acheter cette maison.*

to think up—*imaginer, inventer*

She thinks up all sorts of obstacles to our plans. *Elle imagine (Elle invente) toutes sortes d'obstacles à nos projets.*

third—*tiers, troisième*

to give (to put to) the third degree—*cuisiner, passer à tabac*

The police gave the suspect (put the suspect to) the third degree. *La police a cuisiné le suspect (a passé le suspect à tabac).*

three—*trois*

in three shakes of a lamb's tail—*en deux temps trois mouvements*

The job will be finished in three shakes of a lamb's tail. *Le travail sera terminé en deux temps trois mouvements.*

three sheets to the wind—*complètement ivre*

By the end of a day's drinking, he was three sheets to the wind. *A la fin d'une journée passée à boire, il était complètement ivre.*

---

through—*à travers, fini*

to be through with—*avoir fini, ne plus avoir besoin de*
I'm through with this book; you can have it. *J'ai fini ce livre (Je n'ai plus besoin de ce livre); vous pouvez l'avoir.*

to carry (to put) through—*mener à bien*
Despite the opposition, they managed to carry (to put) through their plan. *Malgré l'opposition, ils ont réussi à mener leur projet à bien.*

to have been through the mill—*en avoir vu de toutes les couleurs*
He has been through the mill during this electoral campaign. *Il en a vu de toutes les couleurs pendant cette campagne électorale.*

through and through—*de part en part; jusqu'au bout des ongles*
The victim was pierced through and through by his opponent's sword. *Le victime a été transpercé de part en part par l'épée de son adversaire.*
He is an aristocrat through and through .*Il est aristocrate jusqu'au bout des ongles.*

through channels—*par la filière*
You have to go through channels in these matters. *Il faut passer par la filière dans ces cas.*

a through street—*une rue ouverte; la voie express*
This is not a through street, so you can't go any further. *Cette rue n'est pas ouverte, on ne peut donc pas aller plus loin.* If we want to get there quickly, we had better take a through street. *Si l'on veut y arriver rapidement, on ferait mieux d'emprunter la voie express.*

---

throw—*le jet, le lancement*

a throw—*pièce*
Those items cost five hundred dollars a throw! *Ces articles coûtent cinq cents dollars pièce!*

---

to throw—*jeter, lancer*

to throw a curve—*prendre au dépourvu*

The union threw management a curve by omitting salary raises. *Le syndicat a pris la direction au dépourvu en omettant les augmentations de salaires.*

to throw a fight (a game)—*truquer un combat (un match)*
The fighter was accused of throwing the fight. *On accusait le boxeur d'avoir truqué le combat.*

to throw a monkey wrench in the works—*mettre des bâtons dans les roues*
If we didn't succeed, it's because he kept throwing a monkey wrench in the works. *Si on n'a pas réussi, c'est parce qu'il mettait toujours des bâtons dans les roues.*

to throw a party—*donner une fête*
Her parents threw a party to celebrate her promotion. *Ses parents ont donné une fête pour arroser sa promotion.*

to throw caution to the winds—*faire fi de toute prudence*
Don't let your opponent's weakness make you throw caution to the winds. *Ne laissez pas la faiblesse de votre adversaire vous inciter à faire fi de toute prudence.*

to throw down the gauntlet—*jeter le défi (le gant)*
Let's throw down the gauntlet and not accept their arrogance anymore. *Jetons le défi (le gant) et n'acceptons plus leur arrogance.*

to throw for a loss—*laisser perplexe*
Their strange behavior threw us for a loss. *Leur conduite bizarre nous a laissés perplexes.*

to throw in the cards—*s'avouer vaincu*
Giving up his opposition, he threw in the cards. *Renonçant à son opposition, s'est avoué vaincu.*

to throw in the towel—*jeter l'éponge (le manche après la cognée)*
Tired of the struggle, he decided to throw in the towel. *De guerre lasse, il a décidé de jeter l'éponge (le manche après la cognée).*

to throw off—*se débarrasser de*
We must throw off these old habits. *Nous devons nous débarrasser de ces vieilles habitudes.*

to throw off the scent—*dépister*

His innocent air threw the customs agents off the scent. *Son air innocent a depisté les douaniers.*

to throw one's hat in the ring—*entrer en lice*
The head of the conservatives decided to throw his hat in the ring. *Le leader des conservateurs a décidé d'entrer en lice.*

to throw one's weight around—*faire l'important*
The boss's nephew comes to the office and throws his weight around. *Le neveu du patron vient au bureau et fait l'important.*

to throw open—*ouvrir tout grand*
She threw the windows open to let the fresh air in. *Elle a ouvert tout grand les fenêtres pour laisser entrer l'air frais.*

to throw out—*jeter*
Throw out the garbage on your way out. *Jetez les ordures en sortant.*

to throw out of court—*débouter (d'une plainte)*
The judge threw his case out of court. *Le juge l'a débouté de sa plainte.*

to throw over—*lâcher, plaquer*
His girlfriend threw him over for someone else. *Son amie l'a lâché (plaqué) pour un autre.*

to throw someone out—*mettre quelqu'un à la porte*
He was thrown out of school. *On l'a mis à la porte de l'école.*

to throw the book at—*traiter avec sévérité*
The judge, wanting to set an example, threw the book at them. *Le juge, voulant faire un exemple, les a traités avec sévérité.*

to throw the bull—*faire de l'épate*
That's not true; you're throwing the bull! *Ce n'est pas vrai; tu fais de l'épate!*

to throw together—*faire à la hâte; rassembler*
It's easy to see that you threw your paper together at the last minute. *Il est facile de voir que vous avez fait votre composition à la hâte au dernier moment.* We'll throw a few things together and leave. *Nous allons rassembler quelques affaires et partir.*

to throw to the wolves—*abandonner, sacrifier*
They were ready to throw him to the wolves to save their skins. *Ils étaient prêts à l'abandonner (à le sacrifier) pour sauver leur peau.*

to throw up—*rendre, vomir*
The patient threw up his meal. *Le malade a rendu (vomi) son repas.*

to throw up one's hands—*lever les bras au ciel*
When he saw how bad things were, he threw up his hands. *En voyant le mauvais état des choses, il a levé les bras au ciel.*

thumb—*le pouce*
all thumbs—*très maladroit*
Don't ask me to do that delicate job: I'm all thumbs. *Ne me demandez pas de faire ce travail délicat: je suis très maladroit.*

to thumb a ride—*faire de l'auto-stop*
We thumbed a ride to come here. *Nous avons fait de l'auto-stop pour venir ici.*

to thumb one's nose—*faire un pied de nez*
She ran off thumbing her nose at me. *Elle s'est sauvée en me faisant un pied de nez.*

thunder—*le tonnerre*
to be thunderstruck—*tomber des nues*
As for me, I was thunderstruck; I didn't expect it at all. *Moi, je tombais des nues; je ne m'y attendais pas du tout.*

to tickle—*chatouiller*
tickled (pink, to death)—*au comble de la joie*
I was tickled (pink, to death) to learn of her success. *J'étais au comble de la joie en apprenant son succès.*

tide—*la marée*
to tide over—*dépanner*
The money you gave us will tide us over until Monday. *L'argent que tu nous as donné nous dépannera jusqu'à lundi.*

to tie—*lier, ligoter*
tied to someone's apron strings—*pendu aux jupes de quelqu'un*
Her fiancé was still tied to his mother's apron strings. *Son fiancé était encore pendu aux jupes de sa mère.*

tied up—*occupé, pris*
I can't go out to lunch with you; I'm tied up. *Je ne peux pas sortir déjeuner avec vous; je suis occupé (pris).*

to tie one on—*se cuiter*
When he learned of his acceptance in the program, he went out and tied one on. *Quand il a appris son acceptation au programme, il est sorti se cuiter.*

to tie the knot—*convoler, s'épouser*
After years of going together, they decided to tie the knot. *Après des années où ils sortaient ensemble, ils ont décidé de convoler (s'épouser).*

tight—*serré*
  in a tight spot—*dans une mauvaise passe*
The negotiations between the union and management are in a tight spot. *Les négociations entre le syndicat et la direction sont dans une mauvaise passe.*

to tilt—*jouter*
  to tilt at windmills—*se battre contre des moulins à vent*
He spent a good deal of time uselessly tilting at windmills. *Il passait beaucoup de temps à se battre inutilement contre des moulins à vent.*

time—*la fois, l'heure, le temps*
  at one time—*à un moment donné, autrefois*
At one time they had been friends. *A un moment donné (Autrefois) ils avaient été amis.*

  at times (from time to time)—*de temps à autre, par moments*
At times (from time to time) he seems really happy. *De temps à autre (Par moments) il a l'air vraiment heureux.*

  to be time-tested—*avoir fait ses preuves*
This folk remedy is time-tested. *Ce remède de bonne femme a fait ses preuves.*

  by the time that—*lorsque*
By the time that you leave, we'll have arrived. *Lorsque vous partirez, nous serons arrivés.*

for the time being—*pour l'instant*
Let's forget our dispute for the time being. *Oublions notre différend pour l'instant.*

to have the time of one's life—*s'amuser follement*
You should have come to the party: we had the time of our lives! *Tu aurais dû venir à la fête: nous nous sommes amusés follement!*

in no time (at all)—*en moins de deux, en un rien de temps*
You can finish it in no time (at all). *Vous pouvez le finir en moins de deux (en un rien de temps).*

in time—*à temps; avec le temps*
Fortunately we arrived in time. *Heureusement nous sommes arrivés à temps.* In time I'm sure you will forget it. *Avec le temps je suis sûr que tu l'oublieras.*

on time—*à l'heure; à tempérament*
Be sure to get there on time. *Soyez sûrs d'y arriver à l'heure.* They bought all their furniture on time. *Ils ont acheté tous leurs meubles à tempérament.*

time after time (time and time again)—*maintes et maintes fois*
I've told him not to do that time after time (time and time again). *Je lui ai dit de ne pas faire cela maintes et maintes fois.*

time and a half—*cinquante pour-cent de plus*
They asked for time and a half for overtime. *Ils ont demandé cinquante pour-cent de plus pour les heures supplémentaires.*

a time bomb—*une bombe à retardement*
The hole in the ozone layer is a time bomb for mankind. *Le trou dans l'ozone est une bombe à retardement pour l'humanité.*

time of life—*un moment de la vie*
At that time of life, he didn't want to undertake any more great projects. *A ce moment-là de la vie, il ne voulait plus entreprendre de grands projets.*

time on one's hands—*du temps à perdre*
If you have time on your hands, come here and help me. *Si tu as du temps à perdre, viens ici m'aider.*

time out—*la pause*

We decided to take time out at ten o'clock. *Nous avons décidé de faire la pause à dix heures.*

What time is it?—*Quelle heure est-il?*

---

tin—*l'étain*

to have a tin ear—*ne pas avoir d'oreille*
She would like to learn to sing but she has a tin ear. *Elle voudrait apprendre à chanter mais elle n'a pas d'oreille.*

---

to tip—*basculer*

to tip off—*avertir*
Someone tipped them off that the police were coming. *Quelqu'un les a avertis de l'arrivée de la police.*

to tip one's hand—*se révéler sous ses vraies couleurs*
She claimed to be on our side, but she tipped her hand by helping our opponents. *Elle prétendait être de notre côté, mais elle s'est révélée sous ses vraies couleurs en aidant nos concurrents.*

to tip one's hat—*tirer son chapeau*
They have guts; I tip my hat to them. *Ils ont du cœur au ventre; je leur tire mon chapeau.*

to tip the scales—*faire pencher la balance*
His eloquent speech tipped the scales in our favor. *Son discours éloquent a fait pencher la balance en notre faveur.*

---

to—*à, vers*

to go to and fro—*aller et venir, faire la navette*
The tractor kept on going to and fro. *Le tracteur allait et venait (faisait la navette) continuellement.*

---

toe—*le doigt de pied, l'orteil*

on one's toes—*sur le qui-vive*
We'll have to stay on our toes to avoid trouble. *Nous devrons rester sur le qui-vive pour éviter des ennuis.*

---

to toe—*mettre l'orteil*

to toe the line (the mark)—*se mettre au pas*

The fun is over; now you'll have to toe the line (the mark). *Finis les jeux; il faudra maintenant que vous vous mettiez au pas.*

Tom—*Thomas*

(every) Tom, Dick and Harry—*le premier venu, n'importe qui*
I don't give my phone number to (every) Tom, Dick and Harry. *Je ne donne pas mon numéro de téléphone au premier venu (à n'importe qui).*

to tone—*harmoniser*

to tone down—*baisser le ton*
We made that arrogant man tone down a bit. *Nous avons fait baisser le ton un peu à cet arrogant.*

tongue—*la langue*

(with) tongue in cheek—*en plaisantant*
It's not true; he must have said it (with) tongue in cheek. *Ce n'est pas vrai; il a dû le dire en plaisantant.*

too—*trop*

too bad—*dommage*
It's too bad you can't come. *C'est dommage que vous ne puissiez pas venir.*

tooth—*la dent*

in the teeth of—*en dépit de*
We struggled for our rights in the teeth of the majority's power. *Nous avons lutté pour nos droits en dépit de la puissance de la majorité.*

tooth and nail—*avec acharnement, bec et ongle*
They fought tooth and nail. *Ils se sont battus avec acharnement (bec et ongle).*

with teeth in it—*solide, substantiel*
The only thing that will work is a reform with teeth in it. *La seule chose qui marchera est une réforme solide (substantielle).*

top—*maximum, supérieur*

to be top dog—*avoir le dessus*
He was top dog in their struggle for power. *Il a eu le dessus dans leur lutte pour le pouvoir.*

top—*le dessus, le haut, le sommet*
at the top of one's lungs—*à tue-tête*
All the children were screaming at the top of their lungs. *Tous les enfants criaient à tue-tête.*

from top to bottom—*de fond en comble*
They did the house over from top to bottom. *Ils ont refait la maison de fond en comble.*

on top of—*par-dessus*
On top of all that, he had to pay a big bill. *Par-dessus tout cela, il a dû payer une grosse facture.*

over the top—*excessif, fou*
If you ask me, her manners are a bit over the top. *Si vous me demandez mon opinion, ses manières sont un peu excessives (folles).*

to toss—*lancer*

It's a toss-up.—*C'est à pile ou face. C'est kif-kif.*

to toss off—*faire (etc.) comme en se jouant*
The composer seemed to toss off fugues. *Le compositeur semblait écrire des fugues comme en se jouant.*

---

touch—*le toucher*

in touch—*en contact*
It will be to your advantage to get in touch with the consul. *Vous aurez avantage à vous mettre en contact avec le consul.*

It was touch and go.—*Il était moins cinq.*

---

to touch—*toucher*

(a bit) touched (in the head)—*timbré*
I think he's (a bit) touched (in the head). *Je crois qu'il est timbré (toqué).*

to touch base—*entrer (se mettre) en contact*
Call me when you arrive, just to touch base. *Appelez-moi en arrivant, histoire d'entrer (de nous mettre) en contact.*

to touch off—*déclencher, provoquer*
His act touched off a wave of revolt. *Son geste a déclenché (provoqué) une vague de révolte.*

to touch on (upon)—*effleurer, survoler*
During his speech, he touched on (upon) a number of topics. *Au cours de son discours, il a effleuré (survolé) un certain nombre de sujets.*

to touch up—*retoucher*
This picture needs to be touched up. *Cette photo a besoin d'être retouchée.*

---

tow—*la remorque*

in tow—*dans son sillage*
She arrived with a group of friends in tow. *Elle est arrivée avec un groupe d'amis dans son sillage.*

---

town—*la ville*

    to do the town (to go on the town, to paint the town red)—*faire la fête*
After the exams were finished, the students did the town (went on the town, painted the town red). *A la fin des examens, les étudiants ont fait la fête.*

    town and gown—*les habitants et les étudiants*
The usual tensions between town and gown have grown recently. *Les tensions habituelles entre les habitants et les étudiants ont augmenté récemment.*

---

track—*la piste, la trace, la voie*

    in one's tracks—*pile; sur son passage*
Our cry stopped the thief in his tracks. *Notre cri a arrêté le voleur pile.*
The storm destroyed everything in its tracks. *La tempête a détruit tout sur son passage.*

---

to track—*suivre*

    to track down—*localiser, trouver la source de*
Have you had any luck tracking down that rumor? *Avez-vous réussi à localiser (à trouver la source de) cette rumeur?*

---

to trade—*échanger, faire le commerce*

    to trade in—*faire reprendre*
We're going to trade our old car in when we buy a new one. *Nous allons faire reprendre notre vieille auto quand nous en achèterons une neuve.*

    to trade off—*sacrifier*
You traded off your truck's dependability for a newer look. *Vous avez sacrifié la fiabilité de votre camion pour une mode plus récente.*

    to trade on—*abuser de*
I'm tired of their trading on our loyalty! *J'en ai assez de ce qu'ils abusent de notre fidélité!*

---

tread—*le pas*

    with muffled tread—*à pas de loup (de velours)*

The scout approached with muffled tread. *L'éclaireur s'est approché à pas de loup (de velours).*

---

to tread—*marcher, piétiner*

to tread on delicate ground—*marcher sur des œufs*
Speaking to him about that matter, I felt as if I was treading on delicate ground. *En lui parlant de cette affaire, j'avais l'impression de marcher sur des œufs.*

to tread on someone's territory (toes)—*aller sur les brisées de quelqu'un, marcher sur les plates-bandes de quelqu'un*
When you try to sell your merchandise here, you're treading on my territory (toes). *Quand vous essayez de vendre votre marchandise ici, vous allez sur mes brisées (vous marchez sur mes plates-bandes).*

to tread water—*faire du sur-place; nager en chien*
The company is treading water instead of expanding. *La compagnie fait du sur-place au lieu de s'étendre.* If you tread water for a while, you'll be less tired. *Si vous nagez quelque temps en chien, vous serez moins fatigué.*

---

trial—*l'épreuve, le procès*

by trial and error—*par tâtonnement*
Their research was proceeding by trial and error. *Leurs recherches procédaient par tâtonnement.*

a trial balloon (shot)—*un ballon d'essai*
Our statement was just a trial balloon (a trial shot) to size up their reaction. *Notre déclaration n'était qu'un ballon d'essai pour jauger leur réaction.*

---

trick—*le tour*

to do (to turn) the trick—*faire l'affaire*
I think this gasket will do (turn) the trick. *Je crois que ce joint fera l'affaire.*

a trick of the trade—*une ficelle du métier*
He promised to teach his apprentices all the tricks of the trade. *Il a promis d'apprendre à ses apprentis toutes les ficelles du métier.*

---

to trim—*arranger, tailler*
  to trim one's sails—*réduire son train de vie*
  Business isn't good and we have to trim our sails. *Les affaires ne vont pas bien et il nous faut réduire notre train de vie.*

to trip—*sautiller, trébucher*
  to trip the light fantastic—*danser*
  He invited her out to trip the light fantastic. *Il l'a invitée à aller danser.*

  to trip up—*désarçonner; faire une erreur*
  The prosecutor was trying to trip up the defense witness. *Le procureur essayait de désarçonner le témoin pour la défense.* She admitted that she had tripped up in giving that answer. *Elle a avoué qu'elle avait fait une erreur en donnant cette réponse.*

to trot—*trotter*
  to trot out—*débiter, sortir*
  The employee trotted out the usual excuses. *L'employé a débité (a sorti) les prétextes habituels.*

trouble—*la difficulté, l'ennui, le mal*
  to be in trouble—*avoir des ennuis*
  He is in trouble with the Internal Revenue Service. *Il a des ennuis avec les Contributions.*

  the trouble with—*l'ennuyeux de*
  The trouble with that method is that it takes too long. *L'ennuyeux de cette méthode c'est qu'elle prend trop de temps.*

true—*fidèle, vrai*
  true to life—*conforme à la vérité, réaliste*
  This film is quite true to life. *Ce film est très conforme à la vérité (très réaliste).*

to trump—*prendre avec l'atout*
  to trump up—*inventer (monter) de toutes pièces*

The opposition trumped up some charges against the majority leader. *L'opposition a inventé (a monté) de toutes pièces des accusations contre le chef de la majorité.*

---

trust—*la confiance, la foi*

to (have) trust in—*faire confiance à*

You can (have) trust in this employee. *Vous pouvez faire confiance à cet employé.*

in trust—*en charge; par fidéicommis*

We are keeping the earth in trust for our children. *Nous prenons la terre en charge pour nos enfants.* She left some money in trust for her children. *Elle a laissé de l'argent par fidéicommis à ses enfants.*

---

to try—*éprouver, essayer*

tried and true—*éprouvé, sûr*

This herbal remedy is tried and true. *Ce médicament végétal est éprouvé (sûr).*

to try on—*essayer*

Try this suit on to see if it fits. *Essayez ce complet pour voir s'il vous va.*

to try out—*faire l'essai de; passer une audition*

I want to try the car out before I buy it. *Je veux faire l'essai de la voiture avant de l'acheter.* She tried out for the part of Olivia. *Elle a passé une audition pour le rôle d'Olivia.*

---

tune—*l'air (de musique)*

in tune (with the times)—*dans la note*

Without slavishly following fashion, she managed to stay in tune (with the times). *Sans suivre aveuglément la mode, elle savait rester dans la note.*

out of tune—*faux*

Can't you hear that you are playing out of tune? *N'entendez-vous pas que vous jouez faux?*

to sing (to whistle) a different tune—*changer de ton*

They'll sing (They'll whistle) a different tune after the elections. *Ils changeront de ton après les élections.*

to the tune of—*de la coquette somme de*

They raised their prices to the tune of thirty dollars. *Ils ont augmenté leurs prix de la coquette somme de trente dollars.*

---

turn—*le tour, le tournant*
at the turn of the century—*au début du siècle*
This fabric was in style at the turn of the century. *Ce tissu était en vogue au début du siècle.*

by turns (taking turns)—*à tour de rôle*
They recited poems by turns (taking turns). *Ils ont récité des poèmes à tour de rôle.*

in turn—*tour à tour*
They all spoke in turn. *Ils ont tous parlé tour à tour.*

out of turn—*déplacé, hors de saison, inopportun*
Excuse me if what I'm saying is out of turn, but I think it's necessary. *Excusez-moi si ce que je dis est déplacé (hors de saison, inopportun), mais je crois que c'est nécessaire.*

---

to turn—*changer, tourner*
to turn a blind eye—*fermer les yeux*
They turned a blind eye when the president exceeded his powers. *Ils ont fermé les yeux quand le président a outrepassé ses pouvoirs.*

not to turn a hair—*ne pas broncher*
He didn't turn a hair when I asked him to pay. *Il n'a pas bronché quand je lui ai demandé de payer.*

to turn a deaf ear—*faire la sourde oreille*
She turned a deaf ear to their complaints. *Elle a fait la sourde oreille à leurs plaintes.*

to turn (an age)—*avoir ses (ans)*
My grandfather has turned eighty. *Mon grand-père a eu ses quatre-vingts ans.*

to turn an honest penny—*gagner honnêtement sa vie*
If you had followed in your father's footsteps, you would be turning an honest penny now. *Si tu avais suivi les traces de ton père, tu gagnerais honnêtement ta vie maintenant.*

to turn around—*se (re)tourner*

He kept turning around to see if he was being followed. *Il se (re)tournait constamment pour voir si on le suivait.*

to turn away—*renvoyer; se détourner*
The hall was full and they had to turn away hundreds of people. *La salle était comble et il a fallu renvoyer des centaines de personnes.* I turned away in order not to see that sad sight. *Je me suis détourné pour ne pas voir ce triste spectacle.*

to turn back—*rebrousser chemin, tourner bride; replier*
The soldiers, seeing the ambush, turned back. *Les soldats, voyant l'embuscade, ont rebroussé chemin (ont tourné bride).*
She turned back the coverlet so that they could go to bed. *Elle a replié le couvre-lit pour qu'ils puissent se coucher.*

to turn down—*baisser; refuser*
Turn down the volume of the radio. *Baissez le son de la radio.* He has turned down all our offers. *Il a refusé toutes nos offres.*

to turn in—*aller se coucher; rendre*
I'm tired; let's turn in early. *Je suis fatigué; allons nous coucher de bonne heure.* I turned in my paper before leaving. *J'ai rendu ma copie avant de sortir.*

to turn in one's badge (spurs) —*passer la main*
The old actor decided to turn in his badge (spurs). *Le vieil acteur a décidé de passer la main.*

to turn loose—*lâcher, mettre en liberté*
We told them not to turn the animal loose. *Nous leur avons dit de ne pas lâcher l'animal (mettre l'animal en liberté).*

to turn off—*couper, fermer; rebuter; tourner*
Don't forget to turn off the television. *N'oublie pas de couper (de fermer) la télé.*
That subject really turns me off. *Ce sujet me rebute vraiment.* At the end of the road, the car turned off into a driveway. *Au bout de la route, la voiture a tourné dans un chemin.*

to turn on—*allumer; enthousiasmer, passionner*
We turned on the lights when we entered. *Nous avons allumé la lumière en entrant.* That music really turns us on. *Cette musique nous enthousiasme (nous passionne) vraiment.*

to turn (one's) coat—*retourner sa veste, tourner casaque*
Just before the elections, the representative turned (his) coat. *Juste avant les élections, le député a retourné sa veste (a tourné casaque).*

to turn oneself in—*se rendre*
The suspect turned himself in. *Le suspect s'est rendu.*

to turn one's stomach—*soulever le cœur à*
The sight of that senseless destruction turned her stomach. *La vue de cette stupide destruction lui a soulevé le cœur.*

to turn out—*finir; produire*
The story turned out well. *L'histoire finissait bien.*
This factory turns out a thousand cars a day. *Cette usine produit mille autos par jour.*

to turn out to be—*se révéler*
She turned out to be an excellent cook. *Elle s'est révélée excellente cuisinère.*

to turn over—*confier, rendre; (se) retourner*
Don't forget to turn over your key to the caretaker when you leave. *N'oubliez pas de confier (de rendre) votre clé au concierge en partant.* I turned the book over to read the title. *J'ai retourné le livre pour en lire le titre.*

to turn over a new leaf—*tourner la page*
On leaving jail, he resolved to turn over a new leaf. *En quittant la prison, il a résolu de tourner la page.*

to turn someone's head—*monter à la tête à quelqu'un*
His success seems to have turned his head. *Son succès semble lui être monté à la tête.*

to turn state's evidence—*témoigner contre ses complices*
The criminal turned state's evidence in order to get a lighter punishment. *Le criminel a témoigné contre ses complices pour recevoir une peine plus légère.*

to turn tail—*tourner les talons*
Being a coward, he turned tail and fled. *Etant lâche, il a tourné les talons et s'est enfui.*

to turn the corner—*passer le moment critique*

The prime minister said that the economy has turned the corner. *Le premier ministre a dit que l'économie a passé le moment critique.*

to turn the other cheek—*tendre l'autre joue*
The gospel tells us to turn the other cheek when we are offended. *L'évangile nous dit de tendre l'autre joue lorsqu'on nous offense.*

to turn the tables—*renverser la situation*
Now the tables are turned and he is calling the plays. *Maintenant la situation est renversée et c'est lui qui mène le jeu.*

to turn the tide—*retourner la situation*
His team was losing, but his inspired play turned the tide. *Son équipe était en train de perdre, mais son jeu inspiré a retourné la situation.*

to turn to account—*tirer (le meilleur) parti de*
My dressmaker can turn the least scrap of material to account. *Ma couturière sait tirer (le meilleur) parti du moindre chiffon.*

to turn turtle—*chavirer*
At the height of the storm, the ship turned turtle. *Au plus fort de la tempête, le navire a chaviré.*

to turn up—*arriver; découvrir*
They finally turned up at our house at midnight. *Ils sont enfin arrivés chez nous à minuit.* The police haven't turned up any new clues. *La police n'a pas découvert de nouveaux indices.*

to turn up one's nose—*faire la petite bouche*
You shouldn't turn up your nose at this job. *Tu ne devras pas faire la petite bouche devant ce poste.*

---

to twiddle—*tripouiller*
   to twiddle one's thumbs—*se tourner les pouces*
Come and help us instead of twiddling your thumbs. *Viens nous aider au lieu de te tourner les pouces.*

---

twinkling—*le scintillement*
   in the twinkling of an eye—*en un clin d'œil*
He disappeared in the twinkling of an eye. *Il a disparu en un clin d'œil.*

---

to twist—*tordre, tourner*

to twist around one's (little) finger—*mettre dans sa poche; mener par le bout du nez*

She twists her husband around her (little) finger. *Elle mène son mari par le bout du nez.*

to twist someone's arm—*forcer la main à quelqu'un*

We didn't have to twist his arm to make him accept our invitation. *On n'a pas eu besoin de lui forcer la main pour qu'il accepte notre invitation.*

---

two—*deux*

to have two left feet—*être maladroit*

She doesn't like to go out with him because he has two left feet. *Elle n'aime pas sortir avec lui parce qu'il est maladroit.*

in two places at once (at the same time)—*au four et au moulin à la fois*

Wait a minute; I can't be in two places at once (at the same time). *Attendez un peu, je ne peux pas être à la fois au four et au moulin.*

of two minds—*indécis*

I am still of two minds about that question. *Je suis toujours indécis sur cette question.*

They are two of a kind.—*Ils sont du même tonneau. Les deux font la paire.*

two bits—*moins que rien, peu de chose; un quart de dollar*

After what she had said, he felt like two bits. *Après ce qu'elle avait dit, il se sentait moins que rien (peu de chose).* I need two bits for a telephone call. *Il me faut un quart de dollar pour un coup de téléphone.*

two cents—*son grain de sel*

Why must you put your two cents in? *Pourquoi faut-il que tu y mettes ton grain de sel?*

to two-time—*jouer double jeu avec, trahir*

She was sure that her boyfriend was two-timing her. *Elle était sûre que son ami jouait double jeu avec elle (la trahissait).*

---

ugly—*laid*

   an ugly customer—*un vilain moineau*
   Try not to bother him; he's an ugly customer. *Evitez de le déranger; c'est un vilain moineau.*

uncle—*l'oncle*

   to cry (to say) uncle—*crier pouce*
   Seeing the game lost, they cried (said) uncle. *Voyant le jeu perdu, ils ont crié pouce.*

under—*sous*

   to be under the weather—*ne pas être dans son assiette*
   Excuse my absence; I was under the weather yesterday. *Excusez mon absence; je n'étais pas dans mon assiette hier.*

   under a cloud—*en butte aux soupçons, en disgrâce*
   The minister left under a cloud. *Le ministre est parti en butte aux soupçons (en disgrâce).*

   under age—*mineur*
   Her son was still under age. *Son fils était encore mineur.*

   under arrest—*en état d'arrestation*
   The policeman told him that he was under arrest. *L'agent lui a dit qu'il était en état d'arrestation.*

   under cover—*clandestin(ement)*
   The paper was published under cover. *Le journal était publié clandestinement.*

   under cover of—*à la faveur de*
   The thieves fled under cover of darkness. *Les voleurs ont fui à la faveur de l'obscurité.*

   under fire—*attaqué, critiqué*
   The minister's statements came under fire from the opposition. *Les déclarations du ministre ont été attaquées (critiquées) par l'opposition.*

under foot—*dans les jambes de*
I can't work with the children under foot. *Je ne peux pas travailler avec les enfants dans mes jambes.*

under one's belt—*à son actif*
We haven't taken many courses, but we have a lot of experience under our belt. *Nous n'avons pas suivi beaucoup de cours, mais nous avons beaucoup d'expérience à notre actif.*

under one's breath—*tout bas*
He muttered some oaths under his breath. *Il a proféré des jurons tout bas.*

under one's hat—*pour soi, secret*
Try to keep that information under your hat. *Essaie de garder ces renseignements pour toi (secrets).*

under one's own steam—*par ses propres moyens*
I managed to get back under my own steam. *J'ai réussi à rentrer par mes propres moyens.*

under someone's (very) nose—*au nez et à la barbe de quelqu'un*
He stole it under the policeman's (very) nose. *Il l'a volé au nez et à la barbe de l'agent de police.*

under someone's thumb—*sous la coupe de quelqu'un*
He was under his mother's thumb then. *Il était alors sous la coupe de sa mère.*

under the circumstances—*dans ces circonstances*
I sympathize with your reaction, under the circumstances. *Je comprends votre réaction, dans ces circonstances.*

under the counter—*en dessous de table*
I had to pay five hundred dollars under the counter. *J'ai dû payer cinq cents dollars en dessous de table.*

under the influence—*en état d'ivresse*
Her driver's license was suspended for driving under the influence. *Son permis de conduire lui a été retiré pour conduite en état d'ivresse.*

under the wire—*à la dernière minute, in extremis*
They got their application in under the wire. *Ils ont présenté leur demande à la dernière minute (in extremis).*

under way—*en route; en train*

The convoy is already under way. *Le convoi est déjà en route.* The project is already under way. *Le projet est déjà en train.*

under wraps—*sous le boisseau*
They are keeping their new model under wraps. *Ils gardent leur nouveau modèle sous le boisseau.*

---

to understand—*comprendre*
   to understand that—*croire savoir que*
   I understand that there is going to be a rise in gas prices. *Je crois savoir qu'il va y avoir une augmentation du prix de l'essence.*

---

up—*debout, en haut*
   to be up and about (around)—*relever de maladie; être debout*
   The patient is finally up and about (around). *Le malade relève enfin de maladie.*
   We were surprised to find she was up and about (around) so early. *Nous avons été étonnés de trouver qu'elle était debout si tôt.*

   to be up before—*comparaître devant; être en discussion à*
   He is up before the judge today. *Il comparaît devant le juge aujourd'hui.*
   The bill is up before the House. *Le projet de loi est en discussion à la Chambre.*

   to be up for—*se présenter à*
   The senator is up for reelection. *Le sénateur se représente aux élections.*

   to be up in arms—*se gendarmer*
   They were up in arms about the new law. *Ils se gendarmaient contre la nouvelle loi.*

   to be up to—*être (se sentir) de force à*
   I'm not up to finishing this job. *Je ne suis pas (Je ne me sens pas) de force à finir ce travail.*

   to be up to fine things (one's old tricks)—*en faire de belles*
   I see you've been up to fine things (your old tricks) while I was gone! *Je vois que tu en as fait de belles pendant mon absence!*

   it's up to—*c'est à; il ne tient qu'à*
   It's up to you to make the decisions. *C'est à vous de prendre la décision.*
   It's up to you to succeed. *Il ne tient qu'à vous de réussir.*

on the up-and-up—*licite*
I don't think his activities are on the up-and-up. *Je ne crois pas que ses activités soient licites.*

up against it—*dans le pétrin*
Friends, I'm afraid we're up against it now! *Mes amis, j'ai peur que nous soyons dans le pétrin maintenant!*

up-and-coming—*d'avenir*
He's an up-and-coming young architect. *C'est un jeune architecte d'avenir.*

to up and do—*faire brusquement*
She up and left without warning. *Elle est partie brusquement sans préavis.*

up a tree—*dans le pétrin*
I'm up a tree myself; I can't help you. *Je suis dans le pétrin moi-même; je ne peux pas t'aider.*

up for grabs—*à qui le veut, disponible*
He was told that the property was up for grabs. *On lui a dit que la propriété était à qui la voulait (disponible).*

up front—*d'avance; ouvert (sincère)*
They asked us for five hundred dollars up front. *Ils nous ont demandé cinq cents dollars d'avance.* You can trust her: she's very up front. *Vous pouvez lui faire confiance: elle est très ouverte (sincère).*

up on—*au courant*
He's not up on the latest developments. *Il n'est pas au courant des derniers progrès.*

up one's sleeve—*dans son sac*
He has several tricks up his sleeve. *Il a plus d'un tour dans son sac.*

upside down—*à l'envers, sens dessus dessous*
You are holding your book upside down. *Vous tenez votre livre à l'envers (sens dessus dessous).*

up the creek—*tombé à l'eau (dans le lac)*
Our plans are up the creek now. *Nos projets sont tombés à l'eau (dans le lac) maintenant.*

uptight—*nerveux, tendu*

Don't be so uptight, we'll manage! *Ne sois pas si nerveux (tendu), nous nous débrouillerons!*

up to—*jusqu'à*

Up to last week she was enrolled in the course. *Jusqu'à la semaine dernière elle était inscrite au cours.*

up to date—*à jour*

I have brought my study of Freud up to date. *J'ai mis mon étude de Freud à jour.*

up to it (par, scratch, snuff)—*d'attaque*

Start without me; I don't feel up to it (to par, to scratch, to snuff) right now. *Commencez sans moi; je ne me sens pas d'attaque en ce moment.*

up-to-the-minute—*de dernière heure*

Here is some up-to-the-minute news. *Voilà des nouvelles de dernière heure.*

What are you up to?—*Qu'est-ce que tu fabriques là? Qu'est-ce que tu mijotes?*

What's up!—*Qu'est-ce qui se passe?*

---

upper—*supérieur*

to be (down) on one's uppers—*manger de la vache enragée*

After losing his job he was (down) on his uppers. *Ayant perdu son travail, il mangeait de la vache enragée.*

the upper crust—*le gratin*

That club accepts only the upper crust of society. *Ce cercle n'admet que le gratin de la ville.*

the upper hand—*le dessus*

He finally got the upper hand in his struggle with his opponents. *Il a enfin eu le dessus dans sa lutte avec ses adversaires.*

---

to upset—*bouleverser, renverser*

to upset the apple-cart—*bouleverser les plans*

Despite our efforts, the minority's reaction upset the apple-cart. *Malgré nos efforts, la réaction de la minorité a bouleversé les plans.*

---

upwards—*vers le haut*

upwards of—*plus de*

They counted upwards of three thousand birds. *Ils ont compté plus de trois mille oiseaux.*

use—*l'emploi, le service, l'usage*
it's no use—*rien ne sert (de)*
It's no use trying over again. *Rien ne sert d'essayer de nouveau.*

to use—*employer, habituer*
one used to—*on avait l'habitude de, on faisait*
We used to go there frequently. *Nous avions l'habitude d'y aller (nous y allions) souvent.*

usual—*habituel*
as usual—*comme d'habitude*
As usual, they arrived late for the appointment. *Comme d'habitude, ils sont arrivés en retard au rendez-vous.*

variety—*la variété*
a variety store—*un grand magasin*
His family had made its fortune with a variety store in Kansas. *Sa famille avait fait fortune dans un grand magasin au Kansas.*

vengeance—*la vengeance*
with a vengeance—*et comment*
They made up for their earlier loss with a vengeance! *Ils ont racheté leur défaite précédente, et comment!*

view—*la vue*
in view—*visible*
While they remained in view, we were able to follow their movements.
Tant qu'ils sont restés visibles, nous avons pu suivre leurs mouvements.

in view of the fact that—*dès l'instant que, étant donné que, vu que*

In view of the fact that you refuse, I resign. *Dès l'instant que (Étant donné que, Vu que) vous refusez, je démissionne.*

on view—*ouvert au public*
The exhibit will be on view all next week. *L'exposition sera ouverte au public toute la semaine prochaine.*

with a view to(ward)—*dans le but de*
We bought this house with a view to(ward) retiring here. *Nous avons acheté cette maison dans le but d'y passer notre retraite.*

---

voice—*la voix*

  to have a voice (in a matter)—*avoir voix au chapitre (dans quelque chose)*
She wanted to have a voice in their final decision. *Elle voulait avoir voix au chapitre dans leur décision finale.*

---

to vote—*voter*

  to vote down—*repousser*
The House voted down his bill. *La Chambre a repoussé son projet de loi.*

  to vote with one's feet—*quitter (un pays, etc.) pour manifester son mécontentement*
In the face of austerity measures, some of the residents of the state voted with their feet. *Devant les mesures d'austérité, une partie des habitants de l'état l'ont quitté pour manifester leur mécontentement.*

---

to vouch—*affirmer*
  to vouch for—*répondre de*
I will vouch for his integrity. *Je réponds de son intégrité.*

---

to wade—*patauger*
  to wade into—*se jeter sur*
Without warning, he waded into his opponent and knocked him down. *Sans avertissement, il s'est jeté sur son adversaire et l'a flanqué par terre.*

---

wagon—*la charrette*
to be (to go) on the wagon—*s'abstenir de boire de l'alcool*
After his liver trouble, he decided to be (to go) on the wagon. *Après sa crise de foie, il a décidé de s'abstenir de boire de l'alcool.*

---

to wait—*attendre*
not to be able to wait to—*être impatient de, tarder à quelqu'un de*
I can't wait to see my family again. *Je suis impatient (Il me tarde) de revoir ma famille.*

to wait on—*servir*
No one in this restaurant seems to want to wait on us. *Personne au restaurant ne semble vouloir nous servir.*

to wait on hand and foot—*être aux petits soins pour*
She waits on her husband hand and foot. *Elle est aux petits soins pour son mari.*

to wait someone out—*attendre que quelqu'un abandonne*
If we wait them out, we can win. *Si nous attendons qu'ils abandonnent, nous pouvons gagner.*

to wait up (for)—*rester debout (à attendre)*
They waited up all night for their daughter. *Ils sont restés debout toute la nuit à attendre leur fille.*

---

walk—*la démarche, la promenade*
a walk of life—*une condition sociale*
People from all walks of life came to the funeral. *Des gens de toutes les conditions sociales sont venus à l'enterrement.*

---

to walk—*marcher*
(Please) Walk (right) in.—*Entrez sans frapper.*
to walk all over—*battre haut la main*
Our team walked all over theirs. *Notre équipe a battu la leur haut la main.*

to walk a tightrope—*être sur la corde raide*
I realized that I was walking a tightrope in that debate. *Je me rendais bien compte que j'étais sur la corde raide dans ce débat.*

to walk away (off) with—*décamper avec; enlever*

Their supposed friend walked away (off) with all their money. *Leur soi-disant ami a décampé avec tout leur argent.* His team walked away (off) with all the prizes. *Son équipe a enlevé tous les prix.*

to walk on air—*être au septième ciel*
Now that he is so successful, he is walking on air. *Maintenant qu'il a tant de succès, il est au septième ciel.*

to walk out on—*planter là, plaquer*
Tired of his whims, she walked out on him. *Fatiguée de ses caprices, elle l'a planté là (elle l'a plaqué).*

to walk the floor (walk up and down)—*faire les cent pas*
Her husband walked the floor (walked up and down) waiting for the birth of their child. *Son mari faisait les cent pas en attendant la naissance de leur enfant.*

to walk the plank—*subir le supplice de la planche*
The pirates made him walk the plank. *Les pirates lui ont fait subir le supplice de la planche.*

to walk the straight and narrow (path)—*suivre le droit chemin*
From now on I promise I'm going to walk the straight and narrow (path). *Dorénavant je promets de suivre le droit chemin.*

---

wall—*le mur*

to be a wallflower—*faire tapisserie*
She didn't go to the dance for fear of being a wallflower. *Elle n'est pas allée au bal de crainte de faire tapisserie.*

---

want—*le besoin, le désir*

for want of—*faute de*
The project failed for want of sufficient funds. *Le projet a échoué faute de crédits suffisants.*

---

to want—*désirer, vouloir*

to want in—*vouloir participer*
He wants in on the deal. *Il veut participer à l'affaire.*

to want out—*vouloir lâcher*
She wants out of our association. *Elle veut lâcher notre association.*

---

warm—*chaud, tiède*

to be warm—*avoir chaud*
I am too warm in these clothes. *J'ai trop chaud dans ces vêtements.*

to be (getting) warm—*brûler, chauffer*
That's not quite it but you're (getting) warm. *Ça n'y est pas encore mais tu brûles (tu chauffes).*

It's warm.—*Il fait chaud.*

---

to warm—*chauffer*

to warm the bench—*être un remplaçant*
Although he hoped to play on the team, he was just warming the bench. *Bien qu'il ait espéré jouer dans l'équipe, il n'était qu'un remplaçant.*

to warm the cockles of someone's heart—*réchauffer le cœur à quelqu'un*
The news of their success warms the cockles of my heart. *La nouvelle de leur succès me réchauffe le cœur.*

to warm up—*s'échauffer*
The players are warming up for the game. *Les joueurs s'échauffent avant le match.*

to warm up to—*se prendre de sympathie pour*
Our neighbors have finally warmed up to their son-in-law. *Nos voisins se sont enfin pris de sympathie pour leur gendre.*

---

to wash—*laver*

(all) washed up—*fichu (fini)*
After the failure of his last film, his career is (all) washed up. *Après l'échec de son dernier film, sa carrière est fichue (finie).*

to be a washout—*faire un four*
The play's premiere was a total washout. *La première de la pièce a fait un four complet.*

to wash down—*arroser; faire descendre*
We washed the meal down with several bottles of red wine. *Nous avons arrosé le repas de plusieurs bouteilles de vin rouge.* If that pill is hard to swallow, wash it down with a glass of water. *Si cette pilule est difficile à avaler, faites-la descendre avec un verre d'eau.*

to wash out—*annuler*
The game was washed out by rain. *Le match a été annulé à cause de la pluie.*

to wash up—*faire un brin de toilette*
Don't forget to wash up before you come down to dinner. *N'oublie pas de faire un brin de toilette avant de descendre dîner.*

---

to waste—*gaspiller, perdre*
to waste away—*dépérir*
After his master's departure, the dog wasted away. *Après le départ de son maître, le chien a dépéri.*

to waste one's breath—*perdre sa salive*
Don't bother arguing with them; you're wasting your breath. *N'essaie pas de discuter avec eux; tu perds ta salive.*

---

to watch—*regarder, veiller*
to watch one's step—*être sur ses gardes, filer doux*
You'll have to watch your step when the boss is here. *Il faudra être sur vos gardes (filer doux) quand le patron sera là.*

to watch out for—*être sur ses gardes avec, se méfier de*
You should always watch out for him; he's sly. *Vous devriez toujours être sur vos gardes avec (vous méfier de) lui; il est sournois.*

to watch out for oneself—*se défendre*
Don't worry; she can watch out for herself. *Ne vous inquiétez pas; elle sait se défendre.*

---

water—*l'eau*
in hot water—*dans de beaux draps (dans le pétrin)*
You went too far and now we're in hot water! *Tu es allé trop loin et maintenant on est dans de beaux draps (dans le pétrin)!*

It's like water off a duck's back.—*Autant cracher en l'air. Ça n'a aucun effet.*

to spend money like water—*jeter l'argent par les fenêtres*
After their father died, the children would spend money like water. *Après la mort de leur père, les enfants jetaient l'argent par les fenêtres.*

water over the dam—*de l'eau sous les ponts*
A lot of water has passed over the dam since she left me. *Il est passé beaucoup d'eau sous les ponts depuis qu'elle m'a quitté.*

to water—*arroser*
to water down—*atténuer, diluer*
They had to water down the provisions of the law. *Il a fallu qu'ils atténuent (qu'ils diluent) les dispositions de la loi.*

way—*le chemin, le côté, la manière, la voie*
along (on) the way—*chemin faisant, en cours de route*
Along (On) the way, we talked about one thing and another. *Chemin faisant (En cours de route), nous avons bavardé de choses et d'autres.*

to be in someone's way—*empêcher quelqu'un de passer, gêner quelqu'un*
Move; you're in my way. *Poussez-vous; vous m'empêchez de passer (vous me gênez).*

to be on one's way—*être en route*
Your replacement is already on his way. *Votre remplaçant est déjà en route.*

to be on one's way to—*être en voie de*
The whale seems on its way to extinction. *La baleine semble être en voie de disparition.*

by the way—*à propos, au fait*
By the way, what did you think of the show? *A propos (au fait) qu'avez-vous pensé du spectacle?*

by way of—*en manière de; en passant par*
He sent us flowers by way of an apology. *Il nous a envoyé des fleurs en manière d'excuse .*We went to New York by way of Providence. *Nous sommes allés à New York en passant par Providence.*

to get (to have) one's way—*n'en faire qu'à sa tête*
He is spoiled; he always gets (has) his way. *Il est gâté; il n'en fait jamais qu'à sa tête.*

in a way—*dans un sens*
In a way, we're happy that this misfortune happened. *Dans un sens, nous sommes contents que ce malheur ait eu lieu.*

(over) this way—*par ici*

Come (over) this way, ladies and gentlemen. *Venez par ici, mesdames et messieurs.*

ways and means—*les finances; les moyens*
The Ways and Means Committee has already voted. *La Commission des Finances a déjà voté.* We have to find ways and means to accomplish what we want. *Nous devons trouver les moyens d'accomplir ce que nous désirons.*

---

to wear—*porter, user*
to wear away (off, out)—*s'user*
The paint on our car is beginning to wear away (off, out). *La peinture de notre auto commence à s'user.*

to wear down—*user; venir à bout de*
The wind has worn down the rock here. *Le vent a usé le rocher ici.* Her insistence wore down our resistance. *Son obstination est venue à bout de notre résistance.*

to wear off—*se dissiper*
The effect of the medicine is wearing off. *L'effet du médicament se dissipe.*

to wear out—*épuiser*
This child's activity is wearing me out! *L'activité de cet enfant m'épuise!*

to wear out one's welcome—*abuser de l'hospitalité de quelqu'un*
It was good to see her again, but she ended up wearing out her welcome. *C'était bon de la revoir, mais elle a fini par abuser de notre hospitalité.*

to wear the pants—*commander, porter la culotte*
She is the one who wears the pants in their household. *C'est elle qui commande (qui porte la culotte) dans leur ménage.*

to wear thin—*ne plus prendre; (s')user jusqu'à la corde*
That explanation for their bad behavior is wearing thin. *Cette explication de leur mauvaise conduite ne prend plus.* This carpet has worn thin. *Ce tapis est usé jusqu'à la corde.*

to wear several hats—*jouer plusieurs rôles*
He wears several hats in the company: in particular, director and head of sales. *Il joue plusieurs rôles dans la compagnie: en particulier, ceux de chef du personnel et de directeur des ventes.*

---

weather—*le climat, le temps*
  to have (to keep) a weather eye open—*veiller au grain*
  Things are going well, but we must have (keep) a weather eye open. *Tout va bien, mais il faut veiller au grain.*

to weather—*s'élever au vent de*
  to weather the storm—*résister (à la tempête), tenir le coup*
  The worst is over and we have weathered the storm. *Le pire est passé et nous avons résisté (à la tempête, nous avons tenu le coup).*

to weed—*désherber, sarcler*
  to weed out—*éliminer*
  We want to weed out the weakest candidates. *Nous voulons éliminer les candidats les plus faibles.*

to weigh—*peser*
  to weigh anchor—*lever l'ancre*
  After the ship weighed anchor, it sailed for America. *Après avoir levé l'ancre, le navire a mis le cap sur l'Amérique.*

  to weigh in(to)—*se mêler (à)*
  Why do you have to weigh into our conversation with your ideas? *Pourquoi faut-il que vous vous mêliez à notre conversation avec vos idées?*

welcome—*bienvenu*
  You're welcome.—*Il n'y a pas de quoi. Je vous en prie.*
  You're welcome to it.—*C'est à votre disposition. Grand bien vous fasse!*

well—*bien*
  as well—*aussi, en plus*
  She is rich and she is intelligent as well. *Elle est riche et elle est intelligente aussi (en plus).*

  to be (to feel) well—*aller (se porter) bien*
  His grandmother is (feels) very well today. *Sa grand'mère va (se porte) très bien aujourd'hui.*

  well off (well-to-do)—*à l'aise*

With their two incomes, they were well off (well-to-do). *Avec leurs deux revenus, il étaient à l'aise.*

Leave (Let) well enough alone.—*Le mieux est l'ennemi du bien.*

one (you) might as well—*autant (+ inf.)*
One (You) might as well be talking to a deaf man! *Autant parler à un sourd!*

well-done—*à point*
I ordered a well-done steak. *J'ai commandé un steak à point.*

Well and good!—*A la bonne heure! Tant mieux!*

---

wet—*humide, mouillé*
to be all wet—*se gourer*
You're all wet if you believe what they say. *Tu te goures si tu crois ce qu'ils disent.*

wet behind the ears—*tombé de la dernière pluie*
Don't ask his advice: don't you see he's wet behind the ears? *Ne lui demandez pas conseil: ne voyez-vous pas qu'il est tombé de la dernière pluie?*

a wet blanket—*un empêcheur de tourner en rond, un rabat-joie*
Why did you invite him? He's a wet blanket! *Pourquoi l'avez-vous invité? C'est un empêcheur de tourner en rond (un rabat-joie)!*

---

to wet—*mouiller*
to wet one's whistle—*se rincer la dalle*
I went to the bar to wet my whistle before starting work. *Je suis allé au bar me rincer la dalle avant de commencer le travail.*

---

whale—*la baleine*
a whale of—*du tonnerre*
He's a whale of a race driver. *C'est un pilote de course du tonnerre.*

---

what—*ce que (qui), quel, quoi*
and what have you—*et ainsi de suite*

to give someone what for—*laver la tête à quelqu'un*

John's father gave him what for because of his escapades. *Le père de Jean lui a lavé la tête à cause de ses fredaines.*

what a—*quel*
What a hard time we had! *Quelle difficulté nous avons eue!*

what about—*et*
What about your sister—is she coming? *Et votre sœur, vient-elle?*

What difference does it make (What's the difference)?—*A quoi bon? Qu'est-ce que ça peut faire? Qu'importe?*

What do you expect?—*Que voulez-vous?*

What(ever) for?—*Pourquoi faire?*

what if—*et si*
What if your parents arrived suddenly? *Et si tes parents arrivaient tout d'un coup?*

what is more—*et qui plus est*
She is an athlete; what is more, she is a champion. *C'est une athlète, et qui plus est, c'est une championne.*

what it's all about—*ce dont il s'agit, de quoi il retourne*
I can't find out what it's all about. *Je n'arrive pas à savoir ce dont il s'agit (de quoi il retourne).*

What's cooking (doing, up)?—*Qu'est-ce qui se passe? Quoi de neuf?*

What's the big idea?—*Pour qui te prends-tu?*

What's the use?—*A quoi bon?*

What's to be done?—*Comment faire? Que faire?*

what with—*étant donné*
What with all the competition, we don't stand a chance. *Etant donné toute la concurrence, nous n'avons aucune chance.*

---

to wheel—*brouetter, pousser, tourner*
to wheel and deal—*brasser des affaires*
He was an active man, always wheeling and dealing. *C'était un homme actif, qui brassait toujours des affaires.*

---

where—*où*

Where have you been all this time (that you don't know that)?—*D'où sortez-vous?*

where in the world—*où diable*

Where in the world did you find this? *Où diable avez-vous trouvé cela?*

where it's at—*ce qui compte, l'essentiel*

Ask him: he knows where it's at. *Demande-lui: il sait ce qui compte (l'essentiel).*

---

which—*lequel, quel*

to know (to tell) which is which—*distinguer (l'un de l'autre)*

The houses look so much alike that it is hard to know (to tell) which is which. *Les maisons se ressemblent tellement qu'il est difficile de les distinguer (l'une de l'autre).*

which way—*par où*

Which way did they go? *Par où sont-ils partis?*

---

whip—*le fouet*

the whip hand—*la haute main*

Since the elections, the socialists have had the whip hand over the president. *Depuis les élections, les socialistes ont la haute main sur le président.*

---

to whip—*fouetter*

to whip up—*improviser; rallier*

I'm going to whip up a quick meal for everyone. *Je vais improviser un repas rapide pour tout le monde.* He tried to whip up the support of his friends. *Il a essayé de rallier le soutien de ses amis.*

---

to whistle—*siffler*

to whistle in the dark—*crâner*

He put on a brave front, but you could see he was just whistling in the dark. *Il montrait une façade courageuse, mais on pouvait voir qu'il ne faisait que crâner.*

You can whistle for it!—*Tu peux te fouiller! Tu peux toujours courir!*

You're just whistling Dixie!—*Ce sont des propos en l'air! C'est du blabla!*

who—*qui*
Who's who—*le* Bottin mondain
They were so well known that they were listed in *Who's Who. Ils étaient si connus qu'ils étaient indiqués dans le* Bottin mondain.

whole—*complet, entier*
as a whole (on the whole)—*dans l'ensemble*
As a whole (On the whole), their business is quite sound. *Dans l'ensemble, leur entreprise est très solide.*
(out) of whole cloth—*de toutes pièces*
Their story was made up (out) of whole cloth. *Leur histoire était inventée de toutes pièces.*

the whole cheese (show)—*le centre du monde (de l'univers)*
John always acted as if he was the whole cheese (show). *Jean faisait toujours comme s'il était le centre du monde (de l'univers).*

the whole kit and caboodle (nine yards, shebang, works)—*tout le bataclan (le fourbi)*
They tried to cram the whole kit and caboodle (nine yards, shebang, works) into their car. *Ils ont essayé de fourrer tout le bataclan (tout le fourbi) dans leur voiture.*

a whole lot—*des masses, un tas*
He doesn't have a whole lot of money. *Il n'a pas des masses (un tas) d'argent.*

why—*pourquoi*
the whys and wherefores—*les causes et les raisons*
Never mind the whys and wherefores, Love can level ranks and therefore... *Ne vous occupez pas des causes et des raisons, l'Amour peut aplanir les différences de classes et ainsi...*

wide—*large*
wide awake—*éveillé*
She remained wide awake all night. *Elle est restée éveillée toute la nuit.*

wide of the mark—*loin de compte*
Their guesses all fell wide of the mark. *Leurs conjectures sont toutes tombées loin de compte.*

wild—*fou, sauvage*
like wildfire—*comme une traînée de poudre*
The story spread like wildfire. *L'histoire s'est répandue comme une traînée de poudre.*

wildcat—*le chat sauvage*

a wildcat strike—*une grève sauvage*
The union was unable to prevent wildcat strikes. *Le syndicat ne pouvait pas empêcher les grèves sauvages.*

will—*la volonté*
willy-nilly—*bon gré mal gré, de gré ou de force*
He will have to do it willy-nilly. *Il devra le faire bon gré mal gré (de gré ou de force).*

to win—*gagner, vaincre*
to win one's spurs—*faire ses preuves*

He had won his spurs and earned everybody's esteem. *Il avait fait ses preuves et mérité le respect de tous.*

to win out—*l'emporter*
The warmth of his personality finally won out. *La chaleur de sa personnalité a fini par l'emporter.*

to win over—*gagner à sa cause*
Her eloquence won over the skeptics. *Son éloquence a gagné les sceptiques à sa cause.*

---

wind—*le vent*
  how (which way) the wind blows—*d'où vient le vent*
  She wouldn't do anything until she saw how (which way) the wind blew. *Elle ne voulait rien faire avant d'observer d'où venait le vent.*

  in the wind—*dans l'air*
  There's something mysterious in the wind. *Il y a quelque chose de mystérieux dans l'air.*

  a windbag—*un moulin à paroles*
  He's a windbag; you can't get a word in edgewise. *C'est un moulin à paroles; on n'arrive pas à placer un mot.*

---

to wind—*enrouler*
  to wind around one's little finger—*mener par le bout du nez*
  She winds that big brute around her little finger. *Elle mène cette grosse brute par le bout du nez.*

to wind up—*remonter; terminer*
I wound up my watch before going to bed. *J'ai remonté ma montre avant de me coucher.* It's time to wind up the program. *C'est l'heure de terminer l'émission.*

window—*la fenêtre, la vitrine*
window-shopping—*le lèche-vitrines*
They spent the morning window-shopping. *Elles ont passé la matinée à faire du lèche-vitrines.*

wing—*l'aile*
in the wings—*en coulisse*
Rather than play an open role, she preferred to remain in the wings.
Plutôt que de jouer un rôle visible, elle préférait rester en coulisse.

on the wing—*au vol*
The hunter shot the bird on the wing. *Le chasseur a tiré l'oiseau au vol.*

to wink—*faire un clin d'œil*
to wink at—*fermer les yeux sur*
It was obvious that the police were winking at their infractions. *Il était évident que la police fermait les yeux sur leurs infractions.*

to wipe—*essuyer*
to wipe out—*éliminer, faire disparaître*
We must all work to wipe out poverty. *Nous devons tous œuvrer à éliminer (à faire disparaître) la misère.*

wire—*le fil (métallique)*
to have one's wires crossed—*se méprendre*
If you think that, you have your wires crossed. *Si vous pensez cela, vous vous méprenez.*

wise—*sage*
to put (to set) wise—*ouvrir les yeux à*
He knows nothing about her but we're going to put (to set) him wise. *Il ne sait rien sur elle mais nous allons lui ouvrir les yeux.*

a wise guy—*le malin*
Stop acting like a wise guy and listen to me. *Cesse de faire le malin et écoute-moi.*

to wish—*désirer, vouloir*
to wish something off on—*se débarrasser de quelque chose sur*
Don't try and wish your old jalopy off on me. *N'essaie pas de te débarrasser de ta vieille bagnole sur moi.*

wishful—*désireux*
That's wishful thinking.—*Vous vous faites illusion.*

wit—*l'esprit*
to be at one's wits' end—*ne pas savoir à quel saint se vouer*
She had tried everything without success and she was at her wits' end. *Elle avait tout essayé sans succès et elle ne savait pas à quel saint se vouer.*

with—*avec*
to be with it—*être dans la course*
He's over forty but he's still with it. *Il a passé la quarantaine mais il est toujours dans la course.*

within—*à l'intérieur de, dans*
within an ace (an inch) of—*à deux doigts de*
We were within an ace (an inch) of catastrophe. *Nous étions à deux doigts de la catstrophe.*

within an inch of one's life—*à deux doigts de la mort*
The illness had brought her within an inch of her life. *La maladie l'avait menée à deux doigts de la mort.*

within (a radius of)—*à la ronde*
There isn't a hotel within (a radius of) fifty kilometers. *Il n'y a pas d'hôtel à cinquante kilomètres à la ronde.*

within call (hail)—*à portée de la voix*

Stay within call (hail) in case we should need you. *Restez à portée de la voix au cas où nous aurions besoin de vous.*

---

without—*sans*
 without fail—*sans faute*
 I'll give you back the book tomorrow without fail. *Je vous rendrai le livre demain sans faute.*

 without further ado (ceremony)—*sans autre cérémonie; sans autre forme de procès*
 They left without further ado (ceremony). *Ils sont partis sans autre cérémonie.* He fired her without further ado (ceremony). *Il l'a mise à la porte sans autre forme de procès.*

---

wolf—*le loup*
 a wolf in sheep's clothing—*un traître déguisé en ami*
 Don't trust his offers of help: he's a wolf in sheep's clothing. *Ne faites pas confiance à ses offres d'aide: c'est un traître déguisé en ami.*

---

wonder—*la merveille*
 No wonder (Small wonder)!—*Ce n'est pas étonnant!*

---

word—*le mot, la parole*
 by word of mouth—*de vive voix*
 The news was spread by word of mouth. *La nouvelle s'est répandue de vive voix.*

 from the word go—*depuis le départ*
 We were doubtful from the word go. *Nous étions sceptiques depuis le départ.*

 Mum's the word!—*Bouche cousue! Ni vu ni connu!*

 (On, Upon) my word!—*Ma foi! Mon Dieu!*

 Take my word for it!—*Je vous en donne bon billet (ma parole)!*

 A word to the wise!—*Avis aux amateurs!*

---

work—*le travail*
 in the works—*à l'étude*
 There is a new model in the works. *Il y a un nouveau modèle à l'étude.*

Your work is cut out for you.—*Vous avez du pain sur la planche.*

to work—*marcher, travailler*

to work for peanuts—*travailler pour des prunes (pour le roi de Prusse, pour trois fois rien)*

She refused the job because she didn't want to work for peanuts. *Elle a refusé le poste parce qu'elle ne voulait pas travailler pour des prunes (pour le roi de Prusse, pour trois fois rien).*

to work it in—*trouver le temps*

I'll repair your car if I can work it in. *Je réparerai votre auto si je peux trouver le temps.*

to work off—*se débarrasser de*

She kicked her desk, trying to work off her anger. *Elle donnait des coups de pied à son bureau en essayant de se débarrasser de sa colère.*

to work one's fingers to the bone—*s'user à la tâche*

Your father worked his fingers to the bone so you could go to college. *Ton père s'est usé à la tâche pour que tu puisses aller à l'université.*

to work on someone—*faire pression sur quelqu'un*

I'll work on them until they agree to our plan. *Je vais faire pression sur eux jusqu'à ce qu'ils acceptent notre projet.*

to work (out)—*avoir de l'effet, marcher*

Luckily, the measure they adopted worked (out). *Heureusement, la mesure qu'ils ont adoptée a eu de l'effet (a marché).*

to work out—*s'entraîner; se résoudre*

When I saw him, he was working out in the gym. *Quand je l'ai vu, il s'entraînait au gymnase.* How did the problem work out? *Comment le problème s'est-il résolu?*

to work over—*passer à tabac, tabasser*

The thugs worked him over to get him to pay. *Les gangsters l'ont passé à tabac (l'ont tabassé) pour le faire payer.*

to work up—*développer; s'ouvrir (l'appétit)*

We'll have to work up a plan for growth. *Il faudra que nous développions un plan de croissance.* He worked up an appetite by chopping wood. *Il s'est ouvert l'appétit en fendant du bois.*

to work wonders—*faire merveille*

This new medicine worked wonders on his cough. *Ce nouveau médicament a fait merveille pour sa toux.*

---

world—*le monde*

all over the world (the world over)—*dans le monde entier*
His products are known all over the world (the world over). *Ses produits sont connus dans le monde entier.*

for all the world—*absolument*
She looked for all the world as if she was unconscious. *Elle paraissait absolument inconsciente.*

for (all, anything in) the world—*pour rien au monde*
I wouldn't do what you ask me for (all, anything in) the world. *Je ne ferais ce que vous me demandez pour rien au monde.*

The world is his oyster.—*Le monde est à lui.*

---

to worm—*se faufiler*

to worm secrets out of—*tirer les vers du nez à*
You're trying to worm secrets out of me but I won't say a thing. *Tu essaies de me tirer les vers du nez mais je ne dirai rien.*

---

worse—*pire, pis*

I'm none the worse for it (for wear).—*Je ne m'en porte pas plus mal.*

---

worst—*le pire*

if worse comes to worst—*au pire*
If worse comes to worst, you'll have to pay a fine. *Au pire vous devrez payer une amende.*

in the worst way—*à tout prix*
She wants a new dress in the worst way. *Elle veut une nouvelle robe à tout prix.*

---

worth—*valant*

to be worth one's salt—*valoir le pain qu'on mange*
I won't keep him here; he isn't worth his salt. *Je ne vais pas le garder ici; il ne vaut pas le pain qu'il mange.*

to be worth the trouble (worth one's while)—*valoir le coup (la peine)*
It's not worth the trouble (worth your while) getting tired. *Cela ne vaut pas le coup (la peine) de se fatiguer.*

It's not worth a damn (a plugged nickel, a wooden nickel, a tinker's damn, diddly-squat).—*Ça ne vaut pas les quatre fers d'un chien. Ça ne vaut pas un clou.*

---

to wrap—*entourer, envelopper*
wrapped up in—*plongé dans*
He was wrapped up in his reading and didn't notice me. *Il était plongé dans sa lecture et ne m'a pas remarqué.*

to wrap up—*conclure; se couvrir*
This last sentence will wrap up my article. *Cette dernière phrase conclura mon article.* Don't forget to wrap up well, because it's going to be cold. *N'oublie pas de bien te couvrir, parce qu'il va faire froid.*

---

to wring—*essorer, tordre*
wringing wet—*trempé jusqu'aux os*
After walking through the storm, they were wringing wet. *Après leur promenade sous la tempête ils étaient trempés jusqu'aux os.*

---

to write—*écrire*
he (she) wrote the book—*il (elle) s'y connaît à fond*
When it comes to tennis, she wrote the book. *Quand il s'agit du tennis, elle s'y connaît à fond.*

to write down—*noter*
I forgot to write down her address. *J'ai oublié de noter son adresse.*

to write off—*faire son deuil de*
You might as well write off his participation. *Vous pouvez faire votre deuil de sa participation.*

to write one's own ticket—*dicter ses conditions*
Since they really need you, you can write your own ticket. *Puisqu'ils ont vraiment besoin de toi, tu peux dicter tes conditions.*

to write out—*écrire en toutes lettres*

To be absolutely sure, I'm going to write out the instructions. *Pour être absolument sûr, je vais écrire les instructions en toutes lettres.*

to write up—*rédiger*
The committee wrote up its report and submitted it to the board. *La commission a rédigé son rapport et l'a présenté au conseil.*

---

wrong—*mal, mauvais*

to be wrong—*avoir tort, se tromper; être mal*
That isn't true; you're wrong. *Cela n'est pas vrai; vous avez tort (vous vous trompez).* It's wrong to do that. *C'est mal de faire cela.*

Don't get me wrong.—*Ne vous y méprenez pas.*

to have the wrong address (number, etc.)—*se tromper d'adresse (de numéro, etc.)*
I'm sorry to have bothered you; I had the wrong number. *Je regrette de vous avoir dérangé; je me suis trompé de numéro.*

in the wrong—*dans son tort*
The other driver was in the wrong. *L'autre chauffeur était dans son tort.*

What's wrong?—*Qu'est-ce qu'il y a? Qu'est-ce qui ne va pas?*

Year—*l'an, l'année*

(all) (the) year round—*toute l'année*
The hostel stays open (all)(the) year round. *L'hôtel reste ouvert toute l'année.*

year in, year out—*bon an, mal an*
Year in, year out, we have managed to make a go of this business. *Bon an, mal an nous avons réussi à faire marcher cette entreprise.*

---

yellow—*jaune*

to be yellow (-bellied, -livered), to have a yellow streak—*ne pas avoir de cœur au ventre*

Despite his blustering and his size, he's yellow (-bellied, -livered) (he has a yellow streak). *Malgré sa bravade et sa taille, il n'a pas de cœur au ventre.*

---

yes—*oui*
He's a yes man.—*C'est un béni-oui-oui.*

---

yet—*déjà, encore*
as yet—*jusqu'ici*
She hasn't called us as yet. *Elle ne nous a pas téléphoné jusqu'ici.*

---

you—*tu, vous*
you . . .—*espèce de, tête de*
You pig! *Espèce de (Tête de) cochon!*

---

zero—*zéro*
to zero in on—*foncer (tomber droit) sur, relever*
The critics zeroed in on our mistakes. *Les critiques ont foncé (sont tombés droit) sur nos erreurs (ont relevé nos erreurs).*

---

to zip—*fermer (avec une fermeture éclair)*
to zip (up) one's lips—*rester bouche cousue*
And if they ask you about the price, don't forget to zip (up) your lips. *Et s'ils vous posent des questions sur le prix, n'oubliez pas de rester bouche cousue.*

---

to zoom—*monter (passer) en trombe*
to zoom in on—*examiner de près*
If you zoom in on the central part of their proposal, you'll see that it isn't feasible. *Si vous examinez de près la partie centrale de leur proposition, vous verrez qu'elle n'est pas faisable.*

ENGLISH • FRENCH INDEX

lady, old … […]: 629
lake, go jump in the: 526
lamb's, in three shakes of a
    … tail: 755
lamp, between you, me and
    the … post: 405
land, to be living off the fat
    of the: 594

E
N
G
L
I
S
H

•

F
R
E
N
C
H

I
N
D
E
X

M

U

V

Y

ENGLISH • FRENCH INDEX